Ingenkamp u. a. (Hrsg.)

Empirische Pädagogik 1970–1990

Band I

Empirische Pädagogik 1970–1990

Eine Bestandsaufnahme der Forschung in der Bundesrepublik Deutschland

Band I

Herausgegeben von
Karlheinz Ingenkamp, Reinhold S. Jäger,
Hanns Petillon und Bernhard Wolf

Deutscher Studien Verlag · Weinheim 1992

Über die Herausgeber:

Prof. Dr. Karlheinz Ingenkamp, emer. Professor für Pädagogik.

Prof. Dr. Reinhold S. Jäger, Professor für Psychologie,
Leiter des Zentrums für empirische pädagogische Forschung.

PD Dr. Hanns Petillon, Akad. ORat.

Dr. Bernhard Wolf, Akad. ORat.

Alle am Zentrum für empirische pädagogische Forschung der Universität
Koblenz-Landau, W-6740 Landau

Die Deutsche Bibliothek – CIP-Einheitsaufnahme

Empirische Pädagogik : 1970–1990 ; eine Bestandsaufnahme
der Forschung in der Bundesrepublik Deutschland / hrsg. von
Karlheinz Ingenkamp ... – Weinheim : Deutscher Studien Verlag
ISBN 3-89271-372-3
NE: Ingenkamp, Karlheinz [Hrsg.]

Bd. 1 (1992)

Druck: Druck Partner Rübelmann, 6944 Hemsbach
Seriengestaltung des Umschlags: Atelier Warminski, 6470 Büdingen 8
Printed in Germany

ISBN 3 89271 372 3

Vorwort

Seit Meumanns "Vorlesungen zur Einführung in die experimentelle Pädagogik und ihre psychologischen Grundlagen" (1907) hat die empirisch orientierte deutsche Erziehungswissenschaft keinen annähernd vollständigen Überblick über ihre Forschungen vorgelegt. Dafür gab es mehrere Gründe. Einmal wurde die damals "experimentelle Pädagogik" genannte Richtung von völkischen und geisteswissenschaftlichen Strömungen immer mehr an den Rand gedrängt und bei der Lehrstuhlpolitik rigoros benachteiligt. Zum anderen war aber auch bis etwa 1925 die Zahl der Untersuchungen so angewachsen, daß ein Überblick schwer zu erarbeiten war. Die Zeit des Nationalsozialismus brachte dann den Tiefpunkt für empirisch arbeitende Erziehungswissenschaftler und bot selbst keinen Anlaß zu einer Gesamtdarstellung.

Nach dem zweiten Weltkrieg knüpfte die Erziehungswissenschaft weitgehend an die in der Weimarer Zeit entwickelten Paradigmen an. Nur mühsam setzte sich in der Erziehungswissenschaft die von Heinrich Roth 1962 geforderte realistische Wendung in Ansätzen durch. Die "Arbeitsgruppe für empirische pädagogische Forschung", ein Kristallisationspunkt dieser Bemühungen, wurde 1965 gegründet. Die folgenden Jahrzehnte waren vor allem durch intensive Bemühungen gekennzeichnet, den durch Reformansätze sprunghaft anwachsenden Forderungen an eine empirische Fundierung der Begleitforschung und Planungen nachzukommen. Nach jahrzehntelanger Vernachlässigung der empirischen Methodologie in der Ausbildung und im Ausbau der Hochschulen konnte die empirisch-orientierte Erziehungswissenschaft nicht alle Erwartungen erfüllen. Vor allem aber blieb ihr keine Zeit zur Selbstdarstellung.

In den letzten Jahren ist in der Pädagogik das Bestreben gewachsen, Bilanz zu ziehen. Aber weder der von Beck und Kell (1990) herausgegebene Kongreßbericht "Bilanz der Bildungsforschung - Stand und Zukunftsperspektiven" noch der von Beller (1989) editierte Bericht über die Forschungen an der Freien Universität Berlin bieten eine hinreichend breite Übersicht. Erstaunlicher ist aber, daß die von der Deutschen Gesellschaft für Erziehungswissenschaft initiierte und von Oelkers und Tenorth 1991 als Beiheft der Zeitschrift für Pädagogik herausgegebene Übersicht "Pädagogisches Wissen" der empirisch orientierten Erziehungswissenschaft keinen Raum gegeben hat, das von ihr erarbeitete Wissen darzustellen.

Die Notwendigkeit einer möglichst umfassenden, wenn auch immer noch zwangsläufig auf wichtige Schwerpunkte begrenzten Gesamtdarstellung ist unverkennbar. Das im Januar 1971 gegründete Zentrum für empirische pädagogische Forschung der Universität Koblenz-Landau hat im Zusammenhang mit der Feier seines 20jährigen Bestehens die 45. Tagung der Arbeitsgruppe für empirische pädagogische Forschung in Landau ausgerichtet und sie unter das Rahmenthema einer Bestandsaufnahme der Forschungen aus den beiden letzten Jahrzehnten gestellt. Unter der Federführung der Mitarbeiter des Zentrums für empirische pädagogische Forschung und Mitarbeit vieler kompetenter Kollegen aus der AEPF wurde dann versucht, in zwei Bänden die Entwicklung der empirisch orientierten deutschen Erziehungswissenschaft, ihre wichtigsten Ergebnisse und die erkennbaren Trends darzustellen.

Es ist den Herausgebern wichtig, zunächst eine Standortbestimmung der empirisch analytischen Pädagogik in der deutschen Erziehungswissenschaft aus der eigenen Sicht vorzunehmen, damit nicht nur Vertreter anderer Richtung dieses Thema behandeln. Unverzichtbar ist auch ein Kapitel über die Methoden der empirisch orientierten Forschung und ihre fast atemberaubende Weiterentwicklung in den letzten beiden Jahrzehnten. Da die Gesellschaft empirische Beiträge vor allem im Zusammenhang mit institutionellen Reformen gefordert hat, ergibt sich der Schwerpunkt "Forschungen in Bildungsinstitutionen" fast von selbst. Nur einige Institutionen können eingehender behandelt werden. Andere, wie die Sonderschulen, bleiben unberücksichtigt. Noch stärker auf einige exemplarische Schwerpunkte begrenzt muß die Forschung behandelt werden, die sich nicht primär den institutionellen Rahmenbedingungen zugewandt hat. Neben der Lehr-Lern-Forschung werden Forschungen zum Lehrer, zum Schüler und zum Schulklima herausgegriffen. Die Wahl der Themen erklärt sich zum einen aus ihrer inhaltlichen Bedeutung, zum anderen aber auch durch die Bereitschaft zur Mitarbeit der für diese Absätze besonders kompetenten Autoren.

Diese Bestandsaufnahme über die empirisch orientierte deutsche Erziehungswissenschaft von 1970 bis 1990 mag viele Lücken aufweisen. Es zeigt sich dennoch beeindruckend, welchen gewaltigen Ertrag die empirisch orientierte Richtung zum pädagogischen Wissen unserer Zeit beigetragen hat. Man kann aber auch nicht übersehen, daß dieser Ertrag der empirisch arbeitenden Pädagogen in der deutschen Erziehungswissenschaft sowie in der Schul- und Bildungswirklichkeit bisher nicht hinreichend anerkannt und deshalb sowohl nur in geringem Ausmaß in die Ausbildung künftiger Lehrer als auch in den Schulalltag einbezogen worden ist.

In unseren Nachbarstaaten erleben wir eine systematische Planung und Förderung empirischer Analysen des Bildungswesens. Die empirisch orientierte Erziehungswissenschaft hat in den anglo-amerikanischen, den skandinavischen Staaten, den Niederlanden und der Schweiz eine anerkannte Bedeutung. Wenn sich 1993 die Grenzen Europas öffnen und wir auch uns mit den Erfolgen unserer Bildungswesens dem internationalen Vergleich stellen müssen, dann werden sich unsere Nachbarn nicht nur mit verbalen Erklärungen zufrieden geben, sondern sie werden nach empirisch nachgewiesenen Fakten fragen.

Die empirisch orientierten deutschen Erziehungswissenschaftler wissen, daß sie mit ihren Methoden nur wesentliche Bestandteile des gesamten Bildes beitragen, aber nicht alle Motive und Schattierungen darstellen können. Sie erhoffen sich von dieser großen Bestandsaufnahme insbesondere, daß die deutsche Erziehungswissenschaft insgesamt anerkennt, daß es der Zusammenarbeit aller Richtungen und aller Methoden bedarf, um die Aufgaben der Zukunft zu bewältigen.

Gerade unter der Perspektive der Internationalisierung werden zu diesen Aufgaben unter anderem gehören,

- das Ausmaß von individueller Förderung im Unterricht noch zu verstärken. Voraussetzung hierzu ist, die Lernvoraussetzungen zu erkennen und die notwendigen pädagogischen Maßnahmen einzuleiten. Die modernen Kommunikations- und Informationstechnologien werden hierbei eine zentrale Rolle spielen;
- den Wert des Einsatzes von modernen Medien einer kritischen Analyse zu unterziehen und dem Lehrer bei der Antwort auf die Frage zu helfen, für welche Schülergruppe bei dem Einsatz welcher Medien das Lernen optimal gefördert wird;
- die Wirkungen von Schule im besonderen und Unterricht im allgemeinen zu evaluieren, um damit im Sinne der Lernenden eine überregionale Lernerfolgskontrolle zu realisieren, wie sie bereits im europäischen Ausland gegeben ist.

Diese Liste ließe sich beliebig fortsetzen, um mit ihren einzelnen Punkten die unendliche Vielfalt von Praxis- und Forschungsfragen deutlich zu machen. Die Bestandsaufnahme des Ertrags der empirisch ausgerichteten Pädagogik, wie sie in diesen beiden Bänden vermittelt wird, ist damit zugleich eine den Wissenschaftlern selbstgestellte Herausforderung für die Zukunft, in noch deutlicherem Ausmaß ihren gesellschaftlichen Beitrag für die Optimierung von Schule, Unterricht und Lernen zu leisten.

Die Herausgeber haben einer Vielzahl von Personen zu danken, ohne die das Erscheinen dieser Bände nicht möglich gewesen wäre: Herrn Herth vom Deutschen Studien Verlag für die Betreuung, den Autoren für die nicht immer leichte Zusammenarbeit und nicht zuletzt Frau Martina May, Frau Andrea Dillon, Herrn Martin Auderer und Herrn Michael Wächter, ohne deren Hilfe und Arbeit die Bände nicht in der gewünschten Zeit und in der gegebenen Qualität hätten erscheinen können.

Landau, im März 1992

Die Herausgeber

Inhaltsverzeichnis

Vorschau auf Band 2:

1.0

ZUM STATUS DER EMPIRISCH-ANALYTISCHEN PÄDAGOGIK IN DER DEUTSCHEN ERZIEHUNGSWISSENSCHAFT

Jürgen Baumert, Gunther Eigler, Karlheinz Ingenkamp (Moderator), Gerd Macke, Brigitte Steinert und Horst Weishaupt

1.0.5 Resümee und Ausblick (Karlheinz Ingenkamp)

1.0.5.1 Die Akzeptanz der empirischen Pädagogik

1.0.5.2 Die personelle Ausstattung der empirischen Pädagogik

1.0.5.3 Die Austattung mit Sachmitteln

1.0.5.4 Die Vorgaben durch Erlasse der Bildungsverwaltung

1.0.5.5 Schwerpunktbildungen und Orientierungen

1.0.5.6 Desiderata

1.0.6 Literatur

1.0.1 Ausbreitung und Akzeptanz der empirisch orientierten Pädagogik (Karlheinz Ingenkamp)

1.0.1.1 Einleitung

Überschriften erfordern mitunter interpretierende Eingrenzungen, da der ihnen eigene Zwang zu Knappheit und Griffigkeit selten detaillierte Festlegungen erlaubt. Bevor in dieser Publikation Entwicklungen, Methoden und Ergebnisse der empirischen Pädagogik in verschiedenen Teilbereichen vorgestellt werden, bedarf es einiger Vorbemerkungen zur organisatorischen Basis, zur finanziellen und personellen Situation, zu den Orientierungen und Schwerpunktsetzungen des Personals, zu den Forschungsbehinderungen, mit denen sich diese Forschungsrichtung auseinandersetzen muß, zu ihren Anteilen an den Qualifikationsschriften der gesamten Disziplin und zu ihrer Akzeptanz innerhalb der eigenen Wissenschaft und darüber hinaus.

Auch andere Voraussetzungen hätten noch thematisiert werden können, z.B. die unzureichende Berücksichtigung der Methodenausbildung während des erziehungswissenschaftlichen Studiums (vgl. dazu Kap. 2.1.1.). Nicht umsonst haben die Psychologen ein so starkes Gewicht in der empirischen sozialwissenschaftlichen Forschung. Ihre wesentlich intensivere Methodenausbildung, gestützt durch den deutlich günstigeren Curricular-Normwert (mit all seinen finanziellen und personellen Konsequenzen), den die Bildungspolitik den Psychologen zubilligt, sichert ihren Berufsanfängern erhebliche Startvorteile bei empirisch orientierten Projekten.

Aber der mögliche Rahmen des Trendberichtes erfordert Einschränkungen. Mit den hier dargestellten Angaben wird die personelle und finanzielle Entwicklung der empirischen Pädagogik mit ihren Anteilen an den Qualifikationsschriften, ihrer Zulassung zum Forschungsfeld und ihrer Akzeptanz so weit dargestellt, daß man die dadurch gegebenen Möglichkeiten und Grenzen des Forschungsertrages erkennen kann.

1.0.1.2 Hinweise zur Definition

Wenn nun kurz gesagt wird, was unter empirisch-analytischer Pädagogik zu verstehen sei, so liegt es im Hinblick auf die dann folgende Diskussion nahe, von Lay und Meumann auszugehen. "Die alte Pädagogik gründet sich auf Wahrnehmungen, Selbstbeobachtung und einfache Beobachtung anderer, die sich als nicht genügend erwiesen haben. Die experimentelle Pädagogik **ergänzt** und **vertieft** daher die alte Forschungsweise durch umsichtige Beobachtung, Statistik und Experiment" (Lay, 1908, S.7. Hervorhebungen nicht im Original). Meumann (1920, S. 13) rechnet zur experimentellen Pädagogik "alle streng empirisch-pädagogische Forschung, die den Charakter exakter, d.h. zahlenmäßig bestimmter, in ihren Ergebnissen verifizierbarer Untersuchung hat.... So umfaßt die experimentelle Pädagogik den gesamten empirischen **Unterbau** der Pädagogik, teils indem sie ihn direkt erforscht, teils indem sie auf Grund der Untersuchung mitbestimmender Faktoren zu seiner wissenschaftlichen Grundlegung wesentliche **Beiträge** liefert" (Hervorhebungen nicht im Original).

Bei beiden Autoren wird, wie häufig auch in der Gegenwart, die experimentelle Pädagogik durch ihre Vorgehensweisen abgegrenzt. Man sucht vergeblich nach einer metatheoretischen Fundierung, und auch die auf den spezifischen Untersuchungsbereich bezogenen Theorien sind eher implizit als explizit aufzufinden. Die metatheoretische "Ausweiskontrolle", die ständige Nachfrage nach einem philosophischen Etikett, ist der empirisch orientierten Erziehungswissenschaft von der "bildungsphilosophisch orientierten Pädagogik" (Vogel, 1991, S. 18) aufgezwungen worden, und ist auch nicht fruchtbarer, als wenn die "Empiriker" die "Systematiker" ständig nach ihrem Untersuchungsdesign fragen würden. Viel stärker als die Geisteswissenschaftler müssen sich die Empiriker mit der theoretischen Durchdringung ihres gegenwärtigen Forschungsgebietes befassen, um zu prüfen, ob ihre Hypothesen durch die erfaßbare Realität widerlegt werden oder nicht. Das schränkt die Möglichkeiten -und auch die Motivation- ein, ständig über allumfassende Theorien zu philosophieren.

Die Autoren dieses Bandes einigt nicht das Bekenntnis zu einer Metatheorie, sie würden sich wohl auch kaum zu einer bestimmten Organisations-, Konflikt-, System- oder ähnlichen Theorie bekennen. Aber sie sind sich einig darin, daß empirisches Vorgehen theoriegeleitet sein sollte und gewissen, wenn auch nicht fest und endgültig abgrenzbaren Regeln folgen muß. Wenn Klafki, damals selbst Mitglied der AEPF, formulierte: "Die Aufgabe, die eigenen Beobachtungen und Erfahrungen methodisch zu sichern, die Notwendigkeit, jeweils gegenwärtige pädagogische Wirklichkeit mit besonderen Methoden zu erfassen, die Überprüfung, ob die eigenen Beobachtungen sich verallgemeinern lassen, diese Aufgaben sind der geisteswissenschaftlichen Pädagogik nie ernsthaft zum Problem geworden " (1971, S. 363), dann bezeichnet er, was den empirisch vorgehenden Erziehungswissenschaftlern damals wie heute den Grund zur Abgrenzung gab. Zumindest die Überzeugung, daß Forschung intersubjektiv überprüfbar sein müsse und dafür Methoden zu entwickeln habe, einigt die Autoren dieses Bandes. Dies mag anderen zu vordergründig operational erscheinen, aber es sollte nicht übersehen werden, daß dies nur **ein** Abgrenzungsmerkmal ist. Hinzu tritt, was nach Tenorth (1991) wohl für 80% aller Erziehungswissenschaftler das einzig verbindende Band ist: die Verpflichtung sowohl der erziehungswissenschaftlichen Fragestellung als auch der pädagogischen Praxis gegenüber.

In diesem Trendbericht wird über empirische pädagogische Forschung berichtet, und der Begriff "Bildungsforschung" wurde für die Bezeichnung des Gesamtbereiches bewußt vermieden. Fend (1990, S. 687) meint, daß "Bildung" und "Forschung" in diesem Begriff eine "unheilige Ehe" eingegangen seien, und er sieht die Entfaltungen dieser Forschung vor allem in der Nutzungsforschung, in der Vollzugs- und Gesetzeswirkungsforschung, in der Evaluationsforschung und in Bedarfsanalysen. Bildungsforschung ist stärker auf der Makroebene angesiedelt, wie auch die Untersuchungen der Arbeitsgruppe für empirische Bildungsforschung zeigen (Edding, 1987). Bildungsforschung und Pädagogik haben nur eine Schnittmenge gemeinsam. Die Pädagogik hat Arbeitsfelder, die nicht unter Bildung subsumiert werden können, und Bildungsforschung wird auch unter psychologischer und soziologischer Fragestellung betrieben.

Auch der Begriff "Unterrichtsforschung" (Merkens, 1971), viel stärker auf der Mikroebene verankert, kennzeichnet nur einen Teil empirischer Pädagogik.

Der Begriff "pädagogische Tatsachenforschung" hat sich nicht recht durchgesetzt, und im strengen Sinne sind nicht alles Tatsachen, was die empirische Pädagogik untersucht. Der Begründung für den Begriff "kritisch-rationale Erziehungswissenschaft", die Krumm (1989) gibt, würden sicher manche Autoren dieses Bandes zustimmen, ohne anderen Erziehungswissenschaftlern die Rationalität absprechen zu wollen. Aber auch diese Bezeichnung wird selten benutzt, so daß hier von "Empirischer Erziehungswissenschaft" oder kurz von "Empirischer Pädagogik" gesprochen wird.

1.0.1.3 Die Ausbreitung der empirischen Pädagogik in Deutschland

Hier ist nicht der Raum, an frühe Ahnen wie Trapp zu erinnern. Auch zu den Anfängen der eigentlichen empirischen Pädagogik und Didaktik um 1900 muß auf die Literatur verwiesen werden (vgl. Ingenkamp, 1990). In diesem Rahmen kann nur auf die Zeit nach 1945 eingegangen werden.

Die erste Nachkriegszeit war in der Universitätspädagogik eindeutig durch Geisteswissenschaftler bestimmt, die an die Themen und Vorgehensweisen vor 1933 anknüpften (vgl. Klafki, 1971). Empirische Denkweisen, die schon vor 1933 an den Rand gedrängt worden waren, wurden auf dem Umweg über angloamerikanische Reeducation-Programme und Literatur wieder nach Deutschland importiert, fanden aber zunächst nur in Psychologie und Soziologie breiteres Interesse. Die USA förderten Lehrer-Arbeitsgemeinschaften, die sich mit empirischen Vorgehensweisen, vor allem mit Testentwicklung, befaßten (Ingenkamp, 1962).

Es ist das Verdienst Erich Hyllas, diesen verstreuten, meist außeruniversitären Aktivitäten durch die von ihm betriebene Gründung der "Hochschule für Internationale Pädagogische Forschung" im Jahre 1951 (seit 1964 "Deutsches Institut...") einen Mittelpunkt gegeben zu haben. Hylla hat auch 1956 schon die Notwendigkeit der empirischen Forschung begründet. An der Frankfurter Hochschule wirkten in den Anfängen leitend F. Edding (seit 1963 TU und MPI Berlin), E. Lemberg, H. Roth (seit 1962 Göttingen) und W. Schultze mit, jeder Name ein Programm in der empirischen Pädagogik. Die empirische Vorgehensweise war bei ihnen - neben eigenen Erfahrungen vor 1933 - vor allem durch internationale Beispiele angeregt. Das läßt sich auch in Heinrich Roths programmatischer Antrittsrede 1962 in Göttingen erkennen: "Die realistische Wendung in der pädagogischen Forschung".Vor allem in Frankfurt wurde die programmatische und auch bildungspolitische Basis geschaffen, auf der man später aufbauen konnte.

Aber, wie Lemberg (1968b, S. 5) in einer seiner viel zu wenig beachteten programmatischen Schriften sagte, empirische pädagogische Forschung braucht, "um arbeiten zu können und sich - auch methodologisch- weiterzuentwickeln, von Zeit zu Zeit einen spektakulären Effekt, um jenes Interesse der Öffentlichkeit lebendig zu erhalten... Darum konnte der empirischen pädagogischen Forschung nichts günstigeres passieren als der Bildungsnotstand, seine Ausrufung durch Georg Picht und die daran anschließende öffentliche Bildungsdiskussion."

Picht hätte andererseits nicht "Die deutsche Bildungskatastrophe" publizieren können, wenn er nicht auf im Rahmen der Bildungsökonomie erarbeitete Daten und Modelle hätte zurückgreifen können. Die von Edding in Deutschland vorangetriebene Bildungsökonomie war in dieser Zeit, als auch die ökonomischen Bedingungen der Nachkriegszeit sich änderten, eine der Schubkräfte für die Empirische Pädagogik.

Ein weiteres wichtiges Motiv für das Anwachsen empirischer Untersuchungen war der Import der Programmierten Instruktion in das deutsche Bildungswesen (vgl. Merkens, 1971). Spätestens seit der internationalen Konferenz in Berlin (Pädagogische Arbeitsstelle, 1964) war die Programmierte Instruktion ein in Fachliteratur und allgemeinen Medien herausragendes Thema. Ausgehend von dieser "objektiven Lehrmethode" verzweigte sich ein Forschungsstrom in Lernzielplanung, adaptiven Unterricht, kybernetische Pädagogik u.a.m.(vgl. auch Kap.4.1 und 4.2).

Ein dritter Anstoß ging von den vielfältigen Bemühungen um eine organisatorische Reform des Bildungswesens von der Förderstufe über die integrierte Gesamtschule bis zur Gesamthochschule aus. Hier waren die bildungspolitischen Abhängigkeiten, aber auch Rückwirkungen so evident, daß Begleituntersuchungen in größerer Zahl, aber nicht in zureichendem Umfang gefordert und finanziert wurden (vgl. auch Kap. 3.1 bis 3.4).

Man könnte noch auf weitere Anlässe eingehen, z.B. das Anwachsen der Schülerzahl, die Legasthenie-Debatte u.a.m., aber die drei genannten Entwicklungen sind m.E. die wichtigsten. Die geisteswissenschaftliche Pädagogik war überhaupt nicht gerüstet, die damit verknüpften Fragen zu beantworten. Zwangsläufig wurden die Aufgaben empirisch arbeitenden Psychologen, Soziologen und Pädagogen übertragen.

Die personell völlig unzureichenden Voraussetzungen wurden durch die deutliche Vermehrung erziehungswissenschaftlicher Lehrstühle und die Aufwertung oder Integration Pädagogischer Hochschulen erheblich verbessert. Dadurch wurde auch die fast ausschließliche "Alleinherrschaft" der Geisteswissenschaftler auf pädagogischen Lehrstühlen gebrochen. Wissenschaftler, die ihre Methodenausbildung in Psychologie und Soziologie erhalten hatten, besetzten in nicht unbeträchtlicher Zahl erziehungswissenschaftliche Professuren.

Die bildungspolitische, institutionelle und finanzielle Basis für empirische Untersuchungen im pädagogischen Bereich verbreiterte sich fast schlagartig. 1965 begann der Deutsche Bildungsrat seine Tätigkeit. 1970 nahm die "Bund-Länder-Kommission für Bildungsplanung" ihre Arbeit auf. 1963 wurde das Max-Planck-Institut für Bildungsforschung gegründet. Im gleichen Jahr begann ein Sekretariat mit den Vorarbeiten für ein "Pädagogisches Zentrum" in Berlin, das 1965 seine Arbeit aufnahm. 1967 setzten die Untersuchungen der "Arbeitsgruppe für empirische Bildungsforschung" in Heidelberg ein. 1960 gab es fünf außeruniversitäre Einrichtungen für empirische erziehungswissenschaftliche Forschung, 1970/71 bereits 27 (vgl. Kap. 1.0.2.3.). 1963 hatten diese Institute einen Etat von knapp sechs, 1970 von über 53 Millionen DM. 1966 konstituierte sich die "Arbeitsgruppe für empirische pädagogische Forschung" als Rahmen für den Erfahrungsaustausch der in diesem Bereich tätigen Pädagogen, Psychologen und Soziologen (Ingenkamp, 1992). 1969/70 wurden die ersten pädagogischen Bücher zur Methodik empirischer Forschung in deutscher Sprache publiziert (Landsheere, 1969; Ingenkamp & Parey, 1970). Über die Ausweitung empirischer pädagogischer Forschung ist oft berichtet worden (z.B. Lemberg, 1968a; Klafki, 1971; Roeder, 1983; Edding, 1987; Fend, 1990; Merkens, 1971), so daß diese kurzen Hinweise genügen müssen.

Die empirische pädagogische Forschung in den 60er Jahren zeigt viele Merkmale einer Aufbruchstimmung. Der ungeheuere Bedarf an Handlungsinformationen und Politikberatung erzwang die Anerkennung empirischer Vorgehensweisen, die jahrzehntelang verweigert worden war. Die wenigen in empirischen Methoden ausgebildeten Erziehungswissenschaftler sahen die ersehnte Chance, ihr Wissen zur Lösung drängender pädagogischer Probleme einzusetzen und sich zu profilieren. Ihre Anfänge wurden von Pädagogen und Politikern, die die Mühsal empirischen Arbeitens nicht kannten, mit großen Erwartungen begleitet.

Aber schon früh meldeten sich auch warnende Stimmen aus dem Kreis der Empiriker. Lemberg (1968b, S. 2) schrieb bereits:" Die allgemeine Bildungsdiskussion mit ihren Lippenbekenntnissen über die Bedeutung und Notwendigkeit der Forschung hat, selbst bei Behörden und Parlamenten, Erwartungen geweckt, die nicht in allen Fällen erfüllt werden können und darum in Enttäuschungen umschlagen müssen." Lemberg mahnte zur Selbstkritik und Ortsbestimmung und erkannte: "Mit steigender methodologischer Perfektion erzielen wir immer verläßlichere, zugleich aber immer weniger relevante, für immer engere Sachbereiche gültige Erkenntnisse" (1968b, S. 3). Und im Hinblick auf die Organisationsreformen warnte er:"Die Forschung kann den Streit nicht entscheiden, denn die Entscheidung ist politischer und damit ideologischer Natur" (1968b, S. 22).

Noch detaillierter hat Aurin (1973) das "Dilemma pädagogischer Begleitforschung" beschrieben, die nach den Vorgaben der Auftraggeber erst viel zu spät einsetzen kann, aber bereits als Planungs- und Konzeptionsberatung sowie Innovationsberatung beteiligt sein sollte. Und er stellt fest: "Der Aufbau einer empirisch ausgerichteten Grundlagenforschung und der angewandten Forschung im Bereich der Erziehungswissenschaften kommt nur unzureichend voran" (Aurin, 1973, S. 14).

Im Jahr 1970, in dem dieser Trendbericht einsetzt, lag die erste Aufbruchphase schon hinter der empirischen Pädagogik. Der dringende Bedarf einer auf Analysen und Untersuchungsergebnisse angewiesenen Reformbewegung erzwang den breiteren Einsatz empirischer Vorgehensweisen. Metatheoretische Erwägungen sind als auslösende oder auch nur begleitende Faktoren zu dieser Zeit nicht zu erkennen.

1.0.1.4 Die Akzeptanz der empirischen Vorgehensweisen in der deutschen Erziehungswissenschaft

An anderer Stelle ist dargestellt worden, wie die Experimentelle Pädagogik von den Anfängen an mit der Herabsetzung durch Geisteswissenschaftler leben mußte (Ingenkamp, 1990) und wie sie in den ersten drei Jahrzehnten des Jahrhunderts durch ihre mangelnde institutionelle Verankerung und durch die Kräfte jenes konservativen Syndroms, bei dem sich der Glaube an die Erbabhängigkeit der Begabung, Elitedenken, Ablehnung demokratischer Schulreformen und Gegnerschaft gegen objektive Methoden verbanden, nach kurzem Aufblühen zum Absterben gebracht wurde.

Bei der erneuten Ausbreitung empirischer Vorgehensweisen nach 1960 lebt nicht nur die alte Feindschaft der geisteswissenschaftlichen Richtung wieder auf, sondern im Berichtszeitraum kommen auch die scharfe Ablehnung durch viele Handlungsforscher und die Abschnürung vom Forschungsfeld Schule durch die Bildungsadministration hinzu.

Es hat den empirisch arbeitenden Erziehungswissenschaftlern nicht geholfen, daß sie Alleinvertretungsansprüche vermieden und den ergänzenden Charakter empirischen Arbeitens betonten. Für diese Äußerung sind oben in der Einleitung zwei Belege zitiert worden. Deutlicher noch als je zuvor hat es Heinrich Roth in seiner Antrittsvorlesung über die realistische Wendung 1962 gesagt: "Die Pädagogik wird auch weiterhin 'more philosophorum' betrieben werden müssen, denn sie ist Reflexion über eine Aufgabe, die den Kontrollbereich erfahrungswissenschaftlicher Methodik bei weitem übersteigt" (zitiert nach Roth, 1964, S. 182). Er läßt keinen Zweifel, daß es darum geht, "Methoden zu entdecken und zu schaffen, die es erlauben, die intuitive Hermeneutik der Erziehungswirklichkeit, die immer den problemerzeugenden Ausgangspunkt bilden wird, auf erfahrungswissenschaftliche Grundlagen zu stellen und dadurch deutlicher abzusichern" (S. 184).

Bei Aloys Fischer, Winnefeld, Klauer und vielen anderen lassen sich Belege finden, daß die Bedeutung empirischen Vorgehens ähnlich gesehen wird. Natürlich gibt auch vereinzelte Äußerungen beim späten Lay, bei Lochner und - noch häufiger und weitergehender - bei Metatheoretikern, aus denen sich ein Ausschließlichkeitsanspruch der empirischen Pädagogik ablesen ließe. Aber eine sachgerechte und den Anforderungen hermeneutischer Methodik folgende Analyse muß nicht nur den überwiegenden Tenor in den Äußerungen der empirisch arbeitenden Pädagogen, sondern auch die expliziten und impliziten Annahmen in ihren Untersuchungsberichten berücksichtigen.

Vogel (1991, S. 18) meint, daß in einer Anfangsphase (die er nicht näher terminiert) die beteiligten Richtungen davon ausgingen, "daß die jeweils eigene Position obsiegen und das eigene Wissenschaftsverständnis als die einzig akzeptable Art, Pädagogik wissenschaftlich zu betreiben, sich durchsetzen würde". Aber er belegt diese Auffassung nicht und führt keinen einzigen der hier genannten empirisch arbeitenden Pädagogen an, ganz zu schweigen von Krumms Theoriediskussion (Krumm, 1983, zitiert nach 1989).

Schwerwiegender ist die Behauptung von der "ideologischen Anfälligkeit der empirisch-pädagogischen Forschung", wie sie in einem Buchtitel von Menrath (1978) formuliert wird. Sie muß als diffamierend angesehen werden. Belege dafür soll - neben politischen Schriften Lays und Meumanns - die Gegenüberstellung von Brezinkas Forderung nach einer wertfreien deskriptiven Erziehungswissenschaft und seinen politisch-polemischen Schriften liefern. Brezinkas "metatheoretische Überlegungen zum Objektbereich Erziehungswissenschaft" sind für Menrath (1978, S. 3) mit die einflußreichsten "unter den neueren Ansätzen empirisch-pädagogischer Forschung".

Benner (1973, S. 200), der unter Positivismus den Neopositivismus und den kritischen Rationalismus subsumiert, kommt in seiner Kritik an Brezinka zu folgender Feststellung: "Nachdem nur mehr solchen praktischen Fragen der Zugang zur Wissenschaft erlaubt ist, die bereits in ihrem Fragehorizont eine technologische Lösung nahelegen, erweist sich die positivistische Erziehungswissenschaft als immer hilfsbereiter Erfüllungsgehilfe jedweder Ideologie, welche sich der technologischen Rationalität zur Durchsetzung ihrer Ziele und zur Handhabung ihrer Macht bedienen will." Wenn man bedenkt, daß der Begriff "Erfüllungsgehilfe" weitgehend für die Schergen nationalsozialistischer Massenmorde geprägt wurde, dann ist das eine erschreckende Äußerung. Heute wissen wir mehr über die Affinität unterschiedlicher Wissenschaftsrichtungen zum Nationalsozialismus, um eine solche Äußerung noch akzeptieren zu können. Benner wiederholte diese Beurteilung auch in seiner 3. Auflage von 1991, ergänzt aber, daß die positivistische Erziehungswissenschaft als immer hilfsbereiter Erfüllungsgehilfe "selten wirksam" gewesen sei (Benner 1991, S.195)

Einen anderen Weg ging Wolfgang Fischer (1968), der ein fiktives Quasiexperiment zur Wirkung von Strafen mehrere Monate im seinem Seminar durchspielte. Er ging von zwei Klassen aus, deren Lehrer sich nur durch ihr Strafverhalten unterscheiden sollten. Es wird angenommen, daß sich das Fehlverhalten der Schüler in der Klasse mit hartem Strafverhalten verringert. Für Fischer (1968, S. 57) ist nun zumindest "hochgradig wahrscheinlich, daß... Strafen pädagogisch wirksam und berechtigt sind". In einer nach seiner Meinung empirischen Denkweise folgert er:"Ist etwas statistisch hochgradig und anhaltend wirksam gemäß einer Zielvorstellung, so ist es pädagogisch legitim" (S.58). Darin sieht er eine Hochschätzung der Effektivität, deren pädagogische Wirkung nicht bewiesen sei. Er stellt fest, daß empirisches Forschen mit seinem Kriterium der Effektivität bloß der optimalen Festigung von Norm- oder Wertvorstellungen anderer im educandus diene und kommt zu dem infamen Vorwurf: "Empirisch-erziehungswissenschaftliche Forschung fungiert dann leicht als Erfüllungsgehilfe ideologischer Okkupation des Pädagogischen" (S.59).

Die fiktive Untersuchung von Fischer ist von einer erstaunlichen methodischen Naivität und Ignoranz (vgl. auch Ingenkamp, 1983b). Ganz mechanistisch bringt er ein durchschnittliches Lehrerverhalten mit der Gesamtzahl von Fehlverhalten in Beziehung, ohne überhaupt zu fragen, welche einzelnen Schüler bestraft wurden und welche schließlich Fehlverhalten zeigten. Die Zuwendung des Lehrers zu unterschiedlichen Schülern, seine Wahrnehmung durch Schüler bleiben ebenso unberücksichtigt wie die Einstellung der Schüler zu Strafen und wie die sozialen Interaktionen der Schüler innerhalb und außerhalb des Unterrichts. Die Liste unberücksichtigter Faktoren ließe sich weiter fortsetzen, und man darf auch nicht vergessen, daß Fischer in seinen Überinterpretationen ständig die Ebenen vermengt. Es ist kaum zu fassen, daß eine derartige Karikatur empirischen Vorgehens nicht als Kuriosität übergangen, sondern von Benner als "scharfsinnige Kritik der empirischen Erziehungswissenschaft" (Benner, 1973, S. 245) gerühmt wird.

Vogel (1991, S. 20) sieht im "Status des Zöglings" den vielleicht wichtigsten Kritikpunkt am empirisch-analytischen Paradigma. "Der Zögling wird Objekt eines pädagogischen Handelns nach dem Modell der Bearbeitung eines Gegenstandes; Subjektivität und Intentionalität werden ihm abgesprochen. Das Subjektmodell steht im diametralen Widerspruch zu der traditionellen Auffassung der systematischen Pädagogik von der zu achtenden Individualität und dem Eigenrecht des Zöglings oder ist bestenfalls deren, ihr Wesen verkennende Reduktionsform" (Vogel 1991, S. 20). Oder wenn es um die Verwendung empirischer Forschungsergebnisse geht, will er es vereinfacht und zugespitzt ausdrücken: "Man kann den Zögling nicht gleichzeitig im empirischen Teil der Theorie als Produkt von determinierenden Umweltfaktoren beschreiben und ihn dann im praktisch-programmatischen Teil als autonomes, verantwortliches Subjekt einführen, das im Prozeß pädagogischer Interaktion auf eine Vernunftfähigkeit hin in Anspruch genommen wird" (1991, S. 21)

Vogel hat nicht die Absicht, empirische Pädagogik zu diffamieren. Aber auch er konstruiert sein eigenes Bild empirischen Vorgehens, das nicht zur Realität paßt. Ausgangspunkt für seine "Kritik sind die Aussagen Brezinkas zur Definition von Erziehung und Charakterisierung der Erziehungswissenschaft: als Erziehung werden die Handlungen bestimmt, 'durch die versucht wird, das Dispositionsgefüge menschlicher Persönlichkeiten mit psychischen ...und/oder sozial-kulturellen Mitteln...in Richtung auf größtmögliche Annäherung an gesteckte Lernziele zu verändern',und:...'im Hinblick auf die in der Erziehungspraxis zu lösenden Probleme ist die Erziehungswissenschaft in erster Linie eine technologische Wissenschaft'" (Vogel, 1990, S. 23).

Daraus wird auf eine manipulative Fremdbestimmung als Merkmal der Erziehungsauffassung empirischer Pädagogik geschlossen und mit einem Zitat aus Heitger (1986) das Urteil gesprochen: "Diese zur Abrichtung verkommene Pädagogik kann mit Individualität ebenso wenig anfangen wie mit der Identität eines sich in den verschiedenen Wechselfällen durchhaltenden Subjekts in seiner Einmaligkeit" (Vogel 1990, S. 24). Vogel bleibt in seinem Verständnis empirischer pädagogischer Forschungsdesigns auf folgender Ebene stehen: "Noch deutlicher wird das Ungenügen objektivistischer Verfahren, wenn man sich vorstellt, wie ein Beobachter die Vorgänge in einer katholischen Messe nur aufgrund von raumzeitlich objektivierbaren Veränderungen (regelmäßige Veränderungen der Körperhaltung, Erzeugen von Geräuschen usw.) 'erklären' würde, ohne auf den Sinn, den die Akteure mit ihrem Handeln verbinden, zu rekurrieren. Selbst ein statistisch eindeutig gesicherter Zusammenhang zwischen menschlichen Handlungen ist noch keine hinreichende Erklärung, solange der Sinnzusammenhang des Handelns nicht ermittelt ist" (Vogel 1990, S. 130). Wesentlich mehr Verständnis hat er für Psychologie und Soziologie, in deren neuerer Forschung "nahezu alle Monita der Pädagogik gegenüber empirischen Ansätzen berücksichtigt sind" (Vogel, 1990, S. 47).

Dabei hat Meumann bereits 1914 als Zusammenfassung einer längeren Begründung geschrieben: "Die Entwicklung des Kindes ist daher zum geringeren Teil Anpassung, in ihrem Kern ist sie Spontaneität, eine spontane Reaktion und eine individuelle Verarbeitung und Umformung der Umgebungseinflüsse. Entwicklung ist nicht bloße Adaption an die Umgebung, sondern vielmehr individuelle Transformation der Umgebung" (zitiert nach Meumann, 1920, S. 424).

Wenn man nicht so weit zurückschauen wollte, dann hätte man in dem 1970 publizierten Handbuch der Unterrichtsforschung Details über die Interaktionismusdebatte der vorausgegangenen zwei Jahrzehnte und über die damals bereits zahlreich vorliegenden Forschungen lesen können, die beweisen, daß auch Heranwachsende Subjektivität und Intentionalität besitzen. Klauer (1973) betont in seiner Revision des Erziehungsbegriffs vom empirisch-rationalen Standpunkt aus die Bedeutung interaktionistischer Sicht, und Ulich (1976) stellt seine Theorien erzieherischen Handelns und sozialen Lernens unter das Thema "Pädagogische Interaktionen". Man kann Vogels Kennzeichnung daher nicht als zutreffendes Bild empirisch-analytischer Forschungspraxis ansehen.

In der Paradigmendiskussion auf dem Bielefelder Kongreß vertrat Tenorth (1991) das empirisch-analytische Paradigma und bilanzierte unter der Überschrift "Programm ohne Praxis - Praxis ohne Programm". Die Tatsache, daß jemand die empirische Pädagogik vertritt, der zwar als Wissenschaftler anerkannt ist und der Empirie sachlich aufgeschlossen gegenübertritt, selbst aber nur in Literaturanalysen empirische Erfahrungen besitzt, zeigt wieder einmal, wie fremd und ablehnend die meisten Vertreter der empirisch orientierten Vorgehensweisen Paradigmendiskussionen gegenüberstehen.

Tenorth erstellt eine quasi betriebswirtschaftliche Bilanz, rechnet der Empirischen Erziehungswissenschaft etwa 120 Mitarbeiter im universitären Bereich und sechs Zeitschriften zu. Bei den qualitativen "Konten" fragt er, ob das Unternehmen das leistet, was es leisten soll und nach eigenem Programm leisten will (1991, S. 8). Und hier nimmt er "der Einfachheit halber" das Programm in der Dimensionierung, die er bei Brezinka findet und will nach dem "Gesamtzusammenhang der Produktion.... der Abteilung Forschung und .... der Abteilung Anwendung" (1991, S. 8) fragen.

Er nimmt für den Gesamtzusammenhang den Anspruch umfassender Systembildung oder mit Brezinka die Synthese von erziehungsphilosophischen, empirischen und praktischen Wissenssystemen auf. "Das Ergebnis ist einfach - das seit Meumann, Lay und anderen Vertretern der empirisch-pädagogischen Forschung versprochene und von allen Seiten erwartete System der Erziehungswissenschaft im Geiste des Empirismus und der analytischen Philosophie liegt nicht vor.. " (Tenorth, 1991, S. 8). "Deshalb also - im Blick auf den Systemanspruch: Programm ohne Praxis" (1991, S. 8).

Wieder einmal müssen sich die Vertreter empirischer Vorgehensweisen an einem von außen aufgestellten Anspruch messen lassen. Wieder einmal werden sie nach einer Äußerung Brezinkas beurteilt, dessen ambivalenten Einfluß auf die empirische Pädagogik in Österreich jüngst Thonhauser (1992) geschildert hat. Aber Brezinka ist nicht der Sprecher der empirischen Pädagogik. Lay und Meumann haben ein so umfassendes System nicht versprochen, und H. Roth hat alles getan, um einen solchen Anspruch abzuwenden. Die empirisch arbeitenden Erziehungswissenschaftler legen bereichsspezifische Theorien vor (z.B. Flechsig, 1967 und Flammer, 1975 zur Unterrichtsforschung), und sie diskutieren die Relevanz von Theorien für pädagogische Fragen (z.B. v. Saldern, 1991), aber sie sehen nicht die Notwendigkeit, auf Forschungen zu verzichten, solange nicht das umfassende System vorliegt. Selbstverständlich entgehen sie nicht der Gefahr, Untersuchungen anzustellen, die sich nicht in "Theorien mittlerer Reichweite" einordnen lassen, aber die Gefahr einer wenig Gewinn bringenden Produktion ist ja wohl nicht auf Empiriker begrenzt.

Bei der Beurteilung der Forschung sieht Tenorth das Problem, daß die Kriterien der Akzeptanz von Sätzen primär methodischer, nicht theoretischer Natur sind. Er geht gleich zur Sparte "Anwendung" weiter und fragt, was die empirische Pädagogik hier für Praktiker gebracht habe. Dabei nimmt er Weinert (1989) als Zeugen für den Ertrag der Lehr- und Unterrichtsforschung, der einen beliebig zu verlängernden Katalog offener Fragen sieht und aus Metaanalysen den Schluß zieht, daß fast jede Variable in gewisser Hinsicht sowohl bedeutsam als auch unwichtig sei. Also: Praxis ohne Programm! Oder wie Tenorth fragt, ob man Erziehung für ein Phänomen halten könne, das der Forschung nach dem Muster eines kausalanalytischen Programms gar nicht zugänglich sei.

Empirisch arbeitende Wissenschaftler (z.B. Lemberg, 1968a; Merkens, 1971; Aurin, 1973; Flammer, 1975; Krumm, 1989) haben immer wieder festgestellt, daß ihr Forschungsertrag den hohen Erwartungen nicht entspreche und daß jedes gelöste Problem neue Fragen aufwerfe. Aber diese - bei anderen Paradigmen vielleicht nicht üblichen - selbstkritischen Äußerungen betreffen spezifische Teilbereiche, sie stellen den Wert empirischen Vorgehens insgesamt nicht in Frage und können nicht in Zweifel ziehen, daß die empirische Pädagogik schon einen beachtlichen Bestand an gesicherten Erkenntnissen erarbeitet hat, wie auch dieser Band demonstriert. Wer richtig bilanzieren will, muß alle Aktiva und Passiva prüfen und kann sich nicht auf selbstkritische Zweifel eines "Buchhalters" über einen "Geschäftsbereich" beschränken.

Die empirisch-analytische Pädagogik wird seit Beginn ihrer Arbeit von der "bildungsphilophischen Koalition" (Vogel, 1991) nach ihr nicht angemessenen Kriterien abgeurteilt. Andere sagen ihr, welche Metatheorien und bereichsspezifische Theorien sie haben müsse, andere analysieren fiktive Untersuchungen (als ob es nicht genug gute in der Realität gäbe) und hängen ihre Kritik an diesem selbst geschaffenen Popanz auf, andere stellen ihr Paradigma dar und bilanzieren es zwar geistreich, aber dennoch verkürzt. Es kann die deutsche Erziehungswissenschaft nicht befruchten, wenn sie den Erkenntniswert der Arbeiten einer Minderheit immer wieder anzweifelt, ohne sich ernsthaft mit deren Erkenntnismethoden zu beschäftigen.

Die Argumentation der "bildungsphilosophischen Koalition" wirkt seltsam irreal und provinziell, da in fast allen Stellungnahmen die internationale Methodologie-Diskussion völlig übergangen wird. Die empirische Pädagogik ist aber vor 1945 nur in Deutschland ins Abseits gedrängt worden. In den westlichen Demokratien ist sie seit vielen Jahrzehnten als unentbehrlicher Bestandteil pädagogischer Forschung und Lehre anerkannt und hat einen Fundus gesicherten Wissens geschaffen, auf den auch deutsche Geisteswissenschaftler immer wieder zurückgreifen. Besonders bestürzend ist, daß die o. a. Äußerungen nicht von Außenseitern, sondern von anerkannten Wortführern der deutschen Erziehungswissenschaft stammen.

Mehr noch sind jedoch die Versäumnisse der empirisch arbeitenden Pädagogen zu beklagen. Zwar muß man ihnen zugestehen, daß sie unter dem Handlungsdruck der Praxis mehr als ausgelastet waren, wenn sie gute Untersuchungen planten und organisierten, wenn sie mit den durch die elektronische Datenverarbeitung rasant anwachsenden methodischen Möglichkeiten Schritt halten und die internationale Literatur zu ihrem Untersuchungsbereich aufarbeiten wollten, wenn sie die Eingriffe in ihre Forschungsfreiheit abwenden wollten usw. Aber zu oft haben sie sich auch in methodische Detaildiskussionen verloren und sich durch die Formelsprache ihrer Berichte gegen Außendiskutanten immunisiert. Zwar kann man nicht verlangen, daß sie mit jedem diskutieren, der mit einem Theoriebeitrag über empirisches Vorgehen seinen Praxisbezug demonstrieren will. Aber die Empiriker haben ja bislang nicht einmal selbst eine Bilanz ihrer verstreuten Forschung gezogen (der so genannte Sammelband von Beck und Kell (1991) bietet nur einen Ausschnitt), sie haben die eigene Geschichte nicht aufgearbeitet und auf Kongressen der DGfE die Diskussion über ihre Methodologie nicht selbst organisiert. Die Liste der Versäumnisse wäre beliebig zu verlängern. (Vgl. auch Kap. 2.1.1.)

Im Grunde herrscht bei vielen Empirikern der naive Glaube vor, man brauche nur gute Untersuchungen durchzuführen und sich um das Geschwätz "spekulierender Essayisten" nicht zu kümmern. Aber in einer Gesellschaft, der die Gütekriterien empirischen Arbeitens nicht vermittelt wurden, entscheidet die Qualität von Untersuchungen weder über ihre bildungspolitische Berücksichtigung noch über ihre allgemeinwissenschaftliche Akzeptanz. Das gilt auch für die Gremien, in denen über die Wissenschaftsförderung entschieden wird. Wenn dort das Bild empirischer Pädagogik weitgehend durch die "bildungsphilosophische Koalition" vermittelt wird, braucht man sich über die an internationalen Standards gemessen kümmerliche Förderung empirischer Pädagogik in Deutschland nicht zu wundern.

1.0.1.5 Das Zwischenspiel der Handlungsforschung

Lenzen schrieb 1980: "Das empirisch-analytische Paradigma geriet zu einem Zeitpunkt in den Strudel der durch die Studentenbewegung politisch begünstigten Auseinandersetzungen, die als Positivismusstreit in der deutschen Soziologie bezeichnet werden, bevor es zur Lösung der Probleme hätte beitragen können, von denen man glaubte, daß sie dem geisteswissenschaftlichen Zugriff verschlossen blieben" (1980, S. 10).

Von diesen Auseinandersetzungen soll hier nur kurz auf die Handlungsforschung verwiesen werden. Der Einfluß der Kritischen Theorie war spätestens seit Mollenhauers 1969 erschienenem Buch "Erziehung und Emanzipation" nicht zu übersehen. Grundgedanken der Kritischen Pädagogik und anderer gesellschaftskritischer Positionen konkretisierten sich in der Handlungsforschung, die unabhängig von diesen spezifisch deutschen Theorien auch Wurzeln in der amerikanischen Forschung hat, besonders bei Corey. 1972 erschien der die bisherige Diskussion beschreibende Sammelband "Aktionsforschung" von Haag, Krüger, Schwärzel und Wildt; 1975 veröffentlichten Heinze, Müller, Stickelmann und Zinnecker den Sammelband "Handlungsforschung im pädagogischen Feld".

In diesem Kapitel ist nicht der Ort, Paradigmen oder Methoden der Handlungsforschung zu diskutieren. Hier soll nur kurz skizziert werden, mit welchen Argumenten sich ein Teil der Handlungsforscher nachdrücklich von der empirischen Pädagogik abgrenzte. Dießenbacher (1980, S. 164) formulierte die Abgrenzung so: "Die empirische Sozialforschung als objektive Geheimwissenschaft ist auf sozialtechnische Verhaltenssteuerung in manipulativer Absicht, Aktionsforschung als subjektbezogene Aufklärungswissenschaft auf praktische Veränderung in emanzipatorischer Absicht ausgerichtet." Der empirischen Pädagogik warfen viele Handlungsforscher vor, daß sie vor allem Herrschaftswissen vermehre, daß sie die Untersuchten zum Objekt mache und nicht über die Untersuchungsziele aufkläre, daß sie ihre eigenen Annahmen nicht kritisch hinterfrage, daß ihre Objektivität nur eine konventionelle Einigung über Methoden sei und daß die bevorzugten quantitativen Methoden oft nicht dem Untersuchungsgegenstand angemessen gewesen seien.

Diese Argumentation trug dazu bei, die Akzeptanz der empirischen Pädagogik zu erschweren. Die Bevorzugung qualitativer Methoden und subjektiver Wahrheitskriterien machte die Handlungsforschung für einen Teil der Geisteswissenschaftler attraktiv, die den dornigen Weg der quantitativ- statistischen Methodenausbildung scheuten. Erinnert sei nur an den konfusen Versuch von Blankertz und Gruschka (1975), ihre Methodik der Begleitforschung zu beschreiben, und an die Kritik von Mollenhauer und Rittelmeyer (1975). Aber auch die Versuche von Klafki und Mollenhauer, empirische Methoden in der Handlungsforschung zu tolerieren, waren nicht sehr erfolgreich.

Wie gering auch unter Theoretikern der Handlungsforschung das Verständnis für die Abläufe empirischer Forschung war, zeigt die Äußerung von Moser (1975, S.62): "Wenn sich in der Erziehungswissenschaft die empirische Forschung ab ungefähr 1965 als neue Lösung mit dem Versprechen anbot, das Theorie-Praxis-Problem über Prognosemöglichkeiten in den Griff zu bekommen, so ist dieser Anspruch nicht eingelöst worden." Man muß völlig unwissend in Fragen empirischer Methodologie sein und darf die internationale Wissenschaftsentwicklung nicht zur Kenntnis nehmen, wenn man erwartet, die Empirie hätte das Theorie-Praxis-Problem in einer Dekade lösen können.

Auch die Handlungsforschung hat im pädagogischen Bereich die Hoffnungen ihrer Vertreter enttäuscht. Sie lebt heute eigentlich nur noch in sozialpädagogischen Nischen. Wenn man rückblickend fragt, was sie positiv oder negativ zur empirischen Pädagogik beigetragen habe, so kann man sagen, daß die Handlungsforschung in ihren Anfängen eine kontinuierliche Ausweitung der empirischen Pädagogik sehr behindert und die Akzeptanz einzelner Methoden weitgehend aufgehoben hat.

Auf der anderen Seite haben die Forderungen der Handlungsforscher die Empiriker stärker als bisher gezwungen, über die gesellschaftlichen Voraussetzungen und Folgen ihrer Untersuchungen nachzudenken, qualitative Methoden mehr als früher auf ihre Eignung zu überprüfen und ihre Arbeit stärker in die Verpflichtung zur Reform der Erziehung einzubinden. Heute kann man sagen, daß die Handlungsforschung der empirischen Pädagogik letzten Endes mehr positive Impulse gegeben hat, als man um 1970 erwarten konnte. Allerdings hat sie von der empirischen pädagogischen Forschung auch einen Teil der ohnehin knappen Personal- und Sachmittel abgezogen, über die im folgenden Kapitel berichtet wird.

1.0.2 Ressourcen und Orientierungen der empirischen pädagogischen Forschung (Jürgen Baumert, Brigitte Steinert und Horst Weishaupt)

1.0.2.1 Einleitung

Die Grundlage für die nachfolgende Darstellung der Situation der empirischen Pädagogik bildet eine Bestandsaufnahme der Bildungsforschung. Sie diente dazu, den Umfang und den Einsatz der für die Bildungsforschung verfügbaren personellen und materiellen Ressourcen, deren Entwicklungstendenzen und deren thematische Orientierungen zu erfassen und zu bewerten (Weishaupt, Steinert & Baumert, 1991). Um einigermaßen zureichend den Bereich der Bildungsforschung und als einen Teilbereich daraus die empirische Pädagogik zu erfassen, wurden mehrere Teilstudien in diesem Bericht integriert (siehe Abbildung 1).

Im folgenden wird auf Ergebnisse der Erhebung des Max-Planck-Instituts (MPI) für Bildungsforschung zur Situation der Erziehungswissenschaft an wissenschaftlichen Hochschulen zurückgegriffen.

Abb. 1: Struktur des Untersuchungsfeldes und Topographie der Beschreibungsansätze

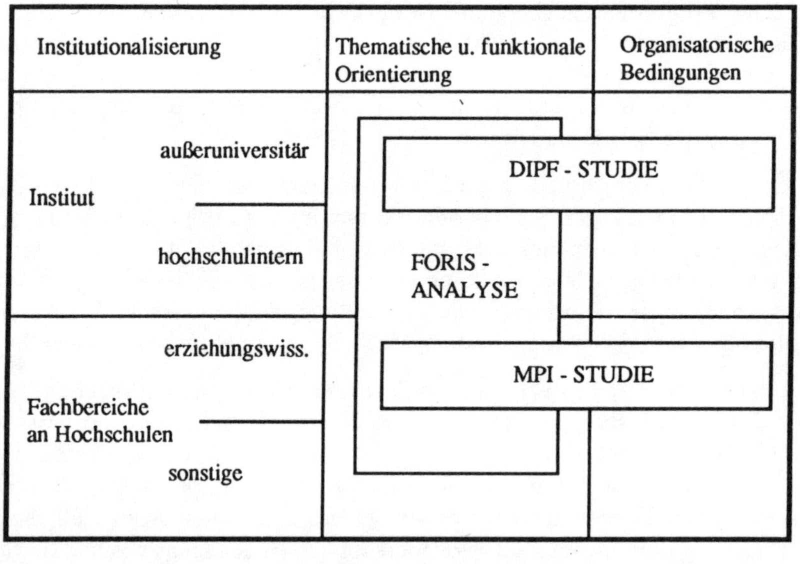

Die außeruniversitären Einrichtungen der Bildungsforschung und institutionell verselbständigten Hochschulinstitute werden dargestellt anhand der Ergebnisse einer schriftlichen Erhebung des Deutschen Instituts für Internationale Forschung (DIPF), die eine Auswertung von Institutsmaterialien und Tätigkeitsberichten einbezog. Diese Erhebung erfaßte auch die Einrichtungen der Forschungsförderung, soweit sie Bildungsforschung fördern, um Informationen über die Entwicklung der Forschungsausgaben sowie der Formen und thematischen Schwerpunkte der Forschungsförderung zu erhalten. In diesem Zusammenhang wird speziell die Förderung der Bildungsforschung durch die Deutsche Forschungsgemeinschaft untersucht.

Die Analyse der projektförmig organisierten Bildungsforschung basiert auf den im Forschungsinformationssystem Sozialwissenschaften (FORIS) des Informationszentrums Sozialwissenschaften für den Zeitraum von 1978 bis 1989 dokumentierten Forschungsprojekten.

Für die Analyse der empirisch-pädagogischen Forschung hat der umfassende Ansatz der zugrundeliegenden Studie den Vorteil, daß die Situationsanalyse der Entwicklung und Struktur der empirischen Bildungsforschung in anderen Disziplinen der Pädagogik gegenübergestellt werden kann.

1.0.2.2 Empirische Pädagogik an den Hochschulen

Von 1988 bis 1989 wurde am Max-Planck-Institut für Bildungsforschung in Zusammenarbeit mit der Deutschen Gesellschaft für Erziehungswissenschaft eine empirische Studie zur Lage der erziehungswissenschaftlichen Forschung an den wissenschaftlichen Hochschulen durchgeführt. Die empirische Grundlage der Berliner Studie bilden vier Datensätze. Dies sind (1) Personaldaten zum akademischen Lehrkörper der Pädagogik, (2) objektive Indikatoren für die Publikationstätigkeit von Hochschullehrern und deren Rezeption, (3) Beschreibungen und Beurteilungen der individuellen Arbeitssituation des einzelnen Fachvertreters sowie Äußerungen zu seiner wissenschaftlichen Orientierung und (4) institutionelle Kennziffern von Hochschuleinrichtungen.

Die folgende Darstellung nutzt den Personaldatensatz und vor allem die 1988 durchgeführte Fragebogenerhebung zur Tätigkeitsstruktur, zu den Arbeitsbedingungen, zur Forschungstätigkeit und zur wissenschaftlichen Orientierung der Hochschullehrerschaft der Pädagogik. Dieser Untersuchungsteil repliziert Ausschnitte der Hochschullehrerbefragung "Zur Lage der Forschung an deutschen Universitäten", die das Institut für Demoskopie Allensbach im Wintersemester 1976/77 durchführte und 1983/84 wiederholte. Die im folgenden berichteten Befragungsergebnisse beruhen auf den Angaben einer Stichprobe von 559 hauptamtlichen Hochschullehrern.

1.0.2.2.1 Die personelle Situation der Erziehungswissenschaft

Die personelle Situation der Erziehungswissenschaft ist mittlerweile gut dokumentiert und analysiert, so daß an dieser Stelle eine knappe Zusammenfassung genügt, um den personellen Rahmen zu skizzieren, in den die empirische pädagogische Forschung eingebettet ist (Baumert & Roeder, 1990a,b; Kuckartz & Lenzen, 1988).

Anfang der neunziger Jahre ist die universitäre Erziehungswissenschaft in den alten Bundesländern personell der bedeutsamste Teil der institutionalisierten Bildungsforschung. Trotz der noch anhaltenden Stellenverluste belief sich das hauptberufliche wissenschaftliche Personal in der Erziehungswissenschaft Ende der achtziger Jahre auf 2120 Personen (vgl. Tab. 1). Davon waren 1012 hauptberufliche Professoren und 1108 Angehörige des akademischen Mittelbaus. Gemessen am Hochschullehrerbestand ist die Pädagogik innerhalb der Fächergruppen Sprach- und Kulturwissenschaften, aber auch innerhalb der Rechts-, Sozial- und Wirtschaftswissenschaften als "großes" Fach anzusehen. Dieses Bild relativiert sich jedoch, sobald man die Ausstattung mit Assistenten und wissenschaftlichen Mitarbeitern berücksichtigt. Die Relation zwischen Professoren und wissenschaftlichen Mitarbeitern betrug 1987 etwa 1:1, während in den benachbarten Human- und Sozialwissenschaften auf einen hauptamtlichen Professor 2 bis 3 wissenschaftliche Mitarbeiter kamen. Der relativ schwache Ausbau des Mittelbaus ist in erster Linie ein Erbe der Pädagogischen Hochschulen.

Tab 1: Wissenschaftliches Personal der Erziehungswissenschaft an wissenschaftlichen Hochschulen nach Personal- bzw. Besoldungsgruppe und Geschlecht 1987

Personal-/ Besoldungsgruppe	Wissenschaftliches Personal insgesamt	weiblich in Prozent der Personal-/ Besoldungsgruppe	befristet angestellt in Prozent der Personal-/ Besoldungsgruppe
Hauptberufl. Professoren [1]			
C4	516	6,2	-
C3	302	10,6	-
C2	194	22,3	8,7
Hauptberufl. Professoren	1.012	10,7	1,9
Hochschullehrer [2]	1.235	11,4	.
Hauptberufl. wissenschaftliche Mitarbeiter	1.108	26,0	52,2
Hauptberufl. wissenschaftliches Personal	2.120	18,7	27,4

[1] Berechnet auf der Grundlage von 861 hauptberuflichen Professoren mit bekannter Besoldungsgruppe.

[2] Die Gruppe enthält: hauptberufliche Professoren, Emeriti (sofern sie lesen), Honorarprofessoren, außerplanmäßige Professoren, Privatdozenten und habilitierte wissenschaftliche Mitarbeiter.

Quelle: Max-Planck-Institut für Bildungsforschung, "Zur Lage der Erziehungswissenschaft",1988.

Der konsolidierte Personalbestand der Disziplin ist das Ergebnis der Expansion in den siebziger Jahren, mit der das Fach das niedrige Niveau der universitären Erstinstitutionalisierung endgültig überwand. Abbildung 2 zeigt das bekannte Expansionsmuster, das die Erziehungswissenschaft mit anderen für die Bildungsforschung wichtigen Disziplinen teilt. Die Phase der stärksten Expansion des Fachs lag zwischen 1970 und 1975. Sie brach 1975 jedoch nicht ab, sondern setzte sich abgeschwächt bis 1980 fort, obwohl die Zahl der Lehramtsstudenten bereits seit 1975 rückläufig war. Eine Kontraktion begann erst in den achtziger Jahren. In dieser Zeit verminderte sich die Zahl der wissenschaftlichen Mitarbeiter um mehr als 300, obwohl auch in diesem Fach der Personalverlust durch Stellenteilung gemildert wurde. Man wird im Auge zu behalten haben, inwieweit die Reduktion des Mittelbaus langfristige Folgen auch für die Entwicklung der empirisch arbeitenden Pädagogik haben wird.

Abb. 2: Hauptberufliches wissenschaftliches Personal der Erziehungswissenschaft an Wissenschaftlichen Hochschulen der Bundesrepublik Deutschland (einschließlich Pädagogischen Hochschulen) nach Dienststellung 1966-1987[1]

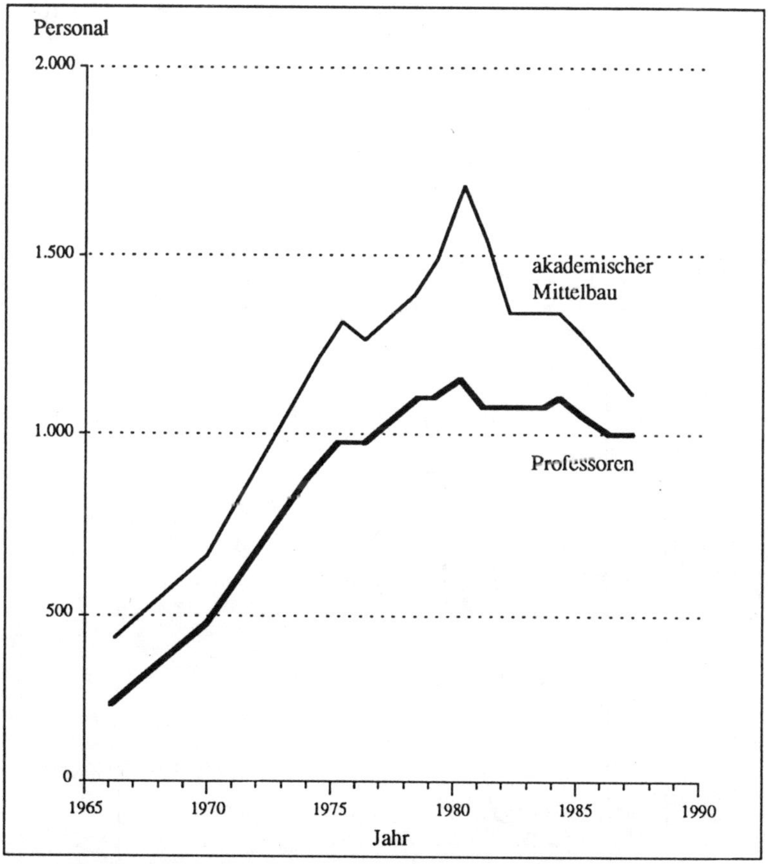

1 Schätzung unter Verwendung der Kollektiv- und Individualerhebungen des Statistischen Bundesamtes sowie eigener Erhebungsergebnisse.

Quelle: Statistisches Bundesamt: Fachserie 11, Reihe 4.4, Personal an Hochschulen, eigene Berechnungen; Max-Planck-Institut für Bildungsforschung, „Zur Lage der Erziehungswissenschaft“, 1988.

Eine Analyse der Rekrutierungsgeschichte der derzeitigen Professoren der Pädagogik zeigt Phasen sehr unterschiedlicher Berufungsintensität. Über 40 % der Hochschullehrerschaft wurde zwischen 1971 und 1975 berufen. Betrachtet man den gesamten Zeitraum der siebziger Jahre, so haben zwei Drittel der derzeitigen Professoren ihren ersten Ruf in dieser Dekade erhalten (vgl. Abbildung 3). Der Abbildung 3 ist auch zu entnehmen, daß die Expansion des Faches bis 1975 stärker von den Pädagogischen Hochschulen als den Universitäten getragen wurde. Erst danach veränderte sich mit der Integration der Pädagogischen Hochschulen in die Universitäten das Berufungsmuster. In Phasen schnellen Wachstums erhöht sich die Wahrscheinlichkeit, daß sich eine wissenschaftliche Disziplin auch thematisch und methodisch ausdifferenziert. Dies gilt umso mehr, wenn ein geringer Bestand an berufbaren Nachwuchswissenschaftlern eine Rekrutierung aus Nachbardisziplinen erzwingt. Strukturell bot die Personalexpansion der siebziger Jahre relativ gute Voraussetzungen, daß die empirische Forschung - nicht zuletzt durch Zuwanderung aus der Psychologie gestützt - an Boden gewinnen konnte. Fand die realistische Wendung (Roth) der Erziehungswissenschaft tatsächlich statt?

Abb. 3: Hauptberufliche Professoren der Erziehungswissenschaft nach Hochschulart und Zeitraum der Erstberufung 1987[1]

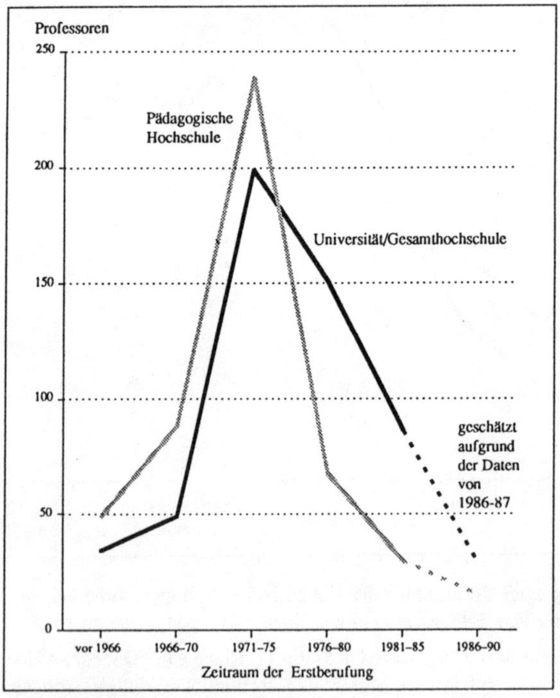

[1] Berechnet aufgrund einer Stichprobe von n = 537.

Quelle: Max-Planck-Institut für Bildungsforschung, „Zur Lage der Erziehungswissenschaft", 1988.

1.0.2.2.2 Forschungsinteressen und wissenschaftliche Orientierung der Professoren der Erziehungswissenschaft

Tabelle 2 gibt Auskunft über die Verteilung von Forschungsinteressen hauptberuflicher Professoren der Erziehungswissenschaft. Kennzeichnend für die Mehrzahl der Hochschullehrer ist ein pragmatisch-konstruktives Interesse, das sich auf die unmittelbare Verbesserung der pädagogischen Praxis richtet. Gut die Hälfte der Befragten erhebt für die eigenen Forschungsarbeiten dezidiert diesen Anspruch.

Tab. 2: Klassifikation der Forschungsarbeiten hauptberuflicher Professoren der Erziehungswissenschaft, Selbsteinordnung (in Prozent, n=559)

Forschungsinteresse	Eigene Forschungsarbeiten einschlägig	Überschneidungen	keine Berührungspunkte
Forschungs- oder Entwicklungsarbeiten, die unmittelbar der Verbesserung der pädagogischen Praxis dienen sollen	53,2	29,6	17,1
Forschungsarbeiten, die politische Entscheidungsprozesse beeinflussen und optimieren sollen	20,2	33,3	46,6
Aktuelle Analysen zur Entwicklung von Bildungsinstitutionen und ihrer gesellschaftlichen Einbettung	28,0	37,9	34,0
Systematische Arbeiten zur Theorie von Bildungs- und Erziehungsprozessen	26,8	36,0	37,2
Ideengeschichtliche Arbeiten zu Bildungs- und Erziehungsprozessen	19,8	29,5	50,7
Realgeschichtliche Analysen zur Entwicklung von Bildungsinstutionen und -prozessen	25,7	30,7	43,6
Qualitative Fallstudien	34,8	31,9	33,3
Empirische Studien mit eher großen und möglichst repräsentativen Stichproben	16,9	19,2	63,8
Quantitative Arbeiten, für die Größe und Repräsentativität der Stichproben von untergeordneter Bedeutung sind	23,0	34,4	42,6
Experimente und Interventionsstudien	19,3	21,3	59,4

Quelle: Max-Planck-Institut für Bildungsforschung, "Zur Lage der Erziehungswissenschaft", 1988.

Ein knappes weiteres Drittel ist diesem Konzept verbunden. Auf eine indirekte Verbesserung der pädagogischen Praxis zielen offenbar jene 20 % der Professoren, die zur Optimierung politischer Entscheidungsprozesse beitragen wollen. Mit diesem Anliegen geht das Interesse an Analysen zur Entwicklung von Bildungsinstitutionen und ihrer gesellschaftlichen Einbettung Hand in Hand. Gegenüber dem unmittelbar praktischen Forschungsinteresse fällt das systematisch-historische Anliegen deutlich ab, das den Kern der geisteswissenschaftlichen Pädagogik ausmachte. Zugleich zeigt die Tabelle aber auch, daß von einem Wandel des Fachs zu einer empirisch arbeitenden Human- und Sozialwissenschaft wohl nur mit großen Einschränkungen die Rede sein kann. Am ehesten scheint die qualitative Fallstudie ein methodisches Vorgehen zu sein, das praktische Interessen und empirische Zugriffsweisen zu verbinden erlaubt.

Versucht man den Anteil empirisch arbeitender Hochschullehrer genauer zu bestimmen, so kommt man je nach Strenge des Abgrenzungskriteriums zu Prozentsätzen, die zwischen 20 und 40 % schwanken. Unter Berücksichtigung mehrerer Kriterien kommt man zu Schätzungen, die bei etwa 20 % primär empirisch arbeitender Pädagogen liegen. Dieser Befund korrespondiert gut mit den Ergebnissen, die im Rahmen der Freiburger Untersuchung "Zum Formierungsprozeß einer Disziplin" für die methodische Anlage pädagogischer Dissertation ermittelt wurde. Danach waren knapp 25 % der zwischen 1980 und 1985 abgeschlossenen Dissertationen vorrangig empirische Arbeiten (Macke, 1990). Nimmt man die Mitarbeit in der Arbeitsgruppe für Empirische Pädagogische Forschung (AEPF) als härteren Indikator für empirische Forschungsorientierung, so wird man den Kern der empirisch arbeitenden Pädagogen mit etwa 10 bis 15 % der Hochschullehrer veranschlagen.

Um zu einer präziseren Beschreibung der wissenschaftlichen Orientierungen des akademischen Personals zu gelangen, wurden mit Hilfe der Fragen zum Forschungsinteresse sowie weiterer Fragen zum praktischen und politischen Engagement und zur Bedeutung praktischer Berufstätigkeit vier Skalen gebildet, die eine Quantifizierung unterschiedlicher Sichtweisen erlauben. Dies sind: eine praktisch-klinische Orientierung, eine politisch-institutionelle Perspektive, die Sichtweise einer theoretisch und historisch arbeitenden Pädagogik sowie eine empirische Orientierung. Überprüft man die Entwicklung der unterschiedlichen Sichtweisen anhand der Erstberufungsdaten des hauptamtlichen Lehrkörpers, so wird eine latente Dynamik deutlich, die fraglich erscheinen läßt, ob man tatsächlich von einer realistischen Wendung der Pädagogik sprechen kann. Nach Abbildung 4 sind Praxisorientierung und politisch-institutionelle Orientierung unabhängig vom Zeitraum der Erstberufung der hauptberuflichen Professoren. Beide Sichtweisen scheinen stabile Merkmale des Faches zu sein. Dagegen hat die in der Vergangenheit vorherrschende theoretisch-historische Forschungsperspektive mit der Expansion stetig an Bedeutung eingebüßt, ohne daß die empirische Forschung an ihre Stelle treten konnte. In den siebziger Jahren sind zwar in der Tat empirisch orientierte Forscher stärker zum Zuge gekommen, in den achtziger Jahren hat jedoch die empirische Erziehungswissenschaft bei Neuberufungen wieder an Boden verloren. (Bei einer varianzanalytischen Prüfung wird der nichtlineare Anteil signifikant). Die empirische Orientierung von Professoren ist von der institutionellen Herkunft - Pädagogische Hochschule oder Universität - ebenso unabhängig wie vom Geschlecht. Es deutet sich allerdings eine Tendenz an, daß Wissenschaftlerinnen eine etwas stärkere Affinität zur Empirie haben - statistisch läßt sich dies jedoch nicht sichern.

Abb. 4: Wissenschaftliche Orientierung hauptberuflicher Professoren nach Zeitraum der Erstberufung (standardisierte Werte gemittelt, n=537)

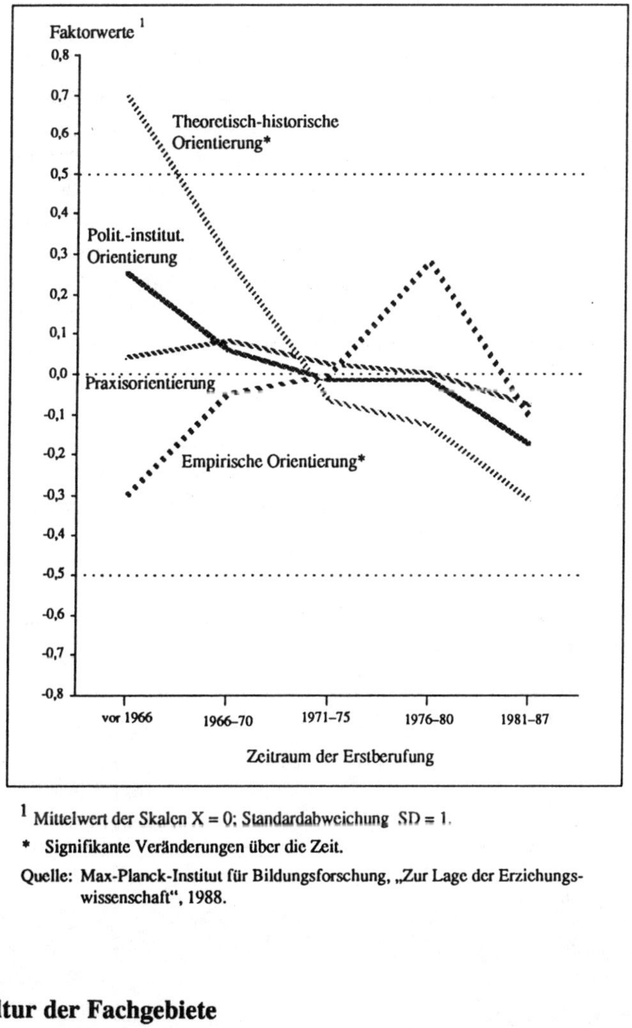

[1] Mittelwert der Skalen X = 0; Standardabweichung SD = 1.

* Signifikante Veränderungen über die Zeit.

Quelle: Max-Planck-Institut für Bildungsforschung, „Zur Lage der Erziehungswissenschaft", 1988.

1.0.2.2.3 Kultur der Fachgebiete

Inwieweit sind die beschriebenen Dimensionen wissenschaftlicher Orientierung geeignet, Fachgebiete der Erziehungswissenschaft zu charakterisieren? Die in Tabelle 3 zusammengefaßten Ergebnisse legen es in der Tat nahe, Fachgebietskulturen zu unterscheiden. Empirisch arbeitende Teildisziplinen sind danach in erster Linie die Pädagogische Psychologie, die Heil- und Sonderpädagogik sowie die Bildungssoziologie. Die in der Erziehungswissenschaft angesiedelte Pädagogische Psychologie arbeitet am ausgeprägtesten empirisch - bei relativ großer Distanz zu theoretisch-historischen, aber auch zu politisch-institutionellen Fragestellungen. Dieses Orientierungsmuster teilt am ehesten die Heil- und Sonderpädagogik, wobei diese allerdings institutionellen Gesichtspunkten gegenüber aufgeschlossener ist. In beiden Fachgebieten wurden zu einem erheblichen Anteil Hochschullehrer rekrutiert, die ihrer disziplinären Herkunft nach der Psychologie zuzurechnen sind (Tasche, 1990). Die Bildungssoziologie teilt mit beiden Fachgebieten die empirische Orientierung, unterscheidet sich aber erwartungsgemäß in ihren politisch-institutionellen Präferenzen und einer vorsichtigeren Beurteilung praktischer Einflußmöglichkeiten. In der relativen Distanz zu unmittelbar praktischen Ansprüchen trifft sich die Bildungssoziologie mit der Allgemeinen, Vergleichenden und Historischen Pädagogik, die allerdings primär theoretisch-historisch orientiert sind und der empirischen Forschung eher zurückhaltend gegenüberstehen. Einen weiteren relativ homogenen Block bilden die Sozialpädagogik, Berufs- und Wirtschaftspädagogik sowie die Erwachsenenbildung. Alle drei verbindet ein ausgesprochen politisch-institutionelles Interesse. Eine gewisse Sonderstellung nehmen Schulpädagogen und Didaktiker ein, die in sich relativ heterogen zu sein scheinen. Die empirisch orientierten Unterrichtsforscher, die diesen Fachgebieten zugeordnet wurden, sind offenbar eine zahlmäßig zu geringe Gruppe, als daß sie das vorherrschende Forschungsmodell definieren könnten. Insgesamt wird deutlich, daß empirische Vorgehensweisen weder für die quantitativ bedeutsamsten Kerngebiete der Pädagogik noch für die expandierenden Teildisziplinen wie Berufs- und Wirtschaftspädagogik, Erwachsenenbildung oder auch Sozialpädagogik prägend sind.

Tab. 3: Wissenschaftliche Orientierung hauptberuflicher Professoren nach Fachgebieten (z-Werte gemittelt, n=543)

Fachgebiet	Wissenschaftliche Orientierung			
	praktisch	theoret.-historisch	politisch-institutionell	empirisch
Allgemeine, vergleichende und historische Pädagogik	-.47	.55	-.10	-.38
Schulpädagogik und Didaktik	.24	-.15	-.14	.08
Heil- und Sonderpädagogik	.42	-.25	.03	.23
Sozialpädagogik	.25	-.38	.43	-.14
Berufs- und Wirtschaftspädagogik	.32	-.20	.50	.03
Erwachsenenbildung	.35	-.01	.51	.00
Bildungssoziologie	-.66	-.07	.32	.26
Pädagogische Psychologie	.11	-.89	-.68	.89

Quelle: Max-Planck-Institut für Bildungsforschung, "Zur Lage der Erziehungswissenschaft", 1988.

1.0.2.2.4 Forschungsintensität und Forschungsförderung

Es gehört zu den beunruhigenden Ergebnissen von Analysen zur Entwicklung der Bildungsforschung, daß die Forschungsintensität auch in der empirisch arbeitenden Erziehungswissenschaft abgenommen hat (vgl. Tab. 6). Tabelle 4 erlaubt einen Vergleich von Befragungsergebnissen aus dem Jahre 1977 und 1988. Danach ist der Anteil der in Forschungsprojekten engagierten Hochschullehrer deutlich zurückgegangen. 16 % der befragten Professoren gegenüber 6 % 1977 haben in den letzten Jahren kein Forschungsprojekt durchgeführt, und knapp 19 % sind im letzten akademischen Jahr überhaupt nicht zu kontinuierlicher Forschungstätigkeit gekommen. Betrachtet man die Ergebnisse für die empirisch orientierten Hochschullehrer getrennt, so zeigt sich, daß diese Gruppe offenbar häufiger in Forschungsprojekte eingebunden und insgesamt forschungsorientierter ist als jener Teil der Hochschullehrerschaft, der nichtempirische Arbeitsweisen bevorzugt.

Tab. 4: Forschungsprojekte hauptberuflicher Professoren der Erziehungswissenschaft 1977 und 1988 (in Prozent)

Projekt/Forschungstätigkeit	Erhebungszeitpunkt		
	1977 (n=86)	1988 (n=586)	1988 ("Empiriker"; n=116)
Keine kontinuierliche Forschungstätigkeit im letzten akademischen Jahr	.	18,6	9,5
Projekte der letzten Jahre [1]			
keines	5,8	16,1	4,4
1	45,3	35,4	28,3
2	31,4	27,6	31,9
3	9,3	12,8	23,0
4 und mehr	8,1	8,2	12,4
Organisation des wichtigsten Projektes der letzten Jahre			
Einzelarbeit	30,9	29,8	19,4
Projektgruppe	69,1	70,2	80,4

[1] 1977 für den Zeitraum von 3 Jahren, 1988 für den Zeitraum von 1984 bis 1987 erfragt.

Quellen: Institut für Demoskopie Allensbach, "Zur Lage der Forschung an deutschen Universitäten", 1977 (Reanalyse);
Max-Planck-Institut für Bildungsforschung, "Zur Lag der Erziehungswissenschaft", 1988.

Dieses Grundmuster läßt sich in ganz ähnlicher Form bei der Analyse der Entwicklung der Forschungsförderung feststellen (vgl. Tab. 5). Zwischen 1977 und 1988 ist der Bedarf an Förderungsmitteln stabil geblieben. Zugleich ist aber die relative Anzahl von Drittmittelempfängern zurückgegangen. Insbesondere hat sich der Anteil derjenigen, die Zuwendungen von Regierungen und Verwaltungen erhalten haben, fast halbiert. Nach den Befragungsergebnissen hat sich auch der Anteil von Hochschullehrern, die DFG-Mittel erhalten haben, reduziert. Zugleich ist aber die Zahl der von der DFG im Normalverfahren bewilligten Projekte gestiegen (vgl. Tab. 16, s. S.48). Danach dürften für die verringerten Partizipationsquoten einerseits Verluste im Bereich von Sonderforschungsbereichen und Schwerpunktprogrammen und andererseits eine Konzentration der bewilligten Projekte auf wenige Bewilligungsempfänger verantwortlich sein. Im Vergleich zur Situation in der Erziehungswissenschaft insgesamt scheinen auch hier die Empiriker etwas erfolgreicher zu sein.

Tab. 5: Förderung der Forschung hauptberuflicher Professoren der Erziehungswissenschaft 1977 und 1988

Drittmittelbedeutung/ Drittmittelgeber	Erhebungszeitpunkt		
	1977 (n=86)	1988 (n=559)	1988 ("Empiriker"; n=116)
Drittmittel zur Verwirklichung der Forschungsinteressen notwendig	65,0	67,4	78,1
Drittmittel in den letzten Jahren erhalten	70,9	57,9	71,1
Drittmittelgeber			
DFG	27,9	19,9	31,0
Andere Mittelgeber	60,5	50,7	.
Regierung und Verwaltung	58,1	31,8	.
Wirtschaft	5,8	5,2	.
Stiftungen der Wirtschaft	0,0	6,6	.
Stiftungen der Parteien	0,0	3,9	.
Ausländ. Einrichtungen	0,0	1,7	.
Selbsthilfe, ABM	8,1	6.6	.

Quellen: Institut für Demoskopie Allensbach, "Zur Lage der Forschung an deutschen Universitäten", 1977 (Reanalyse);
Max-Planck-Institut für Bildungsforschung, "Zur Lage der Erziehungswissenschaft", 1988.

1.0.2.3 Außeruniversitäre Bildungsforschung

Parallel zur Differenzierung der Erziehungswissenschaft an den Hochschulen verlief der Prozeß der Institutionalisierung von Einrichtungen der Bildungsforschung außerhalb der Hochschulen. Kennzeichen vieler außeruniversitärer Institute ist deren Interdisziplinarität. Diese Institute lassen sich nicht der Erziehungswissenschaft zuordnen, sie vereinigen meist Mitarbeiter aus mehreren sozialwissenschaftlichen Disziplinen und arbeiten auf der Basis verschiedenartiger theoretischer Ansätze und methodischer Konzepte.

Vor 1960 bestanden nur fünf Einrichtungen der Bildungsforschung (vgl. Weishaupt, Steinert & Baumert, 1991, S. 33-81). Von 1963 bis 1970 wurden 22 weitere außeruniversitäre Institute und Projektgruppen gegründet. 1979 erreichte die Expansion der außeruniversitären Bildungsforschung ihren Höhepunkt, als die Zahl der Einrichtungen auf 35 Institute angestiegen war. Einige der außeruniversitären Einrichtungen wurden seitdem wieder geschlossen und/oder in andere Institute überführt, so daß der Institutsbestand seit 1986 noch 28 Einrichtungen umfaßt (vgl. Abb. 5). Die damit verbundene Entwicklung der Forschungskapazitäten läßt sich wegen fehlender Daten über das wissenschaftliche Personal nur anhand des Finanzvolumens beschreiben. Die Ausgaben (in tatsächlichen Preisen) für außeruniversitäre Einrichtungen der Bildungsforschung stiegen von 2,7 Mio. DM im Jahr 1963 auf 44,3 Mio. DM im Jahr 1970 und betrugen damit das 17fache von 1963. Bis 1979 nahmen die Ausgaben nochmals um das Vierfache zu. 1989 betrugen die Ausgaben von 25 der 28 Institute rund 224 Mio. DM. (Von drei Instituten fehlen Angaben: eine Liste der erfaßten Institute enthält Weishaupt, Steinert & Baumert, 1990, S. 250ff).

Mit der Ausweitung der Zahl der Institute war eine funktionale Differenzierung der Einrichtungen verbunden. Um 1970 errichteten vier Länder und ein kirchlicher Träger Forschungseinrichtungen, die vornehmlich die Schulentwicklung unterstützen sollten. Aus der Sicht der Finanzgeber hat sich dieser intermediäre Institutstyp einer Transferinstanz zwischen Wissenschaft und Praxis nicht bewährt; sämtliche Einrichtungen bestehen nicht mehr (vgl. Abb. 5). Sie wurden teilweise aufgelöst oder durch nachgeordnete Dienststellen der Kultusministerien der Länder ersetzt, die weisungsgebunden arbeiten. Abgesehen vom Zentrum für Bildungsforschung des Landes Bayern, dessen Vorläufereinrichtungen zum Teil bereits seit 1966 bestanden, wurden diese sogenannten Staatsinstitute zwischen 1974 und 1979 gegründet. Seit Mitte der 80er Jahre fließt mehr als die Hälfte der Mittel für die außeruniversitäre Bildungsforschung in diese nachgeordneten Dienststellen einschließlich des Bundesinstituts für Berufsbildung und von CEDEFOP (vgl. Abb. 6).

Neben den "Staatsinstituten" sind gegenwärtig als Institutionalisierungsformen außeruniversitärer Bildungsforschung nur noch die wissenschaftlichen Forschungseinrichtungen mit überwiegend etatisierter Finanzierung und die Serviceeinrichtungen von Bedeutung. Die Serviceeinrichtungen haben einen Anteil an der Finanzierung der außeruniversitären Einrichtungen der Bildungsforschung von knapp 15 Prozent und die wissenschaftlichen Forschungseinrichtungen von 30 Prozent. Die beobachtbare Strukturveränderung der Bildungsforschung im Zusammenhang der Zunahme außeruniversitärer Forschungseinrichtungen ist insofern problematisch, als der Ausbau der Landesinstitute der empirischen Schulforschung den Zugang zur

Schulpraxis als Forschungsfeld erheblich erschwerte (vgl. Weishaupt, 1992; siehe auch Kap. 1.0.4).

Abb. 5: Entwicklung der Anzahl der außeruniversitären Einrichtungen der Bildungsforschung nach Institutionstypen zwischen 1963 und 1990

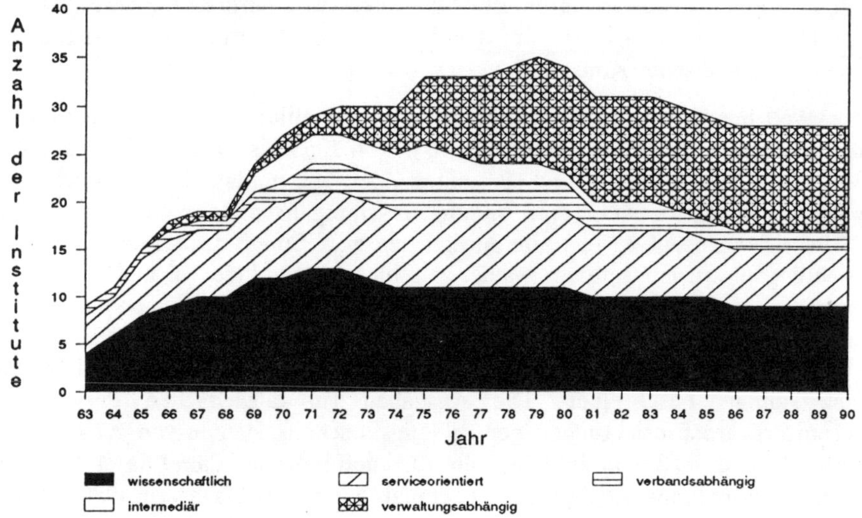

Abb. 6: Entwicklung der relativen Ausgaben der außeruniversitären Einrichtungen der Bildungsforschung nach Institutionstypen zwischen 1963 und 1989

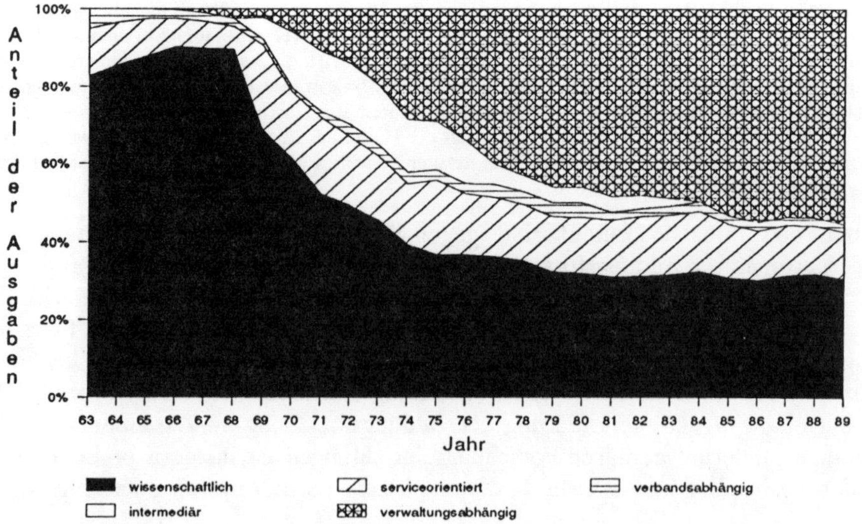

1.0.2.4 Projekte der empirischen Bildungsforschung 1978 - 1989. Auswertungen der Daten des "Forschungsinformationssystems Sozialwissenschaften"

Seit Anfang der 70er Jahre erhebt das Informationszentrum Sozialwissenschaften (IZ) in Bonn jährlich bei inzwischen etwa 4.200 sozialwissenschaftlichen Forschungseinrichtungen in der Bundesrepublik die dort durchgeführten Forschungsprojekte. Bis 1978 wurde das Erhebungsverfahren mehrfach verändert und die Erfassungssystematik erweitert. Seitdem liegt ein weitgehend einheitlicher und für Auswertungen verfügbarer Bestand an dokumentierten Projekten vor. Die Datenbank des IZ gibt den umfassendsten Einblick in die aktuelle Situation der Sozialforschung in der Bundesrepublik Deutschland.

Die seit 1978 in diesem "Forschungsinformationssystem Sozialwissenschaften" (FORIS) enthaltenen Projekte, die thematisch den Bereichen "Pädagogik", "Bildungsforschung", "Sonderpädagogik", "Pädagogische Psychologie" und "Bildungssoziologie" zugeordnet sind, wurden in die Auswertung einbezogen. Unberücksichtigt blieben Diplom- und andere Examensarbeiten. Kaum enthalten sind in der Dokumentation theoretische Arbeiten, Überblicksstudien und historische Vorhaben. Im Bewußtsein der Hochschullehrer und der wissenschaftlichen Mitarbeiter an außeruniversitären Einrichtungen nicht als "Projekte" definierte dauerhafte Forschungsschwerpunkte und -interessen sind ebenfalls systematisch untererfaßt. Dadurch ist die Hochschul-Bildungsforschung im FORIS insgesamt besser vertreten als die Bildungsforschung außeruniversitärer Einrichtungen.

Die Qualität der von den Forschern mitgeteilten Angaben und deren Verschlagwortung und Klassifizierung ist zufriedenstellend (Binder, 1988). Der Umfang der fehlenden Angaben und Änderungen bei der Verschlagwortung führen bei einigen Kategorien zu Auswertungsproblemen. Dadurch läßt sich aber noch nicht auf eine systematische Verzerrung der Daten schließen. Insofern sind sie für eine Analyse von Zusammenhängen zwischen einzelnen Merkmalen der Projekte und der relativen Bedeutung dieser Merkmale gut verwendbar. Die für die Auswertungen ausgewählten kompletten Projektbeschreibungen aus dem FORIS wurden über ein FORTRAN-Programm in eine numerisch analysierbare Datei umgesetzt.

Tabelle 6 zeigt den Gesamtbestand der Projekte im FORIS, die seit 1978 begonnen wurden, dann die Projekte der Bildungsforschung und schließlich die empirisch-pädagogischen Projekte. Pädagogische Projekte wurden nach der disziplinären Zuordnung der forschenden Einrichtung im FORIS bestimmt. Ausgeschieden wurden alle Projekte, die nicht als empirisch klassifiziert waren, etwa 20 Prozent der Projekte. Wichtige Disziplinen für die empirische Bildungsforschung sind - neben der Erziehungswissenschaft - die Psychologie und die Wirtschafts- und Sozialwissenschaften. Über den gesamten Zeitraum hinweg sind gut zwei Fünftel der Bildungsforschungsprojekte der empirischen Pädagogik zurechenbar. Während dieser Anteil tendenziell unverändert geblieben ist, hat sich der Anteil der Bildungsforschung an der sozialwissenschaftlichen Forschung insgesamt von 25 (1978) auf 15 Prozent (1989) verringert. Sie hat deutlich zwischen 1978 und 1989 an Bedeutung verloren. Absolut ist die Zahl der Projekte seit 1987 weniger als halb so hoch wie Ende der 70er Jahre.

Tab. 6: Im Dokumentationssystem FORIS nachgewiesene Forschungsprojekte nach Jahr des Projektbeginns (nur Bundesrepublik Deutschland)

Jahr des Projekt-beginns[1]	Projekte insgesamt	Bildungsforschungsprojekte[2] insgesamt		darunter empirische Pädagogik	
	absolut	absolut	in v.H.[3]	absolut	in v.H.[4]
0	1	2	3	4	5
1978	2809	694	24,7	298	42,9
1979	2769	675	24,4	292	43,3
1980	2572	566	22,0	236	41,7
1981	2242	500	22,3	224	44,8
1982	2305	454	19,7	188	41,4
1983	2355	442	18,8	214	48,4
1984	2333	435	18,6	183	42,1
1985	2260	439	19,4	179	40,8
1986	2061	381	18,5	177	46,5
1987	1718	304	17,7	132	43,4
1988	1474	222	15,1	88	39,6
1989	1162	180	15,5	74	41,0
Insgesamt	26060	5292	20,3	2285	43,2

1 Bei fehlender Angabe für den Projektbeginn Jahr der Erstmeldung. 2 K08, K09, K05807, K01303. 3 von Sp. 1. 4 von Sp. 2

Quelle: Forschungsinformationssystem Sozialwissenschaften (FORIS), eigene Aufbereitung und Analyse

1.0.2.4.1 Institutionelle Zuordnung der Projekte

Die im FORIS erfaßten empirischen Forschungsprojekte (vgl. Tab. 7) werden überwiegend an Hochschulen durchgeführt. In der Pädagogik sind es fast drei Viertel der Projekte. Sechzehn Prozent führen öffentliche außeruniversitäre Forschungseinrichtungen durch und zehn Prozent Bundes- und Landesinstitute. Außerhalb der Pädagogik haben öffentliche Forschungseinrichtungen und verbandsabhängige Institute ein größeres Gewicht, staatliche Einrichtungen ein geringeres.

Tab. 7: Organisatorische Klassifikation der forschenden Einrichtungen (keine Mehrfachnennungen) in der empirischen Bildungsforschung

Art der forschenden Einrichtung[1]	Pädagogik		Sonstige Disziplinen	
	abs.	i.v.H.	abs.	in v. H.
Hochschule	2036	73,1	1479	64,1
Öffentliche Forschungseinrichtung[2]	436	15,7	568	24,6
Bundesinstitut	122	4,4	58	2,5
Landesinstitut[3]	167	6,0	94	4,1
Verbandsabhängige Einrichtung	11	0,4	96	4,2
Internationale Einrichtung	14	0,5	2	0,1
Kommerzielles Institut	0	0,0	12	0,5
Insgesamt absolut	2786	100,0	2309	100,0
in v.H.	54,7		45,3	

1 Bei mehreren zusammenarbeitenden Institutionen ist die erste erfaßt, einschließlich der Projekte mit Projektbeginn vor 1978. - 2 MPG-Institute, Stiftungen, gemeinnützige Einrichtungen. - 3 einschließlich kommunal getragener Einrichtungen

Quelle: Forschungsinformationssystem Sozialwissenschaften (FORIS), eigene Aufbereitung und Analyse

Die Auswertung nach forschender Einrichtung und der Art des Forschungsprojekts zeigt (vgl. Tab. 8) , daß Hochschulinstitute relativ selten Auftragsprojekte und Gutachten bearbeiten, während dieser Projekttyp bei den öffentlichen Einrichtungen und Landesinstituten überproportionale Bedeutung hat. Der empirischen Forschung an den Hochschulen, die bereits durch eine teilweise unzureichende Grundausstattung mit Forschungsmitteln erschwert ist, gelingt es nicht, diese ungünstige Ausgangsposition für die Forschung über Drittmittel zu kompensieren. 96% der erfaßten empirischen Dissertationen und Habilitationen sind der Hochschulforschung zuzurechnen; sie haben einen Anteil von 26% an der vom FORIS erfaßten Hochschul-Bildungsforschung und von 20% an den Projekten insgesamt. Eigenprojekte sind die wichtigste Projektform. Mehr als die Hälfte aller Projekte sind weder Qualifikationsarbeiten noch Auftragsforschung. Der Anteil von Eigenprojekten ist bei den Forschungseinrichtungen des Bundes besonders hoch. Jedoch wurde einleitend bereits darauf hingewiesen, daß die Eigenprojekte an den außeruniversitären öffentlichen Einrichtungen, die von den Mitarbeitern oft nicht als "Projekte" definiert werden, erheblich untererfaßt sind. Die Verteilung der Eigenprojekte nach forschender Einrichtung ist deshalb zu relativieren.

Tab. 8: Empirische pädagogische Forschung nach Art des Forschungsprojekts und der Art der forschenden Einrichtung, in v.H.

Art des Forschungsprojektes		Art der forschenden Einrichtung[1] Hochschule	öffentlich[2]	Bundesinstitut	Landesinstitut	Anzahl der Projekte absolut	in.v.H.
Auftragsforschung/ Gutachten[3]		18,5	42,7	3,3	60,5	673	24,3
Dissertation/ Habilitation		25,7	4,4	0,0	0,6	543	19,6
Eigenprojekt[4]		55,8	52,9	96,7	38,9	1555	56,1
Insgesamt	absolut	2032	450	122	167	2771	
	in v.H.	100,0	100,0	100,0	100,0		100,0

1 Ohne kommerzielle und verbandsabhängige Einrichtungen. - 2 MPG-Institute, Stiftungen, gemeinnützige und internationale Einrichtungen. - 3 Einschließlich der Projekte, die zugleich Qualifikationsarbeiten sind. - 4 ohne Mehrfachnennungen.

Quelle: Forschungsinformationssystem Sozialwissenschaften (FORIS), eigene Aufbereitung und Analyse

Ein weiteres strukturelles Problem empirischer pädagogischer Forschung ist die hohe Quote der Einzelforschung. Nach der Zahl der angegebenen Projektbearbeiter haben nur 39 Prozent der empirischen Projekte mehr als einen Bearbeiter (vgl. Tab. 9). Ein weiteres Viertel der Projekte hat zwei Mitarbeiter. Größere Forschungsgruppen mit drei und mehr Mitarbeitern sind die Ausnahme unter den empirisch-pädagogischen Projekten. Durch die Bedeutung von Dissertationen und Habilitationen für die Hochschulforschung, die zu mehr als 90 Prozent als Einzelarbeiten durchgeführt werden, sind dort die sonstigen Projekte nochmals gesondert ausgewiesen. Aber auch dann bleibt der Anteil der Einzelforschung in den Hochschulen mit 57 Prozent höher als in den außeruniversitären Einrichtungen, wo der Anteil der Einzelprojekte unter 50 Prozent liegt. Forschung in größeren Projektgruppen ist in der empirisch-pädagogischen Forschung stark unterentwickelt. Selbst von den Projekten mit Drittmitteln haben nur 20 Prozent mehr als zwei Mitarbeiter. Der Anteil von drittmittelgeförderten Projekten mit nur einem Mitarbeiter ist aber mit 45 Prozent deutlich niedriger als bei den Projekten ohne Drittmittel. Im Vergleich dazu werden zwei Drittel aller Projekte der empirischen Sozialforschung von mehr als einem Mitarbeiter durchgeführt (Kühnel & Rohlinger, 1989, S. XIII).

Tab. 9: Empirisch pädagogische Projekte nach der Zahl der Bearbeiter und der Art der forschenden Einrichtung in v.H.

Anzahl der Bearbeiter	Art der forschenden Einrichtung Hochschule QA	SP	öffentlich[1]	staatlich	sonstige[2]	Insgesamt abs.	in v.H.[4]	dar. gefördert[3] abs.	in v.H.[4]
1	92,7	57,0	46,9	45,1	70,0	1673	61,0	436	44,6
2	3,7	29,2	34,4	27,6	20,0	686	25,0	346	35,4
3 und mehr	3,7	13,8	18,7	27,3	10,0	385	14,0	195	20,0
Insgesamt	519	1490	439	286	10	2744	100,0	977	100,0

1 MPG-Institute, Stiftungen, gemeinnützige und internationale Einrichtungen. - 2 Verbandsabhängige und kommerzielle Einrichtungen. - 3 ohne Eigenmittel der forschenden Institution. - 4 der erfaßten Projekte nach forschender Einrichtung.

QA = Qualifikationsarbeiten (Dissertationen / Habilitationen). SP = Sonstige Projekte

Quelle: Forschungsinformationssystem Sozialwissenschaften (FORIS), eigene Aufbereitung und Analyse

1.0.2.4.2 Die Projekte nach Förderungsform und dem Träger der Drittmittelförderung

Zur Finanzierung der Bildungsforschung können, neben den Mitteln der forschenden Einrichtung, Drittmittel aus Forschungsaufträgen oder über Anträge, die einem Begutachtungsverfahren bei öffentlichen und privaten Forschungsförderungseinrichtungen unterzogen wurden, herangezogen werden (vgl. Tab. 10). Nur gut ein Drittel der im FORIS erfaßten empirisch-pädagogischen Projekte haben Drittmittel zur Verfügung, die überwiegend von staatlichen Stellen bereitgestellt werden. Staatliche Einrichtungen fördern vornehmlich Auftragsforschung, aber auch beantragte Forschung. Die von staatlichen Einrichtungen geförderten Eigenprojekte werden an den Bundes- und Landesinstituten durchgeführt. In der Regel erhalten Landesinstitute Bundesmittel für praxisorientierte Entwicklungsprojekte (Modellversuchsprogramm). Über ein Begutachtungsverfahren bewilligte Forschungsmittel sind überwiegend für Eigenprojekte oder Qualifikationsarbeiten vorgesehen.

Die detaillierte Darstellung der Finanzgeber für die Bildungsforschung zeigt, daß vor allem Bundesministerien (vgl. Tab. 11) und unter diesen hauptsächlich das Bundesministerium für Bildung und Wissenschaft Mittel für die empirisch-pädagogische Forschung bereitstellen. Mit Abstand folgen erst die Kultusministerien der Länder. Bei 255 Projekten ist eine Mischfinanzierung aus Bundes- und Landesmitteln angegeben. Nur etwa 1 Prozent der erfaßten Projekte wird von den Gemeinden finanziert, obwohl sie als Schulträger und durch ihre Zuständigkeiten im Vorschul- und Volkshochschulbereich als Auftraggeber für empirische Bildungsforschung stärker in Erscheinung treten könnten.

Tab. 10: Projekte der empirisch-pädagogischen Forschung nach Finanzgeber und Art des Forschungsprojekts in v. H. (n=2782).

Finanzgeber[1]		Art des Forschungsprojekts: Auftragsforschung, Gutachten	Art des Forschungsprojekts: Dissertation/ Habilitation	Art des Forschungsprojekts: Eigenprojekt[2]	Insgesamt: in v.H.	Insgesamt: abs.
Forschungseinrichtung[3]		6,9	16,5	40,9	64,4	1792
Staatliche Einrichtungen		13,6	0,5	6,7	20,8	579
begutachtete Antragsfinanzierung[4]		1,1	1,9	6,1	9,1	252
Sonstige Drittmittel[5]		2,7	0,6	2,4	5,7	159
Insgesamt	in v.H.	24,3	19,6	56,1	100,0	
	absolut	677	544	1561		2782

1 Bei Projekten ohne Angabe des Finanzgebers wurde die Forschungseinrichtung als Finanzgeber angenommen. - 2 einschließlich ohne Förderung; ohne Projekte mit Mehrfachnennungen. - 3 einschließlich Wissenschaftler selbst, ohne Projekte mit Mehrfachnennungen. - 4 einschließlich einiger Projekte, die zusätzlich vom Staat und/oder privaten Geldgebern Mittel erhielten. - 5 einschließlich einiger Projekte, die zusätzlich vom Staat Mittel erhielten.

Quelle: Forschungsinformationssystem Sozialwissenschaften (FORIS), eigene Aufbereitung und Analyse

Tab. 11: Empirische Bildungsforschungsprojekte nach Finanzgeber und Zeitraum des Projektbeginns (N=5128)[1]

Finanzgeber	Pädagogik Jahr des Projektbeginns vor 1985	Pädagogik Jahr des Projektbeginns 1985 u.später	Pädagogik Insgesamt (N=2786)	andere Fachgebiete Insgesamt
Bund, Bundeseinrichtung	10,2	7,8	9,6	18,1*
Land, Landeseinrichtung	7,1	5,3	6,6	7,8
Bund und Land gemeinsam	6,6	2,3*	5,6	4,3*
Gemeinde	0,8	1,4	0,9	1,5*
Graduiertenförderung, Stipendium	1,1	0,2*	0,9	0,8
Stiftung[2]	2,4	3,8*	2,7	4,0*
Volkswagenstiftung	1,7	0,5*	1,4	1,0
DFG, SFB, Forschungsförderung	4,7	3,5	4,4	5,1
Privatwirtschaftliche Drittmittel	5,1	7,6*	5,7	6,5
Insgesamt[3]	37,2	30,3*	35,5	46,5*

1 Mehrfachnennungen. - 2 ohne Volkswagenstiftung. - 3 Durch Mehrfachnennungen ist der Prozentsatz niedriger als die Summe der Prozente über alle Finanzgeber.

* Signifikanter Unterschied zwischen den Zeiträumen bzw. Forschungsinstitutionen.

Quelle: Forschungsinformationssystem Sozialwissenschaften (FORIS), eigene Aufbereitung und Analyse

Interessante Verschiebungen in der Häufigkeit und Struktur der Projektförderung sind im Zeitvergleich zu beobachten. Die von Bund und Ländern finanzierten Projekte empirisch-pädagogischer Forschung haben überproportional häufig vor 1985 begonnen (s. Tab. 11). Die Stiftungen, mit Ausnahme der Volkswagenstiftung, und die privaten Drittmittelgeber haben in der zweiten Hälfte der 80er Jahren in stärkerem Maße die Bildungsforschung gefördert. Dennoch ist die Quote drittmittelgeförderter Projekte von 37 auf 30 Prozent gesunken. Vom Fördervolumen her konnten die Stiftungen nicht den Rückgang der staatlichen Förderung kompensieren. Beim Vergleich der pädagogischen Projekte mit den Projekten anderer Disziplinen ist auffällig, daß es der Pädagogik weniger gut als den anderen Disziplinen gelungen ist, Forschungsmittel des Bundes und der Stiftungen zu erhalten. Insgesamt liegt der Anteil geförderter Projekte außerhalb der Pädagogik mit 46,5 Prozent deutlich höher. Offen bleiben muß, ob diese Disziplinen eine höhere Reputation bei Geldgebern haben oder sich intensiver um Drittmittel bemühen. Die bisherigen Befunde dieses Abschnittes zusammenfassend ergibt sich das Bild einer stark rückläufigen Entwicklung der empirisch-pädagogischen Forschung im letzten Jahrzehnt, die parallel zum Bedeutungsverlust der Bildungsforschung insgesamt verläuft. Der Rückgang der Drittmittelförderung der empirisch-pädagogischen Forschung geht jedoch noch über die allgemeine Entwicklung hinaus: Der Anteil geförderter Projekte ist rückläufig. Empirisch-pädagogische Forschung ist noch mehr als die Bildungsforschung insgesamt auf die Hochschulen konzentriert. Unter der Bedingung häufig unzureichend ausgestatteter erziehungswissenschaftlicher Lehrstühle muß diese Entwicklung als bedenklich angesehen werden. Die Situation der Hochschulforschung erklärt auch, daß Einzelforschung über selbstgewählte Themen dominiert und Qualifikationsarbeiten bereits ein Viertel der gesamten empirisch-pädagogischen Hochschulforschung ausmachen.

1.0.2.4.3 Thematische Schwerpunkte der Projekte

Um systematische Auskünfte über die thematische Struktur empirischer pädagogischer Forschung zu erhalten, wurden inhaltliche Deskriptoren des Forschungsinformationssystems zu wenigen Kategorien zusammengefaßt. Es wurden einerseits primär institutionbezogene Objektbereiche unterschieden, bei denen sich die Zuordnung von Projekten wechselseitig ausschließt, und andererseits institutionsübergreifende Objektbereiche, bei denen Mehrfachklassifikationen zugelassen wurden. Tabelle 12 gibt einen Überblick über die Objektbereiche empirischer Bildungsforschung, aufgeschlüsselt nach Fachgebiet und Zeitraum des Projektbeginns. Die Tabelle gibt Hinweise auf grobe thematische Verschiebungen innerhalb der Erziehungswissenschaft und erlaubt einen Vergleich von empirischen Bildungsforschungprojekten innerhalb und außerhalb der Erziehungswissenschaft.

Tab. 12: Objektbereiche empirischer Bildungsforschungsprojekte nach Forschungsdisziplin und Zeitraum der Erstfassung, Spaltenprozente (N=5128)

Objektbereich	Pädagogik Jahr des Projektbeginns vor 1985	Pädagogik Jahr des Projektbeginns 1985 u. später	Pädagogik Insgesamt (N=2786)	Andere Fachgebiete Insgesamt
Primär institutionenbezogene Objektbereiche[1]				
Didaktik u.Schulpädagogik (Allg. Schulen ohne Sonderschulen)	41,3	36,6*	40,2	28,2*
Heil- u. Sonderpädagogik	8,4	10,1	8,8	7,1*
Berufs- u. Wirtschaftspädagogik	9,9	9,2	9,8	14,8*
Hochschulforschung, einschl. Oualifikation v.Personal im Bildungswesen	13,6	9,8*	12,7	18,2*
Erwachsenen- u. Weiterbildung	15,4	16,3	15,7	18,2*
Institutionenübergreifende Objektbereiche[2]				
Allgemeine u. historische Pädagogik	3,1	3,6	3,2	0,6*
Vergleichende Pädagogik	4,6	2,9	4,2	3,3
Sozialpädagogik	11,4	11,0	11,3	9,4*
Bildungssoziologie	10,4	10,6	10,4	11,4
Bildungsökonomie	11,6	7,4*	10,6	9,4
Pädagogische Diagnostik und Beratung	18,8	16,9	18,4	16,6
Medienpädagogik	2,7	3,3	2,9	1,5*

1 Zuordnung schließt sich wechselseitig aus; bei Mehrfachklassifikation wurde der spezifischen Zuordnung Vorrang gegeben. 2 Mehrfachzuordnung möglich. - * Signifikanter Unterschied zwischen den Zeiträumen bzw. Forschungsdisziplinen

Quelle: Forschungsinformationssystem Sozialwissenschaften (FORIS), eigene Aufbereitung und Analyse

Empirische Bildungsforschung im Rahmen der Erziehungswissenschaft ist in erster Linie Schulforschung, die sich überdies thematisch auf das allgemeinbildenden Schulwesen konzentriert. Die Vorherrschaft ist in der zweiten Hälfte der achtziger

Jahre zwar zurückgegangen, in der Grundstruktur hat sich jedoch nichts geändert. Die institutionenbezogenen Objektbereiche der pädagogischen Forschung sind in ihrem relativen Gewicht weitgehend stabil geblieben. In dieser Verteilung bildet sich offensichtlich die institutionelle Fachgebietsgliederung der Erziehungswissenschaft in Grundzügen ab, sofern man in Rechnung stellt, daß die allgemeine Pädagogik in der empirischen Forschung kaum vertreten ist. Eine Folge der institutionellen Ausdifferenzierung scheint auch die ausgeprägte Segmentierung der Objektbereiche zu sein. Forschungsprojekte, die Übergänge zwischen Bildungsbereichen oder Entwicklungsverläufe über Bildungsinstitutionen hinweg untersuchen, sind selten. Der Anteil bereichsübergreifender Projekte liegt jeweils deutlich unter 10%. Ein Blick auf die institutionenübergreifenden Objektbereiche zeigt ebenfalls relativ große Stabilität. Eine Ausnahme machen allein Forschungsvorhaben, die thematisch der Bildungsökonomie zuzuordnen sind. Die sinkende Zahl der Forschungsprojekte verdeutlicht den Bedeutungsverlust dieses Fachgebiets.

Die empirische Bildungsforschung außerhalb der Erziehungswissenschaft unterscheidet sich in ihrer thematischen Ausrichtung nicht unerheblich von der empirischen Pädagogik. Zwar spielen auch in diesem Sektor Themen des allgemeinbildenden Schulsystems eine hervorgehobene Rolle, zugleich haben aber die Gegenstandsbereiche der Berufs- und Wirtschaftspädagogik, der Hochschulforschung und der Erwachsenenweiterbildung ein deutlich größeres Gewicht. Hierin mag auch ein strukturelles Entwicklungsdefizit dieser pädagogischen Teildisziplinen zu sehen sein (vgl. Senatskommission für Berufsbildungsforschung, 1990).

1.0.2.4.4 Methodische Grundstrukturen empirischer pädagogischer Forschungsprojekte

Auskunft über die methodische Grundstruktur empirischer pädagogischer Forschung gibt Tabelle 13. Auch hier war eine Zusammenfassung der sehr differenzierten Deskriptoren des Forschungsinformationssystems notwendig, um Grundstrukturen freizulegen. Die Befunde sind für die zweite Hälfte der achtziger Jahre weitgehend auf die gesamte empirische Bildungsforschung generalisierbar. Forschungsvorhaben, die von Institutionen außerhalb der Erziehungswissenschaft durchgeführt werden, unterscheiden sich methodisch von erziehungswissenschaftlichen Projekten nur in wenigen Punkten.

Tab. 13: Methodische Aspekte empirischer Bildungsforschungsprojekte nach Zeitraum der Erstfassung (Spaltenprozent, n = 5128)

Methodische Aspekte	Pädagogik Jahr des Projektbeginns vor 1985		Pädagogik Jahr des Projektbeginns 1985 u. später		Insgesamt		Andere Fachgebiete insgesamt	
Methodische Anlage								
Sekundäranalyse	9,3		7,0		8,7		10,3	
Querschnittuntersuchung (kleinere anfallende Stichprobe)	73,0		81,5*		75,1		72,6*	
Querschnittuntersuchung (größere Stichproben)	11,1		5,9*		9,8		9,3	
Längsschnittuntersuchung	6,6		5,6		6,4		7,7	
Methodischer Status								
Deskriptiv-dokumentarisch	10,3		8,8		9,9		10,2	
Explorativ (einschl. Fallstudien)	10,6		6,7*		9,7		9,7	
Deskriptiv-analytisch in unterschiedlicher Form	67,7		65,2		67,1		68,4	
Kausalanalytisch	2,3		10,7*		4,3		4,1	
(nicht-experimentell)		11,4		19,4*		13,3		11,7
Experimentell	9,1		8,6		9,0		7,7	
Datenerhebung[1]								
Dokumentanalyse	34,4		35,7		34,7		32,0*	
Schriftliche Befragung	45,9		45,2		45,8		47,7	
Interview	48,5	69,8	55,5*	73,5	50,2	70,7	53,8*	75,5*
Beobachtung	27,4		29,5		27,9		24,7*	
Testung	18,7		12,0*		17,1		11,0*	
Anwendungsorientierung								
Anwendungsorientierte Forschung[2]	33,8		28,4*		32,6		35,4*	
Forschungsprojekte insgesamt	2125		661		2786		2342	

1 Mehrfachverkodung - 2 zum Beispiel (Pädagogische) Programmentwicklung, wissenschaftliche Begleitung, Planung-, Entscheidungs- oder Entwicklungshilfen usw. - * signifikanter Unterschied zwischen den Zeiträumen der Ersterfassung.

Quelle: Forschungsinformationssystem Sozialwissenschaften (FORIS), eigene Aufbereitung und Analyse.

Von der methodischen Anlage her sind empirische Forschungsprojekte der Pädagogik ganz überwiegend einmalige Erhebungen mit anfallenden, meistens sehr kleinen Stichproben. Arbeiten dieses methodischen Typs haben in den letzten Jahren sogar noch deutlich zugenommen; mittlerweile sind über 80 % der Projekte dieser Kategorie zuzuordnen. Querschnittsuntersuchungen, die Rückschlüsse auf definierte Grundgesamtheiten zulassen, sind eher Ausnahmen. Ihr Anteil am empirischen Forschungsaufkommen hat sich in der zweiten Hälfte der achtziger Jahre überdies noch einmal nahezu halbiert. Longitudinalstudien sind erwartungsgemäß mit einem Anteil von unter 10 % ebenfalls selten. Der Anteil von Experimenten und Interventionsstudien liegt in einer vergleichbaren Größenordnung. Der relativ niedrige Prozentsatz von experimentell angelegten Studien qualifiziert auch die vorherrschende Form der Querschnittsuntersuchung mit anfallenden Stichproben. Auffallend ist der relativ geringe und in den letzten Jahren abnehmende Anteil explorativer Projekte, zu denen hier auch Fallstudien gerechnet werden. Das relative Gewicht der qualitativen Fallstudien bleibt deutlich unter den Selbstangaben der hauptberuflichen Professoren, die in Tabelle 2 berichtet werden. Vermutlich erreicht eine beträchtliche Anzahl von Arbeitsvorhaben dieses Typs hinsichtlich

Anspruch und Dokumentation nicht die Schwelle zur Mitteilung an das sozialwissenschaftliche Informationssystem.

Hinsichtlich der Datenerhebung fällt die außerordentliche Bevorzugung von Befragungstechniken ins Auge, unter denen das Interview in den vergangenen Jahren noch einmal an Beliebtheit gewonnen hat. Über 70 % der empirischen Bildungsforschungsprojekte bedienen sich der mündlichen oder schriftlichen Befragung. Forschungsprojekte, die zusätzlich zur Befragung weitere Erhebungsverfahren wie Beobachtung oder Test verwenden, sind in der Minderheit. In einem relativ breiten Bereich der empirischen Pädagogik scheint sich eine modale Form der Datenerhebung durchgesetzt zu haben, die nicht zuletzt durch institutionelle und finanzielle Rahmenbedingungen bestimmt sein dürfte. Im Vergleich zu den bevorzugten Erhebungsformen springt eine offensichtliche und noch zunehmende Zurückhaltung gegen Testverfahren ins Auge. Vergegenwärtigt man sich die ältere empirische Tradition der Pädagogik, so scheint mittlerweile ein gründlicher Traditionsbruch eingetreten zu sein.

Aufmerksamkeit verdient schließlich die Anwendungsorientierung der empirischen pädagogischen Forschung. Der Anteil der Projekte, deren Anwendungsbezug unmittelbar aus ihrer Anlage ersichtlich ist, liegt weitaus niedriger, als es der Praxisanspruch der empirisch arbeitenden Erziehungswissenschaftler erwarten ließe (vgl. Tab. 2). Nach den in Tabelle 13 wiedergegebenen Befunden ist ihr Anteil in den achtziger Jahren überdies von 34 auf 28 % gesunken. Offenbar ist eine direkte Anbindung empirischer Forschung an unterschiedliche Entscheidung- oder Praxisfelder nicht einfach zu realisieren, so daß die Praxisorientierung wohl vielfach normativer Anspruch und Hoffnung bleiben muß. Der Rückgang anwendungsorientierter Forschung dürfte einerseits Folge des Funktionsgewinns von Staatsinstituten sein, die den Bildungsverwaltungen in berechenbarer Form Serviceleistungen bieten, als auch Begleiterscheinung eines bildungspolitischen Konjunkturwechsels, in dessen Verlauf Modellversuche und Begleitforschung reduziert wurden.

Betrachtet man mehrere schwach vertretene methodische Formen gleichzeitig, werden ausgesprochene Forschungsdefizite erkennbar. So sind für die zweite Hälfte der achtziger Jahre im Forschungsinformationssystem kaum noch pädagogische Forschungsprojekte nachweisbar, die in breiteren Querschnittsuntersuchungen Testverfahren einsetzen. Dieser in der Erziehungswissenschaft ohnehin schwach entwickelte Bereich hat in den letzten zehn Jahren sichtbare Einbußen erlitten. Die Zurückhaltung gegenüber Testverfahren und der Mangel an generalisierungsfähigen Querschnittsuntersuchungen vergegenwärtigen, daß es im Bildungswesen der Bundesrepublik eine Systembeobachtung, die über die amtliche Statistik hinausgeht, praktisch nicht gibt. Das Landauer Zentrum für empirische pädagogische Forschung hat 1989 mit seiner Konferenz zum "National Assessment" mit Recht auf ein gravierendes Defizit empirischer Forschung in der Bundesrepublik hingewiesen (Ingenkamp & Schreiber, 1989).

Das mikroanalytische Pendant ist der Mangel an Studien zu differentiellen Bildungs- und Entwicklungsverläufen. Die Pädagogik ist eine entwicklungsorientierte Wissenschaft per exellence, und in der pädagogischen Theorie ist Entwicklung ein Schlüsselkonzept. Dennoch sind Längsschnittstudien, die auch unter dem Einsatz objektiver Testverfahren individuelle Entwicklungen längerfristig verfolgen, eine Rarität. Ihr Anteil macht in der zweiten Hälfte der achtziger Jahre unter 2 % des empirischen Forschungsaufkommens der Pädagogik aus. Ein Blick in das kürzlich erschienene "Inventory of European Longitudinal Studies in the Behavioral and Medical Sciences" belegt diesen Mangel noch einmal (Schneider & Edelstein, 1990). Die weitgehende Segmentierung der Objektbereiche der Bildungsforschung entspricht diesem Defizit. Zwar ist zu erkennen, daß in der theoretischen Diskussion eine life-span-development Perspektive Raum gewonnen hat, in der empirischen Forschung ist dies jedoch noch nicht nachweisbar.

1.0.2.5 Entwicklung der Förderung der erziehungswissenschaftlichen Forschung

Die Lage der erziehungswissenschaftlichen Forschung an den wissenschaftlichen Hochschulen ist durch eine abnehmende Forschungsintensität und Drittmittelförderung für die Forschung gekennzeichnet (vgl. Tabelle 4 und 5). Auch in den Tätigkeitsberichten der Deutschen Forschungsgemeinschaft wird bis heute auf die begrenzten Kapazitäten und den Nachholbedarf an empirischer Forschung in der Erziehungswissenschaft hingewiesen. Da Forschungsprojekte, die eigenen Erhebungen durchführen und die größeren Datenbestände verarbeiten, in der Regel nicht über die Grundsausstattung der Institute finanziert werden können, müssen Hochschullehrer, aber auch Wissenschaftler an außeruniversitären Forschungseinrichtungen Drittmittel einwerben. Mit dem folgenden Überlick werden Umfang, Art und thematische Schwerpunkte der Förderung erziehungswissenschaftlicher Forschung durch die bedeutendsten Drittmittelgeber aufgezeigt.

1.0.2.5.1 Die Ausgaben von Bund und Ländern für die Bildungs- und Berufsbildungsforschung

Zu den staatlichen Förderern der Bildungsforschung gehören Bundes- und Landesministerien. Bund und Länder sind für Bildung und Wissenschaft gemeinsam verantwortlich. Sie wirken in der Bildungsplanung, der Forschungsförderung sowie dem Hochschulbau zusammen. Die Förderung der Bildungs- und Berufsbildungsforschung hat an den Gesamtausgaben des Bundes für Forschung und Entwicklung nur einen geringen Anteil. Während sich die Ausgaben für Forschung und Entwicklung insgesamt von knapp 6,8 Mrd. DM im Jahr 1974 auf ca. 15 Mrd. DM im Jahr 1990 mehr als verdoppelt haben, stagnieren - nach einem kurzfristigen Anstieg zwischen 1974 und 1980 - die Ausgaben für die Bildungs- und Berufsbildungsforschung. 1975 betrug ihr Anteil an den gesamten Forschungsausgaben des Bundes etwa 2 %. Seit 1984 liegt dieser Anteil unter einem Prozent. Die Ausgaben für diesen Bereich beliefen sich 1990 auf 125,3 Mio. DM.

Unter den Bundesministerien ist das *Bundesministerium für Bildung und Wissenschaft* der bedeutendste Drittmittelgeber für die Bildungsforschung. Es fördert Bildungsforschung über seine Ressortforschung, die institutionelle Förderung von außeruniversitären Einrichtungen der Bildungsforschung und durch Mittel für das über die Bund-Länder-Kommission für Bildungsplanung und Forschungsförderung (BLK) koordinierte Modellversuchsprogramm (Bundesminister für Bildung und Wissenschaft, 1989; Deutscher Bundestag, 1990). Von den Mitteln für Modellversuche sind nur die Mittel für wissenschaftliche Begleitung Forschungsmittel im engeren Sinne. Die Gesamtausgaben des Bundesministeriums für Bildung und Wissenschaft sind von 1969 bis 1975 von 0,3 Mio. DM auf 184,5 Mio. DM angestiegen (vgl.

Tab. 14). Danach ist die Förderung der Bildungsforschung - mit einigen Schwankungen am Ende der 70er Jahre - auf ca. 125 Mio. DM zurückgegangen. Seit 1989 zeichnet sich in der Förderung der Bildungsforschung wieder eine nennenswerte nominale Erhöhung der Ausgaben des Bundesministeriums für Bildung und Wissenschaft ab.

Der Rückgang der Förderung der Bildungsforschung durch das Bundesministerium für Bildung und Wissenschaft ist vornehmlich auf die Senkung der *Modellversuchsförderung* zurückzuführen. Diese hat seit 1975 - mit Ausnahme der Jahre 1979 und 1980 - von 125,1 Mio. DM auf 42,6 Mio. DM im Jahre 1988 abgenommen (vgl. Tab. 14). Gegenwärtig wird gut ein Drittel der gesamten Mittel des Bundesministeriums für Bildung und Wissenschaft für die Modellversuchsförderung aufgewendet. Die *institutionelle Förderung* der Bildungsforschung durch das Bundesministerium für Bildung und Wissenschaft, die 1970 zunächst nur das heutige Bundesinstitut für Berufsbildung und seit 1976 die HIS-Hochschul-Informations-System GmbH umfaßte, nahm 1977 durch die Mitfinanzierung einiger außeruniversitärer Einrichtungen der Bildungsforschung nach der Rahmenvereinbarung Forschungsförderung zu. Die Ausgaben für die institutionelle Förderung der Bildungsforschung haben seit Ende der siebziger Jahre keinen nennenswerten nominalen Zuwachs erfahren.

Das Bundesministerium für Bildung und Wissenschaft vergibt für Vorhaben im Rahmen seiner *Ressortforschung* Drittmittel. Der Anteil der Ausgaben für die Ressortforschung ging von knapp 30 % im Jahre 1970 auf 18% Anfang der 80er Jahre zurück. Mittlerweile liegt dieser Anteil wieder bei knapp einem Viertel der Gesamtförderung. Die Ausgaben für die Ressortforschung des Bundesministeriums für Bildung und Wissenschaft betrugen im Jahr 1990 38,3 Mio. DM. Damit belaufen sich zusammen mit den Mitteln für die wissenschaftliche Begleitung von Modellversuchen die auftragsgebundenen Drittmittel des Bundes gegenwärtig auf knapp 45 Mio. DM.

Über die Ressortforschung der Kultusministerien der Länder liegen keine zugänglichen Informationen vor. Die unmittelbare Förderung der Bildungsforschung durch die Wissenschaftsministerien der Länder ist nach unserer Erhebung außerhalb der Grundfinanzierung der Hochschulen, der Finanzierung der Staatsinstitute und der institutionellen Förderung von Einrichtungen der Bildungsforschung nach der Rahmenvereinbarung Forschungsförderung von 1977 nahezu bedeutungslos. Spezielle Förderungsprogramme für die Bildungsforschung sind in keinem Bundesland aufgelegt. Die Förderung von Einzelvorhaben erfolgt nur punktuell. Die dafür bereitgestellten Fördersummen belaufen sich auf maximal 50.000 DM. In Abkehr von der Einzelprojektförderung wurden in einzelnen Bundesländern disziplinenübergreifende Förderungsinstrumente entwickelt, die auf eine Schwerpunktbildung innerhalb der universitären Forschung und eine Steigerung der Drittmittelfähigkeit der Hochschulinstitute abzielen. Da jedoch auch die Betriebs- und Forschungsmittel an einzelnen Hochschulinstituten die Mindeststandards für einen geregelten Forschungsbetrieb häufig unterschreiten (vgl. Weishaupt, Steinert & Baumert, 1991, S. 36ff), bedarf es zunächst einer gezielten Anhebung der Mittel für die Grundausstattung.

Tab. 14: Förderung der Bildungsforschung durch das BMBW (Ist-Ausgaben in Tsd.DM)

Jahr	Ressort-forschung absolut	Ressort-forschung in v.H. v.Sp.9	Institutionelle Förderung absolut	Institutionelle Förderung in v.H v.Sp.9	Modellversuchsförderung absolut	Modellversuchsförderung in v.H. v.Sp.9	dar. wiss. Begleitung[1] absolut	dar. wiss. Begleitung[1] in v.H. v.Sp.5	Insgesamt
0	1	2	3	4	5	6	7	8	9
1969	-	-	300	-	-	-	0	-	300
1970	1.602	29,8	1.662	30,9	2.108	39,2	0	-	5.372
1971	8.408	21,1	5.943	14,9	25.510	64,0	0	-	39.861
1972	21.233	24,5	8.954	10,4	56.318	65,1	0	-	86.505
1973	30.519	25,6	12.266	10,3	76.408	64,1	0	-	119.193
1974	35.724	23,7	13.678	9,1	101.486	67,3	0	-	150.888
1975	43.894	23,8	15.516	8,4	125.118	67,8	0	-	184.528
1976	32.143	19,2	24.098	14,4	111.183	67,8	8.846	8,0	167.424
1977	30.689	20,1	34.776	22,8	86.993	66,4	6.882	7,9	152.458
1978	29.406	18,4	37.055	23,2	93.261	58,4	5.414	5,8	159.722
1979	32.070	17,7	41.903	23,2	106.777	59,1	6.573	6,2	180.750
1980	33.484	18,2	44.709	24,3	106.129	57,6	7.709	7,3	184.322
1981	29.647	17,2	46.393	26,9	96.706	56,0	7.616	7,9	172.746
1982	28.497	17,3	46.448	28,2	89.831	52,0	7.475	8,3	164.776
1983	26.767	19,1	46.574	33,2	66.832	47,7	3.866	5,8	140.173
1984	28.251	21,7	48.417	37,1	53.673	41,2	2.686	5,0	130.341
1985	30.449	23,8	49.262	38,5	48.301	37,7	1.686	3,5	128.012
1986	26.187	21,3	49.521	40,3	47.069	38,3	4.545	9,7	122.777
1987	29.767	23,9	51.065	41,0	43.683	35,1	4.293	9,8	124.515
1988	27.459	22,2	53.592	43,4	42.569	34,4	4.008	9,4	123.620
1989	31.411	23,5	52.984	39,7	49.063	36,8	5.116	10,4	133.458
1990	38.332	26,7	55.140	38,4	50.123	34,9	5.911	11,8	143.595
1991[2]	43.730[3]	25,7	64.457	37,8	62.000	36,4	0	-	170.187

1 Bis 1976 waren die Ausgaben für die wissenschaftliche Begleitung von Modellversuchen im Bildungswesen in den laufenden Kosten enthalten. In der beruflichen Bildung werden die Ausgaben für wissenschaftliche Begleitung seit 1986 gesondert ausgewiesen. Im Haushaltsplan 1991 wird keine weitere Differenzierung der Ausgaben für die Modellversuchsförderung mehr vorgenommen. - 2 Haushalts-Soll. - 3 Ohne 1.500 TDM, die zweckgebunden für die Verstärkung der Mittel des Wissenschaftsrates sind.

Quelle: Bundesministerium für Bildung und Wissenschaft, eigene Zusammenstellung und Berechnung.

1.0.2.5.2 Die finanzielle Förderung der Bildungsforschung durch die Deutsche Forschungsgemeinschaft und private Stiftungen

Die bedeutendste Drittmittelgeberin für die Hochschulforschung ist die Deutsche Forschungsgemeinschaft (DFG). Die Ausgaben der DFG für die Forschungsförderung in allen Wissenschaftsbereichen sind von ca. 650 Mio. DM im Jahre 1978 auf etwas über 1,1 Mrd. DM im Jahre 1989 angestiegen. In den Tätigkeitsberichten der Deutschen Forschungsgemeinschaft werden die Aufwendungen für die Forschungsförderung nach Wissenschaftsbereich und nach Fachgebieten ausgewiesen. Die erziehungswissenschaftliche Forschung ist dem Fachgebiet Theologie, Philosophie, Pädagogik und Psychologie zugeordnet, in dem die nominalen Ausgaben von 19,1 Mio. DM im Jahr 1978 auf 25,8 Mio. DM im Jahr 1989 angewachsen sind. Die Förderung des Fachgebietes hatte über diesen Zeitraum an den Gesamtausgaben der Forschungsförderung relativ konstant einen durchschnittlichen Anteil von 2,7 %. Demgegenüber hatte der übergeordnete Wissenschaftsbereich der Geistes- und Sozialwissenschaften relative Verluste hinzunehmen. Über die Förderung der erziehungswissenschaftlichen Forschung im Rahmen des Normal- und Schwerpunktverfahrens liegt nur eine Veröffentlichung für den Zeitraum von 1979 bis 1982 vor. Die Aufwendungen der Deutschen Forschungsgemeinschaft lagen in dieser Zeit zwischen 4,8 und 4,5 Mio. DM pro Jahr (vgl. Ingenkamp, 1984, S. 18). Der Umfang der Förderung der pädagogischen Forschung über alle Förderungsarten - Normalverfahren, Schwerpunktverfahren, Heisenberg-Programm, Postdoktoranden-Programm und Sonderforschungsbereiche - läßt sich mangels differenzierter Informationen über die Disziplin gegenwärtig nur schätzen. Nach Mitteilungen der DFG schwanken die im Normalverfahren bewilligten Fördermittel für die Pädagogik von 1987 bis 1990 zwischen 2,4 und 4,0 Mio. DM. Der Variation der Bewilligungssumme für die Pädagogik liegt keine Veränderung der Förderungsprioritäten seitens der DFG zugrunde. Diese werden vielmehr als Folge variierender Forschungs- und Antragsaktivitäten und deren Beurteilung im Begutachtungsverfahren betrachtet. Geht man weiterhin davon aus, daß die Förderung erziehungswissenschaftlicher (Teil-)Projekte innerhalb der bestehenden Sonderforschungsbereiche und Schwerpunktprogramme mit Bezug zur Bildungsforschung etwa den gleichen Umfang wie die Förderung der Projekte im Normalverfahren aufweist, so entfielen im Jahr 1989 insgesamt 6 bis 7 Mio. DM auf die Pädagogik.

Nachdem der Forschungsschwerpunkt "Bildungsforschung" bei der Volkswagen-Stiftung als der bedeutendsten privaten Drittmittelgeberin für die Forschung im Jahre 1975 beendet worden ist, fördert sie Forschungsprojekte im Fachgebiet Pädagogik innerhalb anderer Schwerpunkte mit jährlich ca. 0,5 Mio. DM. Insgesamt tragen die privaten Stiftungen gegenwärtig - mit geschätzten jährlichen Ausgaben von 1,2 bis 1,5 Mio. DM - zu knapp 20 % zur Förderung der auftragsunabhängigen Bildungsforschung bei. Das Volumen der nicht an politischen Handlungsinteressen gekoppelten Mittel für die Bildungsforschung von seiten der DFG und der Stiftungen ist mit insgesamt 7,5 bis 8,5 Mio. DM vergleichsweise gering. Die Förderung der grundlagenorientierten Bildungsforschung, die auf Antrag und nach fachinterner Begutachtung erfolgt, bleibt aufgrund der höheren Förderungsmittel für gutachtliche Studien bei den staatlichen Geldgebern weit hinter der Auftragsforschung zurück. Den Mitteln der Deutschen Forschungsgemeinschaft und der Stiftungen stehen rund 45 Mio. DM für an politische Handlungsinteressen gebundene, projektbezogene Bildungsforschung im Rahmen der Ressortforschung und der wissenschaftlichen Begleitung von Modellversuchen seitens des Bundesministeriums für Bildung und Wissenschaft gegenüber. Der Typus der auftragsgebundenen Bildungsforschung übersteigt damit die fachintern begutachtete Förderung der Bildungsforschung um ein Mehrfaches.

Diese Struktur der Drittmittelforschung, bei der nur ein geringer Teil der gesamten Fördermittel für die grundlagenorientierte Bildungsforschung bereitgestellt wird, kann den Nachholbedarf an empirisch-pädagogischer Forschung nicht befriedigen. Die ungenügende Ausstattung einiger erziehungswissenschaftlicher Institute mit Personal- und Sachmitteln läßt diese die Schwelle zur Forschungsförderung kaum überschreiten (vgl. Baumert & Roeder, 1990b; Weishaupt, Steinert & Baumert, 1991). Eine Steigerung der Forschungsintensität wird an einer Förderung der Drittmittelfähigkeit erziehungswissenschaftlicher Institute kaum vorbeikommen. Die auftragsgebundene Bildungsforschung bietet für die Weiterentwicklung der empirisch-pädagogischen Forschung keinen Ausgleich, da sie überwiegend kurzfristige Informationsbedürfnisse aus der Bildungspraxis und Bildungspolitik befriedigt, die eine Entfaltung der wissenschaftsinternen Problemdefinition und -analyse bereits voraussetzen.

1.0.2.5.3 Förderungsniveau und Forschungsgegenstände der DFG-geförderten Bildungsforschung

Für die Förderung der erziehungswissenschaftlichen Forschung durch die DFG ist gegenwärtig vor allem die Förderung im Normalverfahren von Bedeutung. Denn seit der Beendigung des Sonderforschungsbereichs 23 'Bildungsforschung - Bedingungen, Verlauf und Folgen von Sozialisationsprozessen in Schule, Hochschule und Berufsbildungsinstitutionen' an der Universität Konstanz (1969-1985) widmet sich kein anderer Sonderforschungsbereich und kein anderes Schwerpunktprogramm mehr ausschließlich der Bildungsforschung. Um das Niveau und die Entwicklung der von der DFG geförderten Bildungsforschung nach Disziplinen und Forschungsschwerpunkten nachzuzeichnen, wurden die in den Tätigkeitsberichten der DFG aufgeführten und zwischen 1978 und 1989 im Normalverfahren geförderten Projekte in den Fächern Pädagogik, Psychologie, Wirtschafts- und Sozialwissenschaften ausgewertet.

Tab. 15: Anteil der jährlich durch die DFG geförderten Projekte der Bildungsforschung nach Disziplinen und Zeiträumen (absolut, in Prozent, Mittelwert)

	1978 - 1984			1985 - 1989			Insgesamt		
Disziplin	N	%	$\bar{x}$	N	%	$\bar{x}$	N	%	$\bar{x}$
Pädagogik	344	55,2	49,1	438	76,3	87,6	782	65,3	65,2
Psychologie	151	24,2	21,6	76	13,2	15,2	227	19,0	18,9
Wirtschafts- und Sozialwissenschaften	128	20,6	18,3	60	10,5	12,0	188	15,7	15,7
Insgesamt	623	52,0	89,0	574	48,0	114,8	1197	100,0	99,8

Quelle: Deutsche Forschungsgemeinschaft: Tätigkeitsberichte 1978-1989; eigene Berechnungen.

In den Tätigkeitsberichten der DFG sind von 1978 bis 1989 insgesamt 1197 der Bildungsforschung zuzurechnende und im Normalverfahren geförderte Projekte aufgelistet. 782 bzw. 65,3% der Projekte wurden im Fach Pädagogik bewilligt. Die restlichen 415 Projekte verteilen sich mit 227 Projekten auf die Psychologie (19%) und mit 188 Projekten auf die Wirtschafts- und Sozialwissenschaften (15,7%) (vgl. Tab 15). Bis Mitte der 80er Jahre wurde die Bildungsforschung nur zu 55 Prozent in der Pädagogik durchgeführt. Danach ist der Anteil der im Fach Pädagogik geförderten Bildungsforschung auf 76 Prozent angestiegen. Proportional dazu ging der Anteil der in der Psychologie und den Wirtschafts- und Sozialwissenschaften geförderten Projekte zurück. Mit dem abnehmenden öffentlichen Interesse an der Bildungspolitik in den 80er Jahren scheint die Bildungsforschung für andere Disziplinen an Anziehungskraft verloren zu haben.

Mit der Verschiebung des Engagements der einzelnen Disziplinen für die Bildungsforschung hat sich auch die absolute Zahl der geförderten Projekte verändert. 1978 wurden nur 29 Projekte in der Pädagogik gefördert. Zwischen 1978 und 1984 entfielen von den 89 durchschnittlich pro Jahr geförderten Projekten etwa 50 auf die Pädagogik. Zwischen 1985 und 1989 wurden jährlich durchschnittlich 115 Projekte in der Bildungsforschung, davon immerhin knapp 90 Projekte in der Pädagogik gefördert. Die Zunahme der im Normalverfahren geförderten Projekte in der Pädagogik steht nicht im Widerspruch zu dem im vorigen festgestellten Rückgang der DFG-Förderung der Pädagogik, da die Analyse der im Normalverfahren geförderten Forschung die Entwicklung der Förderung in den übrigen Verfahren ausblendet. Der gesamte Rückgang der von der DFG geförderten Bildungsforschung ist danach vor allem auf die Mitte der 80er Jahre erfolgten Einstellung der Schwerpunktprogramme und des Sonderforschungsbereichs im Bereich der Bildungsforschung zurückzuführen.

Angesichts eines Personalbestandes von 1012 hauptamtlichen Professoren in der Erziehungswissenschaft (1987) indiziert die geringe Zahl der jährlich in der Pädagogik geförderten Projekte immer noch ein niedriges Förderungsniveau. Zugleich läßt sich eine Konzentration der Forschung auf wenige Personen feststellen. 82 Personen bzw. 13,5 % aller Bewilligungsempfänger führten im Untersuchungszeitraum mehr als die Hälfte (53,5 %) aller geförderten Projekte durch. Angesichts des insgesamt geringen Niveaus der jährlich geförderten Projekte verweist die Konzentration der Mittelvergabe auf wenige Wissenschaftler auf beachtliche Disparitäten in der Forschungsintensität.

Tabelle 16 zeigt die Verteilung der Gegenstandsbereiche der von der DFG geförderten Projekte der Bildungsforschung nach Zeiträumen und Disziplinen. Thematisch verteilen sich die zwischen 1978 und 1989 von der DFG geförderten Projekte jeweils etwa zur Hälfte auf die institutionenbezogenen Gegenstandsbereiche Schule, Berufsbildung, Hochschule und Erwachsenenbildung und auf die institutionenübergreifenden Schwerpunkte. Innerhalb der Pädagogik sind die schulpädagogische sowie die allgemeine und historische Forschung mit einem Anteil von jeweils 25% an den Projekten am stärksten vertreten. Daneben haben dort die Sonderpädagogik, die Vergleichende Erziehungswissenschaft sowie die Bildungssoziologie und die Sozialpädagogik noch einen bedeutsamen Anteil an der geförderten Forschung. Fast völlig vernachlässigt ist die DFG-Förderung im berufsbildenden Bereich, in der Bildungsökonomie und in der Pädagogischen Psychologie. Insgesamt nähert sich die Verteilung der geförderten erziehungswissenschaftlichen Forschung dennoch der Verteilung der hauptberuflichen Professoren über die pädagogischen Subdisziplinen an.

Tab. 16: Anteil der von der DFG zwischen 1978 und 1989 geförderten Projekte der Bildungsforschung nach Gegenstandsbereichen und Diziplinen (in %)

	Pädagogik			Sonstige Disziplinen
Gegenstandsbereiche	1978-1984	1985-1989	Insgesamt	
Institutionenbezogene Gegenstandsbereiche				
Didaktik u.Schulpädagogik (Allg. Schulen ohne Sonderschulen)	25,0	26,7	26,0	30,4
Sonder- und Heilpädagogik	6,1	8,7	7,5	3,6
Berufs- und Wirtschaftspädagogik	0,9	1,1	1,0	1,5
Hochschulforschung	7,6	3,7	5,4	7,0
Erwachsenen- und Weiterbildungsforschung	3,5	3,2	3,3	3,1
Institutionenübergreifende Gegenstandsbereiche				
Allgemeine und historische Pädagogik	24,7	22,6	23,5	1,5
Vergleichende Pädagogik	9,3	13,0	11,4	3,1
Sozialpädagogik	6,7	7,5	7,2	10,6
Medienpädagogik	2,9	1,4	2,1	1,0
Bildungssoziologie	11,1	7,1	8,8	18,8
Bildungsökonomie	1,5	0,9	1,2	10,1
Pädagogische Psychologie, Diagnostik und Beratung	0,3	0,7	0,5	9,4
Insgesamt, absolut	344	438	782	415
in %	44,0	56,0	100,0	100,0

Quelle: Deutsche Forschungsgemeinschaft: Tätigkeitsberichte 1978-1989; eigene Berechnungen.

Im zeitlichen Vergleich sind deutliche thematische Verschiebungen zwischen den Gegenstandsbereichen der geförderten pädagogischen Forschung beobachtbar. Deutlich zugenommen innerhalb der Pädagogik hat die sonderpädagogische Forschung. Eine noch stärkere Veränderung hat bei der Hochschulforschung stattgefunden: Der Anteil der Forschungsprojekte in diesem Bereich ist innerhalb der Pädagogik fast um die Hälfte zurückgegangen. Hochschulforschung wird, ebenso wie die innerhalb der Pädagogik äußerst instabile berufspädagogische Forschung, stärker von den Wirtschafts- und Sozialwissenschaften getragen.

Von den institutionenübergreifenden Gegenstandsbereichen stagniert die allgemeine und historische Bildungsforschung. Demgegenüber haben Forschungsprojekte mit international vergleichender Thematik deutlich zugenommen. Die sozialpädagogische Forschung, die zu einem knappen Drittel von der Soziologie getragen wird, gewann innerhalb der Pädagogik relativ an Bedeutung. Die Medienpädagogik wurde stets von der Deutschen Forschungsgemeinschaft nur selten gefördert. Die Bildungssoziologie, die Bildungsökonomie und die Pädagogische Psychologie sind erwartungsgemäß Domänen nichterziehungswissenschaftlicher Disziplinen.

Insgesamt hat der Anteil der Pädagogik an der von der DFG geförderten Bildungsforschung gegenüber den sonstigen Disziplinen im Untersuchungszeitraum absolut und relativ zugenommen. Mit dem Rückzug der sonstigen Disziplinen von der Bildungsforschung und dem Auslaufen der Sonderforschungsbereiche und Schwerpunktprogramme hat sich die Erziehungswissenschaft auf das Normalverfahren konzentriert und sich stärker in ihren angestammten Subdisziplinen engagiert: in der sonderpädagogischen und in der schulpädagogischen Forschung, in der Vergleichenden Erziehungswissenschaft und in der Sozialpädagogik. Die Berufsbildungs-, Hochschul- und Weiterbildungsforschung sind möglicherweise aufgrund der prioritären Förderung dieser Bereiche durch das Bundesministerium für Bildung und Wissenschaft weniger darauf angewiesen, sich um die knappen Mittel der DFG zu bemühen. Angesichts des geringen Förderungsniveaus der empirisch-pädagogischen Forschung und der Abkehr der sonstigen Disziplinen von der Bildungsforschung ist der geringe Anteil der Erziehungswissenschaft an den bildungsbereichsübergreifenden, aber eher empirisch orientierten Gegenstandsbereichen der Bildungssoziologie, Bildungsökonomie und Pädagogischen Psychologie als kritisch zu werten. Forschungen, die Bildungsverläufe zwischen den einzelnen Segmenten des Bildungswesen und im Übergang zum Beschäftigungssystem und strukturelle Probleme des Bildungswesens sowie entwicklungspsychologische und diagnostische Probleme untersuchen, haben nicht an Bedeutung verloren und bedürfen weiterhin theoretischer Fundierung und kontinuierlicher Beobachtung und Analyse.

1.0.3 Die Entwicklung der empirischen Forschungsorientierung der Erziehungswissenschaft im Spiegel erziehungswissenschaftlicher Qualifikationsarbeiten (Gunther Eigler und Gerd Macke)

1.0.3.1 Datengrundlage der Analyse

Die folgende Analyse der Entwicklung der empirischen Forschungsorientierung als einer methodischen Grundorientierung der Erziehungswissenschaft beruht auf Daten, die auf inhaltsanalytischem Wege im DFG-Projekt "Thematische und methodische Entwicklungen im Fach Erziehungswissenschaft - Analysen zu einigen Aspekten des Formierungsprozesses einer Disziplin" erhoben wurden. Das Projekt zielt auf der Grundlage des Corpus der im Fach Erziehungswissenschaft im Zeitraum 1945 bis 1985 (1990) abgeschlossenen Qualifikationsarbeiten (Dissertationen/Habilitationsschriften) auf eine umfassende Rekonstruktion der Disziplinenformierung. Das den Analysen zugrunde liegende Corpus ist definiert durch die Meldung abgeschlossener Verfahren an die Zeitschrift für Pädagogik, d.h. was zur Disziplin Erziehungswissenschaft gehört, wird hier durch eine **Selbstzuordnung zum Fach** festgelegt und zwar unabhängig von einer institutionellen Zuordnung (weshalb bisher auch abgeschlossene Verfahren in den Fachdidaktiken und in anderen meldenden Fächern eingeschlossen sind). Die hier interessierende empirische Grundorientierung der Disziplin ist nur ein ausgewählter Teilaspekt der im Projekt untersuchten Aspekte, und der Zeitraum 1970-1990 ist nur ein Ausschnitt, der die zweite Hälfte des im Projekt untersuchten Gesamtzeitraums umfaßt. Die berichteten Befunde sollten also vor dem Hintergrund einer umfassenderen Rekonstruktion der Formierung der Erziehungswissenschaft gesehen werden (Eigler & Macke 1985; Macke, 1989a,b, 1990); ebenso ist zu berücksichtigen, daß der für das Projekt beantragte Analysezeitraum ursprünglich 1985 endete und die spätere Fortführung der Datenerhebung bis einschließlich 1990 noch nicht abgeschlossen ist.

1.0.3.2 Inhaltsanalytische Erschließung der empirischen Forschungsorientierung

Ein Untersuchungszeitraum von 45 Jahren und ein Corpus, das etwa 5600 Elemente umfaßt und die Erziehungswissenschaft im geographischen Raum der alten Länder der Bundesrepublik repräsentiert, machen plausibel, daß jeder Versuch, methodische Grundorientierungen zu kategorisieren und zu operationalisieren, auf Probleme stoßen muß; sie sind allein durch eine pragmatische Beschränkung auf für die Disziplin zentralen Aspekte der Methodenorientierung zu bewältigen (vgl. Macke 1989a,b). Das zur inhaltsanalytischen Erschließung der methodischen Grundorientierungen verwendete Kategoriensystem umfaßt fünf Methodentypen und eine Restklasse mit insgesamt 14 Unterkategorien (vgl. Abb. 7, a). Als Methodentypen werden unterschieden drei **spezifische** monomethodische Zugriffsweisen ('Empirisch', 'Historisch' und 'Theoretisch') und zwei **unspezifische**, verschiedene methodische Vorgehensweisen bündelnde Zugriffsweisen ('Praxisbezogen mit explizitem Theoriebezug' und 'Praxisbezogen ohne expliziten Theoriebezug'; vgl. dazu Macke 1989a, S. 91f). Die Zuordnung der Qualifikationsarbeiten zu den gebildeten Methodenkategorien erfolgte aufgrund einer Inspektion der Texte, die für alle im Kodierbuch gebildeten Kategorien pro Arbeit durchschnittlich eine Stunde beanspruchte.

Die hier zur Analyse der Entwicklung der empirischen Forschungsorientierung verwendete Aggregierung der ursprünglich gebildeten Methodentypen ist in Abbildung 7, b dargestellt.

Für Vergleiche mit den anderen Beiträgen dieses Kapitels sollte beachtet werden, daß 'empirische Forschungsorientierung' in diesem Teilkapitel sehr weit gefaßt wird: Als 'empirisch' wurde jede Datengewinnung durch methodisch kontrollierten Instrumenteneinsatz klassifiziert. Insofern sind Handlungsforschungsansätze, die diesem Kriterium genügen, hier als empirisch klassifiziert (vgl. auch Abb. 10; in Kap. 1.0.1.5 dagegen werden Handlungsforschung und empirisch-analytische Forschung als sich ausschließende Forschungsrichtungen interpretiert). Empirisch-analytische Pädagogik erscheint in diesem Teilkapitel überwiegend als Teilmenge des Methodentyps 'empirisch-quantitativ' (vgl. Abb. 7).

Abb. 7: a) Kategoriensystem zur inhaltlichen Erschließung der Methodenverwendung insgesamt
b) hier verwendete Aggregierung des Kategoriensystems a) zur Analyse der empirischen Forschungsorientierung im Corpus der Qualifikationsarbeiten

a) Methodenverwendung insgesamt:

I. Spezifische methodische Zugriffsweisen
- 1. Methodentyp 'Empirisch'
  - 1.1 empirisch-quantitativ
  - 1.2 empirisch-qualitativ
- 2. Methodentyp 'Historisch'
  - 2.1 historisch-hermeneutisch-ideengeschichtlich
  - 2.2 historisch-hermeneutisch-realgeschichtlich
- 3. Methodentyp 'Theoretisch'

II. Unspezifische methodische Zugriffsweisen
- 4. Methodentyp 'Praxisbezogen mit explizitem Theoriebezug
  - 4.1 mit empirisch-quantitativem Anteil
  - 4.2 mit empirisch-qualitativem Anteil
  - 4.3 ohne empirischen Anteil
- 5. Methodentyp 'Praxisbezogen ohne expliziten Theoriebezug
  - 5.1 mit empirisch-quantitativem Anteil
  - 5.2 mit empirisch-qualitativem Anteil
  - 5.3 ohne empirischen Anteil

III. 6. Restklasse
  - 6.1 mit empirisch-quantitativem Anteil
  - 6.2 mit empirisch-qualitativem Anteil
  - 6.3 ohne empirischen Anteil

b) Empirische Forschungsorientierung:

I. Empirisch orientierte Arbeiten:
- 1. Methodentyp 'Empirisch' (← 1.1, 1.2)
- 2. Methodentyp 'Praxisbezogen mit empirischen Anteilen' (← 4.1, 4.2, 5.1, 5.2, 6.1, 6.2)

II. Nicht-empirisch orientierte Arbeiten (Historisch, Theoretisch, ohne empirische Anteile)

1.0.3.3 Quantitative Entwicklung der Erziehungswissenschaft im Zeitraum 1945-1990 insgesamt und der empirischen Forschungsorientierung innerhalb der Erziehungswissenschaft

Als Hintergrund, vor dem die auf den Zeitraum 1970-1990 eingeschränkte Analyse zur Entwicklung der empirischen Forschungsorientierung zu sehen ist, werden für den gesamten Untersuchungszeitraum (1945-1990) auf der Basis der pro Jahr ermittelten absoluten Zahlen einige Entwicklungslinien dargestellt (Abb. 8), und zwar a) die Entwicklung der Gesamtdisziplin, b) die Entwicklung der empirischen Orientierung im Vergleich zur nicht-empirischen Orientierung und c) die Entwicklung der die empirische Orientierung repräsentierenden Methodentypen 'Empirisch' und 'Praxisbezogen mit empirischen Anteilen'.

1.0.3.3.1 Gesamtdisziplin

Die Meldewertkurve der als abgeschlossen gemeldeten Qualifikationsverfahren (Abb. 8, Kurve a; im folgenden wird von SOLL-Werten gesprochen, um die Anzahl der jährlich **gemeldeten** Corpuselemente von den IST-Wert genannten Anzahlen der pro Jahr **kodierten** Corpuselementen zu unterscheiden) repräsentiert eine Entwicklung der Gesamtdisziplin, die - bezogen auf den Anfangs- und Endpunkt - als Wachstumsprozeß gekennzeichnet werden kann, in dessen Verlauf sechs Phasen unterscheidbar sind:

- eine ausgedehnte Phase mit sehr langsamem Wachstum von 2 bis auf knapp 25 abgeschlossene Verfahren jährlich (1945-1956; 1. Phase);
- eine Phase leichter Wachstumsbeschleunigung auf 50 jährlich abgeschlossene Verfahren (1957-1965; 2. Phase);
- eine Phase, in der sich das Wachstum unter Verdoppelung der Abschlußrate weiter beschleunigt (1966-1971; 3. Phase);
- eine Phase exponentiellen Wachstums, die bei einem Spitzenwert von 316 abgeschlossenen Verfahren im Jahr 1977 endet (1972-1977; 4. Phase);
- eine Phase mit langsamem Rückgang der jährlichen Abschlußrate auf einen Minimalwert von 200 im Jahr 1984 (1978-1984; 5. Phase);
- eine Phase, in der sich die Entwicklung bei etwa 250 jährlich abgeschlossenen Verfahren konsolidiert und stabilisiert (1985-1990; 6. Phase).

Abb.8: Jährliche Entwicklungsverläufe

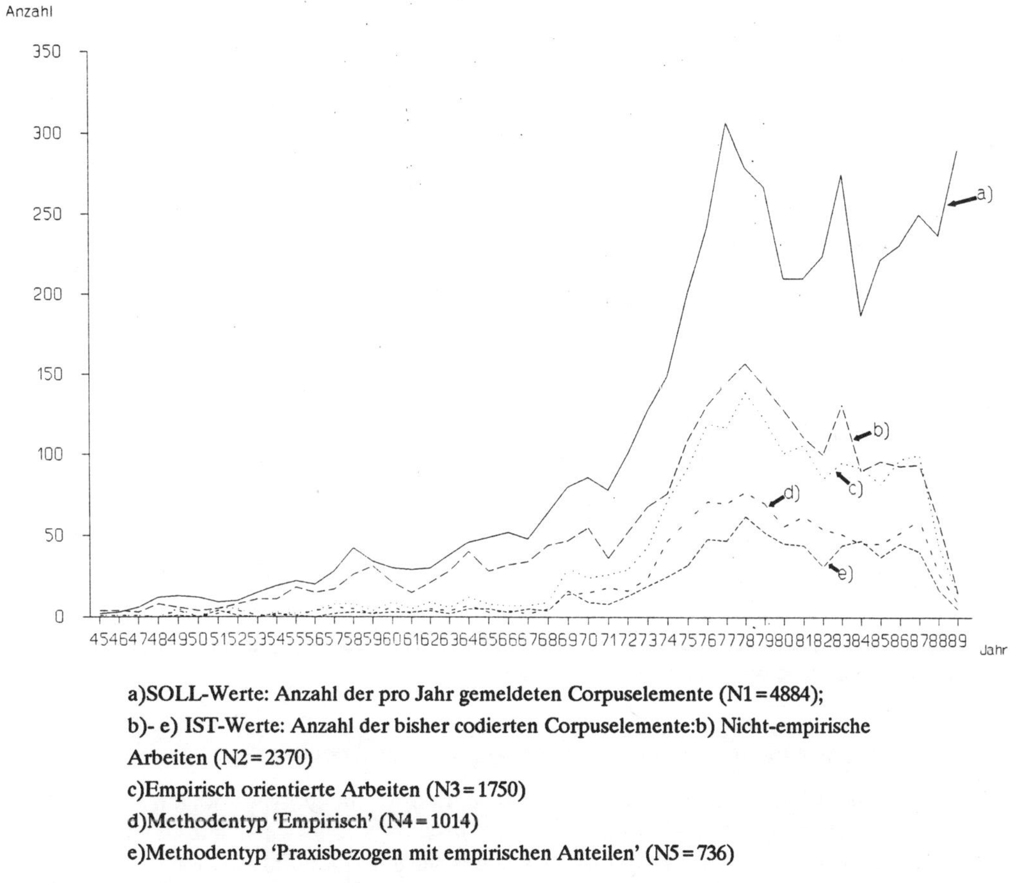

a)SOLL-Werte: Anzahl der pro Jahr gemeldeten Corpuselemente (N1=4884);
b)- e) IST-Werte: Anzahl der bisher codierten Corpuselemente:b) Nicht-empirische Arbeiten (N2=2370)
c)Empirisch orientierte Arbeiten (N3=1750)
d)Methodentyp 'Empirisch' (N4=1014)
e)Methodentyp 'Praxisbezogen mit empirischen Anteilen' (N5=736)

Die im folgenden beschriebenen Entwicklungsverläufe zur methodischen Orientierung (Abb. 8, Kurven b-d) beruhen auf der Anzahl der bisher pro Jahr kodierten Arbeiten (= IST-Werte). Insgesamt ist diese IST-Wertkurve der SOLL-Wertkurve gut angenähert - ausgenommen der Zeitraum 1986-1990, für den die Kodierarbeiten noch nicht abgeschlossen sind und außerdem primär empirische Arbeiten kodiert wurden.

1.0.3.3.2 Empirische vs. nicht-empirische Forschungsorientierung

Die Entwicklungsverläufe der empirischen und der nicht-empirischen Forschungsorientierung folgen insgesamt dem Entwicklungsmuster der Gesamtdisziplin und stellen sich - bezogen auf die unterschiedenen Phasen bei Vernachlässigung der 6. Phase - wie folgt dar: Die **empirische Orientierung** (vgl. Abb. 8, Kurve c) erreicht in der Phase beschleunigten Wachstums einen Maximalwert von 30 Arbeiten (1969, 3. Phase), wächst dann exponentiell auf ein absolutes Maximum von 139 Arbeiten (1978) und geht auf gut 90 Arbeiten zurück (1984); die **nicht-empirische Orientierung** (vgl. Abb. 8, Kurve b) erreicht am Ende der 3. Phase (1970) bereits 55 Arbeiten, steigt dann auf einen Maximalwert von 157 im Jahre 1978 und geht bis 1984 ebenfalls auf 90 Arbeiten zurück.

Der Vergleich der Entwicklungsverläufe von empirischer und nicht-empirischer Orientierung zeigt:

- zu keinem Zeitpunkt erreicht der Anteil empirischer Orientierung den Anteil nicht-empirischer Orientierung;

- bis zum Jahre 1968 dominiert in der Erziehungswissenschaft eine nicht-empirische Orientierung, die empirische Orientierung ist bis dahin vergleichsweise marginal;

- ab 1969 nähert sich die empirische Orientierung der nicht-empirischen stark an bei größter Annäherung im Jahre 1974 (72 vs. 76 Arbeiten);

- ab 1976 verschieben sich die Anteile wieder leicht zugunsten einer nicht-empirischen Orientierung.

Es ergeben sich also für die Entwicklung der Gewichte von empirischer und nicht-empirischer Orientierung drei charakteristische Phasen: 1. eine erste Phase (bis 1968) mit ausgesprochener Dominanz der nicht-empirischen Orientierung; 2. eine Phase beschleunigter Annäherung der empirischen Orientierung an die nicht-empirische Orientierung aufgrund eines stärkeren Wachstums im Zeitraum 1969 bis 1976; und 3. eine Phase (1978 bis 1985) mit gemeinsamem Höhepunkt beider Orientierungen im Jahre 1978 und mit anschließend parallel verlaufender Schrumpfung beider Grundorientierungen.

1.0.3.3.3 Methodentypen innerhalb der empirischen Orientierung

Die Entwicklungsverläufe der unterschiedenen Methodentypen folgen mit leichten Modifikationen dem Grundmuster der Gesamtdisziplin: der **Methodentyp 'Empirisch'** (Abb. 8, Kurve d) hat eine weniger ausgeprägte Entwicklungsspitze und stabilisiert sich auf relativ höherem Niveau; der Methodentyp 'Praxisbezogen mit empirischen Anteilen' (Abb. 8, Kurve e) zeigt gegenüber dem Methodentyp 'Empirisch' zwei Unterschiede: die Expansionsphase (4. Phase) ist abgeschwächter, die Abschwächungsphase (5. Phase) weniger ausgeprägt.

1.0.3.4 Anteile empirisch orientierter Erziehungswissenschaft im Zeitraum 1970-1990

Abweichend von den bisher veröffentlichten Analysen (Macke, 1989a,b ; 1990) werden für den hier interessierenden Zeitraum 1970-1990 folgende Zeiträume gebildet:

- 1945-1969 zwecks Markierung der Ausgangslage;
- 1970-1977, 1978-1984, 1985-1990 als Zeiträume, die den herausgearbeiteten Entwicklungsphasen (Expansions-, Abschwächungs-, Konsolidierungsphase) entsprechen.

1.0.3.4.1 Gesamtdisziplin

Wie es die jahresbezogene Betrachtung (1.0.3.3) erwarten läßt, hat empirisch orientierte Erziehungswissenschaft im gesamten Corpus der Qualifikationsarbeiten (1945-1990) einen Anteil von 42.5% (vgl. Abb. 9a), nicht-empirisch orientierten Arbeiten kommt also insgesamt ein größeres Gewicht zu. Innerhalb der empirischen Orientierung hat der Methodentyp 'Empirisch' (24.6%) ein größeres Gewicht als der Methodentyp 'Praxisbezogen mit empirischen Anteilen' (17.9%).

Abb. 9: Orientierung im Zeitraum 1945-1990

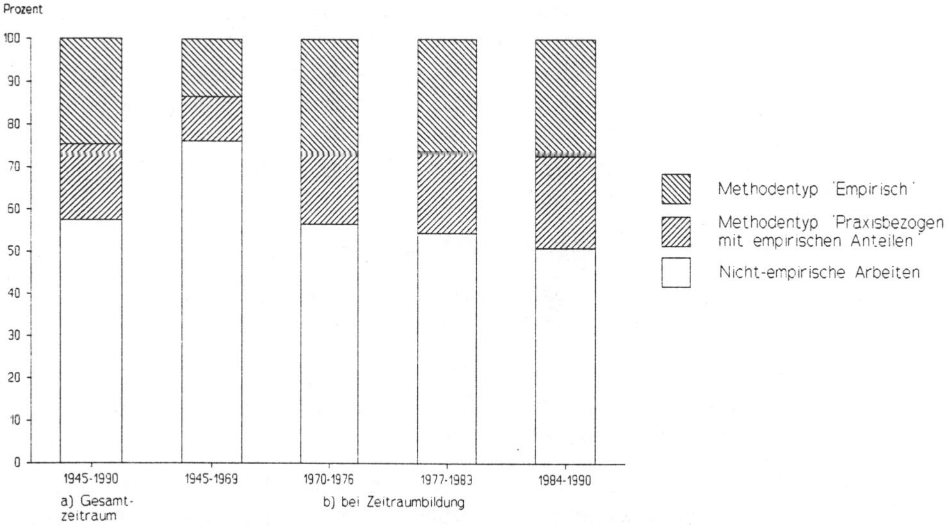

a) Anteile am Gesamtcorpus ; b)Entwicklung (N=4120)

Die Entwicklung der empirischen Orientierung stellt sich wie folgt dar (vgl. Abb.9b):

- als Ausgangsbasis (1945-1969) ist ein Anteil der empirischen Forschungsorientierung von knapp einem Viertel (23.8%) gegeben, bei einem Anteil des Methodentyps 'Empirisch' von 13.4% und des Methodentyps 'Praxisbezogen mit empirischen Anteilen' von 10.4%;
- im Expansionszeitraum (1970-1976) nimmt die empirische Orientierung stark zu (fast Verdoppelung auf 43.5%) - stärker im Methodentyp 'Empirisch' (mehr als Verdoppelung auf 26.9%), weniger stark beim Methodentyp 'Praxisbezogen mit empirischen Anteilen' (auf 16.5%);
- im Abschwächungszeitraum (1977-1983) verstärkt sich die empirische Orientierung nur noch leicht (auf 45.5%), wobei der Methodentyp 'Empirisch' fast stabil bleibt (jetzt noch 26.2%), der Methodentyp 'Praxisbezogen mit empirischen Anteilen' dagegen weiter an Gewicht

gewinnt (jetzt 19.3%);

- im Konsolidierungszeitraum (1984-1990) hält die zunehmende Tendenz der empirischen Orientierung an (jetzt 49%), ebenso bleiben die Tendenzen bei den beiden Methodentypen erhalten: Stabilität des Typs 'Empirisch' (jetzt 27.2%), weitere Verstärkung des Typs 'Praxisbezogen mit empirischen Anteilen' (auf jetzt 21.8%).

Die Entwicklung der empirischen Forschungsorientierung ist für den Zeitraum 1970-1990 also durch vier durchgängige Tendenzen charakterisiert:

- für die Erziehungswissenschaft zentral und die Entwicklung der Disziplin im Untersuchungszeitraum kennzeichnend ist die **kontinuierliche Zunahme** der empirischen Orientierung - zu Beginn des Zeitraums sprunghaft (von 23.9% auf 43.5%), dann nur noch langsam (45.5% auf 49%); innerhalb dieser die Disziplinenentwicklung charakterisierenden Gesamttendenz zeigen sich **zwei gegenläufige** Tendenzen für die unterschiedenen Methodentypen:
- der Methodentyp 'Empirisch' ist **relativ stabil** (26,9% - 26.2% - 27.2%);
- beim Methodentyp 'Praxisbezogen mit empirischen Anteilen' dagegen **nimmt das Gewicht kontinuierlich zu** (16.5% - 19.3% - 21.8%);
- **die Zunahme der empirischen Orientierung geht somit ausschließlich auf das zunehmende Gewicht des Methodentyps 'Praxisbezogen mit empirischen Anteilen' zurück.**

Dieser Befund, daß sich der Methodentyp 'Praxisbezogen mit empirischen Anteilen' in der jüngeren Erziehungswissenschaft zu einem Forschungstyp mit beachtlichem Gewicht herausgebildet hat, wird verständlicher, wenn im folgenden insbesondere teildisziplinenspezifische Aspekte der Disziplin untersucht werden. Es zeigt sich dann nämlich, daß dieser Befund mit den Differenzierungsprozessen, die die Disziplin im Untersuchungszeitraum durchläuft, korrespondiert.

Die beschriebene allgemeine Entwicklung soll nun zunächst hinsichtlich der Variablen 'Teildisziplin', dann hinsichtlich der Variablen 'Hochschulort' und 'Geschlecht des Qualifizierten' einer differentiellen Analyse unterzogen werden.

1.0.3.4.2 Teildisziplinenspezifisch

Die Variable 'Teildisziplin' wurde über die thematisch-praxisfeldbezogene Orientierung der Fragestellungen der Qualifikationsarbeiten - also nicht institutionell - kategorisiert und in acht Teildisziplinen differenziert:

1. Allgemeine Erziehungswissenschaft (Allgemeine, Historische, Metatheorie, Methodologie);

2. Vergleichende Erziehungswissenschaft (mit Pädagogik des Auslands);

3. Schulpädagogik (mit Lehr-Lern-Forschung);

4. Berufspädagogik (Wirtschafts-, Arbeits-, Betriebspädagogik);

5. Sozialpädagogik/ Sozialarbeit (mit Kriminalpädagogik, Gerontologie);

6. Heil-/Sonderpädagogik (mit Rehabilitations-, Krankenpädagogik);
7. Erwachsenenbildung (Fort- und Weiterbildung; mit Andragogik, Gerontagogik);
8. Sonstige Pädagogiken (Hochschuldidaktik, spezielle Pädagogiken wie Friedens-, Freizeit-, Kultur-, Migrantenpädagogik usw.).

Unter Berücksichtigung der beiden unterschiedenen Methodentypen sollen einige teildisziplinenspezifische Tendenzen in der Entwicklung der empirischen Orientierung für jene fünf praxisfeldorientierten Teildisziplinen skizziert werden, die im Gesamtzeitraum am stärksten empirisch orientiert sind (vgl. Tab. 17, Spalte a): Heil-/Sonderpädagogik (69.3%), Schulpädagogik (61.0%), Sozialpädagogik (59.2%), Erwachsenenbildung (53.9%) und Berufspädagogik (48.6%).

Tab.17: Entwicklung der empirischen Orientierung (=E) und der Anteile der Methodentypen 'Empirisch' (=M1) und 'Praxisbezogen mit empirischen Anteilen' (=M2) in ausgewählten Teildisziplinen (N=1921 von 4120; Prozentangaben)

		a) Gesamt	b) bei Zeitraumbildung			
		1945-90	1945-69	1970-76	1977-83	1984-90
Heil-/Sonderpädagogik	M_1	34.4	10.5	37.8	36.5	37.3
	M_2	34.9	42.1	40.5	32.9	31.4
	E	69.3	52.6	78.3	69.4	68.7
Schulpädagogik	M_1	37.3	31.3	41.4	33.9	41.4
	M_2	23.7	16.4	20.9	25.6	25.8
	E	61.0	47.7	62.3	59.5	67.2
Sozialpädagogik	M_1	31.2	26.5	40.4	26.7	34.4
	M_2	28.0	23.5	23.1	27.4	33.3
	E	59.2	50.0	63.5	54.1	67.7
Erwachsenenbildung	M_1	25.7	5.6	26.2	25.8	32.1
	M_2	28.2	27.8	16.7	29.2	35.8
	E	53.9	33.4	42.9	55.0	67.9
Berufspädagogik	M_1	25.1	20.5	18.6	35.9	21.4
	M_2	23.5	19.2	34.9	23.1	21.4
	E	48.6	39.7	53.5	59.0	42.8

a) Die Entwicklung der empirischen Orientierung im Zeitraum 1970-1990 kann für die Teildisziplinen durch unterschiedliche Verlaufsformen beschrieben werden (vgl. Tab. 17, Spalten b, Zeilen E): Die Erwachsenenbildung ist als einzige Teildisziplin durch kontinuierlich zunehmende, die Heil-/Sonderpädagogik allein durch kontinuierlich abnehmende empirische Orientierung gekennzeichnet; Schul- und Sozialpädagogik sind charakterisiert durch zuerst abnehmende, dann wieder zunehmende empirische Orientierung, die Berufspädagogik zeichnet sich durch einen Höhepunkt in der Mitte des Zeitraums aus.

b) Weitere Unterschiede werden sichtbar, wenn man für jede Teildisziplin die Entwicklung des Verhältnisses der beiden Methodentypen untersucht (Tab. 17, Zeilen M1 und M2):

- die Schulpädagogik ist als einzige Teildisziplin dadurch gekennzeichnet, daß der Methodentyp 'Empirisch' insgesamt ein höheres Gewicht hat; - wegen kontinuierlich zunehmenden Gewichts des Methodentyps 'Praxisbezogen mit empirischen Anteilen' kehren sich in der Erwachsenenbildung die Gewichte um, in der Sozialpädagogik wird fast ein Gleichgewicht erreicht;

- in der Heil-/Sonderpädagogik geht das Gewicht des Methodentyps 'Praxisbezogen mit empirischen Anteilen' kontinuierlich zurück, während das Gewicht des Methodentyps 'Empirisch' relativ stabil bleibt;

- in der Berufspädagogik überwiegt zunächst die praxisbezogene Orientierung, dann der Methodentyp 'Empirisch', zuletzt sind beide gleichgewichtig.

Insgesamt läßt sich für die Entwicklung der empirischen Forschungsorientierung - bezogen auf die Gesamtentwicklung und differenziert nach Methodentypen - unter teildisziplinenspezifischen Aspekten festhalten:

- Von den betrachteten fünf der acht gebildeten Teildisziplinen, die auf spezielle Praxisfelder bezogen sind, nimmt die **empirische Orientierung** im Zeitraum 1970-1990 in zwei Teildisziplinen ab - in der Heil-/Sonderpädagogik kontinuierlich, in der Berufspädagogik nach zwischenzeitlichem Anstieg; in den drei anderen Teildisziplinen nimmt die empirische Orientierung zu - am stärksten und kontinuierlich in der Erwachsenenbildung, geringfügiger und nicht gleichmäßig in der Schul- und in der Sozialpädagogik.

- Unterschiedlich ist innerhalb der Teildisziplinen auch der Entwicklungsverlauf für die **beiden empirischen Methodentypen**: Der Methodentyp 'Empirisch' gewinnt etwas an Gewicht in der Erwachsenenbildung und in der Berufspädagogik, hält sein Gewicht in der Schulpädagogik und in der Heil-/Sonderpädagogik, verliert an Gewicht in der Sozialpädagogik; der Methodentyp 'Praxisbezogen mit empirischen Anteilen' nimmt in zwei Teildisziplinen kontinuierlich ab - in der Heil-/Sonder- und in der Berufspädagogik - und in drei Teildisziplinen kontinuierlich zu - leicht in der Schulpädagogik, stärker in der Sozialpädagogik und am stärksten (mit mehr als Verdoppelung) in der Erwachsenenbildung.

Bei Berücksichtigung aller Aspekte kristallisiert sich für jede Teildisziplin ein spezifischer Entwicklungverlauf in der empirischen Orientierung heraus: Sozialpädagogik und Erwachsenenbildung zeigen zunehmende empirische Gesamtorientierung und zunehmenden Methodentyp 'Praxisbezogen mit empirischen Anteilen' - sie unterscheiden sich in der entgegengesetzten Entwicklung des Methodentyps 'Empirisch'; für die Schulpädagogik ist spezifisch, daß bei stabilem Methodentyp 'Empirisch' und zunehmenden praxisorientierten empirischen Arbeiten die empirische Gesamtorientierung leicht zunimmt; die Heil-/Sonderpädagogik ist bei stabilem Methodentyp 'Empirisch' und abnehmendem Gewicht des Methodentyps 'Praxisbezogen mit empirischen Anteilen' durch abnehmende empirische Gesamtorientierung gekennzeichnet, die Berufspädagogik bei ebenfalls abnehmender empirischer Gesamtorientierung durch leichte Zunahme des Methodentyps 'Empirisch' und kontinuierliche Abnahme des Methodentyps 'Praxisbezogen mit empirischen Anteilen'.

1.0.3.4.3 Lokale Unterschiede

Für eine exemplarische Analyse lokaler Unterschiede in der empirischen Forschungsorientierung werden hier die 8 Hochschulorte mit den größten Corpusan-

Tab. 18: Entwicklung der empirischen Orientierung (=E) und der Anteile der Methodentypen 'Empirisch' (=M1) und 'Praxisbezogen mit empirischen Anteilen (=M2) an ausgewählten Hochschulorten (N=1959 von 4120; Prozentangaben)

		a) Gesamt	b) bei Zeitraumbildung			
		1945-90	1945-69	1970-76	1977-83	1984-90
Berlin	M_1	35.1	17.6	36.4	44.6	27.4
	M_2	15.4	5.9	12.7	10.8	25.8
	E	50.5	23.5	49.1	55.4	53.2
Bonn	M_1	16.9	10.8	25.0	11.7	27.3
	M_2	10.7	2.7	15.0	13.0	11.4
	E	27.6	13.5	40.0	24.7	38.7
Frankfurt	M_1	20.7	10.3	21.6	20.6	24.6
	M_2	16.5	3.4	10.8	19.6	20.3
	E	37.2	13.7	32.4	40.2	44.9
Hamburg	M_1	20.6	13.7	26.4	17.0	25.5
	M_2	26.3	11.8	30.6	27.3	33.3
	E	46.9	25.5	57.0	44.3	58.8
Köln	M_1	21.5	13.6	22.9	25.6	20.4
	M_2	19.6	13.6	20.8	24.4	16.3
	E	41.1	27.2	43.7	50.0	36.7
München	M_1	23.1	22.4	22.1	25.3	22.5
	M_2	12.4	11.8	11.8	13.7	12.5
	E	35.5	34.2	33.9	39.0	35.0
Münster	M_1	17.0	0.0	14.5	29.3	21.7
	M_2	14.8	10.7	9.7	19.5	21.7
	E	31.8	10.7	24.2	48.8	43.4
Tübingen	M_1	29.2	7.5	34.4	31.3	39.2
	M_2	20.9	13.2	16.1	26.3	29.4
	E	50.1	20.7	50.5	57.6	68.6

teilen herangezogen (Maximalwert: 355 (München)); für sie zeigen sich im Vergleich zum bisher ortsübergreifend dargestellten Entwicklung lokale Unterschiede und Gemeinsamkeiten (vgl. Tab. 18):

1) Bezogen auf den für den **Gesamtzeitraum** (1945-1990) gegebenen Anteil von 42.5% für die empirische Orientierung der Gesamtdisziplin (vgl. Tab. 18, Spalte a) haben Berlin (50.5%), Tübingen (50.1%) und Hamburg (46.9%) eine stärkere, Bonn (27.6%), Münster (31.8%), München (35.5%) und Frankfurt (37.2%) eine geringere empirische Orientierung, allein Köln (41.1%) liegt im Bereich der durchschnittlichen Orientierung der Gesamtdisziplin.

2) **Gemeinsam** ist der lokalen Entwicklung der empirischen Orientierung (vgl. Tab. 18, Spalten b) für alle Orte (mit Ausnahme von München) ein sprunghafter Anstieg vom ersten zum zweiten Zeitraum.

3) **Unterschiede** ergeben sich in den lokalen Verlaufsmustern im Zeitraum 1970-1990: kontinuierlich zunehmend verläuft die Entwicklung in Frankfurt (mittleres Niveau, von 32.4% auf 44.9%) und in Tübingen (von 39.5% auf das hohe Endniveau von 68.6%), insgesamt zunehmend mit einem relativ flachen Maximum im Zeitraum 1977-83 in Berlin (leicht) und Münster (stärker), abnehmend mit zwischenzeitlichem Maximum in Köln, fast stabil mit einem Minimum im Zeitraum 1977-83 in Bonn und Hamburg, mit zwischenzeitlichem Maximum in München.

1.0.3.4.4 Geschlechtsspezifisch

Tab. 19: Entwicklung der Anzahl der männlichen und weiblichen Qualifizierten an der empirischen Orientierung im Corpus der Qualifikationsarbeiten (N=1750 von 4120)

	a) Gesamt	b) bei Zeitraumbildung			
	1945-90	1945-69	1970-76	1977-83	1984-90
Männlich	1324	124	336	554	310
Weiblich	426	27	69	211	119
Summe	1750	151	405	765	429

1) Für den **Gesamtzeitraum** sind die geschlechtsspezifischen Unterschiede hinsichtlich der empirischen Orientierung hochsignifikant; weibliche Qualifizierte weisen sowohl insgesamt (48.2% vs 40.8%) als auch bezogen auf den Methodentyp 'Empirisch' (28.2% vs 23.6%) und den Methodentyp 'Praxisbezogen mit empirischen Anteilen' (20.0% vs 17.2%) höhere Anteile auf; zugleich zeigt sich, daß

weibliche Qualifizierte mit höherem Anteil **qualitativ** empirisch arbeiten (19.2% vs. 11.8%) (vgl. Tab. 20).

2) Bei **zeitraumbezogener** Betrachtung bleiben die Unterschiede zwischen männlichen und weiblichen Qualifizierten bei Differenzierung nach quantitativ-qualitativ im 1. - 3. Zeitraum signifikant, im 4. Zeitraum dagegen verschwinden die Unterschiede völlig (vgl. in Tab. 20 die im Text jeweils genannten Zeilen):

Tab. 20: Entwicklung des Anteils der empirischen Orientierung (=E1 mit E11=quantitativ, E12=qualitativ) und der Anteile der Methodentypen 'Empirisch' (=M1 mit M11=quantitativ, M12=qualitativ) und 'Praxisbezogen mit empirischen Anteilen (=M2 mit M21=quantitativ, M22=qualitativ) bei Berücksichtigung der Variablen 'Geschlecht des Qualifizierten' (N=1750 von 4120; Prozentangaben)

		a) Gesamt	b) bei Zeitraumbildung			
		1945-90	1945-69	1970-76	1977-83	1984-90
Männlich	M_{11}	20.3	9.6	24.5	22.4	20.0
	M_{12}	3.3	3.3	2.4	2.5	6.0
	M_1	23.6	12.9	26.9	24.9	26.0
	M_{21}	8.7	4.6	9.7	9.9	8.8
	M_{22}	8.5	5.4	5.8	9.3	12.9
	M_2	17.2	10.0	15.5	19.2	21.7
	E_{11}	29.0	14.2	34.2	32.3	28.8
	E_{12}	11.8	8.7	8.2	11.8	18.9
	E_1	40.8	22.9	42.4	44.1	47.7
Weiblich	M_{11}	21.4	8.6	22.9	23.6	21.6
	M_{12}	6.8	7.5	4.3	6.4	8.8
	M_1	28.2	16.1	27.2	30.0	30.4
	M_{21}	7.6	0.0	10.0	8.3	7.9
	M_{22}	12.4	12.9	12.1	11.6	14.1
	M_2	20.0	12.9	22.1	19.9	22.0
	E_{11}	29.0	8.6	32.9	31.9	29.5
	E_{12}	19.2	20.4	16.4	18.0	22.9
	E_1	48.2	29.0	49.3	49.9	52.4

1) Für den Zeitraum 1970-1990 nimmt die empirische Orientierung bei beiden Geschlechtern leicht zu - bei den männlichen Qualifizierten auf niedrigerem Niveau als bei den weiblichen (jeweils Zeile E1); dieser Entwicklung liegen bei den männlichen Qualifizierten eine leichte Abnahme quantitativen Arbeitens (Zeile E11) und eine ausgeprägte Zunahme qualitativen Arbeitens (Zeile E12, mehr als Verdoppelung) zugrunde, während bei den weiblichen Qualifizierten einer nur geringen Abnahme quantitativen Arbeitens (Zeile E11) eine etwas ausgeprägtere Zunahme qualitativen Arbeitens (Zeile E12) gegenübersteht.

2) Der Methodentyp 'Empirisch' (Zeilen M1) ist bei beiden Geschlechtern nahezu stabil.

3) Der Methodentyp 'Praxisbezogen mit empirischen Anteilen' (Zeilen M2) nimmt bei den männlichen Qualifizierten kontinuierlich zu, bei den weiblichen ist er stabil bei zwischenzeitlichem Minimum.

4) Die Abnahme der quantitativen Orientierung (Zeilen E11) betrifft bei beiden Geschlechtern beide Methodentypen (Zeilen M11 und M21).

5) Auffällig ist der Unterschied in der Entwicklung der qualitativen Orientierung beim Methodentyp 'Praxisbezogen mit empirischen Anteilen': Während sich bei den männlichen Qualifizierten der Anteil dieser Orientierung mehr als verdoppelt, nimmt er bei den weiblichen Qualifizierten nur leicht zu (Zeilen M22).

6) Für beide Geschlechter bleibt der insgesamt zunehmende qualitative Anteil beim Methodentyp 'Empirisch' relativ gering (Zeilen M12, zwischen 2% und 9%) - bei stärkerer relativer Zunahme bei den männlichen Qualifizierten.

Insgesamt können die unterschiedlichen Verlaufsformen dahingehend interpretiert werden, daß die Entwicklung zu einer Annäherung in der empirischen Orientierung der Geschlechter geführt hat: alle herangezogenen Parameter - empirische Gesamtorientierung, verwendete Methodentypen, quantitative bzw. qualitative Anteile bei den Methodentypen - zeigen im letzten Zeitraum kaum noch Unterschiede.

1.0.3.5 Ausblick: Typologie empirisch orientierter Qualifikationsarbeiten

Die referierten deskriptiven Befunde zur Entwicklung der empirischen Orientierung der Erziehungswissenschaft, wie sie sich im Corpus der Qualifikationsarbeiten spiegelt - insbesondere die Befunde zu unterschiedlichen Entwicklungsverläufen für die thematisch-praxisfeldbezogen definierten Teildisziplinen - legen den Versuch nahe, für die Erziehungswissenschaft charakteristische Typen empirischen Forschens zu definieren und der Frage nachzugehen, ob es Forschungstypen gibt, denen über den Gesamtzeitraum ein gleichbleibendes Gewicht zukommt, ob sich die Gewichte unter den Typen im Verlauf der Entwicklung verschoben haben und ob sich Typen identifizieren lassen, denen im Laufe der Zeit in den Teildisziplinen unterschiedliche Gewichte zukommen.

Abb.10: Kategoriensystem zur vertiefenden Analyse empirisch orientierter Qualifikationsarbeiten

Anstoß für Fragestellung

- ☐ eher aus Praxis aufgenommen
- ☐ eher aus Theorie hergeleitet
- ☐ Restklasse

Forschungstyp (Design)

Typ des Untersuchungsdesigns
- ☐ Experiment
- ☐ Ex-postfacto-Studie
- ☐ Felduntersuchung (Feldstudie)
- ☐ Fallstudien
- ☐ Handlungsforschung
- ☐ Restklasse

Verfeinerung der Grundtypen
- ☐ Explorationsstudie (Pilotstudie)
- ☐ Evaluationsuntersuchung
- ☐ Theorieprüfung
- ☐ Hypothesenprüfung
- ☐ Restklasse (z.B. Validierungsstudie)

Instrumente der Datenerhebung

Eingesetzte Instrumententypen
- ☐ Nur ein Instrumententyp
- ☐ Mehrere Instrumententypen

Instrumententyp
- ☐ Beobachtung
- ☐ Interview
- ☐ Fragebogen
- ☐ Test
- ☐ Inhaltsanalyse
- ☐ Restklasse (Sonstige Verfahren/ Instrumente, unstandardisierte Verfahren)

Datenverarbeitung

- ☐ qualitativ
- ☐ deskriptiv
  - ☐ bezogen auf jeweils isolierte Variablen (eine oder mehrere)
  - ☐ bezogen auf Zusammenhänge zwischen Variablen
- ☐ prüfend
  - ☐ Unterschiede
  - ☐ Veränderungen
- ☐ Restklasse

Zusätzliche Informationen

Hilfsmittel
- ☐ Angaben nicht gefunden
- ☐ Angaben gefunden über:
  - ☐ benutzte EDV-Programme:
  - ☐ Art, Ort der Rechenanlage:
  - ☐ Hilfe bei der Auswertung?

Wissenschaftstheoretischer Bezug
- ☐ explizit formuliert
- ☐ implizit erkennbar
- ☐ Restklasse (nicht entscheidbar/ nicht formuliert)

Bezugsrahmen
- ☐ Einzelfragestellung
- ☐ Projektbezug allgemein
- ☐ Teilprojekt eines Großprojekts

Um entsprechende Daten zu gewinnen, ist das Teilcorpus der empirischen Qualifikationsarbeiten (N=1750, vgl. Abb. 8) mit Hilfe eines auf Typenbildung angelegten Kategoriensystems (vgl. Abb. 10) und dessen Operationalisierung in Form eines Kodierbuches einer vertiefenden Inhaltsanalyse zu unterziehen; diese Analyse ist noch in Arbeit, weshalb hier nur Hinweise auf sich abzeichnende Trends skizziert werden können.

Die Verteilung der gegenwärtig kodierten 447 Arbeiten (=25.5% des Teilcorpus) auf die gebildeten Zeiträume (vgl. Tab. 21a) entspricht noch nicht der Verteilung des Teilcorpus auf die Zeiträume, weshalb auf dieser noch sehr vorläufigen Datenbasis nur drei auf die Kategorien 'Typ des Untersuchungsdesigns', 'Verfeinerung der Grundtypen' und 'Datenverarbeitung' bezogene Forschungstypen gegenübergestellt werden sollen:

- Typ 1: Felduntersuchung, Explorationsstudie, qualitativ;

- Typ 2: Felduntersuchung, Explorationsstudie, deskriptiv;

- Typ 3: Experiment, Hypothesenprüfung, prüfend.

Es war zu erwarten (vgl. Tab. 21, b-d), daß explorative Felduntersuchungen (Typ 1 und Typ 2) im Gesamtzeitraum stark dominieren, während prüfende Experimente (Typ 3) nur eine marginale Rolle spielen. Auffällig ist das Gewicht, das qualitative explorative Felduntersuchungen (Typ 1) im ersten und im letzten Zeitraum haben.

Tab. 21: Verteilung der bisher typenorientiert kodierten empirischen Arbeiten (a) und ausgewählter Forschungstypen (b-d) auf die Zeiträume:

	Gesamt	bei Zeitraumbildung			
	1945-90	1945-69	1970-76	1977-83	1984-90
a) Gesamt-zeitraum	447	69	58	86	234
	%	15.4	13.0	19.2	52.3
b) Typ 1	122	37	11	17	57
	%	30.3	9.0	13.9	46.7
c) Typ 2	144	39	24	24	57
	%	27.1	16.7	16.7	39.6
d) Typ 3	41	3	13	8	17
	%	7.3	31.7	19.5	41.5

Typ 1: Felduntersuchung, Explorationsstudie, qualitativ

Typ 2: Felduntersuchung, Explorationsstudie, deskriptiv

Typ 3: Experiment, Hypothesenprüfend, prüfend

(Zur Typologisierung vgl. Abb. 10 und 1.0.3.5; N=447 von 1750)

Unter der Annahme, daß zwischen dem Entwicklungsstand der Theoriebildung in einer Disziplin und der Anwendung bestimmter Forschungstypen ein Zusammenhang besteht, könnten die auf noch schmaler Datenbasis sichtbar werdenden Tendenzen dahingehend interpretiert werden, daß die Erziehungswissenschaft sich insgesamt noch in einem frühen Stadium der Theorieentfaltung befindet, in dem durch auf Exploration von Zusammenhängen gerichtete Feldforschung Bausteine zur Theorieentwicklung zusammengetragen werden müssen. Diese Interpretation könnte dann erhärtet werden, wenn weitergehende Analysen zeigen sollten, daß auf Zusammenhangsprüfung ausgerichtete Experimente überwiegend in der Schulpädagogik zu finden sind, in der einige Bereichstheorien (Lehr-Lern-Theorien, Motivationstheorien usw.) als entwickelt angesehen werden können, während in anderen Teildisziplinen - beispielsweise in der Sozialpädagogik oder in der Erwachsenenbildung -, in denen über noch mangelhafte Theorieentwicklung geklagt wird, explorative Forschungstypen dominieren müßten.

Der Vergleich mit den anderen Beiträgen dieses Kapitels verdeutlicht auch die Problematik, die für empirisch orientierte Pädagogik mit der doppelten Aufgabe 'Forschung' - 'Qualifizierung' verbunden ist. Die Inspektion der Qualifikationsarbeiten zeigt nämlich zweierlei: Zum einen wird bei empirisch orientierten Arbeiten oft explizit zugegeben, daß die bisherige Qualifikation nicht ausreicht, empirische Forschung ohne Hilfe oder ohne gezielte Weiterqualifizierung durchzuführen (bei etwa 20% der bisher codierten Arbeiten); zum anderen wird deutlich, daß Qualifikationsarbeiten als fachliches Forschungspotential nicht optimal genutzt werden und zuwenig in übergreifende Forschungskontexte integriert sind (80% der bisher kodierten Arbeiten sind Einzelarbeiten, 14% sind zumindest auf größere Projekte bezogen, und nur 6% erscheinen explizit als Teilprojekte eines größeren Projekts). Sowohl Probleme der Ausbreitung als auch der Akzeptanz empirisch orientierter Pädagogik innerhalb der deutschen Erziehungswissenschaft dürften also auch damit zusammenhängen, daß Qualifizierungsprobleme noch nicht befriedigend gelöst sind und die Nutzung des Forschungstyps 'Qualifikationsarbeit' noch nicht optimal ist.

1.0.4 Die Behinderung der empirischen pädagogischen Forschung durch Genehmigungsrichtlinien und durch Datenschutzbehörden (Karlheinz Ingenkamp)

1.0.4.1 Einleitung

Als in den 70er Jahren das Bedürfnis nach empirischer Absicherung von Unterrichts- und Schulreformen wuchs und die Vorausetzungen dafür durch Schulung der Mitarbeiter und Publikation forschungsmethodisch orientierter Literatur (vgl. Kap.1.0.1.3.) verbessert worden waren, wurden von der Bildungsadministration in der Bundesrepublik die Möglichkeiten für eine freie Forschung rigoros eingeengt.

Die Freiheit der Forschung ist nach Art. 5 Abs. 3 des Grundgesetzes und nach der Rechtsprechung des Bundesverfassungsgerichtes gegen staatliche Eingriffe geschützt. "In diesen Freiheitsraum fallen vor allem die auf wissenschaftlicher Eigengesetzlichkeit beruhenden Prozesse, Verhaltensweisen und Entscheidungen bei dem Auffinden von Erkenntnissen, ihrer Deutung und Weitergabe" (zitiert nach Menger 1974, S. 77).

Daß dieses Grundrecht über ein Abwehrrecht hinausgeht und das Einstehen des Staates für die Idee einer freien Wissenschaft einschließt und ihn verpflichtet, "schützend und fördernd einer Aushöhlung dieser Freiheitsgarantie vorzubeugen" (zitiert nach Menger, 1974, S. 78, vgl.dazu auch Schmitt-Glaeser 1974), hat das Bundesverfassungsgericht betont.

1.0.4.2 Die Abschirmung des Forschungsfeldes durch Genehmigungsregularien

Die Institutionen des Bildungswesens gehören zu den wichtigsten Forschungsfeldern der Eziehungswissenschaft. Es gibt keine pädagogische Institution, in der annähernd soviel Menschen lehren, lernen, erzieherischen Einflüssen ausgesetzt, geprüft werden usw. wie in der öffentlichen Schule. Bis 1974 konnten Forscher durch

Absprache mit den unmittelbar Beteiligten und mit unteren Schulbehörden Zugang zum Forschungsfeld finden.

1974 beginnt dann mit den Bremer Richtlinien jener Prozeß, in dem durch Verordnungen und Gesetze der Zugang zu den Schulen nur noch von der Zentrale - Senatsverwaltung oder Ministerium - abhängig wird. In keiner dieser Regelungen (Abdruck bei Brusten, Eberwein, Feltes, Gollner & Schumann, 1981, 297ff) wird das Grundrecht auf Forschungsfreiheit auch nur erwähnt, geschweige denn respektiert. Fast alle Schuladministrationen begründen die Notwendigkeit der Regularien mit der Abwehr zu starker Belastung für die Schulen, mit dem Schutz der Persönlichkeitsrechte von Schülern und Eltern. Fast alle stellen in interpretationsbedürftigen Formulierungen Anforderungen an die Zielsetzung der Untersuchungen und privilegieren die behördeneigenen Erhebungen (vgl. Schönemann, 1979).

Der Grund für die rigorose Reglementierung des Forschungszuganges in der zweiten Hälfte der 70er Jahre ist evident. Die bildungspolitische Auseinandersetzung, die sich bei Befürwortern und Gegnern der Gesamtschule besonders zuspitzte, hatte öffentliches Interesse gefunden und war ein Wahlthema geworden. In dieser Zeit wurden die ersten Forschungsergebnisse hierzu bekannt und zur politischen Waffe umgemünzt. Als Beispiel, wie hart Ministerien beim Bekanntwerden unerwünschter Forschungsergebnisse durchgriffen, sei nur auf die Untersuchungen des Instituts für Bildungsplanung und Studieninformation, IBS, in Stuttgart aus den Jahren 1974 und 1975 verwiesen. Als für das Ministerium unerwünschte Untersuchungsergebnisse publik wurden, diffamierte es die Forscher und wandelte das Institut in eine weisungsabhängige Dienststelle um (Ingenkamp, 1977a, 1978).

Im Vordergrund der Begründungen für die Regulierung des Zuganges zum Forschungsfeld stehen Behauptungen über die notwendige Abwehr zu starker Belastung für Schulen und Schulbehörden. Nordrhein-Westfalen z.B. will sicherstellen, daß sie "nicht an der Verwirklichung der ihnen übertragenen Aufgaben durch ein Übermaß von Untersuchungen und Befragungen gehindert, in ihrer Verwaltungskraft nicht überfordert ... werden" und formuliert als wichtigstes Kriterium für die Genehmigungserteilung: "Die Wahrung des Schulfriedens und des ungestörten Unterrichtsablaufs sind dabei als oberste Grundsätze zu beachten" (Texte bei Brusten et al., 1981; Deutsche Gesellschaft für Erziehungswissenschaft, 1980).

Die Belastung der Schulen wird durch die Zentralbehörde festgestellt, ohne Rücksicht darauf, ob Schulen, Lehrer und Eltern sich an einer Untersuchung beteiligen wollen oder nicht.

Aus "den besonderen Pflichten, die der Staat im Schulverhältnis gegenüber Schülern, aber auch gegenüber Eltern übernommen hat", wird das Genehmigungsverfahren ebenfalls begründet. Dabei verhinderten die Zentralbehörden, daß Forscher mit den Betroffenen in Kontakt treten und die Zustimmung zu bestimmten Fragen einholen konnten (vgl. Deutsche Gesellschaft für Erziehungswissenschaft, 1980).

In einem Rechtsgutachten hat Avenarius (Avenarius, Ingenkamp & Otto, 1980) festgestellt, daß die Verweigerung einer Untersuchungsgenehmigung unter Berufung auf eine pauschale Überlastungsbehauptung rechtlich nicht zulässig ist. Zum Fürsorgeargument führt er an, daß die Verwaltung dem Forscher zunächst einmal Gelegenheit geben muß, mit Probanden und Eltern in Kontakt zu treten. "Die Sorgepflicht der Behörde für die Wahrung der persönlichen Integrität der am Schulverhältnis Beteiligten darf nicht in eine Bevormundung der Schüler, Eltern und Lehrer umschlagen. ... Das Persönlichkeitsrecht, das immer nur dem einzelnen und dessen Verfügungsmacht unterliegt, würde ins Gegenteil verkehrt, wenn es der individuellen Disposition durch noch so wohlmeinende Fürsorge verschlossen bliebe" (Avenarius et al., 1980, S. 85f).

Die Kultusministerien behalten sich außerdem vor, nur Forschungen zuzulassen, die geeignet erscheinen, "einer Verbesserung der Praxis von Unterricht und Erziehung zu dienen" (Berlin). Bayern und Rheinland-Pfalz fordern, daß "an der Erhebung ein erhebliches pädagogisch-wissenschaftliches Interesse anzuerkennen ist" (Texte bei Brusten et al., 1981). Eignung und Interesse bestimmen natürlich die Ministerien.

Die rechtliche Wertung dieser Vorgaben ist eindeutig: "Die Schulverwaltung verstößt also gegen Art. 5 Abs. 3 S. 1 GG, wenn sie Forschungsvorhaben in der Schule nur deshalb nicht genehmigt, weil sie ihr unzweckmäßig, unnütz, praxisfern, pädagogisch irrelevant, politisch inopportun oder aus ähnlichen Gründen nicht akzeptabel erscheinen" (Avenarius et al., 1980, S. 82).

Die Genehmigung für den Datenzugang muß mit einer Frist von einem Monat (Berlin) bis zu vier Monaten (NRW) vor dem geplanten Untersuchungstermin beantragt werden. Bei einer Bearbeitungszeit bis zu 18 Monaten sind Diplom-Arbeiten damit fast ausgeschlossen.

Alle diese Richtlinien gelten nicht oder nur in eingeschränkter Form für von den Schulen veranstaltete Erhebungen (Rheinland-Pfalz), für "Erhebungen des Staatsministeriums für Unterricht und Kultus, der ihm nachgeordneten Schulaufsichtsbehörden, des Bayerischen Statistischen Landesamtes ..." (Bayern).

In ihrer Summe boten die Richtlinien nahezu jede Möglichkeit, möglicherweise unbequeme Forschung von der Schule fernzuhalten. Von den Forschungsbehinderungen ist nur ein Teil bekannt geworden, weil ein öffentlicher Protest fast jede Chance aufhob, bei künftigen Forschungsmitteln, die durch die Bund-Länder-Kommission vergeben wurden, berücksichtigt zu werden.

Von den bekannten und dokumentierten Fällen können nur einige erwähnt werden.

Ein Beispiel für den häufigen Gebrauch des Überlastungsargumentes (Avenarius et al., 1980; Brusten et al., 1981) hat die Deutsche Gesellschaft für Erziehungswissenschaft (1980, S. 69-82) mit einer von der DFG finanzierten Untersuchung dokumentiert. Sechs Ministerien verweigerten zunächst die Genehmigung und erteilten sie erst, nachdem in eingehenden Schreiben die Rechtslage erörtert, Überlastungsargumente entkräftet und/oder Bereitschaftserklärungen von Schulen vorgelegt wurden.

Solche Großprojekte, die von der DFG finanziert werden, unterliegen einer strikten Zeitplanung. Leerlaufphasen von bis zu 11 Monaten sind darin nicht vorgesehen. Dennoch kann ein Großprojekt solche Eingriffe eher "überleben", weil die

Antragsteller meist mit mehr Nachdruck und Erfahrung auftreten können und weil oft eine gewisse Flexibilität bei der Regionalverteilung von Stichproben möglich ist. Kleinprojekte, z.B. Qualifikationsarbeiten, sind dagegen solchen Eingriffen hilflos ausgeliefert, wie die Deutsche Gesellschaft für Erziehungswissenschaft (1980, S. 55ff) nachwies.

Mitunter wurde der politische Grund der Ablehnung kaum kaschiert. Ausführlich dokumentiert ist die Behinderung des Projektes "Konstruktive Schulforschung" der Universität Konstanz (Deutsche Gesellschaft für Erziehungswissenschaft, 1980; Domnick, 1980). Trotz Förderung durch die DFG lehnte das Ministerium ab, weil es keine für die Schule nützlichen Hinweise erwartete und den Eindruck gewonnen hatte, "daß die Fragen nicht hinreichend aussagekräftig sind und auf ein vorgegebenes Bild der Schule abzielen" (Deutsche Gesellschaft für Erziehungswissenschaft, 1980, S. 36).

Wenn eine Untersuchung genehmigt wird, ist der Genehmigungsbehörde ein Bericht vorzulegen. Wenn der Bund und/oder das Land die Untersuchung oder die Publikation des Berichtes finanziell unterstützen, behalten sie sich die Genehmigung zur Publikation vor oder wirken auf den Inhalt ein. Das BMBW z.B. benutzte 1977 die Formulierung: "Der Zuwendungsempfänger räumt dem BMBW das ausschließliche und unbeschränkte Recht ein, die Arbeitsergebnisse oder Teilergebnisse daraus zu veröffentlichen, zu vervielfältigen und zu verbreiten. ... Änderungs- und Ergänzungswünsche des BMBW, die sich auf Inhalt, Umfang und Durchführung des Forschungsvorhabens beziehen, sind vom Zuwendungsempfänger zu berücksichtigen" (Ingenkamp, 1977a, S. 29).

Wie die Einflußnahme im einzelnen ablaufen kann, ist in einem ausführlichen Briefwechsel dokumentiert. Dort kann im Detail nachgelesen werden, wie versucht wird, einzelne Forschungsberichte nicht zu publizieren, andere umzuformulieren, wie Druck ausgeübt wird, ohne daß die Fachkompetenz für inhaltliche Fragen erkennbar ist (Ingenkamp, 1977b).

In Rheinland-Pfalz reichte bereits die verzögerte Vorlage eines Berichtes aus, um durch das Ministerium alle 17 Mitarbeiter eines Forschungszentrums vom Zugang zu Schulen auszusperren. Die Grundrechtsverletzung war so offensichtlich, daß die Hochschule protestierte und die Opposition eine Anfrage im Landtag einbrachte. In der Dokumentation des Instituts (Zentrum für empirische pädagogische Forschung, 1981) und den Sitzungsprotokollen (Landtag Rheinland-Pfalz, 1981a) ist nachzulesen, mit welchen Verschleierungen, Diffamierungen, Tatsachenverdrehungen das Kultusministerium sich aus der Schwierigkeit herauslavierte. Sach- und Rechtslage traten völlig zurück.

Aus jüngster Zeit haben Bremm und Kühn (1990) berichtet, welchen unterschiedlichen Behinderungen, Bearbeitungszeiten und Auflagen sie bei der Genehmigung einer Testeichung ausgesetzt waren.

Die hier aus dem Schulbereich angeführten Fälle sollten nicht den Eindruck erwecken, daß die Forschung in außerschulischen Institutionen ihre Freiheitsrechte ungeschmälert ausüben dürfe. Im Bereich des Sozialministeriums und der Freien Wohlfahrtsverbände wird ohne Richtlinien und oft genug ohne Kompetenz nach Belieben entschieden, wie ein Fall aus dem Kindergartenbereich belegt (Forum, 1987).

Daß die Eingriffe in die Forschungsfreiheit, hier nur mit wenigen Beispielen angedeutet, keine Einbildung praxisferner Wissenschaftler sind, belegt ungewollt das Zeugnis eines leitenden Verwaltungsjuristen.

Als eine Universität in ihrer Grundordnung die Verpflichtung festhalten wollte, daß die für die Drittmittelforschung zuständigen Organe kein Forschungsvorhaben zulassen dürfen, in dem die Freiheit der Forscher durch Auflagen zur Versuchsplanung, Methodik oder Publikation der Ergebnisse eingeschränkt ist, wies der Jurist der Hochschulabteilung (KUMI Rheinland-Pfalz, Az. 952/958 Tgb. Nr. 1158 vom 6.8.1981) darauf hin: "Auflagen der hier in Rede stehenden Art.......sind weithin üblich, auf seiten der Drittmittelgeber, die ja immerhin finanzielle Aufwendungen machen, verständlich und im Hinblick auf die Forschungsfreiheit auch unbedenklich, da ein mit Auflagen versehenes Drittmittelprojekt gerade auch aus diesem Grunde abgelehnt werden könnte."

Es schien ohne Bedeutung zu sein, daß der Staat verpflichtet ist, gegen "übliche" Verletzungen eines Grundrechtes vorzugehen und keinesfalls selbst als Drittmittelgeber solche Rechtsverstöße zu praktizieren.

Der Jurist des Ministeriums betonte. daß bei Drittmittelfinanzierung "die Einbeziehung einer Hochschule voraussetzt, daß sie bereit und rechtlich in der Lage ist, Auflagen zur Versuchsplanung, in gewissem Umfang auch zur Methodik, und auf jeden Fall hinsichtlich der Publikation von Forschungsergebnissen zu akzeptieren und auszuführen. In der Tat glauben wir nicht, daß die ... Hochschule ... zumindest ohne erhebliche Schwierigkeiten weiterhin in die Ausführung von Modellversuchen einbezogen werden könnte, wenn die beschlossene Regelung ... in Kraft treten sollte. Wir hielten es auch aufgrund unserer eigenen Verpflichtungen gegenüber dem Bund für erforderlich, diesen von einer derartigen Grundordnungsbestimmung der ... Hochschule in Kenntnis zu setzen".

Gegenüber dieser amtlichen "Interpretation" des Grundrechtes fällt kaum ins Gewicht, daß Verwaltungsjuristen in ihrer Argumentation meist verschweigen, daß das Urheberpersönlichkeitsrecht u.a. das Recht auf Schutz vor Beeinträchtigung des Werkes einschließt (§§ 12 ff. UrhG.) und daß davon das Verwertungsrecht zu trennen ist, von dem der Urheber durchaus Nutzungen abtreten kann. Der Eingriff in Publikationen mit dem Argument der finanziellen Rückflüsse ist eine Täuschung.

Ein Hinweis sei noch dem Bemühen der Verwaltung gewidmet, über die staatseigenen Institute hinaus (vgl. Kap. 1.0.2.3.) personell in die Forschung einzudringen.

Mitter und Weishaupt (1978) kamen nach eingehenden Interviews mit Vertretern der Kultusministerien zu dem Schluß, daß sich in allen Bundesländern die Tendenz abzeichnet, "Angehörige der Schulverwaltung verstärkt in die wissenschaftliche Begleitung einzubeziehen, womit sowohl Lehrer an den Schulen mit Modellversuchen als auch Vertreter der Schulaufsicht, die als 'deskriptive Evaluatoren' eingesetzt werden, gemeint sind. Damit verliert die externe Begleitung zunehmend an Bedeutung" (S. 81). "Die bereits absehbare Folge der zunehmenden Verlagerung versuchsbegleitender Aufgaben in die Verwaltung ist die Reduzierung der Begleitforschung durch Wissenschaftler an Hochschulen und damit eine Beschränkung der Forschungsmöglichkeiten im Bildungswesen. Für die empirische Bildungsforschung stellt sich daher zunehmend die Frage, wie sie es vermeidet, gänzlich ins Abseits gedrängt zu werden, wenn ein wesentlicher Teil der Drittmittel als letzte Möglichkeit von Hochschulforschung ebenfalls versiegt oder das potentielle Untersuchungsfeld sich der Mitarbeit versagt" (S. 84).

Ansatzweise ist auch der Frage nachgegangen worden, ob die Bildungsadministration die Kompetenz besitzt, selbst Forschungen zu übernehmen und so intensiv in Forschungen einzugreifen. In einem Projekt des Deutschen Instituts für Internationale Pädagogische Forschung in Frankfurt/Main wurden alle Beamte des Höheren Dienstes in drei Kultusministerien befragt. Erziehungswissenschaft als Hauptfach hatte keiner studiert. Als Neben- oder Erweiterungsfach gaben es 7% an. "Daraus läßt sich schließen, daß in den Kultusministerien nur sehr wenige Voraussetzungen dafür bestehen, empirische Forschungsergebnisse der Erziehungswissenschaft adäquat zu rezipieren" (Bessoth, 1978). Die Informationsquellen der Ministerialbeamten wurden ebenfalls erfaßt. Bessoth konstatierte kaum direkten Kontakt zwischen Forschung und Ministerialbürokratie. Forschungsberichte hatten "einen nur sehr niedrigen Stellenwert als Informationsquelle." Die Informationen durch

Kollegen aus dem Ministerium dominierten. "Aus all dem bisher Gesagten kann geschlossen werden, daß empirisch arbeitende Erziehungswissenschaftler zur Zeit in der Ministerialverwaltung auf wenig Verständnis stoßen können" (Bessoth, 1978, S. 29). Die Situation wird sich inzwischen verbessert haben, aber bei dem Übergewicht geisteswissenschaftlicher Anteile in der Ausbildung wird kaum eine entscheidende Änderung eingetreten sein.

1.0.4.3 Einsprüche wissenschaftlicher Gesellschaften gegen die Einschränkung der Forschungsfreiheit

Die Deutsche Gesellschaft für Erziehungswissenschaft hat am 14.4.1978 eine Stellungnahme zur Einengung der Forschungsfreiheit im deutschen Bildungswesen abgegeben (Avenarius et al., 1980, S. 99-103; Deutsche Gesellschaft für Erziehungswissenschaft, 1980, S. 96-98). Sie drückte darin ihre Besorgnis aus, daß "in zunehmendem Maße die Freiheit der pädagogischen Forschung in allen Bereichen und Organisationsformen des Bildungswesens vom Kindergarten bis zur Erwachsenenbildung durch administrative Eingriffe eingeschränkt wird". Sie bejahte die Verantwortung des Forschers und die Schutz- und Fürsorgepflicht von Eltern und Lehrenden und fuhr fort: "Aber die erlassenen administrativen Regelungen und die Praxis ihrer Handhabung gehen z.T. weit über die Wahrung dieser von der Forschung zu achtenden Grenzen hinaus und dienen mehr dem Wunsch nach zentraler Lenkung und Kontrolle als den Interessen der Betroffenen." "... Manche Genehmigungsverweigerungen lassen befürchten, daß ein Ermessen, das nicht differenziert werden und nicht nachprüfbar gemacht werden muß, leicht in eine nicht kontrollierbare, von sachfremden Motiven bestimmte Entscheidungswillkür umschlagen kann" (S. 461 f).

Die "Arbeitsgruppe für empirische pädagogische Forschung", deren Mitglieder besonders von der Einengung der Forschungsfreiheit betroffen waren, hat am 15.9.1978 in einer Resolution die Stellungnahme der DGfE unterstützt und an die Ministerien appelliert, "Entscheidungsprozesse über die Genehmigung und Finanzierung von Forschungen im pädagogischen Raum so zu ändern, daß in Korporation der Beteiligten gleichermaßen die Persönlichkeitsrechte von Schülern, Eltern und Lehrern sowie das Grundrecht auf Forschungsfreiheit artikuliert und beachtet werden können" (Deutsche Gesellschaft für Erziehungswissenschaft, 1980, S. 99).

Stellungnahme und Resolution wurden den Kultusministerien zugesandt. Einige Antworten sind in der Dokumentation der DGfE abgedruckt (Deutsche Gesellschaft für Erziehungswissenschaft, 1980). Der Leser, der vorher in den fotokopierten Briefen nachhaltige Eingriffe in die Forschungsfreiheit feststellen mußte, nimmt nun erstaunt zur Kenntnis, daß Eingriffe im Bereich des jeweiligen Kultusministeriums nicht vorkommen, daß man eine liberale und forschungsfreundliche Haltung einnehme und daß die Richtlinien ja gerade die Forschung erleichtern sollen.

Weniger durch das schlichte Abstreiten als durch Arroganz der Macht ist die Antwort aus Nordrhein-Westfalen geprägt (Deutsche Gesellschaft für Erziehungswissenschaft, 1980, S. 115ff). "Die genannten Richtlinien bedeuten keine unangemessene Einengung der Forschungsfreiheit; die verfassungskräftige Gewährleistung der besonderen Verantwortung des Staates für Schule und Schüler schließt aus, Schule wie Schüler eingeschränkungslos zum Erkenntnisobjekt der Wissenschaft zu machen. Der Erlaß verkennt die Bedeutung der sozialen und ethischen Verantwortung des Forschers nicht, trägt aber auch dem notwendigen Schutz des Persönlichkeitsrechtes der Betroffenen Rechnung. Eine Änderung dieser Richtlinien, die einen Weg zum Ausgleich der angesprochenen Interessen aufweisen, ist weder beabsichtigt noch erforderlich." Ein realistischeres Bild der Praxis in diesem Land liefert die Dokumentation der Deutsche Gesellschaft für Erziehungswissenschaft, (1980, S. 118-122 und S. 123ff).

Die vielen Eingriffe in die Forschungsfreiheit haben teilweise Eingang in die regionale Presse gefunden. In überregionalen Magazinen, Wochenzeitungen, Illustrierten, Sendungen der Fernschmagazine ist die Einschränkung der Forschungsfreiheit nie thematisiert worden. Die Medien nehmen zwar regen Anteil, wenn ein Journalist Eingriffe in die Pressefreiheit erfährt, die Aushöhlung der Forschungsfreiheit interessiert die öffentliche Meinung dagegen nicht.

1.0.4.4 Eingriffe der Datenschutzbehörden in die Forschung

Zu Beginn der 70er Jahre wurde der Zugang zu persönlichen Daten problematisiert, und zwar unabhängig von den bisher diskutierten Eingriffen der Kultusministerien in die Zulassung zum Forschungsfeld. Bei den unter dem Terminus "Datenschutz" zusammengefaßten Bemühungen ging es ja gerade um den Schutz des einzelnen Bürgers vor staatlichem Zugriff auf schutzwürdige Daten, weil der Besitz dieser Daten dem Staat Eingriffe in die Privatsphäre erlaubt hätte. Aber die bundesrepublikanische Kultusadministration hat auch dic Gedanken des Datenschutzes für die Forschungsbehinderung instrumentalisiert. Ende der 70er Jahre löste der Hinweis auf Datenschutzerfordernisse als Ablehnungsbegründung die früheren Überlastungsargumente mehr und mehr ab.

Eine der Verwaltungsfeindlichkeit so wenig verdächtige Institution wie der Wissenschaftsrat (1982) stellt in seiner Stellungnahme unter Hinweis auf die pädagogische und psychologische Forschung in den Schulen fest: "Es ist zu beobachten, daß in den letzten Jahren insbesondere bei ablehnenden Bescheiden Datenschutzargumente immer stärker betont worden sind" (S.11). Der Wissenschaftsrat sieht Konfliktquellen in auslegungsbedürftigen Begriffen, z.B. "schutzwürdige Interessen", "faktische Anonymisierung" und in der Tendenz, "die Datenschutzgesetze sehr weit auszulegen" (S.8). Das habe nicht nur zu Rechtsunsicherheit, sondern auch "zu resignierender Selbstbeschränkung der Wissenschaftler" geführt.

Die empirische erziehungswissenschaftliche Forschung ist im Unterschied zur pädagogischen Beratung und Betreuung nicht an der Person als zu informierendes oder zu beeinflussendes Individuum, sondern nur an der Person als Merkmalsträger interessiert. Insofern kann empirische Pädagogik mit anonymisierten Daten arbeiten, sofern eine Zuordnung verschiedener Messungen zu einem Merkmalsträger im Querschnitt und z.T. auch im Längsschnitt möglich ist. Die Anforderungen an die Anonymisierung wurden jedoch sehr unterschiedlich und meist sehr restriktiv ausgelegt.

Zur Illustration der Schwierigkeiten, die sich für die Forschung ergaben, kann nur auf wenige Beispiele aus der Datenschutzkommission Rheinland-Pfalz verwiesen werden.

Die Datenschutzkommission hatte variierende und sachlich nicht angemessene Vorstellungen von Anonymisierung. Wurde z.B. 1976 in ihren Rechenschaftsberichten noch erwähnt, daß Einzelpersonen auch bei Verzicht von Namen, Adressen und Identifizierungsnummern identifizierbar seien und daß eine Grundgesamtheit von 7650 Lehrern so klein sei, daß die Identifizierung keine unüberwindbaren Schwierigkeiten bereite (Landtag Rheinland-Pfalz, 1976) und die Befragung als personenbezogen eingestuft werden müsse, so wird 1980 betont, daß der Wert der Information in Beziehung zum Aufwand gesehen werden müsse, um das Risiko der Reidentifizierung zu beurteilen (Landtag Rheinland-Pfalz, 1980, S. 20). Aber die Praxis hielt mit dieser Einsicht keinesfalls Schritt.

An anderer Stelle (Ingenkamp, 1983a) ist nachzulesen, wie bei der Eichung eines Intelligenztests die Datenschutzbehörde den Intelligenzquotienten mit unzutreffenden Argumenten in seiner Schutzwürdigkeit so anhob, daß ein außerordentlicher Aufwand denkbar erschien, um die faktische Anonymisierung zu "knacken". Wenn der Aufwand zur Reidentifikation hoch ist, braucht man also nur den Wert der möglichen Information zu steigern, um den Aufwand vertretbar erscheinen zu lassen.

Bei dieser Untersuchung ergaben sich kuriose Schwierigkeiten, da acht andere Bundesländer die Untersuchung genehmigt hatten, ohne sie als personenbezogen einzustufen. In Übereinstimmung mit ihren Richtlinien forderten sie Verzeichnisse der teilnehmenden Schulen. Diese konnten aber nicht gegeben werden, da die Untersuchungsleitung auf Weisung der Datenschutzbehörde ihres Landes auf Zuordnungsmöglichkeiten von Schulen verzichten mußte. Das Bayerische Kultusministerium bestand einen Monat nach der Untersuchung auf der Schulliste, weil es die Schulen vor der Untersuchung über Genehmigung und Auflage unterrichten müsse, und NRW bestand darauf, weil nach seiner Auffassung die Entscheidung der Datenschutzbehörde eines anderen Landes keine Bedeutung für NRW habe.

1.0.4.5 Anforderungen an den Informationsgrad der Einwilligung

Mehrere Datenschutzbehörden haben sich zum Komplex der notwendigen Information vor einer Untersuchung in einer Weise geäußert, die den Forschungsmethoden nicht gerecht wird. Noch 1982 schrieben Bull und Dammann: "Fragwürdig erscheint hingegen die Behauptung, manche sozialwissenschaftlichen Forschungen seien nur unter Täuschung der Betroffenen durchführbar; hier ist zu fragen, wie eine solche Art von Forschung mit dem Gebot zur Wahrung der Menschenwürde vereinbart werden soll". Dann wird das heute auch in den USA nicht mehr zulässige und sicher nicht typische Milgram-Experiment angeführt und festgestellt: "Mit dem

Grundgesetz ist es nicht vereinbar, Testpersonen zu Forschungsobjekten zu degradieren " (1982, S. 218).

Dies ist nach Jahren der Diskussion eine erstaunlich polemische und uninformierte Aussage. Daß nach den differenzierten Darstellungen von Kruse (1981) und Schuler (1980) immer noch so argumentiert werden konnte, ist bestürzend. Es war doch inzwischen bekannt, wie umfangreiche Gebiete der Forschung (z.B. Untersuchungen zu Vorurteilen) verschlossen wären, würde man vorher immer voll informieren, und wie vielfältig die Abstufungen von voller Information bis zur Täuschung sind. Völlig unberücksichtigt bleibt auch, daß in der erziehungswissenschaftlichen Forschung keine Gefährdung entsteht, über die man informieren müßte (vgl. z.B. Pritz, 1981).

Es zeugt nicht von Sachkenntnis in dem Bereich, über den man entscheiden will, wenn eine Datenschutzbehörde in ihrem Tätigkeitsbericht schreibt, der Vorwurf, daß "eine Information über den Inhalt von Fragebogen zu einer Beantwortung im Sinne sozialer Erwünschtheit führe und daß mit anderen Verfälschungstendenzen zu rechnen sei", treffe nicht zu. "Es wird übersehen, daß es bei Forschungsvorhaben im Schulbereich in erster Linie darum geht, die Eltern, also nicht die Probanden selbst, über das Verfahren und über die Befragungsinhalte zu informieren" (Landtag Rheinland-Pfalz, 1979, S. 13). Ist es angemessen, wenn ein Mitglied dieser Behörde dem Untersuchungsleiter schreibt, man könne die unerwünschten Nebenwirkungen durch entsprechende Motivation der Probanden vermeiden?

1.0.4.6 Die Bevormundung der Probanden durch Datenschutzbehörden

Es gibt auch Datenschutzbehörden, die Fragen und Aufgaben aus wissenschaftlichen Untersuchungsinstrumenten inhaltlich danach beurteilen, ob der Forscher sie stellen darf und ob der Untersuchte sie freiwillig beantworten darf. So war sich ein Ausschuß für Datenschutz zwar "darüber im klaren, daß er sein Ermessen nicht an die Stelle des forschenden Wissenschaftlers setzen darf und etwa bestimmte Fragen zur Durchführung des konkreten Forschungsvorhabens für nicht notwendig erklären kann. Grundsätzlich hält er es aber für möglich, eine äußerste Grenzziehung in der Weise vorzunehmen, daß er bestimmte Fragen für nicht zulässig hält, wenn die erfragten Informationen in keinem vernünftigen Zusammenhang mit dem Forschungsvorhaben stehen" (Landtag Rheinland-Pfalz, 1977).

Hier werden Entscheidungen über Ziele und Methoden der Forschung getroffen, die nur dem Forscher zustehen. An anderer Stelle wurde die Auffassung vertreten: "In den Fällen, in denen einzelne Fragen oder Fragenkomplexe mit der Würde des Menschen nicht zu vereinbaren sind, vermag daher auch die Einwilligung des Betroffenen den Eingriff in das Persönlichkeitsrecht nicht mehr zu rechtfertigen. Insoweit fehlt es ihm an der notwendigen Dispositionsbefugnis" (Landtag Rheinland-Pfalz, 1981b, S. 14).

Hier wird ein Höhepunkt in der Bevormundung des Bürgers erreicht, der mit dem Grundgedanken des Datenschutzes ebenso unvereinbar ist wie mit dem

Grundrecht auf Forschungsfreiheit. Wenn Datenschutzbehörden zudem noch in Tätigkeitsberichten und Pressekonferenzen die wissenschaftlich indiskutable Methode anwenden, einzelne Fragen und Aufgaben aus Untersuchungsinstrumenten herauszugreifen und als Beispiel unnötiger oder unzumutbarer Neugier hinzustellen, dann ist es wohl nicht unverständlich, daß Wissenschaftler hierin eine unsachliche und forschungsfeindliche Haltung sehen und zu der vom Wissenschaftsrat beklagten Resignation kommen.

Die angeführten Beispiele deuten an, wie sehr Datenschutzauflagen bei exzessiver Ausübung und mangelnder Sensibilität der Behörde die empirische pädagogische Forschung zusätzlich behindern konnten. Dabei soll aber nicht übersehen werden, daß der größte Konfliktbereich zwischen Meinungsforschern und Datenschützern bestand (Kaase, Krupp, Pflanz, Scheuch & Simitis, 1980, Diskussion in Kontroversen, 1980, S. 145-155). Die empirische pädagogische Forschung wurde mehr am Rand betroffen.

1.0.4.7 Ethische Standards in der Forschung

Die empirische pädagogische Forschung hatte sich vor Beginn des Berichtszeitraumes fast gar nicht mit Datenschutzfragen beschäftigt. Das mag mit dem im Vergleich zu Steuerakten, Strafauszügen, Krankenpapieren geringen Neugierwert ihrer Daten zu tun haben. Die meist erhobenen Fähigkeits-, Leistungs- und Einstellungsdaten waren kaum so interessant, daß sich jemand durch die Datenberge gewühlt hätte. Ein Fall von mißbräuchlicher Datennutzung ist in diesem Bereich nicht bekanntgeworden.

Dennoch hat die Diskussion zu Beginn der 70er Jahre den Erziehungswissenschaftlern gezeigt, daß der Schutz der Persönlichkeitsrechte und die Sicherung gesammelter Daten nicht länger naiv vorausgesetzt, sondern überlegt und umfassend angestrebt werden müßten. Die Arbeitsgruppe für empirische pädagogische Forschung arbeitete unter Berücksichtigung internationaler Erfahrungen "Standards erziehungswissenschaftlicher Forschung" aus und leitete sie dem Vorstand der DGfE zu. Nachdem die anderen Kommissionen Gelegenheit zur Stellungnahme erhalten hatten, wurden die Standards veröffentlicht (Deutsche Gesellschaft für Erziehungswissenschaft, 1986).

"Erziehungswissenschaft soll unser Wissen über und unser Verständnis für Voraussetzungen, Abläufe und Wirkungen von Erziehungsprozessen vermehren und dazu beitragen, dieses Wissen und Verständnis zum Wohle einzelner Menschen und der Gesellschaft zu nutzen ... Um diese Ziele zu erreichen, verpflichten sich die Mitglieder der DGfE, die nachfolgend formulierten Prinzipien zu beachten":

"Freiheit und gesellschaftliche Verantwortung des Wissenschaftlers

Verantwortung des Wissenschaftlers für die Einhaltung professioneller Standards

Verantwortung des Wissenschaftlers für die Information und den Schutz der von Untersuchungen betroffenen Personen" (597).

Jedes dieser Prinzipien wird dann in einer Reihe von Feststellungen und Forderungen spezifiziert. Professionelle Standards z.B. werden als sich entwickelnde, begrenzt gültige Konventionen gesehen, "an denen der einzelne Wissenschaftler sein Vorgehen messen, erläutern und seine eigene Position begründen kann" (599).

Besonders ausführlich wird das dritte Prinzip behandelt, bei dem nach unterschiedlicher Zielsetzung, Methodik und Anonymisierung der Untersuchungen die jeweils erforderlichen Vorkehrungen beschrieben werden, um Schaden von den Untersuchungsteilnehmern fernzuhalten.

Diese Standards der DGfE haben in den Publikationen der folgenden Jahre keine bemerkenswerte Beachtung gefunden. Es ist nicht erkennbar, daß Datenschutzbeauftragte oder Kultusministerien diese Selbstverpflichtung besonders honoriert hätten. Es ist auch in den Untersuchungen nicht ablesbar, daß die Untersucher ihr Handeln an diesen Grundsätzen orientiert und es damit gerechtfertigt hätten. Selbstverpflichtungen dieser Art, die keine Sanktionsmechanismen vorsehen, bleiben leicht im Bereich des Unverbindlichen.

1.0.4.8 Forschungsfreiheit: Trends und Aspekte

Die zahlreichen Eingriffe in die Freiheit der empirischen pädagogischen Forschung haben die Relevanz dieser Forschung für das Bildungswesen und die Bildungspolitik nachdrücklich bestätigt. Andere Vorgehensweisen pädagogischer Forschung waren der Bildungsadministration nicht so wichtig, daß sie darauf hätte massiv Einfluß nehmen wollen, was z.B. bei Hospitationen eher impressionistisch vorgehender Forscher auch möglich gewesen wäre.

Die schwerwiegende Einengung empirisch orientierter Forschung hat nicht zur Solidarisierung aller Erziehungswissenschaftler geführt. Die AEPF blieb weitgehend auf sich gestellt, wenn auch ihre Vorstandsmitglieder unter den Vorsitzenden Thiersch und Heid Unterstützung für Resolutionen und Vorstöße bei den Ministerien fanden.

Während des Berichtszeitraumes nahmen die Eingriffe in die Freiheit der Forschung bis etwa 1985 ständig zu. Sie wurden in der Anfangszeit oft ganz aus dem Machtbewußtsein der Administration heraus und juristisch naiv vorgetragen. Dann wurden die Begründungen weniger angreifbar und stützten sich auf Tatbestände mit weiten Interpretationsspielräumen. Dabei stand zunächst das Überlastungsargument, später dann das Datenschutzargument im Vordergrund. Die Begründungen für die Ablehnung wurden immer inhaltsleerer. In keinem Fall hat sich die Verwaltung einer publizierten Diskussion ihres Vorgehens gestellt.

Die Einschränkungen der Forschungsfreiheit waren gravierend. Für die Bildungspolitik eines Landes ungünstige Befunde wurden praktisch in den 80er Jahren nicht mehr publiziert. Landeseigene, weisungsgebundene Institute, nach dem Grad bildungspolitischer Übereinstimmung ausgesuchte Forscher einerseits, rigorose Abschirmung gegen möglicherweise unbequeme Untersuchungen anderer Forscher sowie Publikationsbeschränkungen andererseits haben eine verfassungswidrige, aber sehr effektive Forschungszensur geschaffen. Wie gravierend der Eingriff in die Forschungsfreiheit tatsächlich war, ist nicht feststellbar. Diplom-Arbeiten z.B., die den Prüfungsordnungen nach termingebunden und daher bei den schleppenden Genehmigungsverfahren besonders gefährdet sind, wurden nirgendwo kategorisiert und im Zeitverlauf ausgezählt.

Auch die vorauseilende Anpassung der Forscher an die Intentionen der Ministerien, die "Schere im Kopf", ist nicht erfaßt. Jeder, der im Forschungsfeld tätig war, wird bestätigen, daß versucht wurde, in den Anträgen Konfliktthemen zu vermeiden. Die Erpreßbarkeit der Forscher rührt ja nicht in erster Linie daher, daß sie kein anderes akademisches Betätigungsfeld in z.B. einer weiteren Vermehrung philosophischer, historischer, vergleichender und auch methodologischer Abhandlungen hätten finden können. Ihre Erpreßbarkeit ist neben der Grundüberzeugung, daß pädagogische Tatsachenforschung für ein Bildungssystem und eine Gesellschaft unverzichtbar ist, vor allem darin begründet, daß eine große Zahl wissenschaftlicher Hilfskräfte, Diplomanden, Doktoranden von Drittmitteln finanziell und vom Zugang zum Forschungsfeld für die Qualifikation abhängig war.

So ist es auch zu erklären, daß keine Klagen gegen die Verletzung des Grundrechtes auf Forschungsfreiheit bekannt geworden sind. Ein Nachwuchswissenschaftler hätte außer finanziellen Risiken von einer Klage nichts erwarten können, denn bei dem Gang durch die Instanzen wäre sein Forschungsthema bis zur Entscheidung nur noch von historischem Interesse gewesen. Professoren, die das Verwaltungsgericht hätten anrufen können, wußten, daß sie dann auf staatliche Drittmittel hätten verzichten und viele versteckte Repressalien erdulden müssen, ohne viel Rückhalt bei ihren Verbänden und den Hochschuljuristen zu finden. Sicher könnte man von einem Professor dieses Maß an Zivilcourage verlangen, aber wenn er meint, daß er durch Retuschieren und Kaschieren seiner Untersuchungspläne und -methoden, durch Unterlaufen der Genehmigungen bei Rückgriff auf persönlich bekannte Schulen, durch Ausweichen in außerschulische Forschungsbereiche für seine Arbeitsgruppe mehr Forschungsmöglichkeiten und Drittmittel sichern kann als durch eine Klage, dann ist dieses Vorgehen nicht ganz unverständlich.

Die Forschungsbeschränkung in den Genehmigungsverfahren ist seit Mitte der 80er Jahre juristisch eher verfestigt worden, während in den Datenschutzgesetzen klare Definitionen und Forschungsparagraphen für etwas Entspannung sorgten. Vor allem aber sind die Zeiten großer bildungspolitischer Auseinandersetzungen und reichlich fließender Drittmittel vorbei. Die empirische pädagogische Forschung hat sich kleineren Projekten zugewandt. Manche sind mehr unterrichtstechnisch als bildungspolitisch orientiert. Viele kleinere Untersuchungen finden mit Unterstützung persönlich bekannter Schulleiter und Lehrer unterhalb der Genehmigungsebene statt. Techniken des Durchwurstelns und Mogelns sind "in".

1.0.5 Resümee und Ausblick (Karlheinz Ingenkamp)

Die in den vorangegangenen Kapiteln dargestellten Rahmenbedingungen für die empirische pädagogische Forschung lassen sich für eine zusammenfassende Akzentuierung nach vier Punkten gliedern:

(a) Die Akzeptanz der empirischen Pädagogik in der Erziehungswissenschaft

(b) Die personelle Ausstattung der empirischen Pädagogik

(c) Die Ausstattung mit Sachmitteln

(d) Die Vorgaben durch Erlasse der Bildungsverwaltung

Dem läßt sich hinzufügen:

(e) Schwerpunkte und Orientierungen der empirischen Pädagogik.

1.0.5.1 Die Akzeptanz der empirischen Pädagogik

Empirisch orientiertes Vorgehen ist seit Ende des vorigen Jahrhunderts in der Pädagogik heftigen Angriffen ausgesetzt gewesen. Es traf auf eine geisteswissenschaftliche Orientierung, die selbst noch um Identität rang. Es wurde aber auch von kulturkritischen Bewegungen angegriffen, die gegen einen vermeintlich mechanistischen und seelenlosen Zeitgeist auf Gefühl und Mythos setzten.

Der Höhepunkt empirischer Untersuchungen in der Pädagogik Anfang der zwanziger Jahre zeigt Parallelen zur Gegenwart. Zur Lösung drängender pädagogischer Fragen, damals vor allem bei den Übergängen zu weiterführender Bildung, waren empirische Vorgehensweisen unentbehrlich. Als man erfahren mußte, daß sie aufwendig waren, die Mitwirkung und Mitsprache von Experten erforderten, erlahmte die Bereitschaft der Lehrer zur Mitarbeit, die Administration nahm die Vorgänge in eigene Regie und ließ sie zu unkontrollierten formalen Prozeduren verkümmern. William Sterns Arbeiten in Hamburg sind ein gutes Beispiel dafür (Ingenkamp, 1990).

Auch in den sechziger Jahren, als Bildungsreformen unvermeidbar waren, mußte man auf empirische Vorgehensweisen zurückgreifen. Die empirische Pädagogik, schon vor 1933 an den Rand gedrängt, in der Zeit des Nationalsozialismus zur Bedeutungslosigkeit verurteilt, war nach 1945, als Geisteswissenschaftler die Universitätspädagogik restaurierten, nicht ausgebaut worden. Nur in Psychologie, Soziologie, an Pädagogischen Hochschulen und wenigen außeruniversitären Instituten hatte man sich mit der internationalen Entwicklung vertraut gemacht.

Die wenigen empirisch orientierten Erziehungswissenschaftler waren durch die Fülle der Aufgaben überfordert. Die überzogenen Erwartungen der Auftraggeber mußten enttäuscht werden. Bald wurde deutlich, daß den Schulverwaltungen vor allem an Legitimierung, allenfalls noch an Hilfe für ihre bildungspolitischen Absichten gelegen war. Diese Unterstützung erwartete man eher von weisungsabhängigen Institutionen und Lehrer-Arbeitsgemeinschaften als von Mitarbeitern wissenschaftlicher Hochschulen. Entsprechend wurden Mittelverteilung und Zugang zum Forschungsfeld strukturiert.

Kennzeichnend ist, daß die von den Ministerien eingesetzten Projektgruppen in den wissenschaftlichen Erfahrungsaustausch innerhalb der Arbeitsgruppe für empirische Pädagogische Forschung in dieser Zeit nicht einbezogen waren (Ingenkamp, 1992).

Während der Zeit der dringend geforderten Untersuchungen hatten die geisteswissenschaftlich orientierten Pädagogen die Kritik an der Empirie zurückgestellt, sofern sie nicht in Übereinstimmung mit der kritischen Theorie eine weitgehend andere Forschung forderten.

Als die Handlungsforschung sich in Nischen zurückgezogen hatte, trat die wissenschaftstheoretische Kritik an der Empirie wieder in den Vordergrund. Vor allem auf Brezinka bezogen sich Verdikte, die die empirische Pädagogik rigoros verurteilten, ohne ihre Methoden und Ergebnisse ernsthaft zur Kenntnis zu nehmen.

Die gegenwärtige Alltags- oder Praxisorientierung vieler Erziehungswissenschaftler ist häufig ein sehr eklektizistisches Vorgehen, in dem man sich einiger empirischer Befunde bedient, ohne die zugrundeliegenden Untersuchungsdesigns und Auswertungen kritisch zu prüfen, in dem naiv und positivistisch eigene Erfahrungen eingebracht werden, ohne sie methodisch zu kontrollieren, und in dem das alles durch meist progressiv gestimmtes pädagogisches Pathos verbunden wird.

Anders als in den meisten Industrienationen, vor allem anders als in den angloamerikanischen und skandinavischen Ländern, ist die empirisch-analytische Vorgehensweise in der deutschen Erziehungswissenschaft immer noch keine akzeptierte und als unentbehrlich anerkannte Forschungsrichtung. Damit hängt wohl auch zusammen, daß die deutsche Erziehungswissenschaft - international gesehen - so wenig Anerkennung findet.

1.0.5.2 Die personelle Ausstattung der empirischen Pädagogik

Die Erziehungswissenschaft expandierte erst nach 1970, d.h. nachdem die großen Begleituntersuchungen eingeleitet worden waren. Es war von der Ausgangssituation her gar nicht möglich, das benötigte Personal in empirischer Methodik zu schulen, ganz abgesehen davon, daß die Studienordnungen eine solche Methodenausbildung damals gar nicht und heute höchst rudimentär berücksichtigen. Auch die heutige Personalrelation bei annäherndem Gleichgewicht von Professoren und Mittelbau zeigt, daß die Erziehungswissenschaft vorwiegend als literarisch orientierte Ordinarienwissenschaft eingestuft wird.

Der Anteil der empirisch arbeitenden Erziehungswissenschaftler wird unterschiedlich geschätzt. In Kapitel 1.0.2.2.2 wird von einem Anteil von 20 % ausgegangen. Für alle Qualifikationsschriften von 1945-1990 wird in Kapitel 1.0.3.4 ein Anteil von 24,0% am Methodentyp "Empirisch" ermittelt, davon sind 20,4 % quantitativ orientiert. Das würde dem oben genannten Anteil sehr nahekommen (vgl. auch Kap. 2.1). Die AEPF läßt mit ihren etwa 200 Mitgliedern eher an einen Prozentanteil von 10 % empirisch orientierter Erziehungswissenschaftler denken. Es darf jedoch nicht übersehen werden, daß die AEPF besondere Anforderungen an die aktive Mitarbeit stellt. Nicht alle werden dazu bereit sein, denn die Daten zeigen ja auch, daß nur ein Teil der Wissenschaftler Forschungsmittel beantragt.

Die empirische Orientierung bei den Neuberufungen war zwischen 1976 und 1980 am stärksten und hinkte damit dem Bedarf bei den großen Untersuchungen noch stärker hinterher als die allgemeine Personalvermehrung. Dieser Höhepunkt deutet aber wohl darauf hin, daß die empirischen Begleituntersuchungen auch Möglichkeiten boten, sich zu qualifizieren. Die Zeit vor und zu Beginn dieser Berufungen war auch die Zeit starken Anstiegs bei den Qualifikationsschriften (vgl. Kap. 1.0.3.3.1).

Die Erziehungswissenschaftler an Universitäten waren in unterschiedlichem Maße an Forschungsarbeiten beteiligt. Durchschnittlich meldeten Empiriker häufiger Forschungsprojekte an und warben dafür eher Drittmittel ein. Aber auch hier zeigt die Analyse der Stiftungsmittel (Kap. 1.0.2.5.3), daß sich 53,5 % aller Anträge von 1978-1989 auf 82 Personen konzentrierten.

1.0.5.3 Die Ausstattung mit Sachmitteln

Das herausragende Ergebnis der Analyse der Ressourcen ist in der Tatsache zu sehen, daß gegenwärtig für die auftrags- und weisungsgebundene Forschung der Ministerien jährlich 45 Mill. DM, für die freie Forschung aber nur 7,5 - 8,5 Mill. DM zur Verfügung stehen. Zu bedenken ist dabei, daß die Mittel von DFG und Stiftungen nur nach ausführlicher Antragstellung und nach Begutachtung durch Fachleute ausgegeben werden, während die Anträge für die Ressortforschung nur einen Bruchteil des wissenschaftlichen Aufwandes erfordern und durch Administratoren begutachtet werden.

Nimmt man die in Kapitel 1.0.4 belegte Behinderung der nichtstaatlichen Forschung hinzu, so kann man sagen, daß die vom Grundgesetz geforderte freie, von jeder staatlichen Einmischung unberührte Forschung in der pädagogischen Feldforschung eine seltene Ausnahme ist. Diese Situation ist einer Demokratie unwürdig, ebenso wie die Höhe der der pädagogischen Forschung insgesamt zur Verfügung gestellten Mittel für eine führende Industrienation blamabel ist, die das Zehnfache für die politischen Stiftungen der Parteien ausgibt (1990 fast 550 Mill.DM).

Mit der staatlichen Bevormundung korrespondiert der Ausbau der weisungsgebundenen Institute, die zur Weiterentwicklung der Wissenschaft wenig beitragen können. Da bleiben den Universitäten, die 73 % aller Projekte der Bildungsforschung melden, nur vorwiegend selbstfinanzierte Einzelprojekte, meist Querschnitte mit kleinen Stichproben. Von größeren Querschnittuntersuchungen oder gar Längsschnittuntersuchungen hat sich die Bundesrepublik weitgehend abgekoppelt. Das steht in krassem Gegensatz zur internationalen Entwicklung - auch bei unseren Nachbarn (vgl. Ingenkamp & Schreiber, 1989) - und verhindert, daß unser Bildungssystem auf gesicherten Befunden beruhende Reformen kontrolliert vornehmen kann.

Bei der schlechten Eigenausstattung der Universitätsinstitute sind die Rahmenbedingungen für die empirische pädagogische Forschung von der finanziellen Versorgung her extrem schlecht.

1.0.5.4 Die Vorgaben durch Erlasse der Bildungsverwaltung

Für die Bildungsadministration, die im Vergleich zu angelsächsischen und skandinavischen Ländern eher hierarchisch und auf Länderebene eher zentralistisch strukturiert ist, wurde bei der Verschärfung politischer Auseinandersetzungen vor allem wichtig, daß die eigenen bildungspolitischen Vorgaben nicht in Frage gestellt, sondern möglichst unterstützt und legitimiert wurden.

Das machte die Zusammenarbeit mit einer Forschungsrichtung, die sich am Freiheitsgebot des Grundgesetzes orientiert, zu einem Risiko, denn unerwünschte Ergebnisse waren unter dieser Prämisse weder zu verhindern, noch konnte ihre Publikation unterdrückt werden.

Folgerichtig hat die Bildungsadministration den Zugang zum Forschungsfeld rigoros beschränkt und die Vergabe von Geldern für Begleitforschungen mit Auflagen insbesondere zur Publikation der Ergebnisse versehen. Die Administration hat sich nicht anders verhalten als das Management eines Chemiekonzern, dem die Forschung zur Stärkung im Wettbewerb dient. Der Unterschied ist nur, daß die Verwaltung nicht selbst erwirtschaftete Gelder vergibt, sondern die Steuergelder jener Steuerzahler, die sie von Informationen abschneidet, zu denen jeder Bürger freien Zugang haben soll.

Die Parteien haben sich um die Aushöhlung des Grundrechtes auf Forschungsfreiheit nur gekümmert, wenn sie in der Opposition waren und auch dann nur vereinzelt. Die Wissenschaftler selbst haben zu oft geschwiegen. Die Presse war an dem spröden Thema nicht interessiert. So hat sich eine Situation entwickelt, die für die empirische pädagogische Forschung tödlich ist. Sie ist in ihrer wissenschaftlichen Weiterentwicklung behindert und verliert für die Gesellschaft nicht nur an Glaubwürdigkeit, sondern sie büßt auch ihre Legitimation bei der Ermöglichung öffentlicher Meinungsbildung ein.

1.0.5.5 Schwerpunktbildungen und Orientierungen

Unter den noch einmal zusammenfassend skizzierten Rahmenbedingungen war eine den Bedürfnissen von Gesellschaft und Wissenschaft gleichermaßen dienende und geplante Entwicklung der empirischen pädagogischen Forschung nicht möglich. Die Forscher mußten Lücken finden, sich mit Behinderungen arrangieren, sich politisch gewollten finanziellen Schwerpunktbildungen anpassen usw. Das ist in den vergangenen Kapiteln nicht immer zu erkennen, vor allem nicht an den Qualifikationsschriften, die das der Empirie weniger angemessene Vorgehen der Einzelforschung repräsentieren und oft eher Vorstudien als eigentliche empirische Untersuchungen sind. Nach den FORIS-Daten sind nur etwa 9 % der Untersuchungen experimentell angelegt (Kap. 1.0.2.4.4) und entsprechen damit formal optimalen Bedingungen empirischen Vorgehens.

Auch bei den Qualifikationsschriften ist der Anteil von 38 experimentellen, hypothesenprüfenden Arbeiten an 228 analysierten Schriften aus den Jahren 1970-1990 ähnlich gering (Kap. 1.0.3.5). Der vorherrschende Methodentyp ist deskriptiv-analytisch. Schriftliche Befragungen und Interviews werden am häufigsten eingesetzt. Die Testanwendung ging bis auf 12 % zurück (Kap. 1.0.2.4.4.). Das korrespondiert mit gängigen Einstellungen und trägt nicht dazu bei, daß die deutsche Bildungsforschung international konkurrenzfähig wird.

Bei den Schwerpunktbildungen stimmen die Erkenntnisse aus FORIS-Daten und Qualifikationsschriften darin überein, daß die Schulforschung einen hohen Anteil ausmacht (Kap. 1.0.2.4.3 und 1.0.3.4.2). Die Heil- und Sonderpädagogik, die bei den Qualifikationsschriften um 1970 den höchsten Anteil aller Bereiche hat und dann im Anteil absinkt, hat nach den FORIS-Daten einen relativ geringen, aber ansteigenden Anteil. Auch bei der Berufspädagogik und der Erwachsenenbildung ist die Schwerpunktbildung nach den Qualifikationsschriften stärker.

Bedenklich ist, daß nach den FORIS-Daten nur knapp ein Drittel der Projekte praxisbezogen ist, letzlich eine Folge davon, daß die freie Forschung durch Institute der Verwaltung und durch die Behinderung im Forschungszugang vom Anwendungsbereich ferngehalten wird. So ist die Schwerpunktbildung kein Indiz dafür, wie eine weniger stark gesteuerte empirische Forschung sich entwickeln würde, sondern nur ein Spiegelbild der ungünstigen Rahmenbedingungen für die empirische Pädagogik in der Bundesrepublik.

1.0.5.6 Desiderata

Die empirisch-analytisch orientierte Pädagogik in der Bundesrepublik wird ihre Akzeptanz innerhalb der deutschen Erziehungswissenschaft durch aktive Informationsverbreitung verbessern müssen. Sie hat sich Ende der sechziger Jahre für ein Aufgehen in der DGfE entschieden (Ingenkamp, 1992). Die empirische Pädagogik wird nun innerhalb der DGfE auch die Theoriediskussion offensiv führen müssen, oder sie sollte sich aus der DGfE lösen und ihre wissenschaftliche Heimat in einer europäischen Gesellschaft der empirisch arbeitenden Erziehungswissenschaftler suchen. Für beide Möglichkeiten gibt es gute Gründe.

Im Rahmen der DGfE ist bisher praktisch überhaupt keine Öffentlichkeitsarbeit zugunsten empirischer Vorgehensweisen geleistet worden. Das ist aber unverzichtbar, denn ohne die Akzeptanz der Öffentlichkeit ist empirische Forschung nicht durchsetzbar. Daß auch bei den Ministerien Informationsbedarf über die Möglichkeiten und Grenzen empirischer Forschung besteht, sei nur am Rande erwähnt.

Wenn es nicht gelingt, Öffentlichkeit und Bildungsverwaltung von der Notwendigkeit weisungsunabhängiger empirischer pädagogischer Forschung zu überzeugen, bleibt der empirischen Pädagogik nur das "Weiterwursteln" auf dem gewohnten Niveau. Es sollte evident sein, daß damit keine Erziehungswissenschaft auf internationalem Standard zu betreiben ist.

Auch der Bedarf eines Bildungssystems an empirischen Befunden als Grundlage ständiger Verbesserung ist auf dem bisherigen Weg nicht zu decken. Ein Bildungswesen in einer Demokratie muß zumindest folgende Voraussetzungen für eine freie pädagogische Tatsachenforschung schaffen:

(a) Untersuchungen, die die Verwaltung zur vergleichenden Bewährungskontrolle von neuen Unterrichtsmethoden oder Schultypen braucht, sollten - wie in anderen Ländern - öffentlich ausgeschrieben werden, damit sich Institute und Wissenschaftler unter Vorlage von Untersuchungs- und Finanzplänen bewerben können.

(b) Über die Qualität von Untersuchungsplänen sollen gewählte, unabhängige Wissenschaftler ein Gutachten abgeben. Wenn die Forschungsgelder nach anderen Kriterien vergeben werden, ist das zu begründen.

(c) Die finanzielle Förderung der empirischen pädagogischen Forschung muß bedeutend verstärkt werden. Dabei sind die Mittel der Ressortforschung zugunsten einer Aufstockung der freien Forschungsmittel zu reduzieren.

(d) Publikationsauflagen bei Untersuchungen im öffentlichen Schulwesen sind nicht zulässig. Das entbindet nicht von der Pflicht zur Wahrung des Datenschutzes und der ethischen Forschungsstandards.

(e) Die verwaltungseigenen Institute sind auf Aufgaben der Beratung, der Fort- und Weiterbildung sowie Dokumentation und Information zu beschränken. Um Forschungsmittel sollten sie sich wie andere bewerben.

(f) Der Zugang zum Forschungsfeld muß in Übereinstimmung mit Artikel 5 GG und der darauf bezogenen Rechtsprechung des Bundesverfassungsgerichtes liberalisiert werden.

Das bedeutet nicht, "mehr" Demokratie zu wagen, sondern nur, "etwas" Demokratie zu realisieren. Gegenwärtig ist das Grundrecht auf Forschungsfreiheit im Bereich der empirischen Pädagogik weitgehend suspendiert. Auch die notwendige Verbesserung der übrigen Rahmenbedingungen würde der Entwicklung der empirischen Pädagogik wenig helfen, wenn sie in ihrer Dispositionsfreiheit so eingeschränkt bliebe wie bisher.

1.0.6 Literatur

Aurin, K. (1973). Das Dilemma pädagogischer Begleitforschung. Zeitschrift für Pädagogik, 19, 7-23.

Avenarius, H., Ingenkamp, K. & Otto, G. (1980). Forschung und Lehre sind frei ... Weinheim: Beltz.

Baumert, J. & Naumann, J. (1987) Zur institutionellen Stratifizierung im Hochschulsystem der Bundesrepublik Deutschland. Berlin: Max-Planck-Institut für Bildungsforschung.

Baumert, J., Naumann, J. & Roeder, P. M. (1990). Reputation - A Hard-Currency-Medium of Interchange. Scientometrics, 19, 397-408.

Baumert, J. & Roeder, P. M. (1989). Expansion und Wandel der Pädagogik. Zur Institutionalisierung einer Referenzdisziplin. Berlin: Max-Planck-Institut für Bildungsforschung.

Baumert, J. & Roeder, P. M. (1990a). Expansion und Wandel der Pädagogik. Zur Institutionalisierung einer Referenzdisziplin. In L. M. Alisch, J. Baumert & K. Beck (Hrsg.), Braunschweiger Studien zur Erziehungs- und Sozialarbeitswissenschaft. Bd. 28: Professionswissen und Professionalisierung (S.79-128). Braunschweig: Waisenhaus Buchdruck und Verlag.

Baumert, J. & Roeder, P. M. (1990b). Forschungsproduktivität und ihre institutionellen Bedingungen. - Alltag erziehungswissenschaftlicher Forschung. Zeitschrift für Pädagogik, 36, 73-97.

Baumert, J. & Roeder, P. M. (1990c). Zur personellen Situation in der Erziehungswissenschaft an den Wissenschaftlichen Hochschulen der Bundesrepublik Deutschland. Erziehungswissenschaft. Mitteilungsblatt der Deutschen Gesellschaft für Erziehungswissenschaft, 1, 7-43.

Beck, K. & Kell, A. (Hrsg.). (1991). Bilanz der Bildungsforschung. Weinheim: Deutscher Studienverlag.

Benner, D. (1973). Hauptströmungen der Erziehungswissenschaft (3. Aufl. 1991). Weinheim: Deutscher Studienverlag.

Bessoth, R. (1978). Forschungsrelevanz aus der Benutzerperspektive - Bericht der Arbeitsgruppe 13 auf dem Kongreß der DGfE vom 8.-10.3.1978 in Tübingen (Mskr.). Tübingen.

Binder, G. (1988). Trendanalyse zu Forschungen im Bereich der Jugendhilfe. Expertise für den 8. Jugendbericht der Bundesregierung. Bonn: Informationszentrum für Sozialwissenschaften.

Blankertz, H. & Gruschka, A. (1975). Handlungsforschung: Rückfall in die Empiriefeindlichkeit oder neue Erfahrungsdimensionen? Zeitschrift für Pädagogik, 21, 677-686.

Bremm, M. H. & Kühn, R. (1990). Die Entwicklung des Rechentests RT 9+. Forschungsbericht. Frankfurt/M.: Deutsches Institut für Internationale Pädagogische Forschung.

Brusten, M., Eberwein, W. D., Feltes, T., Gollner, G. & Schumann, K. F. (1981). Freiheit der Wissenschaft - Mythos oder Realität? Frankfurt: Campus.

Bull, H. P. & Dammann, U. (1982). Wissenschaftliche Forschung und Datenschutz. Die öffentliche Verwaltung, 35, 213-223.

Bundesminister für Bildung und Wissenschaft. (Hrsg.). (1989). Modellversuche in der Bewährung. Bericht zur Umsetzung von Modellversuchen im allgemeinen Bildungswesen und in der schulischen beruflichen Bildung (Studien zur Bildung und Wissenschaft 78). Bad Honnef: Bock.

Bundesminister für Forschung und Technologie. (Hrsg.). (1990). Bundesbericht Forschung. Bonn: Autor.

Daniel, H. D. & Fisch, R. (Hrsg.). (1988). Evaluation von Forschung. Methoden - Ergebnisse - Stellungnahmen. Konstanzer Beiträge zur sozialwissenschaftlichen Forschung. Bd. 4. Konstanz: Universität.

Deutsche Forschungsgemeinschaft. (1979 bis 1990). Tätigkeitsbericht 1978 bis 1989. Bde. 1-2. Bonn: Autor.

Deutsche Gesellschaft für Erziehungswissenschaft. (1980). Die Behinderung der erziehungswissenschaftlichen Forschung in der Bundesrepublik. Frankfurt/M.: Gesellschaft zur Förderung pädagogischer Forschung.

Deutsche Gesellschaft für Erziehungswissenschaft. (1986). Standards erziehungswissenschaftlicher Forschung. Zeitschrift für Pädagogik, 32, 597-602.

Deutscher Bildungsrat. (1974). Aspekte für die Planung der Bildungsforschung Empfehlungen der Bildungskommission. Bonn: Autor.

Deutscher Bundestag. (Hrsg.). (1983). Bericht der Bundesregierung zur Förderung der Drittmittelforschung im Rahmen der Grundlagenforschung. Drucksache 10/225. Bonn: Heger.

Deutscher Bundestag. (1990). Modellversuche im Bildungswesen. Drucksache 11/8503. Bonn: Heger.

Dießenbacher, H. (1980). Empirische Sozialforschung versus Aktionsforschung - eine falsche Alternative? Neue Praxis, 10, 160-168.

Domnick, J. (1980). Forschungsfreiheit. Zur Erosion eines Grundrechts. Die Deutsche Schule, 72, 339-353.

Edding, F. (Hrsg.). (1987). Zwanzig Jahre Bildungsforschung, zwanzig Jahre Bildungsreform. Bad Heilbrunn: Klinkhardt.

Edding, F. & Hüfner, K. (1975). Probleme der Organisation und Finanzierung der Bildungsforschung in der Bundesrepublik Deutschland. In H. Roth & D. Friedrich (Hrsg.), Deutscher Bildungsrat. Gutachten und Studien der Bildungskommission. Bd. 51: Bildungsforschung. Probleme - Perspektiven - Prioritäten. Teil 2 (S.419-453). Stuttgart: Klett.

Eigler, G. & Macke, G. (1985). Entwicklung und Bedingungen erziehungswissenschaftlicher Forschung - eine Initiative der Deutschen Gesellschaft für Erziehungswissenschaft. In K. Aurin & B. Schwarz (Hrsg.), Die Erforschung pädagogischer Wirkungsfelder. Bericht über die 37. Tagung der Arbeitsgruppe für empirische pädagogische Forschung in der DGfE vom 27.3.-29.3.1985 in Freiburg i.Br. (S.82-90). Freiburg: AEPF.

Fend, H. (1990). Bilanz der empirischen Bildungsforschung. Zeitschrift für Pädagogik, 36, 687-709.

Fischer, W. (1968). Die Bedeutung erziehungswissenschaftlich-empirischer Forschungen für die Grundlegung der Pädagogik, erörtert an einer fiktiven Untersuchung über die Wirkung von Strafen. Vierteljahresschrift für wissenschaftliche Pädagogik (Neue Folge Ergänzungshefte), (7), 50-61.

Flammer, A. (1975). Zur Geschichte der experimentellen Lernforschung - Erkenntnisgewinn oder Suche nach dem Ansatz? Zeitschrift für erziehungswissenschaftliche Forschung, 9, 127-142.

Flechsig, K. H. (1967). Die Funktion des Experiments in der Unterrichtsforschung. Die Deutsche Schule, 59, 397-413.

Forum. (1987). Empirische Pädagogik, 1, 71-79.

Geschäftsstelle des Wissenschaftsrates. (Hrsg.). (1988). Grunddaten zum Personalbestand der Hochschulen und zur Lage des Wissenschaftlichen Nachwuchses. Drucksache 8000/88. Köln: Deutscher Wissenschaftsrat.

Haag, F., Krüger, H., Schwärzel, W. & Wildt, J. (Hrsg.). (1972). Aktionsforschung. München: Juventa.

Heinze, T., Müller, W., Stickelmann, B. & Zinnecker, J. (1975). Handlungsforschung im pädagogischen Feld. München: Juventa.

Heitger, M. (1986). Die Abrichtung des Menschen. Von der Gefahr gegenwärtiger Pädagogik, ihr Subjekt zu verlieren. Vierteljahresschrift für wissenschaftliche Pädagogik, 62, 41-51.

Homann, U. (1978). Finanzierung der Bildungsforschung in der Bundesrepublik Deutschland 1972 bis 1977 (Unveröffentlichtes Manuskript). Berlin: Max-Planck-Institut für Bildungsforschung.

Hüfner, K. & Naumann, J. (1977). Konjunkturen der Bildungspolitik in der Bundesrepublik Deutschland. Bd. 1: Der Aufschwung 1960-1967. Stuttgart: Klett.

Hylla, E. (1956). Notwendigkeiten und Aufgaben der empirischen Forschung in der Pädagogik. Die Deutsche Schule, 48, 97-107.

Ingenkamp, K. (1962). Die deutschen Schulleistungstests. Weinheim: Beltz.

Ingenkamp, K. (1977a). Wie frei ist die erziehungswissenschaftliche Forschung in der Bundesrepublik? Neue Sammlung, 17, 26-39.

Ingenkamp, K. (1977b). Zur Entstehungsgeschichte dieses Buches oder ein Beispiel für die Forschungsfreiheit in der Praxis. In K. Ingenkamp (Hrsg.), Schüler- und Lehrerbeurteilung (S.223-251). Weinheim: Beltz.

Ingenkamp, K. (1978). Die Einengung des Grundrechtes auf Forschungsfreiheit im Bildungswesen der Bundesrepublik Deutschland. Die Deutsche Schule, 70, 161-171.

Ingenkamp, K. (1983a). Beispiele für Konflikte zwischen Datenschutz und Forschern. Beiträge zum 8. Kongreß der DGfE. Zeitschrift für Pädagogik, (Suppl. 18), 403-406. Weinheim: Beltz.

Ingenkamp, K. (1983b). Die Schwierigkeiten der deutschen Pädagogik mit der Empirie. In R. Oleschowski (Hrsg.), Der Beitrag der empirischen Erziehungswissenschaft zur Praxisverbesserung von Schule, Unterricht und Erziehung. Bd. 10 (S.18-36). Braunschweig: Braunschweiger Studien zur Erziehungs- und Sozialwissenschaft.

Ingenkamp, K. (1984). Zur Situation der empirischen Schulforschung in der Bundesrepublik Deutschland. In K. Ingenkamp (Hrsg.), Sozial-emotionales Verhalten in Lehr- und Lernsituationen (S.15-32). Landau: Erziehungswissenschaftliche Hochschule.

Ingenkamp, K. (1990). Pädagogische Diagnostik in Deutschland 1885-1932. Weinheim: Deutscher Studienverlag.

Ingenkamp, K. (1992). Die Anfänge der Arbeitsgruppe für empirische pädagogische Forschung. Empirische Pädagogik, 6 (1), 109-117.

Ingenkamp, K. & Parey, E. (Hrsg.). (1970). Handbuch der Unterrichtsforschung. Bde. 1-3. Weinheim: Beltz.

Ingenkamp, K. & Schreiber, W. (Hrsg.). (1989). Was wissen unsere Schüler? Überregionale Lernerfolgsmessung aus internationaler Sicht. Weinheim: Deutscher Studienverlag.

Kaase, M., Krupp, H. J., Pflanz, M., Scheuch, E. K. & Simitis, S. (Hrsg.). (1980). Datenzugang und Datenschutz. Königstein/Ts.: Athenäum.

King, E. (1990). Educational policies in the Europe Region. In M. Debeauvais (Hrsg.), National educational research policies (pp.30-47). Paris: UNESCO.

Klafki, W. (1971). Erziehungswissenschaft als kritisch-konstruktive Theorie: Hermeneutik-Empirie-Ideologiekritik. Zeitschrift für Pädagogik, 17, 351-385.

Klauer, K. J. (1973). Revision des Erziehungsbegriffs. Grundlagen einer empirisch-rationalen Pädagogik. Düsseldorf: Schwann.

Kontroversen (Heftthema). (1980). Bild der Wissenschaft, 17 (9), 146-155.

Krumm, K. (1989). Erziehungswissenschaft, kritisch-rationale. In D. Lenzen (Hrsg.), Pädagogische Grundbegriffe (S.507-525). Reinbek: Rowohlt.

Kruse, L. (1981). Alternativen zu ethisch fragwürdigen Forschungstechniken? In L. Kruse & M. Kumpf (Hrsg.), Psychologische Grundlagenforschung: Ethik und Recht (S.69-105). Bern: Huber.

Kruse, L., Amelang, M. & Ingenkamp, K. (1980). Datenbedarf in der empirischen Psychologie und Erziehungswissenschaft. In M. Kaase, H. J. Krupp, M. Pflanz, E. K. Scheuch & S. Simitis (Hrsg.), Datenzugang und Datenschutz (S.19-22). Königstein/Ts.: Athenäum.

Kuckartz, U. & Lenzen, D. (1988). Die Situation des wissenschaftlichen Nachwuchses im Fach Erziehungswissenschaft (Sonderheft). Zeitschrift für Pädagogik , 34 (2), 673-685.

Kühnel, S. & Rohlinger, H. (1989). Verlauf der Erhebung und einige quantitative Ergebnisse. In Zentralarchiv für Empirische Sozialforschung 1988 (Hrsg.), Empirische Sozialforschung. Eine Dokumentation (S.10-19). Frankfurt: Campus.

Landesheere, G. d. (1969). Einführung in die pädagogische Forschung. Weinheim: Beltz.

Landtag Nordrhein-Westfalen. (1977). Antwort der Landesregierung auf die Kleine Anfrage des Abgeordneten Lemper, CDU. (Drucksache 8/2271). Drucksache 8/2483.

Landtag Rheinland-Pfalz. (1976). Unterrichtung durch den Ausschuß für Datenschutz, 3. Tätigkeitsbericht. Drucksache 8/1444.

Landtag Rheinland-Pfalz. (1977). Unterrichtung durch den Ausschuß für Datenschutz, 4. Tätigkeitsbericht. Drucksache 8/2470.

Landtag Rheinland-Pfalz. (1979). Unterrichtung durch die Datenschutzkommission, 6. Tätigkeitsbericht. Drucksache 9/253.

Landtag Rheinland-Pfalz. (1980). Unterrichtung durch die Datenschutzkommission, 7. Tätigkeitsbericht. Drucksache 9/970.

Landtag Rheinland-Pfalz. (1981a). Drucksache 9/1640 vom 18.5.1981 und Plenarprotokoll 9/35 vom 21.5., S.1951-1954.

Landtag Rheinland-Pfalz. (1981b). Unterrichtung durch die Datenschutzkommission, 8. Tätigkeitsbericht. Drucksache 9/1869.

Lay, W. A. (1908). Experimentelle Pädagogik. Leipzig: Teubner.

Lemberg, E. (1968a). Empirische pädagogische Forschung in der Bundesrepublik Deutschland. Mitteilungen und Nachrichten. Nr. 50 (S.1-22). Frankfurt: DIPF.

Lemberg, E. (1968b). Zur Situation der empirischen pädagogischen Forschung. Mitteilungen und Nachrichten. Nr. 51/52 (S.1-30). Frankfurt: DIPF.

Lenzen, D. (Hrsg.). (1980). Pädagogik und Alltag. Stuttgart: Klett-Cotta.

Macke, G. (1989a). Rekonstruktion von Wissenschaftsentwicklung. Analyse der methodischen Grundorientierung erziehungswissenschaftlicher Qualifikationsarbeiten. In W. Bos & C. Tarnai (Hrsg.), Angewandte Inhaltsanalyse in Empirischer Pädagogik und Psychologie (S.68-101). Münster: Waxmann.

Macke, G. (1989b). Thematische und methodische Entwicklungen im Fach Erziehungswissenschaft. Analysen zu einigen Aspekten des Formierungssprozesses einer Disziplin (Unveröffentlichter Forschungsbericht an die Deutsche Forschungsgemeinschaft). Freiburg: Universität.

Macke, G. (1990). Disziplinenformierung als Differenzierung und Spezialisierung. Entwicklung der Erziehungswissenschaft unter dem Aspekt der Ausbildung und Differenzierung von Teildisziplinen. Zeitschrift für Pädagogik, 36, 51-72.

Menger, C. F. (1974). Zu den Auswirkungen der Wissenschaftsfreiheit auf die Hochschulorganisation. Verwaltungsarchiv, 85, Bd.65, 75-85.

Menrath, B. (1978). Zur ideologischen Anfälligkeit der empirisch-pädagogischen Forschung. Frankfurt: Lang.

Merkens, H. (1971). Zum Problem der Unterrichtsforschung. Zeitschrift für erziehungswissenschaftliche Forschung, 5, 13-26.

Meumann, E. (1920). Abriß der experimentellen Pädagogik. Leipzig: Engelmann.

Mitter, W. & Weishaupt, H. (1978). Bedingungen der wissenschaftlichen Begleitung von Schulversuchen. Ergebnisse von Befragungen. 1. Teilbericht, Juni. Frankfurt: Gesellschaft zur Förderung Pädagogischer Forschung.

Mollenhauer, K. (1969). Erziehung und Emanzipation (2. Aufl.). München: Juventa.

Mollenhauer, K. & Rittelmeyer, C. (1975). "Empirisch-analytische Wissenschaft" versus "Pädagogische Handlungsforschung": eine irreführende Alternative. Zeitschrift für Pädagogik, 21, 687-693.

Moser, H. (1975). Aktionsforschung als kritische Theorie der Sozialwissenschaften. München: Kösel.

Pädagogische Arbeitsstelle. (1964). Programmierter Unterricht und Lehrmaschinen. Internationale Konferenz 9.-15.7.1963. Berlin: Autor.

Pritz, V. (1981). Der Einfluß von Sprechflüssigkeit und Vorinformation auf die Leistungsbeurteilung in der mündlichen Reifeprüfung. In K. Ingenkamp (Hrsg.), Wert und Wirkung von Beurteilungsverfahren in der Schule (S.49-96). Weinheim: Beltz.

Roeder, P. M. (1983). Bildungsreform und Bildungsforschung. DGfE: Beiträge zum 8. Kongreß der DGfE. Zeitschrift für Pädagogik, (Suppl. 18), 81-96.

Roeder, P. M., Baumert, J., Naumann, J. & Rommer, L. (1987). Über institutionelle Bedingungen wissenschaftlicher Produktivität. Berlin: Max-Planck-Institut für Bildungsforschung.

Rohloff, H. J. & Franke, L. (1968). Erziehungswissenschaftliche Hochschulschriften. Bibliographie der Dissertationen und Habilitationsschriften in Deutschland (BRD und DDR) 1945 bis 1967. Weinheim: Beltz.

Roth, H. (1964). Die realistische Wendung in der pädagogischen Forschung. In H. Röhrs (Hrsg.), Erziehungswissenschaft und Erziehungswirklichkeit. Frankfurt: Akademische Verlagsgesellschaft.

Roth, H. & Friedrich, D. (1975). Einleitung. In H. Roth & D. Friedrich (Hrsg.), Deutscher Bildungsrat. Gutachten und Studien der Bildungskommission Bd. 50: Bildungsforschung. Probleme - Perspektiven - Prioritäten. Teil 1 (S.19-53). Stuttgart: Klett.

Saldern, M. v. (1991). Erziehungswissenschaft und Neue Systemtheorie. Berlin: Duncker und Humblot.

Schmitt-Glaeser, W. (1974). Die Freiheit der Forschung. Wissenschaftsrecht, Wissenschaftsverwaltung und Wissenschaftsförderung, 7, 107-192.

Schmitz, E. (1981). Erziehungswissenschaft: Zur wissenschaftlichen Analyse eines Forschungsfeldes. Zeitschrift für Sozialisationsforschung und Erziehungssoziologie 1, 13-35.

Schneider, W. & Edelstein, W. (1990). Inventory of European Longitudinal Studies in the Behavioural and Medical Sciences. München: Max-Planck-Institut für Bildungsforschung.

Schönemann, A. (1979). Genehmigungsrituale als Schranke empirischer Forschung - ein Fallbericht. Die Deutsche Schule, 71 (5), 319-328.

Schuler, H. (1980). Ethische Probleme psychologischer Forschung. Göttingen: Verlag für Psychologie.

Schweizerische Gesellschaft für Bildungsforschung. (1988). Entwicklungsplan der schweizerischen Bildungsforschung (Sondernummer). Bildungsforschung und Bildungspraxis, 10.

Senatskommission für Berufsbildungsforschung. (Hrsg.). (1990). Berufsbildungsforschung an den Hochschulen der Bundesrepublik Deutschland. Situation, Hauptaufgaben, Förderungsbedarf (Denkschrift Deutsche Forschungsgemeinschaft). Weinheim: VCH.

Senatskommission für Erziehungswissenschaft der Deutschen Forschungsgemeinschaft. (1976). Empfehlungen zur Förderung Erziehungswissenschaftlicher Forschung. Zeitschrift für Pädagogik, 22, 9-34.

Stiftung Volkswagenwerk Hannover. (1976-1990). Bericht 75/76 - 89/90. Göttingen: Vandenhoeck und Rupprecht.

Tasche, K. (1990). Erziehungswissenschaft - eine heterogene Disziplin? Empirische Pädagogik, 4, 353-371.

Tenorth, H. E. (1988). Vermessung der Erziehungswissenschaft. Versuch, auf wenig genutzte Möglichkeiten der Selbstreflexion der wissenschaftlichen Pädagogik hinzuweisen. Vierteljahresschrift für wissenschaftliche Pädagogik, 64, 299-317.

Tenorth, H. E. (1991). Empirisch-analytisches Paradigma: Programm ohne Praxis - Praxis ohne Programm. In D. Hoffmann (Hrsg.), Bilanz der Paradigmendiskussion in der Erziehungswissenschaft (S.1-16). Weinheim: Deutscher Studienverlag.

Thonhauser, J. (1992). Empirisch-pädagogische Forschung in Österreich. Empirische Pädagogik, 6 (1), 5-17.

Ulich, D. (1976). Pädagogische Interaktionen. Weinheim: Beltz.

Vogel. P. (1990). Kausalität und Freiheit in der Pädagogik. Frankfurt: Lang.

Vogel, P. (1991). Von Umfang und Grenzen der Lernfähigkeit empirisch-analytischer und systematischer Pädagogik im Streit miteinander. In D. Hoffmann (Hrsg.), Bilanz der Paradigmendiskussion in der Erziehungswissenschaft (S.17-30). Weinheim: Deutscher Studienverlag.

Weinert, F. E. (1989). Psychologische Orientierungen in der Pädagogik. In H. Röhrs & H. Scheuerl (Hrsg.), Richtungsstreit in der Erziehungswissenschaft und pädagogische Verständigung (S.203-214). Frankfurt/ M.: Lang.

Weishaupt, H. (1985). Die finanziellen Ressourcen der Bildungsforschung. Zeitschrift für internationale erziehungs- und sozialwissenschaftliche Forschung, 2, 81-112.

Weishaupt, H. (1992). Begleitforschung zum Modellversuch im Bildungswesen. Erziehungswissenschaftliche und politisch-planerische Bedingungen. Weinheim: Deutscher Studienverlag.

Weishaupt, H., Steinert, B. & Baumert, J. (1990). Bildungsforschung in der Bundesrepublik Deutschland - Ergebnisse einer Bestandsaufnahme. Zeitschrift für internationale erziehungs- und sozialwissenschaftliche Forschung, 7, 223-259.

Weishaupt, H., Steinert, B. & Baumert, J. (1991). Bildungsforschung in der Bundesrepublik Deutschland. Bad Honnef: Bock.

Wissenschaftsrat. (1982). Stellungnahme zu Forschung und Datenschutz vom 5.11.1982. Drucksache 5900/82. Berlin.

Zentralarchiv für Empirische Sozialforschung. (Hrsg.). (1991). Daten der empirischen Sozialforschung (Datenbestandskatalog des Zentralarchivs mit Beschreibungen von Daten der empirischen Sozialforschung von 1945 bis 1990 und Daten der historischen Sozialforschung). Frankfurt: Campus.

Zentrum für empirische pädagogische Forschung. (1981). Die Freiheit der Forschung und die Macht der Verwaltung. Landau: Erziehungswissenschaftliche Hochschule.

2.1

ENTWICKLUNG IM BEREICH EMPIRISCHER METHODEN

Lutz Michael Alisch, Roland Arbinger (Moderator), Walter H. Schreiber und Christian Tarnai

Die Entwicklung im Bereich der Methoden wird in diesem Kapitel von mehreren Seiten beleuchtet:

Tarnai zeichnet zunächst die vor allem Anfang der siebziger Jahre geführte Diskussion über die Inhalte der Ausbildung von Diplom-Pädagogen in empirischen und statistischen Methoden nach. Anhand der Vorlesungsverzeichnisse von sieben ausgewählten Universitäten untersucht er für den Zeitraum vom Wintersemester 1969/70 bis zum Sommersemester 1990 zu sechs Zeitpunkten Art und Umfang des entsprechenden Lehrangebots. Stimmt man zu, daß sich nicht zuletzt "vor Ort" entscheidet, ob es gelingt, innerhalb der Pädagogik ein empirisches Selbstverständnis, wie es etwa in der Nachbardisziplin Psychologie üblich ist, zu etablieren, dann kann das Bild, das Tarnai zeichnet, wenig optimistisch stimmen. Er kann zeigen, daß nur an einer der betrachteten Universitäten die Voraussetzungen zur Realisierung eines empirisch-statistischen "Basiscurriculums", wie es von einer Arbeitsgruppe der AEPF im Jahre 1976 formuliert wurde, erfüllt sind. Noch betrüblicher erscheint die Tatsache, daß sich an dieser Zustandsbeschreibung im gesamten Untersuchungszeitraum nichts wesentlich geändert hat.

Zu einem recht ähnlichen Ergebnis kommt Arbinger bei einer Analyse der Veröffentlichungspraxis von neun pädagogischen bzw. pädagogisch-psychologischen Zeitschriften zwischen 1970 und 1990. Bemißt man den Stellenwert empirischer Forschung in den einzelnen Zeitschriften an der relativen Anzahl entsprechender Originalarbeiten sowie an ihrem relativen Seitenanteil, dann ergibt sich über den gesamten Zeitraum ein Anteil von ca. 20% gegenüber einem Anteil von ca. 80% bei den beiden untersuchten psychologischen Zeitschriften. Das Fach Pädagogik vermittelt somit über seine wichtigsten Publikationsorgane ein äußeres Erscheinungsbild, das weit vom Bild einer empirisch orientierten Disziplin entfernt ist. Die in diesem Fach empirisch arbeitenden Forscher, die sich zum großen Teil der AEPF angeschlossen haben, stellen nicht mehr dar als eine "20%-Fraktion" oder, um in den Jargon der frühen siebziger Jahre zu verfallen, eine "kleine radikale Minderheit".

Daß sich die Voraussetzungen für die Durchführung empirischer Forschung in den letzten 20 Jahren zumindest in einer Hinsicht dramatisch verbessert haben, weist Schreiber in seinem Beitrag über die Entwicklung im Bereich der statistischen Datenverarbeitung auf. Zwischen 1970 und 1990 klaffen Welten hinsichtlich der an den deutschen Universitäten verfügbaren Hard- und Softwarebedingungen. Sowohl für die Großrechenanlagen als auch für die sich seit Beginn der achtziger Jahre explosionsartig ausbreitenden Personalcomputer läßt sich ein deutlicher, weiter anhaltender Trend ausmachen, der sich schlagwortartig durch größeren Leistungsumfang, höheren Bedienungskomfort, leichteren Zugang sowie durch immer umfangreichere Programmbibliotheken, die kaum noch Wünsche offenlassen, kennzeichnen läßt.

Auf ganz anderem Wege gelangt auch Alisch im abschließenden Beitrag zu einer prinzipiell günstigen Einschätzung der Entwicklung der empirischen Pädagogik in den vergangenen 20 Jahren. Er diskutiert zwei ihrer metatheoretischen und methodologischen Grundsatzfragen, nämlich das Inferenzproblem und das Problem adäquater Modellierung. In der Abwendung der empirischen Pädagogik von einer deduktiven und der inzwischen weitgehend erfolgten Akzeptanz einer induktiven Denk- und Schlußweise sieht er einen erfreulichen Trend, auch wenn die meisten der damit verbundenen wahrscheinlichkeitstheoretischen Probleme noch gar nicht zur Kenntnis genommen werden. Auch die bislang ausschließliche Konzentration der empirischen Pädagogik auf die Klasse linearer Modelle wird von Alisch grundsätzlich positiv bewertet, stellt sie doch ein stabiles und leistungsfähiges Instrument für theoretisches Arbeiten zur Verfügung. In der Auseinandersetzung mit Nachbardisziplinen, die ebenfalls pädagogische Fragestellungen aufgreifen, werden nach Alischs Auffassung in Zukunft allerdings zunehmend nicht-lineare Modellbildungen notwendig werden.

2.1.1 Die Ausbildung von Studierenden mit dem Hauptfach Pädagogik in empirischen und statistischen Methoden. Schlaglichter auf die Entwicklung des Lehrangebots (Christian Tarnai)

2.1.1.1 Einleitung

Die Arbeitsgruppe für empirisch-pädagogische Forschung (AEPF) hat ihre 20. Tagung in Kiel im Jahre 1974 dem Thema "Empirisch-methodische Ausbildung von Hauptfachpädagogen" gewidmet (Fillbrandt, 1975). Die auf dieser Tagung getroffene Feststellung, daß die Probleme der Methodenausbildung an kaum einer Hochschule befriedigend gelöst sind, führte zu der Erarbeitung von Vorschlägen zur Ausbildung von Hauptfachpädagogen im empirisch-methodischen Bereich, die auf der 21. Arbeitstagung der AEPF im Jahre 1975 verabschiedet wurden. Dieses Ergebnis und die Beiträge der 20. Tagung wurden in Heft 4 (1976) der Zeitschrift Bildung und Erziehung veröffentlicht, und zwar "in der Hoffnung, daß sie die Methodenausbildung von Hauptfachpädagogen vereinheitlichen bzw. die Diskussion der Probleme vorantreiben helfen und insofern auch einen Beitrag zur Reformdiskussion der Hauptfachpädagogen darstellen" (Krumm, 1976, S. 253). Diese Veröffentlichung wird zum Anlaß genommen, die Methodenausbildung in den letzten zwanzig Jahren näher zu betrachten, wobei es sicher nur ansatzweise möglich ist zu prüfen, inwieweit die geäußerte Hoffnung sich erfüllt hat.

Nach einer Rückschau auf die Ergebnisse der Diskussion über die Methodenausbildung soll die Entwicklung des Lehrangebots von Einführungen in die empirischen und statistischen Methoden nachgezeichnet werden. Die Entwicklung der Ausbildung in empirischen und statistischen Methoden ist ein Aspekt der Gesamtentwicklung der Disziplin Erziehungswissenschaft, die in vielerlei Hinsicht, einschließlich der Studien- und Arbeitsmarktsituation ihrer Studierenden, durch neuere Arbeiten charakterisiert wird (vgl. Bahnmüller, Rauschenbach, Trede & Bendele, 1988; Baumert & Roeder, 1990a, 1990b, 1990c; Bundesarbeitsgemeinschaft der Diplom-Pädagogen, 1988; Macke, 1989a, 1989b, 1990; Wagner-Winterhager, 1990). Ergebnisse dieser angeführten Arbeiten können wegen ihres Allgemeinheitsgrades nur in wenigen Aspekten für die hier interessierende Frage herangezogen werden, da spezielle Auswertungen fehlen. Der vorliegende Beitrag beabsichtigt nicht, Abhilfe zu schaffen, sondern weist eventuell auf mögliche weitere Detailanalysen hin.

2.1.1.2 Diskussion um die Ausbildung in empirischen und statistischen Methoden

Für die Situation der Ausbildung in empirischen und statistischen Methoden ist die Einführung des Studienganges Diplom-Pädagogik im Jahre 1969 bestimmend. Die Rahmenordnung für die Diplomprüfung in Erziehungswissenschaft vom 20.3. 1969 legt nämlich im § 6 "Studienleistungen für die Zulassung zur Diplom-Vorprüfung" u.a. fest, daß in den Studienleistungen eine "Einübung in empirische Forschungstechniken" enthalten sein muß. Die spätere Rahmenordnung für die Diplomprüfung in Erziehungswissenschaft vom 22.5.1981 erwähnt empirische Forschungsmethoden nicht mehr explizit. Aber in beiden Ordnungen von 1969 und 1981 wird für die Hauptdiplomprüfung gefordert, daß sich die Prüfung u.a. auf ausgewählte wissenschaftliche Methoden beziehen soll.

Die Verpflichtung zu Einführungen in empirische Forschungsmethoden und ihr späterer Wegfall muß nicht bedeuten, daß dies in den einzelnen Studien- und Diplomprüfungsordnungen auch entsprechend umgesetzt wurde. Betrachtet man beispielsweise die in der Rahmenordnung von 1969 festgelegten und die tatsächlichen Studienrichtungen (vgl. Langenbach, Leube & Münchmeier, 1974), so sieht man, wie groß die Gestaltungsmöglichkeiten der Studiengänge durch die Hochschulen sind. Gleichzeitig ist zu berücksichtigen, daß die Umsetzung der Rahmenordnungen in Studienordnungen nur mit erheblicher zeitlicher Verzögerung erfolgt. So war im Jahre 1975 bei über der Hälfte aller Ausbildungsinstitutionen mit dem Studiengang Diplom-Pädagogik noch keine Studienordnung erstellt und zum Teil nicht einmal in Vorbereitung (Weiss, 1975). Dies ist ein Hinweis darauf, daß anhand von Diplom- und Studienordnungen allein nur schwer ein reales Bild der Entwicklung von Studienanforderungen nachgezeichnet werden kann.

Selbstverständlich setzte die Diskussion um Form und Inhalte der Ausbildung in empirischen Methoden bereits vor Einführung des Diplomstudienganges ein und ist in der Dokumentation "Das Kernstudium der Erziehungswissenschaft" (Deutsche Gesellschaft für Erziehungswissenschaft, 1968) als breitere Übereinstimmung der Fachöffentlichkeit festgehalten. Ebenso sind Studierende mit dem Hauptfach Pädagogik nicht nur solche des Studienganges Diplom-Pädagogik, sondern auch Studierende der Magister- und Promotionsstudiengänge.

In den Voten und Gutachten zum Kernstudium der Erziehungswissenschaft (Deutsche Gesellschaft für Erziehungswissenschaft, 1968) stellen Hajek, Henning & Roeder (1968) ihrem skizzierten Minimallehrgang einer Einführung in die Methoden empirischer pädagogischer Forschung die Zielsetzung voran: "Er soll den Studenten befähigen, empirische Untersuchungen kritisch zu lesen und unter Anleitung an solchen Forschungen mitzuarbeiten" (Hajek et al., 1968, S. 54). Diese generelle Zielsetzung wird auch in den Beiträgen auf der 20. Tagung der AEPF vertreten (Fillbrandt, 1975). Das angeführte Minimalziel wird dahingehend ergänzt, daß Studierende im Hauptstudium soweit befähigt werden sollen, daß sie zumindest teilweise selbständig empirische Untersuchungen durchführen können (Wolf, 1976). Die Schwierigkeit entsprechender Operationalisierungen kommt in den einzelnen Vorschlägen zur Gestaltung eines Curriculums der Ausbildung in empirischen und statistischen Methoden zum Ausdruck (vgl. Arbeitsgruppe Methodenausbildung, 1976; Busch, 1976; Glück, 1976; Straka, 1976; Wolf, 1976). Alle angeführten Empfehlungen unterscheiden sich nur geringfügig in den Inhalten, mehr schon in der Art und Weise der für optimal gehaltenen Unterweisung. Alle Autoren sind sich einig, daß eine Kluft zwischen formuliertem Anspruch der Ausbildung und realisierbarer Wirklichkeit besteht, was dazu führt, daß für die Vermittlung eines vertretbaren Mindestmaßes Basiscurricula bzw. Minimallehrgänge konzipiert werden.

Die Empfehlung der AEPF zur empirisch-methodischen Ausbildung von Hauptfachpädagogen (Arbeitsgruppe Methodenausbildung, 1976, bestehend aus: Busch (Bremen), Diederich (Frankfurt), Fillbrandt (Kiel), Krumm (Düsseldorf), Nenniger (Freiburg), Schönwalder (Bremen), Straka (Freiburg), Wolf (Landau) und Wolf (Marburg)) enthält auch ein Basiscurriculum, dessen Inhalte in Tabelle 1 wiedergeben werden.

Für die Vermittlung der Inhalte des Basiscurriculums werden 6-8 Semesterwochenstunden angesetzt (SWS), dessen Umsetzung aber bereits eine Einschränkung hinsichtlich des erreichbaren Ziels bedeutet. Studierende sollen demnach die notwendigen Fähigkeiten vermittelt bekommen, eine kritische Lektüre "einfacher" empirischer Untersuchungen vornehmen zu können. Das Basiscurriculum soll darüber hinaus das Fundament für eine weiterführende Arbeit in den beiden Bereichen "Empirische Methoden" und "Sozialwissenschaftliche Statistik" bereitstellen. Dementsprechend beinhaltet das Basiscurriculum die Grundzüge empirischer Forschung und sozialwissenschaftlicher Statistik. Die Inhalte werden auch noch detaillierter ausgeführt (Arbeitsgruppe Methodenausbildung, 1976, S. 324ff) und durch Hinweis auf entsprechende Lehrbücher komplettiert. Für Empirie: Friedrichs (1973), Kerlinger (1973) und Mayntz, Holm & Hübner (1971). Für Statistik: Clauss & Ebner (1970), Glass & Stanley (1970) und Wolf (1974).

Diese Angaben sind eine Auswahl von ebenfalls geeigneten Lehrbüchern (vgl. zum Überblick: Achtenhagen & Heymann, 1975 ; Scheerer, 1977), die durch neuere Werke ersetzt oder ergänzt werden könnten.

Tab. 1: Kurzgefaßte Inhalte eines Basiscurriculums zur Methodenausbildung (Arbeitsgruppe Methodenausbildung, 1976, S.315f)

Grundzüge empirischer Forschung

- Messen in den Sozialwissenschaften
  (Meßbegriff, Meßmodell, Meßniveau)
- Repräsentativität
  (Grundgesamtheit, Stichprobe, Verallgemeinerung)
- Begriffe, Hypothesen, Operationalisierungsprozeß
- Wissenschaftstheoretische Aspekte
- Gütekriterien
  (Validität, Reliabilität)
- Forschungsplanung
- Empirische Forschungsmethoden
  (Exemplarische Einarbeitung in eine Erhebungstechnik, z.B. Beobachtung, Inhaltsanalyse usw.)
- Datenaufbereitung, EDV

Grundzüge sozialwissenschaftlicher Statistik

- Monovariable Häufigkeitsverteilungen
- Lokationsparameter
  (Mittelwert, Median, Modus, Quartile)
- Dispersionsparameter
  (Varianz)
- Bivariable Häufigkeitsverteilungen
- Zusammenhangsparameter
  (Produkt-Moment-Korrelation, Rangkorrelation, Kontingenz)
- Lineare Einfachregression
- Wichtige Konzepte
  (Varianzkonzept, Faktorenkonzept, Regressionskonzept)
- Elemente der analytischen Statistik
  (Grundlagen der Wahrscheinlichkeitsrechnung, Verteilungen als Modelle, Signifikanzprüfungen)

Die von der Arbeitsgruppe Methodenausbildung (1976) vorgeschlagenen Inhalte und Ziele der Ausbildung in empirischen und statistischen Methoden stehen sicher außer Streit. Es bleibt nur die Frage, in welcher Art von Veranstaltungen und in welchem zeitlichen Umfang die Inhalte vermittelt und die Ziele erreicht werden können. Die Vorschläge für die Realisierung des Basiscurriculums durch die Arbeitsgruppe Methodenausbildung (1976) gehen von mindestens sechs Semesterwochenstunden (SWS) für entsprechende Lehrveranstaltungen aus, deren Umsetzung in verschiedenen Formen für möglich gehalten werden. Die Vorschläge variieren zwischen einer integrierten Veranstaltung in einem Semester und zwei getrennten Veranstaltungen in "Empirie" und "Statistik" in zwei aufeinanderfolgenden Semestern. In Wahrnehmung der Möglichkeit ungünstiger Bedingungen werden in den Empfehlungen der Arbeitsgruppe Methodenausbildung (1976) Teile des Basiscurriculums in einer Veranstaltung mit 4 SWS für erarbeitbar gehalten, wenn diese im allgemein längeren Wintersemester stattfindet. Die für die Ausbildung zur Verfügung stehende Semesterwochenstundenzahl wird somit als ein wichtiger Faktor für die Umsetzung des Basiscurriculums angesehen, während einer bestimmten Form von Veranstaltungen, integrierte oder getrennte Kurse in Empirie und Statistik, eine nachrangige Bedeutung beigemessen wird.

Offensichtlich spielt in der Diskussion über die Ausbildung in empirischen und statistischen Methoden die hierfür zur Verfügung stehende Zeit eine wichtige Rolle. Dies wird zum Anlaß genommen, die Entwicklung des grundständigen Angebots in empirischen und statistischen Methoden nach Form der Lehrveranstaltungen und Semesterwochenstunden näher zu untersuchen. Angesichts der möglicherweise schmalen Basis an Semesterwochenstunden erscheint nämlich die Diskussion über didaktische Konzepte der empirischen und statistischen Methodenausbildung von sekundärer Bedeutung.

2.1.1.3 Entwicklung des Lehrangebots an Einführungen in empirische und statistische Methoden

Die Konzeption des Basiscurriculums durch die Arbeitsgruppe Methodenausbildung (1976) geht davon aus, daß die Ausbildung in empirischen und statistischen Methoden im Grundstudium angeboten wird, während weiterführende Lehrveranstaltungen vorwiegend im Hauptstudium anzusiedeln sind. Es werden daher im folgenden ausschließlich Lehrveranstaltungen des Grundstudiums dahingehend untersucht, ob und in welchem zeitlichen Umfang (in Form von Semesterwochenstunden) Lehrveranstaltungen mit empirischem und statistischem Bezug an einzelnen Hochschulen im Zeitraum von Wintersemester 1969/70 bis Sommersemester 1990 angeboten wurden. Die Untersuchung erfolgt anhand von Vorlesungsverzeichnissen und bezieht sich aus Zeit- und Kostengründen auf sieben ausgewählte Hochschulen und sechs Zeitpunkte.

Es werden folgende Universitäten in die Untersuchung einbezogen: Freiburg, Hamburg, Kiel, München, Münster, Regensburg und Tübingen. Diese Auswahl berücksichtigt zwei Kriterien: Art der Studiengänge (Diplom- und Magisterstudiengang) und Anzahl der verpflichtend vorgeschriebenen Semesterwochenstunden in empirischen und statistischen Forschungsmethoden. Dadurch werden die zwei wichtigsten Hauptunterscheidungsmerkmale von Hochschulen berücksichtigt, die für den vorliegenden Zusammenhang wichtig sind.

Mit den beiden Universitäten München und Münster werden zwei große Hochschulen ausgewählt, wobei München den Magister- und Promotionsstudiengang und Münster zusätzlich auch den Diplomstudiengang anbietet. Die Universität Kiel ist eine Hochschule, die in ihrem Entwicklungsverlauf, bestimmt anhand der Qualifikationsarbeiten (Promotionen und Habilitationen) und den darin repräsentierten Teildisziplinen, dem Durchschnitt der Disziplin entspricht (Macke, 1989b, 1990). Die Universität Kiel bietet wie die Universitäten München und Freiburg nur den Magisterstudiengang an. Beide Studiengänge (Magister und Diplom) werden somit an vier der sieben ausgewählten Universitäten parallel angeboten: Hamburg, Münster, Regensburg und Tübingen.

Der Umfang an verpflichtenden Semesterwochenstunden in empirischen Forschungsmethoden - im gegebenen Zusammenhang schließt dieser Begriff die Statistik mit ein - beträgt an den Hochschulen mit Diplomstudiengang (Zeitpunkt Oktober 1986, Bundesarbeitsgemeinschaft der Diplom-Pädagogen, 1988): Münster und Hamburg je 4 SWS, Tübingen 10 SWS und Regensburg ebenfalls 10 SWS, die nicht ausschließlich durch empirische Methoden erfüllt werden müssen.

Eine Nachrecherche hat ergeben, daß die Angabe für Regensburg mit 16 SWS (Bundesarbeitsgemeinschaft der Diplom-Pädagogen, 1988) in zweierlei Hinsicht nicht stimmt: es handelt sich um die 10 SWS, die teilweise auch durch Veranstaltungen für nicht empirische Forschungsmethoden abgedeckt werden können.

Bei den Universitäten mit Magisterabschluß werden in Freiburg 8 SWS und München 4 SWS in empirischen Forschungsmethoden verpflichtend vorgeschrieben, während an der Universität Kiel kein derartiger Leistungsnachweis gefordert wird. Alle Angaben zu den Leistungsnachweisen wurden durch eine persönliche Nachfrage bei Sachkundigen evaluiert. Die Angaben betreffen die aktuell erforderlichen Leistungsnachweise und dienen lediglich als Anhaltspunkt für die Analyse des Lehrangebots. Die Studien- und Prüfungsordnungen der einzelnen Hochschulen werden nicht näher untersucht, da der Schwerpunkt der Analyse auf die Aussagekraft der geübten Praxis, wie sie u.a. in den Ankündigungen von Lehrveranstaltungen zum Ausdruck kommt, gelegt wird.

Die Auswertung der in den Vorlesungsverzeichnissen angekündigten Lehrveranstaltungen berücksichtigt alle (soweit erkennbar) im Grundstudium angebotenen Veranstaltungen, ohne Differenzierung zwischen Vorlesung, Seminar oder Übung, die in ihrem Titel einen Bezug zur Empirie oder zur Statistik erkennen lassen. Allgemeine Einführungen, z.B. in Forschungsmethoden ohne näheren Zusatz, werden nicht berücksichtigt. Von diesen einschlägig empirisch-statistischen Lehrveranstaltungen werden vor allem die Einführungen bzw. grundlegenden Veranstaltungen näher betrachtet. Es werden hier drei Kategorien unterschieden:

- Veranstaltungen, die Inhalte der Empirie und Statistik kombinieren (ES),

- Veranstaltungen, die sich nur auf Empirie (E) oder nur auf Statistik (S) beziehen, und
- Veranstaltungen, die als "Einführung in die Methoden der empirischen Sozialforschung" (M) angekündigt werden.

Anhand dieser Kategorien soll festgestellt werden, welche Formen von Veranstaltungen in Kombination von Semesterwochenstunden überwiegen. Die besondere Kategorie der Methoden empirischer Sozialforschung wird gebildet, da dieser Veranstaltungstitel explizit auf eine sozialwissenschaftliche Orientierung des Studienganges hinweist.

Zusätzlich werden Angebote gesondert gekennzeichnet, die in irgendeiner Form den Einsatz oder Verwendung von Computern oder EDV ansprechen (C). Bei den übrigen einschlägigen Angeboten handelt es sich beispielsweise um Einführungen in spezielle Teilgebiete (z.B. Beobachtung, Diagnostik oder Testtheorie), die ihrem Inhalt nach allgemeine Einführungen in Empirie oder Statistik voraussetzen (sollten). Diese Lehrveranstaltungen werden undifferenziert als andere empirische/statistische Veranstaltungen mit der Gesamtzahl der Semesterwochenstunden festgehalten. In der Tabelle 2 sind die Ergebnisse der Analyse des Lehrangebots von empirischen und statistischen Forschungsmethoden im Überblick zusammengestellt. Für jede Veranstaltungskategorie werden die Semesterwochenstunden angegeben, wobei paralelle Angebote beispielsweise durch 2x4 SWS und ergänzende Veranstaltungen (Seminar und Übung) durch 2x2 SWS gekennzeichnet sind.

Insgesamt hat sich das Lehrangebot in empirischen und statistischen Methoden so entwickelt, daß bereits zum zweiten Beobachtungszeitpunkt im Studienjahr 1973/74 an der Mehrzahl der Universitäten regelmäßig einführende Lehrveranstaltungen angeboten werden. Dieser Befund ist für die vier Hochschulen mit einem Diplomstudiengang Pädagogik (Hamburg, Münster, Regensburg und Tübingen) zunächst nicht überraschend, da in der Rahmenordnung von 1969 der verpflichtende Charakter entsprechender Veranstaltungen festgelegt wird. Der Wegfall dieser einschlägigen Bestimmung in der Rahmenordnung von 1981 hat hier zu keiner Änderung geführt. Von den drei Hochschulen, die allein den Magisterstudiengang anbieten, ist nur an der Universität Kiel kein regelmäßiges Angebot an empirischen bzw. statistischen Lehrveranstaltungen vorzufinden, das an dieser Universität auch nicht verpflichtend ist. Trotz des regelmäßigen Angebots bestehen zwischen den anderen sechs Universitäten Unterschiede in Art und Umfang der Lehrveranstaltungen, wobei sich hinsichtlich der Veranstaltungsform die Universitäten Freiburg, München und Münster durch ihre kombinierten Kurse (ES) von den Universitäten Hamburg, Regensburg und Tübingen unterscheiden, die getrennte Veranstaltungen in Empirie und Statistik anbieten.

An der Universität Freiburg werden vier aufeinanderfolgende Lehrveranstaltungen mit jeweils zwei Semesterwochenstunden (SWS) angeboten, die Inhalte der Empirie und Statistik kombinieren. Diese Angebotsstruktur korrespondiert mit der erforderlichen Zahl von vier Leistungsnachweisen für Pädagogik als Hauptfach im Magister- und Promotionsstudiengang. An der Universität München wird regelmäßig im Sommersemester eine vierstündige Einführung in empirische und statistische Forschungsmethoden angeboten (im Studienjahr 1973/74 zunächst noch dreistündig). Im Beobachtungszeitpunkt des Studienjahres 1989/90 ist erkennbar, daß diese vierstündige Veranstaltung durch zwei jeweils zweistündige Veranstaltungen in Winter- und Sommersemester abgelöst wird.

Tab. 2: Entwicklung des Lehrangebots in empirischen und statistischen Methoden

Studienjahre:	1969/70		1973/74		1977/78	
Universitäten	WS	SS	WS	SS	WS	SS
Freiburg	•	•	S2 : 2	ES2 : 2x2	ES1 : 2 ES3 : 2	ES2 : 2 ES4 : 2
Hamburg	S : 4 (2)	E : 2 S : 2x2 (4)	S : 2 S : 3	E : 2x2 M : 2 (2)	S : 4 (2)	E : 2 S : 2 (2)
Kiel	•	•	(9)	S1 : 4 (4)	(8)	•
München	•	(2)	•	ES : 3	(4)	ES : 4
Münster	E : 2 (4)	E : 2 E2 : 2 C : 2 (4)	E2 : 2 ES : 4 (4)	ES2 : 4 (4)	ES1 : 4 ES2 : 4	ES : 4 ES1 : 4 ES2 : 4 (4)
Regensburg	•	(4)	M : 3 C : 3	M : 3 (2)	S1 : 3+2 E : 2 (2)	S2 : 3 M : 2 (6)
Tübingen	(4)	E : 2 S2 : 2 C : 1	(5)	E : 2 (4)	E : 2 S1 : 3 (2)	E : 3x2 S2 : 3 (3)

Anmerkungen. E: Empirie; ES: Empirie und Statistik; S: Statistik; M: Methoden empirischer Sozialforschung; C: EDV; (): Semesterwochenstunden anderer emp./statist. Veranstaltungen

(Fortsetzung Tab. 2)

Studienjahre:	1981/82		1985/86		1989/90	
Universitäten	WS	SS	WS	SS	WS	SS
Freiburg	ES1 : 2 ES3 : 2	ES1 : 2 ES4 : 2 (2)	ES1 : 2 ES3 : 2	ES2 : 2 ES4 : 2	ES1 : 2 ES3 : 2 C : 2	ES2 : 2 ES4 : 2 C : 2
Hamburg	E : 2 S : 4	E : 2 S : 2 S : 4	E : 2 S : 4 (2)	E : 2 S : 4 (4)	S : 2x4 (2)	S : 4 (2)
Kiel	(4)	(4)	-	E : 2	E2 : 2 (2)	-
München	-	ES : 4	C : 4 (2)	ES : 4 C : 2	ES2 : 2	ES1 : 2
Münster	ES : 4 ES2 : 2x4 (2)	ES : 4 ES1 : 2x4 ES2 : 2x4 (4)	ES : 4 ES1 : 4 ES2 : 4 C : 2 (4)	ES : 4 ES1 : 4 ES2 : 4 (6)	ES : 3x4 (4)	C : 2 C : 4 (8)
Regensburg	-	M : 4 (4)	S1 : 3+2 (4)	S2 : 2+2 S2 : 4 M : 2 (2)	S2 : 4 (3)	S1 : 4
Tübingen	(2)	E : 2x2 M : 2	E1 : 2 C : 2	E2 : 2 M : 2 (3)	E1 : 2 (3)	E2 : 2 (2)

Anmerkungen. E: Empirie; ES: Empirie und Statistik; S: Statistik; M: Methoden empirischer Sozialforschung; C: EDV; (): Semesterwochenstunden anderer emp./statist. Veranstaltungen

Einführungen in die empirisch-statistischen Forschungsmethoden werden an der Universität Münster in zwei zusammenhängenden vierstündigen Lehrveranstaltungen für den Diplomstudiengang Pädagogik angeboten. Dies ist spätestens seit dem Studienjahr 1973/74 der Fall. Der parallele einsemestrige Kurs ist für die Studierenden der Studienrichtungen gedacht, die nur einen Leistungsnachweis erbringen müssen, nämlich Pädagogik als Fach für die Sekundarstufe II und als Haupt- und Nebenfach im Magisterstudiengang. Ab Wintersemester 1988/89 ist aufgrund einer neuen Diplomprüfungsordnung nur mehr ein Leistungsnachweis für alle angeführten Studienrichtungen erforderlich, weshalb zum Beobachtungszeitpunkt des Studienjahres 1989/90 die vierstündige Einführung dreimal angekündigt wird.

An den drei Universitäten Hamburg, Regensburg und Tübingen werden Lehrveranstaltungen in Empirie und Statistik getrennt angeboten. (Bei Lehrveranstaltungen der Kategorie 'Empirie' und 'Methoden der empirischen Sozialforschung' kann nicht ausgeschlossen werden, daß auch Grundzüge der Statistik enthalten sind. Für die Kategorie 'Statistik' gilt das entsprechend, wenngleich es weniger wahrscheinlicher ist.) An der Universität Hamburg finden zu allen Beobachtungszeitpunkten einschlägige Lehrveranstaltungen statt. Die Variation in den Semesterwochenstunden der Statistikveranstaltungen hängt damit zusammen, daß der entsprechende Leistungsnachweis nicht eindeutig mit einer bestimmten Semesterwochenstundenzahl verbunden ist. (Die von der Bundesarbeitsgemeinschaft der Diplom-Pädagogen (1988) erhobenen 4 SWS sind hier irreführend). Die regelmäßig angebotenen Statistikkurse korrespondieren mit dem Leistungsnachweis 'Statistische Methoden'. Demgegenüber kann der Leistungsnachweis 'Empirie' nicht nur durch Einführungen, sondern auch durch andere empirisch orientierte Lehrveranstaltungen erbracht werden, die in der vorliegenden Arbeit nur dann erfaßt werden, wenn dieser Bezug auch im Veranstaltungstitel erkennbar ist.

An den beiden Universitäten Regensburg und Tübingen ist nicht zu jedem Zeitpunkt ein paralleles Angebot von empirischen und statistischen Lehrveranstaltungen feststellbar. Dies kann damit in Zusammenhang stehen, daß auch das Lehrangebot anderer Fächer herangezogen werden kann. Darüberhinaus ist zu berücksichtigen, daß an diesen beiden Universitäten die Anzahl der vorgeschriebenen Semesterwochenstunden auch dadurch erfüllt werden kann, daß die Studierenden wie in Hamburg weitere Veranstaltungen wählen. Im Fall der Universität Regensburg können es auch andere als empirische Methodenkurse sein. Die Studierenden der Universität Tübingen können die einschlägigen Lehrveranstaltungen zum Erreichen der vorgeschriebenen 10 SWS selbst kombinieren.

Die beiden Universitäten Regensburg und Tübingen sind auch die Hochschulen, an denen Einführungen in die Methoden der empirischen Sozialforschung (Kategorie M in der Tabelle) parallel oder auch anstelle von empirisch-pädagogischen Einführungen angekündigt werden. Sie sind hier nicht nur ein äußeres Zeichen für die sozialwissenschaftliche Orientierung des Lehrangebots, sondern weisen eventuell auch darauf hin, daß die Einführung in die empirischen Methoden nicht von Lehrenden der Erziehungswissenschaft angeboten wird und/oder nicht allein für Studierende der Erziehungswissenschaft gedacht ist.

Anhand der gesondert hervorgehobenen Lehrveranstaltungen, die in irgendeiner Form die EDV ansprechen (vgl. die Kategorie C in der Tabelle), können keine eindeutigen Entwicklungstendenzen abgelesen werden. Bereits bei den beiden ersten Beobachtungszeitpunkten werden entsprechende Veranstaltungen angekündigt. Lehrveranstaltungen mit Bezug zur EDV können allerdings erst wieder in den beiden Studienjahren 1985/86 und 1989/90 beobachtet werden. Dies kommt eventuell dadurch zustande, daß einschlägige Veranstaltungen in anderen Fachbereichen nachgefragt werden können oder erst im Hauptstudium vorgesehen sind.

Die ebenfalls in der Auswertung berücksichtigten Einführungen in spezielle Teilbereiche der Empirie oder Statistik sind zu fast allen Zeitpunkten anzutreffen. An den beiden Universitäten Freiburg und München sind entsprechende Angebote selten. Bei den übrigen Universitäten beträgt der Umfang dieser Lehrveranstaltungen rund vier Semesterwochenstunden. Allerdings sind keine thematischen Schwerpunkte festzustellen. Dies gilt sowohl für die einzelnen Universitäten im Längsschnitt als auch für die einzelnen Zeitpunkte im Querschnitt. Es handelt sich um Lehrveranstaltungstitel, die einzelne empirische Methoden (z.B. Beobachtung) oder methodisch-statistische Teilbereiche (z.B. Testtheorie) zum Thema haben, die als Vertiefung oder auch als Weiterführung der grundständigen Lehrveranstaltungen gedacht sind bzw. sein sollten.

Die Analyse des Lehrangebots für empirische und statistische Methoden im Grundstudium zeigt, daß im beobachteten Zeitraum der letzten zwanzig Jahre sehr früh eine Festschreibung der Struktur des Angebots erfolgt, die für jede einzelne Hochschule nicht nur im Umfang des Lehrangebots, sondern auch in der Form spezifisch ist. Veränderungen sind an den Universitäten München und Münster im Studienjahr 1989/90 festzustellen. Während an der Universität München eine zeitliche Streckung eines Kurses mit 4 SWS auf zwei Semester erfolgt, wird das Angebot an der Universität Münster von 8 SWS auf 4 SWS reduziert. Diese Veränderungen sind eventuell ein Hinweis darauf, daß nach einer relativ langen Periode konstanter Bedingungen - u.a. hinsichtlich Lehrpersonal, Studien- und Prüfungsordnungen - eine Phase der Neu- bzw. Umordnung begonnen hat, von der auch das Lehrangebot in empirischen und statistischen Forschungsmethoden betroffen ist.

Für die Realisierung des von der Arbeitsgruppe Methodenausbildung (1976) vorgeschlagenen Basiscurriculums erweisen sich die Voraussetzungen als nicht optimal. An den beiden Universitäten München und Münster kann gerade das Minimum realisiert werden. An der Universität Hamburg ist die Voraussetzung ähnlich, wobei eher der empirische Anteil zu wenig berücksichtigt wird. An den beiden Universitäten Regensburg und Tübingen sind die Voraussetzungen für die Realisierung des Basiscurriculums nach Anzahl vorgesehener und vorgeschriebener Semesterwochenstunden besser; dies findet aber keinen Niederschlag in Umfang und Form des Angebots an grundlegenden Lehrveranstaltungen. Es ist anzunehmen, daß durch die relativ großen Wahlmöglichkeiten der Kombination von Veranstaltungen an diesen beiden Universitäten nicht die gleiche Wirkung erreicht wird, wie es bei einem strukturierten Angebot mit gleicher Semesterwochenstundenzahl der Fall sein kann. Lediglich an der Universität Freiburg ist die Struktur des Lehrangebots so, daß dort die Voraussetzungen für eine vollständige Realisierung des Basiscurriculums gegeben sind.

2.1.1.4 Diskussion

Wenn sich die vorliegende Untersuchung nur auf die Ankündigungen in Vorlesungsverzeichnissen bezieht, so geht sie davon aus, daß die Quantität in Form von Semesterwochenstunden in der Lage ist, die Voraussetzungen für die Qualität der

Ausbildung abzubilden. Es gilt nämlich festzustellen, in welchem Umfang das von der Arbeitsgruppe Methodenausbildung (1976) vorgestellte Basiscurriculum im Korsett der zur Verfügung stehenden Zeit überhaupt realisierbar ist, bevor über einzelne Inhalt sinnvoll diskutiert werden kann. Das Ergebnis der vorliegenden Analyse zeigt, daß nur an einer der insgesamt sieben berücksichtigten Universitäten die Voraussetzungen für die Realisierung des Basiscurriculums als optimal bezeichnet werden können. Selbstverständlich deutet dies nur in eine Richtung und muß nicht zwingend bedeuten, daß an anderen Universitäten die durch das Basiscurriculum intendierten Lehrziele nicht erreicht werden.

Das Lehrangebot in empirischen und statistischen Methoden ist seiner Struktur nach offenbar ein Spiegelbild der Anforderungen durch Studien- und Prüfungsordnungen. Entscheidend für das Angebot einschlägiger Einführungen ist wahrscheinlich der Verpflichtungscharakter entsprechender Lehrveranstaltungen. Ist dieser nicht vorhanden oder sind die Anforderungen nicht genau spezifiziert, werden entsprechende Einführungen nicht bzw. nicht regelmäßig angeboten.

Die geübte Praxis kann von den in Ordnungen festgehaltenen Vorschriften wesentlich stärker abweichen, als es hier offenbar wird (vgl. Thonhauser, 1990).

Eine größere Anzahl vorgeschriebener Semesterwochenstunden führt sogar dazu, daß Einführungen eher fehlen. Dies ist ein Phänomen, das nur durch genauere Analysen der institutionellen Bedingungen aufgeklärt werden kann. Nimmt man das von der Arbeitsgruppe Methodenausbildung (1976) formulierte Basiscurriculum als Maßstab, so bedeutet das vorliegende Ergebnis, daß die Situation für die Ausbildung in empirischen und statistischen Methoden, soweit es mit der vorliegenden Analyse festgestellt werden kann, nicht optimal ist. Geht man nämlich davon aus, daß erst mit einer Basisqualifikation weiterführende Veranstaltungen im Sinne der intendierten Ausbildungsziele fruchtbringend absolviert werden können, so führt die fehlende Systematik des Lehrangebots zumindest zu einer Minderung der möglichen Auswirkungen der Ausbildung.

Die Betrachtung der Veranstaltungen über die Zeit hinweg ergibt, daß kaum von einer Entwicklung des Lehrangebots in empirisch-statistischen Methoden gesprochen werden kann, da bereits zu einem sehr frühen Zeitpunkt die Struktur an den einzelnen Hochschulen feststeht. Ein Faktum, das die Vergleichbarkeit der Hochschulen sicher nicht in erster Linie hinsichtlich der Ausbildung in den Forschungsmethoden einschränkt, sondern vielmehr das gesamte Ausbildungsprofil des Studienganges Diplom-Pädagogik betrifft. Dies wird durch die Erhebung der Bundesarbeitsgemeinschaft der Diplom-Pädagogen (1988) im Jahre 1986 deutlich und führt dort zu der Interpretation, daß mit Diplom-Pädagogik ein Studiengang vorliegt, "der sich aufgrund der Beliebigkeit seiner inneren Struktur keineswegs als hinreichend geordnet präsentiert" (Bundesarbeitsgemeinschaft der Diplom-Pädagogen, 1988, S. 17). Dies gilt sehr wahrscheinlich in ähnlicher Weise für den Magisterstudiengang, der als wissenschaftlich orientierte Ausbildung traditionell weniger Reglementierungen des Studiums enthält als es bei dem berufsbezogenen Diplomstudiengang der Fall ist.

Sicherlich wirft die vorgestellte Analyse nur ein ganz grobes Licht auf die Ausbildungssituation in empirischen und statistischen Forschungsmethoden. Nur weitergehende Analysen des gesamten Lehrveranstaltungsangebots, wie sie Gross (1969) für die Pädagogischen Hochschulen zu einem Zeitpunkt oder Klima (1979) und Heitbrede (1986) für die Entwicklung der Lehre in der Soziologie vorgenommen haben, können die Situation auf der Ebene von Veranstaltungsankündigungen so beschreiben, daß sie mit den bereits vorliegenden Analysen der anderen Ebenen ein Gesamtbild der Entwicklung der Erziehungswissenschaft ergeben.

2.1.2 Empirisch oder nicht-empirisch? Eine Analyse von Beiträgen in pädagogischen Zeitschriften (Roland Arbinger)

Im Vorwort zur Erstausgabe der Zeitschrift *Empirische Pädagogik* (1987), bei deren Herausgabe der Verfasser seitdem mitwirkt, ist unter anderem zu lesen: "Die Basis für die Veröffentlichung empirisch orientierter pädagogischer Arbeiten ist im deutschsprachigen Raum recht schmal geworden. Die Zeitschrift *Empirische Pädagogik* will daher all denen als Sprachrohr zur Verfügung stehen, die sich bemühen, pädagogische Problemstellungen mit empirischen Forschungsmethoden bearbeiten und lösen zu wollen." Mit diesem Zitat ist gleichzeitig auch der Rahmen für die vorliegende Arbeit abgesteckt: Es soll empirisch untersucht werden, ob sich in dem hier interessierenden Zeitraum, konkret zwischen 1970 und 1990, innerhalb der Pädagogik tatsächlich Trends in der Veröffentlichungspraxis empirisch orientierter Arbeiten feststellen lassen.

Untersuchungen dieser Art liegen bereits aus anderen Fachgebieten vor: Schmitz (1979) analysierte die Psychological Abstracts der Jahre 1963-1976 im Hinblick auf Trends in der entwicklungspsychologischen Forschung; Fisch & Daniels (1982) legten eine Analyse dreier sozialpsychologischer Zeitschriften für den Zeitraum 1971-1980 vor; Petzold (1983) beschränkte sich auf die inhaltliche Analyse einer einzigen Zeitschrift (Psychologie in Erziehung und Unterricht). Während diese Arbeiten allerdings stärker unter inhaltlicher Perspektive durchgeführt wurden, sollen hier Beiträge in pädagogischen Zeitschriften ausschließlich unter methodischem Blickwinkel betrachtet werden.

2.1.2.1 Durchführung der Analyse

Zunächst galt es, diejenigen Zeitschriften zu definieren, die in die nachfolgende Analyse einbezogen werden sollten. Hierzu wurde einer Gruppe von Experten (alle Mitarbeiter des Zentrums für empirische pädagogische Forschung in Landau) eine Liste von 19 deutschsprachigen (genauer: in den "alten" Ländern der Bundesrepublik erscheinenden) pädagogischen und pädagogisch-psychologischen Zeitschriften vorgelegt mit der Bitte, die für sie "wichtigsten" zu benennen. Nicht auf der Liste waren von Anfang an alle fachdidaktischen Zeitschriften. Mit wenigen Ausnahmen (auf die noch eingegangen wird) wurden nur Zeitschriften genannt, die über den gesamten interessierenden Zeitraum (1970-1990) erschienen sind. Aufgrund des Expertenratings (Häufigkeit der Nennungen) wurden folgende neun Zeitschriften für die Analyse ausgewählt:

Zeitschrift für Pädagogik

Zeitschrift für erziehungswissenschaftliche Forschung

Die deutsche Schule

Bildung und Erziehung

Unterrichtswissenschaft (früher: Programmiertes Lernen)

Zeitschrift für empirische Pädagogik

Empirische Pädagogik

Psychologie in Erziehung und Unterricht

Zeitschrift für Entwicklungspsychologie und Pädagogische Psychologie

Von diesen Zeitschriften sind nur die ersten sechs im eigentlichen Sinne als pädagogische bzw. erziehungswissenschaftliche anzusehen. Die beiden letztgenannten sind eher der Psychologie zuzuordnen. Die *Zeitschrift für empirische Pädagogik* sowie die *Empirische Pädagogik* stellen insofern Ausnahmen dar, als sie entweder nur für wenige Jahre oder erst seit kurzer Zeit erschienen sind bzw. erscheinen.

Über die Auswahl gerade *dieser* neun Zeitschriften läßt sich sicher streiten. Ganz falsch wird man allerdings nicht liegen, wenn man annimmt, daß sich ein Großteil der in den letzten 20 Jahren in der Bundesrepublik stattgefundenen empirischen pädagogischen Forschung in diesen Zeitschriften wiederfinden lassen müßte.

Die Analyse der genannten Zeitschriften wurde in einem ersten Schritt (und nur hierüber wird berichtet) nach einem vergleichsweise einfachen *Kategoriensystem* vorgenommen. *Empirische* und *nicht-empirische* Arbeiten stellen die beiden Grobkategorien dieses Systems dar. Die erste Kategorie wurde noch weiter unterteilt in: *Originalbeiträge* mit rein *deskriptivem* Charakter, *Originalbeiträge* mit *hypothesenprüfendem* Charakter, *Sekundäranalysen* vorliegender Datensätze, *Sammelreferate* über empirische Arbeiten, *Metaanalysen* im engeren Sinn, Beiträge über *Forschungsmethoden*.

Die Brauchbarkeit dieses Systems (im Sinne von Vollständigkeit) wurde vorab an zufällig herausgegriffenen Jahrgängen von Zeitschriften überprüft. Bei dieser Gelegenheit wurde auch überprüft, ob eine von zwei Personen unabhängig voneinander vorgenommene Kategorisierung zu übereinstimmenden Ergebnissen führt. Bis auf geringfügige Meinungsverschiedenheiten war dies gewährleistet.

Alle Beiträge aller (erreichbaren) Jahrgänge aller genannten Zeitschriften wurden anschließend nach diesem System kategorisiert. Diese wurde nur noch von *ei-*

ner Person durchgeführt. Angesichts des immensen Zeitaufwands gab es dazu auch keine Alternative.

Im einzelnen wurde für jeden Jahrgang einer Zeitschrift festgestellt, wieviel Beiträge auf die einzelnen Kategorien entfallen und wieviel Seiten den einzelnen Kategorien eingeräumt werden. Hieraus wurden diverse relative Anteile berechnet. Diese relativen Anteile stellen gewissermaßen die Rohdaten der Analyse dar; sie sind Gegenstand der folgenden Darstellung.

2.1.2.2 Ergebnisse

2.1.2.2.1 Vergleich von Zeitschriftengruppen

Einen zusammenfassenden Eindruck vom Stellenwert, den empirische Forschung (in Form empirischer Originalarbeiten) in den analysierten Zeitschriften besitzt, erhält man, indem man die Gruppe der sieben rein pädagogischen Zeitschriften den beiden psychologisch orientierten Zeitschriften gegenüberstellt. Aus den Abbildungen 1 und 2, in denen das Ergebnis dieses Vergleichs dargestellt ist, lassen sich folgende Aussagen ableiten:

- Die mittlere Anzahl der Originalbeiträge pro Jahrgang beträgt bei den psychologischen Zeitschriften etwa das Vierfache.
- Der Raum, der empirischer Forschung zur Verfügung steht (Index: mittlerer Prozentanteil der Seiten pro Jahrgang), beträgt bei den psychologischen Zeitschriften etwa das Dreifache.
- Bezogen auf beide Indizes ist über den Beobachtungszeitraum ein deutlich gegenläufiger Trend zu beobachten (Trendlinien nach Harvard Graphics). Bei einer Fortsetzung dieses Trends ist mit einem Zusammentreffen der beiden Linien etwa um die Jahrtausendwende zu rechnen.

Abb. 1: Mittlere Anzahl empirischer Originalbeiträge in pädagogischen und psychologischen Zeitschriften

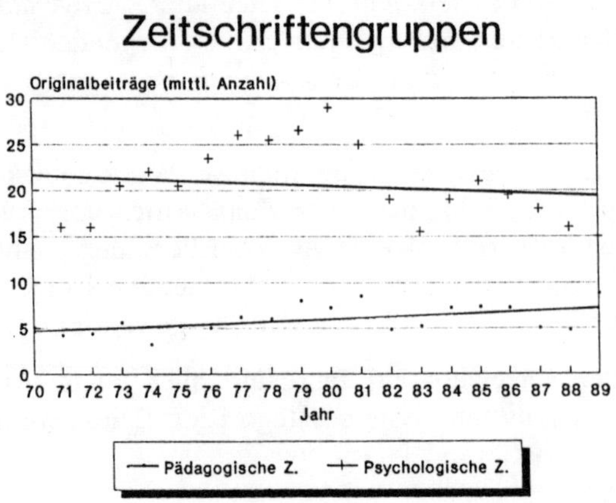

Abb. 2: Mittlerer relativer Anteil empirischer Originalbeiträge in pädagogischen und psychologischen Zeitschriften.

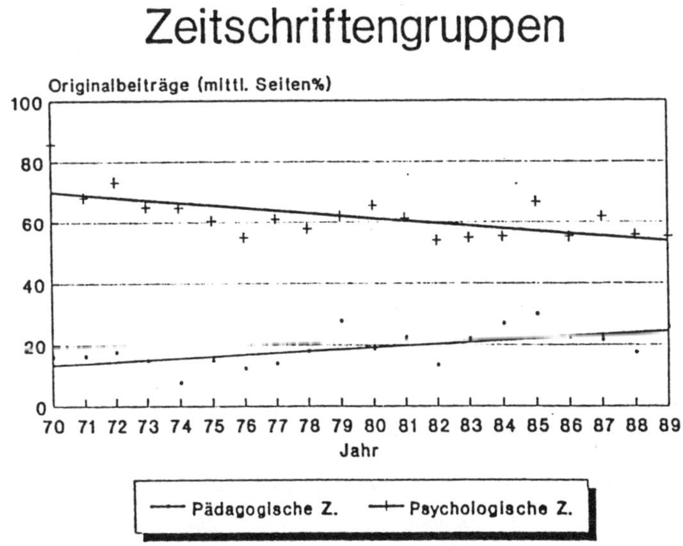

Abb. 3: Relativer Anteil empirischer und nicht-empirischer Arbeiten in der Zeitschrift *Psychologie in Erziehung und Unterricht*

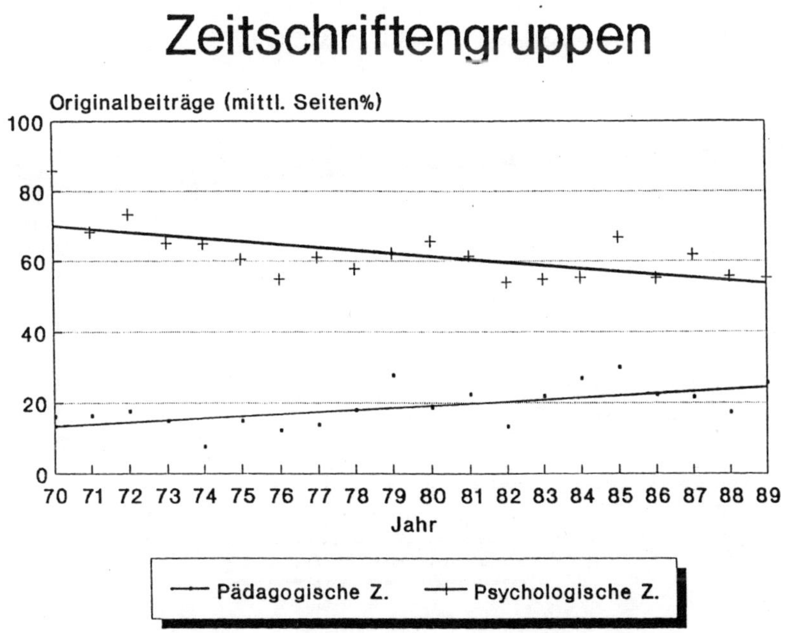

2.1.2.2.2 Einzelanalyse der Zeitschriften

Eine Einzelbetrachtung der neun Zeitschriften im Hinblick auf die obengenannten Analysekategorien liefert folgende Ergebnisse:

- Sowohl bei der *Zeitschrift für Entwicklungspsychologie und Pädagogische Psychologie* als auch bei der Zeitschrift *Psychologie in Erziehung und Unterricht* (vgl. stellvertretend Abbildung 3) nehmen die zur ersten Grobkategorie zählenden empirisch orientierten Arbeiten über den gesamten Analysezeitraum ca. 80% des für einen Jahrgang zur Verfügung gestellten Raums ein; die restlichen 20% sind sozusagen der Bodensatz, ohne den keine Zeitschrift auskommt (z.B. Nachrichten und Berichte, Rezensionen etc.). Den beiden psychologischen Zeitschriften kann somit eine deutliche empirische Grundorientierung zugeschrieben werden. Nahezu spiegelbildlich dazu liegen die Zeitschriften *Bildung und Erziehung, Die deutsche Schule* sowie die *Zeitschrift für Pädagogik* (vgl. stellvertretend Abb. 4): Hier nehmen die nicht-empirische Arbeiten ca. 80% des Raums ein; hier erweisen sich empirische Arbeiten als "Bodensatz".
- Eine Zwischenstellung nehmen die verbleibenden Zeitschriften *Unterrichtswissenschaft, Zeitschrift für erziehungswissenschaftliche Forschung, Zeitschrift für empirische Pädagogik* sowie die *Empirische Pädagogik* ein. Hier läßt sich, auch unter Berücksichtigung einer gewissen Varianz, der relative Anteil empirischer Arbeiten auf etwa 40 bis 60% beziffern.

Abb 4: Relativer Anteil empirischer und nicht-empirischer Arbeiten in der *Zeitschrift für Pädagogik*

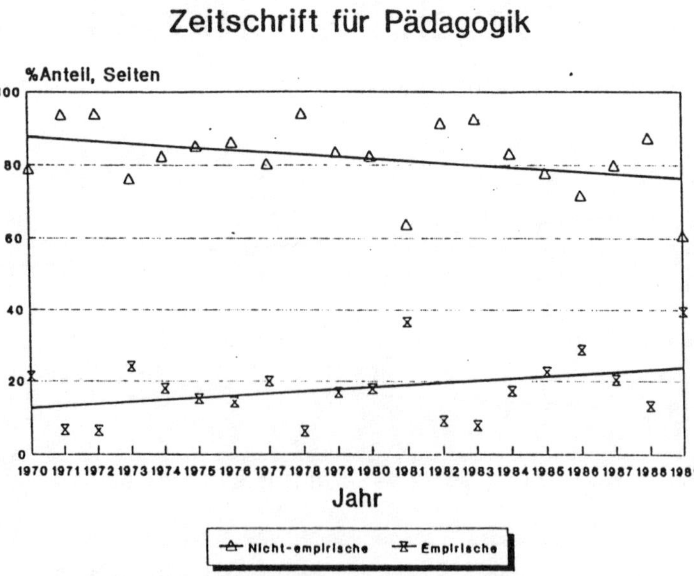

2.1.2.3 Diskussion

Die hier vorgelegte Analyse deutschsprachiger pädagogischer bzw. pädagogisch-psychologischer Zeitschriften weist ein vergleichsweise grobes Auflösungsniveau auf. Ursprünglich bestand zwar die Absicht, die in den fraglichen Zeitraum fallenden empirischen Originalbeiträge im Hinblick auf den jeweils realisierten Versuchsplan bzw. das jeweils angewandte statistische Auswertungsverfahren *detailliert* zu untersuchen, um auch Aussagen über etwaige zeitliche Veränderungen machen zu können; angesichts der dürftigen Datenbasis - mit nur ca. 5 Originalarbeiten pro Jahrgang bei den pädagogischen Zeitschriften - wäre eine solche Detailanalyse allerdings wenig sinnvoll gewesen. Eine durchaus mögliche differenzierte Betrachtung der beiden psychologischen Zeitschriften war hingegen nicht Thema der vorliegenden Arbeit, ebensowenig wie eine nähere Untersuchung der Frage, auf welche *Inhalte* sich die (wenigen) empirischen Arbeiten beziehen.

Sucht man nach einer Erklärung für die hier berichteten Ergebnisse, dann bietet sich als nächstes an, die Basis der vorgelegten Analyse in Zweifel zu ziehen: Stellen die ausgewählten Zeitschriften tatsächlich einen repräsentativen Querschnitt durch die pädagogisch orientierte Zeitschriftenlandschaft dar; wurden etwa wichtige Zeitschriften unberücksichtigt gelassen? Sicher hätte man die eine oder andere Zeitschrift noch in den Analysepool aufnehmen könne, ob sich an dem gezeichneten Bild aber etwas dramatisch geändert hätte, sei dahingestellt. In eine ähnliche Richtung zielt das Argument, daß eine Analyse, die sich ausschließlich auf *Zeitschriften* bezieht, lediglich einen Ausschnitt des Veröffentlichungsspektrums erfaßt. Dem kann zwar schwer widersprochen werden, andererseits muß aber festgestellt werden, daß es die Fachzeitschriften sind, die das Bild einer Disziplin prägen. Betrachtet man die unterschiedlichen Ergebnisse für die pädagogischen und die beiden pädagogisch-psychologischen Zeitschriften, dann bietet sich noch eine weitere Erklärung an: Empirische Forschung in der Pädagogik wird überwiegend von Nicht-Pädagogen, insbesondere von Psychologen, durchgeführt. Die Ergebnisse werden dann wieder nach außen exportiert, d.h. in psychologisch orientierten Zeitschriften publiziert. Daß diese Erklärung nicht nur pure Spekulation ist, zeigt auch ein Blick auf die personelle Zusammensetzung der Arbeitsgruppe für Empirische Pädagogische Forschung (AEPF). Vielleicht die einfachste, aber auch ernüchterndste Erklärung der berichteten Ergebnisse ist schließlich die: Das gezeichnete Bild entspricht tatsächlich den "wahren" Verhältnissen im Fach Pädagogik. Diese Disziplin hat es in den zurückliegenden 20 Jahren nicht geschafft, wahrscheinlich auch nicht gewollt, ein empirisches Selbstverständnis aufzubauen. So stellen die in diesem Fach empirisch arbeitenden Forscher nicht mehr dar als eine "20%-Fraktion". Ob sich daran in naher Zukunft etwas ändern wird, darf bezweifelt werden.

2.1.3 Entwicklungen im Bereich der statistischen Datenverarbeitung (Walter H. Schreiber)

Eine Beschreibung der Entwicklungen im Bereich der statistischen Datenverarbeitung in den siebziger und achtziger Jahren muß sich notwendigerweise beschränken. Die erste Beschränkung bezieht sich auf die Zielgruppe, für die diese Beschreibung gelten soll, es sollen nämlich lediglich die Veränderungen im universitären Bereich angesprochen werden. Daraus ergibt sich auch die zweite Beschränkung, nämlich die Restriktion auf Veränderungen im Hard- und Softwarebereich, der diesen Institutionen gängigerweise zur Verfügung steht.

Da in der historischen Betrachtung etwa Anfang der achtziger Jahre eine Zäsur eingetreten ist, das Aufkommen von PCs, soll die Schilderung der Entwicklung entsprechend der Hardwarevoraussetzungen gegliedert werden: die Entwicklung bei Großrechenanlagen und im PC-Bereich. Innerhalb dieser beiden Bereiche werden für die statistische Datenverarbeitung weiterhin die Datenerfassung, das Datenhandling (Ein- und Ausgabe) und die statistischen Analysesysteme unterschieden.

2.1.3.1 Großrechenanlagen

Zu Beginn der siebziger Jahre war die statistische Analyse von größeren Datensätzen vom Zugang zu Großrechenanlagen abhängig, sieht man davon ab, daß selbstverständlich z.B. deskriptive Statistiken mit Addiermaschinen berechnet werden konnten, oder daß manchen Instituten maschinennah programmierbare Spezialgeräte zur Verfügung standen (z.B. von Olivetti). Für die deutsche Sozialwissenschaft war sicherlich das Deutsche Rechenzentrum in Darmstadt von zentraler Bedeutung, das eine Reihe von Programmen aus den USA importiert und auf ihrem Großrechner angepaßt hatte. Ab Anfang der siebziger Jahre bekamen mehr und mehr Universitäten Großrechenanlagen, oder die Anlagen erfuhren einen weiteren Ausbau.

2.1.3.1.1 Datenerfassung

Die Datenerfassung geschah auf den Großrechenanlagen fast ausschließlich über Lochkarten. Auf diesen aus Spezialkarton gefertigten länglichen Karten mit abgerundeten bzw. abgeschnittenen Ecken konnten 80 Zeichen codiert werden, indem man mit einer speziellen Maschine entsprechende rechteckige Löcher in den 80 Spalten ausstanzen ließ. Druckbare Zeichen wurden optional auf die oberste Zeile der Lochkarten übertragen, was eine Überprüfung zuließ. Fehler konnten nicht editiert werden, man konnte lediglich eine zweite Karte bis zur Stelle des Fehlers duplizieren, das korrekte Zeichen eingeben und anschließend weiter duplizieren. Da die einzelnen Lochkartensequenzen leicht in Unordnung geraten konnten, war es unabdingbar, neben der Versuchspersonennummer auf jede Lochkarte auch die Lochkartennummer zu stanzen, wenn mehr als eine Lochkarte pro Fall notwendig war.

Diese Angewohnheit hat sich teilweise bis in die heutige Zeit übertragen. Daneben die Tendenz 'Platz zu sparen', denn man war aus Gewichtsgründen bestrebt, so viel Information wie möglich auf einer Lochkarte unterzubringen, u.a. gab es die Möglichkeit des Multipunch, d.h. eine Serie von dichotomen Angaben auf einer Spalte unterzubringen, was beim Einlesen aber einen erhöhten Programmieraufwand erforderte. Auch heute noch findet man in der Regel eng gepackte Datenmatrizen, wo die Codes für die einzelnen Variablen nicht durch Leerzeichen abgetrennt sind.

Lochkarten waren das primäre Eingabemedium in Großrechenanlagen. Da vielerorts die Plattenkapazität für die Benutzer stark beschränkt war, konnte man es sich nicht leisten, größere Datenmengen auf einer Magnetplatte zu lagern. Die Alternativen waren eine Speicherung auf Magnetband, das von einem Operator bei jedem Aufruf manuell aufgelegt werden mußte oder das wiederholte Einlesen von Lochkarten. Manch älterer Leser wird sich daran erinnern, wie die Lochkarten wieder und wieder eingelesen werden mußten, da einzelne Karten mechanisch beschädigt oder geknickt waren und nach einem Duplizieren das gesamte Paket nochmals eingelesen werden mußte. Der direkte freundliche Kontakt mit den Operateuren war eine Notwendigkeit.

In einem nächsten Schritt wurden für den Dialog mit dem Rechner Schreibterminals eingesetzt. Dies waren schreibmaschinenähnliche Geräte mit Kugelkopf oder Matrixschreibkopf mit einer direkten Verbindung zum Großrechner und Endlospapierzufuhr. Hier konnten an zeilenorientierten Editoren die Anforderungen an das System - in Simulation der Lochkartenjobs - geschrieben und die Jobs gestartet werden. Die in der Regel längere Ausgabe auf diesen Geräten verbot sich allein durch den ohrenbetäubenden Lärm des Druckvorgangs. Die Verarbeitungsgeschwindigkeit erhöhte sich aber schon deshalb beträchtlich, da man die Ausgabe auf die täglich zu löschenden Platteneinheiten umleiten konnte. Diese Dateien konnte man mit dem Editor nach Fehlermeldungen absuchen, die betreffenden Zeilen ausgeben lassen und im Jobauftrag korrigieren. Nur (Syntax-)fehlerfreie Ausgaben brauchten gedruckt zu werden. Trotz der großen Erleichterungen durch die Schreibterminals war die Bedienung der Editoren sehr umständlich und verlangte die Beherrschung einer archaischen Steuerung, wie sie heute noch bei dem PC-Programm EDLIN verwandt wird.

Der zunächst letzte Schritt war die Einführung der Bildschirmterminals mit seiten- bzw. dateiorientierten Editoren, die wohl jedem heutigen Benutzer von modernen Großrechenanlagen vertraut sind. Die Editoren sind leichter zu bedienen, geben bessere Fehlermeldungen und lassen in der Regel die parallele Bearbeitung von mehreren Dateien durch Fenstertechniken zu.

2.1.3.1.2 Ein- und Ausgabe

An Peripheriegeräten standen, wie schon angesprochen, Anfang der siebziger Jahre Lochkartenstanzgeräte, Lochkarteneinlesegeräte, mit dem Rechner verbundene Stanzeinheiten, Magnetbandlesegeräte und Matrixschnelldrucker (evtl. auch Plotter) zur Verfügung.

Am Beispiel der Großrechenanlage des Hochschulrechenzentrums in Dortmund kann ein Bild von den Mühen statistischer Analysen zum damaligen Zeitpunkt vermittelt werden. Sämtliche Rechenaufträge wurden damals mit einem Batchjob gestartet, d.h. einer Reihe von Lochkarten, die typischerweise aus den Systemsteuerkarten, den Anweisungen für die statistische Auswertung und den Rohdaten zusammengesetzt waren. Diese Anforderungen an das System wurden sequentiell abgearbeitet. Nach dem erfolgreichen Einlesen der Lochkarten wurde der Verarbeitungsauftrag in einer Warteschlange (Queue) eingereiht und mit einer Priorität versehen. Die Priorität wurde zuerst bestimmt durch die Anzahl der angeforderten CPU-Sekunden (5 Sekunden Kernspeicheranforderung als Vorein-stellung) und die Anzahl der Ausgabezeilen auf dem Schnelldrucker (1 000 Zeilen als Voreinstellung). Wenn eine der beiden Voreinstellungen höhergesetzt wurde, verringerte sich automatisch die Priorität. Wartezeiten von mehreren Stunden waren die Regel. Die Wartezeiten konnte man lediglich von 20 bis 23 Uhr kürzer halten, da während dieses Zeitraumes nur Jobs mit 'Forschungsnummern' abgearbeitet wurden.

Der Plattenplatz war so sehr beschränkt, daß man Rohdaten in größeren Mengen nur schwer längerfristig speichern konnte. Es gab drei verschiedene Speichereinheiten: (a) Benutzerplatten, auf denen die Daten so lange gespeichert wurden, wie die Rechennummer gültig war, (b) Benutzerplatten, auf denen die Daten nach einer Woche gelöscht wurden und (c) Benutzerplatten, auf denen die Daten täglich gelöscht wurden. Wegen der o.a. Schwierigkeiten beim Einlesen von Lochkarten war man stets bemüht, die Daten möglichst auf der Platte zu speichern. Der unter (a) beschriebene Plattenplatz enthielt in der Regel kompilierte Programme, und der Platz war für die Daten nicht ausreichend. Deshalb hatten die meisten Benutzer die Daten auf den 'Wochenplatten' und hatten selbststartende Routinen geschrieben, die durch Umkopieren die Lebensdauer der Dateien von Woche zu Woche verlängerten.

2.1.3.1.3 Statistische Auswertung

Im Vorwort zur zweiten Ausgabe des SPSS-Handbuchs berichten die Herausgeber mit Stolz, daß das Paket zur Statistikanalyse mittlerweile (1975) an fast 600 Einrichtungen installiert sei, wären es doch bei der Drucklegung zur ersten Auflage (1970) nur etwa 60 Einrichtungen gewesen (Nie et al., 1975, S. xxi). Wenn man davon ausgeht, daß ähnliche Größenordnungen auch für die anderen großen Programmpakete gelten, hier wären BMDP und SAS zu nennen, zeigt deren nahezu exponential zunehmende Verbreitung den Beginn moderner statistischer Datenanalyse zu Beginn der 70er Jahre. Moderne statistische Datenanalyse kennzeichnet sich aus durch (a) weitreichende Analysemöglichkeiten, (b) einheitliche und flexible Datendefinition, (c) flexible Codier- und Rechenfunktionen, (d) flexible Ausgabegestaltung der Ergebnisse, (e) Fehlererkennung und -dokumentation, (f) Benutzung überprüfter Algorithmen und (g) ausführliche Dokumentation.

Diese komfortableren Statistikpakete hatten die an vielen Forschungsinstituten verwendeten, oft wenig dokumentierten, Programme abgelöst, die in der Regel von nur wenigen Personen gesteuert werden konnten. Die Programme waren nahezu ausschließlich in FORTRAN geschrieben, und die Benutzer mußten oftmals zumindest über Grundkenntnisse dieser Programmiersprache verfügen, um anfallende Anforderungen wie Höhersetzen von Arraydimensionen oder Formeln für die Berechnung von neuen Variablen direkt im Quellprogramm einzugeben, das dann vor der Ausführung erst kompiliert und gelinkt werden mußte. Es bedurfte sehr guter Kontakte zu anderen Forschungsinstitutionen oder programmierenden Sozialwissenschaftlern, um an diese Programme zu gelangen, die oftmals noch auf Subroutine-Bibliotheken zurückgriffen (z.B. IBM SSP).

Gentle (1986, S. 353) faßt die damalige Situation treffend zusammen: "The early software for statistical analysis, which was generally developed locally by members of the computation centers for the mainframes of that day, was generally poorly organized, lacked adequate documentation, and frequently either did not attempt to perform computations correctly or else used algorithms that would fail on moderately conditioned data." Die Frage tut sich auf, wie viele Veröffentlichungen aus dieser Zeit auf der Grundlage von Ergebnissen beruhen, die heutzutage nicht repliziert werden könnten. Diesem Einwand kann eventuell dadurch begegnet werden, daß der Zugang zu Rechennummern und zu Programmen sehr beschränkt war. Analysen waren im großen und ganzen Experten überlassen, die möglicherweise auftretende Ungereimtheiten schnell erkannten.

Mittlerweile stellt sich die Situation an den Großrechenanlagen so dar, daß gängige statistische Analysen bis hin zu Strukturgleichungsmodellen, Ridge-Regressionen, Log-linearen Analysen etc., die früher nur als Einzelprogramme zur Verfügung standen, in die Programmpakete eingebunden sind. Durch syntaktisch ähnlich strukturierte Steuerungen fällt es auch dem Gelegenheitsanwender relativ leicht, sich mit einem einmal erlernten Programmpaket auseinanderzusetzen, zumal die Fehlermeldungen eindeutig und gut dokumentiert sind. Durch die enorm gestiegene Anwenderzahl gibt es auch ausreichend Experten, die bei Anomalien um Rat und Beistand gefragt werden können.

Auch bei dieser Entwicklung können kritische Anmerkungen nicht ausbleiben. Durch die zunehmende Anzahl der Benutzer, den leichteren Zugang zu den Rechenzentren, die schnelleren Durchsatzzeiten und die benutzerfreundlichere Software tauchen mehr GIGO-Effekte auf (garbage in - garbage out). Durch die Unsitte der Softwareprogrammierer, für jede Prozedur eine Reihe von Voreinstellungen (defaults) vorzusehen, werden Abstürze der Rechenläufe aufgrund falscher Datenvoraussetzungen etc. weitgehend vermieden, und es muß überlegt werden, ob man die Irrtumswahrscheinlichkeit I. Art nicht konservativer formulieren sollte, da durch die Leichtigkeit der Programmsteuerung die Jagd nach signifikanten Ergebnissen zu leicht wird. Theorieüberprüfung wird durch Theoriengenerierung abgelöst.

2.1.3.2 Personalcomputer

Vieles von dem des zuvor Gesagten trifft auch für die zweite Phase statistischer Datenverarbeitung zu, die man an den 80er Jahren festmachen kann. Das frühestmögliche Systemdatum bei IBM-kompatiblen PCs ist der 01.01.1980.

2.1.3.2.1 Hardware

Die Entwicklung seit Anfang der 80er Jahre war rasant und kann an den Typen PC, XT, AT, 386er und 486er festgemacht werden. Grundlegende Unterschiede zwischen diesen Geräten sind die zunehmenden Prozessorgeschwindigkeiten, Festplattengrößen und erweiterten Möglichkeiten auf internen flüchtigen Speicherplatz zuzugreifen. Schon Mitte der 80er Jahre waren die PCs in ihrer Vielfalt der Anwendungen und innovativen Benutzerführung den Großrechenanlagen weit überlegen. Der zunehmende Preisverfall bei der Hardware führte zu einer unvorherge-sehenen Ausstattung der Forschungseinrichtungen mit leistungsfähigen Geräten.

Zur Hardwareausstattung gehören mittlerweile auch neue Eingabemöglichkeiten (Maus), erhöhte Grafikfähigkeit bei der Bildschirmdarstellung und Drucker. Dabei ging die Entwicklung von kaum grafikfähigen langsamen und lauten Matrixdruckern bis zu schnellen und leisen Laser- oder anderen non-impact-Druckern mit Grafikauflösungen von 300 Punkten pro Zoll (dpi). Farbdrucker sind auf dem Markt, werden derzeit aber von der Software noch nicht ausreichend unterstützt.

Durch relativ preiswerte Scanner können Grafiken in Texte eingebunden werden, wenn auch die Datenerfassung über die Möglichkeiten der Texterkennung von Scannersoftware noch nicht befriedigend ausgereift ist. In dieser Hinsicht ist optischen Beleglesern noch der Vorzug zu geben, die sehr zuverlässig arbeiten, aber im Vergleich zu anderer Hardware sehr teuer sind.

2.1.3.2.2 Umgebung

Der Vorteil der Benutzerumgebungen bei PCs besteht in der Hauptsache darin, daß sie nahezu international normiert sind. Durch neue Benutzeroberflächen ist eine detaillierte Kenntnis der Betriebssysteme nicht mehr notwendig. Die von der Familie der MacIntoshs von Apple eingeführte Ikonenorientierung hat auch den verbreiteteren Markt der IBM-kompatiblen PCs erreicht. Windows als Benutzeroberfläche und sich an diesem Standard orientierende Programme finden zunehmende Verbreitung. Der Hauptvorteil der PCs liegt in dem größeren Komfort gegenüber Großrechenanlagen. In der Regel sind der Computer und die Ausgabegeräte in der Nähe des Arbeitsplatzes und 24 Stunden an sieben Tagen in der Woche erreichbar. Natürlich sind, wiederum im Vergleich zu Großrechnern, die Verarbeitungszeiten, was die CPU-Anforderungen angeht, die PCs langsamer. Dieser Zeitverlust kann aber leicht durch geringere Überhangzeiten wie schnellere Editoren, schnellerer Zugang zu Ergebnisprotokollen, keine Zeitausfälle durch Wartungszeiten und interaktive Fehlerkorrektur wettgemacht werden.

2.1.3.2.3 Software

Durch neue Benutzeroberflächen (Ikonen, SAA-Standards) und Eingabemodi (Maus), komfortable Editoren und elaborierte Software mit leichtem Zugang zu Benutzerhilfen wird der Zugang zu elektronischer Datenverarbeitung extrem erleichtert.

Nahezu alle 'klassischen' Vertreiber von Softwarepaketen haben sich auf den PC-Markt eingestellt und ihre Programme adaptiert. Durch die zunehmende Anzahl an Benutzern, neuen Märkten und kritischen Vergleichen der Produkte hat die Entwicklung dieser Pakete, was die Aufnahme von neuen Modulen, Grafikfähigkeit, Ein- und Ausgaberoutinen etc. betrifft, die Entwicklung bei den Großrechnern schnell überholt. War zum Beispiel die interaktive Form der Datenverarbeitung SCSS lange Zeit ein schlecht aufgenommenes Stiefkind der Mutter SPSS, so kann heute nahezu kein Programmpaket am PC auf diesen Komfort verzichten. Fast als Nachklapp kommt z.B. SPSS-X in der neuesten Version mit einer interaktiven Variante für den Großrechner mit einer der PC-Version angepaßten Syntax!

Die Programmpakete sind in echtem Sinne dialogorientiert, als sie z.B. bei fehlenden Informationen die Benutzer nach den Parametern abfragen und nicht einfach mit einer Fehlermeldung abbrechen. Ebenso kann mittlerweile kaum ein Programmpaket auf die Integration von Statistikmodulen, Grafikprogramm und einfacher Textverarbeitung verzichten. Manche Programme stellen dem Benutzer sogar frei, die Daten in Form von Tabellenkalkulationsprogrammen entliehenen Spreadsheets einzugeben und zu bearbeiten. Während der Eingabe können Gültigkeits- und Bereichsüberprüfungen vorgenommen werden.

Die im Hinblick auf die Statistikprogramme bei Großrechnern vorgenommene Kritik trifft, wenn nicht sogar in größerem Maße, auf die PC-Welt ebenso zu. Die Forderung nach 'intelligenterer' Softwareentwicklung muß geäußert werden, um der fahrlässigen Benutzung unzulässiger Verfahren Einheit zu gebieten. Um ein Beispiel zu nennen: Keines der bekannten Softwarepakete gibt eine Warnung aus, wenn die Skalenqualität für ein Verfahren unzureichend ist. Es ist leicht möglich, z.B. das Erkennen von dichotomen Daten zu programmieren, desgleichen eine Warnung auszugeben, daß beim Vorliegen so gearteter Daten statt einer Pearsonschen Produkt-Moment-Korrelation der Phi-Koeffizient bzw. der tetrachorische Korrelationskoeffizient berechnet werden sollte. Selbst mit 'Expertensystemen' ausgestattete Programme bieten z.Zt. lediglich eine anforderungsorientierte Hilfeführung an, gehen aber nicht auf die aktuell vorliegende Datenkonstellation ein.

Der Problematik der Auswertung von Daten ohne hinreichende Vorbildung scheint aber auf zwei Wegen begegnet zu werden. Bislang hat man m.W. noch den restriktiven Weg vermieden und den Zugang zu Programmen nicht von Zertifikaten abhängig gemacht, sondern hat den pädagogischeren Weg ergriffen und ist auf die veränderte Situation eingegangen. Immer mehr Statistiklehrbücher gehen in den Abhandlungen der einzelnen Kapitel auf die entsprechenden Steuerungen mit Programmpaketen ein und erläutern Musterergebnisprotokolle. Auf der anderen Seite, und dieser Punkt verdient noch mehr Beachtung, hat die Anzahl der Übungen zu praktischer Datenverarbeitung an deutschen Hochschulen erheblich zugenommen, entweder als eigenständiger Kurs oder begleitend zu einer entsprechenden Statistikveranstaltung.

Zusammenfassend kann geurteilt werden, daß sich im Grunde genommen eine erfreuliche Entwicklung abspielt, die allerdings auch ihre Gefahren birgt.

2.1.4 Metatheoretische und methodologische Grundsatzfragen: Wahrscheinlichkeitskinematik und lineare Modellierungen (Lutz Michael Alisch)

2.1.4.1 Metatheorie der empirischen vs. Wissenschaftstheorie der Allgemeinen Pädagogik

Grundsatzfragen werden in der Methodologie der empirischen Pädagogik gewöhnlich dezidierter gestellt und beantwortet als in den großen wissenschaftstheoretischen Auseinandersetzungen der allgemeinen Pädagogik. Rückblickend auf die letzten 20 Jahre kann man zwar durchaus unterschiedliche Standpunkte in den einzelnen Problembereichen der empirischen Pädagogik identifizieren, doch stehen diese nie in ideologischem Gegensatz. Schon zu Beginn der 70er Jahre fehlt ihnen das spektakuläre, die breite Öffentlichkeit der Erziehungswissenschaft ansprechende Moment, vergleichbar etwa dem Positivismusstreit in der Allgemeinen Pädagogik. Dafür kommt ihnen heute jedoch die Kontinuität in ihren Themen- und Problemstellungen zugute, vor allem nach dem abrupten Abbruch der wissenschaftstheoretischen Diskussion in der Allgemeinen Pädagogik.

2.1.4.2 Die drei Hauptprobleme der empirischen Methodologie

Die Metatheorie der empirischen Pädagogik verfolgte in den zurückliegenden 20 Jahren hauptsächlich drei Fragestellungen:

(a) Das Inferenzproblem (b) das Problem adäquater Modellierung (c) das Problem der Strukturbeschreibung pädagogischen Wissens.

Da hier nur zu den im engeren Sinne methodischen Themen Stellung bezogen werden soll, entfällt eine Darstellung zu (c).

2.1.4.3 Inferenz und Wahrscheinlichkeitskinematik

Von einer Lösung des Inferenzproblems erwartet man zweierlei:

(a) Eine zutreffende und brauchbare Charakterisierung induktiver Inferenzen, die (b) auch dazu geeignet ist, die Akkumulation und den Progreß des wissenschaftlichen Wissens zu erfassen. Ein in der allgemeinen Methodologie diskutierter *dritter* Gesichtspunkt spielt für die empirische Pädagogik keine größere

Rolle. Man verlangt, daß die Lösung des Problems die handlungspraktische Relevanz der Inferenzen *auch* oder sogar *ausschließlich* sichern soll, "auch", wenn die Inferenzen theoretisches und praktisches Wissen stützen, "ausschließlich", wenn die Inferenzen nur Lösungen für die praktischen Nachfolgerprobleme des Humeschen Induktionsproblems liefern. Da die empirische Pädagogik überwiegend an technologischem Wissen interessiert ist, treffen auf sie beide Fälle zu.

Die Notwendigkeit für den Einsatz zufallssensitiver Methoden basiert dabei auf der Annahme, daß man es im wissenschaftlichen Bereich stets mit stochastisch verschmierten Phänomenen zu tun hat, die sich im günstigsten Fall auf einen von zwei Ursachenbereichen zurückführen lassen, nämlich entweder auf phänomeninhärente Irregularitäten mit implizierter Unmöglichkeit einer deterministischen Beschreibung oder mit unzureichendem (unsicherem) Wissen (verborgene Parameter; Fehlspezifikation etc.). Da im Wissen über stochastische Phänomene und ihre Einordnung in einen der beiden Ursachenbereiche keine Sicherheit erzielt werden kann, eignet sich die bedingte Wahrscheinlichkeit zur Inferenzbildung.

2.1.4.3.1 Klassische Konditionale: Objektivisten, Frequentisten, Propensitätstheoretiker, Nonstandard-Analytiker

Mit Beginn der 70er Jahre tritt, wie öfter schon in der Geschichte der Anwendung stochastischer Methoden, wieder einmal eine Neubelebung des Bayes-Ansatzes neben die Leibniz-Bernoulli-Tradition. In Letztgenannter wird die bedingte Wahrscheinlichkeit gewöhnlich in der Form des Kolmogoroff-Konditionals ($P(B/A) = P(B \cap A) / P(A)$, gegeben $P(A) \neq 0$) oder in der modesteren des Rényi-Konditionals (Verzicht auf $P(A) \neq 0$ und stattdessen Forderung nach Wohldefiniertheit der Terme $P(B \cap C / A) = P(B/A)\, P(C / B \cap A)$; vgl. Rényi, 1977) verwendet oder alternativ dazu, um die Mängel dieser Konditionale zu vermeiden (und sich dafür andere einzuhandeln?), in der Form, des frequentistischen Reichenbach-Konditionals.

Reichenbach berücksichtigt die Wohldefiniertheit der Wahrscheinlichkeiten als Existenzregel, um $P(B \cap C / A)$ lösen zu können, ohne dabei allerdings auf die Existenz von $P(C / A \cap B)$ schließen zu müssen, wenn ihr numerischer Wert im Falle der beiden anderen Wahrscheinlichkeiten gleich Null nicht bestimmt werden kann. Dadurch wird involviert, daß $P(B / A)$ existieren kann, während das für $P(C/A)$ trotz der Geltung von $P(C/K)$ nicht gilt. Diesen Fall kennen die Konditionale von Kolmogoroff und Rényi nicht.

Aus den Eigenschaften des frequentistischen Konditionals kann die Annahme begründet werden, daß Wahrscheinlichkeitsannahmen in empirischen Theorien Aussagen über Modalitäten darstellen, die die Propensitätsinterpretation (vgl. Popper, 1959) nahelegen. Dies ist sehr interessant, schlägt es doch die Brücke zwischen Häufigkeiten und Wahrscheinlichkeiten, was jedoch von der empirischen Pädagogik weder reflektiert noch berücksichtigt wurde. So begibt sie sich der Chance, meßbar Reales mit Wahrscheinlichkeiten in Verbindung bringen zu können. Der unterliegende Gedankengang ist der folgende: Häufigkeiten sind keine Wahrscheinlichkeiten. Diese brauchen aber ein empirisches Pendant, wenn sie für empirische Theorien Relevanz besitzen sollen. Unterstellt man die Modalität von Wahrscheinlichkeitsaussagen und berücksichtigt man, daß sie immer auch Kontrafaktisches behaupten, dann kann man von Wahrscheinlichkeiten als Dispositionen sprechen. Ihr quantitativer Charakter bedingt Wahrscheinlichkeiten als abgestufte Modalitäten. Diese stellen dann abgestufte Dispositionen dar und die wiederum Propensitäten. Propensitäten sind jedoch relative Häufigkeiten in alternativen möglichen Welten bzw. von möglichen Modellen in einer gegebenen Welt, die sogar für den Einzelfall meßbar sein können.

Neben der in der empirischen Pädagogik ausgesparten Beschäftigung mit Propensitäten, die im Fetzer-Ansatz (vgl. zusammenfassend Galavotti, 1980) sogar zu einer Integration der verschiedenen deterministischen und probabilistischen Erklärungsmodelle geführt haben, fand auch keine Auseinandersetzung mit nonstandard-analytischen Konditionalen statt, die sich vor allem mit dem Fall von $P(A) = 0$ oder ∞ im Kolmogoroff-Konditional beschäftigen. Beschreitet man dazu den nonstandard-analytisch-maßtheoretischen Weg, dann bleibt allerdings noch unklar, ob die Konstruktion zu einer Funktion $p(B/A)$ führt, die auf allen Paaren reeller Zahlen (mit $B \neq 0$) definiert und derart translationsinvariant wie das *Banach*-Maß ist, das das Lebesgue-Maß erweitert (vgl. Bauer, 1978). Deshalb wird das Konditional direkt nonstandard-analytisch untersucht. Wie gesagt, tut sich die empirische Pädagogik mit der durch die Modelltheorie begründeten Nonstandard-Analyse schwer, wohl weil sie sich nicht mit der Annahme infinitesimal kleiner Wahrscheinlichkeiten anfreunden kann.

2.1.4.3.2 Bayes-Konditional, de Finettis Repräsentationstheorem, ergodische Dekompositionen und Zwang zum Objektivismus

Den objektiven und frequentistischen Konditionalen wurde das subjektivistische Bayes-Konditional gegenübergestellt. Bekanntlich begründen die Subjektivisten ihren Verzicht auf objektive Wahrscheinlichkeiten mit der Geltung des Repräsentationstheorems von de Finetti (1981). Außerdem verknüpfen sie Hypothesenwahrscheinlichkeiten mit subjektivem Glauben, was die Beantwortung der Frage nach der Korrespondenz oder Differenz von subjektiven und objektiven Wahrscheinlichkeiten nicht gerade leichter macht.

Warum aber kann man angesichts des Repräsentationstheorems überhaupt die Frage stellen? Während der Anwendbarkeit und methodischen Entwicklung der Bayes-Statistik in der empirischen Pädagogik intensiv nachgegangen wurde, blieb das Repräsentationstheorem merkwürdigerweise metatheoretisch unhinterfragt. Auch Alternativen zum Bayes-Konditional, etwa solche, die sich auf die entscheidungstheoretisch-induktionslogischen Entwicklungen von Carnap II und Jeffrey (1971) stützen, sind in der empirischen Pädagogik nicht in Relation zum Bayes-Ansatz diskutiert worden. Dies erweist sich in zweierlei Hinsicht als nachteilig: (a) Das wieder nachlassende Interesse an der Bayes-Statistik spiegelt u.a. die Unzufriedenheit damit wider, wie objektive Wahrscheinlichkeiten gehandhabt (besser: negiert) werden. (b) Das Bayes-Konditional begründet trotz der ihm inhärenten erfahrungsabhängigen Wahrscheinlichkeitskinematik keinen adäquaten Formalismus für die Abbildung inferenzabhängig erzielten wissenschaftlichen Fortschritts.

Zu (a): Beide Nachteile sind indes nicht prinzipieller Natur. Das Repräsentationstheorem von de Finetti ist ein Spezialfall des ergodischen Dekompositionstheorems für stationäre Maße (vgl. Plato, 1982), die eindeutige Mischungen ergodischer Maße darstellen. Mischungen besagen, daß man nicht weiß, in welchem ergodischen Teil sich eine jeweils aktuelle Trajektorie eines stochastischen Prozesses befindet. Doch genau hier liegt ein Problem für die Subjektivisten: Wenn die Gewichte der verschiedenen Hypothesen subjektiv interpretiert werden, geht man von einer nicht-objektiven apriori-Verteilung aus. Empirisch-objektiv ist jedoch nach der Existenz der Bewegungsinvarianten der positiven Maße zu fragen und nicht nach dem möglichen subjektiven Wissen. Existiert nur eine Bewegungskonstante, dann ist das System ergodisch, und die objektiven Wahrscheinlichkeiten sind durch die eindeutig festgelegten Maße über dem Zustandsraum gegeben. Ist das System dagegen stationär nichtergodisch, dann variieren die Gesetze des statistischen Verhaltens zwischen seinen Komponenten. Obwohl die Zeitmittel in den ergodischen Teilen konstant sind, hängt es doch von den Anfangsbedingungen ab, in welchem Teil der Dekomposition die Prozeßtrajektorie jeweils verläuft. Man weiß zwar um die Konvergenz der relativen Häufigkeiten, besitzt aber kein Theorem für die Eindeutigkeit der Grenzwerte.

De Finettis Verzicht auf objektive Wahrscheinlichkeiten betrifft offenbar nur die Wahrscheinlichkeiten für statistisch stabile Ereignisse im Sinne eindeutigen Grenzverhaltens. Doch gerade dafür existiert, wie angesprochen, nur ein objektiv-empirisches Kriterium, was die Konsequenzen des Repräsentationstheorems nicht unberührt lassen dürfte. Statt apriori-Gewichte einzuführen, sind die Wahrscheinlichkeiten der ergodischen Komponenten als Erscheinungen von Bewegungsinvarianten zu deuten. Dies hat in der Interpretation der Konditionale dazu geführt, de Finettis Ansatz, der untrennbar mit dem Bayes-Konditional verknüpft ist, für einen operationalistischen "Unfall" zu halten (der in der Tat überflüssig erscheinende Monismus de Finettis ist eigentlich nur durch sein Faible für Bridgmans Operationalismus erklärbar).

Zu (b): Die empirische Pädagogik hat sich im Zuge ihres Interesses an der Bayes-Statistik erfolgreich vom Rationale einer deduktiven Logik der Forschung gelöst. Nicht zuletzt gewisse Überlegenheiten des Bayes-Konditionals über den Falsifikationismus Popperscher Provenienz, z.B. was sogenannte strenge Prüfungen von Theorien anbelangt oder die Überwindung des instantiation-Induktivismus (d.h. des Induktivismus, der in *jeder* verifizierenden eine stützende Instanz sieht), haben dazu geführt, den Universalismus des deduktivistischen Rationale trotz vorliegender Schwächen des induktivistischen Konzeptes der Hypothesenwahrscheinlichkeit zu brechen. Leider hat das m.E. weder dazu geführt, das Bayes-Konditional in der empirischen Pädagogik mit Alternativen zu konfrontieren, noch eine auf Konditionalen basierende diachrone Vorstellung für das Lernen aus Erfahrung zu berücksichtigen. Stattdessen stützt sich die empirische Pädagogik auf eine unheilige Allianz von konditionaler Prüfungslogik und deduktivistischer Progressionsmethodologie (ausgenommen, jedenfalls ihrer intendierten Logik nach, die Metaanalyse).

2.1.4.3.3 Neuere Konditionale

Das Bayes-Konditional stellt kein input-Gesetz dar, sondern lediglich den Kern einer rationalen Entscheidungstheorie, der ohne input-output-Relationen untauglich ist. Welche der Propositionen, die in eine zeitabhängige Glaubensfunktion eingehen, evozieren den Glaubenswandel? Bayesianer sagen, genau die Propositionen, die in dem relevanten Zeitintervall durch die Beobachtungen einer rationalen Person angeregt werden. Doch damit das tragfähig wird, bedarf man eines Gesetzes, das die Beobachtungspropositionen der Person auszeichnet und sagt, welche Art von Abbildung sie mit welchen sensorischen Stimulationen anregungsspezifisch verbindet. Im Bayes-Konditional haben anregungsspezifische Propositionen die Wahrscheinlichkeit Eins. Will man diese Restriktion durch Generalisierung umgehen und überdies ein geeignetes input-Gesetz berücksichtigen, dann resultiert das Jeffrey-Konditional (vgl. Jeffrey, 1967) mit input-Parameter (für mehrere inputs gilt: $P'(A) = \Sigma \{ aP_E(A): E \text{ in } X \}$ mit $a = p(E)$ und X als Partition des Ereignisraumes, deren Mitglieder apriori-Wahrscheinlichkeiten größer Null aufweisen). Mit diesem Konditional ist es möglich, eine angemessene Wahrscheinlichkeitskinematik zu formulieren: Seien P' und P zwei auf demselben endlichen Feld definierte, untereinander absolut kontinuierliche Wahrscheinlichkeitsfunktionen, dann gilt: Es gibt ein endliches, meßbares X und nichtnegative a für E in X, die sich auf 1 summieren, so daß das Jeffrey-Konditional gilt. Hierdurch wird die Jeffrey-Verschiebung als Transformation von P nach P' beschrieben. Für jede Transformation existiert eine minimale Verschiebung, die die relative Information in P' mit Bezug auf P im Hinblick auf einen bestimmten Beschränkungstyp für a posteriori-Wahrscheinlichkeiten minimiert.

Das Jeffrey-Konditional hat jedoch noch Nachteile (keine Revisionsmöglichkeit für einfache Konditionale; Akzeptanz transevidenter Propositionen; fehlende Kompatibilität von Konditional und Inferenz), so daß eine Verallgemeinerung notwendig wird, durch die das modifizierte Jeffrey-Konditional mit den Methoden zur Bildung zulässiger Intervalle oder statistisch homogener Teilklassen konkurrieren kann. Einen entsprechenden Verallgemeinerungsvorschlag, u.a. durch Reparametrisierung herbeigeführt, enthalten das Fields-Konditional oder das Domotor-Konditional (beide Konditionale findet man in Domotor, 1980), das gewisse Schwierigkeiten des Fields-Konditionals (z.B. die Einbettbarkeit seines input-Raumes in den des Jeffrey-Konditionals) beseitigt.

Von äußerster Wichtigkeit ist nun, daß die neuen Konditionale (Jeffrey-, Fields-, Domotor-, van Fraassen-Konditional; vgl. van Fraassen, 1980) *nicht* auf das Bayes-Konditional reduzierbar sind. Dabei ist man noch nicht einmal gezwungen, objektive Wahrscheinlichkeiten zu berücksichtigen, weil es umgangen werden kann, die neuen Konditionale aus dem Maximum-Entropieprinzip ableiten zu müssen.

Fassen wir zusammen: Will die empirische Pädagogik auf dem eingeschlagenen Weg der Abwendung vom Universalismus des deduktivistischen Rationale fortschreiten, ohne auf kohärente Inferenz- und Wissensprogressionsvorstellungen verzichten zu müssen, dann ist sie nicht schlecht beraten, die Rezeption des Bayes-Konditionals und seiner Nachfolger fortzusetzen und die Ideen zur Wahrscheinlichkeitskinematik ihrem methodischen Repertoire einzugliedern. Daß sie dabei nicht gezwungen ist, der Wahrscheinlichkeitsinterpretation des Subjektivismus vorbehaltlos zu folgen, darf sogar begrüßt werden.

2.1.4.4 Lineares Denken in Theoriebildung und Modellierung

Obwohl es in den letzten 20 Jahren eine Reihe von inhaltlich geleiteten Vorschlägen zur Konstruktion und Prüfung komplexerer pädagogischer Theorien gegeben hat (z.B. auf dem Gebiet der Erforschung des Lehrerverhaltens), überwiegt die Auffassung, daß der zutreffendere Weg von den Daten und deren Analyse über Fitting und Modellierung zur Theorie führt. Die dabei mit der nur eingeschränkt möglichen mengen- oder fuzzytheoretischen (Theorie unscharfer Mengen) Erzwingung von Theorien durch Daten verbundenen Probleme sind in der empirischen Pädagogik ebensowenig rezipiert worden wie die in anderen Wissenschaften aufgestellte Forderung nach der Ableitbarkeit von Parametern aus theoretischen Annahmen (statt Schätzung). Die empirische Pädagogik steht dabei in ihren Auffassungen weitgehend fest auf dem Boden der Mathematik des 18. und einiger Teile des 19. Jahrhunderts. Dennoch hat sie einige historische Wurzeln ihrer Modellierungen nicht mehr so gegenwärtig, daß in näherer Zukunft nicht ggf. mit Komplikationen beim Übergang von linearen zu nichtlinearen Vorstellungen gerechnet werden müßte. Die Bezüge zu der angesprochenen Mathematik bestehen in einer starken fehlertheoretischen Orientierung bei der Modellierung, der überwältigenden Bedeutung der Superposition (was Reduktion, Symmetrievorstellungen und die Präferenz für lokale, galileische Analysen unter der Perspektive linearer Kausalitätskonzeptionen nach sich zieht), einer bevorzugten Restriktionsklasse für (Phasen-)Räume (Kontinuität, Existenz von Ableitungen; Unimodalität) und einer Orientierung an stabilen Gleichgewichtsphänomenen.

In der empirischen Pädagogik wird überwiegend kein Unterschied zwischen der Gaußschen Fehlertheorie bzw. der Methode der kleinsten Quadrate und ihren statistischen Analogien gemacht, ebenso wenig wie solche zwischen den theoretischen Annahmen und den ihnen korrespondierenden linearen statistischen Modellen. Im großen und ganzen ist die Identifikation und Anwendung eines statistischen Modells gleichbedeutend mit der Identifikation theoretischer Annahmen zur Dynamik der untersuchten Entitäten. Während in anderen Wissenschaften gewöhnlich zu einem theoretischen ein statistisches Modell entwickelt oder das geeignete statistische gewählt wird, verläßt man sich in der empirischen Pädagogik überwiegend darauf, daß vom statistischen Modell ein Weg zum theoretischen führt.

2.1.4.4.1 Lineare input-output-Systeme

Es genügt daher im folgenden, einen Blick auf diese Modelle und ihre Variationen zu werfen. Dazu ist es klassifikatorisch zweckmäßig, von der theoretischen Konzeption eines (linearen, finiten) input-output-Systems auszugehen, obwohl es in der empirischen Pädagogik noch nicht üblich ist, den mathematischen Systembegriff zu verwenden und obwohl es sich inzwischen bereits als unzweckmäßig erwiesen hat, input-output-Systemen zuviel Allgemeinheitsgrad zuzuschreiben. (In der Theorie linearer dynamischer Systeme bürgert es sich deshalb ein, Systeme als Trajektorienfamilien aufzufassen, was zwanglos den Übergang zu nichtlinearen Betrachtungen ermöglicht.).

Die Entwicklung der vergangenen 20 Jahre kann als Variation und Verfeinerung der Untersuchung solcher input-output-Systeme verstanden werden, was zugleich darauf verweist, daß eine Angleichung an den moderneren Systembegriff für die nähere Zukunft erwartet werden sollte (zumal dadurch evtl. eine breitere Beschäftigung mit der Kontrolltheorie stattfindet, die für technologische Fragen von größter Bedeutung ist).

In Rücksichtnahme auf den Grad der Unsicherheit im pädagogisch-theoretischen Wissen faßt man den Untersuchungsgegenstand bei der Modellierung als stochastisches System $\Lambda u = \underline{f}$ auf. Λ ist hierbei ein linearer Differentialoperator, u ein Zufallsresponse und $\underline{f}$ eine (möglicherweise zufällige) Anregung. Von hier ausgehend können input- und output-Zustände unterschieden werden sowie die Zeitmenge (diskret, kontinuierlich, nicht-zeitparametrisch), die Arten der input-Funktion, der initialen Systemzustände, der internen Systemzustände (ggf. abhängig von verteilten Parametern), der funktionellen Zustandsrelationen (z.B. hinsichtlich der Kausaleigenschaft), der funktionalen output-Relation und der Zustandsüberführungsfunktion.

Tab. 3: Modellierungen linearer stochastischer input-output-Systeme

	initiale und input - Zustände		
output-Zustand	JS	teils JS, teils NS	NS
intervallskaliert (JS)	lineares Regressionsmodell	Kovarianzmodell	allgemeines lineares Modell (varianzanalytisch)
nominalskaliert (NS)	logistisches Regressionsmodell	(je nach Bedingung) ------> <------	log-lineares Modell (Logit-analytisch)

Unter Verzicht auf explizite input-output-Unterscheidungen und damit auch für die Formulierung von Zustandsrelationen verwendbar, sind (im Falle der Intervallskaliertheit der Zustände) das Korrelationsmodell bzw. das log-lineare Modell (im Fall der Nominalskaliertheit die Kontingenztafelanalyse) angewandt worden.

Den Voraussetzungen des linearen Modells entsprechen dabei (vgl. Tab. 3) das lineare Regressions-, das varianzanalytische, das kovarianzanalytische und das Korrelationsmodell. Die Variation durch Verallgemeinerungen (Mischmodelle; Multivariatheit etc.) erstreckt sich ebenso auf die Anwendung des GLM (generalisierte lineare Modelle; vgl. Koch, 1988; Lindsey, 1989; zu dem GLM gehören auch (Tab. 3) die logistischen (Link-linearen) Regressionsmodelle, u.a. solche mit Nichtlinearität in den unbekannten Parametern). Rückblickend darf man sagen, daß die empirische Pädagogik in den vergangenen 20 Jahren lineare Systeme mit vielfachen Nuancierungen zur Modellierung eingesetzt hat. Ob Stochastisierung der input-Zustände oder der internen Zustände (vgl. latent trait-Modelle bzw. Strukturgleichungsmodelle), ob Parameterstabilität oder -dynamik usw., der hier angesprochene Zeitraum sah Versuche zur Ausschöpfung vieler Möglichkeiten, die die Theorie linearer Systeme bietet.

2.1.4.4.2 Dynamische Systeme und Prozeßmodellierung

Bei all diesen Modellierungen verfährt die empirische Pädagogik in der Regel jedoch so, daß sie lineare Modelle *nicht* als Approximationen für den nichtlinearen Fall versteht und input-output-Systeme daher auch nicht als unzureichend empfindet. Erst durch die Konzentration auf den Aspekt optimaler Approximation würde es jedoch ermöglicht, die jeweilige Modellkomplexität (im Sinne der Theorie der Berechenbarkeit) zu bestimmen, was direkt mit der Verbesserung von fitting-Verfahren im Hinblick auf die maximale zulässige Komplexität des gefitteten Modells zusammenhängt (Willems, 1987). In diesen Kontext gehört auch der Hang der empirischen Pädagogik, Gleichgewicht und stabile Phänomene zu unterstellen. Deshalb hat im Hinblick auf dynamische Prozesse die Annahme der Stationarität besondere Bedeutung, was zur Bevorzugung der Modellierung von Zeitreihen durch MA-, AR- und ARMA-Prozesse (vgl. Fahrmeir, Kaufmann & Ost, 1981; Box & Jenkins, 1976) führt.

Dabei wäre durchaus zu überlegen, ob man bei Zeitreihenanalysen nicht die parametrischen Modellierungen zugunsten von Kurvenschätzungen zurückdrängen sollte. Das System wird bei Kurvenschätzungen so aufgefaßt, als operiere es auf Zustandsmengen, wodurch in der Regel präziser als mit ARMA-Prozessen modelliert werden kann (Györfi, Härdle, Sarda & Vieu, 1989).

Jenseits von Zufallsvariablenverteilungen liegen noch andere stochastische Prozesse, die sich einer bevorzugten Verwendung in der empirischen Pädagogik erfreuen, allen voran Markoff-Modelle für einfache input-output-Abhängigkeit. Allerdings fehlt dabei meist die Einbeziehung von Strukturdynamik, etwa durch Verwendung der Chapman-Kolmogoroff-Differentialgleichung (die einen determinierten Liouville-Anteil, die Mastergleichung für Sprungphänomene und die Fokker-Planck-Gleichung enthält; vgl. Gardiner, 1985). Nicht explizit angesprochen wird zudem, daß der Operator Λ hier meist als lineare Funktion vom Itô-Typ verwendet wird, genauer: in Form eines (ggf. deterministischen) linearen Anteils plus einer Brownschen Fluktuation (eindimensionaler Fall), eines Wiener-Prozesses (zweidimensionaler Fall) oder einer Fokker-Planck-Verteilung (mehrdimensionaler Fall) (Cobb, 1981; Fahrmeir et al., 1981). Der Fluktuationsanteil wird dabei stets als weißes Rauschen aufgefaßt.

Technisch bietet der Itô-Kalkül (Cobb, 1981) oftmals den Vorteil, daß die Anwendung von Spline-Schätzungen (Boor, 1990) gerechtfertigt werden kann, was eine Zurücknahme von Regressionsmodellen bedingt. Nachteilig ist, daß der Itô-Ansatz zusammenbricht, wenn die Fluktuationen den Charakter glatter Sample-Pfade (vgl. Ghanem & Spanos, 1991) aufweisen (was natürlich eine wesentlich realistischere Annahme als das weiße Rauschen darstellt). Man benötigt dann stattdessen random operator-Gleichungen, deren Nutzung, da die empirische Pädagogik bislang wenig Interesse an der theoretisch bewußten Durchdringung ihrer Itô-artigen Ansätze gezeigt hat, als Alternative wohl nicht für die nächste Zukunft erwartet werden darf.

Eine starke Verwandtschaft besteht zwischen der oben erwähnten fehlertheoretischen Orientierung und der Behandlung der Transitionsfunktion des Systems als random walk (West, 1985). Nicht nur das lineare Modell läßt sich in die Theorie der random walks einbetten, sondern auch Diffusionsüberlegungen, was dann auf Systeme vom Navier-Stokes-Typ führt (Ghanem & Spanos, 1991).

Neuerdings hat sich in der empirischen Pädagogik im Rahmen der Betrachtung dynamischer Vorgänge die Notwendigkeit ergeben, statt der exakten Erfüllung von Grenzwerttheoremen nach Approximationen zu suchen. Nach der vielfachen Verwendung von Poisson-Prozessen für andere Zwecke kann man jetzt eine Tendenz ausmachen, die Approximationen im Rahmen der Poisson-Klumpen-Heuristik (Aldous, 1989) zu finden. Diese Heuristik scheint für die nähere Zukunft vielversprechend, insbesondere weil sie für die Stabilitätsuntersuchung von Itô-Gleichungen geeignet ist und mit topologisch gemessenen Zustandsvariablen in Zusammenhang gebracht werden kann. Es bleibt abzuwarten, ob die empirische Pädagogik diesen Schritt ins "Qualitative" vollzieht.

Ohne Zweifel hat sich die empirische Pädagogik in den vergangenen 20 Jahren mit der linearen Modellklasse einer interessanten, robusten und leistungsfähigen Klasse von Modellierungen zugewandt. Schade, daß mit dem abgeschwächten Interesse an metatheoretischen und methodologischen Durchdringungen bislang nur wenig über die Spezifität ihres Anwendungsbereiches bekannt geworden ist. Sowohl einige Interpretationen des Wahrscheinlichkeitsbegriffs als auch Analysen einer Einbettung linearer Systeme in allgemeinere Modellklassen könnten dazu beitragen, Art und Zielrichtung pädagogischer Theorien genauer zu durchleuchten, die Aufdeckung von Mängeln vorzubereiten oder Richtungen anzugeben, in denen nach Modifikationsmöglichkeiten für Theorien zu suchen wäre. Ohne Wahrscheinlichkeitskinematik ist die empirische Pädagogik zudem methodologisch mit ihrem nunmehr weitgehend akzeptierten induktivistischen Rationale auf einer Langsamfahrstrecke, wenn nicht sogar auf einem Abstellgleis. Es ist darüber hinaus nicht zu erwarten, daß sich der Weg von den Daten zur Theorie als der erfolgverspechendste herausstellen wird. Dazu sind die logischen Barrieren, die dem entgegenstehen, zu groß. Doch besitzt die empirische Pädagogik mit der von ihr angewandten Modellklasse immerhin inzwischen ein etabliertes theoretisches Fundament, das die Möglichkeit bietet, "theoretische" Arbeit nicht mehr nur philosophisch argumentierenden Pädagogen überlassen zu müssen. Wenn dann in Zukunft ernstgenommen wird, daß nicht diese Pädagogen für Konkurrenz und Herausforderung sorgen, sondern daß der Griff nach dem pädagogischen Gegenstand von ganz anderer Seite und mit ganz anderen als den linearen Mitteln durch Biologen, Gentechniker, Informatiker, Physiker, Kognitionstechniker (Stichwort: neuronale Netze) erfolgt, sollte das bisher in der empirischen Pädagogik Erreichte keine schlechte Startposition für die Auseinandersetzung mit ihnen bieten.

2.1.5 Literatur

Achtenhagen, F. & Heymann, H. W. (1975). Statistik im Studium der Erziehungswissenschaft. Zeitschrift für Pädagogik, 21, 223-238.

Aldous, D. (1989). Probability approximations via the poisson clumping heuristic. New York: Springer.

Arbeitsgruppe Methodenausbildung. (1976). Empfehlung der "Arbeitsgemeinschaft für empirische pädagogische Forschung" (AEPF) zur empirisch-methodischen Ausbildung von Hauptfachpädagogen. Bildung und Erziehung, 29, 313-332.

Bahnmüller, R., Rauschenbach, T., Trede, W. & Bendele, U. (1988). Diplom-Pädagogen auf dem Arbeitsmarkt. Ausbildung, Beschäftigung und Arbeitslosigkeit in einem Beruf im Wandel. Weinheim: Juventa.

Bauer, H. (1978). Wahrscheinlichkeitstheorie und Grundzüge der Maßtheorie (3. Aufl.). Berlin: de Gruyter.

Baumert, J. & Roeder, P. M. (1990a). Expansion und Wandel der Pädagogik. Zur Institutionalisierung einer Referenzdisziplin. In L. M. Alisch, J. Baumert & K. Beck (Hrsg.), Professionswissen und Professionalisierung. Braunschweiger Studien zur Erziehungs- und Sozialarbeitswissenschaft. Bd. 28 (S.79-128). Braunschweig:

Baumert, J. & Roeder, P. M. (1990b). Forschungsproduktivität und ihre institutionellen Bedingungen - Alltag erziehungswissenschaftlicher Forschung. Zeitschrift für Pädagogik, 36, 73-97.

Baumert, J. & Roeder, P. M. (1990c). Zur personellen Situation in der Erziehungswissenschaft an den wissenschaftlichen Hochschulen der Bundesrepublik Deutschland. Erziehungswissenschaft, 1 (1), 7-43.

Boor, C. de (1990). Splinefunktionen. Basel: Birkhäuser.

Box, G. E. P. & Jenkins, G. M. (1976). Time series analysis. Forecasting and control (rev. ed.). San Francisco: Holden-Day.

Bundesarbeitsgemeinschaft der Diplom-Pädagogen. (Hrsg.). (1988). Ausbildungssituation im Diplomstudiengang Erziehungswissenschaft. Eine Dokumentation der Studiengangsprofile bundesdeutscher Hochschulen. (Bearbeitet von A. Knierim & W. Trede). Essen: Bundesarbeitsgemeinschaft der Diplom-Pädagogen.

Busch, D. W. (1976). Einige Überlegungen zu Stellenwert, Zielen und didaktischer Konzeption einer berufsfeldbezogenen sozialwissenschaftlichen Methodenausbildung für Diplom-Pädagogen. Bildung und Erziehung, 29, 257-269.

Carnap, R. & Jeffrey, R. C. (Eds.). (1971). Studies in inductive logic and probability. Vol. I. Berkeley: University.

Clauss, G. & Ebner, H. (1970). Grundlagen der Statistik. Frankfurt: Deutsch.

Cobb, L. (1981). Stochastic differential equations for the social sciences. In L. Cobb & R. M. Thrall (Eds.), Mathematical frontiers of the social and policy sciences. Boulder: Gordon & Breach.

Deutsche Gesellschaft für Erziehungswissenschaft. (Hrsg.). (1968). Das Kernstudium Erziehungswissenschaft. Weinheim: Beltz.

Domotor, Z. (1980). Probability kinematics and representation of belief change. Philosophy of Science, 47, 384-403.

Fahrmeir, L., Kaufmann, H. & Ost, F. (1981). Stochastische Prozesse. München: Hanser.

Fillbrandt, H. (1975). Zusammenfassender inhaltlicher Bericht über die Haupttagung der AEPF in Kiel/IPN, 20.-21.9.1974. In Deutsche Gesellschaft für Erziehungswissenschaft, Sektion: Arbeitsgruppe für empirische pädagogische Forschung (AEPF) (Hrsg.), Empirisch-methodische Ausbildung von Hauptfachpädagogen. Bericht über die 20. Tagung der AEPF in Kiel vom 20.-21.9.1974 (S.108-118). Kiel.

Finetti, B. de (1981). Wahrscheinlichkeitstheorie. Wien: Oldenbourg.

Fisch, R. & Daniels, H. D. (1982). Research and publication trends in experimental social psychology: 1971-1980. A thematic analysis of The Journal of Experimental Social Psychology, the European Journal of Social Psychology, and the Zeitschrift für Sozialpsychologie. European Journal of Social Psychology, 12, 395-412.

Fraassen, B. C. v. (1980). Rational belief and probability kinematics. Philosophy of Science, 47, 165-187.

Friedrichs, J. (1973). Methoden empirischer Sozialforschung. Reinbek: rororo.

Galavotti, M. C. (1980). Propensity and explanation of action. Quality and Quantity, 14, 767-785.

Gardiner, C. W. (1985). Handbook of stochastic methods (2nd ed.). Berlin: Springer-Verlag.

Gentle, J. E. (1986). STAT/PC-Library: A FORTRAN subroutine library for statistical applications. In W. Lehmacher & A. Hörmann (Hrsg.), Statistik-Software. 3. Konferenz über wissenschaftliche Anwendung von Statistik-Software, 1985 (S.353-359). Stuttgart: Fischer.

Ghanem, R. G. & Spanos, P. D. (1991). Stochastic finite elements: A spectral approach. New York: Springer.

Glass, G. V. & Stanley, J. C. (1970). Statistical Methods in Education and Psychology. New Jersey: Englewood Cliffs.

Glück, G. (1976). Plädoyer für ein Situationsgebundenes Lernen empirischer Methoden im Pädagogikstudium. Bildung und Erziehung, 29, 302-312.

Gross, E. (1969). Die Integration der empirischen pädagogischen Forschung in den Studiengang. In H. Stock (Hrsg.), Hochschuldidaktik. Zeitschrift für Pädagogik, (Suppl. 8) (S.161-172). Weinheim: Beltz.

Györfi, L., Härdle, W., Sarda, P. & Vieu, P. (1989). Nonparametric curve estimation from time series. Berlin: Springer-Verlag.

Hajek, G., Henning, U. & Roeder, P. M. (1968). Empirischer Lehrgang im Rahmen eines Kernstudiums. In Deutsche Gesellschaft für Erziehungswissenschaft (Hrsg.), Das Kernstudium Erziehungswissenschaft (S.54-58). Weinheim: Beltz.

Heitbrede, V. (1986). Identifikation einer Disziplin. Stand und Entwicklung der westdeutschen Soziologielehre 1975-1985. Soziale Welt, 37, 107-142.

Jeffrey, R. C. (1967). Logik der Entscheidungen. Wien: Oldenbourg.

Kerlinger, F. N. (1973). Foundations of Behavioral Research. New York: Holt, Rinehart and Winston.

Klima, R. (1979). Die Entwicklung der soziologischen Lehre an den westdeutschen Universitäten 1950-1975. Eine Analyse der Vorlesungsverzeichnisse. In G. Lüschen (Hrsg.), Deutsche Soziologie seit 1945. Entwicklungsrichtungen und Praxisbezug (S.221-256). Kölner Zeitschrift für Soziologie und Sozialpsychologie (Sonderheft). Opladen: Westdeutscher Verlag.

Koch, K. R. (1988). Parameter estimation and hypothesis testing in linear models. Berlin: Springer-Verlag.

Krumm, V. (1976). Zur Entstehung und zum Thema dieses Heftes. Bildung und Erziehung, 29, 253-256.

Langenbach, U., Leube, K. & Münchmeier, R. (1974). Die Ausbildungssituation im Fach Erziehungswissenschaft. Eine Erhebung an den Hochschulen der Bundesrepublik im Wintersemester 1972/73. Zeitschrift für Pädagogik, (Suppl. 12). Weinheim: Beltz.

Lindsey, J. K. (1989). The analysis of categorical data using GLIM. Berlin: Springer-Verlag.

Macke, G. (1989a). Rekonstruktion von Wissenschaftsentwicklung. Analyse der methodischen Grundorientierung erziehungswissenschaftlicher Qualifikationsarbeiten. In W. Bos & C. Tarnai (Hrsg.), Angewandte Inhaltsanalyse in Empirischer Pädagogik und Psychologie (S.86-101). Münster: Waxmann.

Macke, G. (1989b). Thematische und methodische Entwicklungen im Fach Erziehungswissenschaft. Analysen zu einigen Aspekten des Formierungsprozesses einer Disziplin (Forschungsbericht an die Deutsche Forschungsgemeinschaft). Freiburg: Albert-Ludwigs-Universität, Lehrstuhl Erziehungswissenschaft 1.

Macke, G. (1990). Disziplinformierung als Differenzierung und Spezialisierung. Entwicklung der Erziehungswissenschaft unter dem Aspekt der Ausbildung und Differenzierung von Teildisziplinen. Zeitschrift für Pädagogik, 36, 51-72.

Mayntz, R., Holm, K. & Hübner, P. (1971). Einführung in die Methoden der empirischen Soziologie. Opladen: Westdeutscher Verlag.

Nie, N. H., Hull, C. H., Jenkins, J. G., Steinbrenner, K. & Bent, D. H. (1975). SPSS. Statistical Package for the Social Sciences (2nd ed.). New York: McGraw-Hill.

Petzold, M. (1983). Thementrends in der Zeitschrift "Psychologie in Erziehung und Unterricht". Eine quantitative Inhaltsanalyse der Jahrgänge 1973-1982. Psychologie in Erziehung und Unterricht, 30, 1-6.

Plato, J. v. (1982). The significance of the ergodic decomposition of stationary measures for the interpretation of probability. Synthese, 53, 419-432.

Popper, K. R. (1959). The propensity interpretation of probability. The British Journal for the Philosophy of Science, 19, 25-42.

Rahmenordnung für die Diplomprüfung in Erziehungswissenschaft. (1969). Beschluß der Kultusministerkonferenz vom 20.3.1969. Zeitschrift für Pädagogik, 15, 209-222.

Rahmenordnung für die Diplomprüfung im Studiengang Erziehungswissenschaft. (1981). Beschluß der Kultusministerkonferenz vom 22.5.1981.

Rényi, A. (1977). Wahrscheinlichkeitsrechnung (5. Aufl.). Berlin: Deutscher Verlag der Wissenschaften.

Scheerer, H. (1977). Die Ausbildung in empirischen Methoden im Studium der Erziehungswissenschaft. Ein Überblick über neuere Lehrbücher zur Planung und Auswertung von Untersuchungen. Zeitschrift für Pädagogik, 23, 785-806.

Schmitz, P. G. (1979). Trends in der entwicklungspsychologischen Forschung: Analyse der Psychological Abstracts 1963-1976 unter besonderer Berücksichtigung der Jahrgänge 1965, 1970 und 1975. Zeitschrift für Entwicklungspsychologie und Pädagogische Psychologie, 11, 16-30.

Straka, G. A. (1976). Aufbau der Empirieausbildung für Studenten der Abschlüsse Diplom, Magister oder Staatsexamen Pädagogik. Bildung und Erziehung, 29, 289-296.

Thonhauser, J. (1990). Der Professionalisierung entgegen? Ergebnisse einer Delphi-Studie über Basisqualifikationen der Erziehungswissenschaft. In L. M. Alisch, J. Baumert & K. Beck (Hrsg.), Professionswissen und Professionalisierung. Braunschweiger Studien zur Erziehungs- und Sozialarbeitswissenschaft. Bd. 28 (S.129-149). Braunschweig: Technische Universität.

Wagner-Winterhager, L. (1990). Neuere Entwicklungen in den wissenschaftlichen Diplomstudiengängen Erziehungswissenschaft/Pädagogik. Erziehungswissenschaft, 1 (1), 44-66.

Weiss, W. W. (1975). Zur Ausbildungssituation der Diplom-Pädagogen. Eine Erhebung im Wintersemester 1974/75. Zeitschrift für Pädagogik, 21, 547-562.

West, B. J. (1985). An essay on the importance of being nonlinear. Berlin: Springer-Verlag.

Willems, J. C. (1987). From time series to linear system. Part III. Approximate modelling. Automatica, 23, 87-115.

Wolf, W. (1974). Statistik. Eine Einführung für Sozialwissenschaftler. Bd. 1. Weinheim: Beltz.

Wolf, W. (1976). Entwurf eines Empirie- und Statistikcurriculums für Hauptfachstudenten im Fach Erziehungswissenschaft. Bildung und Erziehung, 29, 278-288.

2.2

PÄDAGOGISCHE DIAGNOSTIK

Reinhold S. Jäger (Moderator), Rolf Kühn, Holger Probst und Ulrich Raatz

2.2.1 Themen, Diskussionen und Trends (Reinhold S. Jäger)

2.2.1.1 Ausgangspunkt

Ingenkamp (1988, S. 423) hat die Pädagogische Diagnostik wie folgt umschrieben: "Pädagogische Diagnostik umfaßt alle diagnostischen Tätigkeiten, durch die bei einzelnen Lernenden und den in einer Gruppe Lernenden Voraussetzungen und Bedingungen planmäßiger Lehr- und Lernprozesse ermittelt, Lernprozesse analysiert und Lernergebnisse festgestellt werden, um individuelles Lernen zu optimieren".

Diese Definition stellt hinreichend klar, worin Unterschiede zur Psychologischen Diagnostik existieren. Denn Psychologische Diagnostik dient sowohl der"... Gewinnung psychologisch relevanter Charakteristika von Merkmalsträgern als auch der Integration gegebener Daten zu einem Urteil" (Jäger, 1988, S. 1).

Und doch besteht weiterhin die Warnung Ingenkamps (1989a, S. 38f), wenn man die nachfolgende Bestandsaufnahme der letzten 20 Jahre analysiert: "Pädagogische Diagnostik muß ihren eigenen Weg finden, einerseits wieder mehr Distanz zur Psychodiagnostik gewinnen und andererseits die Pädagogik vom Wert einer wissenschaftlich konzipierten Diagnostik überzeugen. Dies ist eine sehr drängende Aufgabe, denn die technische Entwicklung überrollt uns mit Problemen, die wir nur lösen können, wenn wir ihnen eine Konzeption entgegenstellen können . Die Pädagogische Diagnostik darf hier nicht auch wieder nur Techniken und Instrumente übernehmen, sondern sie muß die neuen Möglichkeiten in pädagogische Aufgabenstellungen integrieren". Mit diesem Hintergrund versehen (vgl. Ingenkamp, 1990) trifft nicht zu, was Klauer (1978, XIII) konstatierte: " Die Pädagogische Diagnostik ist aus der Psychologischen Diagnostik herausgewachsen".

2.2.1.2 Themen der Pädagogischen Diagnostik

Pädagogische Diagnostik wird zwar meist - in ähnlicher Weise wie die Psychologische Diagnostik - in der allgemeinen wie Fachöffentlichkeit mit der Testdiagnostik in engen Zusammenhang gebracht, doch zeigt die Analyse der tatsächlichen Situation (vgl. Ingenkamp, 1975, 1985, 1989a,b; Klauer, 1978; ZPID, 1991), daß das Methodenspektrum in der Realität der Schule und in der empirisch orientierten Forschung wesentlich weiter gefaßt ist, als es entsprechende Assoziationen nahelegen.

Zu diesem Methodenspektrum gehören Versuche - um nur einige Aspekte anzusprechen -, emotionales Verhalten von Schülern (vgl. Gärtner-Harnach, 1972) und Lehrern ebenso zu erfassen wie die Schulumwelt (Wolf & Saldern, 1989), die Vergangenheit im Sinne von Biographie (Jäger, 1985) oder die Situation im pädagogischen Kontext (vgl. Petermann, 1985).

Der Grund für eine einseitige Wahrnehmung von Diagnostik mag vielleicht darin liegen, daß die Entwicklung der Pädagogischen Diagnostik nach dem 2. Weltkrieg durch Re-Education-Programme der US-Regierung gefördert wurde (Marsolek, 1978) und diese wiederum den Testgedanken in der im amerikanischen Bildungswesen vorgezeichneten Weise zu übertragen versuchten.

Gleichwohl ist in den Entwicklungen der ersten 15 Jahre nach dem 2. Weltkrieg in Deutschland festzustellen, daß an eine durchaus bestehende Tradition Pädagogischer Diagnostik in Deutschland nicht angeknüpft wurde (Ingenkamp, 1990; Laux, 1990) und zugleich die auch von der US-Regierung geförderten Testentwicklungen ohne große Resonanz blieben (Marsolek, 1978).

Eine Wende ist ab dem Zeitpunkt zu verzeichnen, ab dem die Hochschule für Internationale Pädagogische Forschung (Frankfurt a.M.; heute: Deutsches Institut für Internationale Pädagogische Forschung) begann, Testentwicklungen und Testadaptationen voranzutreiben, die so entstandenen Testverfahren über das Institut zu verkaufen, bis sie 1965 der von Ingenkamp ein Jahr zuvor gegründeten Reihe "Deutsche Schultests" als zweiter Herausgeber beitrat. Diese Reihe weist heute unter der Herausgeberschaft von Ingenkamp einen stattlichen Umfang auf (Handbuch Schultests, 1990) und enthält nicht nur Testverfahren, sondern ebenso Fragebogen und Beobachtungsinstrumente. Sie ist zugleich ein guter Indikator für die im deutschsprachigen Raum insgesamt von Verlagen angebotenen Verfahren der Pädagogischen Diagnostik (s. Tab. 1):

Die Entwicklung der Testverfahren in der Pädagogischen Diagnostik ist im Beitrag von Kühn (Kap. 2.2.2) nachgezeichnet, Begründungen für bestimmte Trends finden sich dort ebenso wie in den Beiträgen von Raatz (Kap. 2.2.3) und Probst (Kap. 2.2.4).

Die Kritik an Testverfahren hat sich häufig unter anderem darin verfestigt (s. Kap. 2.2.3, aber auch Frenz, Krüger & Tröger, 1973), daß ihnen gegenüber eingewendet wurde, sie favorisierten selektive Entscheidungen. Dabei wurde außer acht gelassen, daß Testverfahren unter einer Vielzahl von Strategien eingesetzt werden können, wobei die Personenselektion eine dieser darstellt (Jäger, 1982).

In gleicher Weise wurde vorgehalten, daß die Testverfahren einseitig an der Zielsetzung "Statusdiagnostik" orientiert seien (stellvertretend zu dieser Diskussion: Mandl, 1978). In einer zusammenfassenden Analyse der Randbedingungen der Pädagogischen Diagnostik stellt hierzu Jäger (1982, S. 142) fest, ... "daß eine *einseitige Orientierung* an bestimmten Strategien und/oder Zielsetzungen .... *nicht den verschiedensten Fragestellungen innerhalb der Disziplin gerecht wird.* Allein der Vorgang, die Richtigkeit einer Vorgehensweise aus der Gegenposition zur bisherigen Tradition ableiten zu wollen, erscheint suspekt. Daher haben wir versucht, einige Voraussetzungen von Strategien und Zielsetzungen abzuleiten und darzustellen, die sich aus Fragestellungen ergeben" (Hervorhebung d. Verf.).

Tab. 1: Übersicht über die Verfahren der Reihe "Deutsche Schultests"

Einsatzbereich	Anzahl
Einschulung	
Beurteilungen im Kindergartenalter	2
Einschulung (i.e.S.)	9
Sprachentwicklung	2
Grundschule	
Allgemeine Leistungsfähigkeit	10
Lesefertigkeiten	5
Rechtschreibfähigkeiten	7
Rechenfähigkeiten	8
Übergang von Primar- zu Sekundarschule	
Allgemeine Testverfahren	11
Spezielle Testverfahren	9
Allgemeine Lernbehinderung	7
Konzentrationsfähigkeit	2
Sozialverhalten, Angst, Motivation, Erfolg, Einstellungen zur Schule	9
Berufsfindung	
Allg. und spez. Schulleistungen	6
Fähigkeiten	5
Interessen	2

Quelle: Handbuch Schultests (1990)

Trotz der angedeuteten Gegenposition gegenüber Testverfahren und den insbesondere im Forschungskontext häufig eingesetzten Nicht-Testverfahren, ist dennoch festzuhalten, daß entsprechende Überblicksdarstellungen die Darstellung von Testverfahren favorisieren (vgl. Heller, 1984; Henze & Nauck, 1985; Ingenkamp, 1985, 1989b; Klauer, 1982a, b; Schwarz, 1983; Schwarzer, 1979; Spada & Reimann, 1982; Süllwold, 1983; sowie die Jahrbuchreihe "Tests und Trends. Jahrbuch der Pädagogischen Diagnostik", die seit 1981 erscheint). Die Begründung für diese Stellung ist nicht allein darin zusehen, daß Testverfahren den wissenschaftlichen Objektivitätsbegriff, wie er insbesondere in der Klassischen Testtheorie favorisiert wird (vgl. Kap. 2.2.3), am ehesten verwirklichen, sondern für eine Transparenz und Kontrolle im demokratischen Sinne (vgl. Jäger, 1991) die notwendigen Voraussetzungen schaffen (Ingenkamp & Schreiber, 1989; Schreiber, 1991). Allerdings hat dieser Gedanke bislang weder in der Kultusbürokratie überzeugen noch sich in der Schulwirklichkeit festsetzen können (Ingenkamp, 1991).

In den weiteren Abschnitten dieses Teilkapitels wird an Hand ausgewählter Beispiele der Trend in der Pädagogischen Diagnostik in den Jahren 1970-1990 dargestellt. Die Skizzierungen orientieren sich dabei sowohl an den Fragen des Übergangs (s. 2.2.1.2.2 und 2.2.1.2.2) als auch denen der Leistungsbeurteilung in der Schule (Kap. 2.2.1.2.3) sowie der Hochbegabung (Kap. 2.2.1.2.4); letztere haben in den letzten Jahren an Bedeutung gewonnen. Den Abschluß bilden Überlegungen zur Zukunft der Pädagogischen Diagnostik (Kap. 2.2.1.2.5).

2.2.1.2.1 Diagnostik beim Übergang vom Elementar- zum Primarbereich

Versucht man bedeutende Entwicklungspunkte jenseits der familialen Erziehung ausfindig zu machen, so stößt man unweigerlich auf den Schuleintritt als eine bedeutsame Schnittstelle im Übergang von mehr familialer zu schulischer Erziehung. Ihm kommt schon deshalb eine bedeutende Rolle zu, weil eine staatliche Regelung existiert, die einen verbindlichen Schulbesuch in Jahrgangsklassen verlangt. Mit den Kriterien "Lebensalter" und "körperlicher Entwicklungsstand" werden dabei die entsprechenden Auswahlmerkmale beschrieben.

Eine Verfestigung des Kriteriums "körperlicher Entwicklungsstand" erfolgte insbesondere in der monothematischen Schulreifekonzeption von Kern (1957), die in die Entwicklung des Grundleistungstests (GLT) einmündete. Als wesentliches Kriterium der Schulreife definierte hierbei Kern die Gliederungsfähigkeit (vgl. Kap. 2.2.3), die er als Indikator für die sich nach einer inneren Gesetzmäßigkeit synchron herausbildenden körperlichen, geistigen und sozialen Reife ansah. Eine sich auf dieser Basis etablierende Schuleingangsdiagnostik versuchte herauszufinden, ob die angemeldeten Schüler die nötige Reife aufwiesen. Die als schulunreif angesehenen Schüler wurden ohne weitere pädagogische Förderung (zur Nachreifung) zurückgestellt.

In einer Untersuchung von Kemmler & Heckhausen (1962) konnte diese eindimensionale Schulreifekonzeption widerlegt werden. Gleichwohl war durch den GLT eine Schulreifepraxis mit psychologischer Basis fundiert, die einzelne Länderregierungen darüber hinaus noch gesetzlich festgeschrieben haben.

War noch Anfang der 70er Jahre eine expansive Phase der Schuleingangsdiagnostik festzustellen (Mandl, 1970), so wandelte sich danach die öffentliche und administrative Meinung. Hierfür können hauptsächlich die nachfolgenden Tendenzen verantwortlich gemacht werden:

- das Aufweichen staatlicher Festschreibungen (Rüdiger, Kormann & Peez, 1976), das zu einem Zurückdrängen von Schuleingangstests als Entscheidungskriterium führte und damit die Bemühungen der Pädiatrie förderte, im Rahmen der von den Krankenkassen finanzierten ärztlichen Untersuchungen bei Kleinkindern und Kindern eher somatisch orientierte Förderprogramme zu etablieren;

- die Kritik an den Schulreifetests (Krapp & Mandl, 1971, 1977; Mandl & Krapp, 1978), die den Gedanken der Förderung in den Vordergrund stellte, ohne je eigene Realisierungen vorzulegen;
- die zunehmende Ausdifferenzierung des Schulreifemodells, die letztlich in ein eher ökologisches Modell einmündete (Koob, 1981; Nickel, 1982, 1984, 1988, 1990), ohne selbst einen praktikablen Vorschlag zu unterbreiten, sowie
- die Zunahme der Diskrepanzen zwischen theoretischen Vorgaben einerseits und konkreten Umsetzungen in entsprechenden diagnostischen Instrumenten andererseits. Seit Mitte der 70er Jahre sind wohl mit diesem Hintergrund nur zwei Verfahren neu auf den Markt gekommen (Jäger, Beetz, Erler & Walther, 1991; Fröse, Mölders & Wallrodt, 1986).

Gemessen an der Bedeutung der Schuleingangsdiagnostik zu Beginn der siebziger Jahre, hat diese Art der Diagnostik im Verlauf von 20 Jahren in einem sehr großen Ausmaß an Bedeutung verloren. Dieser Verlust betrifft die Anzahl der überhaupt noch getesteten Schulanfänger ebenso wie das Ansehen, das der Diagnostik in der öffentlichen fachlichen wie allgemeinen Diskussion um Übergang und Selektion weiterhin zukommt.

Zwar konnte der bereits in der Schuleingangsdiagnostik in der Fachdiskussion geforderte förderdiagnostische Ansatz eine Bedeutung in der Diskussion erlangen, da sich eine größere Anzahl von Veröffentlichungen auf die Sonderpädagogik (Bundschuh, 1980; Eggert, 1989; Kleber, 1973, 1978; Kornmann, 1980, 1982; Tent & Waldow, 1984; Wohlfahrt, 1985) konzentrierte (vgl. Kornmann, Meister & Schlee, 1983; Kornmann, 1985), doch wurde zum einen die grundsätzliche Position der Förderdiagnostik und ihre Realisierung in Frage gestellt (s. Kolt & Rother, 1984; Schlee, 1985 a,b,c; 1988). Die ersten diagnostischen Fundierungen wurden aber zeitlich besehen spät nach der Ausgangsdikussion erreicht (s. Kap. 2.2.4; außerdem: Kornmann, 1990; Kornmann & Schäffler, 1988), indem diese Art von Diagnostik sich auf die Erfassung der individuellen Lernvoraussetzungen und Niveaustufen konzentrierte, um so adaptiv die Bedingungen zu diagnostizieren, die Hinweise für entsprechende didaktische Zugänge liefern sollen.

2.2.1.2.2 Diagnostik im Dienste der Laufbahnentscheidung, Förderung und Prognose

Pädagogische Diagnostik steht von jeher in dem Bemühen, unter anderem Aussagen über die Leistungsfähigkeit von Schülern zu liefern und die somit getroffenen Diagnosen prognostisch zu nutzen (vgl. Ingenkamp, 1989a,b; Krapp, 1979, 1984, 1986; Spada & Reinmann, 1982). Dabei besteht aber das Problem, angesichts der vergleichsweise geringen Reliabilität und Validität einzelner Prädiktoren, eine Optimierung der Prognose zu erreichen.

Analysiert man die Bemühungen der Pädagogischen Diagnostik jenseits des Schuleintritts, so standen innerhalb des Zeitraumes 1970 bis 1990 im wesentlichen folgende Hauptfragestellungen im Zentrum der Forschung:

- Welche Prognose stellt sich aufgrund der Entwicklung eines Schülers in der Primarstufe hinsichtlich der weiteren Schulaufbahnentwicklung, insbesondere mit Blick auf den Real- und Gymnasialschulbesuch?
- Welche Teilleistungsschwächen sind gegeben und, welche Förderungsmaßnahmen sind angezeigt?
- Ist auf der Basis der gegebenen Leistungsfähigkeit eines Schülers eine Sonderschulbedürftigkeit gegeben?

Alle drei Fragestellungen sind nicht vollständig unabhängig voneinander, und in struktureller Hinsicht ist kein Unterschied gegeben. Es handelt sich nämlich bei Diagnosen und Prognosen im Prinzip um das gleiche Vorgehen (Westmeyer, 1972). Der Unterschied ist lediglich durch den Zeitparameter vorgegeben.

Bei der ersten Frage nach den diagnostischen/prognostischen Aspekten der Schullaufbahnentwicklung wurde eine Reihe unterschiedlicher Bemühungen unternommen:

- Zum einen ging es dabei um Fragen des diagnostischen und prognostischen Modells sowie des Einbezugs von diagnostischen Strategien. Neben grundsätzlichen Erörterungen von Aufgaben, Formen und Aufgabenstellungen von Prognosen und Diagnosen (vgl. Krapp, 1979, 1984, 1986) wurde eine Strategiediskussion geführt, die zum einen Entlehnungen aus der Psychologischen Diagnostik vornahm (vgl. Krapp, 1979; Pawlik, 1976; Jäger, 1982), aber auch das pädagogische Moment in den Vordergrund rückte, indem hinterfragt wurde, ob eine Favorisierung insbesondere der Selektionsstrategie zu einer pädagogischen Verarmung führe. Beispiele hierfür sind Diskussionen um die Förderdiagnostik (Kornmann et al., 1983, Kornmann, 1985) ebenso wie um die kriteriumsorientierte Diagnostik (Klauer, 1987, 1988; Klauer & Feger, 1985; Klauer, Fricke, Herbig, Rupprecht & Schott, 1972, 1977; Neeb, 1983; Schott, 1983, 1988; Wieberg, 1983). Hier schließt sich in der Konsequenz der Gedankengang an, der bereits im Kontext der pädagogischen Testverfahren (s.o.) zur einseitigen Favorisierung bestimmter Strategien und Zielsetzungen geäußert wurde.
- Zum anderen wurden implizit wie explizit die Progosemodelle diskutiert. Dieser Gegenstandsbereich betrifft im wesentlichen zwei Aspekte: (a) das inhaltliche, pädagogische Modell und (b) das statistische Modell. Mit den Begriffen inhaltliches, pädagogisches Modell wird die Vorstellung verbunden, daß Forscher vor der statistischen Überprüfung ein Rahmenmodell explizieren, das alle Variablen und Faktoren enthält, die sie zur Prognose anwenden, und daß sie zugleich darlegen, unter welchen (statistischen) Bedingungen das Modell akzeptiert werden kann.

Ein solcher Anspruch kann schon aufgrund des fehlenden Wissens nicht konsequent eingehalten werden. Gleichwohl gibt es Ansätze, die in die angedeutete

Richtung gehen. Zwei in inhaltlich unterschiedlichen Kontexten angesiedelte Beispiele sollen den Trend andeuten:

- Löschenkohl (1975) legte eine Untersuchung über den prognostischen Wert von Schulreifetests ebenso vor wie Krapp & Mandl (1971). Erst Koob (1981) bzw. Nickel (1982, 1984, 1988, 1990) vervollständigten die theoretischen Positionen, ohne daß letztere eine empirische Untersuchung zur Gültigkeit des theoretischen Modells vorlegen konnten.
- Kühn (1983) führte eine empirische Untersuchung zur Thematik "Bedingungen von Schulerfolg" durch, und Langfeld & Fingerhut (1984) stellen empirische Untersuchungen zur Aufklärung des Konstrukts "Schulleistung" zusammen.

Die zwei Andeutungen repräsentieren zugleich einen weiteren Trend: Empirische Untersuchungen dieser Art waren zu Beginn des Berichtszeitraums häufiger anzutreffen, wogegen in der zweiten Dekade eher theoretische Vorstellungen dargestellt wurden bzw. eine Aufarbeitung von bereits vorhandenen Daten erfolgte. Die Begründung für den Rückgang der empirisch-hypothesentestenden Studien ist allein dem Umstand zuzuweisen, daß die administrativen Restriktionen zur Durchführung von empirischen Untersuchungen in Deutschlands Schulen zu hohen Hürden führten; zugleich war zum Ende der ersten Dekade durch den Daten- und Persönlichkeitsschutz eine Bedingung vorgegeben, wodurch Schul- und Bildungsadministration Untersuchungen dieser Art nahezu zum Stillstand gebracht haben (Avenarius, Ingenkamp & Otto, 1980; Ingenkamp, 1980).

Der zweite Aspekt, der oben mit dem Begriff statistisches Modell gekennzeichnet worden war, betrifft Fragen wie:

- Wird ein linearer Ansatz (vgl. Kühn, 1983) zugrundegelegt, oder werden nicht-lineare Beziehungen angenommen (s. Kühn, 1985)?
- Ist das Modell darauf ausgelegt, auf der Basis von Korrelationen, Pfadanalysen oder Faktorenanalysen einen Beitrag zu Aufklärung von Konstrukten zu leisten (vgl. Gigerenzer & Strube, 1978; Steffens, 1982)?
- Wird ein Modell genutzt, um Prognosen zu realisieren, und wie gut sind die Prognosen (Heller, Rosemann & Steffens, 1978; Kemmler, 1976; Rosemann, 1982)?

Ist einerseits der Trend festzustellen, daß zunehmend komplexere Modelle rezipiert und in empirische Untersuchungen eingebracht werden, so ist andererseits doch festzuhalten, daß insbesondere die Validierung von Testverfahren geradezu unter dem Mangel an Komplexität des inhaltlichen und statistischen Modells leidet (s. Kühn, 1987).

Die Frage nach der Prognose für weiterführende Schulen stellt sich zugleich in der zweiten Dekade nicht mehr in der gleichen Bedeutung wie in der ersten Dekade. Hierfür sind ausschließlich bildungspolitische Entscheidungen verantwortlich: Der Elternwille wird mehr und mehr das alleinige Kriterium der Entscheidung, welche Schule ein Schüler im Anschluß an die Grundschule besuchen soll.

Hinsichtlich der zweiten Fragestellung konzentrierte man sich von Beginn an auf die sogenannte Legasthenie. Hierbei erreichte die Diagnostik einen Höhepunkt durch Art und Umfang der eingesetzten Intelligenz-, Lese- und Rechtschreibtests, um mit deren Hilfe eine Aussagen über Defizite des jeweiligen Schülers festzustellen. Die Verkaufszahlen (s. Beitrag Kühn, Kap. 2.2.2) belegen, daß die Diagnostik in diesem Bereich einen Boom erlebte. Er wurde insbesondere auch durch Erlasse der KMK und der zuständigen Ministerien gestützt (vgl. Dummer, 1986).

In der angedeuteten Tradition standen Ansätze, die versuchten, aus den darstellbaren Defiziten im Lesen und Rechtschreiben relativ zur Intelligenz Rückschlüsse auf die Förderungsbedürftigkeit zu ziehen (Angermaier, 1974, 1976, 1977; Valtin, 1970, 1972; Valtin, Jung, Scheerer-Neumann, 1981). Der Begriff "Legasthenie" wurde aufgegeben und durch Lese-Rechtschreibschwäche ersetzt. Damit waren aber auch Voraussetzungen geschaffen, Grundlagen für Teilleistungsschwächen zu fundieren.

Der Boom hatte eine jähes Ende mit der Veröffentlichung der Schrift von Schlee (1976), der die Diagnose aufgrund des angewendeten Diagnosemodells in Frage stellte. In der Konsequenz der Kritik sahen die Bildungsadministrationen eine Möglichkeit, die Förderungen von Kindern mit Lese-Rechtschreibschwächen zum Teil ganz abzubauen. Dies wiederum bedingte eine drastische Reduktion des Testeinsatzes im gegebenen Kontext. Von der bisher dargestellten Diskussion abgesetzt vollzog sich im Hinblick auf die dritte genannte Fragestellung eine gesonderte Diskussion hinsichtlich der Sonderschulzuweisung. Diese hatte deutlich zwei Entwicklungstendenzen zu verzeichnen, die zeitlich an die zwei Dekaden angelehnt war: Ausgangspunkt war eine sehr starke Orientierung der Sonderpädagogischen Diagnostik an den Modellen, Strategien und Zielsetzungen der Psychologischen Diagnostik (vgl. Kleber, 1971, 1978), ohne daß die pädagogischen Besonderheiten offensichtlich geworden wären. Die Kritik an der Sonderpädagogischen Diagnostik vollzog sich daher in diesem Kontext in ähnlicher Weise wie in der Psychologie. Ihr wurden labeling-Tendenzen vorgeworfen, d.h. Verhaltensweisen von Schülern werden sanktioniert, wenn sie als störend oder abweichend angesehen werden bzw. wenn sie nicht mit sozialen Konventionen übereinstimmen (Kornmann, 1979). Darüber hinaus wurde der Hang zum Selektionismus kritisiert, der die pädagogische Konsequenz der diagnostischen Aussagen nur ungenügend berücksichtige (Kobi, 1977; Neumann, 1976; Probst, 1973).

Gerade dieser zuletzt genannte Aspekt führte zunächst zur Vorformulierung einer Richtung, die sich von Beginn an als Förderdiagnostik bezeichnete (stellvertretend hierzu s. Kormann, Meister & Schlee, 1983). Mit diesem Konzept wollten sich die entsprechenden Vertreter von der bislang ausgeübten Defizitfestellung und Selektion weg und hin zu einer an den besonderen Bedürfnissen des Betroffenen orientierten Diagnostik bewegen. Die insbesondere von Schlee (1985, 1988) angeführte Diskussion warf der "Bewegung" vor, die Proklamierung guter Absichten vor das Bemühen um eine Konzeptualisierung zu stellen (Schlee, 1985, S. 104). Gleichwohl darf nicht verkannt werden, daß Ansätze existieren, die aus der sog. Lerntest-Tradition (Guthke, 1977, 1980, 1982) stammen, ohne als förderungsdiagnostisch apostrophiert und von den Vertretern der Förderdiagnostik wahrgenommen zu werden, und doch den Gedanken der Förderung vertreten (vgl. Flammer & Schmid, 1982; Guthke, 1986; Kormann, 1982). Ihnen ist inhärent das Ziel der Diagnose und Veränderung. Aber auch Vertreter der Förderdiagnostik selbst (Kornmann, 1990; Probst, 1983) haben zwischenzeitlich Konzeptionen vorgelegt, mit deren Hilfe spezifische Lernvoraussetzungen erfaßt und ein Bindeglied zu didaktisch-pädagogischen Maßnahmen hergestellt wird (s. Kap. 2.2.4).

2.2.1.2.3 Diagnostik im Dienste der Leistungsbeurteilung: Noten sowie alternative Verfahren

Wenn Pädagogische Diagnostik unter anderem zum Ziel hat, Lernleistungen festzustellen (s.o.), dann muß sie sich auch zwangsläufig damit auseinandersetzen, wie diese Leistungsfeststellung zu erfolgen hat. Hinsichtlich der Feststellung sind mehrere Aspekte zu unterscheiden:

- die Erfassung von Merkmalen, Kenntnissen etc., die mit dem intendierten Ziel der Leistungsfeststellung im Zusammenhang stehen;
- die Integration von solchen Sachverhalten mit der Zielsetzung, eine Diagnose (= Leistungsfeststellung) mitzuteilen und diese gegebenenfalls prognostisch zu nutzen;
- die Verbalisierung der Leistungsfeststellung als Diagnose oder Prognose.

Zweifellos haben die zuerst und zuletzt genannten Inhalte die Diskussion der vergangenen 20 Jahre beherrscht, während der an zweiter Stelle genannte Bereich zumindest innerhalb der empirischen Pädagogik in geringere Bedeutung hatte. Dieser betrifft im wesentlichen die Kompetenz des Lehrers in seiner Funktion als derjenige, der ein Urteil bildet (vgl. Jäger & Mattenklott, 1981, 1984; Schrader, 1989; Wahl, Weinert, Huber, 1984); dieser Gegenstand wurde eher in der zweiten Hälfte des Berichtszeitraums empirisch bearbeitet, wobei dort die obengenannte Begriffsdarlegung in der Regel nur unzureichend erfolgte (vgl. Weinert & Schrader, 1986).

In den Kontext des zuerst genannten Inhaltsbereichs gehört die Diskussion über die Fragwürdigkeit der Zensurengebung (s. Ingenkamp, 1971) insofern, als in Abrede gestellt wird, der Lehrer könne objektiv urteilen, seine Feststellung sei gewissermaßen kontaminiert, und die solcher Art zustandegekommene Zensur sei ungeeignet, diagnostisch und prognostisch genutzt zu werden. Diese Aussage ist insoweit als richtig zu bewerten, wenn die Vergleichsbasis deutlich gemacht wird, wie dies im Rahmen solcher Darlegungen auch üblicherweise erfolgte. Hierbei wurden als Vergleichsbasis sozialwissenschaftliche Messungen herangezogen (vgl. Birkel, 1978; Roeder, Baumert, Sang & Schmitz, 1986), denen Tests am ehesten entsprechen. Diese wiesen sich hinsichtlich aller Gütekriterien der Zifferbenotung gegenüber als überlegen aus. Trotz dieser Tatsache konnten wiederum objektive Beurteilungsverfahren nur in einem eingeschränkten Maße zur Verfügung gestellt werden (vgl. Heller, Rosemann & Steffens, 1978). Die zu Beginn der Ausführungen in

Tab. 1 angeführte Zusammenstellung scheint die Aussagen, die zunächst für den damaligen Zeitpunkt Gültigkeit hatte, immer noch zu stützen.

Die Testbewegung erhielt Mitte der 70er Jahre durch das damalige Bundesministerium für Bildung und Wissenschaft erheblichen Auftrieb. Es stellte sich im Gegensatz zu den ebenfalls eher sozialdemokratisch regierten Bundesländern auf den Standpunkt, daß die prognostische Validität der Note(n) in den Abiturzeugnissen insbesondere im Kontext sogenannter harter Numerus clausus Fächer, wie sie in der Human-, Tier- und Zahnmedizin gegeben sind, in Frage zu stellen sei. Auch gegen den Widerstand der Berufsverbandes Deutscher Psychologen und Gutachter aus den Reihen der Deutschen Gesellschaft für Psychologie wurde ein Hochschuleingangstest durchgesetzt (Michel, Jäger, Schweizer, Geisel, Habersang, Kierdorf, Luley & Melter, 1977), der sich als geeignet erwiesen hat (Trost, 1985), die Geeigneten unter den durch das Abitur Qualifizierten (Jäger, 1979) auszulesen. Mit Hilfe des Tests allein (10% aller Bewerber) oder in Kombination mit den Schulnoten (45% aller Bewerber) werden seit 1986/87 die Studieninteressenten ausgelesen, wobei die Teilnahme am Test verpflichtend ist. Mit dieser Maßgabe wurde die Ziffernote als alleiniges "Instrument der Zulassung zum Studium" außer Kraft gesetzt.

Gleichwohl wurde das Lehrerurteil, wie es in der Ziffernote zum Ausdruck kommt, rehabilitiert: Mauermann (1974) glaubte, vom Lehrerurteil annehmen zu können, daß es weit mehr Daten in sich integriere, als dies eine Testbatterie leisten kann. Diese Annahme kann wohl als bestätigt angesehen werden, wenn man die Untersuchungen über die die Note beeinflussenden Faktoren heranzieht (vgl. Ingenkamp, 1981). Davon unberührt bleiben aber die Mängel hinsichtlich der Reliabilität und Validität der Noten gleichermaßen.

Die Alternativen zu den Noten wurden zwar diskutiert und haben sich zumindest in den Grundschulen bis heute noch gehalten, jedoch konnten sie sich weder in der ursprünglichen Intention noch in der Breite der Bemühungen durchsetzen. Zu ihnen zählen:

- Mit der Grundsatzentscheidung der KMK wurde bereits 1970 eine allgemeine Beurteilung des Kindes in einer freien Form gefordert. Mustertexte und Kriterienlisten sollten hierbei eine Hilfe sein, sich einerseits an der Individualnorm des jeweiligen Schülers zu orientieren und andererseits den Schüler durch die Wortwahl zu ermutigen. Auch wenn diese freie Form des Zeugnisberichts eine Durchsetzung erfahren hat, so kann doch nicht verkannt werden, daß erst durch das Einziehen von drei Normbezügen (Individual-, Sozial- und Sachorientierung; vgl. Klauer, 1972) eine dem Leistungsaspekt in der Schule adäquate Beurteilung realisiert wird und daß der Validität des Urteils sachlogisch die Objektivität der Einschätzung vorausgehen muß. Zu Recht spricht daher Ingenkamp (1985) von einer Verschleierung, wenn lediglich die Mitteilungsform geändert wird, grundsätzliche Einwände aber außer acht bleiben.
- Eine praktikable Alternative zu Leistungsbeurteilungen auf der Basis von Ziffernoten wurde in Schülerbeobachtungsbögen gesehen, die in Bremen in der Orientierungsstufe (Besser & Ziegenspeck, 1976) eingesetzt wurden, um die somit

erhobenen Daten für die Schullaufbahnentscheidung zu nutzen. Diese Beobachtungsbögen wurden aber von den Lehrern weder als notwendig noch als hilfreich angesehen (Jürgens, 1983).

- In Hessen wurde ein Diagnosebogen zum Stand des Lernprozesses eingeführt. Die mit ihm realisierte Lernzielkontrolle sollte als diagnostische Hilfe verstanden werden, indem sachbezogene objektivierte Leistungsbeschreibungen in den Vordergrund gestellt wurden (Ziegenspeck, 1973). Die mit dem Bogen erzielten hochinferenten Urteile führten aber dazu, daß die Informationen gegenüber Eltern und Schüler schwer kommunizierbar und hinsichtlich der didaktischen Hinweise mangelhaft waren.

Auch wenn zum Ende der Berichtszeit die Grundschulberichte als "Ersatz" für ein Zifferzeugnis installiert sind, so kann doch nicht verkannt werden, daß Berichte und Bögen der beschriebenen Art gescheitert sind. Sie können auch als Versuch aufgefaßt werden, die Inhalte, die mit der Zifferbenotung zum Ausdruck kommen, zu verbalisieren. Hierbei wird durch die Verbalisierung gewissermaßen ein Begründungszusammenhang für Leistungsaussagen geliefert. Eine solche Interpretation würde allerdings deutlich machen, daß die rationale Begründung einer Note durch die Lehrer diese selbst in große Nöte bringt. Einmal mehr würde damit deutlich, welch unterschiedliche Gesichtspunkte bei der Notengebung eine Rolle spielen und wie weit eine an den Bedürfnissen des Schülers ausgerichtete Leistungsfeststellung von objektiven oder objektivierten Bemühungen entfernt ist.

2.2.1.2.4 Diagnostik von Hochbegabung

Am Ende der ersten Dekade entstand eine Bewegung, die sich zunehmend mit einer Gruppe von Kindern auseinandersetzte, die gemeinhin als hochbegabt bezeichnet werden. Ähnlich wie nach Ausrufung der "Bildungskatastrophe" durch Picht in den 60er Jahren ging es hierbei um einen diagnostischen Aspekt, hier nämlich um die Identifikation der Hochbegabten (Bartenwerfer, 1978).

Ausgangspunkt war die Überlegung, daß es sich ein rohstoffarmes Land wie die Bundesrepublik Deutschland nicht leisten könne, die besonderen Begabungen nicht zu fördern. Die Ausgangsüberlegungen wurden zunächst in sehr allgemeinen Modellen und Überlegungen zum Ausdruck gebracht, die ausdrücken, wie man das anstehende Problem lösen könne. Dabei wurde zunächst ein Komponentenmodell der Talententwicklung (Wieczerkowski & Wagner, 1985; Hany, 1987) favorisiert und später durch kognitionspsychologische Ansätze spezifiziert (Facaoaru & Bittner, 1987; Putz-Osterloh & Schroiff, 1987), wobei auch neue Testentwicklungen zur simultanen Erfassung konvergent-divergenter Problemlöseprozesse vorgestellt wurden.

In einer insbesondere von der Münchener Forschungsgruppe vorangetragenen Diskussion wurden bis Ende des Berichtszeitraums eine Reihe von strategischen und methodischen Überlegungen beigetragen, um das Problem der Talentidentifikation voranzutreiben (Hany, 1986, 1987 a,b,c,d,e,f,g,h; Heller & Feldhusen, 1986).

Das engere pädagogische Problem der Förderung blieb dabei nicht ausgespart (Feger, 1987, 1988), jedoch kann festgehalten werden, daß keine zufriedenstellenden Paßstücke zwischen Identifikation und Förderung derart gefunden werden, daß durch die entsprechenden Maßnahmen die Gesamtpersönlichkeit angesprochen wird (Ingenkamp, Jäger & Wagner, 1988).

2.2.1.2.5 Die Zukunft der Pädagogischen Diagnostik

Pädagogische Diagnostik hat sich in vielen Feldern der Pädagogik ausgebreitet und ihren Part dazu geleistet, daß Chancen des einzelnen erhöht werden. Auch wenn sich dieser Gedanke (noch) nicht in den führenden Köpfen der Bildungsadministration festgesetzt hat, so ist doch unzweifelhaft, daß nach der Schaffung des Europäischen Binnenmarktes eine Anpassung der Verhältnisse in der Bundesrepublik an die Vorgaben von anderen Ländern in der EG erfolgen wird, ja sogar erfolgen muß.

Zu diesen Notwendigkeiten gehören Realisierungen von überregionalen Lernerfolgsmessungen (Ingenkamp & Schreiber, 1989) ebenso wie das Partizipieren an internationalen Bildungsvergleichen, wie sie seit Jahren von der IEA angestrebt und realisiert werden, ohne daß sich die Bundesrepublik in ausreichendem Maße einbringt.

Weiterhin wird ein Ausbau der diagnostischen Instrumente traditionellen Typs (s.o.) notwendig sein, die im Zusammenhang mit der Überprüfung der Lernvoraussetzungen und Förderung unabdingbar sind. Was in der Klinischen Psychologie und der Medizin als Indikationsproblem gilt, ist nämlich in der Pädagogik gänzlich ungelöst: Es wird in der Pädagogik noch immer von allgemeinen Gesetzen ausgegangen, wo in Wirklichkeit überprüft werden müßte, bei welchen Lernvoraussetzungen und welchen Bedingungen der größtmögliche Lernerfolg erzielt werden kann. Selektive und adaptive Indikation sind hierbei Stichwörter, die die Sachlage verdeutlichen (vgl. Kap. 2.2.4).

Auch unabhängig von den angedeuteten politischen Zwängen deutet sich eine Entwicklung an, die durch den Einsatz der Informations- und Kommunikationstechnologie in allen Lerninstitutionen vorbereitet wird: das Einbeziehen von Computern zum Zwecke des Lernens, aber auch für Zwecke der gezielten Lerndiagnose (vgl. Klieme & Stumpf, 1990). Zwei Trends sind hierbei bereits jetzt zu erkennen:

- Es werden Lernsituationen geschaffen, die hinsichtlich aller notwendigen und wichtigen didaktischen Schritte ausgelotet werden. Die Algorithmen sind so konzipiert, daß an jeder Stelle im Lernprozeß nachvollzogen werden kann, welches Lernziel erreicht wurde, aber auch welcher Lernschritt aufgrund welcher Sachverhalte nicht nachvollzogen werden kann. Damit wird angeknüpft an Überlegungen, die in den neueren Entwicklungen der sogenannten Förderdiagnostik vollzogen werden (vgl. Kornmann, 1990). Zugleich kann wie bei einem Expertensystem eine Verbindung hergestellt werden zwischen der Diagnose und der pädagogischen Maßnahme, indem entweder weitere didaktische Hilfen gegeben werden (ähnlich wie bei den Lerntests; vgl. Guthke, 1986) oder indem, wie bei einem verzweigten Lernprogramm, auf früheren Lernabschnitten aufbauend, Lernziele höheren Niveaus vollzogen werden, um beim Lösen oder Scheitern wieder entsprechende Diagnosen zu stellen. In diesen Fällen ist eine unmittelbare Verknüpfung zwischen Lernschritt und Diagnostik gegeben.

In ähnlicher Weise wie bei adaptiven Testverfahren innerhalb der Pädagogischen Diagnostik (vgl. Kubinger, 1987) kann dabei das obengenannte Indikationsproblem einer Lösung zugeführt werden.

- Es werden Lernumwelten neueren Stils geschaffen, durch die sogenanntes vernetztes Denken gefordert und überprüft wird. Mit diesen Umwelten wird zunehmend Alltag simuliert, so daß der Lernende mit Hilfe der Simulation seine Alltagsbewährung im Sinne des Vollzugs von Problemlösungen überprüfen kann. Ähnlich wie bei dem zuvor erwähnten Aspekt wird auf ein Expertensystem zurückgegriffen, das die notwendigen Verbindungen herstellt zwischen Lernschritt, Diagnose und neuer Lernumwelt, die zugleich eine neue Herausforderung schafft und weitere Problemlösungen notwendig macht.

2.2.2 Art und Umfang von Testverfahren der Pädagogischen Diagnostik: Entwicklung zwischen 1970 und 1990 (Rolf Kühn)

2.2.2.1 Ausgangsbasis

Standardisierte, normierte Tests zwecks Erhebung personenbezogener Daten bilden fur eine wissenschaftlich ausgerichtete Diagnostik eine wichtige Grundlage. Gerade im Bereich der Pädagogischen Diagnostik, die im Dienste zweier großer Aufgabengebiete steht - nämlich der Optimierung von Lernvorgängen und der Vergabe von Qualifikationen (Ingenkamp, 1985b) - und auf deren Befunden oft wichtige Entscheidungen im Schulbereich basieren (Haase, 1978), sind für eine sachgerechte Vorgehensweise objektive Instrumente vonnöten. Sie sollten nach Möglichkeit in Form eines breit gefächerten Repertoires vorhanden sein, um einer Vielzahl von relevanten Fragestellungen nachgehen zu können. Die vorliegende Darstellung ist eine Übersicht über Art und Umfang von Verfahren, die zwischen 1970 und 1990 im Rahmen der Pädagogischen Diagnostik hergestellt worden sind. Sie soll die Entwicklungen in diesem Bereich für den genannten Zeitraum aufzeigen und gleichzeitig eine - wenn auch nur grobe - Bestandsaufnahme des gegenwärtigen Testangebots liefern.

Ein Rückblick auf die Zeit von 1945 bis 1970 erinnert daran, daß nach dem Ende des zweiten Weltkrieges fast keine Tests für die Pädagogische Diagnostik zur Verfügung standen. Ein bedeutsamer Aufschwung der Testentwicklung stellte sich erst Mitte der fünfziger Jahre ein, und zwar insbesondere mit der Konstruktion von Einschulungstests. In der Folgezeit fanden Tests in verschiedenen Bereichen der

Pädagogischen Diagnostik zunehmend Verbreitung. Nach einer Bestandsaufnahme von Ingenkamp (1985a, S. 14) gab es in der Bundesrepublik um das Jahr 1960 insgesamt 74 Verfahren. Zu ihnen gehörten hauptsächlich Intelligenz-, Lese-, Rechtschreib- und Einschulungstests. Bis zum Jahr 1970 war das Angebot auf 122 geklettert. Die Art jener Tests sowie deren jeweilige Anzahl gehen aus der unten stehenden Tabelle 2 hervor. Aus ihr sind gleichzeitig die Bestände für die Zeitpunkte 1980 und 1990 ersichtlich.

Tab. 2: Übersicht über Art und Umfang der Testverfahren für die Zeitpunkte 1970, 1980 und 1990

Art des Tests	1970	1980	1990
Schulleistungstests			
Fachübergreifende Schulleistungstests	6	10 (4)	10 (4)
Allgemeine Deutschtests	0	2 (0)	4 (0)
Rechtschreibungstests	10	12 (10)	18 (9)
Lesetests	11	9 (7)	9 (7)
Wortschatztests	7	7 (3)	2 (3)
Sonstige Deutschtests	0	3 (0)	4 (0)
Tests für Rechnen u. Mathematik	4	12 (5)	12 (5)
Fremdsprachentests	3	7 (1)	4 (0)
Tests für naturwissenschaftliche Fächer	4	1 (0)	0 (0)
Tests für sozialkundliche Fächer	1	0 (0)	0 (0)
Summe	46	63 (30)	63 (28)
Kombinierte Schulleistungs- und Eignungstests	2	1 (3)	1 (1)
Entwicklungs- und Einschulungstests			
Vorschul- und Entwicklungstests	6	14 (0)	14 (0)
Einschulungstests	13	11 (5)	10 (4)
Summe	19	25 (5)	24 (4)

(Fortsetzung Tab. 2)

Art des Tests	1970	1980	1990
Intelligenz- und Eignungstests			
Intelligenztests: Individualtests	5	6 (1)	6 (1)
Intelligenz-Gruppentests			
verbale Aufgabenstellung	1	3 (0)	3 (0)
nonverbale Aufgabenstellung	8	13 (1)	12 (1)
gemischte Aufgabenstellung	21	23 (8)	23 (9)
Spezielle Eignungs- und Begabungstests	8	9 (1)	11 (1)
Summe	43	54 (11)	55 (12)
Konzentrations- und Aufmerksamkeitstests	5	7 (2)	9 (2)
Sozialtests	2	2 (0)	3 (0)
Fragebogen	5	18 (2)	24 (6)
insgesamt	**122**	**171 (53)**	**179 (53)**

Anmerkung: In den Angaben für 1970 sind auch österreichische und schweizerische Tests enthalten. Die Zahlen in Klammern bei den Jahren 1980 und 1990 geben zusätzlich zu den BRD-Verfahren (Fettdruck) den jeweiligen Bestand an österreichischen und schweizerischen Tests an.

Die Angaben für das Jahr 1970 wurden dem Aufsatz von Ingenkamp (1985a, S. 29) entnommen (s. auch Ingenkamp, 1989, S. 35). Die Auszählung für die Jahre 1980 und 1990 basiert auf den vom selben Autor zusammengestellten Verzeichnissen deutschsprachiger Schultests für die Zeitpunkte Sommer 1980 bzw. Mai 1990 (Ingenkamp, 1981a, 1990a).

2.2.2.2 Befunde

Für die Jahre von 1970 bis 1990 ist ein Anstieg von 122 auf 179 Testverfahren zu verzeichnen (s. Tab. 2 und Abb. 1). Dies entspricht einer Erhöhung um 77 Tests, das sind ca. 47%. Es muß hierbei jedoch darauf hingewiesen werden, daß die Angabe für das Jahr 1970 auch die österreichischen und schweizerischen Tests mit enthält, so daß der genannte Anstieg, wenn er allein auf die Bundesrepublik bezogen wird, noch höher veranschlagt werden kann.

Abb. 1: Anzahl der Testverfahren in der BRD zu den Zeitpunkten 1970, 1980 und 1990

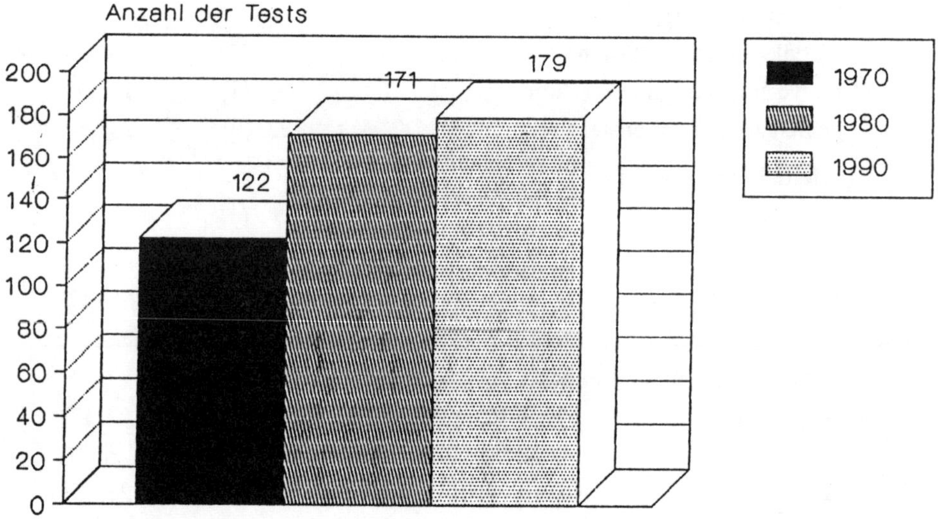

Anmerkung: Die Angabe für 1970 beinhaltet auch österreichische und schweizerische Tests

Eine getrennte Auszählung der ausländischen und bundesrepublikanischen Verfahren war in der vorliegenden Recherche leider nicht möglich, da die Angaben für 1970 aus damaligen Verlagskatalogen entstammen (siehe Ingenkamp, 1985a, S. 29), die zum heutigen Zeitpunkt nicht mehr zur Verfügung standen.

Der festgestellte Anstieg an neukonstruierten Verfahren in den beiden hier betrachteten Jahrzehnten fällt, wie es Abb. 1 zeigt, zum allergrößten Teil in den Zeitraum 1970-1980. Der Hauptanteil an dieser sprunghaften Erhöhung im ersten Jahrzehnt resultiert insbsondere aus der stark vermehrten Entwicklung von Schulleistungstests (Abb. 2), hier hauptsächlich in Form von Tests für Rechnen und Mathematik, fächerübergreifenden Schulleistungstests sowie Fremdsprachentests (Tab. 2). Auffallend ist für diesen Zeitraum der verhältnismäßig große Anstieg von Intelligenz- und Eignungstests sowie von Fragebogen (Abb. 2 u. 3). Bemerkenswert sind auch die sechs neuen Vorschul- und Entwicklungstests, ebenso der Rückgang der

Einschulungstests um zwei bzw. der Tests für naturwissenschaftliche Fächer um drei Verfahren. Auch die Zunahme von Intelligenz-Gruppentests mit nonverbaler Aufgabenstellung (Tab. 2) verdient Beachtung.

Abb. 2: Anzahl der Testverfahren in der BRD in den Jahren 1970, 1980 und 1990 für drei verschiedene Testkategorien

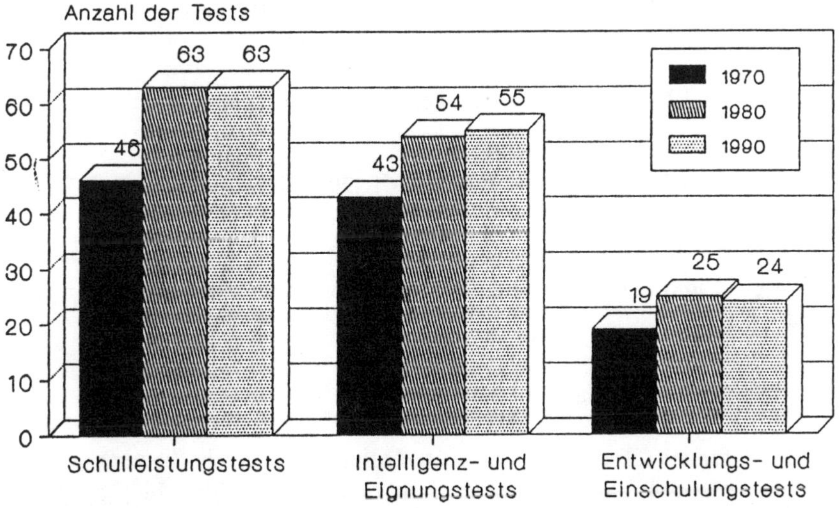

Anmerkung: Die Angaben für 1970 enthalten auch österreichische und schweizerische Tests.

Abb. 3: Anzahl der Testverfahren in der BRD in den Jahren 1970, 1980 und 1990 für vier verschiedene Testkategorien

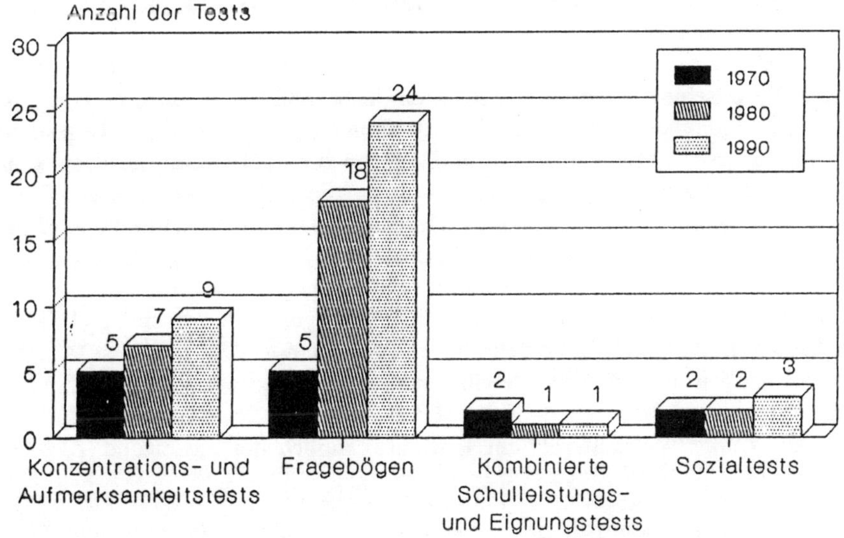

Anmerkung: Die Angaben für 1970 enthalten auch österreichische und schweizerische Tests.

Im Hinblick auf das zweite der erfaßten Jahrzehnte fällt ins Auge, daß sich der Bestand an verfügbaren Tests von 1980 bis 1990 nur um acht vergrößert hat (Tabelle 2 u. Abb. 1). Während bei den meisten Kategorien ein Stillstand der Testentwicklung konstatiert werden kann, ragt der Anstieg der Fragebogen von 18 auf 24 heraus. Daneben sollen folgende Detailergebnisse nicht unerwähnt bleiben:

- Die Zahl der Rechtschreibtests stieg um 50%, nämlich von 12 auf 18 Verfahren.
- Wortschatz- und Fremdsprachentests nahmen deutlich ab.
- Es gab im Jahr 1990 keinen einzigen Test für naturwissenschaftliche bzw. sozialkundliche Fächer!
- Die Zahl der Einschulungstests ging um einen zurück, während ein minimaler Anstieg bei Konzentrations-/Aufmerksamkeits- und Sozialtests festgestellt wurde.

Anzumerken ist in diesem Zusammenhang der Befund, daß sich der Bestand an österreichischen und schweizerischen Verfahren zwischen 1980 und 1990 nicht verändert hat (s. Tab. 2).

2.2.2.3 Schlußbetrachtung

Als übergreifendes Gesamtergebnis ist festzuhalten: Es sticht die verhältnismäßig große Steigerung des Testangebots in dem ersten der beiden hier betrachteten Jahrzehnte, also von 1970 bis 1980 ins Auge. Dagegen kann für das Jahrzehnt 1980/1990 generell von einer Stagnation gesprochen werden. Wie läßt sich eine solche Entwicklung erklären?

Den rapiden Testanstieg kann man als Fortbestehen des Trends deuten, der - wie eingangs erwähnt - seit Mitte der fünfziger Jahre den Aufschwung der Testentwicklung kennzeichnete. Mit dem gestiegenen Angebot ging gleichzeitig eine relativ große Nachfrage an Tests einher. Es bestand sozusagen ein günstiges Klima bezüglich der Bereitschaft, objektive Verfahren insbesondere in allgemeinbildenden Schulen für pädagogisch relevante Fragestellungen (z.B. Schulreife, Legasthenie, Übergangsauslese) anzuwenden. Als Indikatoren für eine solche Sachlage könnte man die Verkaufszahlen von Tests oder, falls möglich, die diesbezüglichen Einnahmen der Testherausgeber ansehen. Letzteres gilt nur mit Einschränkung, da sich meist die Preise für die Tests im Laufe der Zeit veränderten. Aus Abb. 4 läßt sich ablesen, daß zu Beginn der siebziger Jahre ein stetiger Anstieg der Testeinnahmen der vom Deutschen Institut für Internationale Pädagogische Forschung (DIPF) im Beltz-Verlag herausgegeben Verfahren zu verzeichnen ist. Für den Test "Aufgaben zum Nachdenken AzN 4+" von Hylla und Kraak (1965), der laut Auskunft des Verlages den seit Jahren am meisten verkauften Beltz-Schultest darstellt, ist der Verlauf der Kurve (Verkaufszahl der Testhefte) ähnlich steil ansteigend (Abb. 5).

Abb. 4: Testeinahmen des DIPF (Beltz-Tests) zwischen den Jahren 1970 und 1990 bezogen auf das Jahr 1970 mit 100 %

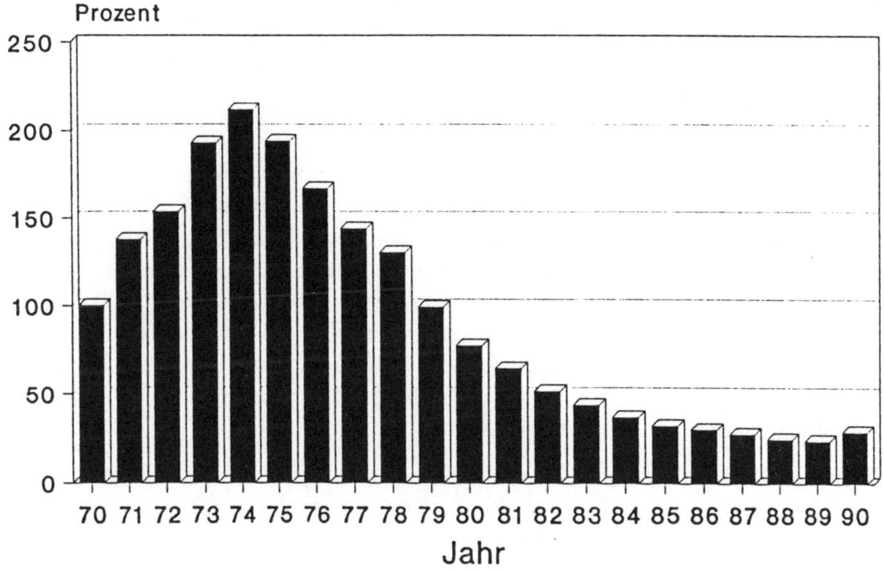

Abb. 5: Testhefte-Umsatz 1970 bis 1990 (1970 = 100 %) für den Test "Aufgaben zum Nachdenken AzN 4+" von Hylla und Kraak

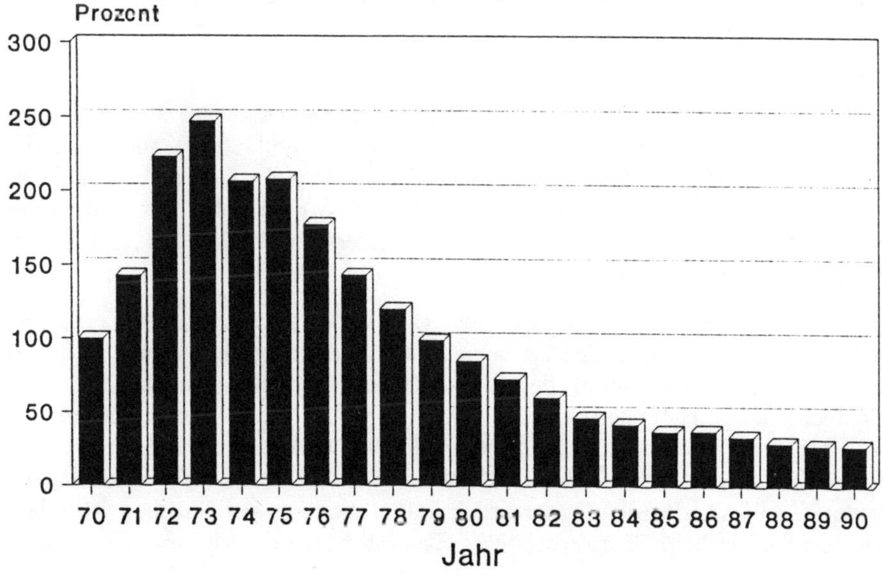

Zu dieser günstigen Marktlage, die die Entwicklung neuer Tests angeregt haben dürfte, kam hinzu, daß neue meßtheoretische Modelle (vgl. Kap. 2.2.3) mit zum Teil andersartigen diagnostischen Zielsetzungen (vgl. Kap. 2.2.1) entworfen wurden. Besonders erwähnenswert ist in diesem Zusammenhang die Probabilistische Testtheorie, die die Grundlage für die Entwicklung kriteriumorientierter Tests bildete. Daneben erhöhte sich die Zahl sog. Lerntests (vgl. Kap. 2.2.1) bzw. informeller Tests (siehe Kap. 2.2.4).

Frappant ist nun aber die fast zum Stillstand gekommene *Testentwicklung* in den achtziger Jahren. Fragt man nach ihren Ursachen, so könnte man folgende Gründe aufführen: Vermutlich handelt es sich um eine Reaktion der Wissenschaft bzw. der Wissenschaftler auf die "Anti-Test-Bewegung" (Zeuch, 1973), die etwa Mitte der siebziger Jahre unseren Kontinent im Rahmen einer allgemeinen Gesellschaftskritik überflutete, nachdem in den sechziger Jahren die Vereinigten Staaten von ihr erfaßt worden waren (vgl. Kap. 2.2.3). Im Rahmen dieser Testkritik wurde jede Form des Einsatzes von Testverfahren, insbesondere solcher zu Auslesezwecken, als unpädagogisch angesehen und verworfen.

Daneben dürfte für den Stillstand der Testentwicklung die Tatsache eine Rolle gespielt haben, daß neue wissenschaftliche Konzepte und Theorien auftauchten, die durch Infragestellung bestehender Vorgehensweisen einen wesentlichen Einfluß auf die (Test-)Diagnostik ausübten. Exemplarisch läßt sich hier die Veränderung des Konzeptes der sog. Schulreife anführen, in dessen Rahmen der Trend "weg von der Selektionsstrategie, hin zur Förderdiagnostik" und damit eine Neuorientierung der Schuleingangsdiagnostik (vgl. Kap. 2.2.1 und 2.2.3) propagiert wurde (siehe Koob, 1981). Der Rückgang an Einschulungstests ist hierfür ein Beleg. Auch die veränderte Auffassung des Legasthenie-Konstruktes verdient Erwähnung (Dummer, 1986). Insgesamt gesehen befand sich die Diagnostik - so die allgemeine Beurteilung - in einer Krise, die in der Frage gipfelte, ob die Psychodiagnostik überhaupt noch verantwortbar sei (Pulver, Lang & Schmid, 1978; s. auch Pawlik, 1976; Jäger, 1980).

Ein weiterer Erklärungsgrund für die Stagnation mag möglicherweise darin gelegen haben, daß der Testmarkt in bestimmten Teilbereichen (so z.B. auf dem Gebiet der Intelligenzmessung) stark gesättigt war. Der Anstieg der Zahl neu konstruierter Fragebogen (siehe oben), die ja meist auf die Erfassung emotionaler und sozialer Persönlichkeitsmerkmale ausgerichtet waren, unterstützt m.E. das Argument der Sättigung traditioneller Testbereiche.

Parallel zu dieser Entwicklung ist - schon Mitte der siebziger Jahre einsetzend - ein gravierender Rückgang des *Testverkaufs* zu verzeichnen. Die Abb. 5 zeigt beispielhaft den stetigen Abfall des Verkaufs an Testheften für das Verfahren "Aufgaben zum Nachdenken AzN 4+". Aus Abb. 4 ist die deutliche Verringerung der Testeinnahmen des DIPF seit 1974 ersichtlich. Die Absatzentwicklung von acht ausgewählten Rechtschreibtests in den Jahren 1976- 1978 und 1990 haben Jäger u. Weimer (1981) dargestellt. Ingenkamp erwähnt in einer persönlichen Mitteilung folgenden Sachverhalt: "Ein verbreiteter Einschulungstest wurde im Jahr 1976 mit

108.000 Stück verkauft. Der gleiche Test erreicht im Jahr 1990 30.000 Verkaufsexemplare. Ein verbreiteter Rechtschreibtest fällt von 314.000 Exemplaren im Jahr 1976 auf rund 35.000 im Jahr 1990. Ein Intelligenztest für die Grundschule sinkt im Absatz von 138.000 im Jahr 1976 auf rund 25.000 im Jahr 1990." - Als Gründe für diese Gegebenheiten kommen folgende in Betracht: Den Haupteinfluß dürfte die oben erwähnte Anti-Test-Bewegung ausgeübt haben, die zu jener Zeit zu einer weit verbreiteten Testaversion führte. Gleichzeitig waren die Lehrer, wie Ingenkamp (1985a, S.19) betont, durch curriculare sowie organisatorische Neuplanungen überlastet, und die Öffentlichkeit war mit der Gesamtschuldiskussion beschäftigt. Hinzu kamen neben dem Rückgang der Schülerzahlen in der Grundschule strengere Verordnungen zum Datenschutz, neue wissenschaftliche Konzepte (s.o.), gekürzte Etats und sicherlich auch die Tatsache, daß in Schulen verstärkt von Kopiermöglichkeiten Gebrauch gemacht wurde. Nicht unerwähnt bleiben soll der Umstand, daß im vergangenen Jahrzehnt einige Verfahren wegen veralteter Normen als nicht mehr zeitgemäß anzusehen waren. Auch der in der psychologischen Praxis zu beobachtende Trend zu einer eher qualitativen Diagnostik (Schorr & Brugger, 1991; Schorr, im Druck) könnte mit eine Rolle gespielt haben.

Welche Entwicklung der Testproduktion bzw. des Testverkaufs ist in der nächsten Zukunft zu erwarten? Der zwar geringe, aber dennoch ins Auge fallende Anstieg der Testeinnahmen des DIPF für das Jahr 1990 (s. Abb. 4), der nach Verlagsabrechnungen auch für das 1. Halbjahr 1991 anhielt, könnte ein Hoffnungsschimmer für eine neu beginnende Periode der Zunahme des Testeinsatzes sein. Bereits für das Jahr 1988 konstatierte Ingenkamp: "Das Interesse der Lehrerschaft an objektiven diagnostischen Hilfsmitteln scheint sich wieder etwas zu beleben" (Ingenkamp, 1989, S. 40). Es sieht demnach so aus, als würde sich wieder, ungeachtet gelegentlich aufflammender Testkritik (Hissnauer et al., 1990; s. dazu auch die Erwiderung von Ingenkamp, 1990b), eine Aufwärtsentwicklung des Testumsatzes anbahnen, nicht zuletzt bedingt durch den neu hinzugekommenen ostdeutschen "Absatzmarkt". Dieser sich abzeichnende positive Trend zu Beginn der neunziger Jahre wurde von den beiden Verlagen Beltz und Hogrefe, die bekanntlich den größten Teil der Schultests vertreiben, sowie von K. Ingenkamp, dem Konstrukteur und Herausgeber zahlreicher Tests, in jeweils mündlichen Mitteilungen bestätigt (s. auch Schorr, im Druck). Wieweit die Neuentwicklung von Verfahren hiermit Schritt hält, bleibt abzuwarten.

2.2.3 Testkritik und ihre möglichen Auswirkungen auf das Schultestangebot (Ulrich Raatz)

Wenn man am Ende der 60er Jahre an einer deutschen Hochschule eine Vorlesung über Tests oder ein Seminar über Testtheorie halten wollte, konnte man in der Regel mit massiven Protesten der Studierenden rechnen. Deren Kritik richtete sich damals z.B. gegen Tests als "Instrumente des Monopolkapitalismus", mit denen das "herrschende Gesellschaftssystem zementiert" und der einzelne Mensch kontrolliert und angepaßt werden sollte. Verteufelt wurden auch Schultests, insbesondere im

Zusammenhang mit der Überprüfung des Unterrichts und der Schulleistungen und jeder Art von Selektion, wie beispielsweise für das Gymnasium.

Diese seinerzeit sehr massive Testkritik kann als Teil der allgemeinen Gesellschaftskritik jener Epoche verstanden werden. Für den Fachmann kam sie eigentlich nicht überraschend. Denn in den 60er Jahren war eine äußerst starke Anti-Test-Bewegung in den USA vorausgegangen, und es war zu erwarten, daß diese mit der üblichen Zeitverzögerung auch auf unser Land übergreifen würde.

Testkritik, d.h. eine kritische Einstellung zu Tests und zur Testanwendung, hat es nach Phasen der Neugier und der Gläubigkeit immer gegeben (Haase, 1978). Sie ist eigentlich sogar von großem Nutzen, denn sonst würden sich die theoretischen Grundlagen der Testkonstruktion und die Strategien und Zielsetzungen der Testanwendung nicht weiterentwickeln. Die Testkritik am Ende der 60er Jahre ging aber über das normale Maß weit hinaus. In den folgenden Jahren wurde sie noch umfassender und differenzierter (z.B. Pawlik, 1976), aber teilweise auch unsachlicher und stark ideologisch geprägt (z.B. Rexilius, 1978).

Der Streit für oder gegen Tests wurde bald nicht nur in der Fachwelt, sondern zunehmend auch in der Öffentlichkeit ausgefochten. Eine Konsequenz dieser allgemeinen Diskussion war, daß die "Objekte" des Testens, z.B. Bewerber um Lehrstellen, zunehmend versuchten, sich zu verweigern oder die Tests durch eine geeignete Vorbereitung oder durch spezielle Strategien zu unterlaufen. So erschien in der Mitte der 70er Jahre in einer Taschenbuchreihe der erste sog. "Testknacker" (v.Pacensky, 1976), dem eine große Zahl von ähnlichen Titeln folgte. Und bald konnten sich auch interessierte Bewerber in Wochenendkursen auf Tests, wie z.B. auf den "Test für medizinische Studiengänge (TMS)"vorbereiten , obwohl die Wirkungen eines Testtrainings noch umstritten sind (Schneider, 1987).

Es war damals zu erwarten, daß diese massive Testkritik einen nachhaltigen Einfluß auf die Zukunft der Testdiagnostik haben würde. Pessimisten befürchteten, daß das Interesse an Tests - und damit die Verkaufszahlen der Verlage - rapide abnehmen würden, daß kaum noch neue Verfahren entwickelt würden und daß die Grundlagenforschung stagnieren würde. Andererseits erschien es aber auch möglich, daß als Reaktion auf die Kritik intensive Bemühungen um eine stärkere Akzeptanz von Tests einsetzen, immer mehr und vor allem bessere Verfahren und neue Anwendungsstrategien entwickelt und neue testtheoretische Grundkonzepte diskutiert werden würden.

Welche Konsequenzen sind tatsächlich eingetreten? Dieser Frage soll im folgenden nachgegangen werden.

2.2.3.1 Die Argumente der Testgegner

Ungefähr zehn Jahre nach dem Aufflammen der Anti-Test-Bewegung in Deutschland hat Ingenkamp (1981a) in einem programmatischen Beitrag in dem damals erstmals erschienenen Jahrbuch "Tests und Trends 1981" die wichtigsten

Argumente der Testkritik zusammenfassend dargestellt, ihre Berechtigung überprüft und gegebenenfalls auf Auswege hingewiesen. Dabei ging er insbesondere auf die methodische Kritik an Tests, auf das Problem der unerwünschten Nebenwirkungen und auf die vielfältigen Wechselbeziehungen von Test und Gesellschaft ein und diskutierte die Argumente der Testgegner, die er größtenteils als tendenziös, ideologisch und der damaligen allgemeinen Gesellschaftskritik entstammend entlarven konnte.

Einzig die methodische Kritik an Schultests, wie an ihrem Skalenniveau, an ihrer Normorientierung und an ihrer hauptsächlichen Selektionsfunktion war ernster zu nehmen. Hier wies Ingenkamp auf Lösungsmöglichkeiten hin, wie z.B. auf neue Meßmodelle, wie das Modell von Rasch, auf neue diagnostische Ansätze, wie die kriteriumsorientierte Diagnostik, oder auf neue Strategien, wie die Förderdiagnostik.

An dieser Stelle soll die damalige Diskussion nicht im einzelnen nachvollzogen werden, zumal da sich die meisten Argumente der Testgegner sehr bald als haltlos herausgestellt haben. Von Interesse ist hier nur die - teilweise durchaus berechtigte - methodische Kritik, die wohl am ehesten - wenn überhaupt - Konsequenzen für die Entwicklung von neuen Schultests und das gesamte Testangebot für die Schule gehabt haben dürfte. Solche Konsequenzen müßten bei einem Vergleich des Schultestangebots z.B. von 1980 und 1991 deutlich werden.

2.2.3.2 Und die Konsequenzen?

Im Anhang des ersten Jahrbuchs der Pädagogischen Diagnostik (Jäger, Ingenkamp & Stark, 1981) befindet sich ein Verzeichnis aller deutschsprachigen Schultests, die im Sommer 1980 einem Lehrer zur Verfügung standen (Ingenkamp, 1981b). Zehn Jahre später findet man wiederum im Anhang von Tests und Trends 9 (Ingenkamp, 1991) eine Zusammenstellung der im Mai 1991 lieferbaren deutschsprachigen Schultests. Ein Vergleich zeigt, daß die Gesamtzahl nach einem starken Anstieg von 1960 über 1970 bis 1980 (Ingenkamp, 1985) fast gleich geblieben ist, daß sich aber der zahlenmäßige Anteil einzelner Testarten leicht verschoben hat (vgl. Kap. 2.2.2). Wenn man außerdem berücksichtigt, daß die Einstellung der Öffentlichkeit Tests gegenüber wesentlich kritischer geworden ist und daß die Erprobung von neuen Tests und der Einsatz von Tests in der Schule durch Lehrer durch Verordnungen und Erlasse von Schulbehörden und Ministerien zunehmend erschwert, wenn nicht sogar unmöglich gemacht wird, und wenn man hört, daß Lehrer im Unterricht immer weniger Tests einsetzen, dann könnte man zu der Ansicht kommen, daß die Testkritik der 70er und 80er Jahre tatsächlich Konsequenzen auf Testangebot und -nachfrage gehabt hat.

Eine solche vorschnelle Schlußfolgerung ist aber problematisch. Denn zuviele Einflußgrößen sind im Spiel: Änderungen der Lehrpläne, Rückgang der Schülerzahlen, eine gewandelte Einstellung zur Leistung, neue Unterrichtskonzepte und Lehrziele, z.B. in den Fremdsprachen, eine stärkere Betonung des Förderungskonzepts im Gegensatz zur Auslese, neue Schulformen, wie die Gesamtschule, nicht zuletzt aber auch eine striktere Einhaltung der Datenschutzbestimmungen. Auch die hohen Kosten einer Neuentwicklung von Tests oder auch nur einer Neunormierung in Anbetracht der manchmal sehr dünnen Kapitaldecke der Testverlage müssen berücksichtigt werden.

Alle diese Einflußfaktoren können einzeln oder gemeinsam zusätzlich zur Testkritik das Testangebot und die Nachfrage mehr oder weniger stark verändern, teilweise auch mit einer zeitlichen Verzögerung. Diese Veränderungen dürften sich auf den Gesamtumfang und die inhaltliche Zusammensetzung des Testangebots sowie auf die methodischen Standards der Verfahren auswirken.

Diese Überlegungen sollten berücksichtigt werden, wenn im folgenden versucht wird, einzelne Aspekte der methodischen Testkritik der frühen 70er Jahre aufzugreifen und ihre Konsequenzen zu untersuchen.

2.2.3.3 Kritik an den verwendeten Meßmodellen

Fast alle Tests werden auch heute noch auf der Grundlage der sog. Klassischen Testtheorie entwickelt (Gulliksen, 1950, Lienert, 1989). Eine Voraussetzung dieses Ansatzes ist, daß die Daten auf Intervallskalenniveau gemessen werden. Daß diese Voraussetzung im Rahmen der Klassischen Testtheorie nicht überprüfbar ist, ist schon lange bekannt (z.B. Fischer, 1968) und mußte nicht erst durch die radikale Testkritik aufgegriffen werden (z.B. Rexilius, 1978). In seiner Entgegnung weist Ingenkamp (1981a) auf Suppes & Zinnes (1963) hin, die den Standpunkt vertreten, daß das Skalenniveau weniger bedeutsam sei, solange der Test seinen Zweck, z.B. als Vorhersageinstrument, erfülle, oder auf Bortz (1984), der Testskalen in ihren meßtheoretischen Qualitäten zwischen Ordinal- und Intervallskalen ansiedelt. In Anbetracht der neueren Entwicklungen in der Meß- und Testtheorie sind diese Gegenargumente jedoch nicht mehr zufriedenstellend.

Die von der Testkritik aufgeworfene Frage nach dem Skalenniveau der Tests kann heutzutage mit Hilfe von probabilistischen Testmodellen, wie z.B. dem Modell von Rasch (siehe Fischer, 1968; 1974) oder dem CLA-Modell von Moosbrugger & Müller (1982) - letzteres bei Aufgaben mit Mehrstufenantworten - gelöst werden. Das Modell von Rasch wurde inzwischen verallgemeinert (z.B. Micko, 1970, Kempf, 1974) und in der pädagogischen Forschung eingesetzt (z.B. Spada & May, 1982). Es bildet die theoretische Grundlage für die Entwicklung von sog. adaptiven Tests (Kubinger, 1987). Das CLA-Modell wurde bisher bei der Entwicklung und der Analyse von Fremdsprachentests verwendet (Raatz, 1985a; 1985b).

Die probabilistischen Testmodelle haben gegenüber der klassischen Testtheorie den großen Vorteil, daß die Tests, die auf ihrer Grundlage entwickelt werden, auf einer eindimensionalen Intervall- oder sogar Verhältnisskala messen, und daß eine populationsunabhängige Bestimmung der Aufgabenschwierigkeiten möglich ist. In Anbetracht dieser Vorteile ist es eigenartig, daß nur eine verschwindend geringe Anzahl von Tests auf dieser Grundlage entwickelt worden ist. Kubinger (1988) nennt vier Skalenfragebogen und drei Tests, darunter das Adaptive Intelligenz Diagnostikum (AID) (Kubinger & Wurst, 1985). Bei der Durchsicht der Zusammenstellung der 1991 verfügbaren Schultests in Tests und Trends 9 (Ingenkamp & Jäger, 1991) findet man nur ein Verfahren,den Mannheimer Test zur Erfassung des physikalisch-technischen Problemlösens MTP (Conrad, Baumann & Mohr, 1980), bei dem zusätzlich eine Aufgabenanalyse nach Rasch durchgeführt wurde. In anderen Fällen wurde das RASCH-Modell nur zur Überprüfung der Eindimensionalität herangezogen, wie z.B. beim Anstrengungsvermeidungstest (AVT) von Rollett & Bartram (1977).

Es ist zu überlegen, weshalb die Testkritik im Bezug auf die testtheoretischen Grundlagen praktisch keine Auswirkungen gehabt hat und weshalb die proba-bilistischen Testmodelle bei den Autoren von Schultests auf so wenig Gegenliebe stoßen.

Probabilistische Testtheorien, z.B. das Modell von Rasch, sind mathematisch sehr viel komplexer als die klassische Testtheorie und erfordern deshalb nicht nur entsprechende Vorkenntnisse, sondern bei der Entwicklung eines Tests immer den Einsatz von Computern. Das sollte natürlich für einen Testautor kein Hinderungsgrund sein, denn es gibt inzwischen entsprechende Computerprogramme. Wichtiger ist vielleicht, daß für die meisten Testautoren und Testanwender nicht unmittelbar einsichtig ist, welche Vorteile dieser Ansatz bei einem normalen Schulleistungstest bringen würde und weshalb liebgewordene Konzepte wie Reliabilität und Standardmeßfehler nun nicht mehr sinnvoll sind.

Ein Vorteil wäre der, daß man die Eindimensionalität eines Tests überprüfen kann, denn dieses Problem kann im Rahmen der klassischen Testtheorie nicht gelöst werden. Vielleicht wäre eine Kombination beider Ansätze, des klassischen und des probabilistischen, bei der Entwicklung von Schultests sinnvoll. Dazu wäre aber bei den potientiellen Testautoren noch viel Überzeugungsarbeit und bereits im Studium eine bessere testtheoretische Ausbildung nötig.

2.2.3.4 Kritik an der Normorientierung von Tests

Im Rahmen der methodischen Testkritik wurde seinerzeit von den radikalen Testkritikern auch die Normorientierung von standardisierten Tests infrage gestellt. Wie Ingenkamp (1981a) ausführt, galt diese Kritik eigentlich eher der Auslesefunktion von Tests, welche mit der normorientierten Messung gleichgesetzt wurde. Dagegen favorisierten die Testkritiker (z.B. Scheckenhofer, 1975) die sog. kriterienorientierte oder auch lehrzielorientierte Leistungsmessung, die pädagogische, d.h. für eine gezielte Förderung bedeutsame Informationen liefern würde.

Ingenkamp (1981a) weist darauf hin, daß diese Auffassung zu einseitig ist. Auch normorientierte Tests können diagnostisch verwertbare Informationen als Grundlage für einen remedialen Unterricht liefern, wie z.B. die sog. "Diagnostischen Rechtschreibtests" DRT 1, DRT 2 und DRT 3 von Müller (1990; 1983a; 1983b), und lehrzielorientierte Tests können prinzipiell auch zur Auslese verwendet werden.

Kritik an der Normorientierung der Leistungsmessung in der Schule kam auch aus den Reihen der Forscher, die sich mit Lernschwierigkeiten befassen. Wenn man bei der operationalen Definition dieses Phänomens gruppenbezogene Normen zugrundelegt und zur Diagnose entsprechend normorientierte Tests oder andere Verfahren einsetzt, werden automatisch Schüler mit Lernschwierigkeiten produziert, und zwar unabhängig von ihren tatsächlichen Fähigkeiten. Das sind nämlich immer die Schüler, die am unteren Ende der Verteilung stehen (Zielinski, 1980, S.18)

Auch für Diagnose und Optimierung von Lernprozessen (Kormann, 1982) z.B. in der Unterrichtsforschung oder im Rahmen des remedialen Unterrichts sind normorientierte Tests wenig brauchbar, da sie höchstens die Veränderung der Position eines Schülers in der jeweiligen Referenzgruppe, nicht aber seinen absoluten Leistungsstand angeben. Hier wären lehrzielorientierte Verfahren sinnvoller.

Die aufgeworfenen Probleme sind wenigstens prinzipiell durch den Einsatz von sog. kriterien- oder lehrzielorientierten Tests lösbar. Im Gegensatz zu normorientierten Tests, die die relative Stellung einer Person in ihrer Bezugsgruppe angeben, sagen sie aus, ob z.B. ein Schüler das - durch Aufgaben operationalisierte - Lehrziel erreicht hat oder nicht, oder wie weit er noch von jenem entfernt ist.

Die aus den USA stammenden Anregungen zu dieser Art von Verfahren wurden in Deutschland am Anfang der 70er Jahre, wahrscheinlich im Zusammenhang mit der damaligen starken Kritik an den üblichen Tests, begeistert aufgegriffen. Insbesondere die theoretischen Grundlagen wurden ausgearbeitet und verfeinert (Klauer, Fricke, Herbig, Rupprecht & Schott, 1972, Fricke, 1972, Hilke, 1980, Schott, Wieberg & Neeb, 1983, Klauer, 1987) und Hinweise für die Entwicklung von lehrzielorientierten Tests gegeben (z.B. Herbig, 1976).

Leider haben diese theoretischen Entwicklungen keine praktischen Konsequenzen gehabt. Nach einer in Europa beispielhaften Aufwärtsentwicklung in den 70er Jahren in der Theorie der lehrzielorientierten Leistungsmessung trat eine Stagnation ein. Obwohl der Bedarf an entsprechenden Verfahren in der Unterrichtsforschung, aber auch im alltäglichen Schulunterricht groß zu sein schien, und obwohl genaue Anweisungen zur Konstruktion von lehrzielorientierten Tests vorlagen (Herbig, 1976), findet man beispielsweise in der Reihe Deutsche Schultests bzw. in Tests und Trends 9 (Ingenkamp, 1991) nur einen einzigen solchen Test: Der Mathematiktest für 2. Klassen (MT 2) (Feller, 1981) ist "lernzielorientiert".Unseres Erachtens ist diese Bezeichnung jedoch im Sinne der Theorie lernzielorientierter Tests irreführend. Der Test besitzt zwar eine sehr hohe curriculare Validität und eine stark linksschiefe Rohwertverteilung, bietet aber trotzdem die üblichen PR- und T-Normen an.

Welche Gründe kann es haben, daß die in der Theorie sehr fruchtbare Kritik der 70er Jahre in der diagnostischen Praxis offensichtlich völlig ohne Konsequenzen geblieben ist?

Lehrzielorientierte Tests, die bundesweit einsetzbar sind - sonst sind Testverlage nicht interessiert -, setzen einheitliche, sehr genau spezifizierte Lehrzielkataloge und einen vereinheitlichten Unterricht voraus. Beide Bedingungen sind bei uns aber nicht gegeben, einmal wegen der föderativen Struktur der Länder und den daraus resultierenden Unterschieden in den Curricula, die dazu noch relativ offen sind, zum anderen auch wegen der sog. pädagogischen Freiheit der Lehrer (s. auch Jäger, 1982). Lehrzielorientierte Tests sind wahrscheinlich nur als informelle Tests, bezogen auf eine bestimmte Klasse und einen ganz speziellen Lehrstoff, realisierbar (Wendeler, 1981), z.B. im Zusammenhang mit Modifikationsstrategien im Rahmen des remedialen Unterrichts.

Dazu kommt natürlich das weitgehende Desinteresse der heutigen Schulen und Lehrer an Tests, welches z.Zt. wieder abzunehmen scheint. Erst recht werden solche Lehrer nicht bereit sein, ihren Unterricht an einem ganz speziellen, durch Aufgaben operationalisierten und bis in die Einzelheiten vorgegebenen Curriculum zu orientieren, um dann einen formellen lehrzielorientierten Test anwenden zu können.

2.2.3.5 Kritik an Strategien und Zielsetzungen des Testeinsatzes.

Ingenkamp (1981a) führt aus, daß im Zusammenhang mit der Normorientierung immer wieder kritisch die Selektionsfunktion von Tests hervorgehoben wurde (z.B. Projektgruppe: Diagnostik in der Schule, 1973). Damit wird ein bereits früher in den USA geführte Diskussion aufgenommen (siehe Haase, 1978). Ingenkamp und Haase fassen diese Kritik zusammen, die sich gegen jede Art von Selektion in der und für die Schule richtet. Stattdessen wird individuelle Förderung für alle, insbesondere für Kinder aus den unteren sozialen Schichten verlangt, also "Förderdiagnostik" anstelle von "Selektionsdiagnostik" (vg. Kap. 2.2.1)

Hier geht es also nicht mehr um formale Eigenschaften von Tests, wie Skalenniveau oder Normorientierung, sondern um die Art und Weise, wie Tests verwendet werden, und um die Ziele des Testeinsatzes.

Wenn man annimmt, daß das intellektuelle Potential und die Eigenschaften eines Schülers relativ stabil sind und sich nur wenig verändern lassen, und wenn man zweitens davon ausgeht, daß sich das System Schule nicht verändern läßt, dann besteht die optimale Strategie darin, die Schüler auszuwählen, die "passen", und die abzulehnen, die nicht "passen". Hier wäre also eine Selektionsstrategie sinnvoll. Wenn man aber davon überzeugt ist, daß Schüler und Schule veränderbar sind und einander angepaßt werden können, dann muß eine Modifikationsstrategie gewählt werden.

Neben diesen beiden Strategien lassen sich noch verschiedene Zielsetzungen des diagnostischen Voegehens beschreiben, wie z.B. die normorientierte und die kriterienorientierte Diagnostik, die Status- und die Prozeßdiagnostik und die Diagnostik als Information für die anschließende Intervention. Strategien und Ziele sind jedoch nicht völlig unabhängig voneinander.

Pawlik (1976) und Jäger (1982) stellen Strategien und Zielsetzungen der Diagnostik genauer dar:

Bei der Selektionsstrategie wird eine Optimierung durch eine geeignete Auswahl von Personen und/oder Bedingungen erstrebt. Dabei sind bei der Personenselektion die Bedingungen gegeben, und es werden nach einem Optimierungskriterium bestimmte Personen ausgewählt und diesen Bedingungen zugeordnet. Bei der Bedingungsselektion werden umgekehrt zu vorgegebenen Personen optimale Bedingungen ausgesucht. Beispiele sind die Schulaufnahme in die Grundschule, wie sie früher praktiziert wurde, und die Schullaufbahnberatung.

Im Gegensatz dazu wird bei einer Modifikationsstrategie eine Optimierung durch eine Veränderung von Personen und/oder Bedingungen zu erreichen versucht. Bei der Personenmodifikation verändert man die Personen und paßt sie den Bedingungen an (Verhaltensmodifikation), bei der Bedingungsmodifikation verändert man die vorgegebenen Bedingungen. Beispiele sind einmal schulische Förderkurse oder Therapiemaßnahmen, zum anderen eine Verbesserung der Unterrichtsbedingungen oder der Lernmedien.

Bei den Selektionsstrategien wird vorausgesetzt, daß insbesondere die relevanten Eigenschaften der Personen stabil sind und im Rahmen einer sog. Statusdiagnostik mit geeigneten Verfahren diagnostiziert werden können. Eine Optimierung ist nur dann möglich, wenn zu jeder Person bereits geeignete Bedingungen vorhanden sind und nur noch zugeordnet werden müssen, und umgekehrt.

Bei den Modifikationsstrategien müssen geeignete Methoden zur Verhaltens- und Bedingungsmodifikation vorhanden sein. Diese müssen nicht nur mit geeigneten diagnostischen Verfahren ausgewählt werden, sondern sie müssen darüber hinaus mit anderen diagnostischen Verfahren auf ihre Effektivität hin überprüft werden. Hier ist also die sog. Prozeßdiagnostik , d.h die Messung von Veränderungen, notwendig (Petermann, 1978; 1986). Eine konkrete Anwendung dieses Ansatzes für das Lernen in der Schule hat z.B. Kormann (1982) untersucht.

Bei Selektionsentscheidungen werden in der Regel normorientierte Testverfahren eingesetzt. Im Rahmen von Modifikationsstrategien sollten kriterienorientierte Verfahren verwendet werden. Da solche aber als formelle Tests noch nicht zur Verfügung stehen, setzt man auch hier normorientierte Tests in Form der sog. "Diagnostischen Tests" ein, auf die bereits weiter oben hingewiesen wurde. In der Praxis werden meistens Mischstrategien eingesetzt (Pawlik, 1976, Jäger, 1982).

Wenn diagnostische Verfahren im Rahmen einer Modifikationsstrategie mit der Zielsetzung "Information für die Behandlung" (Pawlik, 1976) zur optimalen Vorbereitung und Kontrolle der Intervention eingesetzt werden sollen, ist ein adaptiver

Ansatz, also eine komplexe Verschränkung von einzelnen diagnostischen und therapeutischen Schritten, notwendig. Dieser "diagnostisch-therapeutische Prozeß" wird bei Jäger (1986, S. 343) beschrieben und durch Graphiken veranschaulicht. Ein praktisches Beispiel hierfür gibt Zielinski (1980) bei der Diagnose und Therapie von Lernschwierigkeiten. Er schlägt den folgenden Ablauf von diagnostischen und interventiven Verfahren vor, wobei der Diagnostiker immer dann eine Stufe weitergeht, wenn die Diagnose negativ oder die jeweilige Behandlung ohne Erfolg war (siehe Tab. 3):

Tab. 3: Ablauf des diagnostischen und therapeutischen Prozesses bei Lernschwierigkeiten

Diagnose	Behandlung
1. Überprüfung der Vorkenntnisse Symptomdiagnose durch formelle/informelle Tests	Verlängerung der Lernzeit, remedialer Unterricht
2. Überprüfung der Unterrichtsbedingungen Unterrichtsdiagnose durch Beobachtung, Befragung	Veränderung der Unterrichtsmethoden
3. Überprüfung des Lernverhaltens Verhaltensdiagnose durch Beobachtung, Befragung	Modifikation des Schülerverhaltens
4. Überprüfung der kognitiven Fähigkeiten Fähigkeitsdiagnose durch Tests	Modifikation singulärer Fähigkeitsdefizite, Verringerung der Anforderungen
5. Überprüfung der Kontextbedingungen Kontextdiagnose durch Beobachtung, Befragung	Modifikation von Kontextbedingungen (z.B. zuhause)

In einem solchen diagnostischen Prozeß werden in der Regel Mischstrategien, d.h. Selektions- und Modifikationsstrategien im Wechsel, eingesetzt und dabei je nach Fragestellung die unterschiedlichsten diagnostischen Verfahren verwendet. Jedoch betont Jäger (1982) in diesem Zusammenhang, daß nicht jedes diagnostische Verfahren nach Belieben für jede Strategie und jede Fragestellung eingesetzt werden kann. *Neue Fragestellungen* machen *neue Testverfahren* notwendig.

Falls die Kritik an Strategie und Zielsetzungen des Testeinsatzes der 60er und 70er Jahre irgendwelche Auswirkungen gehabt hätte, müßte sich das an einem relativen Rückgang der Intelligenztests, die ja in der Regel eher für Selektionszwecke eingesetzt werden, und einer Zunahme der "Diagnostischen Tests" im engeren Sinne, vielleicht sogar in Verbindung mit entsprechenden Förderprogrammen, niederschlagen.

Ein Vergleich der Testverzeichnisse von 1981 und 1991 zeigt dazu folgendes (vgl. Tabelle 1 in Kap. 2.2.2)

1. Die Anzahl der Intelligenztests, der Begabungstests und der speziellen Eignungstests ist mit 56 Verfahren im Jahre 1981 und 53 Verfahren im Jahre 1991 praktisch gleich geblieben. 11 Verfahren sind innerhalb dieses Zeitraums neu entwickelt worden.

2. Auch die Anzahl der diagnostischen Tests im engeren Sinne in Rechtschreibung, Lesen und Rechnen ist mit 14 im Jahre 1981 und 13 im Jahre 1991 ungefähr gleich geblieben.

Sehr positiv ist jedoch hier die relativ größere Anzahl von Neuentwicklungen, nämlich sieben diagnostischen Verfahren meist für den Primarschulbereich, insbesondere für den Deutschunterricht. Zu einigen dieser Tests werden gezielte Fördermaßnahmen angeboten, wie z.B. zum Diagnostischen Lesetest für 1. und 2. Klassen (DLF 1-2) (Müller, 1984) und zum Mathematiktest für 2. Klassen (MT 2) (Feller, 1981).

Betrachtet man diese Zahlen, so muß man folgern, daß die Kritik an Strategie und Zielen des Testeinsatzes, wenigstens was das Testangebot betrifft, kaum spezielle Auswirkungen gehabt hat. Die relativ hohe Zahl an Neuentwicklungen von diagnostischen Tests im Primarbereich läßt sich besser im Rahmen der Diskussion der Lese-Rechtschreibschwäche erklären, worauf noch eingegangen werden wird.

2.2.3.6 Kritik an modelltheoretischen Voraussetzungen für den Testeinsatz

Tests spielen eine wichtige Rolle bei der operationalen Definition von Konstrukten. Wenn man ein Konstrukt, wie z.B. Intelligenz oder Schulreife, durch die Angabe des jeweiligen Meßverfahrens definiert, wird die Kommunikation unter den Wissenschaftlern sehr erleichtert. Andererseits ist dabei von Nachteil, daß das Konstrukt u.U. durch diese Art der Definition sehr eingeschränkt oder simplifiziert wird und daß die Auswahl der Meßverfahren willkürlich ist. Das wohl bekannteste und immer wieder zitierte Beispiel einer operationalen Definition ist die Definition der Intelligenz von Boring (1923): "Intelligenz ist, was ein Intelligenztest mißt".

Wenn nun, beispielsweise als Konsequenz der radikalen Testkritik, bestimmte Arten von Tests infrage gestellt werden, oder wenn ihre Anwendung kritisch diskutiert wird, dann muß das einen Einfluß auf die Konstrukte haben, die mit diesen Tests operationalisiert werden. Umgekehrt wird eine andere modelltheoretische Auffassung solcher Konstrukte, wie sie vielleicht durch die allgemeine Gesellschaftskritik der 60er und 70er Jahre bedingt sein kann, die Art der jeweiligen Operationalisierung verändern, was sich dann mit einer entsprechenden Zeitverzögerung beim Testangebot bemerkbar machen müßte. Im folgenden soll diese Wechselwirkung zwischen modelltheoretischen Voraussetzungen und zugehörigen Tests anhand von drei Beispielen diskutiert werden. Es soll untersucht werden, welchen Effekt Änderungen in der Auffassung der Schulreife, der Lese-Rechtschreibschwäche und der Sprachbeherrschung in Mutter- und Fremdsprache auf das zugehörige Testangebot gehabt haben.

2.2.3.6.1 Schulreife

Die kritische Diskussion des Schulreifekonzepts und der damit verbundenen Schulreifetests in den letzten Jahrzehnten ist ein typisches Beispiel dafür, wie Änderungen eines modelltheoretischen Konzepts das entsprechende Testangebot beeinflussen (vgl. Kap. 2.2.1). Koob (1981) stellt diese Entwicklung ausführlich und kritisch dar.

Das frühere Konzept der Schulreife wurde in den 50er Jahren von Kern formuliert und durch den Grundleistungstest (GLT) operationalisiert (Kern, 1966). Nach Kern war das wichtigste Kriterium für diese sog. Schulreife die "Gliederungsfähigkeit", also die Fähigkeit, die Umwelt differenziert und gegliedert aufzufassen und wiedergeben zu können. Diese Grundfähigkeit wurde im Grundleistungstest gemessen. Auf der Grundlage dieses Konzepts wurden in der Folge weitere Schulreifetests entwickelt, die in der Hauptsache die Gliederungsfähigkeit meist auf zeichnerischer Grundlage erfaßten. Zusätzlich maßen diese Verfahren oft noch Mengenauffassung, Feinmotorik, Gedächtnis oder Sprachentwicklung.

In der Regel wurden aber die einzelnen Teilergebnisse zu einem Gesamtpunktwert zusammengefaßt. Ein solcher Test sollte vor Schuleintritt durchgeführt werden. Er lieferte dann auf der Grundlage des Gesamtpunktwerts Entscheidungskriterien dafür, ob das Kind "schulreif", "bedingt schulreif" oder "nicht schulreif" war. Bei fehlender Schulreife wurde es zurückgestellt und erfuhr meist keine zusätzliche spezifische Förderung, was ja auch aufgrund des reifungstheoretischen Ansatzes nicht sinnvoll war.

Ein typisches Beispiel für einen solchen Test ist der "Frankfurter Schulreifetest" (Roth, Schlevoigt, Süllwold & Wicht, 1968), der übrigens immer noch angeboten wird (Ingenkamp, 1991) .

Inzwischen konnten die Annahmen von Kern weitgehend widerlegt werden (z.B. Kemmler & Heckhausen, 1962). Die allgemeine Gliederungsfähigkeit korreliert mit der Intelligenz und hängt stark von Umweltbedingungen ab, sie ist trainierbar, und sie ist nur eine von einer Reihe von Eigenschaften, die für den Erfolg in der Grundschule von Bedeutung sind. Die Schulreife muß nicht abgewartet werden, sondern kann durch günstige Umweltbedingungen und Lernanreize gezielt gefördert werden, was bereits vor Schuleintritt, insbesondere aber in der ersten Klasse geschehen kann. Die alte Selektionsstrategie wurde also durch eine Modifikationsstrategie ersetzt, und aus der Schulreifediagnostik mußte eine Schuleingangsdiagnostik als Grundlage für eine individuelle Förderung werden (Krapp & Mandl, 1977).

In der Folge wurden auch die gesetzlichen Regelungen geändert, wonach z.B. in Nordrhein-Westfalen alle schulpflichtigen Kinder eingeschult werden müssen. Erst nach einem Zeitraum von 4 - 6 Wochen kann eine Schulfähigkeitsprüfung mit geeigneten Tests durchgeführt werden, um eine individuelle Förderung zu planen. Nur bei den vorzeitig eingeschulten Kindern ist eine Zurückstellung möglich (s. Koob, 1981).

In den Schuleingangstests neuer Art mußten möglichst alle die Merkmale erfaßt werden, die für den Schulerfolg wichtig waren und die gegebenenfalls individuell gefördert werden mußten. Alle diese Merkmale zusammen konstituieren das neue Konstrukt "Schulfähigkeit".

Koob (1981, S.47) hat die einzelnen Teilaspekte dieses Konstrukts in einer Liste zusammengestellt und jeweils Hinweise für ihre Diagnose gegeben. So müßte der kognitive Entwicklungsstand in Bezug auf Intelligenz, Sprache, Wahrnehmung, Gedächtnis und Mengenauffassung mit geeigneten Einschulungstests und weiteren speziellen Testverfahren erfaßt werden. Der körperlich-organische Entwicklungsstand soll mittels medizinischer Prüfungen, Motorik- und Sensoriktests usw. diagnostiziert werden. Mittels Beobachtungs- und Einschätzskalen lassen sich Informationen über den emotionalen und seelischen Entwicklungsstand gewinnen. Daten über die Familie, die Wohnverhältnisse, die Art der Erziehung und die leistungsthematische Anregung durch das Elternhaus sowie über den Kindergarten erhält man aus der Beobachtung, informellen Gesprächen oder speziellen Fragebögen. Außerdem müssen die Einflüsse der Schule berücksichtigt werden.

Der Schuleingangstest ist also nur noch ein Teil eines umfassenden diagnostisch - therapeutischen Prozesses, welcher u.U. schon vor dem Schuleintritt einsetzt und eine optimale Förderung des Kindes zum Ziel hat. Ein solches Verfahren sollte aus verschiedenen relevanten Untertests bestehen, eine Profilinterpretation gestatten und in der ersten Monaten der ersten Klasse durchgeführt werden können. Jeder einzelne Untertest müßte den Anforderungen an Reliabilität und Validität genügen und für sich normiert sein.

Koob (1981) hat die meisten der damals angebotenen Schulreife- und Schuleingangstests daraufhin untersucht, ob sie diesen Anforderungen genügen. Das Ergebnis war durchweg negativ. Einzig ein Tests erfüllte die Anforderungen an einen Schuleingangstest der neuen Art, das "Mannheimer Schuleingangsdiagnostikum

(MSD)" (Jäger, Beetz, Erler & Walther, 1991). Aber auch dieser Test erfaßt nur kognitive Variablen, allerdings ohne die Dimension Sprache, und müßte durch andere Verfahren ergänzt werden.

Für die Schuleingangsdiagnostik der Zukunft fordert Koob, daß sie ganz im Sinne einer Modifikationsstrategie möglichst frühzeitig Informationen über die Lernvoraussetzungen erfaßt, um gegebenenfalls sofort mit geeigneten Fördermaßnahmen einsetzen zu können. Dazu müßten die vorhandenen Testverfahren überarbeitet, um bestimmte Untertests ergänzt und neu normiert werden. Zu diesen Schuleingangstests sollten entsprechende Förderprogramme entwickelt werden.

Was ist aus diesen Forderungen geworden? Hat die Änderung des Schulreifekonzepts in den letzten 10 Jahren das Testangebot in diesem Bereich qualitativ und quantitativ verändert?

Ein Vergleich der Verzeichnisse der verfügbaren Schultests der Jahre 1981 und 1991 (Ingenkamp, 1981a, 1991) zeigt, daß im wesentlichen nach wie vor dieselben Einschulungstests angeboten werden, und dabei nicht etwa in einer inzwischen überarbeiteten Form.

Der einzige neue Test ist das "Kieler Einschulungsverfahren" (Fröse, Mölders & Wallrodt, 1986). Dieser Test erfaßt die folgenden Schulfähigkeitsdimensionen: Wahrnehmung, Umgang mit Mengen, Denkfähigkeit und Kenntnisse, Sprache, Gedächtnis, Motorik, Leistungsmotivation, Arbeitsverhalten, den sozialen und den emotionalen Bereich. Die entsprechenden Informationen werden im Elterngespräch, in einem Unterrichtsspiel und in einer Einzeluntersuchung gewonnen, wobei auch die Beobachtungen ausgewertet werden. Das Urteil des Schulpraktikers, die individuelle Vorgeschichte des Schülers und seine familiäre Umgebung spielen eine große Rolle. Mit Bezug auf die üblichen Gütekriterien ist das Verfahren sehr zufriedenstellend, insbesondere ist die Übereinstimmungsvalidität mit dem Lehrerurteil und dem ersten Schulerfolg sehr hoch.

Allerdings ist dieses komplexe Verfahren nicht so einfach durchzuführen wie andere Schuleingangstests. Eine intensive fachpsychologische Schulung des Testleiters dürfte notwendig sein.

Sieht man von diesem einen neuen Testverfahren ab, so ist insgesamt leider festzustellen, daß die Schulreifediskussion und die Veränderung dieses theoretischen Ansatzes bisher keinen Einfluß auf das entsprechende Schultestangebot gehabt hat.

2.2.3.6.2 Lese-Rechtschreibschwäche

Die Lese-Rechtschreibschwäche, oder, wie man früher sagte, die Legasthenie, ist wohl die bekannteste, folgenreichste und deshalb wohl auch am meisten untersuchte Lernschwäche. Bis in die Mitte der 70er Jahre definierte man Legasthenie nach Linder (1951, S.100) als "eine spezielle, aus dem Rahmen der übrigen Leistungen fallende Schwäche im Erlernen des Lesens (und indirekt auch des selbständigen orthographischen Schreibens) bei sonst intakter (oder im Verhältnis zur Lesefertigkeit relativ guter) Intelligenz".

Entsprechend dieser Definition wurde das Konstrukt in der Folgezeit dadurch operationalisiert, daß man bei einem Schüler einen Rechtschreibtest und einen Intelligenztest, seltener zusätzlich einen Lesetest, durchführte und die Testergebnisse mit bestimmten kritischen Grenzwerten verglich. Als solche Grenzwerte legte beispielsweise Valtin (1970) für den Intelligenztest einen Mindest-IQ von 90, für den Rechtschreibtest einen höchsten Prozentrang von 5 fest. Andere LRS-Forscher schlugen andere kritische Werte vor. Bei der Diskussion der Herkunft dieser Lernschwäche wurden insbesondere eigenschaftstheoretische Modelle herangezogen und als mögliche Ursachen z.B. eine Differenzierungsschwäche, Konzentrationsschwächen oder eine spezielle Intelligenzstruktur (z.B. Angermeier, 1970, Valtin, 1973) angegeben. Die Intervention setzte entsprechend gezielt bei den kindlichen Defiziten ein, mit einem Rechtschreib- oder Lesetraining bzw. Differenzierungs- oder Konzentrationsübungen.

Dieser modelltheoretische Ansatz erforderte zur Diagnose und für die Vorbereitung und Kontrolle der Behandlung, aber auch zur Früherkennung dieser Lernschwäche Rechtschreib- und Lesetests, Intelligenztests und Konzentrationstests für die Primarstufe. So ist es kein Wunder, daß diese Tests im Schultestangebot so stark vertreten sind.

Diese Situation änderte sich schlagartig, als Schlee (1976) in seinem Buch mit dem provozierenden Titel "Legasthenieforschung am Ende?" das gesamte Konzept infrage stellte (vgl. Kap. 2.2.1 und 2.2.2). Er diskutierte u.a. die relative Beliebigkeit der Definition, die von den jeweils verwendeten Tests und der Festlegung der kritischen Grenzen abhing und die Legasthenie zu einem psychometrischen Artefakt machte, und er versuchte zu zeigen, daß Schulsystem, Lehrer und schlechter Unterricht die Hauptursachen für Schwierigkeiten beim Lesen- und Schreibenlernen wären. Außerdem kritisierte er, daß durch die Verwendung des Intelligenztests bei der Diagnose "dumme" Schüler mit schlechten Lese- und Rechtschreibleistungen von der Förderung ausgeschlossen würden.

Diese Kritik von Schlee und weitere ähnliche Arbeiten haben die Legasthenieforscher, aber insbesondere Lehrer und Eltern nachhaltig verunsichert. In den darauffolgenden Jahren ergaben sich die folgenden Konsequenzen:

- Die Bezeichnung Legasthenie wurde durch Lese-Rechtschreibschwäche ersetzt.
- Bei der Diagnose wurde nicht mehr ein Intelligenztest durchgeführt, sodaß alle Kinder mit Problemen beim Lesen- und Schreibenlernen in den Genuß einer Förderung kamen.
- dafür sollten zusätzliche Informationen z.B. aus dem sozialen oder emotionalen Bereich mit erfaßt werden.
- Zur Erklärung einer Lese-Rechtschreibschwäche wurden multi-kausale Modelle herangezogen (z.B. Betz & Breuninger, 1987)

- Die entsprechenden Erlasse aller Bundesländer wurden nacheinander diesem Konzept angepaßt, zuletzt am 19.7.91 in Nordrhein-Westfalen.

Diese Entwicklung hat Dummer (1986) sehr genau nachgezeichnet. Dabei ist sie insbesondere auf die neue Rolle der pädagogischen Diagnostik und den möglichen Einsatz von Schultests eingegangen: Nach einer Analyse aller bis 1986 vorliegenden neuen Erlasse weist sie z.B. darauf hin, daß sich die Diagnose einer LRS in erster Linie auf die Beobachtungen des Lehrers und auf die Schulnoten stützen soll. Tests werden nur in Ausnahmefällen erwähnt und sollen wohl eher nur besonders ausgebildeten Spezialisten, wie Schulpsychologen, vorbehalten bleiben.

In dem neuesten Erlaß des Landes Nordrhein-Westfalen (1991) wird eine sehr ausführliche Analyse der Lehrsituation nach schulischen, sozialen, emotionalen, kognitiven und physiologischen Bedingungen gefordert und zur Diagnose ausgeführt: "...Die bloße Feststellung des Ausmaßes von Versagen genügt nicht. Die Analyse stützt sich in erster Linie auf die Reflexion über den eigenen Unterricht und die kontinuierliche Beobachtung der Schülerin und des Schülers. Die Lehrerin oder der Lehrer wird sich gegebenenfalls der Beratung durch eine in der LRS-Förderung besonders erfahrene Lehrkraft versichern. In Einzelfällen wird sich die Notwendigkeit ergeben, zusätzlich den Rat einer Schulpsychologin oder eines Schulpsychologen oder anderer in der LRS-Diagnose erfahrener Fachleute einzuholen....." (S.174)

Es ist zu befürchten, daß diese Degeneration des Konstrukts Legasthenie zu einem diagnostisch sehr viel unschärferen Konzept einer Lese-Rechtschreibschwäche - so berechtigt die Kritik von Schlee auch gewesen sein mag-, das Interesse an der Durchführung von Tests in der Primarstufe mit der Zeit stark reduzieren wird.

Das Angebot von Rechtschreibtests, insbesondere von diagnostischen Verfahren im engeren Sinne teilweise in Verbindung mit speziellen Fördermaßnahmen, und auch von Lesetests für die Primarstufe ist groß. Hier sind sogar in den letzten Jahren neue Verfahren entwickelt worden, wie z.B. der "Grundwortsschatz Rechtschreib-Test für 4. und 5. Klassen (GRT 4+) (Birkel, 1990). Das ist im Sinne einer exakteren Diagnose einer Lese-Rechtschreibschwäche sehr zu begrüßen. Allerdings ist zu fragen, ob dieses große Angebot von Rechtschreibtests gerade für diese Schulstufe auf die Gegenliebe der Primarstufenlehrer insbesondere vor dem Hintergrund der neuen Erlasse stößt. Die prinzipiell vorhandenen diagnostischen Möglichkeiten (Zielinski & Schneider, 1986) werden in der schulischen Praxis wohl kaum realisiert werden.

2.2.3.6.3 Sprachbeherrschung

Sprachtests, insbesondere in der Muttersprache, nehmen im Testangebot einen breiten Raum ein. Ingenkamp (1991) führt - ohne die österreichischen und Schweizer Bearbeitungen und ohne die informellen Tests - 3 allgemeine Deutschtests, 16 Rechtschreibtests, 10 Lesetests, 3 Wortschatztests und 3 sonstige Deutschtests, also insgesamt 35 Verfahren sowie 3 Fremdsprachentests auf. Diese Tests sind ausschließlich Papier-Bleistift-Verfahren, meist mit Antwort-Auswahl-Aufgaben, und sie erfassen u.a. die traditionellen Bereiche Rechtschreibung, Wortschatz, Leseverständnis oder Grammatik. Das gilt sowohl für die muttersprachlichen als auch für die wenigen fremdsprachlichen Tests.

Diesen Tests liegt ein psychometrischer Ansatz zugrunde, wie er von Spolsky (1981) als "Trend" beschrieben worden ist, wie auch die Ansicht, daß sich "Sprache" in voneinander unabhängige Teilbereiche aufspalten und mit jeweils vielen, inhaltlich validen Items messen ließe. Solche Teilbereiche sind Sprechen, Hören, Schreiben und Lesen mit den Komponenten Grammatik, Wortschatz oder Rechtschreibung.

Die Items werden aufgrund von Analysen von Lehrplänen oder einschlägigen Lehrwerken entwickelt, wobei gängige Aufgabentypen zur Anwendung kommen. Linguistische Grundlagen bilden z.B. die Fehleranalyse oder die strukturalistische Grammatik.

Diese Auffassung von Sprache und von Sprachbeherrschung hat sich mit der sog. Chomskyschen Revolution stark verändert. Faktorenanalysen von Sprachtests sowie Analysen nach dem CLA-Modell (Raatz, 1985) ergeben immer wieder, daß Sprache ein eindimensionales Konstrukt ist. Auch Lehrer wissen, daß man einzelne Teilbereiche oder Komponenten der Sprache nicht separat unterrichten oder fördern kann, ohne auch andere mit zu unterrichten. Außerdem soll in einem modernen muttersprachlichen und fremdsprachlichen Unterricht die Förderung der kommunikativen Kompetenz im Vordergrund stehen, wobei Hören und Sprechen denselben oder sogar einen höheren Stellenwert haben sollen wie Lesen und Schreiben. Die Situationen, in denen Sprache im Unterricht verwendet wird, sollen möglichst authentisch sein.

Diese veränderte Auffassung des Konstrukts Sprachkompetenz hat natürlich die Sprachdiagnostik beeinflußt. Spolsly nennt diesen Trend in der Diagnostik den "psycholinguistischen" Trend und fordert hier ganzheitliche Testverfahren auf psycholinguistischer Grundlage, die möglichst authentische Aufgabenstellungen mit authentischem sprachlichen Material enthalten. Beispiele hierfür sind das strukturierte Interview oder das Diktat. Ein anderer Ansatz arbeitet nach dem Prinzip der reduzierten Redundanz mit Originaltexten, die beschädigt wurden und vom Probanden rekonstruiert werden müssen. Beispiele hierfür sind der CLOZE-Test (Klein-Braley, 1981, Oller, 1973, 1979) und der C-Test (Raatz & Klein-Braley, 1983).

Solche ganzheitlichen Testverfahren, welche der modernen Auffassung von Sprache sehr viel besser entsprechen, können insbesondere dann eingesetzt werden, wenn eine globale Aussage über die Sprachbeherrschung erforderlich ist, wie beispielsweise bei Differenzierungsproblemen oder zur Überprüfung der - ebenso globalen - Schulnote. Herkömmliche, spezifische Sprachtests können in Zusammenhang mit der Förderung einzelner Teilfertigkeiten verwendet werden.

Hat diese Änderung in der Auffassung des Konstrukts Sprachbeherrschung einen Effekt auf das Testangebot gehabt? Vergleicht man die Anzahlen der verfügbaren Sprachtests 1981 und 1991 (Ingenkamp, 1981b; 1991; vgl. Tab. 2 in Kap. 2.2.2), so ergibt sich bei den Deutschtests eine Abnahme von 40 auf 35 Verfahren, bei den Fremdsprachentests eine Abnahme von 8 auf 3 Verfahren. Die Anzahl der deutschen Rechtschreibtests ist mit 16 insgesamt konstant geblieben, wobei es hier sogar 4 Neuentwicklungen und 7 "Diagnostische" Tests gibt.

Keiner der 1991 vorhandenen Sprachtests ist ein integrativer Test. Der erste Test dieser Art ist der "C-Test Deutsch für 4. Klassen (CT-D 4)" (Raatz & Klein-Braley, 1992).

Zusammenfassend kann konstatiert werden, daß sich modell-theoretische Veränderungen bei dem Konstrukt Sprachverständnis bisher kaum auf das Angebot von muttersprachlichen Tests ausgewirkt haben. Allerdings hat sich das Gewicht der Rechtschreibtests auch bei den Neuentwicklungen verstärkt, was sicherlich im Zusammenhang mit der Diagnose der Lese-Rechtschreibschwäche zu sehen ist, aber sicher auch damit, daß solche Tests leichter zu entwickeln sind und für Testverlage sicherlich ein immer lohnendes Geschäft sind. Der einzige Effekt ist bei dem sehr viel geringeren Angebot an Fremdsprachentest zu erkennen.

Abschließend sei auf den Beitrag von Raatz, Voss & Klein-Braley (1991) verwiesen, die diese Fragestellung insbesondere für den Englischunterricht in unseren Schulen behandeln und ebenfalls zu dem Schluß kommen, daß sich zwar die konzeptuellen Grundlagen des Sprachlernens geändert haben, daß aber in der Praxis immer noch die traditionellen Verfahren der Sprachdiagnostik absolut vorherrschend sind.

2.2.3.7 Folgerungen

Faßt man die Ergebnisse der bisherigen Überlegungen zusammen, so muß man feststellen, daß die -methodische- Testkritik der 70er Jahre zwar die Theorienbildung stark beeinflußt und die Entwicklung neuer testtheoretischer Ansätze gefördert hat, andererseits aber kaum praktische Auswirkungen auf das Testangebot zu Beginn der 90er Jahre gehabt hat. Ähnliches gilt für gewisse modelltheoretische Ansätze. Auch hier haben sich Konstrukte, teilweise als Konsequenz der allgemeinen Gesellschaftskritik der damaligen Zeit stark verändert. Diese neuen Vorstellungen haben aber das Testangebot bisher kaum beeinflußt.

Gibt es eine Erklärung für diesen unbefriedigenden Zustand? Diese Frage läßt sich schlüssig nicht beantworten, worauf bereits hingewiesen wurde. Einige Vermutungen seien hier erlaubt:

- Die Entwicklung von Tests ist teuer, insbesondere wenn genügend große repräsentative Stichproben für Erprobung und Eichung angestrebt werden. Die finanziellen Mittel müssen in der Regel von den Testverlagen vorgestreckt werden und kommen erst allmählich wieder herein. Tests binden also viel Kapital. Verlage sind deshalb wohl in erster Linie an der Neuentwicklung, aber auch an der fast genauso teuren Bearbeitung von Tests interessiert, wenn ein echter Bedarf vorliegt und der Absatz in der ganzen Bundesrepublik einigermaßen garantiert ist. Aus diesen Bemerkungen wird klar, daß von Verlagsseite das Interesse z.B. an Rechtschreibtests sicher größer ist als an ganz speziellen Schulleistungstests. Hinzu kommt, daß sich die Einstellung der Schulen und Lehrer zu formellen, käuflichen Tests in den letzten Jahren stark verändert hat. Eine allgemeine Testmüdigkeit hat sich breit gemacht. Informelle Tests werden propagiert (Wendeler, 1981), die dann im Endeffekt doch wieder zu den herkömmlichen Methoden der Pädagogischen Diagnostik werden. So wählte beispielsweise bei der Abschlußprüfung einer Fortbildungsveranstaltung zum Beratungslehrer, die der Verfasser wissenschaftlich betreut hatte, von 42 Kandidaten kein einziger das Thema Testdiagnostik. Am beliebtesten waren die Themen Gesprächsführung, remedialer Unterricht und Beratungstechniken. Diese Beobachtung zeigt, was nach Ansicht der Lehrer von Bedeutung ist.

In Anbetracht dieses Trends müssen die Testverlage um so mehr bei Neuentwicklungen finanzielle Gesichtspunkte berücksichtigen.

- Weiterhin schränken Vorschriften und Erlasse der Schulbehörden in allen Bundesländern empirische Untersuchungen und Testdurchführungen in Schulen stark ein und machen sie teilweise genehmigungspflichtig (s. hierzu Avenarius, 1990). Das ist im Zusammenhang mit der Überarbeitung oder Neuentwicklung von Schultests leider von großer Bedeutung. Denn bei der Erprobung von Tests, insbesondere aber bei der Eichung, sind große repräsentative Zufallsstichproben erforderlich. Früher war es leichter, solche Stichproben zusammenzustellen, da sich Lehrer frei für die Mitarbeit entscheiden konnten. Heute ist hierfür meist die Genehmigung einer Schulbehörde notwendig, und viele Lehrer machen ihre Mitarbeit vom Vorliegen einer solchen Genehmigung abhängig. Das könnte eine Erklärung dafür sein, daß Eichstichproben kaum noch repräsentativ oder oft zu klein sind und daß oft in ihnen ganze Bundesländer nicht vertreten sind.

- Zusätzlich erschweren Datenschutzbestimmungen die Entwicklung von Tests (s.a. Kap. 2.2.1). Es ist zur Zeit oft nicht ohne weiteres möglich, Angaben über den Beruf des Vaters oder der Mutter oder andere Hintergrundinformationen zu erhalten. Manche Lehrer haben sogar Skrupel, Zeugnisnoten mitzuteilen. Dadurch werden z.B. Untersuchungen über Zusammenhänge zwischen Testergebnissen und Sozialstatus, wie sie von der Testkritik gefordert werden, sehr erschwert. Natürlich könnten in diesem Falle Daten anonymisiert und auf geeignete Weise einander zugeordnet werden. Aber eine solche Maßnahme erfordert eine stärkere Beteiligung der betreffenden Lehrer und erhöht die Fehlerrate.

- Schließlich ist noch auf den Zeitfaktor hinzuweisen. Es dauert oft sehr lange, bis veraltete Tests aus dem Markt genommen werden, da die Verlage hierfür andere Entscheidungskriterien haben als die Wissenschaftler. Andererseits dauert die Neuentwicklung eines Verfahrens einschließlich der notwendigen Vorarbeiten, wie einer Analyse der Lehrpläne und der verschiedenen Erprobungen, meist mehrere Jahre, wobei durchaus die Gefahr besteht, daß das geplante Verfahren durch Änderungen im Schulsystem oder bei den Lehrplänen ad absurdum geführt wird.

Vielleicht ist der Zeitraum von 20 Jahren zu kurz für eine Analyse der Einflüsse der radikalen Testkritik auf das gegenwärtige Testangebot. Wenn es Auswirkungen gegeben hat, machen sie sich wahrscheinlich erst später bemerkbar.

2.2.4 Qualitative Testverfahren in der Entwicklung pädagogisch-diagnostischer Methodik (Holger Probst)

2.2.4.1 Standardisierte qualitative Verfahren als neuer methodischer Versuch

In der Entwicklung qualitativer Testverfahren liegt die interessante Herausforderung weniger in der Verfeinerung und Pflege ideografischer Beurteilung, sondern eher in der Entwicklung qualitativer Strukturprinzipien bei standardisierten Verfahren. Die standardisierten (und insofern nomothetischen), aber gleichwohl qualitativen Verfahren, die in den vergangenen zwanzig Jahren, spürbar aber erst in jüngster Zeit nach Beachtung verlangen, verwenden diagnostische Kategorien, die "wiederverwendbar" sind und auf alle Probanden des Geltungsbereiches zutreffen können. Damit grenze ich eine Branche dessen, was als qualitative Diagnostik entwickelt und vertreten wird, aus dieser Darstellung aus, weil sie Unikate hervorbringt, nämlich einmalige Fälle von Person- und/oder Situationsbeschreibungen und Förderplanungen (z.B. Kornmann, 1988; Kautter, 1988; Moog, 1990; Dehn, 1986). Im Extrem wird (qualitativ-) idiografisches Vorgehen als "ethnografisches" Vorgehen verstanden und als neue Diagnostik gegenüber jeglicher Verwendung standardisierter Verfahren bevorzugt (Eberwein, 1985; Bellusa & Eberwein, 1988). Im Gegensatz zum idiografischen Zugang weisen die hier erörterten Verfahren ein Mindestmaß der Standardisierung hinsichtlich Aufgabenstellung, Bewertung der Probandenreaktion und der Interpretation auf.

In der Bezeichnung 'formative Diagnostik' (s. Pawlik, 1976; Jäger, 1982) klingt der Versuch an, die gemeinten Verfahren(sweisen) durch ihre hilfreiche und interventionsbezogene Absicht herauszuheben, wie es besonders zur Begründung der (sonder-)pädagogischen Förderdiagnostik geschah (s. Kornmann, Meister & Schlee, 1983). Dies konnte jedoch zu keiner dauerhaften Kategorisierung der Verfahren führen, weil der Verwendungszweck nicht im Bauprinzip des Verfahrens begründet liegt, sondern wandelbar ist. So konnten Autoren psychometrische Intelligenztests als formative (Förder-) Diagnostika ausgeben, weil sie die Indikation von Förderung aus den Resultaten zu folgern empfahlen (z.B. Bundschuh, 1980, 1985). Nach dieser Logik kommt auch konventionell normierten Tests (z.B. dem Diagnostischen Rechtschreibtest 2 und 3, DRT 2,3, Müller, 1983; Frostigs Entwicklungstest der visuellen Wahrnehmung, FEW, Lockowandt, 1976), und seit dem Erscheinen des Denktrainings für Kinder (Klauer, 1989, 1990) auch Intelligenztests das Attribut 'formatives (z.B. förderdiagnostisches) Verfahren' zu. Die mitunter ähnlich konnotierten Eigenschaften "qualitativ" und "formativ" sind demnach nicht am Zweck des Verfahrens festzumachen. Vielmehr soll es das Konstruktionsprinzip sein, das qualitiativ-standardisierte Verfahren hier von idiografischen wie auch von psychometrischen Verfahren(-sweisen) abhebt. Nach dieser Abgrenzung kann eine erste Aufzählung folgende Verfahrensweisen als qualitative und standardisierte (nomothetische) Verfahrensansätze benennen:

- Verfahren, die aus einer empirisch-theoretischen Entwicklungsfolge (z.B. Bruner, 1971; Kohlberg, 1976; Probst, 1981; Günther, 1986; Spitta, 1986; siehe auch Flammer, 1988) ihre Bezugskategorien beziehen. Diese mögen sein: das Medium der mentalen Repräsentation, der Stand der moralischen Entwicklung, der semantische Modus bei der Gruppierung von Gegenständen, die Strategien des Umganges mit Schriftsprache etc.). Manche Testverfahren nehmen zwar ihren Ausgang von (qualitativen) Theorien der (z.B. sprachlichen) Entwicklung oder von der Struktur eines Sachbereiches (z.B. Lautunterscheidung), greifen aber bei der empirischen Operationalisierung zum klassischen Konstruktionsprinzip und verlieren mit diesem Schritt den qualitativen Charakter, den sie nach der zugrundliegende Theorie haben könnten (z.B. Heidelberger Sprachentwicklungstest, Grimm & Schöler, 1978, siehe auch Grimm & Schöler, 1985, S.37f., Testbatterie zur Erfassung kognitiver Operationen, TEKO, Winkelmann, 1975, Bremer Lautdiskriminationstest, Niemeyer, 1976, Hörverstehenstest, Urban, 1986; siehe unten Abschnitt 2.2.4.4.1).

- Verfahren, die aus Aufgaben oder Untertests bestehen, zwischen denen nur bestimmte Lösungsvektoren, z.B. hierarchische Konfigurationen von Item-/ Untertestlösungen aufgrund theoretischer Überlegungen oder/und empirischer Erprobung erwartet werden (Kornmann & Schäffler, 1988; Probst, 1987, 1990; siehe unten Abschnitt 2.2.4.4.2.).

- Verfahren, die einen Inhaltskatalog inventarisieren, indem sie eine Anzahl gleichgeordneter, nominaler "Skalen" ohne Strukturannahme abfragen und als Ergebnis in einer Liste protokollieren (z.B. Brügelmann, 1984, 1986; Rathenow & Vöge, 1982; Apel u.a., 1989; Otte, o.J.; siehe unten Abschnitt 2.2.4.4.3).

- Verfahren, die die Ausführung von Handlungen bzw. Operationen im Sinne zugrundeliegender Theorien (z.B. ein Rechenalgorithmus) deuten. Dies sind Verfahren zur ex post erfolgenden Fehleranalyse, wie die Analyse von Verlesungen (Hofer, 1976; Probst, 1985; Troßbach-Neuner, 1989; Abele, Kornmann & Schnattinger, 1989), von Fehlschreibungen (Brügelmann, 1990; Börner, 1990; Wendeler, 1989) und von Rechenfehlern (Gerster, 1982; Radatz, 1980). Sie verwenden teils allfälliges, teils standardisiertes und teils zudem nach Anforderungen strukturiertes Material.

- Die Methode der systematischen Itemvariation als diagnostisches Prinzip ist in ihrem qualitativen Charakter eindeutig. Standardisiert ist sie dann, wenn die Aufgaben und die Stufen der Anforderungsvariation festgelegt sind (z.B. Kornmann, Wagner & Ehret, 1990).

In formallogischer Hinsicht ist für diese Verfahrensweisen charakteristisch, daß die Items multiplikativ verknüpft sind, d.h. kein Item kann das andere ersetzen, jede Kategorie hat eigene, nicht kompensierbare Bedeutung. Im Gegensatz dazu können bei quantifizierenden Verfahren verschiedene Lösungsvektoren zu demselben Endergebnis führen, weil sie additiv und damit kompensierend verknüpft sind.

2.2.4.2 Strömungen, die zum Aufkommen qualitativer Diagnostikverfahren führten

Die Entwicklung qualitativer diagnostischer Zugangsweisen seit den 70er Jahren motivierte sich wesentlich aus der Absicht, Wege der Förderung zu indizieren und das Plazieren nach bestpassender Institution und die objektivierte Leistungsmessung als vorherrschende Diagnoseziele (siehe Tent, 1969; Heller, 1974; Ingenkamp, 1975) zu überwinden. Dazu trugen verschiedene Strömungen bei:

Während das psychometrische Paradigma in der Bundesrepublik der 60er Jahre gerade erst die Diagnostik spekulativ-geisteswissenschaftlicher Tradition zu ersetzen im Begriff war (Lienert, 1961; Drenth, 1969), so sah es sich bereits mit der Studentenbewegung von 1968, von Positivismuskritik auf dem Hintergrund der Kritischen Theorie der Frankfurter Schule (Grubitzsch & Rexilius, 1978, siehe auch Holzkamp, 1970) und alsbald auch von der Rezeption des Tätigkeits- und des Aneignungskonzeptes (Leontjew, 1973) sowie von der aufkommenden Kritischen Psychologie (Holzkamp, 1973) als Gegenbewegungen angefochten. Dabei wurde die zahlreiche Testproduktion, die ab ca. 1967 einsetzte, bereits seit Anfang der 70er Jahre mit Kritik und Gegenmodellen konfrontiert (Projektgruppe, 1973; Probst, 1973; Barkey, 1976; Garten, 1977) die z.T. alsbald in der Losung "Förderdiagnostik" ihr positives Gegenbild formulierten (Kobi, 1977).

Die psychometriekritische Strömung in Wissenschaft und Lehrerausbildung drückte aus, was eine Generation junger Lehrkräfte besonders an Grund-, Sonder- und Gesamtschulen vertrat, die alsbald ihre aufklärerisch und lehrerkritisch motivierten Hoffnungen in Tests (Weiss, 1965, 1968; Ingenkamp, 1974; Weinert & Schrader, 1986) enttäuscht sahen und durch ihre Aversion die Testanwendung in Schulen zum Daniederliegen brachten (s. Kormann, 1989; vgl. Ingenkamp, 1989, und Kap. 2.2.3).

Die Optimierung von Schüler-Schule-Zuordnungen durch objektive und gerechte Empfehlung oder Zuweisung von Lernplätzen auf der Grundlage psychometrischer Testinformation (Tent, 1969; Heller, 1974) erhielt aber auch im Zuge der Gesamtschuldiskussion Widerspruch: Das sozialdemokratische Bildungskonzept öffnete die Bildungseinrichtungen "nach unten", und die Vorhersagekraft der verwendeten Prognostika erschien immer weniger Handhabe zu bieten (siehe Ingenkamp, 1985, S. 192; Kühn, 1987), Schüler von angestrebten Bildungswegen abzuhalten. Auch die kritische Sicht des Verhältnisses zwischen Regel- und Sonderschulen bezweifelte die Angemessenheit von Schulzuweisungen auf der Grundlage von Intelligenz- und Schulleistungswerten (Kornmann, 1974; Langfeldt, 1976). Dieses Verhältnis und damit die Aufgaben von pädagogischer Diagnostik darin sehen Schulpraktiker inzwischen neuartig: "Wir wollen eine Grundschule ohne Aussonderung und eine integrative Beschulung auch in den weiterführenden Schulen, deshalb dienen alle diagnostischen Verfahren ausschließlich der differenzierenden und individuellen Förderung" (Breuer, Otte u.a, 1991).

Den in Schule und Wissenschaft geäußerten Vorbehalten liefen soziologische Entwicklungen parallel, die die Rahmenbedingungen (wie klar definierte Geltungsbereiche, konstante Bezugspopulation) für das, was psychometrische Tests bis dahin zu leisten gedacht und imstande waren (wie Feststellen und Vorhersagen des Schulerfolgs, Zuweisung zum bestpassenden Schultyp), erheblich verschlechterten: Das Frankfurter Grundschulmanifest von 1989 resümierte den unterdessen entstandenen Zustand der Schülerschaft, unter dem das Ziel objektiver und rationaler Plazierung von Schülern (Tent, 1969 S. 24) schwieriger begründbar und erreichbar wurde. Außerdem stieg unter den Lehrkräften des Grundschulalters die Bereitschaft, mit heterogenen Schülergruppen zu arbeiten, so daß diese inzwischen weniger Veranlassung sehen, Lerngruppen nach globalen Leistungsmerkmalen zu homogenisieren. Zu dieser neuen oder neu erkannten Heterogenität der Schüler führten folgende Faktoren (Arbeitskreis Grundschule, 1989):

- Entwicklungsunterschiede zwischen "normalen" Erstkläßlern von drei bis vier Entwicklungsjahren im Bezug auf bestimmte Fächer (Rathenow, 1987; s.a. Treinies, 1990).

- Nach Art und Umfang divergierende soziokulturelle Erfahrungen der Grundschulkinder, je nachdem auf welchem Schenkel der Schere zwischen Neuer Armut und Begüterung sie sich befinden.

- Divergierende soziale und kulturelle Erfahrungen der Kinder durch 40% Einzelkinder, durch Kinder Alleinerziehender, durch Kinder ausländischer Arbeitnehmer.

- Verarmung kindlicher Erfahrungsräume, Medienkonsum, Leben aus zweiter Hand und organisierte Freizeit schaffen auseinanderklaffende Lernausgangsbedingungen.

- Die integrative Beschulung von Kindern mit Schädigungen erzeugt neuartige pädagogische Anforderungen und Möglichkeiten, auch für nicht-behinderte Kinder.

Unter diesen Umständen erlangten Konzepte wie individualisierte Förderung, auf den Lernstand abgestimmte Anforderungen, bereichsspezifische und ipsative Beurteilungen an Überzeugungskraft, und mit ihnen entstand der Bedarf nach Diagnoseverfahren, die die individuellen Ausgangslagen für zu planende Lernprozesse bei einem heterogenen Schülerpublikum anzuzeigen vermögen (Kornmann, 1990). Sicherlich gab es und gibt es Versuche, die Testwerte aus konventionellen Verfahren der Planung individueller Lernwege zugrunde zu legen. Sogar werden Test "aus marketing-Erwägungen" (wie Wendt, 1989 vermutet) als qualitativ-formativ ausgegeben. Aber die Erfahrung zeigte Lehrern, daß die Leistungswerte sowohl von Intelligenztests, aber sogar die der fachspezifischen Schulleistungstests in fachlicher Hinsicht zu undifferenziert sind, um auf mehr als die Tatsache eines Lernrückstandes und damit auf die Notwendigkeit von Förderung hinzuweisen. Didaktische Förderplanung auf der Grundlage von Teststandardwerten beschränkte sich auf unterrichtsorganisatorische Hinweise (z.B. PR 25-11: Förderung im binnendifferenzierten Unterricht; PR 10-6: klassenübergreifende Fördergruppen; PR 5-1 außerschulische Legastheniebehandlung, DRT 3, Müller, 1982, S. 23) und nur in Ausnahmen (z.B. qualitative Fehlerauswertung des DRT 3) geschah der Versuch, bis zur Indikation inhaltlicher Förderschritte durchzugreifen (zur Angemessenheit des Grundfunktionen fördernden Prinzips siehe jedoch Dummer & Brügelmann, 1987).

2.2.4.3 Problematische Auswirkungen der Prinzipien klassischer Testkonstruktion

Angesichts neuer Erfordernisse in der sich wandelnden pädagogischen Praxis gerieten normierte Schultests vor einige Probleme, die ihren Konstruktionsprinzipien entspringen, und nur solche sollen hier aufgeführt werden:

- Die stets quantitativ-homogen konzipierten (Fähigkeits-) Dimensionen bilden die inhärente Struktur der Lerninhalte bzw. der diesen isomorph gedachten kognitiven Strukturen (Oerter, 1984) nicht angemessen ab. Zwar liegen psychischen Merkmalen weder O-Punkte noch Intervalle zugrunde, darum kann die Schrittgröße zwischen Items beliebig festgelegt werden. Mit Blick auf die Repräsentanz der Lern- oder Erkenntnisschritte eines Lernfeldes in dafür gültigen Testskalen ist dennoch zu befürchten: Sie deformieren kohärente Inhalte (Weltner, 1974) im Prokrustesbett klassischer Itemselektion, d.h. schmale Gültigkeitbereiche werden möglicherweise überdehnt (z.B. Graphomotorische Testbatterie (Rudolf, 1986), Frankfurter Test für 5-jährige - Mengen (Möhling u.a., 1972), Lautunterscheidungstest (Fried, 1980), Hörverstehenstest (Urban, 1986)), bis sie riskieren, unökonomisch zu sein und gegen das Gütekriterium Utilität zu verstoßen. Andererseits werden komplexe und weiträumige Lernbereiche wie Annäherung an den Zahlbegriff oder Annäherung an die Schriftsprache mit wenigen Items durcheilt (z.B. Test für Grammatische Kompetenz (Tewes & Thurner, 1976), HAWIK-Zahlenrechnen, Test Grundanforderungen Rechtschreibung (Peh & Rathenow, 1984), DRT 1-2)). In aspektreichen Lernfeldern werden die Items zu Mosaiken bloß statistisch homogener Skalen aggregiert, die außer einem weitläufig benannten Konstrukt (z.B. Schulfähigkeit) nichts repräsentieren, was ohne die (methodisch ungeschützte und modellwidrige) Inspektion der Iteminhalte aus dem Testscore entfaltet werden könnte. Die kognitive Psychologie hat sich unterdessen über das Konzept der Intelligenzfaktoren hinaus entwickelt und sich für qualitative Strukturmodelle der Wissensorganisation und des Wissenserwerbs geöffnet (Bjorklund & Anderson, 1988). Bisher hat die Testkonstruktion die kognitive Wende nicht mitvollzogen:

- Die psychometrischen Verfahren der Pädagogischen Diagnostik vernachlässigen die Verzahnung des Diagnostikums mit der didaktischen Indikation; sie zielen auf hohe Vorhersagegültigkeit und optimieren damit einen tendenziell obsoleten Parameter (Plaum, 1985). Dagegen vermissen (potentielle) Anwender Handlungsanleitungen und die Indikation jeweils passender Fördermaßnahmen sowie die Eignung der Verfahren für (lern-) prozeßbegleitende Diagnosen (Rollet, 1976).

- Psychometrisch konstruierte Verfahren überdifferenzieren ihre Probanden. Einerseits nimmt die PR- oder Standardwertskala (an die) 100 Abstufungen vor, der auf der Interventionsseite maximal eine Handvoll verschiedener pädagogischer Maßnahmen gegenüberstehen. Es wurde geargwöhnt, daß die absichtsvolle Spreizung möglicherweise unerheblicher interindividueller Unterschiede nur im Kontext von Auswahlprozessen Sinn macht (Kornmann, 1985), wie auch den Kommastellen bei der Aggregation von Prüfungsnoten der Vorwurf der absichtsvollen Scheingenauigkeit nicht erspart blieb (s. a. Krapp, 1989).

- Das Verlangen nach repräsentativen (Eich-) Stichproben ist der Entwicklung problemangemessener Prüfverfahren hinderlich und läuft Gefahr, zu einem Laienargument abzusinken. In 20 Jahren Testproduktion war die - aufwendige also teure - Aktualisierung von Testnormen eher der seltenere Fall als die - immer wieder eingeforderte - Regel. Veraltende Normen verringerten das Vertrauen in dennoch im Handel befindliche Tests; sie trugen auch zur Testaversion bei, unter der wiederum Mittel und Motivation für Re-Normierungen nicht zusammenkamen. Nicht nur deshalb tendieren potentielle Testanwender weg vom Bezugssystem Normalverteilung hin zu nicht-populationsbezogenen Orientierungsmarken. Psychosoziale Veränderungen im Grundschulklientel verwischen die Konturen notwendiger Referenzpopulation: Kinder ausländischer Arbeitnehmer, Kinder von Aussiedlern und von Asylsuchenden, "grau integrierte" Sonderschulkinder (Haeberlin u.a., 1990), echte Integrationskinder, Kinder mit neuen Sonderetiketten (z.B. "Arithmasteniker"), Kinder in der Ex-DDR erschweren die Definition der Grundgesamtheit, so daß das Ziehen der Vergleichsstichprobe "normaler deutscher X-jähriger" immer mehr Prämissen setzen müßte, um Repräsentativität behaupten zu können. So bleibt z.B. die Intelligenzmessung bei türkischen Kindern in der Bundesrepublik voller Ungeklärtheiten, und bei ihnen wird die kausale Macht der Intelligenzgrades auf Schulerfolg oder -versagen sehr bedeutsam vom Lebensumfeld moderiert (Kornmann & Schnattinger, 1989). Als Schultests prosperierten, war das Angebot von Mehrfachnormen der Weg zur Beurteilungsgerechtigkeit angesichts unabhängiger Variablen (Geschlecht, Sozialschicht, Stadt-Land), die den Testwert mitbestimmten. Möchte man vom Widersinn der Mehrfachnormierung aus Lehrersicht (z.B. Scharlau & Schmitz, 1978 S. 40f) absehen, so könnten unterdessen weitere der oben erwähnten sozial-kulturell-ethnischen Faktoren Beachtung verlangen, weil sie sich modifizierend auf Intelligenz und Schulleistung auswirken.

- Das Verwerfen der Annahme hinreichend konstanter Prädiktionsbedingungen lenkt die diagnostische Aufgabe auf die Herstellung erfolgreicher "Schüler-Anforderung-Systeme" (Wember, 1990; Kornmann, 1990). Nicht mehr der Proband für sich ist die Beobachtungseinheit, sondern Kind und Umfeld/Lernsituation (Pluhar, 1989). Damit verengen die Praxisumstände der Pädagogischen Diagnostik ihre Möglichkeiten für langfristig und überregional gültige Normen. Stattdessen sind flexiblere, den lokalen Gegebenheiten angemessene Vorgehensweisen gefragt.

2.2.4.4 Neue Verfahren pädagogischer Diagnostik: Darstellung von Beispielen

Testkritiker aus zwei Jahrzehnten haben selbst kaum Abhilfe geleistet (Ingenkamp, 1981). Es ließe sich daher nur in Einzelfällen zeigen, daß Kritikpunkte zu entsprechenden Neuentwicklungen führten. Ersichtlich ist jedoch, daß die obengenannten Punkte der Kritik insgesamt in den neuen qualitativen Ansätzen vermieden wurden; schon hier sei allerdings eingeräumt, daß nicht geringe Schwachpunkte an ihre Stelle traten (siehe Abschnitt 2.2.4.5).

Dennoch hat die Produktion standardisierter Verfahren zur Verbesserung der formativen und modifikationsorientierten Pädagogischen Diagnostik auf mehreren Wegen zu bewertbaren Produkten geführt:

2.2.4.4.1 Auf klassischem Wege konstruierte (quantitative) Verfahren

An klassischer Methodik als via regia ernsthafter Testkonstruktion festhaltend wurden Verfahren konstruiert, die als Ziel die Indikation von Förderung aufgreifen, die gleichwohl ihrer Struktur nach quantitativ-nomothetisch sind (BEDS: Ingenkamp, 1990, Mannheimer Schuleingangsdiagnostikum: Jäger u.a., 1991, Diagnostischer Lesetest zur Frühdiagnose DLF 1-2: Müller, 1984, Motorik Test für 4-6jährige: Zimmer & Volkamer, 1984).

Beispiel 1. "Beurteilungsbogen für Erzieherinnen zur Diagnose der Schulfähigkeit"

Der BEDS (Ingenkamp, 1990) erhebt Anspruch auf förderdiagnostische Tauglichkeit: "Mit dem BEDS .... werden wichtige Informationen für die individuell orientierte Förderung des Kindes im Anfangsunterricht ... zugänglich" (Manual S. 4).

Die 40 Items erfragen über Erzieherinnen die Kompetenzen kurz vor der Einschulung stehender Kinder. Der Testautor folgt bei Itemauswahl und Itemaggregation zu Skalen der klassischen Itemselektion. Durch die statistische Auswahl von Items ergeben sich zwei (von drei) zwar statistisch homogene, inhaltlich jedoch vielseitig besetzte Faktoren, die die Vorhersagegültigkeit von r = .50 erreichen. Wenn es wie hier Experten gelingt, die Items eines "homogenen" Faktors per "face validity" der Sprachentwicklung vs. der kognitiven Entwicklung zuzuordnen, so wird hierin das Auseinanderklaffen von statistischer und sachlicher Homogenität offenkundig. Dies sei am Beispiel der Skala 1 "Sprachlich kognitive-Leistungen"gezeigt. Zu ihr zählen z.B. folgende Items:

1. "Kann das Kind Wörter aussprechen, in denen die Lautverbindungen br, kl, pf, fr vorkommen?" (vgl. Stammlerprüfung von Metzker, 1967, Differenzierungsprobe von Breuer & Weuffen, 1986)

7."Kann das Kind für Begriffe Oberbegriffe finden (z.B. Kleider Tiere, Obst, Planzen)?" (vgl. Probst, 1981, HSET von Grimm & Schöler, 1978)

10. "Kann das Kind 'mit den Augen' fünf Gegenstände zählen, d.h. ohne Hilfe der Finger?" (vgl. Prüfung mathematischer Einsichten, Kutzer & Probst, 1990)

15. "Kann das Kind sehr ähnliche Zeichen (z.B. E, 3, d und b) visuell voneinander unterscheiden?" (vgl. Rathenow & Vöge, 1982, siehe auch Dummer & Brügelmann, 1987).

31. "Bildet das Kind grammatisch richtige Sätze, d.h. Sätze, die keine dysgrammatischen Strukturen enthalten?" (vgl. Frank & Grziwotz, 1978)

34. "Kann das Kind Mengen mit eins bis fünf Elementen den entsprechenden Ziffern 1 bis 5 zuordnen?" (vgl. Kutzer & Probst s.o.)

Zweifellos erfragt das Verfahren wichtige Inhalte. Allerdings erscheinen sie trotz methodisch seriöser Entwicklung (siehe Ingenkamp, 1990 b, S. 209) in einer vom Inhalt gesehen zufälligen Gruppierung, so daß eine formative Diagnose mit curricularem Bezug schwerfällt. Hier stellt sich die Frage, ob der klassische Methodikstandard nicht mit zuviel inhaltlicher Logik bezahlt wird (siehe auch Blumenstock, 1990). Mehrere vorliegende qualitative Verfahren teilen sich den Gültigkeitsbereich, der hier zu einer Skala zusammengefaßt wird (siehe obige Hinweise in Klammern).

2.2.4.4.2 Strukturbezogene Verfahren

Einen im engeren Sinne neuen Weg verfolgen Konstruktionen, die die Nähe, ja Anlehung an didaktische Konzepte suchen, die sich als die diagnostische Operationalisierung eines Didaktik- und oder Entwicklungskonzeptes verstehen, und die radikal mit dem latent trait Konzept brechen. Diese Tests verstehen sich als strukturbezogene Verfahren, die Teilkompetenzen bzw. kognitive Teilstrukturen erfassen, die teils in komplexen und adaptiv darzubietenden Items oder in Itemgruppen geprüft werden (Probst, 1990; Kutzer & Probst, 1990, kommentiert durch Wendeler, 1981; Wember, 1990; Lorenz, 1990, zuletzt Borchert u.a., 1991). Die verzweigt-hierarchische Systematik der Aufgaben(gruppen) wird durch Voraussetzungs-Cluster-Analysen (Kleiter, 1974) empirisch modelliert und gilt als Annäherung der Sachstruktur.

Beispiel 2. "Inventar Impliziter Rechtschreibregeln"

Das IiR (Probst, 1990, s. a. Borchert u.a., 1991, S. 131) prüft 12 Teilkompetenzen der Rechtschreibung, die in jeweils einem Untertest operationalisiert werden. Die Items eines Untertests sind jeweils gleichschwierig, die Untertests dagegen unterscheiden sich durch steigende Anforderungs- und Schwierigkeitsniveaus voneinander, also genau umgekehrt wie in einem klassisch konstruierten Verfahren, in dem ja die Itemschwierigkeit steigt, die Subtests jedoch gleichschwierig gemacht sind. In der Hierarchischen Voraussetzungs-Cluster-Analyse bilden die kriterial bewerteten Subtests (90% richtige Lösungen für 'Anforderung erfüllt') die Graphenstruktur eines Turmes bzw. einer Pyramide. Empirische Basis sind rd. 800 Orthografie-Lernende - also Grundschüler, Sonderschüler, Illiterate. Die konkurrente Gültigkeit liegt um r=.60. Vorliegende Fördermaterialien (hauptsächlich aus dem Wortlistentraining von Balhorn u.a., 1984) sind den Subtests bzw. den Kompetenzstufen zugeordnet.

Diese Entwicklung reagiert auf die die Kritikpunkte der curricularen Ferne und der unangemessenen formalen Modellierung kognitiver Strukturen durch latente Dimensionen und setzt das Grundmodell der hierarchischen Kumulation an ihre Stelle. Der konstruktivistischen, strukturgenetischen Tradition (siehe Flammer, 1988) und der Sicht vom induktiven Aufbau mentaler Abbilder als isomorphe Strukturen zur Außenwelt versucht das Modell der verzweigten Hierarchie zu entsprechen.

2.2.4.4.3 Curriculare Tests von Schulpraktikern

Mit der Zusammenstellung standardisierter Aufgabensammlungen ziehen Testbenutzer - häufig Sonderschulpraktiker - die Konsequenz aus ihrer Kritik der curricularen Ferne normierter Schulleistungstests und auf die Verwischung der Inhalte unter statistischer Itemauswahl. Sie stellen auf eigene Faust mit common sense-Methodik curricular- und face-valide Aufgabensammlungen zusammen, die sie anstelle normierter Schulleistungstests einsetzen (Otte, o.J.; Apel u.a., 1989). Darüber hinaus wählen Praktiker ihnen zweckmäßig erscheinende Verfahren (z.B. Verfahren zu Kap. 2.2.4.2, Fehleranalysen s.u.) aus und richten sie für ihre Bedürfnisse zu (so Apel, Bork, Drechsel & Schmarse, 1989; Baedke, Ebert, König & Thordsen, 1990; Jung, o.J.). Besonders Sonderschullehrer haben beim Zusammenstellen ihrer Verfahren das Einsparen von Testzeit im Auge.

Beispiel 3. Bei der "Förderdiagnostik zu Teilleistungen im Schriftspracherwerb - informelles Verfahren" von Gerhild Otte (o.J.) handelt es sich um sechs Testvorlagen, die schriftsprachliches Wissen im Medium Schrift inventarisieren. Geprüfte "Teilleistungen" sind:

- Grafem-Phonem-Korrespondenz (incl. Umlaute, mehrgliedrige Grafeme, Unterscheidung von spontanem Lautieren vs. Buchstabieren, ähnlich Rathenow & Vöge, 1982)
- Synthese zu Klangbausteinen (von ma bis stra und Wörtern zunehmender Konsonantenhäufungen/-verbindungen (ähnlich DLF 1-2 Zusatzaufgaben)
- ganzheitliche Erfassung ("on sight" lesen) von "kleinen Wörtern"
- Zugriff auf Klangbausteine ("Signalgruppen") in strukturgleichen Wörtern (z.B. Wind, Kind, sind, ähnlich Zusatztest DLF 1-2, ähnlich IiR-Subtest "Reime").

- Skandieren von "langen Wörtern" in Silben (z.B. Ge-mü-se-gar-ten, ähnlich Zusatztest DLF 1-2, ähnlich IiR-Subtest "Silben").
- Akustische Differenzierungsfähigkeit in der Art des Bremer Lautdiskriminationstests (Niemeyer, 1976, vgl. auch Breuer & Weuffen, 1986, Phonologische Differenzierung, vgl. Informelles Prüfsystem Sprache, Teumer o.J.): "Klingen die Wörter gleich oder verschieden: Seite- Seide").
- Akustische Analyse des Anfangs-, Mittel- und Endlautes (z.B. "Wo hörst Du das /m/, vorne, am Ende oder in der Mitte: Kamm").
- Sinnverstehendes Lesen eines 23-Wörter-Textes (aus Kamp-Fibel 'Lesestart').

Das curricular orientierte Verfahren ist kontentvalide, standardisiert, in Kenntnis einschlägiger Verfahren zusammengestellt, ökonomisch und nützlich. Es erfolgt eine nominelle Auswertung ohne irgendeine Formalisierung. Die Geltung reicht vom Schuleintritt bis zum Ende der 1. Klasse.

Die "selbstgestrickten" Verfahren der (Sonder-) Schulpraktiker reagieren auf die Forderung nach curricularer und regionaler Nähe anstelle bundesweiter Gültigkeit. Die Konstrukteure bemühen sich zudem, Lernlemente abzufragen, die nach ihrer didaktischen Auffassung und Erfahrung entscheidende "Teilleistungen", Stufen, Einsichten, Kompetenzgrade ihrer Schüler bilden. Man könnte diese Verfahren auch als informelle Test bezeichnen, bestünde nicht die Gefahr, daß sie dann als bezugsgruppenvergleichende lokale Normtests verstanden würden. Dagegen geht es allen hier genannten Tests um die Verortung des Kindes in einem sachstrukturellen Bezugssystem.

2.2.4.4.4 Diagnostische Forschungsinstrumente

Fachwissenschaftler und Fachdidaktiker konstruieren diagnostische Forschungsinstrumente (z.T. im Hinblick auf zu entwickelnde Lernkonzepte), aus denen Tests werden oder werden könnten (so Probst, 1981; Brügelmann, 1987; Röhr-Sendlmayer, o.J.; Gogolin & Reich, o.J.; Heidtmann, 1990) und die dies nach Rauhs Anregung (1988) auch werden sollten. Es handelt sich um theoriegeleitete Aufgaben, die für wichtig erachtete Lern- oder Erkenntniselemente zum Zwecke einer Untersuchung oder zum Erproben einer Fördermethode operationalisieren.

Beispiel 4. "Sprachstandserhebung zur Förderung ausländischer Grundschüler"

Das Testmaterial (Röhr-Sendlmayer, 1987) besteht aus 18 Bildvorlagen (vorzugsweise sollen reale Objekte verwendet werden) mittels derer linguistisch abgeleitete Strukturen besonders im Gegensatz von Produzieren vs. Verstehen geprüft werden (vgl. Frank & Grziwotz, 1978):

- Pluralbildung (10 Items);
- Wortschatz, Benennen von abgebildeten Gegenstände (z.B. Nomen + Adjektiv), Tätigkeiten und Vorgängen;

- Präpositionen;
- Adjektive bzw. Verben in semantischen Gegensatzpaaren;
- Sprachproduktion durch Bildbeschreibungen (Satzproduktion)

Die Subtests sind standardisiert und repräsentieren jeweils ein linguistisches Strukturelement unter besonderer Beachtung seiner aktiven vs. passiven Beherrschung. Empirisch liegt der Nachweis zugrunde, daß Verständnis der sprachlichen Strukturen ihrer aktiven Verwendung vorangeht (Röhr-Sendlmayer, 1990). Die Punktbewertung sondert die semantische und die grammatische (morphologische bzw. syntaktische) Sprachfunktion. Die untertestweise Auswertung zählt Rohpunkte und gibt sie als Lösungsprozente quasi kriterial in einem Protokollbogen wieder.

2.2.4.4.5 "Graue Tests"

Die unter den Punkten 2-4 gemeinten Verfahren nenne ich im Folgenden "graue" Tests, weil sie in keinem Testverlag erschienen sind, sondern als Hektografien und Vorabdrucke kursieren; "Tests" nenne ich sie, weil sie das erforderliche Minimum an Standardisierung erbringen, um als Routineverfahren auf wissenschaftlicher Basis gelten zu können. Ihre höchste, meist regional begrenzte Verbreitung liegt zwischen 600 und 2500, keine geringen Zahlen, wenn man daneben hält, daß der größte deutsche Schultestverlag versucht, "bei einem noch nicht eingeführten Schultestver-fahren eine Auflage von 1.500 bis 2.000 Exemplaren ... zu erreichen" (briefliche Verlagsauskunft vom 6.2.92).

Die Mehrzahl der grauen Tests liegt methodisch auf common sense-Niveau. Es findet sich in der Regel keine statistische Bearbeitung der Items oder Subtests, d.h. keine Itemindizes, keine empirischen Angaben zur Kohärenz oder inneren Struktur der Items, keine Gütekriterien. Die Aufgaben sind einzig durch ihre inhaltliche Gültigkeit legitimiert, im einfacheren Fall durch Bezug zum Curriculum (Otte, o.J; Apel u.a, 1989) oder im elaborierteren Fall durch Bezug zu einer Theorie der Entwicklung (Brügelmann, 1990), legitimiert auch durch den Bezug zu einer linguistischen Strukturtheorie (z.B. Röhr-Sendlmayer, 1987; Heidtmann, 1990) oder durch Bezug zu einer Theorie der Ausführung eines Algorithmus (Fehleranalysen: z.B. Gerster, 1982; Radatz, 1980; Kornmann, Wagner & Ehret, 1990; s. a. Sander, 1986).

Trotzdem, nämlich wegen der absoluten Vorranges der curricularen oder sachstrukturellen Gültigkeit, stellen die grauen Tests eine Herausforderung für die Pädagogische Diagnostik dar. Alle grauen Tests haben den Populationsbezug zugunsten des Sachbezuges fallengelassen und dafür spricht, daß eine Lehr- und Fördermaßnahme eher unter dem Gesichtspunkt der Inhaltsrepräsentativität (Plaum, 1985) planbar ist, als über den Warscheinlichkeitskonnex der prognostischen Bewährung an einem Außenkriterium. An diesem Punkt geht die klassisch orientierte Förderindikation davon aus, "daß Lehrkräfte an Ort und Stelle eine individuenzentrierte Übung besser entwickeln können, so daß sich spezielle Hinweise (im Testmanual, H.P.) erübrigen" (Jäger u.a., 1991, S.8). Die qualitativen Konstruktionen akzeptieren dagegen, daß die Indikation anstehender Lehr-Lernprozesse in der

Zone der proximalen Entwicklung auch vom Diagnostiker (und vom Testkonstrukteur) didaktische und lernstrukturelle Detailkenntnisse verlangt, von denen ihn das klassische Paradigma bislang dispensierte. Man kann diese Arbeitsteilung zwischen Diagnostik (psychologischer Definitionsmacht) und Änderungswissen (didaktischer Kompetenz) gutheißen; im Gefolge der ungleichen Sichtweisen und Kompetenzen ergibt sich jedoch eine Bruchstelle, die im Begriff ist, Fortschritte zu hemmen:

2.2.4.5 Das inhaltlich-formale Dilemma pädagogischer Testansätze: "lahm und sehend oder blind und gehend"?

Nach einer Bestandsaufnahme der psychologischen Forschung zu mathematikbezogenen Lehr-, Lern- und Denkprozessen bekunden Scholz & Hasemann (1989), daß Psychologen einerseits und (Mathematik-) Didaktiker anderseits sich auf "zwei Lager" verteilen, zwischen denen nur eine geringe Überlappung besteht: Auf psychologischer Seite findet sich forschungsmethodischer Sachverstand, der finanzielle Förderung und die Anerkennung der scientific community einträgt, der jedoch ein "verkürztes oder gar falsches Verständnis des...(mathematischen)... Inhaltes" erkennen läßt (S. 348). Dagegen: "Aus der Sicht der Psychologen genügt die modale empirische mathematikdidaktische Untersuchung nicht den psychologischen Methodenstandards" (S. 347). Es bedarf nur geringer Umformulierungen, um diese Analyse auf das mangelhafte Zusammenwirken von Psychologen einerseits und bereichsspezifisch kundigen Fachleuten andererseits beim Konstruieren pädagogischer Diagnostikansätze zu übertragen.

Bereichsspezifische Kenntnisse über die schulischen Lerninhalte und Methodensachverstand hatten im Forscherpotential der vergangenen zwei Dekaden eine nur geringe Schnittmenge: Der methodischen Naivität der diagnostischen Selbsthilfegruppen enttäuschter Lehrer stehen fachdidaktische Defizite von Psychologen gegenüber. Lehrer wenden sich von den Testprodukten der Psychologie ab, während diese vom Standpunkt psychometrischer, "methodisch seriöser" Testkonstruktion die laienhaften Produkte der Pädagogen belächelt. Kommt es zu gemeinsamen Produkten, so wird der fachdidaktische, sachstrukturelle Standpunkt stets über den methodischen Tisch gezogen d.h. die inhaltliche Logik, die dem Fachmann vorschwebte, zerbröselt in den Sieben der klassischen - wie auch der probabilistischen - Itemselektion.

Wie zum Beweis des Entweder-Oder von Sinn und Form präsentiert sich der Diagnostische Lesetest 1-2 (DLF 1-2, Müller, 1984) zwiegespalten: der Normwert, den die 33 Testwörter von "ist" bis "gaurif" auf der psychometrischen Skala Lesefertigkeit ergeben, indiziert den relativen Leistungsgrad, jedoch nicht die Lesestrategie, den Erkenntnisstand oder einen Ausgangspunkt der Intervention. Die "Zusatzaufgaben" dagegen bieten Wortmaterial mit linguistisch abgeleiteten Nahtstellen zur Wortsegmentierung beim Erlesen, aus deren Handhabung ersichtlich wird, welche Wege der Binnenwortgliederung ein kleiner Leser verfolgt; formal-methodisch indessen stehen diese theoretisch validen Items ebenso unausgewiesen da wie die der Lehrer-Amateure. So ließe sich folgern, daß sich als Spitze der Entwicklung im Genre der anerkannten Tests das Nebeneinander (nicht Miteinander) von formaler und inhaltlicher Qualität in einer Testmappe empfiehlt.

Eine Pädagogische Diagnostik eigenständiger Art findet bislang nicht statt, allenfalls eine "pädagogisch-psychologische Diagnostik" (s. a. Kormann, 1990). Um zu einer "gehenden und zugleich sehenden" Pädagogischen Diagnostik zu gelangen, liegt die Bringschuld m. E. bei der Psychologie, die methodisch phantasievoller, kreativer und den inhaltlichen Vorgaben angemessener als bisher versuchen muß, die mentalen Strukturen, die bei bereichspezifischen Lernprozessen entstehen (sollen), angemessen abzubilden. Die im Leistungsbereich der Vor- und Grundschule verfügbaren diagnostischen Verfahren jedenfalls "sind nicht auf der Höhe der theoretischen Entwicklung. Die Tests entsprechen nicht mehr dem differenzierten Theoriebewußtsein und dem vorhandenen entwicklungspsychologischen Wissen ... Verbesserte Lerndiagnostik sollte ... stärker durch entwicklungspsychologische und lerntheoretische Erkenntnisse fundiert werden" (Barth, 1987, S. 154).

Die zurückliegenden 20 Jahre brachten den Höhepunkt psychometrischer Schultests und die ersten Gehversuche von Verfahren, die Beispiele pädagogischer Tests mit eigenständiger Kontur sein könnten. Daraufhin wäre es Aufgabe künftiger Testentwicklung, die Synthese von methodischer und inhaltlicher Qualität zu bewältigen.

2.2.5 Literatur

Abele, T., Kornmann, R. & Seith, C. (1989). Erfahrungen mit den fehleranalytischen Kategorien für Leseproben (Probst) bei türkischen Grundschülern. Psychologie in Erziehung und Unterricht, 36, 61-70.

Angermaier, M. (1970). Legasthenie - Verursachungsmomente einer Lernstörung. Weinheim: Beltz.

Angermaier, M. (1974). Sprache und Konzentration bei Legasthenie. Göttingen: Hogrefe.

Angermaier, M. (1976). Legasthenie. Das neue Konzept der Förderung lese- und rechtschreibschwacher Kinder in Schule und Elternhaus. Frankfurt: Fischer.

Angermaier, M. (1977). Legasthenie - Pro und Contra. Weinheim: Beltz.

Apel, H., Bork, R., Drechsel, K. & Schmarse, H. (1989). Lernstandsanalyse und Lernfoerderung. In Niedersächsisches Landesinstitut für Lehrerfortbildung, Lehrerweiterbildung und Unterrichtsforschung (Hrsg.), nli berichte. Bd. 39. Hannover: nli.

Arbeitskreis Grundschule. (1990). Das Frankfurter Grundschulmanifest 1989. Antenne, (3), 3.

Avenarius, H. (1990). Anwendung diagnostischer Testverfahren in der Schule. Ein Rechtsgutachten. Weinheim: Beltz.

Avenarius, H., Ingenkamp, K. & Otto, G. (Hrsg.). (1980). Forschung und Lehre sind frei ... Weinheim: Beltz.

Baedke, D., Ebert, B., König, R. & Thordsen, M. (1990). Diagnose des Zahlbegriffes. Kronshagen: Landesinstitut Schleswig-Holstein für Praxis und Theorie der Schule, Seminar Kiel für Sonderschulen.

Balhorn, H. (1984). Wortlistentraining (WLT 1-6). Lehrerkommentar. Hamburg: Pädagogische Medien.

Barkey, P. (1976). Modelle in der pädagogischen Diagnostik. In P. Barkey, H. P. Langfeldt, & G. Neumann (Hrsg.), Pädagogisch-psychologische Diagnostik am Beispiel von Lernschwierigkeiten (S.22-55). Stuttgart: Huber.

Bartenwerfer, H. (1978). Identifikation der Hochbegabten. In K. J. Klauer (Hrsg.), Handbuch der Pädagogischen Diagnostik. Bd. 4 (S.1059-1069). Düsseldorf: Schwann.

Barth, N. (1987). Lerndiagnostik - Theoretische Grundlagen. In H. Lenzen (Hrsg.), Differenzierung und Systematisierung in der Sonderpädagogik. Koeln: Boehlau.

Belusa, A. & Eberwein, H. (1988). Förderdiagnostik - eine andere Sichtweise diagnostischen Handelns. In H. Eberwein (Hrsg.), Behinderte und Nichtbehinderte lernen gemeinsam - Handbuch der Integrationspädagogik (S.211-219). Weinheim: Beltz.

Besser, H. & Ziegenspeck, J. (1976). Beobachtung und Beurteilung in der Schule. Die Deutsche Schule, 68, 440-461.

Betz, D. & Breuninger, H. (1987). Teufelskreis Lernstörungen (2. Aufl.). München/Weinheim: Psychologie Verlags Union.

Birkel, P. (1978). Mündliche Prüfungen. Bochum: Kamp.

Birkel, P. (1990). Grundwortschatz Rechtschreib-Test für 4. und 5. Klassen (GRT 4+). Weinheim: Beltz.

Bjorklund, D. F. (1989). Children's Thinking. Developmental Function and individual Differences. Pacific Grove/California: Brooks/Cole.

Blumenstock, L. (1990). Beurteilungsbogen für Erzieherinnen zur Diagnose der Schulfähigkeit (BEDS). In K. Ingenkamp, & R. S. Jäger (Hrsg.), Tests und Trends 8 (S.223-227). Weinheim: Beltz.

Börner, A. (1990). Zur Fehleranalyse von geschriebenen Texten funktionaler Analphabeten (Unveröff. Mskr.). Marburg: Universität.

Borchert, J., Knopf-Jerchow, H. & Dahbashi, A. (1991). Testdiagnostische Verfahren in Vor-, Sonder-, und Regelschulen. Heidelberg: Asanger.

Boring, E. G. (1923). Intelligence as the test tests it. New Republic 34, 35-37.

Bortz, J. (1984). Lehrbuch der Statistik für Sozialwissenschaftler. Berlin: Springer-Verlag.

Breuer, H. & Weuffen, M. (1986). Gut vorbereitet auf das Lesen- und Schreibenlernen? Berlin (Ost): VEB Deutscher Verlag der Wissenschaften.

Breuer, S., Otte, B., Otte, G. & Simon, R. (1991). Langzeitmaßnahmen im Kreis Segeberg: Eine Moeglichkeit zur Vermeidung von Schulversagen und eine Vorbereitung auf Integration. In Verband Deutscher Sonderschulen (VDS) (Hrsg.), Sonderpädagogik in Schleswig-Holstein. Vol. 4 (S.89-102). Kiel: VDS.

Brügelmann, H. (1984). Die Schrift entdecken. Konstanz: Faude.

Brügelmann, H. (1986). Fehler: "Defekte" im Leistungssystem oder individuelle Annäherungsversuche an einen schwierigen Gegenstand. In H. Brügelmann (Hrsg.), ABC und Schriftsprache: Rätsel für Kinder, Lehrer und Forscher (S.22-31). Konstanz: Faude.

Brügelmann, H. (1987). Lese- und Schreibaufgaben für Schulanfänger. Bremen: Universität.

Brügelmann, H. (1990). Rechtschreibung: Kinder lernen in qualitativen Sprüngen. Spektrum der Wissenschaft, (1), 26-29.

Bruner, J. S. (1971). Über kognitive Entwicklung. In J. S. Bruner, R. Olver & P. Greenfield (Hrsg.), Studien zur kognitiven Entwicklung (S.21-44). Stuttgart: Klett.

Bundschuh, K. (1980). Einführung in die sonderpädagogische Diagnostik. München: Reinhardt.

Bundschuh, K. (1985). Dimensionen der Förderdiagnostik bei Kindern mit Lern-, Verhaltens- und Entwicklungsproblemen. München: Reinhardt.

Conrad, W., Baumann, E. & Mohr, V. (1980). Mannheimer Test zur Erfassung des physikalisch-technischen Problemlösens (MTP). Göttingen: Hogrefe.

Dehn, M. (1986). Über die Aneignung des phonematischen Prinzips der Orthographie beim Schriftspracherwerb. In H. Brügelmann (Hrsg.), ABC und Schriftsprache: Rätsel für Kinder, Lehrer und Forscher (S.97-111). Konstanz: Faude.

Drenth, P. J. D. (1969). Der psychologische Test. München: Barth.

Dummer, L. (1986). Diagnostische Möglichkeiten bei Lese- und Rechtschreibschwächen - aktuelle Bedingungen im Schulsystem. In K. Ingenkamp, R. Horn & R. S. Jäger (Hrsg.), Tests und Trends 5. Jahrbuch der Pädagogischen Diagnostik (S.11-37). Weinheim: Beltz.

Dummer, L. & Brügelmann, H. (1987). Vom "3lft" zum "Elefat": Was heißt hier Leseschwäche? In H. Balhorn & H. Brügelmann (Hrsg.), Welten der Schrift in der Erfahrung der Kinder (S.110-121). Konstanz: Faude.

Eberwein, H. (1985). Fremdverstehen sozialer Randgruppen / Behinderter und die Rekonstruktion ihrer Alltagswelt mit Methoden qualitativer und ethnographischer Feldforschung. Sonderpädagogik, 15, 97-106.

Eggert, D. (1989). Labeling versus support diagnosis in special education: The concept of an intervention-oriented diagnostic strategy for children with learning disabilities. In M. Brambring, F. Lösel, & H. Skowronek (Eds.), Children at risk: Assessement, longitudinal reserach, and intervention. Prevention and intervention in childhood and adolescence. No. 7 (pp.84-96). Berlin: deGruyter.

Facaoaru, C. & Bittner, R. (1987). Kognitionspsychologische Ansätze der Hochbegabungsdiagnostik. Zeitschrift für Differentielle und Diagnostische Psychologie, 8, 193-205.

Feger, B. (1987). Förderprogramme für Hochbegabte. Überlegungen zur Planung und Durchführung. Psychologie in Erziehung und Unterricht, 34, 161-170.

Feger, B. (1988). Hochbegabung. Chancen und Probleme. Bern: Huber.

Feller, G. (in Zusammenarbeit mit Hugow, K.) (1981). Mathematiktest für 2. Klassen MT 2. Weinheim: Beltz.

Fischer, G. H. (1968). Neue Entwicklungen in der Psychologischen Testtheorie. In G. H. Fischer (Hrsg.), Psychologische Testtheorie. Bern: Huber.

Fischer, G. H. (1974). Einführung in die Theorie psychologischer Tests. Bern: Huber.

Flammer, A. (1988). Entwicklungstheorien. Stuttgart: Huber.

Flammer, A. & Schmid, H. (1982). Lerntests: Konzept, Realisierungen, Bewährung. Eine Übersicht. Psychologie. Schweizerische Zeitschrift für Psychologie und ihre Anwendungen, 41, 114-138.

Frank, G. & Grziwotz, P. (1978). Dysgrammatiker-Prüfmaterial. Ravensburg: Sprachheilzentrum.

Frenz, H. G., Krüger, K. & Tröger, H. (1973). Die Unangemessenheit der herkömmlichen Testdiagnostik für schulische Entscheidungen. In Projektgruppe (Hrsg.), Diagnostik in der Schule (S.53-93). München: Oldenbourg.

Fricke R. (1972). Über Meßmodelle in der Schulleistungsdiagnostik Düsseldorf: Schwann.

Fried, L. (1980). Lautunterscheidungstest für Vorschulkinder (4-7 Jahre) LUT. Weinheim: Beltz.

Fröse, S., Mölders, R. & Wallrodt, W. (1986). Das Kieler Einschulungsverfahren. Weinheim: Beltz.

Garten, H. K. (Hrsg.). (1977). Diagnose von Lernprozessen. Braunschweig: Westermann.

Gärtner-Harnach, V. (1972). Angst und Leistung. Weinheim: Beltz.

Gerster, H. D. (1982). Schülerfehler bei schriftlichen Rechenverfahren. Diagnose und Therapie. Freiburg: Herder.

Gigerenzer, G. & Strube, G. (1978). Zur Revision der üblichen Anwendungen dimensionsanalytischer Verfahren. Zeitschrift für Entwicklungspsychologie und Pädagogische Psychologie, 10, 75-86.

Gogolin, I. & Reich, H. H. (Forschungsgruppe ALPHA). (o.J.) Trainingsbogen zur differenzierten Wahrnehmung gesprochener Sprache (Unveröff. Mskr.). Soest: Landesinstitut für Schule und Weiterbildung.

Grimm, H. & Schöler, H. (1978). Heidelberger Sprachentwicklungstest (HSET). Braunschweig: Westermann.

Grimm, H. & Schöler, H. (1985). Sprachentwicklungsdiagnostik. Was leistet der Heidelberger Sprachentwicklungstest? Göttingen: Hogrefe.

Grubitzsch, S. & Rexilius, G. (1978). Testtheorie - Testpraxis. Reinbeck: Rowohlt.

Günther, K. B. (1986). Ein Stufenmodell der Entwicklung kindlicher Lese- und Schreibstrategien. In H. Brügelmann (Hrsg.), ABC und Schriftsprache: Rätsel für Kinder, Lehrer und Forscher (S.32-54). Konstanz: Faude.

Gulliksen, H. (1950). Theory of mental tests. New York: Wiley.

Guthke, J. (1977). Zur Diagnostik der intellektuellen Lernfähigkeit. Stuttgart: Klett.

Guthke, J. (1980). Die Relevanz des Lerntestkonzepts für die klinisch-psychologische Diagnostik - dargestellt am Beispiel der Diagnostik der geistigen Behinderung und der frühkindlichen Hirnschädigung. Probleme und Ergebnisse der Psychologie, 72, 5-21.

Guthke, J. (1982). The learning test concept - an alternative to the traditional static intelligence test. The German Journal of Psychology, 6, 306-324.

Guthke, J. (1986). Ein neuer Ansatz für die rehabilitationspsychologisch orientierte Psychodiagnostik - das Lerntestkonzept als Alternative zum herkömmlichen Intelligenztest. In K. H. Wiedl (Hrsg.), Rehabilitationspsychologie. Grundlagen, Aufgabenfelder, Entwicklungsperspektiven (S.177-193). Stuttgart: Kohlhammer.

Haase, H. (1978). Tests im Bildungswesen. Urteile und Vorurteile. Göttingen: Hogrefe.

Handbuch Schultests. (1990). Anwendungshinweise und Testbeschreibungen. Weinheim: Beltz.

Hany, E. A. (1986). Auswertung zum Datensatz der 3. Klasse (Datenerhebung 1986), speziell zu den Fragebogenverfahren (Forschungsbericht). München: Universität, Institut für empirische Pädagogik und Pädagogische Psychologie, Abteilung Pädagogische Psychologie und Psychologische Diagnostik.

Hany, E. A. (1987a). Modelle und Strategien zur Identifikation hochbegabter Schüler. München: Universität, Fakultät Psychologie und Pädagogik.

Hany, E. A. (1987b). Modelle und Strategien zur Identifikation hochbegabter Schüler (Forschungsbericht). München: Universität, Institut für empirische Pädagogik und Pädagogische Psychologie, Abteilung Pädagogische Psychologie und Psychologische Diagnostik.

Hany, E. A. (1987c). Models and strategies for identifying highly gifted students (Forschungsbericht). München: Universität, Institut für empirische Pädagogik und Pädagogische Psychologie, Abteilung Pädagogische Psychologie und Psychologische Diagnostik.

Hany, E. A. (1987d). Psychometrische Modellansätze bei der Identifikation hochbegabter Kinder und Jugendlicher (Forschungsbericht). München: Universität, Institut für empirische Pädagogik und Pädagogische Psychologie, Abteilung Pädagogische Psychologie und Psychologische Diagnostik.

Hany, E. A. (1987e). Psychometrische Probleme bei der Identifikation Hochbegabter. Zeitschrift für Differentielle und Diagnostische Psychologie, 8, 173-191.

Hany, E. A. (1987f). Validation of a multidimensional giftedness model (Forschungsbericht). München: Universität, Institut für empirische Pädagogik und Pädagogische Psychologie, Abteilung Pädagogische Psychologie und Psychologische Diagnostik.

Hany, E. A. (1987g). Validierung eines differentiellen Hochbegabungsmodells (Forschungsbericht). München: Universität, Institut für empirische Pädagogik und Pädagogische Psychologie, Abteilung Pädagogische Psychologie und Psychologische Diagnostik.

Heidtmann, H. (1990). Neue Wege der Sprachdiagnostik: Analyse freier Sprachproben. Berlin: Marhold.

Heller, K. A. (Hrsg.). (1974). Leistungsbeurteilung in der Schule. Heidelberg: Quelle & Meyer.

Heller, K. A. (Hrsg.). (1984). Leistungsdiagnostik in der Schule (4. neubearb. Aufl.). Bern: Huber.

Heller, K. A. (1987a). Möglichkeiten und Grenzen der Diagnostik von Hochbegabung. In F. E. Weinert & H. Wagner (Hrsg.), Die Förderung Hochbegabter in der Bundesrepublik Deutschland: Probleme, Positionen, Perspektiven (S.106-120). Bad Honnef: Bock.

Heller, K. A. (1987b). Perspektiven einer Hochbegabungsdiagnostik. Zeitschrift für Differentielle und Diagnostische Psychologie, 8, 159-172.

Heller, K. A. & Feldhusen, J. F. (1986). Identifying and nurturing the gifted. An international perspective. Bern: Huber.

Heller, K. A., Rosemann, B. & Steffens, K. (1978). Prognose des Schulerfolgs. Eine Längsschnittstudie zur Schullaufbahnberatung. Weinheim: Beltz.

Henze, G. & Nauck, J. (1985). Testen und Beurteilen. Grundfragen der pädagogischen Diagnostik. Bad Heilbrunn: Klinkhardt.

Herbig, M. (1976). Praxis lehrzielorientierter Tests. Düsseldorf: Schwann.

Hilke, R.(1980). Grundlagen normorientierter und kriteriumorientierter Tests. Bern: Huber.

Hissnauer, W., Kunze, H. G., Rühmann, M., Scholl, W. & Wenz, G. (1990). Tests in der Schule. Empirische Pädagogik, 4, 191-202.

Hofer, A. (1976). Die pädagogische, didaktische und psycholinguistische Problematik von Testverfahren zur Feststellung von Legasthenie. In A. Hofer (Hrsg.), Lesenlernen: Theorie und Unterricht (S.321-348). Düsseldorf: Schwann.

Holzkamp, K. (1970). Das Konzept einer kritischen Wissenschaft. In T. W. Adorno (Hrsg.), Kritische Psychologie (S.29-55). Bochum: Kamp.

Holzkamp, K. (1973). Sinnliche Erkenntnis. Frankfurt/M.: Athenäum Fischer.

Hylla, E. & Kraak, B. (1965). Aufgaben zum Nachdenken AzN 4+. Begabungstest für den Übergang auf weiterführende Schulen. Neubearbeitung von H. Horn, E. Schwarz & U. Raatz. Bearbeitung des Beiheftes und Neunormierung 1976 durch R. Kühn. Weinheim: Beltz.

Ingenkamp, K. (1971). Die Fragwürdigkeit der Zensurengebung (1. Aufl.). Weinheim: Beltz.

Ingenkamp, K. (1975). Pädagogische Diagnostik (Ein Forschungsbericht über Schülerbeurteilung in Europa). Weinheim: Beltz.

Ingenkamp, K. (Hrsg.). (1980). Die Behinderung der erziehungswissenschaftlichen Forschung in der Bundesrepublik - eine Dokumentation. Tübingen: Deutsche Gesellschaft für Erziehungswissenschaft.

Ingenkamp, K. (1981a). Testkritik ohne Alternative. Eine kritische Darstellung der Argumentation radikaler Schultestkritik in der deutschen Fachliteratur. In R. S. Jäger, K. Ingenkamp & G. Stark (Hrsg.), Tests und Trends 1981 (S.71-101). Weinheim: Beltz.

Ingenkamp, K. (1981b). Verzeichnis der deutschsprachigen Schultests. Stand: Sommer 1980. In R. S. Jäger, K. Ingenkamp & G. Stark (Hrsg.), Tests und Trends 1981. Jahrbuch der Pädagogischen Diagnostik (S.147-163). Weinheim: Beltz.

Ingenkamp, K. (1985a). 1955 - 1985: Drei Dekaden Pädagogischer Diagnostik in Deutschland: Entwicklungen, Kontroversen und Perspektiven. In R. S. Jäger, R. Horn, & K. Ingenkamp (Hrsg.), Tests und Trends 4. Jahrbuch der Pädagogischen Diagnostik (S.13-40). Weinheim: Beltz.

Ingenkamp, K. (1985b). Lehrbuch der Pädagogischen Diagnostik (1. Aufl.). Weinheim: Beltz.

Ingenkamp, K. (1988). Pädagogische Diagnostik. In R. S. Jäger (Hrsg.), Psychologische Diagnostik. Ein Lehrbuch (1. Aufl.) (S.423-436). München/Weinheim: Psychologie VerlagsUnion.

Ingenkamp, K. (1989a). 1955-1985: Drei Dekaden Pädagogischer Diagnostik in Deutschland: Entwicklungen, Kontroversen und Perspektiven. In K. Ingenkamp (Hrsg.), Diagnostik in der Schule. Beiträge zu Schlüsselfragen der Schülerbeurteilung (S.11-52). Weinheim: Beltz.

Ingenkamp, K. (1989b). Diagnostik in der Schule. Beiträge zu Schlüsselfragen der Schülerbeurteilung. Weinheim: Beltz.

Ingenkamp, K. (1989c). Die Testaversion des deutschen Intellektuellen. Eine Streitschrift. In K. Ingenkamp (Hrsg.), Diagnostik in der Schule (S.153-179). Weinheim: Beltz.

Ingenkamp, K. (1990a). Beurteilungsbogen für Erzieherinnen zur Diagnose der Schulfähigkeit (BEDS). Weinheim: Beltz.

Ingenkamp, K. (1990b). Pädagogische Diagnostik in Deutschland 1885-1932. Geschichte der Pädagogischen Diagnostik. Bd. 1. Weinheim: Deutscher Studien Verlag.

Ingenkamp, K. (1990c). Seriöse Diagnostik oder vage Absichtserklärungen? Empirische Pädagogik, 4, 191-212.

Ingenkamp, K. (1990d). Verzeichnis der deutschsprachigen Schultests. Stand Mai 1990. In K. Ingenkamp & R. S. Jäger (Hrsg.), Tests und Trends 8. Jahrbuch der Pädagogischen Diagnostik (S.237-255). Weinheim: Beltz.

Ingenkamp, K. (1991a). Schlußworte. In Zentrum für empirische pädagogische Forschung (Hrsg.), Karlheinz Ingenkamp zur Emeritierung am 5. Februar 1991 (S.29-36). Landau: Zentrum für empirische pädagogische Forschung.

Ingenkamp, K. (1991b). Verzeichnis der deutschsprachigen Schultests. In K. Ingenkamp & R. S. Jäger, Tests und Trends 9 (S.209-227). Weinheim: Beltz.

Ingenkamp, K. & Jäger, R. S. (Hrsg.). (1991). Tests und Trends 9. Weinheim: Beltz.

Ingenkamp, K., Jäger, R. S. & Wagner, J. W. L. (1988). Sollen und können wir Hochbegabte besonders fördern? Empirische Pädagogik, 2, 60-65.

Ingenkamp, K. & Schreiber, W. H. (Hrsg.). (1989). Was wissen unsere Schüler? Überregionale Lernerfolgsmessung aus internationaler Sicht. Weinheim: Deutscher Studien Verlag.

Jäger, R. S. (1979). Zur Diskussion um Hochschuleingangstests. Mitteilungen und Nachrichten des Deutschen Instituts für Internationale Pädagogische Forschung, 94/95, 64-76.

Jäger, R. S. (1980). Die Zukunft der Tests innerhalb der Pädagogischen Diagnostik. Mitteilungen und Nachrichten des Deutschen Instituts für Internationale Pädagogische Forschung, 98/99, 82-102.

Jäger, R. S. (1982). Strategien und Zielsetzungen der Pädagogischen Diagnostik. Eine Analyse verschiedener Randbedingungen. In K. Ingenkamp, R. Horn, & R. S. Jäger (Hrsg.), Tests und Trend 1982. Jahrbuch der Pädagogischen Diagnostik (S.119-145). Weinheim: Beltz.

Jäger, R. S. (1985). Biographische Analyse in der Pädagogischen Diagnostik. In R. S. Jäger, K. Ingenkamp, & R. Horn (Hrsg.), Tests und Trends 4. Jahrbuch der Pädagogischen Diagnostik (S.135-167). Weinheim: Beltz.

Jäger, R. S. (1986). Der diagnostische Prozeß. Eine Diskussion psychologischer und methodischer Randbedingungen (2. Aufl.). Göttingen: Hogrefe.

Jäger, R. S. (1988a). Psychologische Diagnostik in der Anwendung. In R. S. Jäger (Hrsg.), Psychologische Diagnostik. Ein Lehrbuch 1 (S.421-422). München/Weinheim: Psychologie Verlags Union.

Jäger, R. S. (Hrsg.). (1988b). Psychologische Diagnostik. Ein Lehrbuch. Weinheim: Beltz.

Jäger, R. S. (1991). Transparenz und Kontrolle: Skizzierung des wissenschaftlichen Werkes und der wissenschaftlichen Arbeit. In Zentrum für empirische pädagogische Forschung (Hrsg.), Karlheinz Ingenkamp zur Emeritierung am 5. Februar 1991 (S.18-26). Landau: Zentrum für empirische pädagogische Forschung der Universität Koblenz-Landau.

Jäger, R. S., Beetz, E., Erler, R. & Walther, R. (1991). Mannheimer Schuleingangsdiagnostikum (MSD) (3. vollst. überarb. und erweit. Aufl.). Weinheim: Beltz.

Jäger, R. S., Ingenkamp, K. & Stark, G. (1981). Tests und Trends 1981. Jahrbuch der Pädagogischen Diagnostik. Weinheim: Beltz.

Jäger, R. S. & Mattenklott, A. (1981). Diagnostische Urteilsbildung in der Pädagogik. In R. S. Jäger, K. Ingenkamp, & G. Stark (Hrsg.), Tests und Trends 1981. Jahrbuch der Pädagogischen Diagnostik (S.13-34). Weinheim: Beltz.

Jäger, R. S. & Mattenklott, A. (1984). Der Lehrer als Diagnostiker. In R. Bessoth et al. (Hrsg.), Schulleitung - ein Lernsystem. Bd. 4 (S.1-30). Neuwied: Luchterhand.

Jäger, R. S. & Weimer, M. (1981). Entwicklung eines Rechtschreibtests für 5. und 6. Klassen. Mitteilungen und Nachrichten des Deutschen Instituts für Internationale Pädagogische Forschung, 104/105, 74-86.

Jung, H. A. (o.J.). Förderdiagnostik im Bereich Schriftsprache (hektogr. Mskr.). Dortmund: Universität.

Jürgens, E. (1983). Der Schülerbeobachtungsbogen in der Orientierungsstufe des Landes Bremen. Eine empirische Untersuchung zur Beurteilung des Schülerbeobachtungsbogens durch Lehrer. Lang: Frankfurt.

Kautter, H. (1988). Ganzheit und Selbstgestaltung in der Frühförderung: Eine Fallstudie. In H. Kautter (Hrsg.), Das Kind als Akteur seiner Entwicklung (S.121-128). Heidelberg: Schindele.

Kemmler, L. (1976). Schulerfolg und Schulversagen. Göttingen: Hogrefe.

Kemmler, L. & Heckhausen, H. (1962). Ist die sogenannte "Schulreife" ein Reifungsproblem? In K. Ingenkamp (Hrsg.), Praktische Erfahrungen mit Schulreifetests (S.52-89). Basel: Karger.

Kempf, W. F. (Hrsg.) (1974). Probabilistische Modelle in der Sozialpsychologie. Bern: Huber.

Kern, A. (1957). Der Grundleistungstest (GLT). Koblenz: Krieger.

Kern, A. (1966). Der Grundleistungstest zur Ermittlung der Schulreife mit Paralleltest (P) zum Grundleistungstest. Koblenz: Krieger.

Klauer, K. J. (1972). Einführung in die Theorie lehrzielorientierter Tests. In K. J. Klauer, R. Fricke, M. Herbig, H. Rupprecht, & F. Schott (Hrsg.), Lehrzielorientierte Tests (S.13-43). Düsseldorf: Schwann.

Klauer, K. J. (Hrsg.). (1978). Handbuch der Pädagogischen Diagnostik. Bde. 1-4. Düsseldorf: Schwann.

Klauer, K. J. (Hrsg.). (1982a). Handbuch der Pädagogischen Diagnostik. Bd. 1. Düsseldorf: Schwann.

Klauer, K. J. (Hrsg.). (1982b). Handbuch der Pädagogischen Diagnostik. Bd. 2. Düsseldorf: Schwann.

Klauer, K. J. (1987). Kriteriumsorientierte Tests. Lehrbuch der Theorie und Praxis lehrzielorientierten Messens. Göttingen: Hogrefe.

Klauer, K. J. (1988). Pädagogische Diagnostik. Zeitschrift für Differentielle und Diagnostische Psychologie, 9, 193-199.

Klauer, K. J. (1989). Denktraining für Kinder 1. Göttingen: Hogrefe.

Klauer, K. J. (1990). Denktraining für Schulanfänger: Ein neuer Ansatz zur kognitiven Förderung. Praxis Kinderpsychologie Kinderpsychiatrie , 39, 150-156.

Klauer, K. J. & Feger, B. (1985). Die Konstruktion lehrzielvalider Aufgabenstichproben. Unterrichtswissenschaft, 13, 266-276.

Klauer, K. J., Fricke, R., Herbig, M., Rupprecht, H. & Schott, F. (Hrsg.). (1972). Lehrzielorientierte Tests. Düsseldorf: Schwann.

Klauer, K. J., Fricke, R., Herbig, M., Rupprecht, H. & Schott, F. (Hrsg.). (1977). Lehrzielorientierte Leistungsmessung. Düsseldorf: Schwann.

Kleber, E. W. (1973). Grundlagen sonderpädagogischer Diagnostik. Berlin: Marhold.

Kleber, E. W. (1978). Lehrbuch der sonderpädagogischen Diagnostik. Eine Einführung in die Grundlagen diagnostischer Informationserhebung zum Zwecke pädagogischer Beratung für Sonderpädagogen, Lehrer und Berater im schulischen Bereich (3. rev. Aufl.). Berlin: Marhold.

Klein-Braley, C. (1981). Empirical investigations of cloze tests. Unveröff. Diss., Universität, Duisburg.

Kleiter, E. (1974). Voraussetzungs-Koeffizient und hierarchische Voraussetzungs-Struktur-Analyse. Zeitschrift für erziehungswissenschaftliche Forschung, 8, 143-181.

Klieme, E. & Stumpf, H. (1990). Computereinsatz in der pädagogisch-psychologischen Diagnostik. In K. Ingenkamp & R. S. Jäger (Hrsg.), Tests und Trends 8. Jahrbuch der Pädagogischen Diagnostik (S 13-63). Weinheim: Beltz.

Kobi, E. E. (1977). Einweisungsdiagnostik - Förderdiagnostik: eine schematische Gegenüberstellung. Vierteljahreszeitschrift für Heilpädagogik und ihre Nachbargebiete, 46, 115-123.

Kohlberg, L. (1976). Moral stages and moralization. In R. Lickona (Ed.), Moral development and behavior (pp.31-53). New York: Holt, Rinehart, and Winston.

Kolt, C. & Rother, H. J. (1984). Förderdiagnostik in der Sackgasse. Behindertendiagnostik, 23, 343-349.

Koob, B. (1981). Theorie, Methoden und Probleme der Schuleingangsdiagnostik. In R. S. Jäger, K. Ingenkamp, & G. Stark (Hrsg.), Tests und Trends 1981. Jahrbuch der Pädagogischen Diagnostik (S.35-70). Weinheim: Beltz.

Kormann, A. (1982). Möglichkeiten von Lerntests für Diagnose und Optimierung von Lernprozessen. In K. Ingenkamp, R. Horn, & R. S. Jäger (Hrsg.), Tests und Trends 1982. Jahrbuch der Pädagogischen Diagnostik (S.97-117). Weinheim: Beltz.

Kormann, A. (1989). Drei Dekaden pädagogisch-psychologischer Diagnostik in der Schulberatung. Rückschau, Standortbestimmung, Ausblick. In H. Lukesch, W. Noeldner, & H. Peez (Hrsg.), Beratungsaufgaben in der Schule (S.149-161). München: Reinhardt.

Kornmann, R. (1974). Rechtfertigung oder Entscheidungshilfe; Gedanken zur Funktion der Diagnostik beim Aufnahmeverfahren zur Sonderschule für Lernbehinderte. Vierteljahreszeitschrift Sonderpädagogik, 4, 1-3.

Kornmann, R. (1977). Sonderschulüberweisung: Prinzipiell nie falsch? betrifft: erziehung, 10, 53-57.

Kornmann, R. (1980). Das Dilemma der Diagnostik im Aufnahmeverfahren und Ansätze zu seiner Lösung. In H. Baier & G. Klein (Hrsg.), Die Schule für Lernbehinderte (S.73-86). Berlin: Marhold.

Kornmann, R. (1982). Von der Auslesediagnostik zur Förderdiagnostik: Entwicklungen, Konzepte und Probleme. Behindertenpädagogik, 21, 293-309.

Kornmann, R. (1985). Förderungsdiagnostische Konzepte in der Sonderpädagogik. In F. Hehl, V. Ebel, & W. Ruch (Hrsg.), Psychologische Diagnostik, Kinder, Familie, Schule, Sport. 12. Kongreß für Angewandte Psychologie, Berufsverband Deutscher Psychologen vom 21.-25. September 1983 an der Universität Düsseldorf. Bd. 1 (S.376-399). Bonn: Deutscher Psychologen Verlag.

Kornmann, R. (1988). Erkenntnisse aus förderungsbezogenen Fallstudien. Vierteljahres-Zeitschrift für Heilpädagogik und ihre Nachbargebiete, 57, 255-268.

Kornmann, R. (1990a). Braucht die Schule eine neue Diagnostik? (Unveröff. Mskr.). Heidelberg: Pädagogische Hochschule.

Kornmann, R. (1990b). Wie Förderdiagnostik zur Gestaltung von Übungen der Rechenfertigkeit genutzt werden kann. Zeitschrift für Heilpädagogik, 41, 102-108.

Kornmann, R., Meister, H. & Schlee, J. (Hrsg.). (1983). Förderungsdiagnostik. Konzepte und Realisierungsmöglichkeiten. Heidelberg: Schindele.

Kornmann, R. & Schäffler, G. (1988). Förderdiagnostik bei einfachen Kopfrechenaufgaben: Ermittlung der Lernbasis durch systematische item-Variationen. Heilpädagogische Forschung, 14, 89-96.

Kornmann, R. & Schnattinger, C. (1989). Zum Zusammenhang von Sonderschulüberweisungen ausländischer Kinder mit Bevöelkerungsstruktur und Arbeitsmarktlage - oder: Sind Ausländer in Baden-Württemberg "dümmer" als sonstwo? Zeitschrift für Sozialisationsforschung, 4, 17-36.

Kornmann, R., Wagner, H. J. & Ehret, D. (1990). Ist 12 + 5 gleich 5 + 12? Eine Fallstudie zur Diagnostik und Förderung bei einem speziellen Rechenproblem. In Pädagogische Hochschule Heidelberg, FB Sonderpädagogik (Hrsg.), Forschungsprojekt "Variation der Testbedingungen zur Ermittlung der Lernbasis und zur Indikation von Fördermaßnahmen" (hektogr. Mskr.). Heidelberg: Pädagogische Hochschule Heidelberg.

Krapp, A. (1979). Prognose und Entscheidung. Zur Theoretischen Begründung und Differenzierung der pädagogisch-psychologischen Prognose. Weinheim: Beltz.

Krapp, A. (1984). Diagnose und Prognose. In G. L. Huber, A. Krapp, & H. Mandl (Hrsg.), Pädagogische Psychologie als Grundlage pädagogischen Handelns (S.61-116). München: Urban & Schwarzenberg.

Krapp, A. (1986). Diagnose und Prognose. In B. Weidenmann, A. Krapp, M. Hofer, G. L. Huber, & H. Mandl (Hrsg.), Pädagogische Psychologie (S.565-630). München: Urban & Schwarzenberg.

Krapp. A. (1989). Der zweifelhafte Beitrag der empirischen Pädagogik zur rechtlichen Kontrolle der schulischen Leistungsbeurteilung. Zeitschrift für Pädagogik, 35, 549-564.

Krapp, A. & Mandl, H. (1971). Schulreifetests und Schulerfolg. München: Oldenbourg.

Krapp, A. & Mandl, H. (1977). Einschulungsdiagnostik. Weinheim: Beltz.

Kubinger, K. D. (1987). Adaptives Testen. In R. Horn, K. Ingenkamp, & R. S. Jäger (Hrsg.), Tests und Trends 6. Jahrbuch der Pädagogischen Diagnostik (S.103-127). München/Weinheim: Psychologie Verlags Union.

Kubinger, K. D. (1988). Testtheorie: Probabilistische Modelle. In R. S. Jäger (Hrsg.), Psychologische Diagnostik. Ein Lehrbuch (S.264-276). München/Weinheim: Psychologie Verlags Union.

Kubinger, K. D. & Wurst, E. (1985). Adaptives Intelligenzdiagnostikum (AID). Weinheim: Beltz.

Kühn, R. (1983). Bedingungen für Schulerfolg. Göttingen: Hogrefe.

Kühn, R. (1985). Zusammenhänge zwischen Angst, Hilfe bei den Hausaufgaben und Schulnoten. In D. Albert (Hrsg.), Bericht über den 34. Kongreß der Deutschen Gesellschaft für Psychologie in Wien 1984. Bd. 2: Anwendungsbezogene Forschung (S.735). Göttingen: Hogrefe.

Kühn, R. (1987). Welche Vorhersage des Schulerfolgs ermöglichen Intelligenztests?. In R. Horn, K. Ingenkamp, & R. S. Jäger (Hrsg.), Tests und Trends 6. Jahrbuch der Pädagogischen Diagnostik (S.26-64). München/Weinheim: Psychologie Verlags Union.

Kultusministerium des Landes Nordrhein-Westfalen. (1991). Förderung von Schülerinnen und Schülern mit besonderen Schwierigkeiten im Erlernen des Lesens und Rechtschreibens (LRS). RdErl. v. 19.7.1991: GABI.NW.I Nr. 8/91, 174-175.

Kutzer, R. & Probst, H. (1990). Strukturbezogene Aufgaben zur Prüfung mathematischer Einsichten (hektogr. Mskr.). Marburg: Universität.

Langfeldt, H. P. (1976a). Sonderpädagogische Diagnostik unter testtheoretischem Aspekt. In P. Barkey, H. P. Langfeldt & G. Neumann (Hrsg.), Pädagogisch-psychologische Diagnostik am Beispiel von Lernschwierigkeiten (S.59-97). Stuttgart: Huber.

Langfeldt, H. P. (1976b). Übersicht der Umschulungsverfahren zur Sonderschule für Lernbehinderte. In P. Barkey, H. P. Langfeldt, & G. Neumann (Hrsg.), Pädagogisch-psychologische Diagnostik am Beispiel von Lernschwierigkeiten (S.12-21). Stuttgart: Huber.

Langfeldt, H. P. & Fingerhut, W. (1984). Empirische Ansätze zur Aufklärung des Konstruktes "Schulerfolg". In K. Heller (Hrsg.), Leistungsdiagnostik in der Schule (4. neubearb. Aufl.) (S.40-45). Bern: Huber.

Laux, H. (1990). Pädagogische Diagnostik im Nationalsozialismus 1933-1945. Geschichte der Pädagogischen Diagnostik. Bd. 2. Weinheim: Deutscher Studien Verlag.

Leontjew, A. N. (1973). Probleme der Entwicklung des Psychischen. Frankfurt/M.: Athenäum Fischer.

Lienert, G. A. (1961). Testaufbau und Testanalyse. Weinheim: Beltz.

Lienert, G. A. (1989). Testaufbau und Testanalyse. München/Weinheim: Psychologie Verlags Union (4. Aufl.).

Linder, M. (1951). Über die Legasthenie (spezielle Leseschwäche). Zeitschrift für Kinderpsychiatrie, 18, 97-143.

Lockowandt, O. (1976). Frostigs Entwicklungstest der visuellen Wahrnehmung (FEW). Weinheim: Beltz.

Löschenkohl, E. (1975). Über den prognostischen Wert von Schulreifetests. Stuttgart: Klett.

Lorenz, J. H. (1990). Strukturbezogene Aufgaben zur Prüfung mathematischer Einsichten von R. Kutzer und H. Probst. In K. Ingenkamp & R. S. Jäger (Hrsg.), Tests und Trends 8 (S.228-231). Weinheim: Beltz.

Mandl, H. (1970). Kompendium deutschsprachiger Schulreifetests. München: Oldenbourg.

Mandl, H. (1978). Zehn Kritikpunkte zur traditionellen Schuleingangsdiagnose. In H. Mandl & A. Krapp (Hrsg.), Schuleingangsdiagnose. Neue Modelle, Annahmen und Befunde (S.29-42). Göttingen: Hogrefe.

Mandl, H. & Krapp, A. (Hrsg.). (1978). Schuleingangsdiagnose. Neue Modelle, Annahmen und Befunde. Göttingen: Hogrefe.

Marsolek, T. (1978). Historische Übersicht über die Testanwendung in Deutschland - unter besonderer Berücksichtigung der Schultests. In K. Ingenkamp (Hrsg.), Tests in der Schulpraxis (6. Aufl.). Bd. 2 (S.11-42). Weinheim: Beltz.

Mauermann, L. (1974). Schulleistungsmessung als pädagogisches Problem. Welt der Schule, 27, 313-340.

Metzker, H. (1967). Der Stammler-Prüfbogen. Die Sprachheilarbeit, 12, 89-95.

Michel, L., Jäger, R. S., Schweizer, H., Geisel, B., Habersang, U., Kierdorf, B., Luley, A. & Melter, A. (1977). Hochschuleingangstest für das Studienfeld Medizin. München: Jehle.

Micko, H. C. (1970). Eine Verallgemeinerung des Meßmodells von Rasch mit einer Anwendung auf die Psychophysik der Reaktionen. Psychologische Beiträge, 12, 4-22.

Möhling, R., Raatz, U. & Ruchti, K. (1972). Frankfurter Test für 5-jährige - Mengen, FTF-M. Weinheim: Beltz.

Moog, W. (1990). Aneignungsprozeß-Analyse - Eine notwendige Ergänzung zum standardisierten Schulleistungstest. Zeitschrift für Heilpädagogik, 41, 73-87.

Moosbrugger, H. & Müller, H. (1982). A Classical Latent Additive Test Model (CLA-Model). German Journal of Psychology, 6, 145-149.

Müller, R. (1983a). Diagnostischer Rechtschreibtest DRT 2 (2. Aufl.). Weinheim: Beltz.

Müller, R. (1983b). Diagnostischer Rechtschreibtest DRT 3 (2. Aufl.). Weinheim: Beltz.

Müller, R. (1984). Diagnostischer Lesetest zur Frühdiagnose von Lesestörungen (DLF 1-2). Weinheim: Beltz.

Müller, R. (1990). Diagnostischer Rechtschreibtest für 1. Klassen (DRT 1). Weinheim: Beltz.

Neeb, K. E. (1983). Probleme kriteriumsorientierter Leistungsmessung: Überprüfung des Erreichens allgemeiner Lehrziele. In R. Horn, K. Ingenkamp, & R. S. Jäger (Hrsg.), Tests und Trends 3. Jahrbuch der Pädagogischen Diagnostik (S.53-75). Weinheim: Beltz.

Neumann, G. (1976). Probleme pädagogische-psychologischer Diagnostik beim Aufnahmeverfahren zur Sonderschule für Lernbehinderte. In P. Barkey, H. P. Langfeldt, & G. Neumann (Hrsg.), Pädagogisch-psychologische Diagnostik am Beispiel von Lernschwierigkeiten (S.102-148). Bern: Huber.

Nickel, H. (1982). Schuleingangsberatung auf der Grundlage eines ökopsychologischen Schulreifemodells. In K. Heller & H. Nickel (Hrsg.), Modelle und Fallstudien zur Erziehungs- und Schulberatung (S.81-88). Bern: Huber.

Nickel, H. (1984). Schulreife und Schuleingangsdiagnostik. In K. Heller (Hrsg.), Leistungsdiagnostik in der Schule (4. neubearb. Aufl.) (S.275-282). Bern: Huber.

Nickel, H. (1988). Die "Schulreife" - Kriterien und Ausgangspunkte der Schuleingangsdiagnostik und Einschulungsberatung. In R. Portmann (Hrsg.), Kinder kommen zur Schule. Hilfen und Hinweise für eine kindorientierte Einschulungspraxis. Beiträge zur Reform der Grundschule. Bd. 73 (S.44-58). Frankfurt/M.: Arbeitskreis Grundschule.

Nickel, H. (1990). Das Problem der Einschulung aus ökologisch-systemischer Perspektive. Psychologie in Erziehung und Unterricht, 37, 217-227.

Niemeyer, W. (1976). Bremer Lautdiskriminationstest 2. Klasse (BLDT). Bremen: Herbig.

Oerter, R. (1984). Psychische Entwicklung als Realitaetskonstruktion. In R. Lempp (Hrsg.), Psychische Entwicklung und Schizophrenie (S.45-58). Bern: Huber.

Oller, J. W. Jr. (1973). Cloze tests of second language proficiency and what they measure. Language Learning, 23, 105-118.

Oller, J. W. Jr. (1979). Language tests at school. London: Longman.

Otte, G. (o.J.). Förderdiagnostik zu Teilleistungen im Schriftspracherwerb - informelles Verfahren (hektogr. Mskr.). Neversdorf.

Paczensky, S. v. (1976). Der Testknacker. Reinbek: Rowohlt.

Pawlik, K. (1976). Modell- und Praxisdimensionen psychologischer Diagnostik. In K. Pawlik (Hrsg.), Diagnose der Diagnostik. Beiträge zur Diskussion der psychologischen Diagnostik in der Verhaltensmodifikation (1. Aufl.) (S.13-43). Stuttgart: Klett.

Peh, D. & Rathenow, P. (1984). Test Grundanforderungen Rechtschreibung für die 1. und 2. Klasse (TGR 1/2). Weinheim: Beltz.

Petermann, F. (1978). Veränderungsmessung. Stuttgart: Kohlhammer.

Petermann, F. (1985). Zum Situationsbegriff in der Diagnostik - unter besonderer Berücksichtigung pädagogischer Anwendungsmöglichkeiten. In R. S. Jäger, R. Horn, & K. Ingenkamp (Hrsg.), Tests und Trends 4. Jahrbuch der Pädagogischen Diagnostik (S.168-190). Weinheim: Beltz.

Petermann, F. (1986). Probleme und neuere Entwicklungen der Veränderungsmessung - ein Überblick. Diagnostica, 32, 4-16.

Plaum, E. (1985). Psychologische Diagnostik. In F. J. Hehl, V. Ebel, & W. Ruch (Hrsg.), 12. Kongreß für angewandte Psychologie, Berufsverband Deutscher Psychologen (1983). Bd. 1 (S.51-62). Bonn: Deutscher Psychologen Verlag.

Pluhar, C. (1989). Integration behinderter und nichtbehinderter Kinder und Jugendlicher in Schleswig-Holstein. Vorschläge zur Weiterentwicklung des Schulsystems. Kiel: Arbeitsgemeinschaft für Sozialdemokraten im Bildungsbereich (AfB).

Probst, H. (1973). Die scheinbare und wirkliche Funktion des Intelligenztests im Sonderschulüberweisungsverfahren. In S. Graf & H. Probst (Hrsg.), Kritik der Sonderpädagogik (S.107-173). Gießen: Achenbach.

Probst, H. (1981). Zur Diagnostik und Didaktik der Oberbegriffsbildung. Oberbiel: Jarick.

Probst, H. (1983). Testverfahren zur Diagnostik spezifischer Lernvoraussetzungen. In R. Horn, K. Ingenkamp, & R. S. Jäger (Hrsg.), Tests und Trends 3. Jahrbuch der Pädagogischen Diagnostik (S.77-105). Weinheim: Beltz.

Probst, H. (1985). Zur qualitativen Diagnose der Lesetechnik. Vierteljahres-Zeitschrift für Heilpädagogik und ihre Nachbargebiete, 54, 319-338.

Probst, H. (1987). Inventar impliziter Rechtschreibregeln. In Pädagogische Hochschule Heidelberg (Hrsg.), Probleme beim Schriftspracherwerb (S.251-280). Heidelberg: Schindele.

Probst, H. (1990). Inventar impliziter Rechtschreibregeln (IiR). Marburg: Philipps-Universität, Institut für Heil- und Sonderpädagogik.

Projektgruppe. (1973). Diagnostik in der Schule. München: Oldenbourg.

Pulver, U., Lang, A. & Schmid, F. W. (Hrsg.). (1978). Ist Psychodiagnostik verantwortbar? Bern: Huber.

Putz-Osterloh, W. & Schroiff, M. (1987). Komplexe Verhaltensmaße zur Erfassung von Hochbegabung. Zeitschrift für Differentielle und Diagnostische Psychologie, 8, 207-216.

Raatz, U. (1985a). Better theory for better Tests. Language Testing 2, 60-75.

Raatz, U. (1985b). Investigating dimensionality of language tests a new solution to an old problem. Practice and problems in language testing, 8, 123-136.

Raatz, U. & Klein-Braley, C. (1983). Ein neuer Ansatz zur Messung der Sprachleistung. Der C-Test: Theorie und Praxis. In R. Horn, K. Ingenkamp & R. S. Jäger (Hrsg.), Tests und Trends 3 (S.107-138). Weinheim: Beltz.

Raatz, U. & Klein-Braley, C. (1992). C-Test Deutsch für 4. Klassen CT-D 4, Deutsche Schultests. Weinheim: Beltz.

Raatz, U., Voss, B. & Klein-Braley, C. (1991). Diagnose der Fremdsprachenleistung in der Schule. In K. Ingenkamp, & R. S. Jäger (Hrsg.), Tests und Trends 9 (S.43-79). Weinheim: Beltz.

Radatz, H. (1980). Fehleranalysen im Mathematikunterricht. Braunschweig: Vieweg.

Rathenow, P. (1987). Leseschwierigkeiten schon in der Zuckertüte?! In H. Balhorn, & H. Brügelmann (Hrsg.), Welten der Schrift in der Erfahrung der Kinder (S.190-199). Konstanz: Faude.

Rathenow, P. & Vöge, J. (1982). Erkennen und Fördern von Schülern mit Lese-/Rechtschreibschwierigkeiten. Braunschweig: Westermann.

Rauh, H. (1988). Verschränkungen mit der Entwicklungspsychologie. In R. S. Jäger (Hrsg.), Psychologische Diagnostik (S.49-58). München: Psychologie Verlags Union.

Rexilius, G. (1978). Grenzen der Testerei. In S. Grubitzsch & G. Rexilius (Hrsg.), Testtheorie - Testpraxis. Reinbeck: Rowohlt.

Roeder, P. M., Baumert, J., Sang, F. & Schmitz, B. (1986). Über Zusammenhänge zwischen Zensur und Testleistung. In H. Petillon, J. L. Wagner, & B. Wolf (Hrsg.), Schülergrechte Diagnose. Theoretische und empirische Beiträge zur Pädagogischen Diagnostik. Festschrift zum 60. Geburtstag von Karlheinz Ingenkamp (S.31-59). Weinheim: Beltz.

Röhr-Sendlmeier, U. (o.J.). Sprachstandserhebung (hektogr. Mskr.). Bonn: Universität.

Röhr-Sendlmeier, U. M. (1987). Sprachstandserhebung zur Förderung ausländischer Grundschüler. Unterrichtswissenschaft, 2, 224-249.

Röhr-Sendlmeier, U. M. (1990). Zweitspracherwerb und personale Entwicklung. Psychologie in Erziehung und Unterricht, 37, 163-171.

Rollett, B. (1976). Kriterienorientierte Prozeßdiagnostik im Behandlungskontext. In K. Pawlik (Hrsg.), Diagnose der Diagnostik (S.131-146). Stuttgart: Klett.

Rollett, B. & Bartram, M. (1977). Anstrengungsvermeidungstest (AVT). Braunschweig: Westermann.

Rosemann, B. (1982). Differentielle Prognostizierbarkeit von Schulerfolg. Opladen: Westdeutscher Verlag.

Roth, H., Schlevoigt, G., Süllwold, F. & Wicht, G. (1968). Frankfurter Schulreifetest FST (5. Aufl.). Weinheim: Beltz.

Rüdiger, D., Kormann, A. & Peez, H. (1976). Schuleintritt und Schulfähigkeit. Zur Theorie und Praxis der Einschulung. München: Reinhardt.

Rudolf, H. (1986). Graphomotorische Testbatterie. Weinheim: Beltz.

Sander, E. (1986). Lernhierarchien und kognitive Lernförderung. Göttingen: Hogrefe.

Scharlau, R. & Schmitz, G. (1978). Welchen Nutzen hat die Testbatterie für Geistigbehinderte? Zeitschrift für Heilpädagogik, 29, 37-43.

Scheckenhofer, H. (1975). Objektivierte Selektion oder Pädagogische Diagnostik. Zeitschrift für Pädagogik, 21, 929-950.

Schlee, J. (1976). Legasthenieforschung am Ende? München: Urban & Schwarzenberg.

Schlee, J. (1985a). Förderdiagnostik - eine bessere Konzeption? In R. S. Jäger, R. Horn, & K. Ingenkamp (Hrsg.), Tests und Trends 4. Jahrbuch der Pädagogischen Diagnostik (S.82-108). Weinheim: Beltz.

Schlee, J. (1985b). Helfen verworrene Konzepte dem Denken und Handeln in der Sonderpädagogik? Eine Auseinandersetzung mit der Förderdiagnostik. Zeitschrift für Heilpädagogik, 36, 860-891.

Schlee, J. (1985c). Kann Diagnostik beim Fördern helfen? Anmerkungen zu den Ansprüchen der Förderdiagnostik. Zeitschrift für Heilpädagogik, 36, 153-165.

Schlee, J. (1988). Förderdiagnostik - eine theoretische Leerformel. Empirische Pädagogik, 2, 153-163.

Schneider, B. (1987). Vorbereitung auf Intelligenz- und Leistungstests: Eine Gefahr für die Eignungsdiagnostik? In R. Horn, K. Ingenkamp & R. S. Jäger (Hrsg.), Tests und Trends 6. Jahrbuch der Pädagogischen Diagnostik (S.3-25). München/Weinheim: Psychologie Verlags Union.

Scholz, R. W. & Hasemann, K. (1989). Psychologische Forschung zu mathematikbezogenen Lehr-, Lern- und Denkprozessen an bundesdeutschen und österreichischen Hochschulen. Zeitschrift für Entwicklungspsychologie und Pädagogische Psychologie, 21, 325-355.

Schorr, A. (in Druck). Stand und Perspektiven psychologischer Diagnostik in der Praxis. Diagnostica.

Schorr, A. & Brugger, B. (1991). Zum aktuellen Stand der psychologischen Diagnostik in der Praxis. In D. Frey (Hrsg.), Bericht über den 37. Kongreß der Deutschen Gesellschaft für Psychologie in Kiel 1990. Bd. 1 (S.131). Göttingen: Hogrefe.

Schott, F. (1983). Probleme kriteriumsorientierter Leistungsmessung. In R. Horn, K. Ingenkamp, & R. S. Jäger (Hrsg.), Tests und Trends 3. Jahrbuch der Pädagogischen Diagnostik (S.11-27). Weinheim: Beltz.

Schott, F. (1988). Kriteriumsorientierte Diagnostik. In R. S. Jäger (Hrsg.), Psychologische Diagnostik. Ein Lehrbuch (S.178-184). München/Weinheim: Psychologie Verlags Union.

Schott, F., Wieberg, H. W. & Neeb, K. E. (1983). Probleme kriteriumsorientierter Leistungsmessung. In R. Horn, K. Ingenkamp & R. S. Jäger (Hrsg.), Tests und Trends 3 (S.11-76). Weinheim: Beltz.

Schrader, F. W. (1989). Diagnostische Kompetenzen von Lehrern und ihre Bedeutung für die Gestaltung und Effektivität des Unterrichts. Frankfurt: Lang.

Schreiber, W. H. (1991). Überregionale Lernerfolgsmessung und Lernerfolgsveränderung (Beiheft zur Zeitschrift Empirische Pädagogik, Bd. 1). Landau: Empirische Pädagogik.

Schwarz, B. (1983). Grundzüge pädagogischer Diagnostik. Eine Einführung. Frankfurt: Haag + Herchen.

Schwarzer, C. (1979). Einführung in die Pädagogische Diagnostik. München: Kösel.

Spada, H. & May, R. (1982). The linear logistic test model and its application in educational research. In D. Spearritt (Ed.), The improvement of measurement in education and psychology: Contributions of latent trait theories (pp.67-84). Australian Council of Educational Research: Hawthorne.

Spada, H. & Reimann, P. (1982). Educational measurement. German Journal of Psychology, 6, 286-305.

Spitta, G. (1986). Kinder entdecken die Schriftsprache - Lehrer bzw. Lehrerinnen beobachten die Sprachlernprozesse. In R. Valtin, & I. Nägele (Hrsg.), Schreiben ist wichtig! (S.67-83). Frankfurt/M.: Arbeitskreis Grundschule.

Spolsky, C. (1981). Some ethical questions about language testing. In C. Klein-Braley & D. K. Stevensen (Eds.), Practice and problems in language testing 1 (pp.5-30). Frankfurt: Lang.

Steffens, K. (1982). Kausalmodelle zur differentiellen Prognose des Schulerfolgs. In H. J. Henning (Ed.), Applications of linear structural relationships models in social sciences: Results from LISREL-V Workshop, May 3-7, 1982. Bremer Beiträge zur Psychologie. Nr. 17 (S.130-147). Bremen: Psychologisches Institut.

Süllwold, F. (1983). Pädagogische Diagnostik. In K. J. Groffmann & Michel. L. (Hrsg.), Intelligenz- und Leistungsdiagnostik. Enzyklopädie der Psychologie, Themenbereich B, Serie II. Bd. 2 (S.307-386). Göttingen: Hogrefe.

Suppes, P. & Zinnes, J. L. (1963). Basic measurement theory In R. D. Luce, R. R. Bush & E. Galanter (Eds.), Handbook of mathematical psychology. Vol. I (pp.1-76). New York: Wiley.

Tent, L. (1969). Die Auslese von Schülern für weiterführende Schulen. Göttingen: Hogrefe.

Tent, L. & Waldow, M. (1984). Pädagogische Diagnostik in der Schule für Lernbehinderte. Gruppenbezogene Leistungsmessung oder Zielerreichungs-Tests? Heilpädagogische Forschung, 11, 1-29.

Tewes, U. & Thurner, F. (1976). Testbatterie Grammatische Kompetenz (TGK). Braunschweig: Westermann.

Treinies, G. (1990). Profile von Leistungsrandgruppen in der 1. Jahrgangsstufe. Heilpädagogische Forschung, 16, 132-143.

Troßbach-Neuner, E. (1989). Verlesungen sprachbehinderter Grundschulkinder als Indikatoren pädagogisch-methodischer Lernwegsteuerung. Die Sprachheilarbeit, 34, 169-174.

Trost, G. (1985). Pädagogische Diagnostik beim Hochschulzugang. In R. S. Jäger, R. Horn, & K. Ingenkamp (Hrsg.), Tests und Trends 4. Jahrbuch der Pädagogischen Diagnostik (S.41-81). Weinheim: Beltz.

Urban, K. K. (1986). Hörverstehenstest (HVT). Weinheim : Beltz.

Valtin, R. (1970). Legasthenie - Theorien und Untersuchungen. Weinheim: Beltz.

Valtin, R. (1972). Empirische Untersuchungen zur Legasthenie. Hannover: Schroedel.

Valtin, R. (1973). Einführung in die Legasthenieforschung. Weinheim: Beltz.

Valtin, R., Jung, U. O. H. & Scheerer-Neumann, G. (Hrsg.). (1981). Legasthenie in Wissenschaft und Unterricht. Darmstadt: Wissenschaftliche Buchgesellschaft.

Wahl, D., Weinert, F. E. & Huber, G. L. (1984). Psychologie für die Schulpraxis. Ein handlungsorientiertes Buch für Lehrer. München: Kösel.

Weinert, F. & Schrader, F. W. (1986). Diagnose des Lehrers als Diagnostiker. In H. Petillon, W. L. Wagner, & B. Wolf (Hrsg.), Schülergrechte Diagnose. Theoretische und empirische Beiträge zur Pädagogischen Diagnostik. Festschrift zum 60. Geburtstag von Karlheinz Ingenkamp (S.11-30). Weinheim: Beltz.

Weiss, R. (1965). Zensur und Zeugnis. Linz: Haslinger.

Weiss, R. (1968). Leistungsbeurteilung durch Ziffernnoten. Linz: Haslinger.

Weltner, K. (1974). Lernen im Zusammenhang. Grundlagenstudien aus Kybernetik und Geisteswissenschaft, 15, 103-110.

Wember, F. B. (1990). Die Frühdiagnostik bei Rechenschwäche zwischen früher Förderung und früher Stigmatisierung: Möglichkeiten und Grenzen von Selektionsdiagnostik und Förderdiagnostik und Vorschläge zur kontentvaliden Messung von Lernvoraussetzungen (Unveröff. Mskr.). 32 S.

Wendeler, J. (1981). Förderdiagnostik bei Schulleistungsschwächen in der Grundschule. Psychologie in Erziehung und Unterricht, 28, 293-305.

Wendeler, J. (1989). Gliederungsfehler beim Rechtschreiben. Zeitschrift für Heilpädagogik, 40, 1-7.

Wendt, C. (1989). Frankfurter Analogietest FAT 6-9 (von N. Barth). Diagnostica, 35, 368-371.

Westmeyer, H. (1972). Logik der Diagnostik. Stuttgart: Kohlhammer.

Wieberg, H. J. (1983). Probleme kriteriumsorientierter Leistungsmessung: Sicherung der Kontenvalidität. In R. Horn, K. Ingenkamp, & R. S. Jäger (Hrsg.), Tests und Trends 3. Jahrbuch der Pädagogischen Diagnostik (S.29-52). Weinheim: Beltz.

Wieczerkowski, W. & Wagner, H. (1985). Diagnostik von Hochbegabung. In R. S. Jäger, R. Horn, & K. Ingenkamp (Hrsg.), Tests und Trends 4. Jahrbuch der Pädagogischen Diagnostik (S.109-134). Weinheim: Beltz.

Winkelmann, W. (1975). Testbatterie zum Erfassen kognitiver Operationen. Braunschweig: Westermann.

Wohlfarth, R. (1985). Zum Verhältnis vom Förderung und Diagnostik in der Geistigbehindertenpädagogik. Heilpädagogische Forschung, 12, 199-209.

Wolf, B. & Saldern, M. v. (1989). Diagnostik von Schulumwelt. In R. S. Jäger, R. Horn, & K. Ingenkamp (Hrsg.), Tests und Trends 7. Jahrbuch der Pädagogischen Diagnostik (S.95-141). Weinheim: Beltz.

Zentralstelle für Psychologische Information und Dokumentation (ZPID). (Hrsg.). (1991). Pädagogische Diagnostik (Bibliographien zur Psychologie Nr. 65). Trier: Zentralstelle.

Zeuch, W. (1973). Was spricht gegen die Anwendung von Testverfahren? Die deutsche Schule, 65, 340-348.

Ziegenspeck, J. (1973). Zensur und Zeugnis in der Schule. Hannover: Schroedel.

Zielinski, W. (1980) Lernschwierigkeiten. Verursachungsbedingungen, Diagnose, Behandlungsansätze. Stuttgart: Kohlhammer.

Zielinski, W. & Schneider, W. (1986). Diagnostische Möglichkeiten bei Lese- und Rechtschreibschwierigkeiten - Folgerungen aus der Forschung. In K. Ingenkamp, R. Horn & R. S. Jäger (Hrsg.), Tests und Trends 5 (S.38-62). Weinheim: Beltz.

Zimmer, R. & Volkamer, M. (1984). Motoriktest für vier- bis sechsjährige Kinder (MOT 4-6). Weinheim: Beltz.

3.1

ELEMENTARBEREICH

Lilian Fried, Hans-Günther Roßbach, Wolfgang Tietze und Bernhard Wolf (Moderator)

3.1.1 Einleitung

Der Elementarbereich als eigenständige Bildungsstufe für Kinder von drei Jahren bis zum Schuleintritt existiert im westdeutschen Bildungswesen in dieser Weise erst seit zwei Jahrzehnten und ist dementsprechend weniger etabliert als andere Bildungsstufen. Zwar kann die Erziehung im Kindergarten als der für Kinder dieser Altersgruppe maßgeblichen Einrichtung - der erste Kindergarten wurde 1840 von Friedrich Fröbel in Rudolstadt gegründet - auf eine mehr als 150jährige Geschichte zurückblicken (vgl. Erning, Neumann & Reyer, 1987). Auch hat es Versuche, den Kindergarten als Bildungsinstitution für alle Kinder zu etablieren, bereits im Zuge der 1848er bürgerlichen Revolution und auch zu Beginn der Weimarer Republik gegeben. Die faktische Anerkennung als eigenständige und zugleich grundlegende Bildungsstufe im Rahmen eines gegliederten Bildungswesens erfolgte jedoch erst mit dem Strukturplan des Deutschen Bildungsrates (1970).

Mit der Etablierung der Elementarbildung (im Kindergarten) wurde die Bedeutung einer pädagogisch geplanten Umwelt für Kinder im Alter von drei bis sechs Jahren als Ergänzung zur Erziehung in der Familie als eine nicht hintergehbare gesellschaftliche Aufgabe begriffen und damit eine Entwicklung nachvollzogen, die in dem anderen deutschen Teilstaat, der DDR, bereits unmittelbar nach dem Zweiten Weltkrieg stattgefunden hatte. Dementsprechend wurden auf breiter Front Anstrengungen unternommen, das Platzangebot in dieser Bildungseinrichtung nachhaltig zu erweitern und die pädagogischen Konzeptionen qualitativ zu verbessern. Zugleich sollte es bei einem freiwilligen Bildungsangebot bleiben, das jedoch so attraktiv gestaltet werden sollte, daß praktisch alle Kinder und Eltern es annehmen könnten. Eine gewisse Ausnahme bildete zunächst lediglich die Gruppe der fünfjährigen Kinder, für die auf der Basis von Modellversuchen entschieden werden sollte, ob eine Vorverlegung der Schulpflicht von sechs auf fünf Jahre (und damit eine Einbeziehung dieser Altersgruppe in den Pflicht-Schulbereich) erfolgen sollte.

Der vorliegende Beitrag bezieht sich auf diese so entstandene Bildungsstufe. Er thematisiert empirische Forschungen zu den im Elementarbereich entwickelten pädagogischen Konzepten und deren Implementation, zu den damit verbundenen institutionellen Fragen, zu den Charakteristika der jeweiligen pädagogischen Umwelten sowie zu den Auswirkungen auf Kinder. Einbezogen werden auch Untersuchungen zu den Kontextbedingungen der pädagogischen Umwelten sowie der Bezug des Kindergartens zur Grundschule und - aus der Sicht des Kindes - zum sonstigen Kinderalltag. Ebenfalls werden Untersuchungen zu sozial- und bildungsplanerischen Fragen im Rahmen der Etablierung, Ausweitung und Nutzung des Kindergartenangebots thematisiert. Nicht Gegenstand dieses Beitrags sind Untersuchungen, die sich mit sonstigen, nicht elementarbereichsspezifischen Fragen befassen, auch wenn Kinder dieser Altersgruppe betroffen sind, Untersuchungspopulationen über den Kindergarten rekrutiert werden oder sonst das Kindergarten-Setting aus untersuchungstechnischen Gründen genutzt wird.

Aufgrund der Tatsache, daß der Elementarbereich als Bildungsstufe erst jüngeren Datums ist und in den beiden Jahrzehnten seiner Existenz als ein sich entwickelnder Bildungsbereich nachhaltigen Veränderungen unterlag, ist auch die auf diesen Bereich bezogene empirische pädagogische Forschung stärker an die bildungsreformerische Entwicklungsdynamik gebunden, als dies für andere, etabliertere Bildungsstufen der Fall ist. Mehr noch: Eine einschlägige empirisch-pädagogische Forschung hat sich erst - entsprechend den gesellschaftlichen Notwendigkeiten - in diesem Prozeß entwickelt. Sie reflektiert dabei zugleich auch die jeweiligen Veränderungen in den gesellschaftlichen und bildungspolitischen Vorgaben. Die empirisch-pädagogische Forschung folgt dabei nicht einem linearen Entwicklungsprozeß etwa im Sinne einer Verstetigung und Zunahme. Vielmehr ist nach einer starken Expansionsphase bis Mitte der 70er Jahre im Zusammenhang des dann einsetzenden Rückgangs des bildungspolitischen Interesses auch ein Rückgang empirischer Forschung zu verzeichnen. Dies gilt nicht nur für die empirischen Forschungsarbeiten selber, sondern bezieht sich auch auf die infrastrukturellen Voraussetzungen, deren Auf und Ab ebenfalls nur im Rahmen der gesellschaftlichen und bildungsreformerischen Vorgaben zu verstehen ist. Ein Rückblick auf die Forschung zum Elementarbereich während der letzten zwei Jahrzehnte ist deshalb ohne einen Rückbezug auf die bildungsreformerischen Vorgaben und Entwicklungstendenzen kaum möglich. Von daher spiegelt die Behandlung der empirischen Untersuchungen im vorliegenden Beitrag in vielen Punkten Entwicklungen dieser Bildungsstufe wider.

Am stärksten kommt diese Anbindung im Abschnitt 3.1.2 zum Ausdruck, in dem die referierten Untersuchungsschwerpunkte im wesentlichen dem zeitlichen Ablauf der Bildungsreform folgen. Zunächst werden frühe Untersuchungen zu einer schulvorbereitenden Förderung thematisiert, daran anschließend Untersuchungen zum Vergleich verschiedener institutioneller Formen im Elementarbereich (z.B. Kindergarten, Vorklasse, Eingangsstufe), zur Curriculumentwicklung sowie zu pädagogischen Alternativkonzepten. Der nächste Abschnitt (3.1.3) behandelt Untersuchungen zu Aspekten von Prävention bei ausgewählten Kinderpopulationen. Ein dritter Schwerpunkt (3.1.4) bezieht sich - gewissermaßen jenseits intentionaler pädagogischer Konzepte - auf das Geschehen in der pädagogischen Umwelt Kindergarten selbst. Hierunter fallen Untersuchungen zu Strukturen und Interaktionsprozessen im Kindergarten sowie zu Verhaltensaspekten von Kindern und Erzieherinnen. Des weiteren werden in diesem Abschnitt Untersuchungen zur Einbettung des Kindergartens (wie auch individueller Erfahrungen der Kinder) in verschiedene Kontextbedingungen (z.B. Kinderalltag, soziale Umwelten) thematisiert. Abschließend (Abschnitt 3.1.5) werden ausgewählte Fragen zu Voraussetzungen empirisch-pädagogischer Forschung (geeignete Erhebungsinstrumente, Fragen zur Forschungsinfrastruktur) sowie Desiderata empirisch-pädagogischer Forschung im Elementarbereich angesprochen.

3.1.2 Empirisch-pädagogische Untersuchungen im Kontext der Bildungsreform im Elementarbereich

Eine Hauptlinie empirisch-pädagogischer Untersuchungen zum Elementarbereich läßt sich unmittelbar dem Duktus der bildungspolitischen Diskussion zuordnen, wie er sich seit Mitte der 60er Jahre entwickelte, als die Frage früher Förderung erstmals in breiter Form thematisiert wurde. Vor allem drei Problemkreise mit den dazu durchgeführten empirischen Studien lassen sich festmachen (vgl. auch Erler & Erler, 1989):

- frühe Studien zur Schulfähigkeit, zu Effekten von Schulreifetrainings bzw. zu - überwiegend - kognitiv orientierten vorschulischen Trainingsprogrammen
- Studien zur Neukonstituierung vorschulischer Förderung, vor allem vergleichende Untersuchungen zu Förderungseffekten speziell bei Fünfjährigen in Vorklassen, Eingangsstufen und Kindergärten
- Studien im Kontext der Entwicklung und Evaluation pädagogischer Programme und Curricula

In der folgenden Darstellung wird weder der Anspruch erhoben, eine vollständige Übersicht über die durchgeführten Studien zu liefern, noch die aufgeführten Studien erschöpfend zu behandeln. Vielmehr können nur illustrierende Beispiele herangezogen werden. Gleichwohl soll versucht werden, ein für die jeweilige Forschungssituation charakteristisches Bild zu zeichnen.

3.1.2.1 Frühe empirische Untersuchungen zu Förderungseffekten

Frühe empirische Untersuchungen zu vorschulischen Förderungseffekten wurden schwerpunktmäßig bereits vor dem Berichtszeitraum ab Mitte der 60er Jahre durchgeführt. Sie gehören jedoch der Sache nach in den Zusammenhang der Konstituierung einer eigenständigen Elementarerziehung. Im Kontext einer Vorstellung, die vorschulische Erziehung als unmittelbar schulvorbereitende Erziehung begriff, waren die frühen Untersuchungen vorwiegend gerichtet auf eine allgemeine Förderung der Schulreife bzw. auf eine Förderung einzelner kognitiver Funktionen, von denen ein besonderer Beitrag zur Schulreife erwartet wurde. Unter Schulreife und Schulfähigkeit wurden damals in einer verengten Sicht die dem Kind zugeschriebenen Fähigkeiten verstanden, die Anforderungen der Grundschule mehr oder weniger erfolgreich bewältigen zu können - anders als es in umfassenden Konzepten heute üblich ist (vgl. Nickel, 1988). Die zu diesem Zeitpunkt vorherrschenden vereinfachten Vorstellungen von frühpädagogischer Förderung als unmittelbar schulvorbereitender Förderung spiegelten sich in den empirischen Arbeiten bei der Auswahl der Programme (Treatments) wie auch der Kriterien, an denen die Effekte der frühpädagogischen Förderung gemessen wurden.

Die zentrale Forschungsfrage der Studien zu Effekten von Schulfähigkeitstrainings ist, ob sich ein solches Training positiv auf die Schulreife und die Schulkarriere dieser Kinder auswirkt. Eine erste Gruppe von in diesem Zusammenhang zu erwähnenden Studien bezieht sich dabei auf die Population der vom Alter her schulpflichtigen, aber aufgrund mangelnder Schulfähigkeit für ein Jahr vom Schulbesuch zurückgestellten Kinder. Insofern kann hier nur sehr eingeschränkt von "vorschulischer" Förderung gesprochen werden. In den Untersuchungen von Kohl (1963), Hödl, Lanzeldorfer, Schnell und Sretenovic (1970) und teilweise Henning (1970) wurden Kinder, die im Jahr ihrer Zurückstellung einen Schulkindergarten besucht hatten, mit solchen ohne Schulkindergartenbesuch während der Zurückstellung verglichen. Schüttler-Janikulla und Krohne (1966) verglichen in einer experimentellen Studie Kinder aus dem regulären Schulkindergartenprogramm (überwiegend zurückgestellte Kinder) mit solchen, die an einem speziellen vierwöchigen Schulreifetraining teilnahmen. Von im engeren vorschulischer Förderung kann bei den Vergleichen von Klapprott (1969) und Henning (1970) gesprochen werden, die sich auf Kinder ohne Vortraining, auf Kinder mit einer dreimonatigen Spielgruppenerfahrung, auf Kinder mit Kindergartenerfahrung und auf Kinder mit Schulkindergartenerfahrung im Jahr vor der Schulpflicht beziehen. Mit Ausnahme der experimentellen Studie von Schüttler-Janikulla und Krohne (1966), bei der parallelisierte Paare mit Zufallszuweisung zum Treatment realisiert wurden, handelt es sich jeweils um Felduntersuchungen, bei denen aufgrund sozialer und schulischer Regelungsmechanismen anfallende Kindergruppen miteinander verglichen wurden und zusätzlich zu den Treatments in Rechnung zu stellende andere potentielle Erklärungsfaktoren nur eingeschränkt kontrolliert werden konnten.

Als Kriterien für den Erfolg der Förderungsmaßnahmen dienten neben Schulreifetests- und/oder Entwicklungs- und Intelligenztests (Schüttler-Janikulla & Krohne, 1966; Klapprott, 1969; Henning, 1970) auch Schulnoten (Kohl, 1963; Hödl et al., 1970) und Sitzenbleiber- bzw. Sonderschulzuweisungsquoten (Hödl et al., 1970). In der Regel wurden die Effekte zu Beginn des ersten Schuljahres bzw. im ersten Schuljahr erhoben, eine längerfristige Verfolgung bis ins dritte Schuljahr findet sich nur bei Hödl et al.(1970). Die Studien wurden mit sehr unterschiedlichen Stichprobenumfängen durchgeführt, von z.B. unter 30 Kindern bei Kohl (1963) und Schüttler-Janikulla und Krohne (1966) bis zu über 1.600 Kindern (nahezu alle Schulanfänger in Berlin-Steglitz im Jahre 1968) bei Henning (1970). Alle diese Studien berichten über zumindest ansatzweise positive Effekte der Schulreifeförderung auf die verschiedenen Kriteriumsmaße bei den betroffenen Kindern. Ein für frühpädagogische Förderung besonders bedeutsames Ergebnis ist zudem, daß positive Effekte eines schulvorbereitenden Trainings sich nicht nur in "psychometrischen" Kriterien wie Schulreifetests, sondern vor allem auch in "harten" Kriterien wie Sitzenbleiben und Sonderschulzuweisungen feststellen lassen (vgl. z.B. Hödl et al., 1970; später auch Roßbach, 1985; Mader, Roßbach & Tietze, 1991).

Andere frühe Studien konzentrierten sich auf Förderungsprogramme für spezifische kognitive Funktionen (vgl. z.B. Frostig & Horne, 1966/1972). Entsprechend den eher simplen Vorstellungen darüber, was eine pädagogische Förderung von kleinen Kindern ausmacht, wurden in dieser frühen Phase Sprachtrainingsmappen und didaktisches Spielzeug für kognitive Funktionen zum Teil enthusiastisch gefeiert und als die Mittel gegen die Überwindung einer rückständigen Kindergartenpädagogik betrachtet, die Kinder künstlich dumm halte (Lückert, 1967). Besonders hohe Erwartungen wurden an Programme des frühen Lesenlernens gerichtet (Schmalohr, 1973). Das Interesse galt dabei nicht primär den durch frühes Lesenlernen später u.U. verbesserten Leseleistungen, sondern einer Steigerung der Intelligenzleistung durch Frühlesen. Entsprechende Erwartungen beruhten auf Fällen überdurchschnittlich begabter Kinder, die schon als Frühleser in die Schule kamen und überdurchschnittliche Leistungen zeigten. Erste empirische Untersuchungsergebnisse wurden ab 1969 berichtet - zu einem Zeitpunkt als übrigens die "heiße" Diskussion von Verfechtern des Frühlesens und seinen Gegnern schon im Abklingen begriffen war.

Die vorliegenden Untersuchungen zu den Effekten des Frühlesetrainings (vgl. die Zusammenfassungen bei Erler, 1972; Schmalohr, 1973) beinhalten Vorher- und Nachhermessungen verschiedener Variablen. Allerdings fehlen zum Teil Kontrollgruppen; ebenso sind die Stichprobenumfänge gering, sie reichen von n = 9 bis n = etwa 70 vier- bis fünfjährige Kinder (vgl. Schmalohr, 1973, S. 77). Die Intelligenz ist zwar nicht die einzige Kriteriumsvariable, wohl aber jene, auf deren Steigerung die größten Erwartungen gerichtet werden. Daneben werden die Leseleistungen der Kinder erhoben, wobei aber nur in wenigen Studien standardisierte Lesetests zum Einsatz kommen (vgl. z.B. Schmalohr, 1969; Rüdiger, 1971). Weiterhin sind zum Teil Aspekte der Sprachentwicklung, Rechtschreibeleistungen sowie Aspekte der sozial-emotionalen Entwicklung erfaßt.

In der Duisburger Frühlese-Untersuchung von Schmalohr (1969) wurden neun Kinder untersucht, die als Vier- bis Fünfjährige an einem Lesetraining (eine Stunde täglich an drei Tagen in der Woche) in einer Grundschule teilnahmen; zusätzlich übten die Eltern täglich bis zu zwei Stunden mit ihren Kindern. Der IQ wurde zu Beginn des Lesetrainings sowie ein gutes Jahr später erhoben. Eine Kontrollgruppe gab es nicht. Eine Intelligenzsteigerung durch das Frühlesen fand sich nicht - andererseits wurden aber auch keine Befürchtungen bestätigt, wonach als Konsequenz des Frühlesens mit einseitiger Intellektualisierung, mit Störungen im sozial-emotionalen Bereich und mit einer Neurotisierung der Kinder gerechnet werden müsse. Dieses Muster läßt sich auch als etwas vereinfachtes Fazit der übrigen Untersuchungen zum Frühlesen festhalten (vgl. Schmalohr, 1973, S. 78ff.). Rüdiger (1971) weist noch - in einer der methodisch gründlichsten Studien - auf schichtspezifische Effekte hin. Während die anfänglichen IQ-Gewinne von Kindern, die aus der Mittel- und Oberschicht an dem Trainingsprogramm teilgenommen hatten, von den Kontrollgruppenkindern aus diesen Schichten in der Schule wieder eingeholt wurden, blieben die Gewinne bei Unterschichtkindern bestehen. Gegenwärtig ist das Frühlesen kein Thema mehr, dem allgemein Interesse entgegengebracht würde. Allenfalls in der (Hoch-)Begabtenforschung wird noch am Rande darauf eingegangen (vgl. z.B. Kohtz, 1988).

Mit dem Fortschreiten der Bildungsreform wurden die eher simplen Vorstellungen darüber, was eine frühpädagogische Förderung ausmache, durch differenziertere Konzepte und darauf ausgelegte pädagogische Programme und Modelle abgelöst. Zugleich schwanden damit auch die eher einfachen, nicht selten durch eine gewisse methodische Bescheidenheit und überhöhte Effekterwartungen gleichermaßen gekennzeichneten Studien.

3.1.2.2 Untersuchungen zur Neukonstituierung vorschulischer Förderung

Im Zuge der Bildungsreformbemühungen in der zweiten Hälfte der 60er Jahre wurde die Frage einer Neukonstituierung vorschulischer Erziehung mit hoher Priorität diskutiert. Dies geschah auf dem Hintergrund einer quantitativ geringen Versorgung mit Kindergartenplätzen einerseits - 1970 war rechnerisch nur für etwa ein Drittel der drei- bis unter sechsjährigen Kinder ein Kindergartenplatz vorhanden (vgl. Tietze & Roßbach, 1991) - und einer als rückständig betrachten Kindergartenpädagogik andererseits (vgl. 3.1.2.1). Der Deutsche Bildungsrat bezeichnete 1970 im Strukturplan für das Bildungswesen den Kindergarten zwar als den Elementarbereich des Bildungswesens (Deutscher Bildungsrat, 1970), ordnete ihn aber organisatorisch nicht dem Bildungswesen zu, sondern beließ ihn bei der Jugendhilfe und damit überwiegend bei den konfessionellen Trägern. Allerdings wurde im dann folgenden Bildungsgesamtplan von Bund und Ländern die Frage offengelassen, ob die Fünfjährigen organisatorisch im Elementarbereich bleiben oder ob sie dem Primarbereich zugeordnet werden sollten (Bund-Länder-Kommission für Bildungsplanung, 1973). Eine Entscheidung sollte erst nach Vorliegen entsprechender Erfahrungen getroffen werden. Obwohl mit der Zuordnungsfrage nur ein (relativ geringer) Ausschnitt aus dem Fragenkreis zur Neukonstituierung vorschulischer Erziehung thematisiert wurde, bestimmte diese politische Vorgabe sehr stark die konkreten Erprobungen in der Praxis und die auf den Vorschulbereich bezogenen empirischen Untersuchungen. Erprobt wurde:

- das Modell einer zweijährigen Eingangsstufe, in der Arbeitsweisen der vorschulischen und der schulischen Erziehung vereinigt werden. In diesem Modell werden die Kinder als Fünfjährige eingeschult und in einer zweijährigen Förderung, die damit zugleich das erste Jahr der Grundschule umfaßt, von spielorientiertem zu schulischem Lernen geführt.

- das Modell einer Vorklasse an Grundschulen, in der die Kinder ebenfalls als Fünfjährige eingeschult werden, wobei die Vorklasse allerdings nur dem unveränderten ersten Schuljahr vorgeschaltet wird, ohne mit diesem eine Einheit zu bilden.

- das Kindergartenmodell, in dem die Fünfjährigen wie zuvor zusammen mit Drei- und Vierjährigen in der altersgemischten Gruppe des Kindergartens betreut werden. Bei diesem Modell bleibt es bei der Einschulung nach vollendetem sechsten Lebensjahr.

Die einzelnen "Treatments" stellen dabei jeweils sehr komplexe Bedingungen dar, die sich auf mehreren Ebenen zugleich unterscheiden, z.B. auf den Ebenen der Organisation, des Curriculums, des pädagogischen Personals.

Etwa ab 1968 wurden im Hinblick auf die beschriebenen Modelle eine Vielzahl von Untersuchungen durchgeführt. In einem Mitte der 70er Jahre veröffentlichten Bericht bezog die Bund-Länder-Kommission für Bildungsplanung (1976) 46 Modellversuche in eine überregionale Auswertung ein. Allerdings ist - bezogen auf empirische Forschungsstandards die Qualität der Studien sehr heterogen. Anders als in den zeitgleich in den USA durchgeführten Vorschuluntersuchungen gab es in der Bundesrepublik keine im engeren Sinne experimentellen Studien (Randomisierung), vielmehr erfüllen die Studien - und dies auch nicht immer - bestenfalls die Ansprüche quasi-experimenteller Versuchsanordnungen (Campbell & Stanley, 1970). Ursachen hierfür liegen vermutlich darin, daß durch die Einbettung der Studien in den Kontext einer auf schnelle Veränderungen drängenden Bildungsreform Fragen der Designrationalität zurückgedrängt wurden, aber auch darin, daß eine entsprechende Forschungstradition fehlte.

Manche der Studien scheinen in der damaligen bildungsreformerischen Aufbruchsstimmung überhaupt ohne spezifische Forschungsfragen und ohne ein vorab definiertes Design begonnen worden zu sein (vgl. z.B. Duhm, Althaus, Engelhardt, Huss, Kraus & Mußmann, 1973; Hagmüller, Rohr & Rosch, 1973); erst im Laufe des Modellversuchs wurden dann Evaluationsfragen spezifischer entwickelt. Dieses Vorgehen findet sich auch noch bei Untersuchungen, die Mitte der 70er Jahre begonnen wurden (vgl. z.B. Hanstein, Schutte, Beckenbach & Teichmann, 1979). Ebenso fehlt oftmals ein klar definiertes Konzept darüber, worin sich die angestrebten Förderungseffekte zeigen sollten. In Ermangelung eines solchen Konzepts wurde dann auf vorhandene "psychologische" Maße wie z.B. Intelligenztests oder Schulreifetests zurückgegriffen (vgl. z.B. die frühen Vorklassenversuche in Baden-Württemberg bei Gebauer, 1971; den niedersächsischen Modellversuch mit Vermittlungsgruppen in Kindergärten, Hinz, 1976 sowie Bührlen, 1976).

Neben solchen mehr generellen Schwächen der Evaluationsuntersuchungen liegen Probleme vor allem auch bei der Methodik im engeren. Dies betrifft neben z.T. sehr geringen Stichprobenumfängen (z.B. führte Preuschhof 1973 seine Untersuchungen zur Früheinschulung Fünfjähriger mit 18 Eingangsstufen- und 18 Kontrollkindern durch) vor allem die Kontrollgruppen: Einige Studien wurden überhaupt ohne jede Kontrollgruppe durchgeführt (vgl. z.B. Duhm et al., 1973; Hagmüller et al., 1973; Hanstein et al., 1979; Müller, 1971). Bei anderen Studien wurden post hoc "Kontrollgruppen" konstruiert, indem die in Kindergarten, Vorklasse oder Eingangsstufe geförderten Kinder mit solchen Schulkindern verglichen wurden, die nicht an Modellmaßnahmen teilgenommen hatten (vgl. z.B. die Vorklassenversuche in Rheinland-Pfalz bei Frey, Wenzel, Mertes & Kokott, 1977; den hessischen Schulversuch zur Früheinschulung, Raatz, 1971; den Eingangsstufen- und Vorklassenversuch in Hamburg, Belser, Marquard & Witt, 1978; den niedersächsischen Modellversuch zu Vermittlungsklassen, Hinz, 1976; vgl. aber auch Bührlen, 1976). Hier gibt es keine Informationen über die Ausgangslage von Modellversuchs- und Kontrollgruppenkindern vor den eigentlichen Modellversuchen. Eine fehlende Kontrolle der Ausgangslage ist besonders dann problematisch, wenn aufgrund der Freiwilligkeit der Teilnahme am Modellversuch Kinder aus Mittel- und Oberschicht überrepräsentiert sind (vgl. dazu die Analysen von Bauer (1971) zum hessischen Schulversuch zur Früheinschulung).

Zu problematisieren ist auch die Art der gewählten Kontrollgruppen: Während einige Studien Modellversuchskinder mit Kindern ohne jede außerfamiliale vorschulische Förderung vergleichen (z.B. Preuschhof, 1973; Bührlen, 1976), wählen andere Kontrollgruppen aus, deren Kinder teilweise nicht, teilweise in einem normalen Kindergarten gefördert wurden (z.B. Frey et al., 1977; Belser et al., 1978). Beides dürfte den Aufweis von Effekten eines Modellversuchs erleichtern, ist aber für die Fragestellung nur bedingt angemessen. Denn daß Fünfjährige außerfamilial gefördert werden sollten, stand letztlich außer Frage; vielmehr ging es um die Art der besten Förderung. Direkt verschiedene Modellvarianten vergleichende Evaluationsstudien, wie der Vergleich zwischen Modellkindergartenkindern und Vorklassenkindern wurden nur vereinzelt durchgeführt. Die Bund-Länder-Kommission für Bildungsplanung (1976) nennt hierzu nur die Modellversuche in Nordrhein-Westfalen und in Bayern.

Wenn auch die meisten der durchgeführten Evaluationsstudien eine Längsschnittkomponente haben, so sind doch Studien, die Effekte der vorschulischen Förderung über mehrere Jahre der Grundschulzeit verfolgen, selten. In den meisten Fällen werden nur Effekte bis zum Ende der ersten oder zweiten Grundschulklasse betrachtet. Dies ist vor allem deshalb bedauerlich, da Untersuchungen in den USA gezeigt haben, daß zu diesem Zeitpunkt Effekte einer vorschulischen Förderung oftmals nicht mehr sichtbar sind (sleeper effect), sich aber in der weiteren Schul- und Lebenskarriere wieder zeigen (vgl. Tietze & Roßbach, 1988). Der Mangel an längerfristig angelegten Längsschnittstudien muß wohl darauf zurückgeführt werden, daß im gegebenen bildungsreformerischen Kontext ein hohes Interesse an schnellen politischen Entscheidungen bestand und damit für längerfristig angelegte Studien als Entscheidungshilfe das forschungspolitische Klima eher ungünstig war.

Eine der umfangreichsten Serien von Untersuchungen der Modellversuche Vorklasse und Kindergarten wurde in Nordrhein-Westfalen durchgeführt (vgl. Dollase, 1978b, 1979; Ewert & Braun, 1978; Schmerkotte, 1978; Twellmann & Jendrowiak, 1978; Winkelmann, Holländer, Schmerkotte & Schmalohr, 1977). Da diese Untersuchungen mit zu den methodisch am sorgfältigsten geplanten gehören, wird auf sie hier näher eingegangen.

In Nordrhein-Westfalen wurden zwei parallele Versuchsreihen durchgeführt, zum einen - in der Zuständigkeit des Kultusministers - der Modellversuch "Vorklasse", zum anderen - in der Zuständigkeit des Ministeriums für Arbeit, Gesundheit und Soziales - der Versuch "Modellkindergarten". Im Auftrag des Kultusministers untersuchte eine Bochumer Gruppe um Ewert und Braun (1978) in einem fünfjährigen Längsschnitt die Effekte des Besuchs einer Vorklasse bzw. eines Modellkindergartens bis zum Ende der Grundschulzeit. In je 12 Vorklassen und 12 Modellkindergärten wurden im Schuljahr 1970/71 alle Fünfjährigen untersucht (ca. 550 Kinder), Ende des 4. Schuljahres waren davon noch 373 Kinder in der Stichprobe. Einbezogen wurde ein breites Spektrum kognitiv-intellektueller, schulbezogener bzw. schulischer Leistungsdimensionen. Daneben wurden noch weitere Kinder aus 38 Modellkindergärten und 38 Vorklassen mit einer geringeren Anzahl von Verfahren getestet. 1973/74 wurde zur Überprüfung der Stabilität der Ergebnisse nochmals eine neue Welle von ca. 320 Kinder aus Modellkindergärten und Vorklassen zu Beginn und Ende des vorschulischen Förderjahres in die Evaluation einbezogen. Ergänzend zu dieser Studie beauftragte das Ministerium für Arbeit, Gesundheit und Soziales die Kölner Projektgruppe Kleinkindforschung (vgl. Winkelmann et al., 1977) mit einer "ergänzenden" Untersuchung, die durch den Einsatz alternativer, teilweise erst zu entwickelnder Meßverfahren zur Erfassung von Dimensionen der sozialen, emotionalen und der Denkentwicklung den spezifischen Akzenten der Kindergartenpädagogik stärker Rechnung tragen sollte. In diesem Zusammenhang wurden u.a. eine an Piaget orientierte Testbatterie zur Erfassung kognitiver Operationen - TEKO - (Winkelmann, 1975) und eine als Bildwahlverfahren aufgebaute soziometrische Testbatterie für Kindergarten und Vorklasse (Dollase, 1978b, 1979) entwickelt. Die Datenerhebungen bei den Kindern begannen - nach Befragungen von Erzieherinnen in den Modelleinrichtungen (Schmalohr, Dollase, Holländer, Schmerkotte & Winkelmann, 1974) - erst 1972, so daß die untersuchten Kinder zum Abschluß des Modellversuchs 1975 erst am Ende des zweiten Schuljahres waren. Einbezogen waren Kinder aus 50 Modellkindergärten und 50 Vorklassen, wobei ca. 600 in eine "engere" Erhebung und 1.800 (die Zahlen beziehen sich auf die Ausgangserhebung) in eine "weitere" Erhebung einbezogen wurden. Unterschieden wurde zwischen einer kognitiven und einer sozial-emotionalen Vergleichsuntersuchung.

Die Auswahl der in die Untersuchung einbezogenen Modellkindergärten wurde von dem zuständigen Ministerium für Arbeit, Gesundheit und Soziales, den Spitzenverbänden der freien Wohlfahrtspflege und den Landesjugendämtern vorgenommen (vgl. Winkelmann et al., 1977, S. 53). Somit kann von einer Selbstselektion gesprochen werden, d.h., das zu untersuchende Kindergartensystem hat weitgehend selbst bestimmt, welche Einrichtungen untersucht werden sollten. Zudem waren die Modellkindergärten im Hinblick auf die Rahmenbedingungen der pädagogischen Arbeit (z.B. Gruppenstärke, Erzieherinnen-Kind-Relation, Beratung und Fortbildung für das Fachpersonal) besser ausgestattet als andere Kindergärten (vgl. Schmerkotte, 1978, S. 402). Über die Auswahlkriterien für die Vorklassen, die in der Regel an Grundschulen neugegründet wurden, liegen keine Informationen vor.

In beiden Projekten wurden die Förderungseffekte längsschnittlich untersucht mit Testungen der Kinder zu Beginn der jeweiligen vorschulischen Förderung, zu Ende des Vorschuljahres und zu verschiedenen Zeitpunkten der Grundschulkarriere. Da sich zum Teil günstigere Ausgangsbedingungen bei den Kindergartenkindern im Vergleich zu den Vorklassenkindern zeigten (vgl. z.B. Winkelmann et al., 1977, S. 356), wurden in beiden Projekten die Förderungseffekte in einem kovarianzanalytischen Design überprüft (vgl. Ewert & Braun, 1978, S. 28ff. und Winkelmann et al., 1977, S. 193ff.).

Nach Schmerkotte (1978) lassen sich die Hauptergebnisse des Kölner Projekts wie folgt zusammenfassen:

1. Bei den kurzfristigen Effekten, d.h. zum Ende des einjährigen Förderjahres, ließ sich ein leichtes Plus für die Vorklassenkinder feststellen, und zwar in zwei Tests zum Lernbereich Lesen, einem zur Mathematik und einem zur Intelligenz. Bei den langfristigen Effekten, d.h. zu Ende des zweiten Schuljahres, gab es keine Unterschiede zwischen Vorklassen- und Modellkindergartenkindern.

2. Beide Formen vorschulischer Förderung unterschieden sich nicht in ihren kompensatorischen Wirkungen.

3. Kinder mit einer vorschulischen Förderung im Kindergarten schon vor Beginn des letzten Vorschuljahres waren in den kognitiven Tests in allen Fällen den Kindern ohne eine solche Förderung überlegen.

4. Bei den sozialpsychologischen Vergleichen zeigten sich einige Vorteile für die Kindergartenkinder, wobei der Grund hierfür in der altersgemischten Gruppe im Kindergarten gesehen wird: Fünfjährige im Kindergarten scheinen eher freundschaftliche und im Hinblick auf Ablehnungen weniger verfestigte Beziehungen aufzuweisen als Vorklassenkinder.

Im allgemeinen muß aber, insbesondere im Bereich der kognitiven Förderung, von einem Patt der Effekte von Vorklasse und Modellkindergarten ausgegangen werden. Ein weiteres wichtiges Ergebnis bezieht sich auf die Effekte beider Formen vorschulischer Förderung auf die spätere Schullaufbahn. Ewert und Braun (1978) fanden deutlich weniger Repetenten während der ersten vier Grundschuljahre: Vorklassenkinder 9 %, Modellkindergartenkinder 5 % vs. 18 % Repetenten im Landesdurchschnitt (vgl. auch die Ergebnisse des Eingangsstufen- und Vorklassenversuchs in Hamburg, Belser et al., 1978). Frühe Förderung scheint die Voraussetzungen für eine normale Karriere in der Schule zu verbessern - ein Ergebnis, das sich auch in US-amerikanischen Studien zeigt (vgl. Tietze & Roßbach, 1988).

Aufschlußreich ist, wie die Ergebnisse der empirischen Evaluationsstudien im bildungspolitischen Entscheidungsprozeß verwendet wurden. In Nordrhein-Westfalen gab die Landesregierung nach Vorlage der Abschlußberichte Anfang 1977 ihre Entscheidung für den Beibehalt der Förderung der Fünfjährigen im Kindergarten bekannt (Minister für Arbeit, Gesundheit und Soziales des Landes Nordrhein-Westfalen, 1977). Allerdings erfolgte diese Entscheidung wohl weniger aufgrund der Modellversuchsergebnisse als im Kontext eines bildungspolitischen Umfeldes, in dem auf breiter Front und z.T. vehement für den Beibehalt des Kindergartens als Förderinstitution für die Fünfjährigen plädiert wurde (vgl. z.B. Arbeitsgemeinschaft für Jugendhilfe, 1975; Geißler, 1973). Die Bund-Länder-Kommission für Bildungsplanung (1976) hatte sich in ihrem Bericht über 46 Projekte zwar explizit weder für noch gegen den Beibehalt der Förderung der Fünfjährigen im Kindergarten ausgesprochen (zum Zeitpunkt dieser Stellungnahme waren die meisten Studien noch nicht abgeschlossen), jedoch sind auch in diesem Bericht politisch motivierte Kindergartenpräferenzen unverkennbar. Eine erfahrungswissenschaftlich legitimierte Präferenz des Kindergartens als Förderungseinrichtung für die Fünfjährigen gab es indessen nicht. Im Gegenteil, Retter (1977, S. 17 und Anmerkung 16, S. 290) wies zurecht darauf hin, daß fast alle mit objektiven Verfahren nachgewiesenen Leistungsverbesserungen nicht aus reinen Kindergartenmodellversuchen, sondern überwiegend aus Vorklassen- und Eingangsstufenversuchen stammen. Eine umfassende Bewertung der verschiedenen Untersuchungen und ihrer Ergebnisse wurde zudem dadurch erschwert, daß aufgrund der Publikation der Ergebnisse durch die Landesregierungen bzw. notwendiger Publikationsgenehmigungen (vgl. Ewert, 1978, S. 397; Retter, 1977, S. 15 und Anmerkung 14, S. 290) aus einigen Studien nur Teilergebnisse veröffentlicht werden konnten und damit Ergebnisse, die u. U. gegen die bildungspolitischen Konzeptionen der jeweiligen Landesregierung sprachen, nicht oder nur unzureichend in die wissenschaftliche und bildungspolitische Diskussion Eingang finden konnten.

Die Landesregierung in Nordrhein-Westfalen (Minister für Arbeit, Gesundheit und Soziales des Landes Nordrhein-Westfalen, 1977) begründete ihre Entscheidung auch nicht mit Bezug auf Ergebnisse zur Evaluationsfragestellung im engeren. Vielmehr legitimierte sie ihre Entscheidung für den Kindergarten damit, daß eine nur einjährige Förderung der Fünfjährigen in Vorklassen oder Kindergärten nur wenig Erfolg verspreche, die Förderung von Drei- bis Vierjährigen im Kindergarten dauernde Entwicklungsvorteile bewirke sowie soziokulturelle Benachteiligungen nur dann ausgeglichen werden könnten, wenn die betroffenen Kinder schon als Drei- oder Vierjährige den Kindergarten besuchen. Diese Begründungen sind weder als Argumente für die Förderung der Fünfjährigen im Kindergarten noch in Vorklassen tauglich. Denn die Förderung der Drei- oder Vierjährigen war gar nicht Gegenstand der Modellversuche. Wie freihändig die Evaluationsbefunde zur Legitimierung der anderweitig bedingten politischen Entscheidung herangezogen wurden, läßt sich noch an zwei anderen Aspekten ablesen: Zum einen wurde im Herbst 1974 durch die Arbeitshilfen zur Planung im Kindergarten (Minister für Arbeit, Gesundheit und Soziales des Landes Nordrhein-Westfalen, 1974) genau jener während der Evaluationsphase in den Modellkindergärten gültige funktions- bzw. fächerbezogene Ansatz durch einen sogenannten situationsorientierten Ansatz abgelöst. Zum anderen arbeiteten die Modellkindergärten unter ungleich besseren Rahmenbedingungen als die normalen Kindergärten. Es ist zumindest eine offene Frage, ob die Förderungseffekte der Modellkindergärten auf normale Kindergärten übertragbar sind.

Im Hinblick auf den bildungspolitischen Entscheidungskontext läßt sich festhalten, daß vordergründig der "Streit um die Fünfjährigen" zwar mit empirisch-wissenschaftlichen Argumenten geführt wurde. Politisch ging es jedoch darum, ob die Freien Träger, speziell die Kirchen, ihren Einfluß auf die Erziehung dieser Altersgruppe behalten würden oder ob die Verantwortlichkeit (und vermehrte Kosten) auf den Staat übergehen sollten. In dieser gesellschaftlichen Auseinandersetzung wurden empirische Forschungsergebnisse zwar bemüht, sie wurden aber - etwas überspitzt - vorwiegend nur als Stütze für anderweitig motivierte Entscheidungen benutzt. Damit soll nicht ein naives Evaluationsverständnis vertreten werden, nach dem Evaluationsergebnisse sich linear in bildungspolitische Entscheidungen umsetzen lassen; Evaluation ist faktisch immer nur ein Element unter den vielfachen Bedingungen bildungspolitischer Entscheidungen (vgl. z.B. Brockmeyer, 1978). Allerdings ist unverkennbar, daß der durch empirische Evaluationsstudien mögliche Rationalitätsgewinn in dieser Phase der Vorschulreform von politischen Auftraggebern nicht genutzt wurde und in seiner Nutzung vielleicht auch nur punktuell intendiert war. Die Konzeptualisierung der Evaluationsstudien als politische Auftragsforschung im Rahmen enger politischer Vordefinitionen, die Kurzfristigkeit der Untersuchungen, die eine sorgfältige methodische Planung der Untersuchungen und eine längerfristige Verfolgung der Kinder gleichermaßen erschwerten (die erwähnten Längsschnittuntersuchungen bilden Ausnahmen) sowie die politisch selektive Nutzung von Befunden können als einschlägige Indikatoren angesehen werden.

Mit der bildungspolitischen Entscheidung, die Fünfjährigen im Elementarbereich zu belassen, blieb es bei der punktuellen Einschulung; bestehen blieb aber zugleich auch die Frage, wie ein möglichst gleitender Übergang zwischen Elementar- und Primarbereich gesichert werden könnte (Bund-Länder-Kommission für Bildungsplanung, 1976). Die Fragestellung einer strukturellen, organisatorischen Verzahnung der beiden Bildungsbereiche wurde in der Folge ersetzt durch die bildungspolitische Forderung nach einer (freiwilligen) Kooperation von Elementar- und Primarbereich. In fast allen Bundesländern wurde eine solche Kooperation per Gesetz oder Erlaß angeordnet oder angeregt; zugleich kam es in Bayern, Hessen und im Saarland zu entsprechenden Modellversuchen (vgl. Erler & Erler, 1989; Fthenakis & Lachenmaier, 1979; Horn, 1982). Thematisiert wurden z.B. Formen der curricularen Abstimmung, gegenseitige Hospitationen von Anfangsklassen und Kindergartengruppen oder gemeinsame Fortbildungsveranstaltungen von Pädagogen der beiden Bildungsbereiche. Als wichtigstes Element wurde die personelle Kooperation von Erzieherinnen und Lehrerinnen angesehen (vgl. Mader, 1989, S. 55ff.). Allerdings gibt es kaum empirische Untersuchungen zu den Versuchen, über eine solche Kooperation einen gleitenden Übergang zu sichern. Die angesprochenen Modellversuche wurden zwar wissenschaftlich begleitet, jedoch lag im Sinne von Handlungsforschung der Schwerpunkt auf der Entwicklung curricularer Materialien und der Verbesserung der Zusammenarbeit aller Beteiligten; kontrollierte Untersuchungen zu den Effekten dieser Modelle auf die Kinder gab es nicht (vgl. Erler & Erler, 1989; Fthenakis & Lachenmaier, 1979). Während amtliche Verlautbarungen das Bild einer breit getragenen Kooperation zeichnen (vgl. Horn, 1982; Kultusminister und Ministerium für Arbeit, Gesundheit und Soziales des Landes Nordrhein-Westfalen, 1983), weist eine schriftliche Befragung von Klassenlehrern in Anfangsklassen und von Grundschulleitern, die an einer für das Bundesland Nordrhein-Westfalen repräsentativen Stichprobe von rund 450 Anfangsklassen an 200 Grundschulen durchgeführt wurde, darauf hin, daß abgesehen von Gesprächskreisen zwischen Grundschullehrerinnen und Erzieherinnen andere erfolgversprechende Kooperationsformen wie z.B. Hospitationen künftiger Erstklaßlehrer im Kindergarten nicht allgemein verbreitet sind (Mader & Roßbach, 1984). An der gleichen Stichprobe zeigt Mader (1989) in einem kausalanalytischen Zugriff, daß diese Formen der Erleichterung des Übergangs vom Elementar- in den Primarbereich nur geringe Einflüsse auf eine Entschärfung der Übergangsproblematik haben und der Übertritt in den Primarbereich - trotz Vorschul- und Grundschulreform - bei einem hohen Anteil der Kinder (8 - 10 %) nicht altersgemäß gelingt.

3.1.2.3 Empirische Studien im Kontext der Entwicklung und Erprobung von Curricula

Parallel zu den oben beschriebenen Modellversuchen zur Zuordnung der Fünfjährigen wurden - zum Teil in die Versuche integriert - zur qualitativen Verbesserung der Arbeit in den vorschulischen Einrichtungen eine Vielzahl von pädagogischen Programmen, Richtlinien und Curricula entwickelt. Solche Entwicklungsarbeiten erfolgten in allen Bundesländern. Die Initiative hierzu ging von den Ländern und vom Bund aus, aber auch von Gemeinden, wissenschaftlichen Instituten und anderweitigen Förderungseinrichtungen. Im Sinne einer idealtypischen Kategorisierung (Retter, 1978) wurden zu Beginn der Entwicklungsarbeiten eher funktions-, lernbereichs- oder disziplinorientierte Curricula entwickelt, denen Kritiker allerdings sehr schnell Einseitigkeit, Intellektualisierung und Verschulung des Elementarbereichs vorhielten. Abgelöst wurden diese Zugriffsweisen durch eher offene, situationsorientierte Ansätze, die vor allem soziale, aber auch sachbezogene Kompetenzen zur Bewältigung aktueller Lebenssituationen vermitteln sollten. Die entwickelten Materialien sind dabei von sehr heterogener Natur, sie reichen von allgemein gehaltenen Arbeitsplänen für die Vorschule oder Rahmenrichtlinien zur Planung der Arbeit in Kindergärten (vgl. z.B. Belser et al., 1975; Minister für Arbeit, Gesundheit und Soziales des Landes Nordrhein-Westfalen, 1974) über umfangreiche, konkrete Materialien zu einer breit verstandenen Sozialerziehung (vgl. z.B. Hielscher, 1974; Oertel, 1982; Zimmer, 1973a,b) und bereichsbezogenen Materialien z.B. zur ästhetischen Elementarbildung (vgl. z.B. Seitz, 1978) bis hin zu Trainingsmaterialien für isolierte, meist kognitive Fähigkeiten wie z.B. das Wahrnehmungstraining von Frostig und Horne (1966/1972).

Potentielle Evaluationsstudien bezogen sich somit auf sehr unterschiedliche Typen von "Treatments". In den Fällen, in denen die Curriculumentwicklung ein Bestandteil von größeren Modellversuchen zur Neuorganisation vorschulischer Förderung war, ließ sich eine Trennung zwischen Effekten der Curricula im engeren und jenen der Organisationsformen (einschließlich verbesserter Rahmenbedingungen) kaum vornehmen. Empirische Evaluationsuntersuchungen zu Curricula wurden zwar an einigen Stellen durchgeführt, sie sind insgesamt aber nicht sehr häufig und weisen auch - zum Teil erhebliche - methodische Mängel auf.

Diese Forschungssituation muß auch in Zusammenhang damit gesehen werden, daß im Zuge des Trends zu situationsorientierten Curriculumansätzen eine striktere empirische Erfolgskontrolle schnell vernachlässigt wurde zugunsten eines oftmals nicht näher spezifizierten Ansatzes von handlungsorientierter Evaluation bzw. Handlungsforschung (vgl. Haeberlin, 1975), in der das Hauptaugenmerk auf Entwicklungshilfen und auf (eine kaum präzisierte) Qualifizierung der an der Gestaltung der Praxis Beteiligten gelegt wurde. In der Regel wurden in diesen handlungsorientierten Evaluationsansätzen keine Effekte auf die letztlichen Adressaten der Curricula - die Kinder - überprüft. Beispiele hierfür sind die Entwicklungsarbeiten des Curriculums "Soziales Lernen" in Hessen (Arbeitsgruppe Vorschulerziehung, Haberkorn, Hagemann, Seehausen & Gerlach, 1979) oder ein im Rahmen des CIEL (Curriculum der Institutionalisierten Elementarerziehung)-

Programms der Stiftung Volkswagenwerk entwickeltes Curriculum zu sprachlich-kommunikativen Fähigkeiten und Fertigkeiten von Vorschulkindern (Friedrich, 1983). In dem zweiten Beispiel wird festgestellt (S. 164), daß eine Prozeßevaluation mit Methoden und Verfahren erfolgt sei, wie sie einem offenen, handlungsorientierten Curriculum entsprechen würde. Allerdings wird diese Aussage nicht weiter expliziert, und es läßt sich keinerlei systematische Evaluation erkennen.

Gütekriterien empirischer Evaluationsforschung wurden auch da fallen gelassen, wo die ursprünglichen Planungen anderes vorsahen. Im Rahmen des von der Stiftung Volkswagenwerk finanzierten CIEL-Programms war auch die umfangreiche Evaluations- und Implementationsstudie EVI CIEL (Evaluation und Implementation von CIEL-Curricula) geplant, die die im CIEL-Programm entwickelten Curricula nach deren Entwicklung in unterschiedlichen Kontexten implementieren und evaluieren sollte, um Hinweise auf eine Optimierung der Curricula zu gewinnen (Garlichs, Knab & Weinert, 1983). Vorgesehen waren dabei systematische Überprüfungen der Lernvoraussetzungen, Lernverläufe und Lernergebnisse der Kinder. Allerdings wurde das geplante Konzept nicht umgesetzt. Vielmehr wurde - vor dem Hintergrund der Diskussion um Handlungsforschung - statt einer objektiven Erfassung der Curriculumeffekte bei Schülern der Schwerpunkt der wissenschaftlichen Begleitung auf anderes gelegt. Im Mittelpunkt stand nun die intensive Zusammenarbeit mit Lehrern bei der Identifikation und Lösung jener Probleme, die mit der Implementation der Curricula auftraten. Die Evaluation - hier unter dem Namen "naturalistische" Evaluation (Brügelmann, 1983) - sah von einem spezifizierten Versuchsplan ab und beschränkte sich auf ein die Implementationsprozesse begleitendes, beschreibendes und unterstützendes Vorgehen. Besonderes Gewicht wurde auch auf die Entwicklung und Erprobung von Modellen der Fort- und Weiterbildung des pädagogischen Personals gelegt. Für die im vorschulischen Bereich innerhalb von EVI CIEL erprobten Curricula (insgesamt drei) wurden damit letztlich keine Daten über Auswirkungen auf Kinder erhoben.

In anderen Projekten zur Entwicklung situationsorientierter Curricula wurde zwar versucht, Elemente strikterer empirischer Erfolgskontrollen mit einem Handlungsforschungsansatz zu verbinden. Allerdings spielten solche empirischen Wirkungskontrollen nur eine untergeordnete Rolle. In den Entwicklungsarbeiten zum Curriculum "Soziales Lernen" in Rheinland-Pfalz (Arbeitsgruppe Vorschulerziehung, Auernheimer, Krösche & Pelzer, 1979) wurden Effekte des Curriculums auf die Kinder während der Zeit der vorschulischen Förderung untersucht. Zu berücksichtigen ist jedoch, daß nicht die Effekte einzelner didaktischer Einheiten oder des Curriculums insgesamt überprüft werden konnten, vielmehr komplexe Wirkungen einer vielfältig verbesserten Praxis, in der neben veränderten Rahmenbedingungen, Fortbildung der Erzieherinnen u.ä. das innovative Curriculum nur ein Moment darstellte. Als Kriteriumsvariablen wurden in erster Linie Intelligenztests eingesetzt, wobei es zumindest als fraglich erscheint, in welcher Beziehung solche Intelligenztests zu den angestrebten Zielen des Curriculums "Soziales Lernen" stehen. Zudem gab es keine Kontrollgruppe, so daß die erhobenen Intelligenzwerte nur mit Normwerten der Tests verglichen werden konnten. Dementsprechend ist die

Schlußfolgerung, daß das in den Tests erreichte Niveau auf die besondere pädagogische Arbeit in den Modellkindergärten zurückzuführen ist, nur mit Vorsicht zu betrachten. In einem anderen Untersuchungsteil wurden Erst- und Zweitkläßler, die einen Modellkindergarten, einen anderen Kindergarten oder keinen Kindergarten besucht hatten, miteinander verglichen. Kriteriumsvariablen sind wieder Intelligenzmaße, ergänzt um Schulreifetests, einen informellen Rechtschreibetest sowie einen informellen Wortproduktionstest. Eine Kontrolle der Ausgangslage der verschiedenen Schülergruppen wurde nicht durchgeführt. Das Ergebnis, daß die Kinder aus den Modellkindergärten den Kindern aus Normalkindergärten und Kindern ohne Kindergartenbesuch überlegen waren, ist daher ohne Aussagewert bezüglich möglicher Curriculumeffekte.

Die hier bei der Evaluation des Curriculums "Soziales Lernen" gegebene Beschränkung auf allgemeine kognitive Kriteriumsmaße, verbunden mit einem unzureichendem Design, ist auch insofern zu bedauern, als in den theoretischen Arbeiten zu diesem Curriculum Kreppner (1973) ein anspruchsvolles Konzept zur Messung von kindlichen Grundqualifikationen und zur objektiven und für Dritte nachprüfbaren Identifikation von Elementen des Curriculums, die als Vermittler dieser Grundqualifikation angesehen werden können, entwickelt hat. Umgesetzt wurde dieses Konzept im Rahmen des Curriculums "Soziales Lernen" unseres Wissens aber nicht.

Demgegenüber wurde in dem niedersächsischen Modellversuch bei der Entwicklung des Curriculums "Elementare Sozialerziehung" versucht, die Effekte des Curriculums - genauer: der Modellkindergärten, in denen dieses Curriculum entwickelt wurde - auf kindliche Grundqualifikationen im Sozialverhalten (gemessen über Konfliktverhalten zwischen Kindern und zwischen Eltern und Kindern sowie über soziale Vorurteile) zu überprüfen (Fichtner, 1976). Dazu wurden offene Spielszenen entwickelt (z.B. Hörspiel, Puppenspiel), bei denen sich die Kinder anschließend für ein bestimmtes Verhalten entscheiden mußten. Zusätzlich wurden Rollenspiele durchgeführt. Die Wahlentscheidungen der Kinder und ihr Verhalten in den Rollenspielen wurde beobachtet und kategorisiert. Eine direkt vergleichbare Kontrollgruppe lag nicht vor; als Notlösung wurden Kinder, die schon mehr als ein Jahr am Modellversuch teilgenommen hatten, mit jenen verglichen, die erst seit kurzem oder noch nicht mit dem didaktischen Material in Berührung gekommen waren. Aufgrund der im Sinne der Zielvorstellungen des Curriculums positiveren sozialen Verhaltensweisen der Kinder, die schon länger am Modellversuch teilgenommen haben, wurde geschlossen, daß das Curriculum seine Ziele erreichen und sich damit die curriculare Planbarkeit erwünschten sozialen Verhaltens bestätigen würde. Die Studie wird vom Autor selbst nur als eine Pilotstudie betrachtet. Sie verdeutlicht jedoch, daß auch im Rahmen eines Handlungsforschungsansatzes nicht alle Forschergruppen den Versuch, angestrebte Effekte eines Curriculums auf das Verhalten der Kinder kontrolliert und instrumentell abgesichert zu überprüfen, als in Konflikt mit den Zielen eines offenen Curriculums stehend ansahen und deshalb darauf verzichteten.

Der Verzicht auf eine systematische Evaluation und eine methodisierte Überprüfung der Effekte des Curriculums auf die betroffenen Kinder ist nicht nur für offene, situationsorientierte Ansätze charakteristisch, sondern gilt auch für andere Curricula (vgl. z.B. die Materialien zur sozialen Erziehung im Kindesalter, Hielscher, 1974). Allerdings hat dieser Verzicht bei der Entwicklung der offenen, situationsorientierten Curricula eine besondere Qualität insofern, als dieser Ansatz in den 70er Jahren eine große Breitenwirkung erreichte und zum die Praxis dominierenden Regulativ avancierte. Gestützt wurde die erfahrungswissenschaftliche Abstinenz durch ein Konzept von Handlungsforschung, das in der (westlichen) deutschsprachigen pädagogischen Zunft ein hohes Ansehen genoß, bei allem gesellschaftskritischen Verbalismus den Interessen der bildungspolitischen Auftraggeber entgegenkam, in einer beeindruckenden Weise die Mittel staatlicher Forschung binden konnte und strengere empirische Ansätze, zum Teil ohne genauere Kenntnis, als gegen das Ziel der Emanzipation der Individuen gerichtet ablehnte. Faktisch liegen damit kaum Informationen darüber vor, ob, und wenn ja, wie die Mehrzahl der entwickelten Curricula sich auf die eigentlichen Adressaten, die Kinder, ausgewirkt haben.

Vorliegende empirisch quantitative Evaluationsstudien bezogen sich auf begrenztere Projekte. Im Rahmen des CIEL-Programms wurde das sozial-kognitive Förderungsprogramm "Elementarspiele zum sozialen Lernen" entwickelt und umfangreich evaluiert (Croissier, Heß & Köstlin-Gloger, 1979). Es handelt sich hierbei um ein relativ eng umgrenztes Spielprogramm für den Kindergarten (Spiele von jeweils 20 - 30 Minuten Dauer zwei- bis dreimal pro Woche; über ein halbes Jahr). Als Evaluationsinstrumente wurden in einer Voruntersuchung zwei Verfahren zur Erfassung sozial-kognitiver Fähigkeiten entwickelt und erprobt (zehn Text-Bild-Geschichten zum Erlernen von Absichten und Gefühlen, zu denen Fragen an die Kinder gestellt und mit Ratingskalen ausgewertet wurden, sowie sieben Text-Bild-Serien zum Finden von Konfliktlösungen). Beide Verfahren haben eine gewisse Ähnlichkeit mit dem weiter oben beschriebenen Vorgehen in der Evaluation zum Curriculum "Elementare Sozialerziehung" (Fichtner, 1976), allerdings sind die Anwendungs- und Auswertungsprozeduren hier stärker standardisiert und methodisiert. Die Effekte des Trainingsprogramms wurden in einem Pre-Post-Kontrollgruppenplan überprüft. Dazu wurden 51 Kinder aus drei Kindergärten, in denen das Trainingsprogramm durchgeführt wurde, mit 51 Kindern aus vier anderen Kindergärten ohne Trainingsprogramm (keine Zufallsauswahl) verglichen. Die Kontrollgruppenkinder waren in der Ausgangslage in verschiedenen Aspekten (z.B. Schichtzugehörigkeit, Intelligenz) den Trainingsgruppenkindern überlegen. Zur Feststellung der Trainingseffekte wurden Differenzwerte zwischen Post- und Pretest gebildet und varianzanalytisch in einem mehrfaktoriellen Design (einschließlich des Faktors Gruppenzugehörigkeit) analysiert. In den Skalen zu den sozial-kognitiven Fähigkeiten ist generell der Zuwachs bei der Trainingsgruppe signifikant größer als bei der Kontrollgruppe. Obwohl sich hier potentiell auch Deckeneffekte zeigen können (die Kontrollgruppenkinder waren schon im Pretest in den oberen Bereichen der Skalen zu finden), kann auf einen Erfolg des Trainingsprogramms geschlossen werden.

Ebenfalls in einem längsschnittlich angelegten Kontrollgruppenversuchsplan wurde das Vorschulprojekt Schwäbisch Gmünd evaluiert (Baumann, 1977; Diener, 1977). Im Unterschied zu der voranstehenden Untersuchung geht es hier um ein breiter angelegtes, umfangreiches Projekt, bei dem im Vordergrund die Entwicklung eines Curriculums für Fünfjährige auf der Grundlage eines fächerübergreifenden Konzepts ("Schlüsselbegriffe") stand. Zugleich sollte in personeller, curricularer und methodischer Hinsicht ein flexibler Übergang zwischen dem "Vorschuljahr" und dem ersten Schuljahr geschaffen werden. Evaluiert werden konnten auch hier nur der Gesamteffekt dieses Versuchs und nicht die speziellen Effekte des Curriculums. Die Versuchsgruppe bestand aus 115 Fünfjährigen in vier Kindergärten, die mit 52 Gleichaltrigen aus drei Kindergärten außerhalb des Projekts verglichen wurden. Auch hier handelte es sich nicht um eine Zufallszuweisung zur Experimental- und Kontrollgruppe. In der Ausgangslage (zu Beginn des "Vorschuljahres") ergaben sich zwar keine signifikanten Unterschiede zwischen den beiden Gruppen, wohl aber einige Tendenzen zugunsten der Kontrollgruppe (z.B. tendenziell höhere Sozialschicht). Bei den weiteren Auswertungen mittels t-Tests und Varianzanalysen wurden die potentiellen Unterschiede in der Ausgangslage aber statistisch nicht kontrolliert. Ein weiteres Problem entstand dadurch, daß ab Beginn der Grundschulzeit die Kontrollgruppe insofern eine positive Selektion darstellte, als hier schwächere Schulanfänger vom Schulbesuch zurückgestellt wurden (also aus der Kontrollgruppe herausfielen), während alle Kinder aus der Versuchsgruppe eingeschult wurden. Getestet wurde in beiden Gruppen eine Vielzahl von Variablen aus dem kognitiven sowie aus dem emotional-affektiven Bereich und zum Sozialverhalten, wobei hier auch eigene Verfahren entwickelt wurden. Die Kinder der Experimentalgruppe waren am Ende des Vorschuljahres den Kindern der Kontrollgruppe in einer Reihe von Variablen überlegen. Am Ende des ersten Schuljahres waren jedoch kaum noch Unterschiede vorhanden. Die Nivellierung der Effekte wurde von den Autoren darauf zurückgeführt, daß in der Grundschule auch die Kontrollgruppenkinder unter den Einfluß einer systematischen Förderung gelangten.

Mitte der 70er Jahre stellte sich die bildungspolitische Frage, wie die Ergebnisse der Curriculumentwicklungen in den einzelnen Bundesländern in einen überregionalen Modellversuch eingebracht und wie die entwickelten Curricula auf ihre Verwendbarkeit auch unter unterschiedlichen Rahmenbedingungen überprüft werden könnten. Zu diesem Zweck führte die Bund-Länder-Kommission für Bildungsplanung und Forschungsförderung das Erprobungsprogramm durch, in dem verschiedene Materialien erprobt wurden. Insgesamt wurden 11 Curricula für die Erprobung ausgewählt. Zugleich sollten durch das Erprobungsprogramm Impulse für die Weiterentwicklung des Kindergartenbereichs gegeben werden. Von 1975 bis 1978 nahmen 210 Kindergärten mit rund 700 Gruppen aus neun Bundesländern an diesem Erprobungsprogramm teil. Insgesamt waren rund 60 Wissenschaftler an der Auswertung beteiligt. Das Deutsche Jugendinstitut übernahm die überregionale wissenschaftliche Begleitung (Deutsches Jugendinstitut, Projektgruppe Erprobungsprogramm, 1979; die Drucklegung erfolgte allerdings erst 1981). Weitere überregionale Auswertungen - im Sinne von Sekundäranalysen der verschiedenen

Materialien und Auswertungsberichte - wurden im Auftrag der Bund-Länder-Kommission für Bildungsplanung und Forschungsförderung von Krappmann (1982) und Wagner (1982) erstellt. In die überregionale Auswertung gingen sechs der 11 Curricula ein (Auswahlkriterium: Erprobung der Materialien nicht nur in einem Bundesland oder in mehr als 10 % der beteiligten Kindergärten).

An dieser Stelle kann nicht auf die inhaltlichen Ergebnisse des Erprobungsprogramms und die bildungspolitische Bewertung - wonach sich der Situationsansatz bewährt und das Erprobungsprogramm sich insgesamt als sehr innovativ erwiesen habe - im einzelnen eingegangen werden. Vielmehr soll nur auf einzelne Aspekte der empirischen Begleitforschung im Erprobungsprogramm, die sich weitgehend am Ansatz der Handlungsforschung orientierte (vgl. Deutsches Jugendinstitut, Projektgruppe Erprobungsprogramm, 1979), hingewiesen werden:

Die politischen Vorgaben für das Erprobungsprogramm führten zu einer eingeschränkten Variabilität der in die Erprobung aufgenommenen Curricula. Letztlich wurden nur situationsorientierte Materialien erprobt bzw. solche, die dazu eine große Nähe aufwiesen; der Ansatz der Situationsorientierung war Grundlage im Erprobungsprogramm. Damit liegen keine Ergebnisse darüber vor, ob sich z.B. funktionsorientierte oder situationsorientierte Programme besser für die Arbeit im Kindergarten eignen (vgl. Bundesarbeitsgemeinschaft der Freien Wohlfahrtspflege, 1982). Die Aussage, daß sich der Situationsansatz bewährt habe, muß insofern relativiert werden, da alternative Ansätze letztlich nicht erprobt wurden.

Im Erprobungsprogramm wurde auch nicht untersucht, wie sich die eingesetzten Materialien auf die beteiligten Kinder ausgewirkt haben. Nach Krappmann (1985) gibt es zwar in den Berichten zum Erprobungsprogramm eine Reihe von Hinweisen, daß die Kinder unter dem Einfluß der Curricula sprachlich freier, initiativenreicher, sensibler, hilfsbereiter, kooperativer und selbstsicherer geworden seien - gemessen wurden diese Veränderungen aber nicht. Die überregionale wissenschaftliche Begleitung durch das Deutsche Jugendinstitut lehnte explizit eine solche Überprüfung, die hier gleichgesetzt wird mit dem Einsatz "experimenteller oder quasi-experimenteller Meßverfahren", mit dem Hinweis ab, daß die Zielsetzungen der Curricula komplex und nicht im Sinne festgelegter Lernziele operationalisiert seien. Deshalb wären "experimentelle Testanordnungen" weder mit der Zielsetzung der Curricula noch mit den Zielen des Gesamtprojekts vereinbar (Deutsches Jugendinstitut, Projektgruppe Erprobungsprogramm, 1979, S. 80f.). Als weitere Gründe werden angeführt, daß zum einen die zu Programmbeginn vorhandenen Meßinstrumente zu einseitig kognitiv ausgerichtet gewesen seien und zum anderen bei den Erzieherinnen eine Abwehr zu befürchten gewesen sei. Der so begründete Verzicht auf die Überprüfung der Auswirkungen der Materialien auf die betroffenen Kinder erscheint allerdings nicht schlüssig. Bei anderen Evaluationsprojekten wurde aus dem behaupteten Mangel an Meßinstrumenten für sozial-emotionale Fähigkeiten der Schluß gezogen, entsprechende, den jeweiligen Zielsetzungen angemessene Instrumente selbst zu entwickeln (vgl. weiter oben). Zudem gab es - entgegen der Behauptung - auch zu diesem Zeitpunkt Meßverfahren für sozial-emotionale Fähigkeiten, zum Teil entwickelt in den weiter oben beschriebenen

Modellversuchen (vgl. auch 5.1). Vor diesem Hintergrund ist der Verzicht auf den Versuch einer empirisch gesicherten Dokumentation der Effekte der Materialien auf die Kinder schwer verständlich.

Nach Krappmann (1982, S. 19ff.) gab es innerhalb des Erprobungsprogramms zwei Evaluationsvorstellungen. In einer prozeß- und handlungsorientierten Perspektive ging es mehr um qualitative Beschreibungen, die nachzeichnen sollten, welche Prozesse die didaktischen Materialien ausgelöst haben. Eine zweite, curriculumprüfende Perspektive richtete sich mehr auf die einzelnen Materialien und interessierte sich eher für die Bedingungen, unter denen ein Material erfolgreich eingesetzt werden kann. Diese Perspektive legt kontrollierte Untersuchungsbedingungen nahe. Keine der beiden Evaluationsperspektiven konnte allerdings umgesetzt werden. Einerseits war für qualitativ orientierte Fallstudien die Anzahl der beteiligten Einrichtungen (über 200) zu groß. Andererseits ließen sich aufgrund der zu Beginn größeren Anzahl von Curricula und aufgrund der Zuständigkeiten der Länder für die Auswahl der einzusetzenden Curricula wie auch für die wissenschaftliche Begleitung keine im strikten Sinne vergleichbaren Prüfbedingungen (z.B. Versuchsanordnung mit systematischer Variation) herstellen. Die durchgeführte Evaluation beinhaltete verschiedene Erhebungen und Verfahren. Dazu gehörten: eine standardisierte Erhebung bei Erzieherinnen über den Umgang mit den verschiedenen Curricula; eine standardisierte Erzieherabschlußbefragung; qualitative Erhebungen bei Erzieherinnen, Trägern und Moderatoren; schriftliche Halbjahresberichte der regionalen Projektgruppen; eine standardisierte Elternbefragung sowie eine schriftliche Eingangserhebung bei den Einrichtungen, Erzieherinnen, Eltern und Mitgliedern der wissenschaftlichen Begleitung (Deutsches Jugendinstitut, Projektgruppe Erprobungsprogramm, 1979, S. 82ff.).

Die Projektgruppe Erprobungsprogramm des Deutschen Jugendinstitut mußte unter sehr restriktiven, die Durchführung einer Evaluation erschwerenden Bedingungen arbeiten (vgl. Deutsches Jugendinstitut, Projektgruppe Erprobungsprogramm, 1979, S. 75-77): Z.B. hatte die Projektgruppe selbst keinen unmittelbaren Zugang zu den Erprobungskindergärten; die Erhebungen wurden somit nicht von ihr direkt, sondern von den jeweiligen regionalen Projektgruppen durchgeführt. Jedes überregionale Erhebungsinstrument bedurfte der Ratifizierung durch die Arbeitsgruppe "Erprobungsprogramm" der Bund-Länder-Kommission, wodurch spezifische Länderinteressen - meist bedingt aus politisch-administrativen Erfordernissen - Eingang fanden. Die Erhebung von Rahmenbedingungen der Erprobungskindergärten konnte nur eingeschränkt durchgeführt werden, da einige der entsprechenden Daten von Ländervertretern als nicht relevant oder nicht opportun akzeptiert wurden. Zudem sichteten einige Länderministerien ausgefüllte Erhebungsinstrumente vor der Weitergabe an das Deutsche Jugendinstitut, was möglicherweise nicht ohne Einfluß auf das Antwortverhalten von Erzieherinnen gewesen ist.

Die gesamte Evaluation war nach Krappmann (1982, S. 23) ein Kompromiß, der von beiden Evaluationsperspektiven eher die Nachteile übernahm. Letztendlich sei im Erprobungsprogramm "... weder ein strenger Test durchgeführt noch ein Ausbreitungsprozeß systematisch erforscht worden." (Krappmann, 1985, S. 44). Angesichts dieser kritischen Einschätzung der wissenschaftlichen Begleitung des Erprobungsprogramms, die auch von anderen Stellen geteilt wird (vgl. z.B. Bundesarbeitsgemeinschaft der Freien Wohlfahrtspflege, 1982), überrascht dennoch, daß der Erfolg des Erprobungsprogramms immer wieder hervorgehoben wird, obwohl wenig darüber bekannt ist, wie sich die Curricula genau bewährt haben, und nichts darüber bekannt ist, wie sie sich auf die betroffenen Kinder auswirkten.

Als Fazit zum Erprobungsprogramm - das insgesamt weniger als eine Evaluationsstudie bestimmter curricularer Materialien, sondern vielmehr als ein Versuch zu betrachten ist, über die Implementation von Curricula direkt die Kindergartenpraxis zu verändern - läßt sich festhalten, daß eine Begleitforschung nach erfahrungswissenschaftlichen Regeln kaum durchgeführt wurde. Auch da, wo prinzipiell eine stärker empirisch quantitative Begleitforschung bei der Curriculumentwicklung wünschenswert gewesen wäre, gab man sich mit einer "weichen", eher qualitativ orientierten wissenschaftlichen Begleitung zufrieden. Ein solcher "weicher" Ansatz mag bildungspolitisch aufs erste funktional sein, wenn ein System unter hohem Veränderungsdruck steht und wenn ein Programm durch einen breiten Konsens getragen wird. Indessen ist nicht nur die wissenschaftliche Ergiebigkeit gering, sondern auch der längerfristige bildungspolitische Nutzen. Denn insofern unbekannt bleibt, unter welchen Bedingungen mit welchen Effekten zu rechnen ist, stehen diese Bedingungen kriterienlos zur bildungspolitischen Disposition.

3.1.3 Prävention im Kindergarten

Im vorhergehenden Kapitel wurden empirische Studien charakterisiert, die dem Bildungsauftrag des Kindergartens entsprechen und deshalb im wesentlichen verschiedene Aspekte der Bildungsreform im Elementarbereich in den beiden letzten Jahrzehnten thematisieren. Neben diesen Untersuchungen läßt sich eine weitere Gruppe von Studien identifizieren, die sich stärker auf den Sozialfürsorgeauftrag im Elementarbereich konzentrieren. Heute wird dieser Auftrag gemeinhin mit dem Begriff der Prävention gekennzeichnet.

Gruppiert man die dazu vorfindbaren Forschungen gemäß den dahinter stehenden Konzeptionen, so lassen sich wiederum zwei Entwicklungslinien unterscheiden: Forschungen im Rahmen der Risikogruppenkonzepte und Forschungen im Rahmen der Risikoentwicklungskonzepte. Im folgenden sollen diese beiden Entwicklungslinien unter dem Gesichtspunkt der inhaltlichen und forschungsmethodischen Schwerpunktsetzungen bzw. -verlagerungen sowie des dabei erlangten Erkenntnisgewinns detaillierter ausgeführt werden.

3.1.3.1 Risikogruppenkonzepte

Im Fall der Risikogruppenkonzepte wird ein Kind als benachteiligt betrachtet, wenn es einer Gruppierung angehört, die von der gesellschaftlichen Norm abweicht und infolgedessen gesellschaftlich ausgegrenzt, also benachteiligt wird. Dabei herrschten im Verlauf der letzten 20 Jahre verschiedene Einschätzungen vor, welche sozialen Gruppierungen "an den Rand" unserer Gesellschaft gedrängt werden und wie dem am wirksamsten entgegengearbeitet werden kann. Dementsprechend haben sich im Rahmen des Risikogruppenansatzes unterschiedliche Forschungsschwerpunkte herausgebildet. Im folgenden sollen sie näher charakterisiert werden, wobei jeweils ganz knapp umrissen wird, welche konzeptionellen Hintergründe zu welchen forschungsmethodischen Umsetzungen geführt haben und wie sich die solchermaßen ermittelten Erkenntnisse aus heutiger Perspektive darstellen.

3.1.3.1.1 Kompensatorische Vorschulerziehung

In der ersten Phase der Kindergartenreform gingen wichtige Impulse von der soziolinguistischen Sprachbarrierentheorie aus (z.B. Bernstein, 1972). Da sich aus dieser Perspektive ein Zusammenhang zwischen schicht- bzw. regionsspezifischen Sprech- und Erziehungsweisen sowie der schulischen Benachteiligung von Unterschicht-, Randgruppen- und Landkindern herstellen läßt (z.B. Schlee, 1973; Butschkau, 1974; Sauter, 1977), konzentrierten sich die Forschungen dieser Phase darauf, die Wirksamkeit verschiedener kompensatorischer (Sprach-) Erziehungsmaßnahmen zu prüfen, deren Ziel es ist, einen chancengleichen Schulstart dieser Kindergruppen zu gewährleisten.

Die meisten dieser Vorhaben beziehen sich auf sprachbezogene Förderaktivitäten (z.B. Schüttler-Janikulla, 1966; Schüttler-Janikulla & Krohne, 1966; Kochansky, 1973; Schlee, 1973; Eppel, 1974; Arbeitsgruppe Vorschulerziehung, 1976; Feldbusch, 1976; Breitfeld, 1977; Jeske, 1977; Sauter, 1977; Ewert & Braun, 1978; Leinhofer, 1978; Faßheber, 1980; Wiedl & Ohm, 1980). Dabei lassen sich grob Studien zu Fördermaßnahmen ohne explizierte Programmbasis von Studien zu Bemühungen unterscheiden, die mittels der Sprach- und Intelligenzfördermappen von Baar & Tschinkel (1958) bzw. deren Modifikation von Schüttler-Janikulla & Weber (1968) erfolgen (vgl. dazu Kapitel 3.1.2).

Auf weitere Begleitforschungen im Umfeld der kompensatorischen Vorschulerziehung, die den Sprachaspekt vernachlässigen, wird hier nicht näher eingegangen (z.B. Klauer, 1964, 1970; Klapprott, 1969; Henning, 1970; Wisiak, 1976; Wisiak & Gruber, 1978; Kamenz, 1981; Kamenz & Klapprott, 1984).

Einige Ansätze beschränkten sich darauf, didaktische Hilfen für die praktische Arbeit zu entwickeln. Dabei wurde im Rahmen von Handlungsforschungsansätzen sehr viel Sorgfalt darauf verwendet, die für die angezielten Kindergruppen bedeutsamsten Lebenssituationen zu identifizieren und anschließend zu didaktisieren (z.B. Iben, 1980, 1981). Die meisten Vorsorgemaßnahmen gingen aber einen Schritt weiter, indem sie sich einer empirischen Überprüfung im engeren Sinne stellten.

In der Regel sind diese Wirksamkeitsstudien als längsschnittliche Kontrollgruppendesigns angelegt. Bezüglich der forschungsmethodischen Qualität ist an diesen Studien vieles zu bemängeln. Neben den zu kleinen Stichprobenumfängen (meist zwischen 15 und 75 Kinder; selten zwischen 100 und 200 Kinder) sind auch die bevorzugten Diagnosemethoden unzulänglich. Oft sind die gewählten Instrumente, wie z.B. Schulreife-, Intelligenz- und Wortschatztests, den anspruchsvollen, weil umfassenden Problemstellungen nicht angemessen. Vereinzelt fehlt sogar eine Kontrollgruppe, so daß es nicht möglich ist, Entwicklungs- und Fördereffekte zu differenzieren. Darüber hinaus werden kaum je Fehlereinflüsse kontrolliert.

Die Fördermaßnahmen selbst werden in den Projektberichten selten konkretisiert. Damit ist es kaum möglich, die berichteten Fördererfolge angemessen einzuordnen. Erschwerend für eine kritische Auseinandersetzung mit den Vorhaben wirkt sich z.B. das Fehlen von Angaben aus, die detaillierte Förderplanungen, verwendete Fördermedien, bevorzugte Fördermethoden u.a.m. betreffen. Immerhin wird in fast allen Projektberichten deutlich, daß z.B. die sprachbezogenen Bemühungen durch Erfolge oder doch zumindest Teilerfolge belohnt werden. Leider lassen nur die wenigsten Studien Schlußfolgerungen zu, ob die vorbeugend angelegten Förderaktivitäten tatsächlich bewirken, daß z.B. Sprachdefizite ausgeglichen werden. Dies ist aber die Voraussetzung dafür, daß Folgeerscheinungen, wie z.B. Lernprobleme in der Schule, auch wirklich vermieden werden können.

Aus heutiger Sicht gilt das Sprachbarrierenmodell als überholt, ohne daß man sich schon einig wäre, ob dieses Modell zu ersetzen, zu ergänzen oder lediglich zu differenzieren ist (z.B. Herlyn, 1985). Es kann deshalb auch nicht erstaunen, daß sich in der zweiten Phase der Kindergartenreform kaum noch Studien finden, die Affinitäten zu diesem Erklärungsmodell aufweisen (vgl. Hurrelmann & Jaumann, 1986).

3.1.3.1.2 Integrationskonzepte

In der zweiten Phase der Kindergartenreform gewannen Risikogruppenkonzepte an Bedeutung, die auf Kinder gesellschaftlicher Minderheiten zielen und dabei an Theorieansätzen zur Sozialisation in der Gesellschaft bzw. in verschiedenen Kulturen orientiert sind. Bei diesen Vorhaben geht es nicht mehr darum, benachteiligte Kinder durch zusätzliche Förderung auf das Leistungsniveau der Nichtbenachteiligten anzuheben; vielmehr wird jetzt angestrebt, auffällige, weil anders- bzw. fremdartige Kinder durch geeignete Erziehungsmaßnahmen in Kindergartengruppen so zu integrieren, daß diese unterschiedslos alle Kinder umfassen und damit ein Modell für zukünftige gesellschaftliche Entwicklungen abzugeben vermögen. Bei den verschiedenen Vorhaben, die dieser Intention folgten, nahmen insbesondere zwei Bestrebungen größeren Raum ein: die Integration von Ausländerkindern und die Integration von Behinderten.

Ausländerkinder: Erste Präventionsbemühungen bei Ausländerkindern hatten noch den Charakter von kompensatorischen Sprachfördermaßnahmen. Dahinter stand die nicht zuletzt von befragten Erzieherinnen geäußerte Annahme, daß Ausländerkinder gegenüber deutschen Kindern lediglich durch ihre sprachlichen Defizite auffielen (vgl. z.B. Sigel & Walz, 1979). Folgerichtig ging man davon aus, daß Ausländerkinder bereit und fähig zur Integration in unsere Gesellschaft werden, sofern sie ihre Defizite durch eine sprachliche Sonderförderung ausgleichen können. Eine konsequente Umsetzung dieses Ansatzes stellen die auf Gemeindeebene organisierten Sprachhilfen nach dem "Denkendorfer Modell" dar (vgl. z.B. Lumpp, Günther, Stahl & Steigele, 1980; Hirzel, 1982). Vor dem Hintergrund der Ergebnisse jüngerer Beobachtungsstudien muß dieser Ansatz aber in Frage gestellt werden. Hier zeichnet sich nämlich eine Erklärung dafür ab, daß Erzieherinnen die Probleme von Ausländerkindern vor allem auf Sprachprobleme zurückführen. Sie können nämlich die durchaus feststellbaren sozial-emotionalen Verhaltensprobleme nicht oder nur zum Teil wahrnehmen (z.B. Wittmann, Zimmermann & Zohner, 1986).

Verglichen mit dem sprachkompensatorischen Ansatz basieren die sonstigen Ansätze zur Integration von Ausländerkindern auf wesentlich komplexeren Erklärungsmodellen (vgl. die Übersicht bei Luchtenberg, 1982). Gemeinsam ist diesen Konzeptionen, daß die Entwicklung des Ausländerkindes sowohl in ihrer Gesamtheit als auch hinsichtlich der komplizierten kulturellen Identität und nicht zuletzt unter Beachtung des relevanten Bedingungsgefüges betrachtet und gedeutet wird.

Unter dieser Zielstellung wurde eine Reihe von Projekten und Modellversuchen durchgeführt (z.B. Walter, 1981; Zimmer, 1982). Diese können als Handlungsforschungen gekennzeichnet werden, wobei der Schwerpunkt auf der Entwicklung und Erprobung von pädagogischen Arbeitshilfen und Materialien für die Erzieherinnenaus- und -fortbildung liegt (vgl. z.B. Kommission Kindertagesstätten der obersten Landesjugendbehörden, 1983).

Dagegen sucht man vergebens nach umfassenden empirischen Prüfungen der Wirksamkeit dieser aufwendigen Integrationsbemühungen, welche die komplexen Erklärungsansätze angemessen forschungsmethodisch abbilden. Immerhin: Es finden sich vereinzelte Studien zu ausgewählten Problemaspekten. Aufgrund der kleinen Stichprobenumfänge (zwischen 25 und 75 Kindern) sind deren Ergebnisse in ihrem Aussagewert jedoch deutlich eingeschränkt.

Im Rahmen des bilingual-bikulturellen Modellversuchs des Staatsinstituts für Frühpädagogik (München) wurde der Sprachentwicklungsstand von 5- bis 6jährigen jugoslawischen, türkischen und deutschen Kindergartenkindern untersucht (vgl. Staatsinstitut für Frühpädagogik, 1985). Dabei zeigte sich, daß die ausländischen Kinder gegenüber den deutschen einen Sprachentwicklungsrückstand von 1 bis 1,5 Jahren aufwiesen (vgl. Diekmeyer, 1985). Die Erwartung, daß eine bilingual-bikulturelle Förderung von Ausländerkindern den multikulturellen Ansätzen im Hinblick auf die Sprachentwicklung überlegen sei, konnte nicht durchgängig bestätigt werden (vgl. Krombholz & Triarchi-Herrman, 1987; Diekmeyer, 1988).

Im Modellversuch des Sozialpädagogischen Instituts für Kleinkind- und außerschulische Erziehung des Landes Nordrhein-Westfalen (Köln) wurden die sozialen Beziehungen von türkischen und deutschen Kindern in Kindergartengruppen untersucht (vgl. Militzer, 1987). Dazu wurden die Kinder aus 20 Kindergartengruppen mittels eines Bildwahlverfahrens interviewt. Die Auswertung ergab große Unterschiede zwischen den Kindergartengruppen. Es zeigt sich aber auch eine gruppenübergreifende Tendenz. Die untersuchten Kinder bevorzugten nämlich Kinder der eigenen Nationalität, wenn nach dem besten Freund, nach Spielpartnern und nach Kindern, die besonders sympathisch sind, gefragt wurde (vgl. auch Zehnbauer, 1981). Allerdings darf aufgrund dieses Ergebnisses nicht der Umkehrschluß gezogen werden. Es ist durchaus nicht so, daß zwischen Kindern verschiedener Nationalitäten gehäuft Antipathie auftritt (vgl. Hospelt, 1986; Hospelt & Strätz 1986). Bedenkt man allerdings, daß es Ziel dieses Modellversuchs war, freundschaftliche Beziehungen zwischen Kindern verschiedener Nationalitäten zu fördern, so ist dieser Untersuchungsbefund, ähnlich wie der der Münchner Studie, einigermaßen ernüchternd.

Die Ergebnisse von Erzieherinnenbefragungen legen schließlich den Schluß nahe, daß Modellversuche vor allem in Ausländerballungsgebieten dazu beitragen können, Ausländerkinder in unsere Institutionen zu integrieren. Denn nur in solchen Zentren lassen sich die aufgrund von konzeptionellen Überlegungen standardisierten Maßnahmen auch tatsächlich ausführen. Für die meisten Ausländerkinder und damit auch für die meisten Kindergärten stellt sich die Situation aber anders dar. In der überwiegenden Anzahl der Fälle gilt es, einzelne Kinder unterschiedlichster Nationalität in eine Gruppe deutscher Kinder zu integrieren. Die betroffenen Erzieherinnen fühlen sich mit dieser zusätzlichen Aufgabe allein gelassen und berichten von erheblichen Schwierigkeiten. Insbesondere machen ihnen Sprachprobleme, aber auch Verhaltensprobleme zu schaffen. Daneben empfinden sie die erschwerte Elternarbeit als große Belastung. Sie wünschen sich deshalb Hilfen in Form von Beratung durch Fachkräfte sowie in Form von Informations- und Fördermaterialien (vgl. auch Zehnbauer, 1981; Mandau, 1983).

Behinderte: Die Vorhaben zur Integration von Behinderten stellen eine Gegenbewegung zur "Besonderung" junger Kinder in Sonderkindergärten dar (vgl. Mayr, 1981). Im Kern basieren sie auf der Annahme, daß ein Zusammenleben Behinderter und Nichtbehinderter umso selbstverständlicher gelingt, je früher es eingeübt wird.

Folgerichtig geht es in den Modellversuchen zur Integration Behinderter vornehmlich darum, Konzeptionen zum gemeinsamen Leben und Lernen von Behinderten und Nichtbehinderten auszuarbeiten (vgl. z.B. Breiner, 1989). Auf dieser Basis werden dann pädagogische und medizinische Arbeitshilfen, Therapievorschläge sowie Beratungs- und Fortbildungsmaterialien entwickelt (z.B. Hüffner & Mayr, 1986; Ministerium für Soziales und Familie in Rheinland-Pfalz, 1987). Die Prüfung der Eignung dieser Konzepte und der daraus abgeleiteten Materialien erfolgte meist im Rahmen von Handlungsforschungsprojekten (vgl. z.B. die Übersichten von Bleidick, 1988; Dichans, Eisele, Hüffner & Meister, 1990). Komplettiert werden diese Ansätze durch phänomenologisch systematisierte Beobachtungen von Interaktionsprozessen in wenigen ausgewählten Kindergartengruppen (z.B. Klein, Kreie, Kron & Reiser, 1987; Evangelische Französisch-reformierte Gemeinde Frankfurt, 1984).

Daneben existieren Erzieherinnenbefragungen, die der Frage nachgehen, wie es um die Integration Behinderter bislang bestellt ist (z.B. Graf-Frank, 1984; Kniel &

Kniel 1984; Hüffner & Mayr, 1985, 1989; Frank, Kowoll, Schädler & Schumann, 1985; Miedaner, 1986). Allerdings basieren diese Studien meist auf kleinen oder regional eng eingegrenzten Stichproben. Die Befunde können deshalb nicht für den gesamten Bereich der Bundesrepublik verallgemeinert werden.

Knapp zusammengefaßt tritt bei diesen Studien zutage, daß in fast der Hälfte der Kindergärten Behinderte mitaufgenommen werden. Außerdem wird deutlich, daß sich die Formen der Integration je nach den vor Ort gegebenen Voraussetzungen und Notwendigkeiten sehr verschieden gestalten. Ein wichtiges Ergebnis ist auch, daß sich die Erzieherinnen bei ihrer Arbeit nicht so sehr an bestimmten Konzeptionen orientieren. Mit anderen Worten: Die in Modellversuchen vorherrschende Absicht, Konzepte zu entwickeln, welche die Kindergartenarbeit zu fundieren vermögen, geht an den Wünschen der Erzieherinnen vorbei (vgl. Miedaner, 1986). Aus deren Sicht ist u.a. die Art der Behinderung eines Kindes viel wichtiger. So bereitet die Integration eines körperbehinderten Kindes offenbar weitaus weniger Probleme als die Integration eines geistigbehinderten (vgl. Miedaner, 1986). Wie gravierend diese Probleme sind, wird spätestens dann klar, wenn man bedenkt, daß sich die Erzieherinnen gemeinhin ohne besondere Hilfen zurechtfinden müssen. Es kann deshalb nicht erstaunen, daß der Wunsch nach Entlastungen an erster Stelle geäußert wird. Dabei wird vornehmlich an eine Reduzierung der Gruppenstärke oder eine Verbesserung des Personalschlüssels gedacht.

Alles in allem kann also davon ausgegangen werden, daß die Integration von Minoritäten inzwischen zum mehr oder minder selbstverständlichen Anspruch in der Kindergartenarbeit geworden ist. Allerdings wird diese zusätzliche Anforderung infolge der ungenügenden Rahmenbedingungen auf dem Rücken der Erzieherinnen ausgetragen. Selbst die Hilfen, die entwickelt und erprobt wurden, entsprechen nur bedingt den von Praktikern geäußerten Bedürfnissen. Mit anderen Worten: Die Integrationsbemühungen um Ausländerkinder und Behinderte stehen letztendlich noch am Anfang.

3.1.3.2 Risikoentwicklungskonzepte

Im Fall der Risikoentwicklungskonzepte wird ein Kind als benachteiligt eingestuft, wenn es von einer vorgegebenen Entwicklungsnorm abweicht und deshalb in seinen Entwicklungs- und Lernchancen beeinträchtigt ist. Ziel der demgemäßen Präventionsvorhaben ist es, die Chancengleichheit eines Kindes wiederherzustellen, indem es durch direkte Maßnahmen oder durch spezielle pädagogische Arrangements so in seiner Entwicklung stimuliert wird, daß es die Verzögerung wieder aufzuholen vermag. Die mit dieser Intention durchgeführten Vorhaben sind vornehmlich durch medizinische und heilpädagogische Erklärungsansätze angeregt. Dabei liegt den meisten ein individuumzentriertes Verständnis von Entwicklung zugrunde. Erst in jüngerer Zeit finden sich auch Vorhaben, die von interaktionalen Sichtweisen zeugen. Beide Richtungen sollen im folgenden näher ausgeführt werden.

3.1.3.2.1 Risikofaktorenkonzepte

In der ersten Phase der Kindergartenreform dominierten präventive Ansätze, die an individuumzentrierten Risikofaktorenkonzepten ausgerichtet waren (z.B. Tiedemann & Faber, 1987). Die meisten dieser Vorsorgemaßnahmen sind am Teilleistungsmodell ausgerichtet (z.B. Graichen, 1979). Bei diesem Erklärungsansatz werden Zusammenhänge zwischen minimalen, engumgrenzten Leistungsschwächen (z.B. Lese-Rechtschreibschwäche; Lernstörungen) und Störungen im Gesamtgefüge von Reizaufnahme und Reizverarbeitung herstellt. Vertreter dieses Ansatzes verweisen auf Untersuchungen, nach denen die meisten Kinder mit Schulproblemen auch von Teilleistungsschwächen betroffen sind (z.B. Fellheimer, 1985).

Auf der Basis dieses Modells wurden vielfältige Diagnose- und Fördermaterialien entwickelt bzw. übersetzt und evaluiert. Hier soll nur der Teil der Wirksamkeitsforschungen beachtet werden, der sich auf Programme bezieht, die, zumindest in einem Teil dieser Studien, unter Einbeziehung der betroffenen Kindergartenerzieherinnen durchgeführt wurden. Dies trifft für zwei Programme zu: das von Breuer & Weuffen (1975), das auf die gesamte Verbosensomotorik zielt, und das von Frostig & Horne (1972), das auf den Teilaspekt "visuelle Differenzierungsfähigkeit" spezialisiert ist.

In den Wirksamkeitsstudien zu beiden Programmen werden bedeutsame, wenn auch unterschiedlich große Fördererfolge berichtet (z.B. Seidel & Biesalski, 1973; Köster, 1974; Teumer, 1977; Wissen & Biesalski, 1977; Borstel, 1979; Sander, 1980; Weiß, 1983; Zimmermann, 1986; Thewalt, 1990). Faßt man die verschiedenartigen Ergebnisse zusammen, so scheint folgender Schluß möglich: Bei streng programmbezogenem Training ist mit weniger intensiven Wirkungen zu rechnen, als bei den modifizierten und meist noch durch andere Maßnahmen erweiterten Förderanstrengungen.

Allerdings müssen insbesondere die Befunde der älteren Evaluationsstudien mit Vorsicht gedeutet werden, weil die forschungsmethodische Qualität in mehrfacher Hinsicht zu wünschen übrig läßt. Kaum je werden Fehlereinflüsse diskutiert. Auch der Vergleichbarkeit der kleinen (insgesamt nicht mehr als 20 bis 100 Kinder umfassenden) Versuchsgruppen wird zu wenig Beachtung geschenkt. Außerdem wird die komplexe Veränderungsproblematik in der Regel nicht beachtet u.a.m..

Die zwar nicht umfassender angelegten aber in Bezug auf Fehlereinflüsse sorgfältiger geplanten jüngeren Wirksamkeitsstudien kommen dann auch zu nüchterner stimmenden Ergebnissen. Hier tritt zutage, daß spezifische Förderreize nicht zwangsläufig auch ebenso spezifische Fördererfolge erzielen. Vielmehr sind die erreichten Effekte auf eine Vielzahl von Faktoren, wie z.B. Entwicklungseffekte bzw. unspezifische Erziehungseffekte zurückzuführen (z.B. Thewalt, 1990). Wenn es aber nur sehr bedingt möglich ist, ganz bestimmte, autonom gedachte Teilleistungen zu fördern, muß die Präventivkraft des Teilleistungskonzepts neu überdacht werden. Zumal die Ergebnisse anderer Studien dafür sprechen, daß bei spezifischen Fördermaßnahmen nicht mit Transfereffekten gerechnet werden kann (z.B. Krombholz, 1985).

In dieser Situation wurden verschiedene Zukunftsperspektiven entwickelt. Fischer (1985) geht davon aus, daß der Teilleistungsansatz zum Scheitern verurteilt ist. Dies begründet er damit, daß Wahrnehmung sehr viel mehr beinhaltet als bloße Reizaufnahme und -diskrimination. Folgerichtig fordert er integrative Konzepte, die der kindlichen Gesamtpersönlichkeit besser Rechnung tragen. Wendeler (1988) setzt sich ebenfalls kritisch mit dem Teilleistungsansatz auseinander. Allerdings sieht er das Problem lediglich darin, daß es in den bisherigen Ansätzen noch nicht gelungen ist, geeignete Prädiktoren auszuwählen. Bee und Dumjahn (1987) z.B. glauben, mit der phonemischen Bewußtheit eine wesentlich wichtigere Lernvoraussetzung gefunden zu haben, als die bisher für zentral gehaltenen verbosensomotorischen Leistungen (vgl. aber z.B. Bee-Göttsche, 1990). In dieser noch ungeklärten Situation scheint uns deshalb der von Skowronek und Marx (1989) eingeschlagene Weg am ehesten weiterzuführen. Die Autoren wollen in einer Längsschnittstudie der Frage nachgehen, welche der im Kindergartenalter erfaßten Fähigkeitsaspekte die Leistungsfähigkeit am Ende der Grundschulzeit am genauesten vorauszusagen vermag. Erste Zwischenergebnisse liegen bereits vor.

3.1.3.2.2 Kooperationskonzepte

In der zweiten Phase der Kindergartenreform trat die Beschäftigung mit den kindlichen Wahrnehmungsleistungen in den Hintergrund. Demgegenüber wurden jetzt die Defizite in der sozialen Kompetenz von Kindergartenkindern für entwicklungsbedeutsamer gehalten. So wurde in verschiedenen (allerdings auf z.T. sehr kleine Stichproben beschränkte) Befragungs- und Beobachtungsstudien zum Kindergartenalltag festgestellt, daß ein erheblicher Teil der Kinder Verhaltens- bzw. Beziehungsprobleme aufweist, also nicht in der Lage ist, die Alltagssituationen angemessen zu bewältigen (z.B. Sagi, 1978; Haberkorn, Hagemann, Seehausen & Gerlach, 1983; Schönmetz, 1987; Mayr, 1990). Zwar stimmen die Angaben, wie hoch der Anteil von Kindern mit verschiedenen Verhaltens- und Beziehungsproblemen ist, nicht in allen Details überein. Aber die Ergebnisse lassen mit einiger Sicherheit den Schluß zu, daß etwa 20% bis 25% aller Kindergartenkinder in ihrem alltäglichen Verhalten Probleme zum Ausdruck bringen. Dabei wird deutlich, daß der Kindergartenalltag aus der Sicht der Erzieherinnen neben Konzentrationsproblemen vor allem durch Sprachprobleme und Verhaltensprobleme belastet wird.

In einigen Vorhaben wurden Förderansätze für die Hand von Erzieherinnen entwickelt und evaluiert. Es handelt sich dabei um Förderprogramme, die zur Verbesserung spezieller Sprach-, Konzentrations- oder Verhaltensschwächen von Kindern beitragen sollen (z.B. Fried & Ingenkamp, 1982; Fried, 1985; Caesar, 1978; Wagner, 1976; Rameckers & Wertenbroch, 1981). In den engumgrenzten Studien (z.B. kleine Stichproben) wird die grundsätzlich gegebene Wirkkraft dieser Ansätze ermittelt. Gleichzeitig wird deutlich, welch bedeutsam moderierenden Einfluß das Erzieherinnenverhalten auf die Verbesserung des Kindverhaltens und damit auf den Erfolg der Vorbeugemaßnahmen hat (vgl. Grosche & Hauff, 1979; Fried, 1988). Dem tragen andere Ansätze von vornherein Rechnung, indem Erzieherinnen im Rahmen von Fortbildungen zu einer geschärften Wahrnehmung und einem bewußteren Verhalten befähigt werden (z.B. Cranach, Grote-Dhom, Hüffner, Marte, Reisbeck & Mittelstaedt, 1978; Wolfram, 1989).

Jüngere Erkenntnisse aus z.T. umfassenden Erhebungsstudien sprechen allerdings dafür, daß diese Anstrengungen nicht ausreichen. Die Erzieherinnen werden nämlich weitaus häufiger mit mehrfachen , also komplizierten Verhaltens- und Beziehungsproblemen konfrontiert, als mit "einfachen" (z.B. Ludwig, Welzl & Götz, 1986; Breitenbach & Pahl, 1990). Mayr (1990) geht deshalb davon aus, daß die damit gegebenen pädagogischen Aufgaben nicht von den Erzieherinnen allein getragen werden können. Vielmehr ist er der Meinung, daß diese arbeitsteilig von einem Beratungssystem übernommen werden müssen. In vereinzelten Erfahrungs- bzw. Handlungsforschungsberichten wird dokumentiert, wie eine solche Kooperation mit verschiedenen Beratungsdiensten gestaltet werden kann und welche Möglichkeiten und Grenzen in der bisherigen Zusammenarbeit bereits ausgelotet wurden (z.B. Schütze, 1977; Baumann & Lühe, 1979). Allerdings zeigen Pilotstudien zur faktischen Nutzung solcher Möglichkeiten der Zusammenarbeit, daß bislang bestenfalls ein allererster Anfang gemacht ist (z.B. Schneider, 1987; Gössel, 1988).

Alles in allem macht somit der Blick auf die in diesem Kapitel 3.1.3 zusammengefaßten Untersuchungen vor allem drei Dinge deutlich. 1. Die Prävention war und ist ein bedeutsamer Teil der Kindergartenpraxis und verdient deshalb einen dementsprechenden Stellenwert in der Forschung. 2. Die Präventionsansätze gehen oft in dem Sinne an der Kindergartenpraxis vorbei, als die Angebote sich nicht mit den Wünschen der Betroffenen decken. So z.B. wenn von wissenschaftlicher Seite ein Schwergewicht auf die Erarbeitung und Umsetzung geeigneter Konzeptionen gelegt wird, während von Praktikerseite eine Verbesserung der Rahmenbedingungen viel erstrebenswerter erscheint. Angesichts dieser Diskrepanz erscheint es deshalb notwendig, daß Wissenschaftler und Praktiker im Gespräch miteinander herausfinden, welcher dieser beiden Wege am ehesten zu dem eigentlichen Ziel, der Vermeidung von Benachteiligungen führt. 3. Die Präventionsforschung ist unkoordiniert und im Vergleich zu den komplexen umfassenden Präventionskonzeptionen ausgesprochen reduktionistisch. Auch hier sind weitere Entwicklungen nötig, wie sie z.B. in ersten Bemühungen um eine stärker ökologisch orientierte Forschung zum Ausdruck kommen.

3.1.4 Alltag im Kindergarten

Während im Verlauf der Bildungsreform im Elementarbereich eine Vielzahl von empirischen Untersuchungen die bildungspolitisch initiierten Vorhaben begleiteten und auch die Präventionsbemühungen im Kindergarten in vielen empirischen Studien angesprochen wurden, fällt auf, daß der "normale" Alltag im Kindergarten relativ wenig thematisiert wurde. Das folgende Kapitel wendet sich diesem alltäglichen Geschehen in der pädagogischen Umwelt Kindergarten zu. In einer pragmatischen Perspektive lassen sich zumindest drei Gruppen von Studien unterscheiden.

- Studien zu Handlungsroutinen
- Studien zum Erzieherinnenverhalten
- Studien zum Sozial- und Spielverhalten der Kinder

Neben Studien zu diesen Schwerpunkten werden Untersuchungen zum Alltag in solchen Einrichtungen berichtet, die sich als Alternativen zum Regelkindergarten verstehen. Den Abschluß des Kapitels 3.1.4 bilden Untersuchungen zur Einbettung des Kindergartenbesuchs in den weiteren Kinder- und Familienalltag.

3.1.4.1 Handlungsroutinen im Kindergartenalltag

Dem Versuch einer Bestandsaufnahme wesentlicher Determinanten des üblichen westdeutschen Kindergartenalltags steht die geringe und teilweise problematische empirische Basis während des gesamten Berichtszeitraums gegenüber. Bis auf den heutigen Tag fehlt ein Fundus breit angelegter Studien, die eine abgerundete Bestandsaufnahme der täglichen Routine im Kindergarten ermöglichen würden. Viele der von Schmalohr (1978) konstatierten Probleme und Lücken existieren auch heute noch. Die folgenden Schlußfolgerungen aus den wenigen vorliegenden empirischen Arbeiten sind deshalb nur vorläufig.

Bei aller notwendigen Vorsicht wegen forschungsmethodischer Mängel drängt sich der Eindruck auf, daß einige Charakteristika des Bildes des Kindergartens von Ende der 60er Jahre, wie sie Barres (1972, 1978) empirisch festhielt und interpretierte, in wesentlichen Grundzügen auch heute noch gelten. Nach Barres (1972, S. 84) erscheinen "Kindergärten als wenig abwechslungsreich, wenig systematisch durchdacht und kaum an modernen pädagogischen Auffassungen und psychologischen Erkenntnissen über die in diesen Altersstufen wirksamen kindlichen Bedürfnisse und Begabungsmöglichkeiten orientiert". Der bewahrende Charakter mit dem Ziel der Sicherung eines Schonraums für die kindliche Entwicklung sei typisch.

Die Analyse von Barres steht nicht allein. Denn auch andere empirische Studien der letzten beiden Jahrzehnte (Westermann & Wall, 1972; Nickel, Schenk & Ungelenk, 1980a; Wolf, Brandt & Röchner, 1983; Brandt & Wolf, 1985; Röchner, 1985, 1987; Wolf, 1987a) sowie der zusammenfassende Überblick von Nickel (1985c) ergeben eine erstaunlich hohe Konsistenz bezüglich der vorherrschenden Abläufe des Alltags und zeigen zugleich eine geringe Berücksichtigung neuerer Ansätze (z.B. Curriculum Soziales Lernen) oder Erkenntnisse zum Verhalten der Erzieherinnen. Die Veränderungen im Normal-Kindergarten blieben über die 20 Jahre des Berichtszeitraums insgesamt gering. Der Kindergarten hat zwar - mehr noch als in der Zeit der Analyse von Barres - die Phase der Dominanz der Funktion des "Behütens und Bewahrens" überwunden, aber viele seiner grundlegenden Strukturen und Prozesse haben sich dennoch nur wenig geändert. So muß man bezweifeln, ob die grundsätzliche pädagogische Forderung des Deutschen Bildungsrates (1970, S. 45) mittlerweile erfüllt ist: "Aus einem Raum der Behütung soll eine bewußt gestaltete,

Kinder vorsichtig lenkende, anregende und befriedigende Lebensumwelt für Lernerfahrungen werden."

In einer gemeinsamen Analyse (Wolf et al., 1983) vereinbarer Teile zweier getrennter Studien zum Kindergartenalltag konnte nachgewiesen werden, daß Erzieherinnen Aktivitäten außerhalb des Kindergartens, die zumindest ansatzweise den Intentionen des situativen Ansatzes entsprechen, insgesamt selten realisieren. Von 14 möglichen Unternehmungen wurden nur drei regelmäßig wahrgenommen, während fünf nur selten und die restlichen sechs fast nie gewählt wurden. Auch ein zweites punktuelles Ergebnis weist in eine ähnliche Richtung. Utensilien im Kindergarten, die für Rollenspiele gut geeignet sind, waren in den meisten Fällen entweder nicht vorhanden oder nicht frei zugänglich. Die insgesamt geringe Verfügbarkeit über Gegenstände für das Rollenspiel korrespondierte mit der Beobachtung (Brandt & Wolf, 1985), daß die Kinder während der Freispielphase insgesamt erstaunlich selten Rollenspiele durchführten. Auf die Frage, welche Tätigkeiten und Aufgaben der Erzieherin im Kindergartenalltag "persönlich Spaß machen", wurden Interaktionssituationen mit dem Kind vorgegeben, die erwartungsgemäß überwiegend positiv beantwortet wurden. Es ist dabei aber bemerkenswert, daß eher indirekte, über Sprache vermittelte Interaktionsformen (Den Kindern helfen, Lösungen für ihre Probleme und Konflikte zu finden; Gespräche über Freunde und Familie führen) etwas beliebter sind als direkte, "hautnahe" Interaktionen (In der Bauecke -, im Sandkasten -, in der Puppenecke mitspielen). Darüber hinaus zeigt sich, daß spezielle Übungen zum sozialen Lernen eher unüblich sind. Diese punktuellen Ergebnisse zum Kindergartenalltag unterstützen die Erkenntnisse aus anderen Studien.

Das bisher gezeichnete Bild des Alltags im Kindergarten wird durch eine Befragung von Erzieherinnen zur Verwirklichung einer Reihe von curricularen Zielen noch stärker konturiert (Röchner, 1981, 1987; Wolf, 1987a):

- Jahreszeitlich orientierte Erziehungsziele, Lernziele zur motorischen und zur bildnerisch-künstlerischen Entwicklung und zur Einübung sozial erwünschter Verhaltensweisen werden häufig und ausgiebig verwirklicht.
- Psychologisch-funktionalistische Lernziele werden prinzipiell als relativ wichtig eingestuft, aber nur selten realisiert.
- Sozialisations- und situationsorientierte Lernziele, Lernziele zur Religionserziehung sowie Sprachförderung werden nur selten von den Erzieherinnen verwirklicht.
- Lernziele zur politischen Erziehung werden fast nie verwirklicht.
- Im Hinblick auf schulorientierte Lernziele wünschen sich die Erzieherinnen - unabhängig von schulvorbereitenden Übungen - vor allem eine bessere Kooperation zwischen Kindergarten und Schule.
- Bei Lernzielen zur Sexualerziehung stehen Unsicherheit und Tabuisierung gegenüber sexualpädagogischen Problemen im Mittelpunkt.

- Bei der Erziehung zur Konfliktbewältigung werden statt konstruktiver Konfliktlösungen oft nonverbale, disziplinorientierte Wege vorgeschlagen oder Strafen ausgeführt bzw. angedroht.

Die hier von den Erzieherinnen präferierte Curricular-Struktur entspricht eher dem Bild eines traditionellen als eines modernen Kindergartens.

In Studien zum Kindergartenalltag, die von den Aktivitäten im Stuhlkreis ausgehen, gelangt Fried (1989a, 1989b, 1990) zu Informationen über subtile geschlechtsspezifische Unterschiede in der Behandlung der Kinder sowie über die Sprachdidaktik der Erzieherinnen. Während auf der Oberfläche kaum Differenzen zwischen Mädchen und Jungen sichtbar werden, zeigt sich bei näherer Analyse, daß sich Erzieherinnen den Jungen mehr zuwenden, indem sie genauer auf sie eingehen und ihnen mehr Raum im Gespräch zubilligen. Darüber hinaus scheinen Jungen generell wichtiger genommen zu werden. Mädchen wiederum scheinen eher zu anpassendem Verhalten angeleitet zu werden. Diese Andersbehandlung darf aber nicht vorschnell als Benachteiligung der Mädchen interpretiert werden, deren Sprachleistungen mindestens so gut sind wie die der Jungen.

Wenn man alle Hinweise zusammennimmt, dürfte auch das heute gültige Bild vom durchschnittlichen Alltag des Kindergartens weitgehend der zusammenfassenden Analyse von Nickel (1985b, S. 96) entsprechen, daß "eher die tradierte Funktion einer Bewahranstalt" im Vordergrund stehe als die Funktion "einer Institution mit explizitem Erziehungsauftrag".

In einer zwischen traditionellen Kindergärten und Elterninitiativgruppen vergleichenden Studie legten Nickel, Schenk und Ungelenk (1980a) einen Schwerpunkt auf das Verhalten der Erzieherinnen (vgl. Kapitel 3.1.4.2), das einen Einblick in den üblichen Tagesablauf des Kindergartens erlaubt. Zusammenfassend stellten Nickel et al. (1980a, S. 93) fest, "daß - unabhängig von der Einrichtungsform - die Auswirkungen familiärer Erziehung eindeutiger und konsistenter nachgewiesen werden konnten als die der institutionellen Erziehung". Zweitens ergab die Düsseldorfer Studie, "daß in der Mehrzahl der gegenwärtigen Vorschuleinrichtungen kein angemessenes erzieherisches Klima verwirklicht wird" (S. 93). Gerade die letzte Feststellung verweist auf wahrscheinlich auch heute aktuelle Defizite und Probleme, mit denen sich das folgende Kapitel näher auseinandersetzt.

3.1.4.2 Schwerpunkt Erzieherin

Der überragenden Bedeutung des Erzieherinnenverhaltens (sowie der Erziehungseinstellungen und Erziehungserwartungen) und seiner wünschenswerten Veränderungen wurde in der deutschsprachigen Forschung zum Elementarbereich durch eine intensive Forschungsaktivität Rechnung getragen (vgl. bereits 1978 Forschungsgruppe Kein). Die im Kindergarten gewonnenen Einblicke in das Erzieherinnenverhalten können zum Teil auch für das Verständnis der Erziehungsprozesse in der Grundschule genutzt werden (vgl. Kapitel 3.2).

3.1.4.2.1 Dimensionen und Typisierungen des Verhaltens der Erzieherinnen

Es ist das unbestreitbare Verdienst der Forschergruppe um A.M. Tausch, zu möglichen Grundlagen des Erzieherinnenverhaltens im Kindergarten vorgestoßen zu sein und in vielen empirischen Studien grundlegende Skalen erarbeitet zu haben, die weithin anerkannt sind und auch heute noch Relevanz besitzen (Tausch, Barthel, Fittkau & Hübsch, 1968a, 1968b; Tausch & Langer, 1970; Tausch, Tausch & Fittkau, 1974; Tausch, Wittern & Albus, 1976). Das gilt vor allem für die drei Hauptdimensionen

- Geringschätzung/Entmutigung vs. Wertschätzung/Ermutigung
- Lenkung/Dirigierung
- Nicht-dirigierende, fördernde/stimulierende Aktivität

In der Tradition dieser Hamburger Arbeiten (vgl. Tausch et al., 1976) steht auch ein Teil der Operationalisierungsversuche in den Beobachtungsstudien von Nickel et al. (1980a), Röchner (1981) sowie Brandt & Wolf (1985).

In der Skala "Geringschätzung/Wertschätzung", die in den späteren drei Arbeiten ein wenig in Richtung auf den Bedeutungsgehalt "Sozial-emotionale Zuwendung vs. Abwendung" verändert wurde, zeigten sich bei den Erzieherinnen in allen vier Studien übereinstimmend hohe Werte. Man kann also davon ausgehen, daß in den heutigen deutschen Kindergärten die Erzieherinnen den Kindern ein hohes Ausmaß an Zuwendung und Wertschätzung entgegenbringen.

Bezüglich der "Lenkung" des Kindverhaltens ergaben sich deutlich unterschiedliche Ergebnisse. Während Tausch et al. (1976) - ähnlich wie in anderen Studien der Tausch-Gruppe - eine starke Lenkung in den Kindergruppen beobachten, zeigte sich in den anderen drei Studien übereinstimmend eine relativ niedrige Lenkung oder Dirigierung.

Die von Tausch et al. (1976) nicht untersuchte Dimension "Motorische Aktivität" erbrachte in den drei anderen Arbeiten - ebenfalls mit hoher Übereinstimmung - relativ niedrige Werte. Die Bewegungshäufigkeit der meisten Erzieherinnen scheint im Kindergartenalltag nicht sehr groß zu sein.

In enger Beziehung zu diesen oder ähnlichen Grunddimensionen stehen die in der Tabelle 1 zusammengestellten Typisierungs- und Dimensionierungsversuche des Verhaltens von Erzieherinnen im Elementarbereich. Da wir hier nur die inhaltlichen Grundtendenzen herausstellen wollen, finden sich die auf verschiedenen methodischen Wegen (Faktorenanalyse, Clusteranalyse) gewonnenen Erkenntnisse in einer gemeinsamen Tabelle.

Auch wenn die an erster Stelle erwähnte Untersuchung von Lewin, Lippitt und White (1939) ca. 30 Jahre vor Beginn des Berichtszeitraums, außerhalb Deutschlands und nicht mit Kindergartenerzieherinnen durchgeführt wurde, soll dennoch auf sie verwiesen werden, weil sie für viele der folgenden Studien des Erzieherverhaltens richtungsweisend ist. In der ursprünglichen Untersuchung galten die gefundenen Konzepte zwar nur für das rollenmäßig einstudierte Führungsverhalten in einer experimentellen Situation, aber die leicht überschaubaren Ergebnisse wurden später häufig auch auf andere Bereiche des pädagogischen Feldes übertragen.

Tab. 1: Dimensionierungen und Typisierungen des Erzieherinnenverhaltens in der Tradition der Einteilung Lewins

Lewin et al. (1939)	autokratisch	demokratisch	laissez-faire
Tausch & Tausch (1971)	autokratisch	sozialintegrativ	laissez-faire
Neubauer (1986)	strafend wenig unterstützend lenkend	wenig strafend unterstützend aktiv	laissez-faire
Nickel et al. (1980b)		ermutigend anregend sozial-emotional zugewandt	gewährend-inaktiv neutral
	(Außerdem 3. Typ außerhalb der bisherigen Klassifikationen: engagiert-strukturierend, emotional-neutral)		
Röchner (1985)	wenig ermutigend wenig anregend wenig zugewandt lenkend verbal aktiv	ermutigend anregend zugewandt wenig lenkend	
Graudenz & Altmeyer (1982)	autoritär - entweder freundlich-akzeptierend - oder anregend-bestätigend	repressionsarm	
Heyer-Oeschger (1977)	Typ 1: Erziehung zur Selbstverwirklichung und Kritikfähigkeit sowie Förderung des Kindes vor allem im affektiv-sozialen Bereich Typ 2: Traditionalistisch geprägte Form des Kindergartens und Erziehungsstil, der vor allem Einordnung und Anpassung betont		

Zwar gibt es Stimmen, nach denen es sich bei der Übertragung in den Erziehungsalltag um eine "nicht mehr auszumerzende Typisierung" ohne Realitätsbezug handelt (Lukesch, 1981, S. 113). Es ist aber kein Zufall, daß Tausch und Tausch (1971) zu einer sehr ähnlichen Einteilung wie Lewin et al. (1939) gelangen, denn wie bei Lewin besitzen auch in der Hamburger Forschungsgruppe übergreifende politische Ziele, wie demokratische Erziehung, eine hohe Bedeutung.

Die Zusammenstellung in Tabelle 1 soll die Gemeinsamkeiten mit dem ursprünglichen Ansatz (Übereinstimmungen in den klassischen drei Kategorien), aber auch die Unterschiede und Weiterentwicklungen der späteren Forschungen im Kindergartenbereich in Deutschland aufzeigen. So tritt der Verhaltenstyp "autokratisch/ autoritär" entweder im Kindergartenbereich kaum auf (Forschungsgruppe Nickel) oder er gewinnt durch zusätzliche Attribute Bedeutungsveränderungen (Neubauer; Röchner; Heyer-Oeschger). Auffallend ist zweitens die durchgängige Linie von "demokratisch" über "sozialintegrativ" bis hin zur "sozial-emotionalen Zuwendung" (vgl. Wolf, 1987b). Eine dritte Besonderheit der zusammengestellten Forschungsergebnisse liegt darin, daß die bereits von A.M. Tausch hervorgehobene Di-mension "Fördernde, stimulierende Aktivität" in den neueren Einteilungsversuchen (Nickel; Röchner; Graudenz; Heyer-Oeschger) eine wichtige Rolle einnimmt. Die Bedeutung der "Anregungen für das Kind" (vgl. Wolf, 1987b) zeigt sich auch in Faktorenanalysen zum Erzieherinnenverhalten (Brandt & Wolf, 1985).

3.1.4.2.2 Erziehereinstellungen, -absichten und -praktiken

In einer das Erziehungsgeschehen im Kindergarten differenziert durchleuchtenden Studie, in der Einstellungsskalen, Situationsfragebögen und systematische Beobachtung eingesetzt wurden, konzentrierte sich Neubauer (1980, 1983, 1986) auf die Interaktion zwischen der Erzieherin und Kindergartenkindern mit "gestörtem" Sozialverhalten (entweder "aggressiv" oder "ängstlich-abhängig") sowie der Vergleichsgruppe "sozial-kompetenter" Kinder.

Folgende Kategorien des Interaktionsgeschehens zwischen Erzieherinnen und Kindern stehen im Mittelpunkt der Untersuchung (Neubauer, 1986, S. 273):

- Positive und negative Bewertungen wie Verstärkungen und Strafen
- Hilfen zur Ausformung kompetenten, konstruktiven Sozialverhaltens durch unterstützende Maßnahmen
- Direktive Äußerungen, wie sie in Befehlen und Fragen zum Ausdruck kommen
- Nondirektive, partnerschaftliche Äußerungen, operationalisiert durch Erklärungen und Vorschläge
- Ignorieren von Sozialverhalten
- Aufmerksames, nicht-bewertendes Verhalten der Interaktionspartner ("Zuhören")

Unerwarteterweise zeigten sich in Pfadanalysen sowohl für das aggressive als auch für das sozial-kompetente Kindverhalten zwischen den Erziehungseinstellungen und -praktiken ein stärkerer Zusammenhang als zwischen den Erziehungsabsichten und -praktiken (Neubauer, 1983, 1986). Die relativ starke Beziehung zwischen Erziehungseinstellungen und -verhalten bestätigt sich in einer Pfadanalyse Röchners (1987). Dies entspricht auch der Grundtendenz des Resultats Bornewassers (1979), daß die zusätzliche Berücksichtigung von Persönlichkeitsmerkmalen eine Steigerung der Vorhersage erbringt. Demgegenüber zeigt sich eine solche Übereinstimmung nur teilweise in der Studie von Siegmund und Fisch (1984, 1985), in der die intraindividuellen Korrelationen über 15 Kategorien zwar hoch, die Zusammenhänge über die gesamte Erzieherinnengruppe jedoch sehr niedrig sind. Je größer die Kindergruppe und je mehr ältere Kinder anwesend sind, desto geringer fällt die intraindividuelle Konsistenz aus.

In der Interaktion zwischen Erzieherin und Kind ergibt sich bei Neubauer (1986) folgendes Bild:

- Die Erzieherinnen sehen in den ängstlich-abhängigen Kindern seltener Problemfälle als in den aggressiv-dominanten Kindern.
- Ängstlich-abhängiges Verhalten wird positiv oder negativ verstärkt, was die Selbständigkeitsentwicklung zumindest nicht fördert.
- Aggressiv-dominantes Verhalten wird in Abhebung von beiden anderen Gruppen oft bestraft oder mit Verboten belegt und selten ignoriert.
- Erstaunlicherweise wird das konflikthafte Verhalten aggressiver Kinder nicht nur mehr bestraft, sondern auch mehr geduldet, was sich im häufigen aufmerksamen, nicht-sanktionierenden "Zuhören" ausdrückt. Möglicherweise zeigt sich darin aber eher Unsicherheit als Kompetenz im Umgang mit dem Problemverhalten.
- Aggressive Kinder werden häufiger durch Befehle, Fragen und Kommentare gelenkt als sozial-kompetente Kinder, als Antwort sowohl auf erwünschtes als auch unerwünschtes Verhalten.
- Der Aufbau und die Förderung konstruktiven Sozialverhaltens wird von Erzieherinnen häufig genannt.
- Ein solches konstruktives Verhalten wird von den Erzieherinnen bei kompetenten und ängstlichen Kindern eher aufgebaut und gefestigt als bei aggressiven Kindern.
- Konflikthaftes Problemverhalten wird bei sozial-kompetenten Kindern bedeutend häufiger ignoriert als bei aggressiven Kindern.
- Partnerschaftliches Verhalten der Erzieherin (Kategorie "Vorschläge" und "Erklärungen") tritt äußerst selten auf.

3.1.4.2.3 Veränderung des Verhaltens

Die Beobachtung und Analyse des üblichen Verhaltens von Erzieherinnen im Kindergarten führt fast zwangsläufig zu Überlegungen, wie dieses Verhalten durch Training, Fortbildung u.ä. verändert werden kann (vgl. Neubauer, 1986, S. 278). Daß eine Reflexion und Neuorientierung des Verhaltens der professionellen Erzieherin in dieser sensiblen Entwicklungsphase des Kindes sinnvoll ist, steht außer Zweifel. Umstritten sind die Teilziele und Wege dorthin.

Wiederum ist es kurz vor und zu Beginn des Berichtszeitraums die Hamburger Forschungsgruppe um A.M. Tausch, die als erste auf breiter Basis Trainingsprogramme erprobte. Den Ausgangspunkt bilden dabei umfassende und weitreichende, überwiegend gesellschaftspolitische Ziele, wie Abbau autoritärer Haltungen und Verhaltensweisen, Stärkung von freiheitlich-demokratisch-sozialen Haltungen und Verhaltensweisen, Förderung der Selbständigkeit der Kinder, Förderung von individueller Freiheit, Gleichstellung und größerer Mitbestimmung (Fittkau, 1972; Meffert, Steinbach & Tausch, 1976; Teegen & Fittkau, 1972; Tausch, Aban, Barthel & Fittkau, 1970; Tausch & Langer, 1970; Tausch, Tausch & Fittkau, 1974). Ob solche und ähnliche Ziele nur allgemein anerkannte Orientierungen bzw. Lippenbekenntnisse sind oder ob sie auch im Erziehungsprozeß konkret verwirklicht werden, zeigt sich im tatsächlichen Erziehungsverhalten. Entmutigendes, dirigierendes und bestrafendes Erzieherverhalten widerspricht fundamental den hehren Zielen. Wieder einmal werden in diesem Zusammenhang die o.g. grundlegenden Dimensionen "Lenkung/Dirigierung", "Wertschätzung/Geringschätzung" und "Nicht-dirigierende, stimulierende Aktivität" als Indikatoren herangezogen, deren Veränderung gegebenenfalls erreicht werden soll. Das Erzieherinnentraining kann sich also darauf richten, ein hohes Ausmaß an Wertschätzung und nicht-dirigierender Stimulation bei gleichzeitig geringer Lenkung zu erreichen. Tausch und Langer (1970) berichten, daß ihnen dies bezüglich des Teilziels Steigerung der Wertschätzung-Ermutigung-sozialen Reversibilität gelungen ist.

Für Blanke (1982, 1984) liegt der Ausgangspunkt der Veränderung des Erzieherinnenverhaltens in dem Geflecht der Beziehung zu den Kindern. Nur eine detaillierte Auseinandersetzung mit dieser Beziehung ermöglichte die Überwindung der Widerstände gegen Veränderung. Blanke (1984) orientierte sich in ihrer der Handlungsforschung verpflichteten Studie theoretisch am Symbolischen Interaktionismus, der Individualpsychologie und der humanistischen Psychologie. Sie kritisiert an dem Veränderungskonzept der Tausch-Gruppe, daß es im Sprachtraining die "Person in Beziehungen" zu wenig berücksichtigt. Mit ihren die Beziehung in den Mittelpunkt rückenden Sprachanalysen vor und nach der Fortbildung kann Blanke nachweisen, daß sowohl die gewünschten "Ich-Botschaften" als auch das "aktive Zuhören" deutlich zunimmt. Die veränderten Verhaltensweisen seien nicht antrainiert, sondern auf eine veränderte Wahrnehmung von Personen und Beziehungen zwischen Personen zurückzuführen.

3.1.4.3 Schwerpunkt Kind: Sozialverhalten und Spiel

Es gibt keinen Bereich des kindlichen Verhaltens, in dem die pädagogische Bedeutung des Kindergartens so uneingeschränkt anerkannt wird wie bei der Entwicklung des **Sozialverhaltens**. Neben Studien zu Grundlagen der Sozialentwicklung wie Soziale Kognition (Croissier et al., 1979; Kasten, 1986b) oder Perspektivenübernahme (Schmied & Tietze, 1980; Tietze & Schmied, 1984) gibt es auch einige empirische deutschsprachige Arbeiten zum alltäglichen Sozialverhalten im Kindergarten (Nickel & Schmidt-Denter, 1980; Graudenz & Altmeyer, 1982; Strätz & Schmidt, 1982; Strätz, 1986).

Das Sozialverhalten wird im Kindergarten in besonderer Weise durch die Altersunterschiede und die damit gegebene enorme Heterogenität im Entwicklungsstand der Kinder beeinflußt. Nach der zusammenfassenden Analyse von Strätz (1986) überwiegen dabei die Vorteile einer gemeinsamen Erziehung unterschiedlich alter Kinder deutlich. Die jüngeren scheinen dabei besonders von den ein wenig älteren zu profitieren, die wiederum eine Unterstützungsrolle gern wahrnehmen und dadurch auch selbst etwas dazulernen. Besonders wichtig ist dies für die Eingewöhnungsphase der neu aufgenommenen Kinder. Ältere Kinder passen auch ihre Sprache den Möglichkeiten der jüngeren Gesprächspartner an. Bei sehr großem Altersabstand ist die Sympathieausprägung eher gegenläufig: die jüngeren verehren die größeren, die aber darauf eher mit Gleichgültigkeit oder Ablehnung reagieren.

Die relativ seltenen Konflikte zwischen Kindergartenkindern werden in den meisten Fällen entweder durch aggressive Verfolgen der eigenen Ziele oder durch Vermeidung zu lösen versucht, so daß sich normalerweise entweder ein totaler Sieg oder eine totale Niederlage ergibt. Die Aggresssionen gehen überwiegend von den älteren Kindern und Jungen aus, betreffen aber nicht nur die jüngeren, sondern auch die älteren. Konstruktive Konfliktlösungen (Absprachen, Kompromisse, gegenseitige Beachtung der Interessen) kommen im Kindergartenalter nur sehr selten vor (Nickel & Schmidt-Denter, 1980; Strätz, 1986). Eine Förderung konstruktiver Konfliktbewältigung durch erzieherisches Handeln scheint im Kindergarten schwierig zu sein, zumal auch die Interaktionen mit den Kindern oder zwischen Erwachsenen nicht immer diesem Idealmodell folgen. Dieses Defizit bedauert auch Barres (1978, S. 248-249), der in einer zusammenfassenden Kritik hervorhebt, daß die Förderung des Sozialverhaltens allzu oft eine "Anpassungsvorleistung an die Verhaltensnormen des späteren Schulalltags" mit den "traditionellen erzieherischen Wertvorstellungen: Bravsein, Ruhigsein, Gehorsam, gute Manieren und die Fähigkeit des Sich-Einfügens in eine fremdbestimmte Ordnung" bedeutet. Wichtige Ziele "wie Selbständigkeit, Kommunikations- und Kooperationsfähigkeit, Selbstvertrauen, Verantwortlichkeit, Konfliktlösungsfähigkeit, Fähigkeit und Bereitschaft zu sachlicher Eigen- und Fremdkritik, Kreativität und Erfahrungsoffenheit" würden dabei weitgehend vernachlässigt. Zu ähnlichen Überlegungen gelangen auch Westermann und de Wall (1972, S. 58).

Besondere Beachtung sollten nach Strätz & Schmidt (1982) zukünftig solche Ansätze finden, die das Sozialverhalten im Kindergarten nicht aus der Sicht von Erwachsenen (Erzieherinnen, Eltern, Forschern usw.), sondern aus der Perspektive der handelnden Kinder betrachten.

Die deutschsprachige empirische Spielforschung nimmt im Elementarbereich nur eine Randstellung ein (Einsiedler, 1990; vgl. auch Einsiedler, 1985; Kluge & Fried, 1987). Abgesehen von den empirischen Arbeiten aus der Forschungsgruppe um Einsiedler (Einsiedler, 1984, 1986, 1989; Einsiedler & Bosch, 1986; Einsiedler, Bosch & Treinies, 1985; Treinies & Einsiedler, 1987, 1989) gibt es nur wenige sonstige vereinzelte Ansätze (Kasten, 1986b; Oettingen, 1985; Paetzold, 1980; Parmentier, 1979). Eine Intensivierung der auf den Elementarbereich bezogenen empirischen Spielforschung, auch in qualitativer Hinsicht (z.B. Übertragungen des Ansatzes von Spanhel & Zangl, 1991, auf frühere Entwicklungsstufen), scheint dringend erforderlich zu sein.

3.1.4.4 Alternative Erziehungsabsichten und -praktiken

Die Qualität des Erziehungsgeschehens hängt in entscheidendem Maße vom Verhalten der Erzieherinnen ab (vgl. Nickel, 1985b). Nun weist dieses Verhalten spezifische Ausprägungen im Sinne von ständig wiederkehrenden Mustern auf (z.B. Erziehungsstile), die sich nicht zuletzt als Ausfluß subjektiver und expliziter pädagogischer Konzeptionen erweisen (vgl. z.B. Fried, 1990). Wie stark diese Orientierungen die Praxis bestimmen, läßt sich allerdings nur schwer einschätzen, weil davon ausgegangen werden muß, daß mehrere (subjektive wie auch explizite) konzeptionelle Orientierungen gleichzeitig wirksam sind. Jedenfalls gelangt Röchner (1987) in seiner Analyse der von Erzieherinnen erfragten und von ihm in verschiedenen pädagogischen Konzeptionen verorteten Erziehungsabsichten zu diesem Schluß.

Angesichts dieser komplizierten Sachlage gewinnen die sogenannten "alternativen" Kindergärten insofern an Bedeutung, als man sich dort ausdrücklich zu einem einzigen Alternativkonzept bekennt (vgl. Zimmer, 1985; Denner, 1986; Krieglsteiner & Niedergesäß, 1986; Wydler-Weber, 1986; Lauterbach, 1988). Falls also eine enge Beziehung derart besteht, daß die Qualität eines spezifischen Erziehungsgeschehens quasi eine Ausformung spezifischer pädagogischer Konzepte darstellt, so müßte sich dies in alternativen Kindergärten am prägnantesten zeigen und deshalb am ehesten nachweisen lassen.

Bislang fehlen repräsentative Studien, aus denen sich entnehmen ließe, welche alternativen Konzepte die gegenwärtige Kindergartenpraxis bestimmen. Bei Nickel und Ungelenk (1982) sowie Ungelenk (1985) finden sich immerhin Ergebnisse verschiedener Umfragen, die Hinweise geben, wie es um die Verbreitung von Kinderläden bestellt ist und in welchem Maße in diesen Kinderläden nach wie vor an der antiautoritären Pädagogik festgehalten wird. Dabei wird sowohl ein Rückgang dieser alternativen Kindergartenform festgestellt als auch ein Trend, die ursprüngliche konzeptionelle Orientierung zugunsten modifizierter Versionen aufzugeben (vgl. z.B. Lachenmair, 1985).

Allerdings sind nur wenige Studien vorzufinden, die Aufschluß über das tagtägliche Erziehungsgeschehen in verschiedenen alternativen Kindergärten geben. Zudem handelt es sich meist um Fallstudien, die von überzeugten Anhängern der jeweiligen pädagogischen Ausrichtung durchgeführt und dargestellt werden (Ammon, 1981; Berger, 1988; Bott, 1970; Bremer, 1986; Ettl, 1980; Flessenkemper, 1983; Gundermann, 1984; Jaffke, 1990; Leber, Trescher & Weiss-Zimmer, 1989; Mehler, 1986; Mehringer, 1983; Niedergesäß, 1990; Schmauch, 1987; Storm, 1980).

Beller (1989) untersuchte im Rahmen einer im engeren Sinne empirischen Studie das Spielverhalten von insgesamt 36 Kindern aus drei Kindergärten mit unterschiedlichen Konzepten. Er fand dabei, daß die im Montessorikindergarten beobachteten Kinder im Vergleich mit den anderen Kindern häufiger Übungsspiele und seltener Symbolspiele ausführen. Dieses Ergebnis kann man vorsichtig so deuten, daß das Erziehungsgeschehen im Montessorikindergarten in einer Weise von dem in den anderen Kindergärten abweicht, die für die im Rahmen der Montessoripädagogik verfolgten Erziehungsabsichten typisch ist.

Zur antiautoritären Erziehungsrealität der Kinderläden finden sich kleinere Beobachtungs- und Befragungsstudien, deren Ergebnisse infolge der forschungsmethodischen Mängel (z.B. sehr kleine Stichproben; kein klares Forschungsdesign; keine Voraussetzungsprüfungen) ebenfalls vorsichtig gedeutet werden müssen. Immerhin lassen diese Studien ahnen, daß die Erziehungswirklichkeit in Kinderläden nur zum Teil mit der konzeptionellen Ausrichtung korrespondiert, also auch nur eingeschränkt in der intendierten Weise zu wirken vermag (z.B. Oswald & Raue, 1971; Henningsen, 1973; Bierhoff-Alfermann & Höcke-Pörzgen, 1974; Bartscher & Dahme, 1975; Friebel, 1976; Siebenschön, 1986).

Demgegenüber vermitteln die Ergebnisse einer umfassend angelegten und dabei forschungsmethodisch sorgfältig ausgearbeiteten Vergleichsuntersuchung zwischen der Erziehungsrealität in traditionellen Kindergärten und der in Kinderläden ein ausgesprochen differenziertes Bild (vgl. die Vorstudie von Dolezal, 1975; ansonsten z.B. Nickel & Ungelenk, 1980). Konkret wurden in dieser Studie Erziehungsziele, -einstellungen sowie -praktiken von betroffenen Erzieherinnen und Eltern erfaßt und mit dem Sozialverhalten in Form von Konflikt-, Spiel- und Kooperationsverhalten von betroffenen Kindern in Beziehung gesetzt. Die Vielzahl der Befunde läßt sich zur Kernaussage verdichten, daß sich hinter demselben konzeptionellen Etikett "Kinderladen" sehr verschiedene Erziehungsrealitäten verbergen können. Oder noch allgemeiner ausgedrückt: Das Verhalten von Erzieherinnen wird stärker durch die in einem bestimmten Kindergarten herrschenden Erziehungsgegebenheiten geprägt als durch das jeweils bevorzugte pädagogische Konzept.

3.1.4.5 Der Elementarbereich im Kontext des Kinder- und Familienalltags

Die Beteiligung an Elementarerziehung stellt nur ein Element in einem umfassender zu sehenden Betreuungs- und Erziehungsalltag eines Kindes dar. In diesem Zusammenhang hat es eine Reihe von Untersuchungen gegeben, die Fragen

- zur gegebenen Betreuungs-- und Erziehungssituationen der Kinder dieser Altersgruppe
- zu Bedingungen der Teilnahme an der Elementarerziehung
- zur Einbettung in sozialökologische Kontexte
- zu Bedarf und zur regionalen Verteilung

thematisieren. Informationen über den jeweiligen Stand der Beteiligung an Elementarerziehung und auch über die entsprechenden Entwicklungen können zunächst auch verschiedenen Bundesstatistiken entnommen werden. Zum einen ist hier die - bis 1982 in diesem Teil jährliche, seitdem nur alle vier Jahre durchgeführte - Jugendhilfestatistik zu nennen, in der bundesweit die verfügbaren Plätze im Elementarbereich ermittelt werden. Dieser Statistik lassen sich auch globale Informationen über die Qualifizierung des im Elementarbereich tätigen Personals wie auch über die Erzieherinnen-Kind-Relationen entnehmen (Statistisches Bundesamt, 1988). Allerdings handelt es sich nur um eine sehr grobe Erfassung; so fehlen beispielsweise Angaben über die Art der verfügbaren Plätze (z.B. Ganztagsplätze, Plätze im Schichtbetrieb). Im Zuge der Etablierung des Elementarbereichs als Bildungsstufe wurde ein entsprechender Schwerpunkt bei der Bund-Länder-Kommission für Bildungsplanung eingerichtet, der u.a. die Aufgabe wahrnahm, auf der Grundlage von Länderdaten eine abgestimmte Bundesstatistik zur quantitativen Entwicklung im Elementarbereich zu erstellen (Bund-Länder-Kommission für Bildungsplanung und Forschungsförderung, 1987). Im Vergleich zur Jugendhilfestatistik finden sich hier differenzierte Informationen z.B. zu Platzarten (Ganztags-, Halbtagsplätze) und zur Beteiligung von Minoritäten. Mit dem nachlassenden gesamtstaatlichen Interesse am Elementarbereich wurde diese Statistik letztmalig für 1985 erstellt. Eine kontinuierliche Beobachtung der Entwicklung der Beteiligung an Elementarerziehung erlaubt der jährliche allgemeine Mikrozensus (Statistisches Bundesamt, 1990). Zwar wird hier nicht nach Platzarten differenziert, jedoch läßt sich die Beteiligung an der Elementarerziehung relativ differenziert mit individuellen und familialen Hintergrundfaktoren (z.B. Alter und Geschlecht des Kindes; Familienstand, Bildungsstatus, Erwerbstätigkeit, Einkommen der Eltern) in Verbindung bringen.

Neben den allgemeinen statistischen Erhebungen existieren eine Reihe von Survey-Studien zu Bildungs- und Betreuungsangeboten im Elementarbereich, wobei die Kinder dieser Altersgruppe oftmals nur eine Teilpopulation in einem breiteren Altersspektrum darstellen. Neben einer schon vor dem Berichtszeitraum zu Beginn der 60er Jahre durchgeführten Repräsentativerhebung zur Betreuung von Kindern erwerbstätiger Mütter von Schubnell (1969) sind hier insbesondere zu nennen eine

Mikrozensus-Zusatzerhebung zur Kinderbetreuung in Baden-Württemberg (Rückert & Votteler, 1985), eine - an lokalen Stichproben durchgeführte - Untersuchung zu sozialökologischen Bedingungen des Kindergartenbesuchs (Kaufmann, Herlth & Strohmeier, 1980), eine in Nordrhein-Westfalen durchgeführte Untersuchung zum Kindergarten als Teil der sozialen Umwelt von Kindern (Schmidt-Denter, 1984) sowie eine neuere Repräsentativerhebung zu verschiedenen Aspekten institutioneller und nicht-institutioneller Betreuung/Erziehung von Kindern in verschiedenen Altersgruppen (Tietze & Roßbach, 1991). Es handelt sich um Untersuchungen, die Nutzungsbedingungen der Elementarerziehung, Bedarfsmomente sowie andere planungsbezogene Aspekte in den Mittelpunkt rücken. Andere Erhebungen mit sozialplanerischem Bezug beziehen sich auf Fragen der Standortwahl und Wohnbereichseinbindung von Einrichtungen des Elementarbereichs (Mundt, 1980) bzw. auf die Verbreitung der von Eltern getragenen Initiativen (Eltern-Kind-Gruppen) als Alternativen zu den Angeboten der Elementarerziehung kommunaler und freier Träger (Ungelenk, 1980, 1985).

Von den in verschiedenen Untersuchungen immer wieder bestätigten Ergebnissen erscheinen die folgenden unter sozialplanerischen Gesichtspunkten besonders bedeutsam: Bei der Beteiligung an der Elementarerziehung gibt es starke regionale Disparitäten, die durch die unterschiedliche Verfügbarkeit entsprechender Angebote bedingt sind. Starke Variationen zeigen sich ebenso in der täglichen Dauer institutioneller Elementarerziehung. Wichtige Bedingungen für die Beteiligung eines Kindes an der durchgängig freiwilligen und für Eltern kostenpflichtigen Elementarerziehung sind Bildungsstand und Sozialschicht sowie Einkommen der Eltern, die jeweils positiv mit der Beteiligung korreliert sind.

Die genannten Studien beziehen zum Teil auch Fragen der öffentlichen Betreuung und Erziehung von Kindern unter drei Jahren mit ein. Daneben gibt es eine Reihe von Studien, die aufgrund des knappen Angebots an öffentlicher Erziehung für Kinder unter drei Jahren sich speziell auf diese Altersgruppe beziehen (vgl. z.B. Thierauf, o.J.; Süssmuth, Kowalewski, Lanfersiek & Thönnissen, 1980; Kuhnt & Speil, 1985; Born, Krüger, Schablow & Winter, 1985).

Unter sozialplanerischen Gesichtspunkten erscheint es wichtig, die Informationen, die aufgrund der bislang eher punktuell durchgeführten Studien erhoben worden sind, zu verstetigen, um auf diese Weise den Elementarbereich einer differenzierten gesellschaftlichen Dauerbeobachtung (Roßbach, 1984) zugänglich zu machen. Ausgangspunkte hierfür bieten - auch wenn die jeweiligen Ansätze thematisch breiter und weniger elementarbereichsspezifisch ausgelegt sind - der als Wiederholungsuntersuchung konzipierte Familiensurvey des Deutschen Jugendinstituts (Bertram, 1990; Marbach & Weidacher, 1989) sowie Bemühungen des Statistischen Bundesamtes, im Zuge der Neukonzeption des Mikrozensus die Betreuungssituation von Kindern differenziert und periodisch wiederholt zu erfassen (Statistisches Bundesamt, 1989).

Bei den meisten der sozialplanerisch orientierten Studien sind zumindest Aspekte einer ökologischen Orientierung (Bronfenbrenner, 1981) zu verzeichnen, insofern als die Teilnahme an Elementarerziehung in lokale Kontexte wie auch in Kontexte der familialen Lebenslage eingebettet wird. Seit den 80er Jahren sind auch eine Reihe von Studien erschienen, die die Aktivitäten und Erfahrungen, die das einzelne Kind im Rahmen institutioneller Elementarerziehung macht, im Zusammenhang mit dem übrigen Tagesablauf und den übrigen Alltagserfahrungen des Kindes sehen und dadurch eine weitere Dimension einer ökologischen Einbettung institutioneller Elementarerziehung in die Lebenswelt von Kindern thematisieren. Diese Studien folgen keinem einheitlichem Paradigma und konzentrieren sich auf unterschiedliche Aspekte. Gleichwohl scheint sich hier eine neue Forschungslinie zu etablieren. Zu nennen sind hier unter anderem eine auf Tagebuchdaten basierende Studie von Engelbert (1986) zu kindlichen Alltagsaktivitäten, Aufenthaltsorten, Kontaktpersonen und ökologischen Bedingungen, eine weitere Untersuchung, in der zwar primär die Mediennutzung von drei- bis sechsjährigen Kindern im Vordergrund stand, jedoch ein breites Spektrum von Alltagsaktivitäten auch im Zusammenhang mit dem Kindergartenbesuch berücksichtigt wurde (Tietze, Peek & Link, 1989) sowie eine Untersuchung von Kuhnt und Speil (1985), bei der allerdings der Tagesablauf vorwiegend jüngerer Kinder analysiert wurde.

3.1.5 Ausgewählte Probleme

3.1.5.1 Meßinstrumente

Die in den Forschungen der letzten 20 Jahre verwendeten Meßinstrumente sind einerseits beeinflußt durch Entwicklungen in der pädagogischen und psychologischen Diagnostik, wie z.B. die Testkritik (vgl. Ingenkamp, 1985) oder die Bemühungen um eine stärker ökologisch orientierte Diagnostik (vgl. Kaminski, 1988); andererseits durch die Dynamik der Kindergartenreform, wie z.B. die wechselnden kindergartentheoretischen Bezugnahmen (vgl. Fried, 1991) oder den forschungsmethodischen Paradigmenwechsel (vgl. Zimmer, 1973a,b).

Darüber hinaus ergeben sich Besonderheiten, die für Messungen im Elementarbereich spezifisch sind. Beispielhaft sei darauf verwiesen, daß die Aufmerksamkeit, die Motivation sowie das Instruktionsverständnis junger Kinder (insbesondere bis zum vierten Lebensjahr) deutlichen Beschränkungen unterworfen ist. Zwar zeigen die spärlichen Studien, die dieser Problematik im Rahmen von Forschungsvorhaben (z.B. Graudenz, 1975) oder Testentwicklungen (z.B. Kleber, 1973) speziell nachgegangen sind, daß es grundsätzlich möglich ist, auch schon junge Kinder (zumindest ab dem fünften Lebensjahr) zu testen; aber es wird ebenso deutlich, daß die Gestaltung der Testsituation bei jüngeren Kindern besonderer Aufmerksamkeit bedarf, z.B. in Form von speziellen Aufwärmphasen oder durch eine spielpädagogische Ausgestaltung (vgl. Graudenz, 1975; Puschnig, 1980; Hubinger, 1984; Lohaus, 1988).

Welche Diagnosemethoden den besonderen Bedürfnissen von jungen Kindern am ehesten gerecht werden, läßt sich noch nicht sagen. Im Grunde kann bislang nur festgestellt werden, daß in den Forschungen der letzten 20 Jahre eine Vielfalt von Meßverfahren angewandt wurde, wie z.B. Tests, Selbstdarstellung, Beurteilung, Beobachtung, Rollen- und Puppenspiel (vgl. z.B. Rauer, 1978). Die von Lohaus (1986, 1989; vgl. auch Goodwin & Goodwin, 1988) in jüngster Zeit vorgelegten Erkundungen zur Frage geeigneter Methoden oder Methodenkombinationen verweisen auf wichtige zukünftige Forschungsnotwendigkeiten.

Bezüglich der Quantität und Qualität der inzwischen verfügbaren Meßinstrumente gilt noch heute, was Rauer (1978) bereits für die 70er Jahre feststellte: Das Anliegen einer auf die speziellen Bedürfnisse des jungen Kindes abgestimmten pädagogischen Diagnostik ist eher Forderung denn ausgearbeitetes Programm. Für diese Behauptung lassen sich etliche Hinweise finden. Drei davon sollen hier als Beispiel genannt werden: 1. Selbst in den Forschungen der allerjüngsten Zeit wird auf längst veraltete bzw. als unzulänglich kritisierte Verfahren zurückgegriffen (Bühler & Hetzer, 1977: vgl. Deimann & Kastner-Koller, 1989; Breuer & Weuffen, 1971: vgl. Pischner, 1989). 2. Es finden sich nur selten Reanalysen zu eingeführten Verfahren (vgl. aber z.B. Röhr, Steinhausen & Funke-Kazmeier, 1978; Kornmann, Billich, Gottwald, Hoffmann & Rößler, 1982; Bilsky & Flaig, 1986; Wolf & Fried, 1989). 3. Verfahren, die sich in anderen Ländern bewährt haben, werden kaum je adaptiert (vgl. aber Rauer, 1979; Deegener, 1981; Tietze, Feldkamp, Gratz, Roßbach & Schmied, 1981; Göttert & Asendorpf, 1989).

Betrachtet man die in den Forschungen der letzten 20 Jahre verwendeten Instrumente unter dem Gesichtspunkt, was jeweils damit gemessen werden soll, so zeichnet sich eine Entwicklungslinie ab. Deren Verlauf folgt im wesentlichen der Kindergartenreform und läßt sich knapp so charakterisieren:

In den Forschungen der ersten Phase der Kindergartenreform wurden zunächst vorwiegend die bereits vorhandenen Intelligenz- und Schulreifetests eingesetzt (vgl. Nagel, 1972). Daneben entwickelte und verwendete man bald auch Verfahren zur Messung anderer kognitiver Persönlichkeitsaspekte, wie z.B. der Sprache (z.B. Fried, 1979, 1982; Grimm, 1983; vgl. im Überblick Rauer, 1978). In der zweiten Phase der Kindergartenreform galt das Interesse dann stärker der Konstruktion oder Adaption von Beobachtungsinstrumenten zum sozial-emotionalen Verhalten (z.B. Cranach & Hüffner, 1976; Huber & Huber, 1978; Duhm & Althaus, 1979; Duhm & Huss, 1979; Kasten, 1980; Tietze et al., 1981; Stern, 1982; Ettrich, 1985). Darüber hinaus sind seit Beginn der 80er Jahre Entwicklungen in Richtung einer stärker ökologisch orientierten Diagnostik festzustellen. Diese noch sehr anfänglichen Bestrebungen gehen allerdings in ganz unterschiedliche Richtungen. Dabei wurden die methodischen Weiterentwicklungen z.B. durch die Schule der sogenannten "Förderdiagnostik" eher aufgehalten, während das ökologische Problembewußtsein durchaus angeregt wurde (vgl. z.B. Schlee, 1985).

Außerdem werden Entwicklungen erkennbar, die eher die Perspektive des Kindes beachten. Insbesondere ist ein Trend festzustellen, stärker als bisher dynamischen Aspekten, wie z.B. dem kindlichen Entwicklungspotential, Rechnung zu tragen. Ein Beispiel für diese Tendenz kann in der Ergänzung der herkömmlichen Intelligenztests durch die stärker auf das Lernpotential des Kindes zielenden Lerntests gesehen werden (z.B. Rollett, 1985; Wiedl, 1985; vgl. auch Wimmer, Ziegler & Roth, 1977; Wiedl & Herrig, 1978). Ein weiteres Beispiel ist die Weiterentwicklung und Ergänzung herkömmlicher Schulreife- bzw. Schulfähigkeitstests (vgl. Koob, 1981) durch umfassender angelegte Einschulungsverfahren (z.B. Fröse, 1985; Geisler, 1987; vgl. auch Bründel, 1989) und Beurteilungsbögen für Erzieherinnen (z.B. Ingenkamp, 1987).

Andere Entwicklungen zeugen von einem ausgeprägteren Interesse an der Umweltperspektive. Bei diesen Ansätzen geht es vorrangig darum, ein Kind im Rahmen der jeweils relevanten Umweltausschnitte zu betrachten, um förderrelevante Informationen zu gewinnen (z.B. Kornmann, Meister & Schlee, 1983). Hier ist als Beispiel an die Weiterentwicklung bzw. Ergänzung von Sprachtests für Ausländerkinder (z.B. Röhr-Sendlmeier, 1984; Boos-Nünning, Gogolin & Vollerthun, 1985) durch Spontansprachverfahren zu denken (z.B. Füssenich, 1986; Heidtmann, 1986; Clahsen, 1984, 1986; vgl. auch Fried, 1986).

Zwar werden alle diese Ansätze schon in der Praxis erprobt (vgl. z.B. Behrenbeck, Junker, Langhorst, Schneider, Türke & Weinmüller, 1990; Schrey-Dern, 1990), aber sie bergen noch zahlreiche Probleme (vgl. z. B. Boos-Nünning & Gogolin, 1988; Röhr-Sendlmeier, 1988).

Hier ist es nicht möglich, alle derzeit verfügbaren Meßinstrumente für junge Kinder und ihre Umwelten im einzelnen darzustellen. Entsprechende Übersichten finden sich z.B. bei Brickenkamp, 1975, 1983; Horstmann, 1978; Preiser, 1978; Röhr et al., 1978; Filipp & Doenges, 1983; Sarimski, 1984; Lukesch, 1985; Brack, 1986; Rennen-Allhoff & Allhoff, 1987; Götte, 1979; Wolf, 1980; Roßbach, 1990; vgl. auch die jährlichen Übersichten in "Tests und Trends".

3.1.5.2 Forschungsinfrastruktur

Nicht zuletzt durch die Aktivitäten Friedrich Fröbels und seiner Nachfolger hat die praktische Pädagogik der frühen Kindheit in Deutschland eine lange Tradition, eine empirisch-pädagogische Forschungstradition konnte sich demgegenüber nicht aufbauen. Das vehemente gesellschaftliche Interesse zu Beginn der Bildungsreform an Forschungen zum Elementarbereich traf somit auf eine Situation, in der weder die Pädagogik an den Hochschulen auf die neuen Herausforderungen vorbereitet war noch anderweitig eine geeignete Forschungsinfrastruktur bestand. Dementsprechend wurden empirische Untersuchungen zum Elementarbereich zunächst vielfach von Vertretern aus Nachbardisziplinen, speziell der Psychologie und der Soziologie, in ad hoc organisierten Gruppen durchgeführt. Aufgrund der bildungspolitischen Prioritätensetzung im Elementarbereich kam es bald auch erstmals in einem nennenswerten Umfang zu entsprechenden Schwerpunktbildungen an Universitäten, wobei die empirische Orientierung eingeschränkt blieb. Angesichts des Rückgangs des gesellschaftlichen Interesses an Elementarerziehung war der Kulminationspunkt dieser Entwicklung bereits in der zweiten Hälfte der 70er Jahre überschritten. Gegenwärtig sind im Rahmen von Diplomstudiengängen Schwerpunkte in der Pädagogik der frühen Kindheit an folgenden Universitäten vertreten: Bamberg, Berlin, Braunschweig, Göttingen, Köln, Landau und Münster; in der Mehrheit der Fälle sind damit allerdings keine empirischen Forschungsschwerpunkte verbunden.

Aufgrund unzureichender Forschungskapazitäten an den Universitäten, aber auch um eine stärkere Anbindung an die eigenen Interessen zu sichern, etablierte die Bildungsadministration Forschergruppen, aus denen sich zum Teil (nachgeordnete) Institute entwickelten. An außeruniversitären Instituten mit ausschließlichem oder starkem Schwerpunkt in der Früherziehung sind insbesondere das Deutsche Jugendinstitut, München, zu nennen, das bundesweit operiert, sowie das Staatsinstitut für Frühpädagogik und Familienforschung in Bayern und das Sozialpädagogische Institut des Landes Nordrhein-Westfalen in Köln. Die beiden letztgenannten Institute, die im Zusammenhang der Kindergartenreform gegründet wurden, sind Landesinstitute, operieren also nur in Bayern und in Nordrhein-Westfalen und sind dem jeweiligen Landesministerium direkt unterstellt.

Bedingt durch den gesellschaftlichen Handlungsdruck, aber auch mitbestimmt durch eine vorwiegend historisch und philosophisch orientierte Pädagogik entwickelten sich weniger empirisch-analytisch ausgerichtete Forschungsstränge als vielmehr Ansätze im Sinne von Handlungsforschung. Primär ging es um die Entwicklung von Modellprojekten, die mit eher "weichen" Methoden wissenschaftlich begleitet und evaluiert wurden. Die staatliche Forschungsförderung stellte in einem heute kaum mehr faßbaren Umfang finanzielle Mittel bereit, wobei vorwiegend Modellprojekte gefördert und der ganz überwiegende Teil der Mittel für die Modellmaßnahmen selbst und nicht für ihre wissenschaftliche Begleitung verwandt wurde. So wurden allein aus Bundesmitteln im Zeitraum von 1970 bis 1980 über die Bund-Länder-Kommission für Bildungsplanung Mittel in Höhe von rund 100 Millionen DM für Projekte im Elementarbereich bereitgestellt (Briel, 1981), wobei zu berücksichtigen ist, daß diese Bundesfinanzierung im Regelfall lediglich 50 % der Kosten abdeckte. Auch wenn nur ein vergleichsweise geringer Teil dieser Mittel in die Begleitforschung geflossen sein dürfte, handelt es sich doch um erhebliche Summen. Unabhängig davon wurden auch von anderen Seiten erhebliche Geldmittel für Forschung im Elementarbereich aufgewendet. Einem Bericht der Stiftung Volkswagenwerk (Garlichs, Knab & Weinert, 1983) läßt sich entnehmen, daß allein für das CIEL-Projekt (vgl. Kapitel 3.1.2.3) von 1968 bis 1971 insgesamt 9,5 Millionen DM bereitgestellt wurden.

Die starke Anbindung der Forschung an die bildungspolitischen Vorgaben führte allerdings auch dazu, daß mit dem nachlassenden politischen Interesse an Elementarerziehung auch die Forschungsförderung und die empirische Forschung selbst spätestens in den 80er Jahren drastisch zurückgingen. Für die Zukunft wird es wichtig sein, wenigstens eine bescheidene Standardinfrastruktur für empirische pädagogische Forschung aufzubauen und auch über die Ausbildung von Nachwuchskräften die personellen Voraussetzungen für empirische Forschungen zur Elementarerziehung zu sichern.

3.1.5.3 Desiderata

In diesem abschließenden Abschnitt wird nicht beabsichtigt, alle möglichen Desiderata für die Forschung im Elementarbereich anzusprechen, vielmehr sollen nur einige Hauptpunkte genannt werden. Dabei läßt sich unterscheiden zwischen

- Desiderata in der Forschungsorganisation im Elementarbereich
- Desiderata in methodischer Sicht
- Desiderata im Hinblick auf bestimmte inhaltliche Bereiche.

Die Forschung im Elementarbereich in den letzten 20 Jahren ist durch ihre enge Anbindung an bildungsreformerische Vorgaben auch eng mit deren Auf und Ab verbunden. Eine von politisch motivierten Reformbemühungen eher unabhängige Forschungsinfrastruktur hat sich nicht in der wünschenswerten Weise herausbilden können. Auf Modelle und Praxisinnovation gerichtete Forschung ist weiterhin überwiegend an außeruniversitären Instituten angesiedelt, wenn auch hier bei weitem nicht mehr in demselben Ausmaß wie zu Beginn der 70er Jahre. Für die Zukunft erscheint es wichtig, von bildungspolitischen Vorgaben unabhängige Forschungsschwerpunkte stärker zu stützen, sei es im Rahmen der Forschung an Universitäten, sei es als eher grundlagenorientierte Forschung in außeruniversitären, aber unabhängigen Instituten.

Mit der unzureichenden Forschungsinfrastruktur hängt zusammen, daß die erforderliche methodische Vielfalt eher eingegrenzt ist und daß bestimmte Forschungsparadigmen, die auf eine umfangreichere Forschungsinfrastruktur angewiesen sind, sich kaum oder nur rudimentär wiederfinden. Diese eingeschränkte Situation bringt es mit sich,

- daß es kaum Längsschnittuntersuchungen gibt - ein methodischer Zugriff, der für den Elementarbereich mit seiner Basisfunktion für die weitere Bildungsbiographie von Kindern besonders wichtig ist,
- daß - von wenigen Ausnahmen abgesehen - Untersuchungen häufig an kleinen Stichproben und in Kontexten, über die wenig Hintergrundinformationen gegeben werden, durchgeführt werden,
- daß es kaum Forschergruppen gibt, die mit der notwendigen Kontinuität längerfristig bestimmte Fragestellungen und diese in methodisch unterschiedlichen Zugriffsweisen verfolgen,
- daß es kaum Replikationen bestehender Studien gibt.

Wesentliche Charakteristika, die für ein etabliertes Forschungsfeld charakteristisch sind, finden sich damit für die Forschung im Elementarbereich noch nicht in hinreichender Weise.

Mit der Etablierung des Elementarbereichs als Bildungsstufe rückte verständlicherweise die wissenschaftlich begleitete Entwicklung von Konzepten und neuen Praxisformen in den Vordergrund. Andererseits muß es aber erstaunen, daß es über die implementierten Konzepte und damit über den dortigen Erziehungsalltag kaum kontrollierte Untersuchungen gibt. So fehlen nahezu vollständig:

- Untersuchungen zu den konkret realisierten Curricula in den Einrichtungen
- Untersuchungen zum Alltagsgeschehen in den Einrichtungen
- Untersuchungen zu den praktizierten Erziehungsformen und den konkreten Interaktionsprozessen in den Einrichtungen.

Darüber hinaus ist die vorliegende Forschung in einer verblüffenden Weise kinderabstinent. Angesichts der Tatsache, daß Innovationen und Verbesserungen der Erziehungspraxis auf ihre eigentlichen Adressaten, die Kinder, gerichtet sind, ist es schwer verständlich, daß ein großer Teil der Forschung im Elementarbereich auf Kinderdaten verzichten zu können glaubt. Dies gilt einmal im Hinblick auf objektive Kinderdaten, noch stärker jedoch im Hinblick auf subjektive: Die Perspektive, wie Kinder das Geschehen im Elementarbereich wahrnehmen, wie sie als handelnde Subjekte diese Umwelt für sich rekonstruieren und sich darin handelnd und auseinandersetzend orientieren, ist bislang kaum aufgenommen worden.

Modellierungen von Forschung, die verschiedene Kontextebenen und damit die ökologische Perspektive berücksichtigen, sind rar. Für die Zukunft benötigen solche Formen eine stärkere Beachtung, wenn die für das Erziehungsgeschehen typischen komplexen Zusammenhänge angemessen repräsentiert werden sollen. In diesem Zusammenhang muß auch die Verzahnung des Elementarbereichs mit anderen Erziehungsfeldern (z.B. der Familie) stärker berücksichtigt werden.

Ein weiteres Kennzeichen der Forschung im Elementarbereich ist ihr geringer Grad an Internationalisierung. Angesichts der Tatsache, daß viele Problemlagen zumindest in den Industriegesellschaften ähnlich gelagert sind, und auch angesichts der Tatsache, daß in einem politisch sich integrierenden Europa fachpädagogische Weiterentwicklungen nicht mehr nur in nationaler Perspektive erfolgen können, scheinen eine stärkere Berücksichtigung der Forschungsstränge in anderen Ländern sowie vergleichende Untersuchungen, die das Gemeinsame wie auch die Unterschiede in den jeweiligen kulturellen Traditionen und nationalen Kontexten berücksichtigen, für die Zukunft unumgänglich.

3.1.6 Literatur

Ammon, G. (1981). Präventive Kindergartenarbeit - Zur Diagnose schizophren machender Aspekte in Familiengruppen. Dynamische Psychiatrie, 14, 163-178.

Arbeitsgemeinschaft für Jugendhilfe. (Hrsg.). (1975). Wohin mit den Fünfjährigen - Kindergarten oder Grundschule? Ergebnisse einer AGJ-Expertentagung. Bonn: Autor.

Arbeitsgruppe Vorschulerziehung des Projekts "Randgruppensozialisation". (1976). Vorschulcurricula für Kinder aus Obdachlosensiedlungen. Betrifft: Erziehung, 13, 53-58.

Arbeitsgruppe Vorschulerziehung, Auernheimer, R., Krösche, B. & Pelzer, S. (1979). Curriculumentwicklung in den Modellkindergärten des Landes Rheinland-Pfalz. Voraussetzungen - Erfahrungen - Ergebnisse. München: Deutsches Jugendinstitut.

Arbeitsgruppe Vorschulerziehung, Haberkorn, R., Hagemann, U. & Seehausen, H. (1979). Curriculumentwicklung in den Modellkindergärten des Landes Hessen. Bericht über Planung und Durchführung eines Modellversuchs. München: Deutsches Jugendinstitut.

Baar, E. & Tschinkel, I. (1958). Arbeitsblätter für die Schulreife - Entwicklungshilfe. Wien: Böhlau.

Barres, E. (1972). Erziehung im Kindergarten. Weinheim: Beltz.

Barres, E. (1978). Faktische Erziehungsarbeit in vorschulischen Institutionen: Ergebnisse empirischer Bestandsaufnahmen. In R. Dollase (Hrsg.), Handbuch der Früh- und Vorschulpädagogik. Bd. 1 (S.243-257). Düsseldorf: Schwann.

Bartscher, U. & Dahme, G. (1975). Auswirkungen der Erziehung im Kinderladen auf Selbständigkeit und Abhängigkeitsverhalten 3- bis 5jähriger Kinder. Psychologie und Praxis, 19, 158-171.

Bauer, A. (1971). Zum sozio-ökonomischen und sozio-kulturellen Bildungsmilieu. In Deutsches Institut für internationale pädagogische Forschung (Hrsg.), Der Hessische Schulversuch zur Früheinschulung. Bericht über die Begleituntersuchungen zur Einschulung fünfjähriger Kinder (S.43-100). Frankfurt/M.: Autor.

Baumann, D. & Lühe, S. v. d. (1979). Kindertherapie und Erziehungsarbeit. Können Psychologen Erzieher beraten? In D. Pilz & S. Schubenz (Hrsg.), Schulversagen und Kindertherapie (S.171-178). Köln: Pahl-Rugenstein.

Baumann, R. (1977). Untersuchungen zum sozialen und emotional-affektiven Bereich. In R. Baumann, K. Diener & H. Retter (Hrsg.), Auswirkungen vorschulischer Förderung im ersten Schuljahr (S.187-286). Bad Heilbrunn: Klinkhardt.

Bee, P. & Dumjahn, H. (1987). Wie ist Prävention der Lese-Rechtschreib-Schwäche im Kindergartenalter möglich? Zeitschrift für Heilpädagogik, 38, 722-729.

Bee-Göttsche, P. (1990). Phonemische Bewußtheit - ein Ansatz am Ende? Diskussion einer angenommenen Leselernvoraussetzung unter dem Gesichtspunkt der Prävention von LRS. Heilpädagogische Forschung, 16, 21-30.

Behrenbeck, B., Junker, D., Langhorst, S., Schneider, P., Türke, T. & Weinmüller, B. (1990). Überprüfung eines Screening-Verfahrens zur Diagnostik des kindlichen Grammatikerwerbs und seine Anwendung in der Praxis. Sprache - Stimme - Gehör, 14, 34-37.

Beller, E. K. (1989). Die Entwicklung von symbolischem Spiel in erwachsenenorientierten, kindorientierten und Montessori-Gruppen. In E. K. Beller (Hrsg.), Forschung in den Erziehungswissenschaften (S.116-119). Weinheim: Beltz.

Belser, H., Marquard, K. & Witt, M. (1978). Kurzfassung des Berichts der Wissenschaftlichen Begleitung des Eingangsstufen- und Vorschulklassen-Versuchs. In Bürgerschaft der Freien und Hansestadt Hamburg (Hrsg.), Bericht des Senats über Schulversuche, hier: Versuche mit Vorschulklassen und Eingangsstufen in Hamburg (Mitteilungen des Senats an die Bürgerschaft. Drucksache 8/3578, S.7-23).

Belser, H. (Hrsg). (1975). Curriculum-Materialien für Vorschule und Eingangsstufe. Bde. 1-3. Weinheim: Beltz.

Berger, M. (1988). Zur Theorie und Praxis des Waldorf-Kindergartens. Anfragen an eine Waldorfkindergärtnerin. Zeitschrift für Entwicklungspädagogik, 11, 9-13.

Bernstein, B. (1972). Studien zur sprachlichen Sozialisation. Düsseldorf: Schwann.

Bertram, H. (1990). Erwerbstätige Mütter. Kinder und Beruf? DJI-Bulletin, 16, 3.

Bierhoff-Alfermann, D. & Höcke-Pörzgen, B. (1974). Kindererziehung aus der Sicht von Eltern zweier antiautoritärer und evangelischer Kindergärten: eine Erkundungsstudie. Zeitschrift für Entwicklungspsychologie und Pädagogische Psychologie, 6, 139-145.

Bilsky, W. & Flaig, M. (1986). Verhaltensbeurteilung von Kindern - Reanalyse zweier Instrumente für den Einsatz in Kindergarten und Vorschule. Diagnostica, 32, 129-141.

Blanke, S. (1982). Voraussetzungen und Hilfen zur Veränderung von Erzieherverhalten in der Praxis. Köln: Sozialpädagogisches Institut.

Blanke, S. (1984). Erziehung in Beziehung. Eine Untersuchung zum Interaktionsgeschehen im Kindergarten und ein Versuch zur Erweiterung pädagogischer Handlungsfähigkeit. Unveröff. Diss., Universität, Göttingen.

Bleidick, U. (1988). Gemeinsame Erziehung behinderter und nichtbehinderter Kinder im Kindergarten. Ein Literaturbericht. Zeitschrift für Heilpädagogik, 39, 21-34.

Boos-Nünning, U. & Gogolin, I. (1988). Sprachdiagnose bei ausländischen Schulanfängern: Resultate der empirischen Prüfung eines "Sprachtests". Deutsch lernen, 13, 3-71.

Boos-Nünning, U., Gogolin, I. & Vollerthun, M. (1985). Sind Tests der richtige Weg zur Sprachstandsfeststellung bei ausländischen Schülern? Ausländerkinder, 22, 37-58.

Born, C., Krüger, H., Schablow, M. & Winter, W. (1985). Berufstätige Mutter. Zwischen Arbeitsplatz und Kinderkrippe. Untersuchungen zur Situation in der Tagesbetreuung von Kindern zwischen null und drei Jahren in Bremen. Bremen: Universität.

Bornewasser, M. (1979). Einstellung und Verhalten bei Erzieherinnen im Kindergarten. In H. D. Mummendey (Hrsg.), Einstellung und Verhalten (S.31-62). Bern: Huber.

Borstel, M. (1979). Visuelle Wahrnehmungsförderung sprachlich retardierter Kinder im Schulkindergarten. In A. Reinartz, E. Reinartz & H. Reiser (Hrsg.), Wahrnehmungsförderung behinderter und schulschwacher Kinder (S.69-82). Berlin: Marhold.

Bott, G. (Hrsg.). (1970). Erziehung zum Ungehorsam. Kinderläden erzählen aus der Praxis der antiautoritären Erziehung. Frankfurt: März.

Brack, U. (Hrsg.). (1986). Frühdiagnostik und Frühtherapie. Psychologische Behandlung von entwicklungs- und verhaltensgestörten Kindern. München: Urban & Schwarzenberg.

Brandt, W. & Wolf, B. (1985). Erzieherverhalten und Lernumwelt des Kindergartens. In H. Nickel (Hrsg.), Sozialisation im Vorschulalter (S.122-140). Weinheim: VCH (edition psychologie).

Breiner, H. (1989). Die präventive Integration - Konzeption und Praxis der Integration stark schwerhöriger und gehörloser Personen. Frankenthal: Pfalzinstitut.

Breitenbach, E. & Pahl, C. (1990). Veränderungen im Störungsbild sprachbehinderter Vorschulkinder innerhalb der letzten 10 Jahre. Heilpädagogische Forschung, 26, 172-177.

Breitfeld, K. (1977). Die Auswirkungen eines Vorschultrainings mit sozial benachteiligten Kindern auf den Wortschatz, die Schulreife und den Schulerfolg in den ersten beiden Schuljahren. Unveröff. Diss., Universität, Innsbruck.

Bremer, T. (1986). Kinderladen Frankfurterstraße. Versuch einer pragmatischen Hermeneutik. Frankfurt: Lang.

Breuer, H. & Weuffen, M. (1971). Untersuchung elementarer Komponenten des Sprechens bei Vorschulkindern. Wissenschaftliche Zeitschrift der Ernst-Moritz-Arndt-Universität Greifswald, 20, 151-156.

Breuer, H. & Weuffen, M. (1975). Gut vorbereitet auf das Lesen- und Schreibenlernen? Berlin: VEB.

Brickenkamp, R. (1975). Handbuch psychologischer und pädagogischer Tests. Göttingen: Hogrefe.

Brickenkamp, R. (1983). Erster Ergänzungsband zum Handbuch psychologischer und pädagogischer Tests. Göttingen: Hogrefe.

Briel, R. (1981). Erziehungswissenschaft und Bildungsforschung im Rahmen von Modellversuchen im Elementarbereich. Referat zum 7. Kongreß der Deutschen Gesellschaft für Erziehungswissenschaft vom 17. bis 19. März 1980 in Göttingen. Zeitschrift für Pädagogik, (Suppl. 17), 189-196.

Brockmeyer, R. (1978). Wissenschaftliche Begleitung - Zusammenarbeit von Verwaltung und Wissenschaft. Unterrichtswissenschaft, 6, 113-125.

Bronfenbrenner, U. (1981). Die Ökologie der menschlichen Entwicklung. Natürliche und geplante Experimente. Stuttgart: Klett-Cotta.

Brügelmann, H. (1983). Unterstützung der pädagogischen Praxis durch naturalistische Evaluation. Idee und Alltag des Projekts EVI CIEL 1975 - 1977. In A. Garlichs, D. Knab & F. E. Weinert (Hrsg.), CIEL II-Fallstudie zu einem Förderungsprogramm der Stiftung Volkswagenwerk zur Elementarerziehung (S.245-265). Göttingen: Vandenhoeck & Ruprecht.

Bründel, H. (1989). Das Kieler Einschulungsverfahren und das Mannheimer Schuleignungsdiagnostikum. Neue Wege in der Einschulungs- und Förderungsdiagnostik? Psychologie in Erziehung und Unterricht, 36, 140-144.

Bühler, C. & Hetzer, H. (1977). Kleinkindertests. Entwicklungstest vom 1. bis 6. Lebensjahr (4. Aufl.). Berlin: Springer-Verlag.

Bührlen, R. (1976). Kontrollversuch zur Effizienz vorschulischer Förderung. In W. Küchenhoff & F. Oertel (Hrsg.), Der niedersächsische Modellversuch zur Sozialerziehung in Kindergärten (S.69-83). Hannover: Schroedel.

Bund-Länder-Kommission für Bildungsplanung. (1973). Bildungsgesamtplan. Bd. 1. Stuttgart: Klett-Cotta.

Bund-Länder-Kommission für Bildungsplanung. (1976). Fünfjährige in Kindergärten, Vorklassen und Eingangsstufen. Bericht über eine Auswertung. Stuttgart: Konkordia.

Bund-Länder-Kommission für Bildungsplanung und Forschungsförderung. (Hrsg.). (1987). Daten für den Elementarbereich 1975 bis 1985. Bonn: Autor.

Bundesarbeitsgemeinschaft der Freien Wohlfahrtspflege. (1982). Stellungnahme der Bundesarbeitsgemeinschaft der Freien Wohlfahrtspflege zum Auswertungsbericht der beiden Sachverständigen zum Erprobungsprogramm vom 19. März 1982. In Bund-Länder-Kommission für Bildungsplanung und Forschungsförderung (Hrsg.), Erprobungsprogramm im Elementarbereich (S.69-82). Bühl: Konkordia.

Butschkau, U. (1974). Kompensatorische Erziehung in Randgruppenmilieus. Unveröff. Diss., Pädagogische Hochschule, Dortmund.

Caesar, S. G. (1978). Möglichkeiten zum Abbau sozialer Hemmungen im Kindergarten oder: Kasperlespiel als diagnostisches Instrument. Sozialpädagogische Blätter, 6, 162-171.

Campbell, D. T. & Stanley, J. S. (1970). Experimentelle und quasi-experimentelle Anordnungen in der Unterrichtsforschung (bearbeitet von E. Schwarz). In K. Ingenkamp & E. Parey (Hrsg.), Handbuch der Unterichtsforschung. Teil 1 (S.445-631). Weinheim: Beltz.

Clahsen, H. (1984). Linguistische Aspekte der Spontansprachdiagnostik im Frühbereich. Sprache - Stimme - Gehör, 8, 38-43.

Clahsen, H. (1986). Die Profilanalyse. Ein linguistisches Verfahren für die Sprachdiagnose im Vorschulalter. Berlin: Marhold.

Cranach, B. v. & Hüffner, U. (1976). Einschätzskala zur Erfassung gehemmter Kinder im Kindergarten. Praxis der Kinderpsychologie und Kinderpsychiatrie, 25, 146-155.

Cranach, B. v., Grote-Dhom, R., Hüffner, U., Marte, F., Reisbeck, G. & Mittelstaedt, M. (1978). Das sozial gehemmte Kind im Kindergarten - Erfassung und therapeutische Möglichkeiten. Praxis der Kinderpsychologie und Kinderpsychiatrie, 27, 167-179.

Croissier, S., Heß, G. & Köstlin-Gloger, G. (1979). Soziale Kognition im Vorschulalter. Untersuchungen zur Entwicklung und Förderung des sozialen Verstehens. Weinheim: Beltz.

Deegener, G. (1981). Ergebnisse mit dem Preschool Embedded Figures Test bei fünfjährigen deutschen Kindergartenkindern. Praxis der Kinderpsychologie und Kinderpsychiatrie, 30, 144-150.

Deimann, P. & Kastner-Koller, U. (1989). Die testtheoretischen Grundlagen des Bühler-Hetzer-Kleinkindertests. Zeitschrift für Entwicklungspsychologie und Pädagogische Psychologie, 21, 262-276.

Denner, E. (1986). Lehre mich, es selbst zu tun! - Serie pädagogischer Entwürfe: Montessoris Beitrag zur frühen Persönlichkeitsbildung. Welt des Kindes, 64, 299-305.

Deutscher Bildungsrat. (1970). Empfehlungen der Bildungskommission. Strukturplan für das Bildungswesen. Stuttgart: Klett.

Deutsches Jugendinstitut, Projektgruppe Erprobungsprogramm. (1979). Das Erprobungsprogramm im Elementarbereich. Teile 1-3. München: Autor.

Dichans, W., Eisele, U., Hüffner, U. & Meister, H. (1990). Projekte zur Thematik "Integration behinderter und nicht behinderter Kinder" in der Bundesrepublik Deutschland. In Staatsinstitut für Frühpädagogik (Hrsg.), Handbuch der integrativen Erziehung behinderter und nichtbehinderter Kinder (S.235-252). München: Reinhardt.

Diekmeyer, U. (1985). In Staatsinstitut für Frühpädagogik (Hrsg.), Zweisprachigkeit im Kindergarten. Gemeinsame Förderung ausländischer und deutscher Kinder. Ergebnisse eines Modellversuchs (S.119-136). Donauwörth: Auer.

Diekmeyer, U. (1988). Erfahrungen und Ergebnisse im Kontext eines bilingual-bikulturellen Erziehungskonzeptes im Kindergarten. Deutsch lernen, 13, 5-17.

Diener, K. (1977). Empirische Untersuchungen: Kognitiver und psychomotorischer Bereich. In R. Baumann, K. Diener & H. Retter (Hrsg.), Auswirkungen vorschulischer Förderung im ersten Schuljahr (S.49-185). Bad Heilbrunn: Klinkhardt.

Dolezal, U. (1975). Erzieherverhalten in Kinderläden. Wiesbaden: Akademische Verlagsgesellschaft.

Dollase, R. (Hrsg.). (1978a). Handbuch der Früh- und Vorschulpädagogik. Bde. 1-2. Düsseldorf: Schwann.

Dollase, R. (1978b). Kontinuität und Diskontinuität zwischen vorschulischer und schulischer Sozialisation. Bildung und Erziehung, 31, 412-424.

Dollase, R. (1979). Sozial-emotionale Erziehung in Kindergarten und Vorklasse. Hannover: Schroedel.

Duhm, E. & Althaus, D. (1979). Beobachtungsbogen für Kinder im Vorschulalter 4-6 (BBK 4-6).Braunschweig: Westermann.

Duhm, E., Althaus, D., Engelhardt, W., Huss, K., Kraus, A. & Mußmann, I. (1973). Bericht über die Modellversuche zur vorschulischen Erziehung. Göttingen: Universität, Institut für Psychologie.

Duhm, E. & Huss, K. (1979). Fragebogen zur Erfassung praktischer und sozialer Selbständigkeit 4- bis 6jähriger Kinder (FPSS). Braunschweig: Westermann.

Einsiedler, W. (1984). Spielmittelbeurteilung auf der Grundlage empirisch-systematischer Beobachtungen. Spielmittel, 4 (5), 3-8.

Einsiedler, W. (Hrsg.). (1985). Aspekte des Kinderspiels. Pädagogisch-psychologische Spielforschung. Weinheim: Beltz.

Einsiedler, W. (1986). Fantasy play of preschoolers as a function of toy structure. In J. Hellendoorn & R. v. d. Kooij (Eds.), Play, play therapy, play research (pp.259-278). Lisse: Swets and Zeitlinger.

Einsiedler, W. (1989). Eltern als "Lehrer" bei kindlichen Spielaktivitäten. Unterrichtswissenschaft, 17, 105-121.

Einsiedler, W. (1990). Das Spiel der Kinder. Zur Pädagogik und Psychologie des Kinderspiels. Bad Heilbrunn: Klinkhardt.

Einsiedler, W. & Bosch, E. (1986). Bedingungen und Auswirkungen des Phantasiespiels im Kindesalter. Psychologie in Erziehung und Unterricht, 33, 86-98.

Einsiedler, W., Bosch, E. & Treinies, G. (1985). Phantasiespiel 3- bis 6jähriger Kinder in Abhängigkeit von der Spielzeugstruktur. Zeitschrift für Entwicklungspsychologie und Pädagogische Psychologie, 17, 242-257.

Engelbert, A. (1986). Kinderalltag und Familienwelt. Eine Studie über die Lebenssituation von Vorschulkindern. Frankfurt/M.: Campus.

Eppel, H. (1974). Förderung von Intelligenz und sprachlichem Ausdruck bei Vorschulkindern. Untersuchungen zum Material von Schüttler-Janikulla. Zeitschrift für Entwicklungspsychologie und Pädagogische Psychologie, 6, 109-123.

Erler, L. (1972). Untersuchungen zum Frühlesen in den USA und der BRD. Zeitschrift für Entwicklungspsychologie und Pädagogische Psychologie, 4, 51-67.

Erler, L. & Erler, H. M. (1989). Der Übergang von Kindergarten zur Grundschule und die Rolle der vorschulischen Förderung. In H. Lukesch, W. Nöldner & H. Peez (Hrsg.), Beratungsaufgaben in der Schule. Psychologisch-pädagogische Hilfen aus Theorie und Praxis für erzieherische und unterrichtliche Beratungsanlässe (S.73-87). München: Reinhardt.

Erning, G., Neumann, K. & Reyer, J. (Hrsg.). (1987). Geschichte des Kindergartens. Bd. 2. Freiburg im Breisgau: Lambertus.

Ettl, T. (1980). Wer nicht hören will, muß fühlen. Zum Problem des Agierens in Kindertagesstätten. Kindheit, 2, 103-123.

Ettrich, K. U. (1985). Kinderbeobachtungsbogen KBB. Berlin: Psychodiagnostisches Zentrum.

Evangelische Französisch-reformierte Gemeinde Frankfurt. (1984). Lernziel Integration. Bd. 3. Bonn: Rehabilitationsverlag.

Ewert, O. M. (1978). Vorklasse oder Kindergarten. Bildung und Erziehung, 31, 397-400.

Ewert, O. M. & Braun, M. (1978). Ergebnisse und Probleme vorschulischer Förderung. In Kultusminister des Landes Nordrhein-Westfalen (Hrsg.), Modellversuch Vorklasse in NW - Abschlußbericht (S.7-51). Köln: Greven.

Faßheber, M. (1980). Auswirkungen familiärer und schulischer Einflüsse auf die Entwicklung von Kindern. Göttingen: Hogrefe.

Feldbusch, E. (1976). Sprachförderung im Vorschulalter. Marburg: Elwert.

Fellheimer, C. (1985). Teilleistungsstörungen als Verursacher von Lernbehinderung. Zeitschrift für Heilpädagogik, 36, 277-284.

Fichtner, H. L. (1976). Lernzielermittlung und -überprüfung im Kontext einer spiel- und handlungsrelevanten Evaluation. In W. Küchenhoff & F. Oertel (Hrsg.), Der niedersächsische Modellversuch zur Sozialerziehung in Kindergärten (S.99-126). Hannover: Schroedel.

Filipp, S. H. & Doenges, D. (1983). Entwicklungstests. In K. J. Groffmann & L. Michel (Hrsg.), Enzyklopädie der Psychologie (Themenbereich B, Serie 2). Bd. 2: Intelligenz- und Leistungsdiagnostik (S.202-306). Göttingen: Hogrefe.

Fischer, E. (1985). Sinneserziehung. Schulung durch didaktische Materialien oder Erschließung sinnlich vermittelter Bedeutungen. Zeitschrift für Heilpädagogik, 36, 708-718.

Fittkau, B. (1972). Kommunikations- und Verhaltenstraining für Erzieher. Gruppendynamik, 3, 252-274.

Flessenkemper, G. (1983). Keiner spuckte mal kräftig in unsere linke Suppe. Erfahrungen aus der Kinderladenzeit: ein Rückblick auf die eigene Ungeduld. Paed. Extra, 12, 21-23.

Forschungsgruppe Kein (1978). Kindergärtnerinnen - Qualifikation und Selbstbild. Weinheim: Beltz.

Frank, H., Kowoll, T., Schädler, J. & Schumann, W. (1985). Frühe Hilfen als Aufgabe gemeindenaher psychosozialer Versorgung: eine Untersuchung im Landkreis Reutlingen. München: Deutsches Jugendinstitut.

Frey, H., Wenzel, A., Mertes, J. P. & Kokott, E. (1977). Schulversuche zur Vorschulerziehung II. Berichte über die Weiterführung der Versuche 1972 - 1975. 1. Teil: Untersuchungen, Ergebnisse, Materialien der wissenschaftlichen Begleitkommission. Mainz: v. Hase & Koehler.

Friebel, H. (1976). Soziale Beziehung in Kinderläden. Materialien über Erziehungsperspektiven und zur pädagogischen Alltagspraxis. Paed. Extra, 5, 23-30.

Fried, L. (1979). Entwicklung eines Lautbildungs- und Lautunterscheidungstests für Kinder im Vorschulalter. Zeitschrift für Empirische Pädagogik, 3, 309-326.

Fried, L. (1982). Sprachdiagnose im Vorschulalter. In K. Ingenkamp, R. Horn, & R. S. Jäger (Hrsg.), Tests und Trends 1982 (S.43-70). Weinheim: Beltz.

Fried, L. (1985). Prävention bei gefährdeter Lautbildungsentwicklung. Eine Untersuchung über die Förderungsmöglichkeiten von Kindergartenkindern. Weinheim: Beltz.

Fried, L. (1986). Zur Diagnose des sprachlichen Entwicklungsstandes unter besonderer Berücksichtigung des Ausländerkindes. In K. Ingenkamp, R. Horn & R. S. Jäger (Hrsg.), Tests und Trends 5 (S.63-91). Weinheim: Beltz.

Fried, L. (1988). Beeinflussen Kindergartenerzieher die Sprachentwicklungsfortschritte von Kindergartenkindern? Längsschnittliche Evaluationsstudie eines Förderprogramms. Psychologie in Erziehung und Unterricht, 35, 18-26.

Fried, L. (1989a). Sexismus im Kindergarten? Erzieherinnen im Gespräch mit Jungen und Mädchen. Landau: Universität. Forschungsstelle für Sexualwissenschaft und Sexualpädagogik.

Fried, L. (1989b). Werden Mädchen im Kindergarten anders behandelt als Jungen? Zeitschrift für Pädagogik, 35, 471-492.

Fried, L. (1990). "Hat euch das Bilderbuch gefallen?" Sprachförderung im Kindergarten. In B. Paetzold & L. Erler (Hrsg.), Bilderbücher im Blickpunkt verschiedener Wissenschaften und Fächer (S.48-67). Bamberg: Nostheide.

Fried, L. (1991). Kindergarten- und Vorschulpädagogik. In L. Roth (Hrsg.), Pädagogik. Handbuch für Studium und Praxis (S.601-611). München: Ehrenwirth.

Fried, L. & Ingenkamp, K. (1982). Vorbeugende Maßnahmen bei Kindergartenkindern - Diagnose und Förderung der Lautbildungs- und Lautunterscheidungsfähigkeit. Die Sprachheilarbeit, 27, 184-196.

Friedrich, H. (1983). Mit Kindern reden - Sprachlich-kommunikative Förderung im Rahmen eines kindzentrierten Vorschulprogramms. In A. Garlichs, D. Knab & F. E. Weinert (Hrsg.), CIEL II-Fallstudie zu einem Förderprogramm der Stiftung Volkswagenwerk zur Elementarerziehung (S.163-171). Göttingen: Vandenhoeck & Ruprecht.

Fröse, S. (1985). Motorik und Gedächtnis in den bisherigen Einschulungstests und Folgerungen für ein neues Verfahren. Psychologie in Erziehung und Unterricht, 32, 62-75.

Frostig, M. & Horne, D. (1972). Wahrnehmungstraining. Hefte 1-3. Dortmund: Crüwell. (Original erschienen 1966: The Developmental Programm in Visual Perception)

Fthenakis, W. E. & Lachenmaier, W. (1979). Neuere Modellversuche zum Problem der Zusammenarbeit zwischen Elementar- und Primarbereich in der Bundesrepublik Deutschland. In Wehrfritz GmbH (Hrsg.), Kooperation von Elementar- und Primarbereich (S.65-83). Rodach bei Coburg: Autor.

Füssenich, I. (1986). Test und Spontansprache. Der Sprachheilpädagoge, 18, 1-21.

Garlichs, A., Knab, D. & Weinert, F. E. (1983). Planung, Verlauf und summarische Bewertung des Projekts EVI CIEL. In A. Garlichs, D. Knab & F. E. Weinert (Hrsg.), CIEL II-Fallstudie zu einem Förderungsprogramm der Stiftung Volkswagenwerk zur Elementarerziehung (S.215-244). Göttingen: Vandenhoeck & Ruprecht.

Gebauer, T. (1971). Vorschulerziehung Fünfjähriger in Kindergärten, Vorklassen und Eingangsstufen der Grundschule. In T. Gebauer, E. Müller & A. Sagi (Hrsg.), Begabungsförderung im Vorschulalter. Versuche des Landes Baden-Württemberg (S.15-130). Stuttgart: Klett.

Geisler, H. J. (1987). Das Kieler Einschulungsverfahren. Psychologie in Erziehung und Unterricht, 34, 69-73.

Geißler, H. (1973). Schulbeginn mit fünf? Ministerium für Soziales, Gesundheit und Sport Rheinland-Pfalz (Hrsg.), Beiträge zur Gesellschaftspolitik. Heft 5.

Goodwin, W. L. & Goodwin, L. D. (1988). The use of nonreactive measures with preschoolers. Early Child Development and Care, 41, 173-194.

Gössel, J. (1988). Zur Frage der primären Prävention in der (Sprach-) Behindertenpädagogik. Heilpädagogische Forschung, 14, 1-9.

Götte, R. (1979). Meßinstrumente zur Erfassung der häuslichen Lernumwelt von Kindern. Zeitschrift für Empirische Pädagogik, 3, 95-120.

Göttert, A. & Asendorpf, J. (1989). Eine deutsche Version der California-Child-Q-Sort Kurzform. Zeitschrift für Entwicklungspsychologie und Pädagogische Psychologie, 21, 70-82.

Graf-Frank, E. (1984). Die Betreuung behinderter Kinder in Hamburg. München: Deutsches Jugendinstitut.

Graichen, J. (1979). Teilleistungsschwächen. Sprache - Stimme - Gehör, 3, 158-166.

Graudenz, I. (1975). Probleme und Erfahrungen bei der Befragung 5-6jähriger Vorschulkinder. Praxis der Kinderpsychologie und Kinderpsychiatrie, 24, 58-63.

Graudenz, I. & Altmeyer, M. (1982). Studien zum emotionalen und sozialen Verhalten im Vorschulalter. Weinheim: Beltz.

Grimm, H. (1983). Entwicklung von Tests zur Erfassung des sprachlichen Entwicklungsstandes. In A. Garlichs, D. Knab & F. E. Weinert (Hrsg.), CIEL II. Fallstudie zu einem Förderungsprogramm der Stiftung Volkswagenwerk zur Elementarerziehung (S.134-150). Göttingen: Vandenhoeck & Ruprecht.

Grosche, B. & Hauff, R. v. (1979). Wie beurteilen Erzieherinnen Konfliktsituationen ihres Kindergarten - Alltags? Praxis der Kinderpsychologie und Kinderpsychiatrie, 28, 65-72.

Gundermann, U. (1984). Auf der Achterbahn. Mein Anerkennungsjahr im Kinderladen. In C. Büttner (Hrsg), Jahrbuch der Kindheit. Bd. 1 (S.97-110). Weinheim: Beltz.

Haberkorn, R., Hagemann, U., Seehausen, H. & Gerlach, F. (1983). Verhaltens- und Beziehungsprobleme - eine Herausforderung an den Kindergarten. Bonn: BMBW - Werkstattbericht.

Haeberlin, U. (1975). Empirische Analyse und pädagogische Handlungsforschung. Zeitschrift für Pädagogik, 21, 653-676.

Hagmüller, P., Rohr, M. & Rosch, E. (1973). Vorschulische Erziehung in Mannheim-Schönau. Teil 1: Zur Planung und Durchführung eines Vorschulversuches. Mannheim: Schuldezernat der Stadt Mannheim.

Hanstein, K., Schutte, A., Beckenbach, G. & Teichmann, L. (1979). Lebenssituation und vorschulische Erziehung soziokulturell benachteiligter Kinder - Ergebnisse eines Modellversuchs in zwei bremischen Kindertagesheimen 1975 - 1978 (Kurzbericht). Bremen: Jugendamt.

Heidtmann, H. (1986). Das Sprachprofil zwischen Test und Linguistischer Analyse. Der Sprachheilpädagoge, 18, 22-42.

Hellbrügge, T. (1977). Unser Montessori Modell. Erfahrungen mit einem neuen Kindergarten und einer neuen Schule. München: Kindler.

Henning, M. (1970).Zum Einfluß von sozialer Herkunft und Vorschulerziehung auf die Schulreifetestleistung. Schule und Psychologie, 17, 8-18.

Henningsen, F. (1973). Kooperation und Wettbewerb. Antiautoritär und konventionell erzogene Kinder im Vergleich. München: Deutscher Taschenbuchverlag.

Herlyn, I. (1985). Sozialökologische Sozialisationsforschung. Ersatz, Ergänzung und Differenzierung des schichtspezifischen Ansatzes. Versuch einer Zwischenbilanz. Kölner Zeitschrift für Soziologie und Sozialpsychologie, 37, 116-128.

Heyer-Oeschger, M. (1977). Theorie und Praxis im Kindergarten. Basel: Haupt.

Hielscher, H. (Hrsg.). (1974). Materialien zur sozialen Erziehung im Kindergarten. Heidelberg: Quelle und Meyer.

Hinz, D. (1976). Einsatz von Leistungstests im Bereich des Modellversuchs. In W. Küchenhoff & F. Oertel (Hrsg.), Der niedersächsische Modellversuch zur Sozialerziehung in Kindergärten (S.56-68). Hannover: Schroedel.

Hirzel, H. (1982). Bloßes Sprachtraining genügt nicht. Erfahrungsbericht des Arbeitskreis Sprachhilfe Alsfeld. Theorie und Praxis der Sozialpädagogik, 90, 80-83.

Hödl, F., Lanzeldorfer, F., Schnell, H. & Sretenovic, K. (1970). Die Vorklasse - Ein Weg zur Begabungsförderung. Wien: Jugend und Volk.

Horn, H. A. (Hrsg.). (1982). Kindergarten und Grundschule arbeiten zusammen. Konzepte und Beispiele für einen kooperativen Schulanfang. Weinheim: Beltz.

Horstmann, T. (1978). Übersicht über psychologische Verfahren zur Überprüfung des funktionellen Entwicklungsstandes bei Säuglingen, Kleinkindern, Kindergartenkindern und Vorschulkindern. In G. Heese (Hrsg.), Frühförderung behinderter und von Behinderung bedrohter Kinder (S.113-121). Berlin: Marhold.

Hospelt, W. (1986). Soziale Beziehungen in Kindergartengruppen mit deutschen und türkischen Kindern: eine empirische Untersuchung. Stuttgart: Kohlhammer.

Hospelt, W. & Strätz, R. (1986). Wie sehen sich deutsche und türkische Kinder im Kindergarten? Stuttgart: Kohlhammer.

Huber, H. & Huber, H. P. (1978). Ein Beurteilungsbogen zur Aufdeckung emotionaler Störungen im Vorschulalter. Praxis der Kinderpsychologie und Kinderpsychiatrie, 27, 21-27.

Hubinger, S. (1984). "Kinder unter sechs Jahren sind nur bedingt testbar". Eine Untersuchung über den Einfluß der Testvorgabe auf das Testergebnis bei Kindern im Vorschulalter. Unveröff. Diss., Universität, Wien.

Hüffner, U. & Mayr, T. (1985). Formen integrativer Arbeit im Elementarbereich - erste Eindrücke von der Situation in Bayern. Praxis der Kinderpsychologie und Kinderpsychiatrie, 34, 101-110.

Hüffner, U. & Mayr, T. (1986). Integrative Körpertherapie, eine Integrationshilfe bei der gemeinsamen Förderung behinderter und nichtbehinderter Kinder im Kindergarten? Praxis der Kinderpsychologie und Kinderpsychiatrie, 35, 184-189.

Hüffner, U. & Mayr, T. (1989). Behinderte und von Behinderung bedrohte Kinder in bayrischen Regelkindergärten - erste Ergebnisse einer Umfrage. Praxis der Kinderpsychologie und Kinderpsychiatrie, 38, 34-41.

Hurrelmann, K. & Jaumann, O. (1986). Zur pädagogischen Prävention von frühem Schulversagen. Bildung und Erziehung, 39, 91-104.

Iben, G. (Hrsg.). (1980). Arm und reich sein. Pädagogische Arbeit mit sozial benachteiligten Kindern. Ravensburg: Maier.

Iben, G. (Hrsg.). (1981). Erzieheralltag. Hilfen für die Arbeit mit sozial benachteiligten Kindern. Ravensburg: Maier.

Ingenkamp, K. (1985). Lehrbuch der pädagogischen Diagnostik. Weinheim: Beltz.

Ingenkamp, K. (1987). Die Entwicklung eines Beurteilungsbogens für Erzieherinnen zur Diagnose der Schulfähigkeit (BEDS). Zwischenbericht 1987. Landau: Erziehungswissenschaftliche Hochschule.

Jaffke, F. (1990). Aus dem Leben und Arbeiten in einem Waldorfkindergarten. Erziehungskunst, 54, 598-605.

Jeske, W. (1977). Untersuchungen zur Effektivität frühpädagogischer Betreuung mit Kindern aus Modellkindergärten, Regelkindergärten und mit Kindern aus dem neutralen Bereich und ihre Wirkung auf soziale Schichten, Geschlecht und Unterrichtsphasen. Unveröff. Diss., Universität, Essen.

Kamenz, R. (1981). Studie zur Förderung der allgemeinen Intelligenz im Rahmen der Schulreife-Entwicklungshilfe. Eine Evaluation. Abschlußarbeit. Bamberg: Fachhochschule, Fachbereich Sozialwesen.

Kamenz, R. & Klapprott, J. (1984). Wirkungen eines Intelligenztrainings mit leistungsschwachen Vorschulkindern. Psychologie in Erziehung und Unterricht, 31, 100-108.

Kaminski, G. (1988). Ökologische Perspektiven in Psychologischer Diagnostik? Zeitschrift für Differentielle und Diagnostische Psychologie, 9, 155-168.

Kasten, H. (1980). Entwicklung und Erprobung eines Altruismus-Beobachtungs-Systems. Gruppendynamik, 11, 17-24.

Kasten, H. (1986a). Entwicklung von Spielinteressen in Kindergarten und Grundschule. Spielmittel, 6 (2), 8-10.

Kasten, H. (1986b). Soziale Kognitionen von Kindern: Rollenübernahme in experimentellen und natürlichen Situationen. Psychologie in Erziehung und Unterricht, 33, 250-258.

Kaufmann, F. X., Herlth, A. & Strohmeier, K. P. (1980). Sozialpolitik und familiale Sozialisation. Zur Wirkungsweise öffentlicher Sozialleistungen. Stuttgart: Kohlhammer.

Klapprott, D. (1969). Zur Wirksamkeit vorschulischer Trainingsformen auf die Schulreifetest-Leistung. Schule und Psychologie, 16, 180-189.

Klauer, K. J. (1964). Über den Effekt eines Schulreifetrainings für die Behandlung der Intelligenzschwäche. Zeitschrift für experimentelle und angewandte Psychologie, 11, 443-454.

Klauer, K. J. (1970). Über den Effekt eines Schulreifetrainings für die Behandlung der Intelligenzschwäche. In F. Weinert (Hrsg.), Pädagogische Psychologie (S.431-441). Köln: Kiepenheuer & Witsch.

Kleber, E. W. (1973). Über das Verhalten vorschulpflichtiger Kinder unter fremdgesetzter Aufgabenstellung bei der Bearbeitung von optischem Material. Zeitschrift für experimentelle und angewandte Psychologie, 20, 575-590.

Klein, G., Kreie, G., Kron, M. & Reiser, H. (1987). Integrative Prozesse in Kindergartengruppen. München: Deutsches Jugendinstitut.

Kluge, N. & Fried, L. (Hrsg.). (1987). Spielen und Lernen mit jungen Kindern. Frankfurt/M.: Lang.

Kniel, A. & Kniel, C. (1984). Behinderte Kinder in Regelkindergärten: eine Untersuchung in Kassel. München: Deutsches Jugendinstitut.

Kochansky, G. (1973). Modell einer kompensatorischen Erziehung in Vorklassen. Die deutsche Schule, 65, 549-564.

Kohl, G. (1963). Die Schulreifeuntersuchung 1960 in Dortmund. Schule und Psychologie, 10, 176-184.

Kohtz, K. (1988). Abschlußbericht "Club für kleine Leseratten". Untersuchung und Förderung von spontan frühlesenden Kindern im Alter von 5 bis 8 Jahren. Berlin: Freie Universität.

Kommission Kindertagesstätten der obersten Landesjugendbehörden. (1983). Ausländische Kinder in Kindergärten. Bericht über Erfahrungen aus der pädagogischen Praxis und aus den Modellversuchen zur Förderung ausländischer Kinder in Kindergärten. Bonn: Autor.

Koob, B. (1981). Theorie, Methoden und Probleme der Schuleingangsdiagnostik. In R. S. Jäger, K. Ingenkamp & G. Stark. (Hrsg.), Tests und Trends 1981 (S.35-70). Weinheim: Beltz.

Kornmann, R., Billich, P., Gottwald, K., Hoffmann, P. & Rößler, G. (1982). Untersuchungen zum Versuchsleiter-Einfluß bei der Prüfung der auditiven Diskriminationsfähigkeit. Diagnostica, 28, 273-284.

Kornmann, R., Meister, H. & Schlee, J. (Hrsg.). (1983). Förderungsdiagnostik. Heidelberg: Schindele.

Köster, J. (1974). Training von reflexivem Problemlöseverhalten bei kognitiv impulsiven Vorschulkindern - Einsatz von Montessori-Frostig-Material. Unveröff. Dipl.Arbeit, Universität, Bochum.

Krappmann, L. (1982). Förderung von Kindern im Kindergarten: Das Erprobungsprogramm im Elementarbereich. Vorgehensweise und Ergebnisse. - Auszug aus dem Auswertungsbericht. In Bund-Länder-Kommission für Bildungsplanung und Forschungsförderung (Hrsg.), Erprobungsprogramm im Elementarbereich (S.11-28). Bühl & Baden: Konkordia.

Krappmann, L. (1985). Das Erprobungsprogramm und seine Folgen. In J. Zimmer (Hrsg.), Enzyklopädie Erziehungswissenschaft. Bd. 6: Erziehung in früher Kindheit (S.39-54). Stuttgart: Klett-Cotta.

Kreppner, K. (1973). Überlegungen zur Evaluation von Vorschulcurricula. In J. Zimmer (Hrsg.), Curriculumentwicklung im Vorschulbereich. Bd. 2 (S.45-55). München: Piper.

Kriegleiner, A. & Niedergesäß, B. (1986). Warum ist Niko auf einmal so aggressiv? - Serie pädagogischer Entwürfe: Psychoanalytisch orientierte Arbeit mit Kindern. Welt des Kindes, 64, 379-385.

Krombholz, H. (1985). Können kognitive Leistungen durch motorische Fördermaßnahmen gesteigert werden? Eine Zusammenstellung vorliegender Untersuchungen zur Wirksamkeit psychomotorischer Übungsprogramme. Heilpädagogische Forschung, 12, 73-79.

Krombholz, H. & Triarchi-Herrman, V. (1987). Die sprachliche Entwicklung ausländischer Kinder in der Bundesrepublik Deutschland. Psychologie in Erziehung und Unterricht, 34, 254-263.

Kuhnt, M. & Speil, W. (1985). Zeit für Kinder - ein empirischer Beitrag zur Dokumentation des Betreuungsaufwandes und der Erziehungsleistung für kleine Kinder in und außerhalb der Familie. Hannover: Institut für Entwicklungsplanung und Strukturförderung.

Kultusminister und Minister für Arbeit, Gesundheit und Soziales des Landes Nordrhein-Westfalen. (1983). Kindergarten und Grundschule arbeiten zusammen. Bericht über die Erfahrungen 1977 bis 1982. Düsseldorf: Autor.

Lachenmair, H. (1985). Elterninitiativen. Wir organisieren einen Kindergarten. Düsseldorf: Econ.

Lauterbach, E. (1988). Ichstark, angstfrei, selbstbestimmt. Welt des Kindes, 66, 19-22.

Leber, A., Trescher, H. G. & Weiss-Zimmer, E. (1989). Krisen im Kindergarten. Psychoanalytische Beratung in pädagogischen Institutionen. Frankfurt: Fischer.

Leinhofer, G. (1978). Die Wirkung der Situations- und fähigkeitsorientierten Vorschulerziehung auf die Entwicklung der Intelligenz, Schulfähigkeit und Konzentration. Unveröff. Diss., Universität, München.

Lewin, K., Lippitt, R. & White, R. K. (1939). Patterns of aggressive behavior in experimentally created "social climates". Journal of Social Psychology, 10, 271-299.

Lohaus, A. (1986). Datenerhebung bei Vorschulkindern. Ein Vergleich von Rollenspiel, Puppenspiel und Interview. Psychologie in Erziehung und Unterricht, 33, 196-204.

Lohaus, A. (1988). Zur Bedeutung einer Aufwärmphase für Untersuchungen bei Vorschulkindern. Psychologie in Erziehung und Unterricht, 35, 97-105.

Lohaus, A. (1989). Datenerhebung in der Entwicklungspsychologie. Problemstellung und Forschungsperspektiven. Bern: Huber.

Luchtenberg, S. (1982). Ausländische Kinder im Kindergarten: Probleme und Möglichkeiten. Unsere Jugend, 34, 199-209.

Lückert, H. R. (1967). Begabungsforschung und basale Bildungsförderung. Schule und Psychologie, 14, 9-22.

Ludwig, T. B., Welzl, G. & Götz, M. L. (1986). Verlaufsanalysen kindlicher Verhaltensauffälligkeiten von der Geburt bis zum sechsten Lebensjahr. Abschlußbericht des Vorhabens PKE 23, Teil II. München: Gesellschaft für Strahlen- und Umweltforschung.

Lukesch, H. (1981). Erziehungsstile. In H. Schiefele & A. Krapp (Hrsg.), Handlexikon zur Pädagogischen Psychologie (S.112-116). München: Ehrenwirth.

Lukesch, H. (Hrsg.). (1985). Kompendium psychologischer und pädagogischer diagnostischer Verfahren. Regensburg: Universität.

Lumpp, G., Günther, C., Stahl, J. & Steigele, H. (1980). Daß Ali und Elena mitreden können. Sprachförderung für ausländische Kinder im Kindergarten. Erfahrungen aus dem Denkendorfer Modell für den Kindergarten. Stuttgart: Steinkopf.

Mader, J. (1989). Schulkindergarten und Zurückstellung. Zur Bedeutung schulisch-ökologischer Bedingungen bei der Einschulung. Münster: Waxmann.

Mader, J. & Roßbach, H. G. (1984). Zusammenarbeit von Kindergarten und Grundschule - Ergebnisse einer Befragung von Schulleitern und Klassenlehrern in Anfangsklassen. Schule heute, 24 (9), 12-14.

Mader, J., Roßbach, H. G. & Tietze, W. (1991). Schulentwicklung und Schulentwicklungsforschung im Primarbereich - Untersuchungen zum Regelsystem. In K. Beck & A. Kell (Hrsg.), Bilanz der Bildungsforschung. Stand und Zukunftsperspektiven (S.15-49). Weinheim: Deutscher Studien Verlag.

Mandau, A. (1983). Ausländische Erzieherinnen: eine Bestandsaufnahme zur Beschäftigungs- und Ausbildungssituation ausländischer Erzieherinnen in vorschulischen Einrichtungen in der Bundesrepublik Deutschland. München: Deutsches Jugendinstitut.

Marbach, J. H. & Weidacher, A. (1989). Wandel und Entwicklung familialer Lebensformen. ZUMA-Nachrichten, (24), 87-92.

Mayr, T. (1981). Besonderung - und kein Ende? Kritisches zum Etablierungsversuch einer neuen Sonderinstitution im Vorschulbereich. Informationsdienst Nr. 1. Deutsche Gesellschaft für Erziehungswissenschaft, Kommission Vorschulerziehung, 1, 6-8.

Mayr, T. (1990). Zur Epidemiologie von Sprach-, Sprech- und Kommunikationsstörungen bei Vorschulkindern. Ergebnisse einer Screening - Untersuchung - Konsequenzen für die Gestaltung eines angemessenen Betreuungssystems. Heilpädagogische Forschung, 26, 14-20.

Meffert, H. J., Steinbach, I. & Tausch, A. M. (1976). Änderungen bei Kindergärtnerinnen und deren Kindergruppen durch einen Erzieher-Kurs in psychologisch hilfreichem Verhalten. Psychologie in Erziehung und Unterricht, 23, 328-336.

Mehler, F. (1986). Kinderläden heute, ein Hort von Tabus? Paed. Extra, 15, 27-30.

Mehringer, R. (1983). Der "Kinderladen" ist tot. Ein Blick zurück nicht im Zorn. Unsere Jugend, 35, 288-293.

Miedaner, L. (1986). Gemeinsame Erziehung behinderter und nicht behinderter Kinder. Materialien zur pädagogischen Arbeit im Kindergarten. München: Deutsches Jugendinstitut.

Militzer, R. (1987). Ausländische Kinder im Kindergarten. Abschlußbericht. Stuttgart: Kohlhammer.

Minister für Arbeit, Gesundheit und Soziales des Landes Nordrhein-Westfalen. (Hrsg.). (1974). Arbeitshilfen zur Planung der Arbeit im Kindergarten. o.O.: Autor.

Minister für Arbeit, Gesundheit und Soziales des Landes Nordrhein-Westfalen. (Hrsg.). (1977). Informationen für jeden. 12. Modellversuch 1970 - 1975. Abschlußbericht. Düsseldorf: Autor.

Ministerium für Soziales und Familie in Rheinland-Pfalz. (1987). Behinderte im Kindergarten. Schlußbericht. Entwicklung und Förderung behinderter Kinder im Kindergarten und nichtbehinderter im Sonderkindergarten. Mainz: Autor.

Müller, E. (1971). Vorschulerziehung im ländlichen Raum. Bericht über einen Vorschulversuch in Bodnegg. In T. Gebauer, E. Müller & A. Sagi (Hrsg.), Begabungsförderung im Vorschulalter. Versuche des Landes Baden-Württemberg (S.131-159). Stuttgart: Klett.

Mundt, J. W. (1980). Vorschulkinder und ihre Umwelt. Weinheim: Beltz.

Nagel, K. (1972). Einführung in die Probleme der Testanwendung und ihre Voraussetzungen. In G. Hundertmarck & H. Ulshoefer (Hrsg.), Kleinkinderziehung. Bd. 3: Institutionen der Kleinkindererziehung (S.212-234). München: Kösel.

Neubauer, E. C. (1980). Erziehungsstrategien von Kindergärtnerinnen zur Bewältigung sozialer Konflikte bei Vorschulkindern. Psychologie in Erziehung und Unterricht, 27, 257-266.

Neubauer, E. C. (1983). Der Zusammenhang zwischen unterschiedlichen Methoden zur Erfassung des Erziehungsverhaltens von Kindergärtnerinnen. Psychologie in Erziehung und Unterricht, 30, 262-272.

Neubauer, E. C. (1986). Erzieherverhalten bei der Bewältigung sozialer Konflikte. Bergheim: AVM.

Nickel, H. (1985a). Fünf Thesen zur Gestaltung und Optimierung einer insitutionalisierten Vorschulerziehung. In H. Nickel (Hrsg.), Sozialisation im Vorschulalter (S.178-181). Weinheim: VCH (edition psychologie).

Nickel, H. (Hrsg.). (1985b). Sozialisation im Vorschulalter. Weinheim: VCH (edition psychologie).

Nickel, H. (1985c). Vorschulisches Erzieherverhalten im Spiegel empirischer Untersuchungen - Einführung und Überblick. In H. Nickel (Hrsg.), Sozialisation im Vorschulalter (S.92-108). Weinheim: VCH (edition psychologie).

Nickel, H. (1988). Schulreife. Schulfähigkeit und Schulbereitschaft. In R. Portmann (Hrsg.), Kinder kommen zur Schule (S.44-58). Frankfurt: Arbeitskreis Grundschule.

Nickel, H., Schenk, M. & Ungelenk, B. (1980a). Erzieher- und Elternverhalten im Vorschulbereich. Empirische Untersuchungen in Kindergärten und Initiativgruppen. München: Reinhardt.

Nickel, H., Schenk, M. & Ungelenk, B. (1980b). Erzieherverhalten. In H. Nickel & B. Ungelenk (Hrsg.), Untersuchungen zum Erzieher- und Elternverhalten und zum Sozialverhalten von Kindern aus Eltern-Initiativ-Gruppen und Kindergärten. Bd. 2. Düsseldorf: Universität.

Nickel, H. & Schmidt-Denter, U. (1980). Sozialverhalten von Vorschulkindern. Konflikt, Kooperation und Spiel in institutionellen Gruppen. München: Reinhardt.

Nickel, H. & Ungelenk, B. (Hrsg.). (1980). Untersuchungen zum Erzieher- und Elternverhalten und zum Sozialverhalten von Kindern aus Eltern-Initiativ-Gruppen und Kindergärten. Forschungsbericht. Bde. 1-6. Düsseldorf: Universität.

Nickel, H. & Ungelenk, B. (1982). Zur Situation der Eltern-Initiativ-Gruppen: Ergebnisse einer bundesweiten Umfrage. Psychologie in Erziehung und Unterricht, 29, 19-29.

Niedergesäß, B. (1990). Verwirrungen um Ruth. Psychoanalytische Pädagogik im integrativen Kindergarten. Frühförderung interdisziplinär, 9, 114-119.

Oertel, F. (Hrsg.). (1982). Elementare Sozialerziehung. Praxishilfen für den Kindergarten. Bd. 1. München: Juventa.

Oettingen, G. (1985). The influence of the kindergarten teacher on sex differences in behavior. International Journal of Behavioral Development, 8, 3-13.

Oswald, A. & Raue, S. (1971). Über aggressives Verhalten in einem Kinderladen. Eine Beobachtungsstudie. Münster: Selbstverlag Deutsches Institut für wissenschaftliche Pädagogik.

Paetzold, B. (1980). Aspekte des Spielverhaltens von Vorschulkindern. Psychologie in Erziehung und Unterricht, 27, 357-361.

Parmentier, M. (1979). Frühe Bildungsprozesse. Zur Struktur der kindlichen Interaktion. München: Juventa.

Pischner, E. (1989). Untersuchungen mit einem Verfahren zur Frühdiagnostik schriftsprachlicher Lernschwierigkeiten. Heilpädagogische Forschung, 15, 88-91.

Preiser, S. (1978). Dokumentation - Erhebungsverfahren zum Sozialverhalten im Kindes- und Jugendalter. Frankfurt/M.: Institut für Pädagogische Psychologie.

Preuschhof, E. (1973). Psychologische Untersuchungen zur Früheinschulung Fünfjähriger. Psychologie in Erziehung und Unterricht, 20, 297-307.

Puschnig, B. T. (1980). Die Persönlichkeitsmerkmale Selbstwertgefühl, Selbstvertrauen, Emotionale Verunsicherung und Extraversion und ihre Beziehung zu somatischen und kognitiven Merkmalen sowie Umweltfaktoren bei Kindern im Vorschulalter. Unveröff. Diss., Universität, Wien.

Raatz, U. (1971). Zur Effizienz der Eingangsstufe der Grundschule im kognitiven Bereich. In Deutsches Institut für internationale pädagogische Forschung (Hrsg.), Der Hessische Schulversuch zur Früheinschulung. Bericht über die Begleituntersuchungen zur Einschulung fünfjähriger Kinder (S.101-128). Frankfurt/M.: Autor.

Rameckers, R. & Wertenbroch, W. (1981). Prophylaxe von Verhaltensauffälligkeiten als Aufgabe von Kindergärten. Praxis der Kinderpsychologie und Kinderpsychiatrie, 30, 70-76.

Rauer, W. (1978). Psychologische und pädagogische Diagnostik im Kleinkindalter. In R. Dollase (Hrsg.), Handbuch der Früh- und Vorschulpädagogik. Bd. 2 (S.111-131). Düsseldorf: Schwann.

Rauer, W. (1979). Zur Brauchbarkeit einer deutschen Übertragung des "Early School Personality Questionnaire" im Primarbereich - Ergebnisse einer Längsschnittstudie. Diagnostica, 25, 142-158.

Rennen-Allhoff, B. & Allhoff, P. (1987). Entwicklungstests für das Säuglings-, Kleinkind- und Vorschulalter. Berlin: Springer-Verlag.

Retter, H. (1977). Zur Situation der Forschung im Bereich Kindergarten - Schuleingangsstufe. In R. Baumann, K. Diener & H. Retter (Hrsg.), Auswirkungen vorschulischer Förderung im ersten Schuljahr (S.11-32). Bad-Heilbrunn: Klinkhardt.

Retter, H. (1978). Typen pädagogischer und didaktischer Ansätze im Elementarbereich. In R. Dollase (Hrsg.), Handbuch der Früh- und Vorschulerziehung. Bd. 2 (S.135-150). Düsseldorf: Schwann.

Röchner, M. (1981). Curriculare Konzepte und Erziehungseinstellungen von Erzieherinnen in Kindergärten. Unveröff. Dipl.Arbeit, Erziehungswissenschaftliche Hochschule, Landau.

Röchner, M. (1985). Erziehungseinstellungen, Erziehungsverhalten und curriculare Konzepte von Erzieherinnen in Kindergärten. In H. Nickel (Hrsg.), Sozialisation im Vorschulalter (S.109-121). Weinheim: VCH (edition psychologie).

Röchner, M. (1987). Erziehungspraxis im Kindergarten: Curricula, Einstellungen und Verhalten. In B. Wolf (Hrsg.), Zuwendung und Anregung (S.159-187). Weinheim: Deutscher Studien Verlag.

Röhr, H., Steinhausen, D. & Funke-Kazmeier, E. (1978). Neue Testinstrumente zur Differentialdiagnose. Zeitschrift für Heilpädagogik, 29, 298-302.

Röhr-Sendlmeier, U. (1984). Sprachstandsmessung bei Schulanfängern: Eine empirisch-kritische Analyse eines sprachdiagnostischen Verfahrens für ausländische Kinder. Psychologie in Erziehung und Unterricht, 31, 298-305.

Röhr-Sendlmeier, U. (1988). Pädagogisch sinnvolle Sprachdiagnose bei Migrantenkindern: Probleme - Forderungen - Lösungsansätze. Deutsch lernen, 13, 89-97.

Rollett, B. (1985). Mengenfolgen - Test. Kurzzeitlerntest für Schulanfänger (MFT) von J. Guthke. Zeitschrift für Differentielle und Diagnostische Psychologie, 6, 185-186.

Roßbach, H. G. (1984). Sozialisationsindikatoren - Zur Erfassung von Sozialisationsbedingungen in der frühen Kindheit. Zeitschrift für Sozialisationsforschung und Erziehungssoziologie, 4, 331-343.

Roßbach, H. G. (1985). Auswirkung des Schulkindergartenbesuchs auf die Schulkarriere. In Pestalozzi-Fröbel-Verband (Hrsg.), Schulkindergarten. Dokumentation der Expertentagung des Pestalozzi-Fröbel-Verbandes am 6. und 7. Dezember 1984 in Bad Homburg (S.51-59). Berlin: Autor.

Roßbach, H. G. (1990). Assessing the quality of Kindergarten environments with the Early Childhood Environmental Rating Scale. In J. M. Pieters, K. Breuer & P. R. J. Simons (Eds.), Learning environments (pp.77-90). Berlin: Springer-Verlag.

Rückert, R. G. & Votteler, M. (1985). Die Erwerbstätigkeit von Müttern und die Betreuung ihrer Kinder in Baden-Württemberg - Ergebnisse einer Mikrozensus-Zusatzerhebung vom April 1982 (Materialien und Berichte der Familienwissenschaftlichen Forschungsstelle). Stuttgart.

Rüdiger, D. (1971). Institutionalisiertes Frühlesen und seine Entwicklungsauswirkungen. Zeitschrift für Entwicklungspsychologie und Pädagogische Psychologie, 3, 195-211.

Sagi, A. (1978). Verhaltensauffällige Kinder im Kindergarten. In E. Moskal, H. Mörsberger & E. Pflug (Hrsg.), Der Kindergarten. Bd. 2 (S.236-255). Freiburg: Herder.

Sander, E. (1980). Untersuchungen zur Effektivität eines visuellen Wahrnehmungstrainings bei verschiedenen Kindergruppen. In K. J. Klauer & H. J. Kornadt (Hrsg.), Jahrbuch für Empirische Erziehungswissenschaft (S.113-134). Düsseldorf: Schwann.

Sarimski, K. (1984). Entwicklungsdiagnostik bei sprachentwicklungsgestörten Vorschulkindern. Vierteljahresschrift für Heilpädagogik, 53, 233-242.

Sauter, F. (1977). Diagnose und Förderung kognitiver und sprachlicher Fähigkeiten bei Vorschulkindern auf dem Lande. Paderborn: Schöningh.

Schlee, J. (1973). Die Wirksamkeit des Vorschulbesuchs auf die Intelligenz- und Wortschatzleistungen. Schule und Hochschule, 5, 70-79.

Schlee, J. (1985). Kann Diagnostik beim Fördern helfen? Anmerkungen zu den Ansprüchen der Förderdiagnostik. Zeitschrift für Heilpädagogik, 36, 153-165.

Schmalohr, E. (1969). Psychologische Untersuchung zum Duisburger Frühleseversuch. Schule und Psychologie, 16, 145-159.

Schmalohr, E. (1973). Frühes Leselernen. Heidelberg: Quelle und Meyer.

Schmalohr, E. (1978). Zur Forschung im Bereich frühkindlicher Entwicklung und Förderung. In R. Dollase (Hrsg.), Handbuch der Früh- und Vorschulpädagogik. Bd. 1 (S.65-91). Düsseldorf: Schwann.

Schmalohr, E., Dollase, R., Holländer, A., Schmerkotte, H. & Winkelmann, W. (1974). Vorklasse und Kindergarten aus der Sicht der Erzieher. Ergebnisse einer Befragung im Modellversuch von Nordrhein-Westfalen. Hannover: Schroedel.

Schmauch, U. (1987). Anatomie und Schicksal. Frankfurt: Fischer.

Schmerkotte, H. (1978). Ergebnisse eines Vergleichs von Modellkindergärten und Vorklassen in Nordrhein-Westfalen. Bildung und Erziehung, 31, 401-411.

Schmidt-Denter, U. (1984). Die soziale Umwelt des Kindes. Eine ökopsychologische Analyse. Berlin: Springer-Verlag.

Schmied, D. & Tietze, W. (1980). Perspektivenübernahme und Sozialverhalten bei Kindergartenkindern. Zeitschrift für Entwicklungspsychologie und Pädagogische Psychologie, 12, 154-166.

Schneider, E. (1987). Untersuchung zur "Nutzung" von Frühförderungsmöglichkeiten und ihre Auswirkung auf Zeitpunkt und Art der Einschulung im Vergleich zwischen Hannover und Salzburg. Unveröff. Diss., Universität, Hannover.

Schönmetz, R. (1987). Möglichkeiten der Zusammenarbeit zwischen Kindergärten und Erziehungsberatungsstelle. Cochem: Erziehungs-, Ehe-, Familien- und Lebensberatungsstelle.

Schrey-Dern, D. (1990). Screening-Verfahren zur Diagnostik des kindlichen Grammatikerwerbs auf der Grundlage der Profilanalyse nach Harald Clahsen. Sprache - Stimme - Gehör, 14, 31-33.

Schubnell, H. (1969). Die Erwerbstätigkeit der Mütter und die Betreuungssituation der Kinder. In Bundesminister für Familie und Jugend (Hrsg.), Mütter und Kinder in der Bundesrepublik Deutschland. Ergebnisse einer Stichprobe über die Situation erwerbstätiger und nicht-erwerbstätiger Mütter sowie die ihrer Kinder. 2. Analysen (S.165-198). Bad Godesberg: Autor.

Schüttler-Janikulla, K. (1966). Untersuchungen über die Verwendung von Schulreifetrainingsmaterial bei schulunreifen Kindern. Schule und Psychologie, 13, 35-56.

Schüttler-Janikulla, K. & Krohne, H. (1966). Transferprobleme und Schulreifetraining. Zeitschrift für experimentelle und angewandte Psychologie, 13, 632-644.

Schüttler-Janikulla, K. & Weber, B. (1968). Sprachtraining und Intelligenzförderung im Vorschulalter. Hefte 1-3. Oberursel: Finken.

Schütze, G. (1977). Modell einer jugendpsychiatrischen Vorsorgebetreuung im Kindergarten. Praxis der Kinderpsychologie und Kinderpsychiatrie, 26, 249-253.

Seidel, C. & Biesalski, P. (1973). Psychologische und klinische Erfahrungen mit dem Frostig-Test und der Frostig-Therapie bei sprachbehinderten Kindern. Praxis der Kinderpsychologie und Kinderpsychiatrie, 22, 3-15.

Seitz, R. (1978). Kunst in der Kniebeuge. Ästhetische Elementarerziehung. Beispiele, Anregungen, Überlegungen. München: Don Bosco.

Siebenschön, L. (1986). Wenn du die Freiheit hast... Die antiautoritäre Generation wird erwachsen. Köln: Kiepenheuer & Witsch.

Siegmund, U. & Fisch, R. (1984). Der Zusammenhang zwischen Erziehungseinstellungen und tatsächlichem Verhalten bei Kindergarten-Erzieherinnen - ein intrapersonaler Ansatz. Psychologie in Erziehung und Unterricht, 31, 247-255.

Siegmund, U. & Fisch, R. (1985). Die Bedeutung von Persönlichkeits- und Situationsvariablen für ein einstellungskonsistentes Erzieherverhalten. In H. Nickel (Hrsg.), Sozialisation im Vorschulalter (S.141-150). Weinheim: VCH (edition psychologie).

Sigel, A. & Walz, H. D. (1979). Vorstellungen von deutschen Kindergärtnerinnen im Blick auf pädagogisches Handeln mit Gastarbeiterkindern. Empirische Erhebungen und pädagogische Folgerungen. Sozialpädagogische Blätter, 30, 12-19.

Skowronek, H. & Marx, H. (1989). Die Bielefelder Längsschnittstudie zur Früherkennung von Risiken der Lese-Rechtschreibschwäche. Heilpädagogische Forschung, 15, 38-49.

Spanhel, D. & Zangl, A. (1991). "Kinder an das Spiel freigeben!" Ergebnisse aus einem Forschungsprojekt zur Spielwelt 7- bis 10jähriger. Spielwelt, (1), 16-32.

Staatsinstitut für Frühpädagogik. (Hrsg.). (1985). Zweisprachigkeit im Kindergarten. Gemeinsame Förderung ausländischer und deutscher Kinder. Donauwörth: Auer.

Statistisches Bundesamt. (Hrsg.). (1988). Einrichtungen und tätige Personen in der Jugendhilfe 1986. Fachserie 13. Reihe 6.3. Stuttgart: Metzler-Poeschel.

Statistisches Bundesamt. (Hrsg.). (1989). Vorentwurf eines Gesetzes zur Neuregelung der Repräsentativ-Statistik über die Bevölkerung und den Arbeitsmarkt (Mikrozensus) (IC-VIII-20-G). Wiesbaden: Autor.

Statistisches Bundesamt. (Hrsg.). (1990). Bevölkerung und Erwerbstätigkeit. Fachserie 1. Reihe 3. Haushalte und Familien. Stuttgart: Metzler-Poeschel.

Stern, K. (1982). Verhaltens- Beurteilungsbogen für Kinder (VBK). Berlin: Psychodiagnostisches Zentrum.

Storm, M. (1980). Dimensionen gruppendynamischer Kommunikation in Psychoanalytischen Kindergärten. Dynamische Psychiatrie, 13, 243-251.

Strätz, R. (1986). Die Kindergartengruppe. Soziales Verhalten drei- bis fünfjähriger Kinder. Köln: Kohlhammer.

Strätz, R. & Schmidt, E. A. F. (1982). Die Wahrnehmung sozialer Beziehungen von Kindergartenkindern. Köln: Kohlhammer.

Süssmuth, R., Kowalewski, H., Lanfersiek, M. & Thönnissen, R. (1980). Familienergänzende Tagesbetreuung für 0- bis 3jährige Kleinkinder - Fallweise deskriptive Erfassung des Bedarfs an familienergänzender Tagesbetreuung für Kleinkinder im Alter von 0 bis 3 Jahren und der institutionellen Situation der Tagesbetreuung. Expertise im Auftrag der Kommission zur Erstellung des Landeskinderberichts Nordrhein-Westfalen. Dortmund: Universität.

Tausch, A. M., Aban, P., Barthel, A. & Fittkau, B. (1970). "Förderung der Unselbständigkeit & Selbständigkeit bei Kindern" durch Sprachäußerungen ihrer Erzieher. Zeitschrift für Pädagogik, 16, 39-49.

Tausch, A. M., Barthel, A., Fittkau, B. & Hübsch, H. (1968a). Variablen und Zusammenhänge der sozialen Interaktion in Kindergärten. Psychologische Rundschau, 19, 267-279.

Tausch, A. M., Barthel, A., Fittkau, B. & Hübsch, H. (1968b). Verhaltensunterschiede von Erzieherinnen gegenüber angepaßten und unangepaßten Kindern in standardisierter Interview-Situation. Praxis der Kinderpsychologie und Kinderpsychiatrie, 17, 225-227.

Tausch, A. M. & Langer, I. (1970). Merkmale des Erziehungsverhaltens von Müttern und Kindergärtnerinnen und Art der Änderung durch eine Fortbildungsveranstaltung. Zeitschrift für Entwicklungspsychologie und Pädagogische Psychologie, 2, 269-283.

Tausch, A. M., Tausch, R. & Fittkau, B. (1974). Das Erzieherverhalten. Grundbedingung für soziales, emotionales und kognitives Lernen Drei- bis Achtjähriger. In H. R. Lückert (Hrsg.), Begabungs- und Bildungsförderung im Vorschulalter (S.456-470). Darmstadt: Wissenschaftliche Buchgesellschaft.

Tausch, A. M., Wittern, O. & Albus, J. (1976). Erzieher-Kind-Interaktionen in einer Vorschul-Lernsituation im Kindergarten. Psychologie in Erziehung und Unterricht, 23, 1-10.

Tausch, R. & Tausch, A. M. (1971). Erziehungspsychologie (6. Aufl.). Göttingen: Hogrefe.

Teegen, F. & Fittkau, B. (1972). Erziehung der Erzieher. Erfahrungen aus einem hochschuldidaktischen Experiment. Zeitschrift für Entwicklungspsychologie und Pädagogische Psychologie, 4, 43-50.

Teumer, J. (1977). Zur Notwendigkeit und Praxis der Früherfassung und Frühförderung sensomotorischer Voraussetzungen. Zeitschrift für Heilpädagogik, 28, 365-376.

Thewalt, B. (1990). Förderung der Schulfähigkeit am Beispiel des Lesen- und Schreibenlernens. Psychologie in Erziehung und Unterricht, 37, 251-258.

Thierauf, L. (o.J.). Erwerbstätige Mütter mit Kindern bis zu drei Jahren. Repräsentativerhebung des Bundesministers für Jugend, Familie und Gesundheit, 2. Halbjahr 1975. München: Gesellschaft für Grundlagenforschung.

Tiedemann, J. & Faber, G. (1987). Vorkenntnisse als Frühindikatoren mathematischer Lernschwierigkeiten des Erstunterrichts? Psychologie in Erziehung und Unterricht, 34, 178-183.

Tietze, W., Feldkamp, J., Gratz, D., Roßbach, H. G. & Schmied, D. (1981). Eine Skala zur Erfassung des Sozialverhaltens von Vorschulkindern. Zeitschrift für Empirische Pädagogik, 5, 37-48.

Tietze, W., Peek, R. & Link, R. (1989). Zur Mediensituation drei- bis sechsjähriger Kinder. In Presse- und Informationsdienst der Landesregierung Nordrhein-Westfalen (Hrsg.), Medien im Alltag von Kindern im Kindergartenalter. Begleitforschung des Landes Nordrhein-Westfalen zum Kabelpilotprojekt Dortmund. Bd. 17 (S.35-265). Düsseldorf: Autor

Tietze, W. & Roßbach, H. G. (1988). Früherziehung als lohnende Investition. Internationale Erfahrungen und ökonomische Untersuchungen. Zeitschrift für Pädagogik, (Suppl. 23), 254-258.

Tietze, W. & Roßbach, H. G. (1991). Die Betreuung von Kindern im vorschulischen Alter. Zeitschrift für Pädagogik, 37, 555-579.

Tietze, W. & Schmied, D. (1984). Familiale Sozialisationsbedingungen von Perspektivenübernahmefähigkeiten bei Kindergartenkindern. Psychologie in Erziehung und Unterricht, 31, 33-42.

Toth, L. V. (1990). Ein Programm der vorschulischen Erziehung. Der integrative Montessori-Kindergarten des evangelischen Diakonievereins Salzburg. Behinderte in Familie, Schule und Gesellschaft, 13, 41-47.

Treinies, G. & Einsiedler, W. (1987). Analyse explorativer Kausalmodelle zu Zusammenhängen zwischen häuslichen Entwicklungsbedingungen und Freispielverhalten von Kindergartenkindern. Zeitschrift für Pädagogische Psychologie, 1, 113-129.

Treinies, G. & Einsiedler, W. (1989). Direkte und indirekte Wirkungen des Spielens im Kindergarten auf Lernprozesse/Lernleistungen im 1. Schuljahr. Unterrichtswissenschaft, 17, 309-326.

Twellmann, W. & Jendrowiak, H. W. (1978). Frühpädagogische Förderung - Zur Effektivität von Vorklassen und Kindergärten in Nordrhein-Westfalen. In Kultusminister des Landes Nordrhein-Westfalen (Hrsg.), Modellversuch Vorklasse in NW - Abschlußbericht (S.53-113). Köln: Greven.

Ungelenk, B. (1980). Ergebnisse einer bundesweiten Befragung. In H. Nickel & B. Ungelenk (Hrsg.), Untersuchungen zum Erzieher- und Elternverhalten und zum Sozialverhalten von Kindern aus Eltern-Initiativ-Gruppen und Kindergärten. Bd. 6 (S.29-111). Düsseldorf: Universität

Ungelenk, B. (1985). Die gegenwärtige Situation der Eltern-Initiativ-Gruppen. In H. Nickel (Hrsg.), Sozialisation im Vorschulalter (S.18-25). Weinheim: VCH (edition psychologie).

Wagner, I. (1976). Aufmerksamkeitstraining mit impulsiven Kindern. Stuttgart: Klett.

Wagner, J. (1982). Die curricularen Angebote des Erprobungsprogramms und Ergebnisse ihrer Erprobung. - Auszug aus dem Auswertungsbericht. In Bund-Länder-Kommission für Bildungsplanung und Forschungsförderung (Hrsg.), Erprobungsprogramm im Elementarbereich (S.29-44). Bühl& Baden: Konkordia.

Walter, C. (1981). "Deutsche und Ausländer im Stadtteil - Integration durch den Kindergarten". Ein Förderprogramm der Robert Bosch Stiftung. Soziale Arbeit, 30, 521-534.

Weiß, R. (1983). Auswirkungen eines visuellen Wahrnehmungstrainings im Vorschulbereich auf die Entwicklung der Wahrnehmung und der Intelligenz. Unveröff. Diss., Universität, Innsbruck.

Wendeler, J. (1988). Prognose der Lese-Rechtschreib-Schwäche im Anfangsunterricht der Grundschule. Zeitschrift für Heilpädagogik, 39, 770-781.

Westermann, A. & Wall, N. d. (1972). Teilergebnisse aus der Hamburger Kindergartenuntersuchung 1969. In E. Schmalohr & K. Schüttler-Janikulla (Hrsg.), Bildungsförderung im Vorschulalter. Bd. 2 (S.52-84). Oberursel: Finken.

Wiedl, K. H. (1985). Vorschul-Lerntest (VTL) von D. Roether. Zeitschrift für Differentielle und Diagnostische Psychologie, 6, 47-49.

Wiedl, K. H. & Herrig, D. (1978). Ökologische Validität und Schulerfolgsprognose im Lern- und Intelligenztest: Eine exemplarische Studie. Diagnostica, 24, 175-186.

Wiedl, K. H. & Ohm, D. (1980). Lebensweltorientierte Sprachförderung bei Vorschulkindern aus sozialen Randgruppen. Zeitschrift für Empirische Pädagogik, 4, 261-276.

Wimmer, H., Ziegler, H. & Roth, E. (1977). Die Entwicklung eines Tests intellektueller Lernfähigkeit für Vorschulkinder. Diagnostica, 23, 74-83.

Winkelmann, W. (1975). Testbatterie zur Erfassung kognitiver Operationen (TEKO). Braunschweig: Westermann.

Winkelmann, W., Holländer, A., Schmerkotte, H. & Schmalohr, E. (1977). Kognitive Entwicklung und Förderung von Kindergarten- und Vorklassenkindern. Kronberg: Scriptor.

Wisiak, U. (1976). Zur sprachlichen Förderung von Vorschulkindern durch ein Wortschatztraining auf lernpsychologischer Basis. Unveröff. Diss., Universität, Graz.

Wisiak, U. & Gruber, H. (1978). Zur sprachlichen Förderung von Vorschulkindern durch ein Wortschatztraining auf lernpsychologischer Basis. In M. Machold, P. Posch & J. Thonhauser (Hrsg.), Österreichische Beiträge zur Bildungsforschung (S.7-10). Wien: Institut für Bildungs- und Entwicklungsforschung.

Wissen, J.& Biesalski, P. (1977). Das Frostig-Programm in der klinischen Anwendung bei visuellen Wahrnehmungsstörungen sprachgestörter und hörgestörter Kinder. Folia Phoniatrica, 29, 109-118.

Wittmann, G., Zimmermann, A. & Zohner, H. J. (1986). Zur sozial-emotionalen Erziehung türkischer und deutscher Vorschulkinder. Eine Studie zur Analyse ihrer sozial-emotionalen Entwicklung im Hinblick auf psychische Belastungen und deren Ergebnisse. Erste Ergebnisse einer empirischen Teilstudie. Referat zum 10. Kongreß der Deutschen Gesellschaft für Erziehungswissenschaft vom 10. bis 12. März 1986 in Heidelberg.

Wolf, B. (1980). Zum Einfluß der häuslichen Lernumwelt. In D. H. Rost (Hrsg.), Entwicklungspsychologie für die Grundschule (S.172-186). Bad Heilbrunn: Klinkhardt.

Wolf, B. (1987a). Lernumwelt Kindergarten: Zu den Einflüssen der Erzieherinnen. In B. Wolf (Hrsg.), Zuwendung und Anregung (S.122-158). Weinheim: Deutscher Studien Verlag.

Wolf, B. (Hrsg.). (1987b). Zuwendung und Anregung. Lernumweltforschung zur Sprachentwicklung im Elternhaus und Kindergarten. Weinheim: Deutscher Studien Verlag.

Wolf, B., Brandt, W. & Röchner, M. (1983). Zum Erziehungsalltag im Kindergarten. In R. Olechowski (Hrsg.), Der Beitrag der empirischen Erziehungswissenschaft zur Praxisverbesserung von Schule, Unterricht und Erziehung. Bericht über die 32. Tagung der AEPF 1982 in Wien (S.251-257). Braunschweig: Universität.

Wolf, B. & Fried, L. (1989). Faktorenanalysen zu Sprachentwicklungstests bei Kindergartenkindern. Zeitschrift für Entwicklungspsychologie und Pädagogische Psychologie, 21, 167-181.

Wolfram, W. W. (1989). Auffällige Kinder im Kindergarten: Zur Beratung und Fortbildung von Erzieherinnen. Praxis der Kinderpsychologie und Kinderpsychiatrie, 38, 201-204.

Wydler-Weber, E. (1986). Zeig mir, wie es geht! - Serie pädagogischer Entwürfe: Die Nachahmung - Ein grundlegendes Prinzip der Waldorfpädagogik. Welt des Kindes, 64, 465-470.

Zehnbauer, A. (1981). Ausländerkinder in Kindergarten und Tagesstätte: eine Bestandsaufnahme zur institutionellen Betreuung von ausländischen Kindern im Vorschulalter. München: Deutsches Jugendinstitut.

Zimmer, J. (1973a). Ein Bezugsrahmen vorschulischer Curriculumentwicklung. In J. Zimmer (Hrsg.), Curriculumentwicklung im Vorschulbereich. Bd. 1 (S.9-60). München: Piper.

Zimmer, J. (Hrsg.). (1973b). Curriculumentwicklung im Vorschulbereich. Bd. 2. München: Piper.

Zimmer, J. (1982). Zur Entwicklung interkultureller Erziehung in Berliner Kindergärten und Grundschulen. Bericht über zwei Modellversuche. Bildung und Erziehung, 35, 327-333.

Zimmer, J. (1985). Acht Fragen zu vier Ansätzen der Pädagogik im Kindergarten. Antworten aus der Sicht der Waldorf- und der Montessoripädagogik, des Situationsansatzes und der Psychoanalytischen Pädagogik. Theorie und Praxis der Sozialpädagogik, 93, 242-257.

Zimmermann, A. (1986). Zur Prävention von Leselernschwierigkeiten. Erste empirische Befunde zur Differenzierungsprobe von Breuer und Weuffen. Berichte zur Entwicklungspsychologie und Pädagogischen Psychologie 9. Augsburg: Universität.

3.2

GRUNDSCHULE

Leonhard Blumenstock, Wolfgang Einsiedler, Maria Fölling-Albers, Toni Hansel, Lothar Krappmann und Hanns Petillon (Moderator)

3.2.1 Versuch einer Systematisierung der "Grundschulforschung" (Hanns Petillon)

Die beiden bedeutenden Grundschulkongresse in Frankfurt a.M. 1969 und 1989 bilden gleichsam die Markierungspunkte der beiden Dekaden, über die im folgenden im Zusammenhang mit Grundschulforschung berichtet werden soll. Von dem erstgenannten Kongreß gingen wichtige Impulse vor allem im Hinblick auf eine angemessene personelle und materielle Ausstattung der Grundschule sowie die Förderung von benachteiligten Kindern aus. 1989 wurde neben einer Bestandsaufnahme eine Analyse der Lebenswelten der Schüler mit notwendigen Veränderungen schulischer Strukturen in Beziehung gesetzt. Parallel dazu hat sich die Grundschule in diesen beiden Dekaden zu einer eigenständigen Schulform ausgebildet. Sie hat dabei ihr eigenes Profil "als Schule des Kindes geschärft und ihren Gründungsanspruch konsequenter als je zuvor eingelöst" (Hänsel 1989, S. 49). Es ist eine an der Perspektive des Kindes und der spezifischen Ökologie der Grundschule orientierte und einer Pädagogik der kindgemäßen Erziehung und Förderung verpflichtete Schulform mit einem eigenständigen Bildungsauftrag entstanden. Eine entsprechende Etablierung der Grundschulpädagogik als eigenständige Wissenschaftsdisziplin ist bisher nur teilweise vollzogen (vgl. Renner, 1990). Dementsprechend ist auch eine empirische Grundschulforschung als eigenständiger Bereich nur in ersten Ansätzen zu erkennen.

Ähnlich wie im Elementarbereich (vgl. Kap. 3.1 in diesem Band) war ein Teil der Grundschulforschung stark an die bildungsreformerische Entwicklungsdynamik gebunden. Dementsprechend enthalten die folgenden Beiträge auch Hinweise auf bildungsreformerische Vorgaben und entsprechende Bezüge zu Forschungsinhalten. Neben dieser eng mit didaktischen pädagogischen Fragen der Grundschulpraxis verknüpften Forschung findet sich eine zweite Richtung, die das Forschungsfeld Grundschule zur Bearbeitung *allgemeiner* pädagogische Fragestellungen nutzt. In Beiträgen dieses Bandes zu *Forschungen zum Lehrer* (Kap. 4.3) und *Forschungen zum Schüler* (Kap 4.4) wird dies besonders deutlich. Bei der Wahl dieser Schulform mögen dabei häufig auch forschungspragmatische Gründe im Vordergrund gestanden haben. Dies gilt auch für Forschungsarbeiten in anderen Disziplinen wie z.B. Entwicklungspsychologie, Pädagogische Soziologie und Didaktik.

3.2.1.1 Analytischer Bezugsrahmen

Es erscheint sinnvoll, die weit verstreuten Forschungen, die die Grundschule betreffen, zusammenzutragen und in eine systematische Darstellung einzubringen. Ein solches Vorhaben bedarf einer Systematik im Sinne eines analytischen Bezugsrahmens, in den sich vorliegende Forschungsinhalte verorten lassen. Im folgenden wird der Versuch unternommen, eine erste, sehr vorläufige Systematik für den Bereich *Grundschulforschung* zu entwickeln. Eine solche Systematik hat im Rahmen dieses Beitrages folgende Funktionen:

- Darstellung des Gesamtfeldes "Grundschulforschung",
- systematische Verortung der vielfältigen Teilaspekte und Verknüpfung übergeordneter Gesichtspunkte,
- Verortung der folgenden Beiträge dieses Kapitels 3.2,
- Verdeutlichung von Forschungsdesiderata im Sinne ganzheitlicher Ansätze und spezifischer Akzentuierungen.

In dem folgenden Schema wird nach zwei miteinander verknüpften Ebenen unterschieden: eine **subjektiv-psychische** Ebene, die die individuelle Entwicklung und die subjektive Perspektive in den Mittelpunkt der Betrachtung rückt und eine Ebene der **Umwelt** als Grundlage für subjektive Rekonstruktionen, als Ort für Lernerfahrungen, als Raum der Begrenzung von Handlungen und der Möglichkeit gestaltender Veränderungen. Diese Ebene umfaßt **fünf** in Interaktion stehende Teilkomponenten mit ihren spezifischen Strukturen, Anforderungen und Lernbedingungen:

- *Teilkomponente 1*: **Grundschule (formeller Bereich)** u.a. mit institutionellen, normativen Vorgaben und materiell-räumlichen Bedingungen.
- *Teilkomponente 2*: **Grundschule (informeller Bereich)** u.a. mit strukturellen, normativen, klimatischen Vorgaben der Gleichaltrigengruppe und "paracurricularen" Bedingungen.
- *Teilkomponente 3*: **Übergänge** (besonders Kindergarten-Grundschule, Grundschule-weiterführende Schule) vor allem mit individuellen und kontextuellen Aspekten von Kontinuität.
- *Teilkomponente 4*: **Außerschulisches Erfahrungsfeld** u.a.mit spezifischen Vorgaben der familialen Lebenswelt, des Nahraums und öffentlicher Freizeitinstitutionen.
- *Teilkomponente 5*: **Gesamtgesellschaftliche Rahmenbedingungen** mit vorgegebenen Kontextbedingungen des Gesamtsystems.

Eine solche lediglich zur Verdeutlichung von Akzentuierungen vorgenommene Trennung von Mensch und Umwelt ist im Sinne einer humanökologischen Perspektive aufzuheben. Dabei ist von der Auffassung auszugehen, daß Mensch-Umwelt-Beziehungen doppelt konstituiert sind, nämlich sinnhaft *und* dinglich.

"Humanökologien bestehen einerseits aus dem Gesamt dinghaft-objektiv vorfindlicher Umweltgegebenheiten als widerständige oder chanceneröffnende Bedingungen. Andererseits enthalten sie Umwelt als das Gesamt subjektiv-individueller und quasi-objektiver, kollektiver Sinnkonstruktionen dieser Umweltgegebenheiten" (Seifert, Gukenbiehl, Jäger, Petillon & Wolf, 1990, S. 332).

Die Ökologie der Entwicklung des Grundschulkindes befaßt sich dabei mit der fortschreitenden gegenseitigen Anpassung zwischen dem sich entwickelnden Menschen und den wechselnden Eigenschaften seiner unmittelbaren Lebensbereiche.

"Dieser Prozeß wird fortlaufend von den Beziehungen der Lebensbereiche untereinander und von den größeren Kontexten beeinflußt, in die sie eingebettet sind" (Bronfenbrenner, 1981).

In den weiteren Ausführungen werden die in dem folgenden Schema (Abb. 1) genannten Aspekte skizziert und mit den nachfolgenden Teilkapiteln zur Grundschulforschung in Beziehung gesetzt.

Abb. 1: Schematische Darstellung des Forschungsfeldes Grundschule

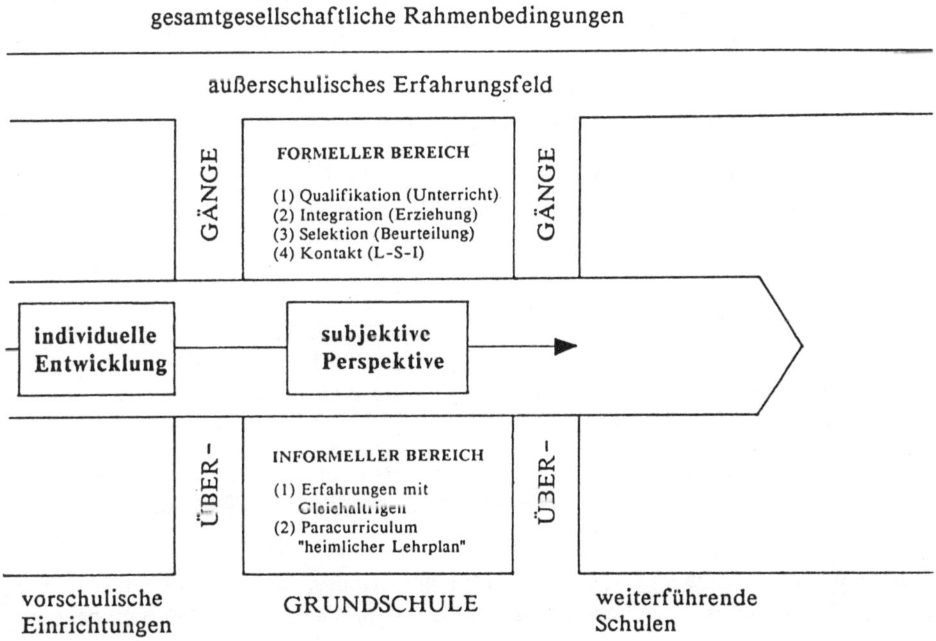

3.2.1.2 Die subjektiv-psychische Ebene

Als Grundlage für eine kindorientierte Grundschule kommt der Erforschung von Prozessen der individuellen Auseinandersetzung des Kindes mit der schulischen- und außerschulischen Umwelt zentrale Bedeutung zu.

Wir definieren mit **Perspektive des Kindes** die Art und Weise, wie der Grundschüler die inner- und außerschulische Umwelt wahrnimmt, entsprechende Ereignisse subjektiv (kognitiv, emotional und psychomotorisch) verarbeitet und in persönlich befriedigendes Handeln umzusetzen versucht. Wenn auch das Kind bewußt in den Vordergrund des Forschungsinteresses gerückt wird, kommt den Perspektiven der beteiligten Erwachsenen (besonders Lehrer und Eltern), vor allem auch im Hinblick auf mehrperspektivische Sichtweisen, große Bedeutung zu.

Warum ist es so wichtig, die Perspektive des Schülers in pädagogische Überlegungen einzubeziehen? Das Bild, das Schüler von dem inner- und außerschulischen Erfahrungsfeld haben, weicht in vielen Fällen deutlich von dem Bild ab, das Erwachsene entwickeln. Erste Anhaltspunkte, die bisher zur Schülerperspektive vorliegen, deuten auf solche Diskrepanzen hin (vgl. Petillon, 1987). Es erscheint sinnvoll, Erwachsenen- und Kinderperspektiven eher als deutlich unterscheidbare Rekonstruktionsweisen zu sehen und zu einem zuverlässigeren, vollständigeren Bild zusammenzufügen. Allerdings wird nur sehr selten versucht, die Perspektive des Kindes zu rekonstruieren. Dies gilt bis auf wenige Ausnahmen (vgl. z.B. Zinnecker, 1982; Fromm, 1987) für die gesamte Schulforschung.

Im Rahmen neuerer entwicklungspsychologischer Forschung wird das Kind im Verlauf seiner kognitiven, sozialen und emotionalen *Entwicklung* nicht als passiver Rezipient dessen gesehen, was ihm sein Umfeld vermittelt, sondern "die funktionale Leistung des Individuums in Bezug auf die Umwelt und die Umwelteinwirkungen auf den Menschen" (Schmidt-Denter, 1988, S.12) werden in den Mittelpunkt der Betrachtung gerückt. Ausagen im Rahmen von Identitätstheorien verweisen auf die Notwendigkeit, das Kind in seiner Subjekthaftigkeit und unmittelbaren Betroffenheit sowie in seinem Bedürnis nach eigener Lebensgestaltung und positiver Selbstbewertung wahrzunehmen (vgl. Filipp, 1979).

In den nachfolgenden Beiträgen dieses Kapitels wird die Notwendigkeit des Einbezugs der Perspektive des Kindes genannt oder zumindest als Desiderat betont:

- Ein großer Teil neuerer empirischer Arbeiten zum *Schulanfang* (vgl. Kap. 3.2.2) bezieht sich ansatzweise auf Sichtweisen der Kinder, indem "authentische, d.h. beim Schüler selbst abrufbare Daten" in die entsprechenden Analysen einbezogen werden.

- Beim *Erlernen der Schriftsprache* (Kap. vgl. 3.2.3) zeigt sich ein zunehmendes Interesse an der "Verschiedenartigkeit kindlicher Zugänge zur Schriftsprache", an der kindlichen "Faszination von Schriftsprache" und dem "Wissen um eigene Möglichkeiten".

- In neuere Modelle zur Erklärung der *Schulleistung* (vgl. Kap. 3.2.4) geht neben Umweltvariablen (häusliche und schulische Umgebung) als dritte Komponente die Schülerpersönlichkeit ein, wobei die entsprechenden "Personvariablen" (kognitive Lernvoraussetzungen) die wichtigsten Erklärungsfaktoren darstellen.

- Bei der Erforschung *sozialer Beziehungen* (vgl. Kap. 3.2.5) werden Kinder in halbstandardisierten Interviews danach befragt, wie sie soziale Phänomene in der Gleichaltrigengruppe aus ihrer Perspektive wahrnehmen. Insgesamt sind empirische Studien "mehr und mehr davon geprägt, Schüler als Heranwachsende, die sich auch in ihrer sozialen Identität entwickeln,... zu begreifen".

- In Untersuchungen zu *außerschulische Lebenswelten* (vgl. Kap. 3.2.6) wird in ersten Ansätzen die individuelle Vearbeitung von außerschulischn Lebenswelten (z. B. Medienerfahrungen, Scheidung aus der Sicht des Kindes) erforscht. Fragen nach subjektiven Erfahrungen mit dem Nahraum, der Nutzung von Zeit und Raum gewinnen an Bedeutung. Besonders notwendig erscheinen Forschungsansätze, die der Frage nachgehen, wie Kinder krisenhafter Entwicklungsverläufe individuelle zu bewältigen versuchen.

Insgesamt ist festzustellen, daß konsequenter auf die Perspektive des Kindes eingegangen werden müßte. Darüber hinaus erscheint es notwendig, entsprechende "Daten" nicht ausschließlich der Verarbeitung und Deutung des Forschers zu überlassen. Vielmehr müßten die befragten Kinder in den "Deutungsprozeß" einbezogen werden, um so in mehreren "Rückkoppelungsschleifen" zur "Validierung" beizutragen.

3.2.1.3 Die Ebene der inner- und außerschulischen Umwelt

3.2.1.3.1 Teilkomponente 1: Grundschule (formeller Bereich)

Um die Gesamtheit von institutionellen Anforderungen zu systematisieren, verwenden wir ein Kategoriensystem, das Weidenmann (1978) zur Analyse des Bewältigungshandelns von Lehrern konzipiert hat. Eine solche Anforderungsstruktur benennt Tätigkeitsbereiche, die so konstruiert sind, daß sie möglichst umfassend Situationen repräsentieren, denen sich der Lehrer ausgesetzt fühlt und die er zu bewältigen hat. Diese Systematik kann auch auf die Perspektive des Schülers angewendet und "adressatenbezogen" interpretiert werden. Nach folgenden Handlungsbereichen kann differenziert werden:

- **Qualifikation:** Der Lehrer als *Organisator* und der Schüler als *Adressat von Unterricht* im Umgang mit Unterrichtsinhalten und -verfahren.
- **Integration:** Der Lehrer als *Erzieher* und Schüler als *Adressat von Erziehung* im Hinblick auf normative Vorgaben.
- **Selektion:** Der Lehrer als *Beurteiler* und der Schüler als *Adressat von Leistungsanforderungen und Leistungsrückmeldungen*.
- **Kontakt:** Lehrer und Schüler als *Interaktionspartner* in ihren Bemühungen, eine befriedigende zwischenmenschliche Beziehung zu gestalten.

Im Rahmen der weiteren Ausführungen kann nicht umfassend auf einzelne Forschungsfelder eingegangen werden. Dies gilt auch die entsprechenden Wechselbeziehungen zwischen den einzelnen Handlungsbereichen. Besonders interessant erscheint dabei eine ganzheitlich Betrachtung der o.g. Anforderungsstruktur, in der besonders Erziehen und Unterrichten verknüpft und in ihrer Abhängigkeit von Prozessen der Selektion und individuellen Gestaltung zwischenmenschlicher Beziehungen in den Blick genommen werden.

In den folgenden Beiträgen werden lediglich Teilbereiche aus diesen komplexen Forschungsfeldern beschrieben.

Aus dem Handlungsbereich *Qualifikation*, der sowohl die Analyse von Unterrichtsinhalten (z.B. Präferenzen von Kindern und Lehrern, "lebensnahe Themen") als auch Methoden (z.B. neue Lern- und Lehrformen) umfaßt, wird ein sehr spezifischer Bereich herausgegriffen. Der Beitrag von Blumenstock beschäftigt sich mit dem Erlernen der Schriftsprache im Schulanfangsunterricht. Dabei wird der Schriftspracherwerb als komplexer Vorgang dargestellt, bei dem die aktive Rolle des Kindes mitberücksichtigt wird. Die empirische Forschung besitzt hier hohe Relevanz für die Gestaltung des Unterrichtes, vor allem im Hinblick auf individualisierende Unterrichtsformen und Hilfen für leistungsschwache Kinder.

Der Handlungsbereich *Selektion* umfaßt u.a. das Beurteilungsverhalten des Lehrers, Leistungsrückmeldungen sowie auf Schülerseite Vorbereitung auf Leistungssituationen, Umgang mit Leistungsanfoderungen und Bewältigung von Mißerfolgen im Leistungsbereich. Von besonderem Interesse sind Fragen nach Determinanten für Schülerleistungen. In dem Beitrag von Einsiedler werden bedeutsame Erklärungsmuster für Schulleistung dargestellt, und es wird skizziert, wie zumindest partiell daraus pädagogische Konsequenzen abgeleitet wurden.

Für den Handlungsbereich *Integration* liegt kein spezieller Beitrag vor. Forschungsthemen sind u.a. das Erziehungshandeln des Lehrers und der Umgang der Kinder mit normativen Vorgaben. In der Erziehungsstilforschung finden sich für die Grundschule Hinweise auf die Bedeutung des Lehrerhandelns für die Entwicklung einzelner Kinder und das Sozialleben in der der Schülergruppe. Wenig bekannt ist, wie Kinder konkret mit normativen Vorgaben umgehen.

Der Handlungsbereich *Kontakt* umfaßt die Forschung zur Lehrer-Schüler-Beziehung. Zur Beschreibung des sehr komplexen Interaktionsgeschehens wurden Modelle entwickelt, die es erlauben, Teilprozesse zu benennen, Forschungsbefunde zu verorten und in einen systematischen Zusammenhang zu bringen (vgl. z.B. Nickel, 1978; Hofer, 1986). Dabei liegt zur "Lehrerseite" eine Vielzahl von Befunden vor; über die Perspektive des Kindes ist dagegen äußerst wenig bekannt.

Neben diesen eher "personalen" Aspekten des formellen Bereiches der Schule ist im Rahmen einer humanökologischen Perspektive die Relevanz sozial-räumlicher Faktoren als Handlungs- und Sozialisationsbedingungen besonders zu betonen. Die räumliche Gestaltung etwa des Klassenzimmers als Spiel-Bewegungs-Handlungsraum (vgl. Montessori, 1930) ist der greifbare Ausdruck des Lehr- und Lerngeschehens, das in diesen Räumen stattfindet. In der Diskussion um die Gestaltung eines kindgerechten Klassenzimmers fehlt es weitgehend an empirischen Grundlagen, aus denen sich fundierte Gestaltungsvorschläge entwickeln ließen. Ein wichtiger Aspekt wären dabei Prozesse der subjektiven Auseinandersetzung des Kindes mit sozialräumlichen Gegebenheiten. Prozesse des Lesens, Nutzens, Selegierens, Organisierens von Strukturen stünden dabei im Mittelpunkt der Betrachtung.

3.2.1.3.2 Teilkomponente 2: Grundschule (informeller Bereich)

Das informelle Erfahrungsfeld kennzeichnet Schule als Ort der sozialen Begegnung Gleichaltriger. Die Zugehörigkeit zu der Mitschülergruppe und intensive Beziehungen, vor allem zwischen Freunden, prägen diesen für die Identitätsentwicklung des Kindes wichtigen Erfahrungsbereich. Die Bedeutung der Schülergruppe für die Entwicklung des Kindes läßt sich aus der Vielfalt an Erfahrungsmöglichkeiten näher beschrieben. Die Gruppe bietet die Möglichkeit,

- sich mit anderen zu vergleichen (Aspekt: Bezugsgruppe);
- sich einen Status im Hinblick auf Einfluß, Beliebtheit u.a. zu erwerben (Gruppenstruktur);
- Normen mitzubestimmen und zu befolgen lernen (Gruppennormen);
- Zugehörigkeit zu erleben (Sozialklima);
- Gedanken auszutauschen, sich selbst darzustellen (Kommunikation);
- Freundschaft zu schließen (Beziehung)
- sich in Publikumssituationen zu bewähren (soziales Selbstbewußtsein);
- Selbsterfahrungen zu machen (Identität);
- Auseinandersetzungen zu bestehen (Konflikt);
- intensive Bindungen einzugehen (Freundschaft);
- gemeinsam zu arbeiten und zu spielen (Kooperation);
- Andersartigkeit zu erfahren (Toleranz);
- sich für Gruppeninteressen zusammenzuschließen (Solidarität),(Petillon, 1992a).

Die genannten Gesichtspunkte dienen lediglich der Kennzeichnung größerer inhaltlicher Bereiche. In vielen Fällen ist die Konkretisierung und Ausdifferenzierung dieser Bereiche nur ansatzweise geleistet. Empirische Untersuchungen zu Prozessen in der Schülergruppe mit Hinweisen auf die Perspektive einzelner Schüler finden sich nur sehr verstreut. In dem Beitrag von Krappmann zu sozialen Beziehungen unter Grundschülern wird die Forschung zu "sozialer Anerkennung, Beziehungen, Klima und Sozialerfahrungen" dargestellt; es werden Untersuchungen zum Sozialleben in Grundschulklassen sowie zum Zusammenhang zwischen sozialer Integration, Lernen und Entwicklung erörtert.

Zum informellen Erfahrungsfeld gehört weiterhin als Teilbereich das *Paracurriculum* (heimlicher Lehrplan), "als Gesamtheit nichtintentionaler Lernerfahrungen, die Schüler machen" (Fromm, 1982, S. 74). Auch hierzu liegen besonders für die Grundschule wenige Untersuchungen vor. Eine Verknüpfung des formellen und informellen Erfahrungsfeldes ist u.a. auch dadurch herzustellen, daß man das Ausmaß an Übereinstimmung entsprechender Normsysteme analysiert. Dabei ist von besonderem Interesse, in welcher Form der einzelne Schüler mögliche Divergenzen zwischen den Anforderungen der Schule und der Gleichaltrigen wahrnimmt und in seiner Identitätsentwicklung aufarbeitet. In einer Reihe von Untersuchungen wird festgestellt, daß sich mit zunehmendem Alter die Normen der Schule und diejenigen der Gleichaltrigen mehr und mehr voneinander entfernen. Dagegen besteht im Primarbereich noch ein enger Zusammenhang zwischen der Beliebtheit beim Lehrer, schulisch erwünschtem Verhalten und der Leistungsfähigkeit einerseits sowie sozialer Anerkennung in der Schülergruppe auf der anderen Seite (vgl. Petillon, 1982). Neben den günstigen Auswirkungen, die ein befriedigendes Schüler-Lehrer-Verhältnis auf die Persönlichkeitsentwicklung der einzelnen Schüler hat, kommt der Beobachtung dieser Beziehung durch die Mitschüler eine besondere Bedeutung zu. Auch für diesen Inhaltsbereich liegen wenige Forschungsbefunde vor.

3.2.1.3.3 Teilkomponente 3: Übergänge

In zahlreichen Erörterungen wird weitgehend ohne eine ausreichende empirische Grundlage und dementsprechend eher pauschal konstatiert, daß der Übergang vom Kindergarten in die Schule für die Kinder in vielen Fällen einen gravierenden Einschnitt in ihr Leben bedeutet. Die neue Situation stelle hohe Anforderungen an die Fähigkeit, sich zurechtzufinden und dabei Gefühle der Unsicherheit emotional zu verarbeiten (vgl. z.B. Hüttenmoser, 1981). Gleichzeitig wird den Erfahrungen am Schulanfang eine zentrale Bedeutung für die gesamte Schullaufbahn des Kindes zugeschrieben. Es wird davon ausgegangen, daß ein solcher Übergang für die Entwicklung des Kindes von vitaler Bedeutung ist.

Die Unterschiedlichkeit von Erfahrungsfeldern und damit verbundene Orientierungsprobleme werden unter den Begriffen Kontinuität vs. Diskontinuität diskutiert. Dabei wird zwischen einer vertikalen (lebensgeschichtlich - biographischen) Komponente, d.h. dem Wechsel vom Kindergarten in die Grundschule, und einer horizontalen (das Moment der Gleichzeitigkeit beschreibenden) Komponente, d.h. schulbegleitenden Interaktionen in der Familie unterschieden.

In der erziehungswissenschaftlichen Literatur zum Schulanfang spielt der Aspekt der **Kontinuität** bei der Diskussion um einen kindgerechten Schulanfang eine zentrale Rolle: Modelle zu einem gleitenden Übergang resultieren aus Überlegungen zu vertikalen Gesichtspunkten, während die Entwicklung von Kooperationsmodellen in der Elternarbeit auf der Annahme horizontaler Diskontinuität beruht. Empirische Befunde zur Präzisierung von Auswirkungen diskrepanter Mikrosysteme beim Schulanfang stehen nach wie vor aus. Eine Analyse der Perspektive des Schulanfängers könnte differenziert auf Veränderungen und Umstellungen zum Schulanfang aus der Sicht des Kindes eingehen, dabei subjektive Bewältigungsformen näher betrachten und damit individuelle und kontextuelle Aspekte von Kontinuität analysieren.

Hansel beschreibt im folgenden Beitrag die Schulanfangsforschung, die sich zunächst mit Themen wie Eingangsstufe der Fünfjährigen, Ursachen für Leistungsprobleme von Kindern und Schuleingangsdiagnostik beschäftigte. Er konstatiert danach eine Tendenzwende im Forschungsinteresse, das sich von Fragen nach strukturellen Aspekten der Schule löst und auf pädagogische und didaktische Dimensionen des Schulklimas richtet. Es wird festgestellt, daß dabei das "Kind als Subjekt" in den Mittelpunkt der Betrachtung rückte.

Besonders defizitär erweist sich die Forschung im Hinblick auf den Übergang am Ende der Grundschulzeit. In ersten Ansätzen wird auf Übergangsprobleme von Kindern (vgl. Mitzlaff & Wiederhold, 1989) und entsprechende pädagogische Konzepte (vgl. Portmann, Wiederhold & Mitzlaff, 1989) eingegangen.

3.2.1.3.4 Teilkomponente 4: Außerschulisches Erfahrungsfeld

In dem Beitrag von Fölling-Albers wird die außerschulische Lebenswelt des Grundschulkindes beschrieben und die Vielschichtigkeit des Wandlungsprozesses in den vergangenen Jahren verdeutlicht. Auf Forschungsbefunde zur familialen Lebenswelt, zum Umgang mit Medien, zum Nahraum und zur Freizeitgestaltung wird dabei näher eingegangen. Auch in diesem Forschungsgebiet wird deutlich, daß die Perspektive des Kindes (vgl. z.B. Scheidungsfolgenforschung, subjektive Verarbeitung von Medienerfahrungen, individuelle Deutungen des Nahraums) vernachlässigt wird.

3.2.1.3.5 Teilkomponente 5: Gesamtgesellschaftliche Rahmenbedingungen

Die bisher genannten Teilkomponenten können nur auf dem Hintergrund der jeweiligen gesamtgesellschaftlichen Situation angemessen eingeschätzt werden. Besonders bedeutsam sind dabei übergreifende Wertvorstellungen (z.B. auch zum Leistungs- und Sozialverhalten), soziale und ökonomische Strukturen, vor allem auch auch im Hinblick auf Ressourcen, die dem Bildungssystem zur Verfügung gestellt werden.

Mit der Trennung nach einzelnen Komponenten wurde der Versuch unternommen, eine sehr komplexe Materie zunächst zu entfalten. Diese Einzelkomponenten sind zwar analytisch trennbar und definieren auch eingegrenzte Forschungsaufgaben, aber wirken in der Realität des Kindes und Schule zusammen. Wie oben dargestellt, ist auch die Trennung von Mensch und Umwelt im Sinne einer humanökologischen Perspektive aufzuheben.

In einigen Stichworten sollen Desiderata für die Grundschulforschung benannt werden:

- Den Sichtweisen der Kinder sollte ein größerer Stellenwert eingeräumt werden.
- Ein solcher Forschungsansatz sollte in eine ganzheitliche Betrachtung eingebettet werden (vgl. auch die Diskussion von Mehrebenenmodellen).
- Auf die Vernetzung inner- und außerschulischer Lebenswelten sollte besonders geachtet werden.
- Bevorzugt sollten längsschnittliche Untersuchungen durchgeführt werden.
- Es wäre ein "konsensfähiger" analytischer Bezugsrahmen zu erarbeiten, der zur Verortung und Vernetzung von Einzeluntersuchung geeignet ist.

- Besonders wünschenswert wäre eine intensivere Kooperation im Bereich der Grundschulforschung, mit dem Ziel, in einer größeren Gruppe aufwendigere ganzheitliche Analysen durchzuführen; dabei wäre auch eine interdisziplinäre Zusammenarbeit notwendig.
- Es sollte eine Stelle geschaffen werden, die hierbei die entsprechende Koordination und Dokumentation übernimmt.

3.2.2 Schulanfang (Toni Hansel)

3.2.2.1 Vorbemerkung

Wir konzentrieren unseren Überblick auf die beiden abgelaufenen Jahrzehnte; das aber heißt nicht, daß die Zeit davor im Hinblick auf die Themenstellung ereignislos war: Ein wahrnehmbares auch empirisches Interesse ist in diesem Jahrhundert durchgängig dokumentierbar: Die Arbeiten von Danzinger (1933), Kern (1950), Cordt & Walter (1962) im nationalen Bereich oder der "Chicagoer Schule" - von Bloom angeregt- im internationalen Bereich mögen als gewiß unvollständiger Hinweis auf das Forschungsinteresse dienen, welches an dieser "Gelenkstelle" öffentlicher Bildung, Ausbildung und Erziehung Ergebnisse zeitigte.

3.2.2.2 Der Reform 1. Teil: nach Grundschulkongreß und Strukturplan 1969

Das Reforminteresse nach dem II. Weltkrieg zielte zunächst vorrangig auf eine "innere Reform" der Grundschule, z.B. auf Veränderung des Lehrerbewußtseins. Noch 1959 stellte der Deutsche Ausschuß für das Erziehungs- und Bildungswesen fest, daß die Grundschule eine pädagogische Haltung und unterrichtliche Verfahren gewonnen habe, die zwar der weiteren Ausgestaltung und Festigung, aber keiner grundsätzlichen Wandlung mehr bedürften. Erst gegen Ende der 60er Jahre rückte die ihren Auftrag gefährdende prekäre Situation der Grundschule in das öffentliche Interesse und der Frankfurter Grundschulkongreß schließlich gab die entsprechenden Stichworte: ungünstige Klassenfrequenzen, unzureichende Lehrmittelausstattung, kurze Ausbildung und erhebliche Überforderung der Lehrer usw.!

Ähnlich verlief die Entwicklung vor der Schule: Elementar- und Primarbereich bildeten bis dato ein relativ unverbundenes Nebeneinander. Die Tätigkeit des Kindergartens bezog sich weithin auf ein bestimmtes Leitbild vom "Kindsein", seine Eigenständigkeit rührte aus einem entwicklungspsychologisch-phasenspezifischen Begründungszusammenhang her.

Deutscher Bildungsrat (1969) und bildungsreformerische Impulse des Jahres 1969 auf Bundesebene ließen das isolationistische, institutionenbezogene Denken in den Hintergrund treten und gaben den Forschungsdesigns der 70er Jahre Kontur: Kindergarten und Grundschule wurde die Frage zur Beantwortung vorgelegt, welchen Beitrag sie in ihrem jeweiligen Verantwortungsbereich oder gar kooperativ zur Verbesserung des aktuellen oder späteren schulischen Lernschicksals zu leisten imstande seien.

Dementsprechend läßt sich für die 70er Jahre ein deutlicher Akzent auf der empirischen schul- und erziehungsstrukturellen Forschung für den Komplex "Schulanfang" dokumentieren. Eine Reihe von Bundesländern hatte bereits 1968/69 mit Regionalversuchen zur **Eingangsstufe** für Fünfjährige begonnen:

- Harde, Siersleben und Wogatski (1969)	Hannover
- Schüttler-Janikulla (1968)	Berlin
- Walter (1968)	Duisburg
- Kroj (1968)	Frankfurt/Wiesbaden

In beinahe allen Bundesländern wurden parallele Versuche mit Vorklassen und Modellkindergärten installiert. Einige Bundesländer (z.B. NRW, Rheinland-Pfalz) begriffen diese Versuche durchaus als Konkurrenzprogramme zwischen Vorklasse und Modellkindergarten, gewissermaßen als wissenschaftliches Entscheidungsexperiment, welches die Zuordnung der Fünfjährigen zum Elementar- **oder** Primarbereich nach Maßgabe erziehungswissenschaftlicher Standards auf eine gesicherte Datenbasis stellen sollte. Es sei angemerkt, daß dieser Schwebezustand eher innovationshemmend wirkte und Konkurrenz an dieser Stelle das "Geschäft" nicht belebte.

Aus der Fülle der im Kindergarten projektierten Modelle oder dargelegten Konzepte sei hier stellvertretend für das gesamte Spektrum auf den Freiburger Modellkindergarten (Sagi, 1970) und das Curriculum "Soziales Lernen" (Deutsches Jugendinstitut, 1974) hingewiesen, ohne damit freilich eine Wertung zu verknüpfen. Deren Zielprojektionen dürfen durchaus als repräsentativ für die auf Kontinuität von Elementar- und Primarbereich gerichtete Forschung betrachtet werden: Es sollte in bewußter Abhebung von den Vorklassenmodellen geprüft werden, ob und wie ein reformierter Kindergarten die kognitiv-intellektuelle Förderung der Fünfjährigen mit Blick auf künftiges Schülersein gewährleistet, ohne die affektiv-sozialen, genuin sozialpädagogischen Leitvorstellungen des Kindergartens zu suspendieren oder schulpädagogischer Intention nachzuordnen.

Gewiß vergröbernd, aber in der Tendenz wohl zutreffend kann man das Jahrzehnt von 1970-1980 für den Forschungskomplex Schulanfang als eine Dekade bezeichnen, die wesentliche Impulse für die empirische Forschung aus ihrer politikberatenden Funktion erhielt, ohne daß damit freilich die Gewähr verknüpft war, daß die Politik dem immer folgte, was durch empirische Forschung als aus erziehungswissenschaftlicher Perspektive sinnvoll dokumentiert worden ist. Daneben existiert jedoch ein vielfältiges Spektrum von einschlägigen Einzelforschungen, die vollständig aufzuzählen hier weder Zeit noch Raum ist, deshalb wenige beliebig gegriffene Beispiele:

Krapp (1975) bemüht sich um eine Erhöhung der Sicherheit von Schulerfolgsprognosen bei Lernanfängern durch die Bestimmung des Kriteriums "Kognitive Gesamtschulleistung", die er in Abhängigkeit von den Merkmalen "Schülerpersönlichkeit" und "Sozio-ökonomische Situation im Elternhaus" mißt.

Huber & Mandl (1977) differenzieren Schulschwierigkeiten - auch zu Beginn der Schullaufbahn - aus Normenpräferenzen: Je nachdem, ob mehr die Leistungsnorm oder die soziale Norm im Vordergrund steht, sprechen sie von zwei grundlegenden Arten von Schulschwierigkeiten, nämlich den Leistungs- bzw. Lernschwierigkeiten einerseits und den Anpassungs- oder Sozialschwierigkeiten, die im Anfangsunterricht besonders augenfällig sind.

Weinert und Zielinski (1977) gehen der Frage nach, ob als Verursacher des - auch - frühen Schulversagens nicht u.a. die Schule selbst zu benennen ist. Die hier am Beispiel der Zurückstellung in den Schulkindergarten diskutierten Befunde kontrastieren allerdings deutlich mit den von Rossbach, Mader & Tietze (1982) und Hansel (1982) vorgelegten Daten zur gleichen Forschungsthematik.

Die aus Schulforschungen mit anderen Schwerpunktsetzungen bekannte Kritik an der punktuellen Erfassung der Schülerkompetenzen (Schulleistungsmessung, Versetzungsproblematik, Schulerfolgsprognostik usw.) findet ihre Entsprechung auch in den Erörterungen zur Gestaltung des Schulanfanges, die von Vertretern aus Schulpädagogik, Schulverwaltung und Schulpolitik zu diesem Problemkreis geführt wurden. Die sehr ernst zu nehmende Kritik an der selektiven Wirkung der sogenannten Schulreifeprüfung, deren Durchführung sich selbst auf engstem lokalen Raum höchst bemerkenswerter Beliebigkeit erfreute (Hansel 1982), führte zunächst einmal zu diagnostischer Abstinenz. Dabei galt die Kritik eher den Operationalisierungen (Apfel-Münz-Test als Indikator einer "allgemeinen Lebensreife"; "Philippermaß" als Indikator der Schulreife nach Maßgabe des Proportionsverhältnisses der Gliedmaße) als der Diagnostik generell. Das Land NRW bestimmte die Funktion der Schulreifeprüfung neu: sie sollte nun nicht mehr der Selektion, sondern der Beratung des Elternhauses und der Planung von geeigneten Förderungseinrichtungen und/oder -maßnahmen dienen.

Die durch die 69er Impulse (Grundschulkongreß, Strukturplan) vehement beförderte Diskussion unter dem Diktum **Wissenschaftsbezogenheit** und **Curriculumrevision** trug mit dazu bei, die Grundschule der 70er Jahre in erheblichem Ausmaß zu einer Lern- und Leistungsschule umzuformen. Die Folgen dieses Wandels beschäftigten zunehmend Schulforscher der 80er Jahre, auf die wir nun den Blick richten.

3.2.2.3 Tendenzwende: Schulklima statt Schulstruktur

Nach dem Auslaufen der Modellversuche und der darauf beruhenden Entscheidung über die Zuordnung der Fünfjährigen zum Elementarbereich in den Bundesländern blieb es bei der Einschulung der Sechsjährigen. Unabhängig davon, ob man dies begrüßt oder bedauert, war die unmittelbare Konsequenz dieser bildungspolitisch motivierten Weichenstellung für die empirische Schulanfangsforschung, daß das Interesse an schul- und erziehungsstrukturellen Fragestellungen zu stagnieren schien - allerdings: Hier von Resignation zu sprechen, halten wir für voreilig und sachlich nicht gerechtfertigt. Es ist eher von einer Verlagerung, von einer Umorientierung des Forschungsinteresses auszugehen, die sich in den dokumentierbaren Arbeitsschwerpunkten niederschlägt.

Das Erscheinungsbild der Grundschule als "Lern- und Leistungsarena" - ein Terminus, der den Verzicht auf den Primat des Pädagogischen gegenüber utilitaristischen Qualifikationsritualen suggeriert - veranlaßte zunehmend die Pädagogen dazu, über den Auszug des Pädagogischen aus den Schulen nachzudenken, so etwa Beckmann (1983) bei seiner Betrachtung der Schule unter pädagogischem Anspruch. Die forschungskonzeptionelle Verlängerung dieses Denkens sehen wir in der fortan sehr akzentuiert betriebenen empirischen Forschung zu den pädagogischen und didaktischen Dimensionen des Schulklimas und des Unterrichts im engeren Sinne. Genuin schulpädagogische, in der Reformpädagogik wurzelnde Konzepte durchlebten eine Phase der Revitalisierung, fanden Eingang in Richtlinien und Lehrpläne für die Grundschule - z.B. in NRW (Kultusminister NRW, 1985) - und spiegeln sich in den nachfolgend operationalisierten Forschungen zum offenen Unterricht, zum Spiel in der Schule, zu diversen Schullebenkonzepten, zur ziffernfreien Leistungsbeurteilung usw. wieder. Auch hier nur wenige, beliebig gegriffene Beispiele:

Wagner & Knörr (1981) untersuchten die Bedingungen schulischer Ängstlichkeit in der Schülerwahrnehmung, deren Entstehungszusammenhänge sie auf den Sozialisationseffekt unterschiedlicher Schularten zurückführen. Diese Studie korrespondiert hinsichtlich Themenstellung und Befunden mit den Arbeiten v.Salderns (1987a,b) und Haarmanns (1988), die der Frage nachgehen, ob und warum die Lernumwelt mit zunehmender Klassenstufe - also vom Anfang bis zum Ende der Schullaufbahn - von den Schülern negativer wahrgenommen wird.

Reinert (1983) erfaßt Schüleräußerungen über von den Schülern als problemhaft erlebte Situationen des Schulalltags und klassifizierte u.a. das Schulgebäude als Teil des Lebensorts Schule.

Treinies & Einsiedler (1989) gehen der Frage nach, in welcher Weise das kindliche Spiel eine sinnvolle, d.h. hier: eine grundschulpädagogisch und -didaktisch abgestimmte Brücke zwischen dem Kindergarten und der Grundschule schlägt.

Die Aufzählung der Forschungen ließe sich unschwer fortsetzen. Es ist auffällig, daß ein großer Teil der Arbeiten authentische, d.h. beim Schüler selbst abgerufene Daten erfaßt. Wir befragen nun nicht mehr (ausschließlich) die Lehrer nach ihren

Schülern, die Eltern nach ihren Kindern, sondern wir nehmen die Kinder selbst als Subjekte wahr. Das ist weder gänzlich neu, noch ist es besonders verdienstvoll, es eliminiert dadurch, daß wir solchen Designs nunmehr größere Aufmerksamkeit widmen, vielleicht ein Stück struktureller Unwahrhaftigkeit aus den gelegentlich kühnen Folgerungen, die auf schmaler Sekundärdatenbasis stehen.

Die Schulanfangsforschung der 80er Jahre behielt ein programmatisches Stichwort bei, das schon für die 70er Jahre Impulsgeber war: Kontinuität zwischen Elementar- und Primarbereich! Allerdings hatte sich das Verständnis dieses Schlagworts gewandelt. Verbarg sich in den 70er Jahren dahinter das Bemühen, beide Bildungs- und Erziehungsbereiche durch eine Optimierung und Passung ihrer Infrastruktur zu verzahnen, so verlagerte sich das Interesse in den 80er Jahren zunehmend darauf, die Kontinuität von Elementar- und Primarbereich in der Gemeinsamkeit des Erziehungsverständnisses zu suchen und durch die Korrelation von Lernbegleitprozessen des Elementarbereichs mit grundschulischem Lernen nunmehr die didaktische Struktur einer solchen Kontinuität zu ergründen.

Für die Schulanfangsforschung des zweiten Jahrzehnts im Berichtszeitraum ist abschließend festzuhalten, daß die Perspektive eines weitgehend an der Allokationsfunktion der Grundschule orientierten Beratungs- und Legitimationshandelns, wie es in den 70er Jahren dominierte, in den Hintergrund getreten ist. Die oben angedeutete Trendwende hat freilich einen Haken: Schulklima-Konzepte entziehen sich wegen ihres erheblichen subjektiven Operationalisierungsspektrums einer "flinken" Quantifizierung. Vielleicht erklärt dies die nach unserem Eindruck gewachsene empirische Enthaltsamkeit auf diesem Sektor der erziehungswissenschaftlichen Forschung.

3.2.3 Erlernen der Schriftsprache im Anfangsunterricht der Grundschule (Leonhard Blumenstock)

Der angesprochene Zeitraum ist durch den Frankfurter Grundschulkongreß 1969 begrenzt, ein wichtiges Datum für die Reform der Grundschule. Jedoch reichen viele Stränge in der Erforschung des Erstlesens und Erstschreibens weiter zurück, so daß bisweilen auch auf zeitlich frühere Untersuchunen verwiesen werden muß. Dies ist besonders dort wichtig, wo ein Wechsel im Forschungsparadigma durch einen Vergleich gekennzeichnet werden soll.

3.2.3.1 Untersuchungen innerhalb des Schriftsprachlernprozesses

Entscheidend für die Erfassung der Lernfähigkeit eines Schülers im Bereich der Schriftsprache dürfte sein, wie nahe die Untersuchungsinstrumente an die Schriftsprache herankommen. Dies ist eine der Hauptlehren, die man aus den meisten Untersuchungen im Bereich der Legasthenie (vgl. Valtin, 1976) ziehen kann, für das Lesen ebenso wie für das Schreiben. Auch bei der Ausführung im

Schriftsprachbereich gilt, daß nicht die allgemein-motorische sondern die spezielle graphomotorische Fertigkeit des Schülers entscheidend für den Erfolg ist.

Brügelmann (1984, S. 69 ff.) stellt bei der Suche nach entscheidenden Teilleistungen für das Lesenlernen in einem Literaturüberblick fest, daß Forschungen, die sich auf gegenstandsbereichsferne Grundleistungen beschränkten, den Leseerfolg nur in geringem Maße aufklären konnten, daß dagegen lesenahe Testaufgaben zum Teil sehr hohe Korrelationen erreichten. Diese hohen Beziehungen erklären sich daraus, daß sprachanalytische und -synthetische Leistungen in hohem Maße Voraussetzung bzw. Teilleistung beim Lesen sind; sie sind es auch beim Schreiben, wenn mehr als ein reines Produzieren oder Reproduzieren von graphischen Zeichen verlangt wird, wenn also Schreiben in seinem Vollsinn kreatives Herstellen von bedeutungsvoller Schriftsprache ist.

Im Bereich der Legasthenieforschung erwies sich der sprachlich-auditive Aspekt, offenbar wegen seiner Nähe zu entscheidenden Leistungen beim Schriftsprachverständnis, als sehr fruchtbar. Der sprachlich-auditive Ansatz geht vor allem auf Kossakowski (1962) zurück, der Lese-Rechtschreibschwäche überwiegend als ungenügende Fähigkeit zur sprachlichen Wortaufgliederung und mangelhafte Lautunterscheidungsfähigkeit bezeichnete. Dieser theoretische Ansatz wurde von Kossow (1975) in ein systematisches Trainingsprogramm umgesetzt. Durch Forschungsergebnisse u.a. von Valtin (1972) und Angermaier (1974) rückte der sprachlich-auditive Trainingsansatz auch im deutschen Sprachraum stark in den Blickpunkt.

Im Gegensatz zu meist widersprüchlichen Ergebnissen in anderen Bereichen der Legasthenieforschung sind die Befunde im sprachlich-auditiven Bereich also völlig einheitlich: Trainingsverfahren haben sich hier als meist hoch effizient erwiesen (vgl. Literaturzusammenfassung bei Blumenstock, 1981). Es liegt nahe, die Begründung in einer - vielleicht manchmal gar nicht beabsichtigten - Nähe der trainierten Teilfähigkeiten zu Operationen bei der Schriftsprachverwendung zu suchen:

Da unsere Schriftsprache im Gegensatz zu Begriffsschriften (vgl. Földes-Papp 1966, Jensen 1969) eine Laut-Buchstaben-Schrift darstellt, also das lautliche Gefüge der gesprochenen Sprache in eine schriftliche Symbolfolge (Buchstabenfolge) überträgt, ist die entscheidende Voraussetzung für einen Lernerfolg die Zuwendung des lernenden Kindes zur gesprochenen Sprache, und zwar in einer ganz besonders bewußt vergegenständlichenden lautanalysierenden und -synthetisierenden Weise.

In einer neueren Veröffentlichung stellt Valtin (1986) heraus, daß "dem Schulanfänger ... die Strukturelemente der Sprache, die in unserer Schrift repräsentiert werden, bewußt... werden" müssen (S. 25). Dies sind unter anderem die bewußte Verwendung von Begriffen der Schriftsprache (Wort, Buchstabe...), das Verstehen von Funktionen der Schriftsprache (Kommunikation, Information ...), die Segmentierungsfähigkeit als Fähigkeit, entscheidende Einheiten der Schriftsprache als solche zu identifizieren oder das Bewußtsein der Länge gesprochener Wörter in Abhebung von der dahinter stehenden Realität.

Verunsichert durch mangelnde Erfolge in der Legasthenie-Forschung und angeregt durch Beispiele aus dem anglo-amerikanischen Sprachraum (vgl. die Literaturübersicht von Scheerer, 1978), besonders zu Verarbeitungseinheiten beim Lesen, wandten sich zu Beginn der 80er Jahre auch in Deutschland einzelne Forscher gezielt der unmittelbaren Erforschung des Leselernprozesses zu. Besonders Scheerer-Neumann versuchte, Einzelfragen eines hypothetischen Lernprozeßmodells empirisch zu klären (als "Funktionsanalyse des Lesens", 1977). Dieses Modell verstand Lesenlernen als ein Gefüge von visuellen, phonetischen, gedächtnismäßigen und bedeutungserschließenden Leistungen in einer angenommenen Abfolge, als überindividuell gültiges, im wesentlichen linear (mit Schleifen) ablaufendes Geschehen (vgl. Scheerer-Neumann, 1977, S. 130).

Die empirische Forschung besitzt also im wesentlichen folgende Modellvorstellungen vom Ablauf des Schriftsprachlernprozesses:

Der Schriftsprachlernprozeß (meist bezogen auf das Lesenlernen) wird in seinen konstituierenden Teilbereichen erforscht (u.a. visuelle Merkmalsanalyse, visuelle Segmentierung, Buchstabenkenntnis, auditiv-sprachliche phonologische Analyse und Synthese ...). Beziehungen zwischen den einzelnen Teilkomponenten kommen dabei, auch bedingt durch die verwendeten Forschungsinstrumente und statistischen Analysemethoden, nicht in den Blick: Das zugrundeliegende Modell ist also additiver Art. Theoretische Annahmen komplexer Beziehungen (vgl. etwa Problemlöse- oder Strategiemodelle bei Brügelmann, 1984, Dehn, 1988) spiegeln sich derzeit in der empirischen Forschung noch nicht wider.

Scheerer-Neumann (1981, S. 195) erwartet auf der Basis ihres Lesemodells, daß die visuelle Segmentierung von Schrift eine wichtige Teilleistungen beim Lesen ist, eine Voraussetzung dafür, angemessene sprachliche Einheiten finden zu können.

In neueren Untersuchungen zur Frühdiagnose der Schriftsprachkompetenz überprüft Kretschmann (1989) auf der theoretischen Grundlage des Leseprozeßmodells nach Scheerer-Neumann vermutete zentrale Teilleistungen im Leselernprozeß bei Vorschulkindern und Erstkläßlern. Sein Hauptanliegen ist es, Prädiktoren für den späteren Leseerfolg zu finden und ein Prüfverfahren für den Lernstand der Kinder am Ende des ersten Schuljahres zu entwickeln.

3.2.3.2 Die Problematik des Schreibenlernens

Der Aspekt des Schreibenlernens wurde bis weit in die 70er Jahre hinein unterrichtsmethodisch und empirisch-forschungsmethodisch als eigener, von der Leseproblematik völlig getrennter Bereich behandelt. Erst im Jahre 1976 führte, nach Zurückdrängung der reinen Methodendiskussion, die gegenstandsorientierte linguistische Sichtweise zu einer Vereinigung der beiden Problembereiche unter dem Begriff des "Schriftspracherwerbs" (vgl. Weigl, 1976).

Bis zu diesem Zeitpunkt wurde die Schreibproblematik nicht nur vom Lesen abgetrennt, sondern auch stark vernachlässigt, in unterrichtlicher Hinsicht (beispielsweise wurden Schreiblehrgänge stets als "Anhängsel" von Leselehrgängen konzipiert) und in empirischer Hinsicht, was sich schon aus einer geringen Anzahl von Forschungsarbeiten bis in die 70er Jahre belegen läßt.

Die seit den 50er Jahren dominierende "Bewegungsmethode" in der Schreibdidaktik sah Schreiben einseitig als dynamische, rhythmische Bewegung an, während Lesen als statisches visuell gesteuertes Erfassen (nach Gramm, 1971, S. 22) aufgefaßt wurde. So war eine einseitige Sichtweise auf die Schreibproblematik, eine starke Reduzierung der Faktorenkomplexität, vorprogrammiert. Von Anfang an stand die Erforschung des motorischen Aspekts beim Schreiben im Vordergrund; ausgeblendet blieben die Vielfalt der möglichen Schriftarten und schriftlichen Ausdrucksmöglichkeiten; insbesondere schien trotz gegenläufiger Untersuchungsergebnisse die Druckschrift als Erstschrift nicht infrage zu kommen (vgl. Meis, 1963, Weinert, Simons & Essing, 1966), ebenso der Sinn- und Kommunikationsaspekt der Schrift, der Aspekt der kognitiven Erschließung der Schriftsprache über das Schreiben ("Lesen durch Schreiben") und alle Formen selbständiger Aneignung von Formen des Schreibens durch Kinder bereits im Vorschulalter. Eine Konzentration auf den schreibmotorischen Aspekt erfolgte wohl auch deshalb, weil sich hier exakte quantitative, apparativ gestützte Messungen leicht durchführen ließen.

Auch in den 70er Jahren standen Fragen der Schreibmotorik eindeutig im Vordergrund empirischen Interesses. Dabei führten die Untersuchungen Grünewalds (1970) mit dem Skriptographen zur Frage der Schreibbewegung zu wichtigen Einsichten in das tatsächliche Schreibverhalten des Schulanfängers, in Probleme bei Ausführung der seit 1953 bis heute verbindlich eingeführten Lateinischen Ausgangsschrift und schließlich bis 1973 zur Konzipierung einer neuen Ausgangsschrift, der inzwischen häufig erprobten Vereinfachten Ausgangsschrift.

Eine sehr wichtige Änderung der Unterrichtspraxis erfolgte in den 80er Jahren bei der Erstschrift im Anfangsunterricht. Nach langer einseitiger und gegenteilige Forschungsergebnisse ignorierender Prägung der Diskussion durch die "Bewegungsmethodiker", die lediglich eine verbundene Schrift als Erstschrift gelten ließen, wandte sich seit etwa 1976 zunächst die didaktische Diskussion, in letzter Zeit auch die Unterrichtspraxis verstärkt der unverbundenen Druckschrift als Erstschrift zu, der dann als Zweitschrift die Lateinische oder die Vereinfachte Ausgangsschrift folgt (vgl. u. a. Liedel, 1976, 1977; Schorch, 1977; Liedel & Tauscheck, 1980; Blumenstock, 1982). Damit wird - mit einer Verzögerung von zwei Jahrzehnten - Ergebnissen empirischer Untersuchungen Rechnung getragen, die bereits in den 60er Jahren durchgeführt, lange Zeit aber überhaupt nicht zur Kenntnis genommen wurden.

Meis ließ bereits 1963 Schulanfänger verschiedene Wörter in Schreibschrift, gemischter Antiqua und Großantiqua schreiben. Dabei fand er, daß die beiden Druckschriften den Schulanfängern erheblich leichter fielen als die verbundene Schreibschrift, wobei die Großantiqua gegenüber der gemischten Antiqua (Groß- und Kleinbuchstaben) einen leichten Vorteil besaß (S. 6). Meis führte den Vorteil der Druckschrift auf ihre insgesamt "klareren, prägnanteren, auf das Wesentliche reduzierten ... Formen" zurück (S. 20), wobei der Vorteil der Druckschrift mit zunehmender Wortschwierigkeit wuchs (S. 19).

Daumenlang (1972) fand in einer Untersuchung nach vier Monaten Unterricht im ersten Schuljahr positive Einwirkungen des Druckschreibens: "Gegenüber dem sofortigen Beginn des Schreiblehrgangs (mit verbundener Schreibschrift; der Verf.) führt das Abmalen der gemischten Antiqua zu Anfang des Schuljahres eindeutig zu besseren Leseleistungen" (S. 383).

Daß die frühe Verwendung von Druckschrift keinesfalls die oft befürchteten negativen Auswirkungen auf die Handschrift hat (vgl. u. a. Gramm, 1971) wiesen bereits 1966 Weinert, Simons und Essing nach. Vom 1. bis ins 3. Schuljahr zeigten die Kinder, die zuerst die Druckschrift gelernt hatten, beim Schreiben der Schreibschrift die besseren Leistungen: Sie schrieben "durchwegs schneller und weniger vekrampft" (S. 129), was den damaligen Erwartungen diametral zuwiderlief, sicher ein Grund für das jahrelange "Totschweigen" dieser empirischen Untersuchung.

Pfeuffer (1988) wies in einer Untersuchung nach, daß die Druckschrift keinesfalls Rechtschreibefehler unmittelbar hervorruft. Die Ergebnisse entsprechen also heutigen didaktischen Tendenzen, müßten allerdings, um wirklich praxisrelevant zu sein, durch erheblich zeitaufwendigere Längsschnittuntersuchungen ergänzt werden, die überprüfen, ob die Druckschrift als über längere Zeit ausschließlich geschriebene Erstschrift negative Rechtschreibauswirkungen zeitigt. Negative Auswirkungen einer Schriftart auf Rechtschreibleistungen sind keinesfalls im kurzen Zeitraum weniger Wochen zu erwarten. Somit ist Pfeuffers Untersuchung zwar forschungsmethodisch exakt, jedoch für die Unterrichtspraxis irrelevant.

3.2.3.3 Neuere Tendenzen

In den letzten Jahren sind im Bereich der Schriftsprachforschung zunehmend Tendenzen zu einem erneuten Wechsel der Modellvorstellung vom Schriftspracherwerb zu beobachten, eine verstärkte Hinwendung zu Einzelfallstudien. Schriftspracherwerb ist ein sehr komplexer Vorgang, bei dem viele Faktoren eine Rolle spielen, deren genaues Beziehungsverhältnis nicht ohne weiteres als linear kausal bezeichnet werden kann. Vielmehr bestehen wechselseitige Abhängigkeiten zwischen den Faktoren, denen die bisherigen Untersuchungsansätze nicht gerecht werden konnten (vgl. die Kritik am korrelationsstatistischen Forschungsansatz bei Scheerer-Neumann, 1989, S. 156 ff.). Außerdem dürfte wohl ein Forschungsansatz nicht die Realität widerspiegeln, der das Kind nur als passives, lediglich durch Bedingungen und Unterrichtseinwirkungen beeinflußtes Objekt des Schriftsprachlehrprozesses ansieht. Vielmehr spielt das Kind eine sehr aktive Rolle beim Schriftspracherwerb, indem es die Anregungen von außen aufgreift, verarbeitet, oft aber auch selbst die Initiative beim Lernen ergreift. Diese Rolle spielt jedes Kind auf seine Weise, so daß anzunehmen ist, daß die gleichen äußeren Einflüsse bei verschiedenen Kindern unterschiedliche Wirkungen hervorrufen. Diese Sichtweise führt in der Unterrichtsdidaktik des Schriftspracherwerbs zu einer Abkehr von vorformulierten, standardisierten Lehrwegen, von "gleichmachenden" Lehrgängen hin zu einer Betonung jeweils eigener Zugänge der Kinder zur Schriftsprache (vgl. u. a. Brügelmann, 1983; Bergk & Meiers, 1984; Dehn, 1988; Blumenstock & Renner, 1990). In der Forschung wächst parallel dazu das Interesse an der Verschiedenartigkeit kindlicher Zugänge zur Schriftsprache (vgl. Scheerer-Neumann, 1986, S. 55 ff.), die in Fallstudien sehr gut erfaßt werden können. Dabei spielt die Intensität der Beobachtung eine wichtige Rolle ("dichte" Fallstudie) sowie die genaue Deskription, der eine vorsichtige Interpretation folgt, die sich sehr vor vorschnellen Verallgemeinerungen hüten muß (Scheerer-Neumann, 1986, S. 172).

Die Fallstudie (vgl. zur pädagogischen und forschungsmethodischen Problematik: Fischer, 1982, 1983) dürfte wohl auch geeignet sein, die Vielfalt möglicher Bedingungen beim Schriftspracherwerb zu erfassen, die sich zudem auch im Laufe der Zeit verändern, wie es die Erforschung von Veränderungen der Umweltbedingungen für Kinder nahelegt (vgl. u.a. Fölling-Albers, 1989 und Kap. 3.2.5 in diesem Band).

Die Fallstudie hat aber vor allem den Vorteil, daß sie in hohem Maße realitätsnah und konkret ist, dem Unterrichtspraktiker also direkten Zugang zu Bedingungen eröffnet, unter denen Kinder sich Schriftsprache aneignen.

Kretschmann (1990) weist darauf hin, daß in Zukunft stärker als bisher emotionale Faktoren beim Schriftspracherwerb eine Rolle spielen müßten. Dabei dürften vor allem die "Faszination" durch die Schriftsprache, Wissen um die eigenen Möglichkeiten, also Selbstvertrauen und Neugier, wichtig sein (Kretschmann, 1990, S. 5). Emotionale Faktoren können mittels Fallstudien sehr gründlich erfaßt werden.

Seit einiger Zeit werden besonders häufig Fallstudien zum frühen und spontanen Schreiben von Kindern im Vorschul- und frühen Schulalter durchgeführt und zum Teil auch veröffentlicht (vgl. Scheerer-Neumann, Kretschmann & Brügelmann, 1986; Blumenstock, 1986; Gaber & Eberwein, 1986; Scheerer-Neumann, 1989). Diese Interessen an frühen Schriftspracherwerbsprozessen richten sich vor allem auf selbständiges und eigenaktives Lernen der Kinder (vgl. die Untersuchungen von Neuhaus-Siemon zum Frühlesen, 1990, und die Bemühungen um Förderung des Leseinteresses frühlesender Kinder in "Clubs für kleine Leseratten", vgl. Kohtz, 1990), unterscheiden sich also sehr von der sogenannten "Frühlesebewegung" der späten 60er Jahre (vgl. Schmalohr, 1973), die das Kind viel mehr in einer passiven Rolle des "Begabtwerdens" durch gezielte möglichst frühe Lehrinitiativen in Kindergarten und Elternhaus sah, ohne individuelle Interessenunterschiede und spontanes selbstgesteuertes Lernen genügend zu berücksichtigen.

Die Fallstudien zum frühen Schreiben versuchen, in einer methodischen Abfolge von Beobachtung, Analyse und Beschreibung, vor allem individuellen Entwicklungen nachzuspüren (u. a. Zwecke, zu denen ein Kind Schriftsprache benützt, Entwicklungen in der Graphomotorik oder der Rechtschreibung; vgl. Blumenstock, 1986) und Bedingungen in der Umwelt des Kindes im Hinblick auf den Schriftspracherwerb aufzuzeigen (u. a. häusliche Anregungsbedingungen wie Lesegewohnheiten der Eltern, Vorlesen aus Büchern, Erziehungsverhalten der Eltern, besonders im Hinblick auf die Schriftsprache durch Bestärken oder uninteressiertes Verhalten, Reaktionen auf Mißerfolg; vgl. Scheerer-Neumann, 1986, S. 157).

Inhaltlich sind besonders die Entwicklungsverläufe beim eigenaktiven Schreibenlernen durch Kinder im Vorschulalter interessant, die - durch Vergleich zahlreicher Fallstudien gewonnen - folgende Gemeinsamkeiten aufweisen, die für die Didaktik des schulischen Schreibenlernens interessante Perspektiven eröffnen. Offenbar durchlaufen Kinder, die spontan schreiben lernen, eine Abfolge bestimmter Leistungsniveaus, die zwar interindividuell und zeitlich variieren, aber auf höherem Abstraktionsniveau Gleichheiten aufweisen, die bisher noch nicht durch veröffentlichte Gegenbeispiele widerlegt wurden (vgl. zu diesen "Entwicklungsstufen": Scheerer-Neumann, 1982; Gaber & Eberwein, 1986; Blumenstock, 1986; Spitta, 1986; Valtin, 1986; Blumenstock, 1990).

Für den Unterricht lassen sich aus Fallstudien zum Schreiben interessante Folgerungen gewinnen, u. a. die, daß das orthographische Schreiben bei Kindern keinesfalls auf einmaligen Lernakten oder gar auf einer Einprägung nach Art einer Schablone beruht; vielmehr handelt es sich offenbar um selbständige kognitive Zugriffe des Kindes, die zu immer wieder variierten Schreibungen führen, bis das Kind sich die Schreibweise eines Wortes sozusagen "endgültig" eingeprägt hat.

Die wichtigste Erkenntnis ist, daß Kinder sich im Vorschulalter oft selbständig eine ganze Reihe von Vor- und Einzelkenntnissen über die Schriftsprache aneignen, daß sie dies weitgehend selbständig - Anregungen aus der Umwelt aufgreifend - tun und daß die Kinder bei Schuleintritt einen sehr unterschiedlichen Wissens- und Erfahrungsstand besitzen. Unterrichtspraktische Folgerungen sind allerdings vorsichtig zu ziehen und ergeben sich keineswegs zwangsläufig. Unbestritten dürfte die Notwendigkeit sein, an die Voraussetzungen der Kinder in der Schriftsprache anzuknüpfen, was bisher kaum geschieht, da Lehrer sich im allgemeinen höchst unzulänglich über die Schriftspracherfahrungen ihrer Schulanfänger informieren. Unbestritten ist auch die hohe Bedeutung des Schreibens im Erstunterricht, das in enger Verbindung mit dem Lesen gesehen werden muß. Ob auch die Folgerung einer weitestgehenden "Öffnung" des Unterrichts erlaubt ist, dürfte zumindest zweifelhaft sein. Zwar muß gewährleistet sein, daß Kinder zu selbständigem Denken und Handeln in der Schriftsprache kommen, jedoch dürfte auf die gezielten und systematisch aufgebauten Anregungen aus dem Unterricht durch den Lehrer, auch mittels Lehrgangsmaterialien, kaum zu verzichten sein. Auch ein weitgehend individualisierter Unterricht ist wegen der fehlenden sozialen und emotionalen Anregungen aus dem gemeinsamen Lernen wohl nicht wünschenswert. Dennoch muß der Unterricht viel stärker dem Kind und seinem Können Freiräume öffnen und darf nicht gleiche Voraussetzungen oder ein gleiches Fortschreiten in der Schriftsprache erwarten.

Zum Schluß sei noch auf einen Forschungsansatz verwiesen, der auf intensiven Fallstudien aufbaut, aber erneut eine Akzentverschiebung in den Modellvorstellungen von Schriftsprache darstellt: Schriftspracherwerb wird als "Denkentwicklung" (Brügelmann, 1984) oder als "Problemlöseverhalten" (Dehn, 1988) charakterisiert.

Damit ist eine Abkehr von allen additiven Modellen vollzogen. Schriftspracherwerb wird als ein kognitiver Lernprozeß verstanden, bei dem die Kinder die Fähigkeit erwerben, geeignete Problemlösemöglichkeiten strategisch günstig einzusetzen. Damit ist klar, daß nicht mehr die einzelne Sprachoperation (etwa die Buchstabenkenntnis oder das Synthetisieren) isoliert in ihrer unmittelbaren Einwirkung auf die Lese- (oder Schreib-)Fähigkeit gesehen und untersucht werden kann, sondern daß Operationen nur in ihrem Zusammenwirken und in ihrem individuell unterschiedlichen Einsatz die Schriftsprachkompetenz ausmachen. Ausgangspunkt für diesen sehr individualisierenden und hoch komplexen sowie abstrakten Ansatz sind Beobachtungen bei Kindern, die darauf hinweisen, wie unterschiedlich Kinder beispielsweise im Vorschulalter an das Lesen herangehen und wie verschieden sie Wörter oder Texte entschlüsseln: Manche beginnen elementar, bei Buchstaben und Lauten, andere beginnen "von oben", also beim Wort, wieder andere bei Teileinheiten von Wörtern; manche Kinder wagen sich schon sofort an schwierige Texte, um sich mühsamst durch große Schwierigkeiten lautierend, teilweise ratend und vor allem sich selbst immer wieder korrigierend durchzukämpfen. So gewannen schon Anfang des 20. Jahrhunderts die Kinder im Kinderhaus Maria Montessoris ihre Schreibfähigkeit aus der Beschäftigung mit Einzelbuchstaben; dagegen kämpfte sich die kleine Bärbel (eigene unveröffentl. Fallstudie des Verf.) im Alter von fünf Jahren durch einen Text von Wilhelm Busch und gewann so eine gute Lesefertigkeit. Manche Kinder kommen vom Schreiben zum Lesen (vgl. Chomsky, 1976; Blumenstock, 1986), andere gehen den umgekehrten Weg (vgl. Scheerer-Neumann, 1986).

Ziel des Forschungsansatzes ist es, vor allem aus genauen Beobachtungen beim Lesen und Schreiben - und hier insbesondere aus den gemachten Fehlern - Rückschlüsse auf den jeweils individuellen Zugriff des Kindes auf die Schriftsprache, seine Lösungsschritte, aber auch seine falschen Denkschritte, fehlenden materialen Grundlagen (z. B. mangelnde Buchstaben-Laut-Kenntnisse) oder ungenügenden Selbstkontrollmaßnahmen, also insgesamt über seinen aktuellen Lernstand, zu gewinnen.

Dehn hat hierfür ein interessantes diagnostisches Instrument, die "Lernbeobachtung" (1988) im Lesen und Schreiben, geschaffen. Von herkömmlichen Tests unterscheidet sich die "Lernbeobachtung" durch ihre qualitative und individuelle Ausrichtung. Das Untersuchungsinstrument verzichtet ganz auf quantitative Leistungsfeststellungen und ermöglicht eine gute Beschreibung der Leistung des einzelnen Kindes, eine Charaktierisierung seiner Fehler und damit auch die Suche nach jeweils auf den Lernstand aufbauenden pädagogischen Unterstützungsmaßnahmen.

So ermöglicht es die "Lernbeobachtung", die Leistungen des Kindes im Schreiben qualitativ verschiedenen Niveaus zuzuordnen. Dabei kommt es also nicht auf die Anzahl der Fehler, sondern auf die Art der Fehler an, die genauen Aufschluß darüber geben, welches Fähigkeit das Kind beim kognitiven Eindringen in die Gesetzmäßigkeiten der schriftsprachlichen Verschlüsselung der mündlichen Sprache erreicht hat. Fehler unterschiedlicher Qualität seien am Beispielwort "Mund" verdeutlicht: MoAim (diffuse Schreibweise), Mt (rudimentär, aber bereits an der Lautsprache orientiert), Munt (phonemisch richtig geschrieben, aber ein Orthographiefehler).

Hüttis (1988) versucht im Anschluß an May (1986), auf der Lesebeobachtung von Kindern aufbauend, vor allem durch die Analyse von Fehlern, besonders durch die Analyse von Korrekturverhalten der Kinder gegenüber fremden Lesefehlern, Zugang zu den Denkstrategien von Leseanfängern und sogar zu deren Bewußtheitsgrad bezüglich verwendeter oder zu verwendender Strategien (Metakognition) zu gewinnen.

Dieser abstrakte Ansatz wird durch sehr intensive Fallstudien konkretisiert, die das Vorgehen bei Lesefehlern analysieren.

Voraussetzung für erfolgreiche Selbstkorrektur beim Lesen (natürlich auch beim Schreiben in noch höherer Komplexität) ist also zunächst die Beherrschung materialer Grundlagen wie verfügbare Buchstabenidentifikation, sichere Buchstabenunterscheidung bei automatischer Lautzuordnung sowie das Beherrschen grundlegender Sprachoperationen, besonders die sichere Synthese von Lautfolgen aus Buchstabenfolgen, die meist die einzige sichere Kontrolle für die Lesekorrektur darstellt. Auf dieser Ebene bilden auch additive Ansätze den Schriftspracherwerbsprozeß zutreffend ab. Entscheidend für den Problemlöse- und Strategieansatz ist, daß diese Einzelfähigkeiten erst wirksam einsetzbar werden, wenn sie das Kind in einen Gesamtdenkansatz einbaut, wenn es also beispielsweise seine Buchstaben-Laut-Kenntnis auch dafür verwendet, das gelesene Wort zu überprüfen. Isoliert bleibt sie praktisch wertlos.

Es ist evident, wie praxisnah der zunächst hochabstrakt anmutende Problemlöseansatz durch die konkreten Fallbeobachtungen wird und welch wertvolle Hinweise der Unterrichtspraktiker beim Studium der unterschiedlichen Verhaltensweisen von Kindern beim Schriftspracherwerb gewinnen kann. Der Gefahr, daß über der Berücksichtigung von Gesamtstrategien im Unterricht vielleicht das nach wie vor wichtige Training der Einzelfähigkeiten vernachlässigt werden könnte, ist leicht zu begegnen. Wichtiger erscheint, zu überlegen und empirisch zu prüfen, ob und inwieweit problemlösendes Denken und strategisch günstiges Herangehen an die Schriftsprache gezielt verbessert werden kann.

3.2.3.4 Forschungsperspektiven

Vielleicht ist, wenn man auf die letzten 20 Jahre empirisch geleiteter Schriftspracherwerbsforschung zurückblickt, besonders enttäuschend, daß es nur selten gelang, selbst mit hohem Forschungsaufwand, allgemeingültige Gesetzmäßigkeiten zu finden. Vielfach "verlief" die Forschung auch einfach "im Sande"; ein typisches Beispiel dafür ist die etwa 10 Jahre intensiv betriebene Legasthenie-Forschung, für die in den 80er Jahren das Interesse erlahmte, obwohl die Symptome bei den Kindern nach wie vor die gleichen waren und Lösungen erst in Ansätzen gewonnen wurden. Dies zeigt, wie wenig problemlösungsorientiert und wenig effizient die empirische Forschung oft verlief. Wo man praktisch umsetzbare Ergebnisse gewann (etwa im

Bereich der Erforschung von Schreibmitteln und -methoden) wurden sie oft einfach negiert, wenn sie nicht ins Bild gängiger Meinungen paßten. Umgekehrt orientierten sich aber auch Forscher nur sehr wenig an echten Fragen von Praktikern; Institutionen arbeiten oft sehr isoliert an eigenen Problemen - dabei stehen bisweilen Qualifikationsinteressen im Vordergrund -; Zusammenarbeit gibt es selten. Schon oft allerdings ist kontinuierlichere, praxisorientiertere und kooperativere Forschung erfolglos gefordert worden.

Was die Inhalte und Ansätze künftiger Forschungen zum Schriftspracherwerb betrifft, so zeichnen sich einige Möglichkeiten ab:

Eine stärkere Theorieeinbindung von Forschung stellt keinesfalls einen Widerspruch zu stärkerer Praxisorientierung dar. Das Gegenteil beweisen die referierten Untersuchungen zum Problemlöse-Ansatz. Hier scheint ein Forschungsansatz gefunden, der die Komplexität der Praxis in geeigneter Weise abbildet und nicht einfach eine Faktorenaddition postuliert, die dem kindlichen Denken nicht entspricht. Verstärkt müßten allerdings auch hier konkrete Operationsschwerpunkte auf ihre Bedeutung innerhalb der Strategien untersucht werden; dabei scheinen die Operationen der auditiv-sprachlichen Analyse und Synthese nach bisher übereinstimmenden Teilforschungsergebnissen besonders erfolgversprechend zu sein. Darauf deuten die Legasthenie-Untersuchungen ebenso hin wie Befunde bei Einzelfallstudien.

In diesem Zusammenhang wäre es auch unbedingt notwendig zu untersuchen, wie leistungsschwachen Schülern beim Denken und Problemlösen geholfen werden kann, nicht nur wie man ihnen die Beherrschung von Einzelkenntnissen beibringt. Ob man dadurch auch ihr Selbstbewußtsein beim kognitiven Zugriff auf die Probleme verbessern kann, wäre einer Überprüfung wert. Beim lernschwachen Schüler müßte verstärkt angesetzt werden. Seine Probleme wurden kaum konkret und ideologiefrei untersucht. Fallstudien, die das gesamte Umfeld erfassen und längsschnittartig angelegt sein sollten, scheinen auch in diesem Problembereich gut geeignet. Allgemeine Ursachen für Schwierigkeiten im Schriftspracherwerb zu finden, dürfte weniger fruchtbar sein, als individuelle Faktorenkonstellationen zu ermitteln, die dann vielleicht auf ähnlich gelagerte Fälle vorsichtig übertragen werden können

Vorurteile gilt es hinsichtlich des frühen Lesen- und Schreibenlernens zu überwinden. Da Kinder zweifellos durch frühe Schriftspracherfahrungen Vorteile gewinnen, indem sie vor allem Grundeinsichten, Motivation und Selbstvertrauen erwerben, sollte man in dieser Hinsicht neu durchdenken und untersuchen, ob aus dem Kindergarten weiterhin erste Schriftspracherfahrungen ferngehalten werden sollten.

Die Wirkung offenen (freien) Lernens besonders im frühen Lese- und Schreibunterricht wird heute vielfach propagiert, ohne daß gesicherte empirische Befunde, vor allem für leistungsschwächere Schüler und hinsichtlich seiner Lerneffizienz vorliegen würden. Kritik wird nicht zur Kenntnis genommen, etwa was Günther (1988) allerdings wenig gründlich geplante Überprüfung offener Lernformen in der Grundschule betrifft. Hier wären vor allem Vergleichsuntersuchungen dringend geboten.

Was die Forschungsmethoden betrifft, so versprechen unmittelbar problem- und praxisbezogene kleinere Untersuchungen wohl den größten Gewinn. Amsätze sind etwa in den "Kleinforschungsvorhaben" von Scheerer-Neumann zu finden (1981). Bezüglich großangelegter Forschungen besteht seit den Zeiten der Legasthenieforschung große Skepsis. Die Forschung darf ihre Ziele außerdem nicht auf Felder begrenzen, wo standardisierte Forschungsinstrumente vorhanden sind. Unterschiedliche Verfahren sind parallel einzusetzen, um einen Problembereich möglichst vielseitig zu erfassen: Dabei sind Fallstudien im Augenblick besonders interessant, weil sie in einen erstarrten Forschungsbereich neue konkrete Feststellungen einbringen können. Mut zu unkonventionellen Verfahren ist zu fordern. Besonderer Nachholbedarf besteht sicher im emotionalen Kontext des Schriftspracherwerbs, der bisher praktisch nicht erforscht wurde.

3.2.4 Ergebnisse und Probleme der Forschung zur Schulleistung in der Grundschule (Wolfgang Einsiedler)

Der Ertrag der empirischen Unterrichtsforschung der letzten Jahrzehnte und insbesondere der Schulleistungsforschung wird häufig skeptisch beurteilt. Man bezeichnet Schulleistung als komplexes Phänomen mit sich wechselseitig beeinflussenden Determinanten, deren kausale Wirkrichtungen nur schwer in den Griff zu bekommen seien (Krapp, 1984). Im folgenden Beitrag soll dargestellt werden, daß es zumindest für den Bereich der Grundschule gelungen ist, einige bedeutsame Erklärungsmuster für Schulleistung aufzudecken und wenigstens partiell daraus pädagogische Konsequenzen abzuleiten. Entsprechend den Vorgaben für diesen Trendbericht werden überwiegend nur Studien aus dem deutschsprachigen Raum der letzten 20 Jahre referiert.

3.2.4.1 Untersuchungen mit Lernvoraussetzungs-Erhebungen im Vorschulalter

Versuche zur Erklärung der Schulleistung in der Grundschule mit Variablen, die in der Vorschulzeit erhoben werden, sind nicht neu. Vor allem mit Schulreifetests und Intelligenztests wollte man Erfolg und Versagen in den ersten Schuljahren prognostizieren (vgl. zusammenfassend Rüdiger, Kormann & Peez, 1976, S.130). Das Schulreifekonzept und die Schulreifetests waren jedoch nicht entwickelt worden, um pädagogische Ansätze der vorschulischen Förderung auszuarbeiten, sondern im Rahmen einer entwicklungspsychologischen Vorstellung des "Nachreifens" und einer entsprechenden Selektion der "Nicht-Schulreifen". Da Schulreife von Intelligenz nicht unabhängig ist, und da Schulreifetests mit hohen Fehlerquoten bei der Prognose des Schulerfolgs behaftet sind, erwies sich schließlich das Schulreifekonzept als untauglich. Intelligenz ist mit die erklärungsmächtigste Determinante für Schulleistung. In der Untersuchung von Krapp (1973) beträgt die Korrelation des Intelligenztests BT mit der Schulleistung am Ende des 1. Schuljahres $r = .59$. Auch wenn Schulreife, Sozialstatus und weitere Variablen auspartialisiert werden, bleibt der Zusammenhang signifikant. Das Ergebnis entspricht ziemlich genau dem vieler anderer, auch auf höheren Klassenstufen durchgeführter Studien. Wegen der großen Bedeutung der kognitiven Voraussetzungen, die die Schüler bereits bei Schulbeginn mitbringen, schlug Krapp (1973, S.179) den Ausbau der Vorschulerziehung und eine Verbesserung der Elternunterweisung vor.

Die Erklärung von Schulleistung mit der globalen Determinante Intelligenz ist pädagogisch nicht zufriedenstellend. Zurecht wurde gefordert, im Sinne eines hierarchischen Lernmodells spezifisch die Lernvoraussetzungen zu identifizieren, die zu Lernschwierigkeiten in der Grundschule führen und die im Vorschulalter präventiv gefördert werden können. In einer Untersuchungsreihe legten Tiedemann und Mitarbeiter Analysen innerhalb dieses Ansatzes vor. In der ersten Studie (Tiedemann, Faber & Kahra, 1985) wurden bei 5-6jährigen im Kindergarten hauptsächlich Frühindikatoren schriftsprachlicher Lernschwierigkeiten erfaßt, z.B. Lauterkennung, Sprechartikulation, Nachschreiben. Die multiplen Korrelationen aller Frühindikatoren mit der Schulleistung am Ende des 1. Schuljahres betrugen für Rechnen R = .57, für Rechtschreiben R = .65, für Lesen R = .46 und für die Gesamtleistung R = .73. Auch nach Auspartialisierung der Intelligenz waren die meisten Beziehungen noch signifikant.

Die Autoren sind deshalb der Überzeugung, "Präsymptome schulischer Lernschwierigkeiten" identifiziert zu haben, die unabhängig von einer globalen kognitiven Fähigkeit Erklärungswert haben. Allerdings ist überraschend, daß die sprachlich orientierten Indikatoren auch mit der Rechenleistung korrelieren. Dies dürfte mit der starken Überlappung von Rechen- und Sprachleistungen zusammenhängen (auch Rabenstein, Schorch & Treinies, 1989, fanden bei Schülern der 1. Jahrgangsstufe eine ausgeprägte Eindimensionalität der Schulleistung).

In einer zweiten Studie (Tiedemann & Faber, 1987) wurden mathematische bzw. (prä-)numerische Lernvoraussetzungen wie Mengen vergleichen, Mengen gleich machen, Halbieren/Verdoppeln bei Kindergartenkindern festgestellt und auf deren Mathematikleistung im Erstunterricht bezogen. Die Vorkenntnisstufen wiesen zwar einen Zusammenhang mit der Mathematikleistung auf, jedoch reduzierten sich die Korrelationen ganz erheblich, wenn sie um die Intelligenzanteile bereinigt wurden. Dies bedeutet, daß für die Mathematikleistung die allgemeinen kognitiven Fähigkeiten relativ bedeutsam sind (s.a. die jeweils höheren Korrelationen zwischen IQ und Mathematik im Vergleich zu IQ und Deutsch in vielen Studien).

In einer größeren Untersuchung mit einer anderen Stichprobe, verfeinerten Maßen, einer Erweiterung auf familiale Variablen und einem Längsschnitt bis Ende des 2. Schuljahres (Tiedemann & Faber, 1989) zeigten sich dagegen eindeutige Erklärungsanteile der sprachlichen und der (prä-)numerischen Lernvoraussetzungen für den Schulerfolg, auch wenn Intelligenz kontrolliert wurde. In Pfadanalysen, in denen wechselseitige Korrelationen auspartialisiert werden und die kausal interpretierbar sind, hatten die (prä-)numerischen Frühindikatoren direkt Einfluß auf die Bereiche Lesen, Rechtschreiben, Rechnen im 1. Schuljahr und indirekt auf Rechnen im 2. Schuljahr. Die sprachlichen Lernvoraussetzungen standen direkt kausal in Verbindung mit der Leseleistung im 1. und 2. Schuljahr. Unterstützendes

Erziehungsverhalten der Mutter im Vorschulalter beeinflußte positiv die Lernvoraussetzungs- und einzelne Schulleistungsvariablen.

In einer Längsschnittauswertung nach vier Jahren desselben Projekts (Tiedemann & Faber, 1990) konnten für die Deutschleistung im 4. Schuljahr die sprachlichen Lernvoraussetzungen sowie mütterliche Unterstützung (im Vorschulalter) und für die Rechenleistung die (prä-)numerischen Lernvoraussetzungen sowie mütterliche Unterstützung als bedeutsame Prädiktorvariablen identifiziert werden. In den Pfadanalysen verschwand der Einfluß der Lernvoraussetzungen auf die Leistungen im 3./4. Schuljahr. Die Autoren interpretieren dies als theoriekonform mit dem hierarchischen Lernkomponentenmodell Gagnés: Für die Leistung im 1./2. Schuljahr sind zu einem erheblichen Teil die vorschulischen Lernvoraussetzungen verantwortlich, die Leistungen im 3./4. Schuljahr werden am besten durch die Schulleistung im jeweils vorausgehenden Schuljahr vorhergesagt.

Die Ergebnisse der Untersuchungsreihe bieten durchaus Ansätze für die Konzeption einer spezifischen Frühdiagnose und Frühförderung zur Prävention von Schulversagen in der Grundschule. Die Überlappung des sprachlichen und mathematischen Entwicklungsstranges wirft noch ungeklärte Fragen auf, jedoch ergeben sich u.U. daraus auch wechselseitige Fördermöglichkeiten (Tiedemann & Faber, 1990, S.85). Da trotz einer "inneren Grundschulreform" in den letzten 20 Jahren immer noch enorme Schulleistungsunterschiede feststellbar sind (Rabenstein et al., 1989), ist es bedauerlich, daß die Früherkennung von Schulleistungsschwierigkeiten und entsprechende Fördermaßnahmen durch Schul- und Kindergartenpädagogik wenig Beachtung finden.

3.2.4.2 Untersuchungen mit schulstatistischen Daten

Ebenfalls um eine Erklärung der Schulleistung in der Grundschule in längsschnittlicher Betrachtung, jedoch auf einer ganz anderen Datenebene, geht es der Gruppe Tietze, Mader & Roßbach. Diese Forschergruppe erhebt nicht individuelle Schülerdaten durch Tests oder Beobachtung, sondern verwendet für ihre Analysen als Hauptdatenquelle die amtliche Schulstatistik. Diese Vorgehensweise erlaubt relativ unkomplizierte Vollerhebungen, ermöglicht Längsschnittstudien ohne die sonst mühsame Erfassung von Schulwechslern und verwendet politiknahe Daten, die bereits im Interessenhorizont der Bildungsverwaltung liegen (Roßbach, 1984). In den meisten Untersuchungen haben die Autoren die schulstatistischen Daten noch um Schulleiter- und Lehrerbefragungen ergänzt.

Die Studien der Gruppe Tietze folgen einem Ordnungsrahmen mit der Bezeichnung CIPP-Modell (Context-, Input-, Prozeß-, Produktvariablen). Zu den Contextvariablen zählen Charakteristika des Schuleinzugsbereichs, z.B. die sozioökonomische Struktur. Input-Merkmale sind Eingangsvoraussetzungen der Schüler, z.B. Kindergartenbesuch. Prozeßbedingungen beziehen sich auf Schulmerkmale, z.B. Klassengröße. Die Produktvariablen sind Erfolg und Mißerfolg in der Grundschule, z.B. Wiederholen einer Klasse, Übergangsquote zum Gymnasium.

In einer ersten Studie fand Roßbach (1984), daß vor allem die Klassengröße ein gewichtiger Erklärungsfaktor für Sitzenbleiben ist. Überdurchschnittlich große Klassen im 1./2. Schuljahr führen nicht nur zu erhöhten Sitzenbleiberquoten am Ende der 2.Klasse, sondern auch am Ende der 4. Klasse. In einer Analyse des Sitzenbleibens und der Sonderschulüberweisungen kristallisierten sich Schulen mit hoher Stabilität des Selektionsverhaltens heraus, ohne daß genauere Ursachen anzugeben waren. Dieses Resultat steht in Einklang mit anderen Feststellungen, wonach es offensichtlich Regionen und Schulen mit eingespielten Routinen hoher bzw. niedriger Selektionsraten gibt (Rüdiger et al., 1976).

Mader (1989) widmete sich ausschließlich der Erklärung der Zurückstellung vom Schulbesuch vor bzw. nach Eintritt in das 1. Schuljahr, wobei er von der Prämisse ausgeht, daß die Zurückstellung (vor allem die während des 1. Halbjahres in der 1. Klasse, die das Kultusministerium in Nordrhein-Westfalen als pädagogisch sinnvoll erachtet) eine erste Mißerfolgserfahrung und eine Selektionsmaßnahme ist, die dem Integrations-Auftrag der Grundschule widerspricht. In den 203 Schulen der Stichprobe betrug 1981/82 die Zurückstellungsquote vor Schulbeginn 4,2% und im 1. Halbjahr des 1. Schuljahres 4,8%. Bereits die einfache deskriptive Statistik läßt erkennen, daß an Schulen mit Schulkindergarten 15,5% der Kinder und an Schulen ohne Schulkindergarten 6,5% der Kinder zurückgestellt werden. Dieser Sogeffekt des Schulkindergartens taucht auch in den anderen Auswertungen immer wieder auf. In mehreren Regressionsanalysen zeigten sich folgende Ergebnisse: Während des 1. Halbjahres erfolgen umso weniger Zurückstellungen, je besser die sozioökonomische und die soziokulturelle Struktur sowie die Kindergartenversorgung im Einzugsbereich der Schule und je schlechter der nächste Schulkindergarten zu erreichen ist. Je besser die Kooperation zwischen Grundschule und Kindergarten, desto niedriger ist die Zurückstellungsquote. Grundschulen mit folgenden Merkmalen haben hohe Zurückstellungsquoten: Vorhandensein eines Schulkindergartens, hohe Klassenfrequenz, hoher Anteil an Ausländerkindern, regelmäßige Durchführung von Schulreifetests. Dagegen ist die Zurückstellungsquote niedrig, wenn der Anteil der Kinder, die einen Kindergarten besucht haben, hoch ist. In einer Pfadanalyse mit 13 Variablen, die wegen der ihr eigenen statistischen Prozeduren, wie oben erwähnt, kausale Erklärungen erlaubt, ergaben sich in der Reihenfolge des Gewichts folgende Pfadkoeffizienten: Vorhandensein Schulkindergarten (+.33), Klassenfrequenz (+.16), Lehrerinteresse an integrativer Förderung (-.16), Einsatz von Schulreifetests (+.14), Ausländeranteil (+.13), Kindergartenerfahrung (-.11), Sozialstruktur des Einzugsgebietes (-.10), Kooperation Grundschule-Kindergarten (-.09).

Aus der Längsschnittuntersuchung über 4 Jahre (Tietze & Roßbach, 1987) können nur ausschnitthaft folgende Ergebnisse referiert werden, die den Nutzen des Schulstatistik-Ansatzes gut demonstrieren: In einem pfadanalytischen Gesamtmodell wurden konsistente Erklärungsmuster für Sitzenbleiben und Sonderschulüberweisung sowohl nach dem 2. Schuljahr als auch nach dem 4. Schuljahr sichtbar: In allen vier Fällen gibt es Pfade mit positiven Koeffizienten (+.10 bis +.34) von der Klassengröße zu den Selektionsmaßnahmen (je größer die Klassen desto mehr Wiederholungen und Sonderschulüberweisungen) sowie Pfade mit negativen Koeffizienten (-.10 bis -.30) von der Kindergartenversorgung zu den Selektionsmaßnahmen (je besser die Kindergartenversorgung, desto weniger Wiederholungen und Sonderschulüberweisungen). Die Rolle des Schulkindergartens ist ambivalent: Einerseits haben Schulen mit Schulkindergärten mehr Überweisungen zur Sonderschule; andererseits wird die negative Beurteilung der Zurückstellung vom Schulbesuch durch Mader (1989) durch die Längsschnittdaten relativiert: Klassen mit Kindern, die ein Jahr später eingeschult wurden, haben keine wesentlich erhöhten Quoten beim Sitzenbleiben und bei Sonderschulüberweisungen im 2. Schuljahr und im 4. Schuljahr.

Während die in Teil 1 berichteten Befunde eher zu mikrodidaktischen Schlußfolgerungen führen, geben die Ergebnisse der Studien der Tietze-Gruppe stärker bildungspolitische Anstöße: Die Bedeutung des Kindergartens für die Prophylaxe von Schulversagen wird nachdrücklich unterstrichen. Hinsichtlich der Verteilung knapper Finanzen scheint es besonders erfolgversprechend, im 1.und 2. Schuljahr kleinere Klassen zu bilden, da verbesserte Lernbedingungen auf dieser Stufe offensichtlich Langzeitwirkung haben (Mader, Roßbach & Tietze, 1990, S.16). Die Funktion des Schulkindergartens sollte überdacht werden, wenn sein bloßes Vorhandensein die Zurückstellungsquoten stark ansteigen läßt. - Die z.T. inkonsistenten Erklärungsmuster (vgl. auch Roßbach, 1989) verweisen auf die Grenzen des Schulstatistik-Ansatzes. Wie die Autoren auch selbst betonen, sollten in den Analysemodellen zusätzlich unterrichtsnahe Daten berücksichtigt werden, oder es sollten - was eher ein kühner Gedanke ist - in der Schulstatistik pädagogische und didaktische Daten erfragt werden.

3.2.4.3 Untersuchungen mit Person-, Familien- und Schulvariablen

Die im folgenden Abschnitt dargestellten Arbeiten von Krapp (1973), Kühn (1983) und Sauer (1987) bauen aufeinander auf und können exemplarisch dazu dienen, den Trend der Forschung zur Schulleistung in der Grundschule in den letzten 20 Jahren als zunehmende Modellausdifferenzierung aufzuzeigen. Ausgangspunkt des zu beschreibenden Forschungsstranges ist allerdings die Untersuchung von Kemmler (1967), in der noch ziemlich einfache statistische Verfahren verwendet wurden und deren Variablenzusammensetzung die folgenden Studien beeinflußte. Kemmler verglich in einem Extremgruppenvergleich die leistungsstärksten mit den leistungsschwächsten Schülern aus 68 Klassen der 3. Jahrgangsstufe. Die Autorin erklärte die unterschiedlichen Schulleistungen vor allem mit den Intelligenzunterschieden, mit hohen Angstwerten bei den Leistungsschwachen und mit Sozialvariablen wie soziale Herkunft, Familiengröße sowie elterliches Interesse. Von einer eigentlichen Modellbildung zur Erklärung der Schulleistung kann man noch nicht sprechen. Dies wird an der lockeren Aufzählung möglicher Verursachungskomponenten und am zeitbedingten Fehlen einer Gesamtabschätzung der Einflüsse der Variablengruppen deutlich.

Ein explizites Modell zur Erklärung der Schulleistung legte Krapp (1973) vor. Das Modell besteht aus den drei Bereichen häusliche Umgebung, schulische Umgebung und Schülerpersönlichkeit; jeder Bereich wird durch mehrere Einzelvariablen repräsentiert. Die Methodik der Arbeit Krapps ist wesentlich anspruchsvoller. Zu allen 20 Variablen der drei Modellbereiche werden Varianz- und Kovarianzanalysen berechnet. Dabei treten auch bei Konstanthaltung relevanter Kovariaten ähnliche Ergebnisse wie in der Arbeit von Kemmler zutage, z.B. sind Intelligenz, soziale Herkunft und Familiengröße mit die wichtigsten Einflußfaktoren für die Schulleistung am Ende des 1. Schuljahres. Krapp führte außerdem eine multiple Regressionsanalyse durch, in der das relative Gewicht von neun Variablen aus den Modellbereichen für die Erklärung der Schulleistung berechnet wurde. Die höchsten Standard-Partialregressionskoeffizienten entfielen auf Schulreife (.270), Intelligenz (.259), Schulklassenleistung (.183) und soziale Herkunft (.157). Auch bei Berücksichtigung der weiteren fünf Variablen ergab sich nach Krapp (1973, S.156) sehr klar, daß die Personvariablen die wichtigsten Erklärungsfaktoren für die Schulleistung sind und erst mit Abstand an zweiter Stelle der Modellbereich Schule und an dritter Stelle der Modellbereich Familie folgen.

Kritisch zu beurteilen ist allerdings die Operationalisierung des Modellbereichs schulische Umgebung. Von den zunächst erhobenen Variablen (z.B. Klassengröße und Erfahrung des Lehrers) erwies sich keine als statistisch bedeutsam, so daß Krapp nachträglich die durchschnittliche Leistung der Schulklasse, der die Probanden jeweils angehörten, als Indikator für die schulische Umgebung in das Modell einfügte. Mit diesem Maß läßt sich der Einfluß der Schule auf die Schulleistung sicher nur unzureichend abbilden. Auch für die Erfassung der häuslichen Umwelt standen damals nur grobe Indikatoren wie Sozialstatus, Familiengröße und Geschwisterkonstellation zur Verfügung.

Ende der 70er Jahre entwickelte Kühn einen Elternfragebogen zur differenzierten Beschreibung der häuslichem Umwelt und der Erziehungsbedingungen von Kindern im Grundschulalter. In seiner Arbeit "Bedingungen für Schulerfolg" (1983) werden die Modellkomponenten häusliche Umwelt und Persönlichkeit des Schülers in vielfältigen Auswertungen auf einzelne Fachleistungen und den gesamten Schulerfolg von Schülern der 4. Klasse bezogen. Den Bereich schulische Umwelt nimmt der Autor nicht in seine Erhebungen und Analysen auf. In den Regressionsberechnungen tritt wiederum Allgemeine Intelligenz als erklärungsmächtigster Faktor für die Schulleistung hervor. An zweiter Stelle steht Emotionalität des Schülers, und zwar als negativer Einfluß von neurotischer Angst. Die Variablen der häuslichen Umwelt tragen wenig zur Aufklärung der gesamten Schulleistung bei, es sind lediglich einige bedeutsame Zusammenhänge zwischen Deutschnote einerseits und Hilfe bei Hausaufgaben sowie restriktivem Erzieherverhalten andererseits feststellbar. In den Pfadanalysen, in die vier Variablen der häuslichen Umwelt und fünf Personvariablen eingehen, haben die höchsten Pfadkoeffizienten: Intelligenz (+.65), Emotionalität (Angst) (-.21), aktives Engagement des Schülers (+.10). Die direkten Einflüsse von der häuslichen Umwelt auf den Schulerfolg sind gering: restriktives Erzieherverhalten (-.07), Hilfe bei den Hausaufgaben (-.05). Es existieren jedoch bemerkenswerte indirekte Einflußpfade, z.B. vom Anregungsmilieu über Intelligenz auf Schulleistung und von häuslicher Umwelt über Emotionalität auf Schulleistung.

Der Autor setzt sich u.a. mit dem negativen Einfluß der elterlichen Hausaufgabenhilfe und der Angst auseinander. Er vermutet einen Teufelskreis zwischen schlechter Schulleistung, falscher Hausaufgabenhilfe im Sinne restriktiven Verhaltens, Unselbständigkeitsförderung und Angststeigerung.

Die Untersuchung von Sauer (1987) umfaßt einen Teil zur Analyse der Grundschulleistung und einen Teil zur längsschnittlichen Prognose des Sekundarschulerfolgs. Im folgenden kommen nur Ergebnisse des ersten Teils zur Sprache. Sauers Modell zur Erklärung der Schulleistung besteht aus folgenden Bereichen:

- soziologische Ebene (z.B. soziale Herkunft),
- ökologische Ebene (z.B. Anregung zu Hause),
- psychologische Ebene (Intelligenz und Motivation),
- schulische Ebene (Lehrerurteil und Schulleistungstest).

Wie Kühn verwendet Sauer einen umfangreichen Fragebogen zur Aufschlüsselung der häuslichen Umwelt der Schüler. Neu gegenüber früheren Untersuchungen ist die Variable "Grundschullehrerurteil"; es handelt sich um eine Einschätzung der Intelligenz und des Arbeitsverhaltens der Schüler durch den Lehrer mit Skalen wie "geistige Regsamkeit" und "Diszipliniertheit beim Arbeiten". Die Ergebnisse der Pfadanalyse Sauers zur Erklärung der Schulnoten am Ende der 4. Klasse weichen erheblich von denen der bisher betrachteten Studien ab: Die höchste Varianzaufklärung liefert das Grundschullehrerurteil (33,6%), an zweiter Stelle steht der Schulleistungstest (26,3%), an dritter und vierter Stelle folgen Variablen der häuslichen Umwelt (Anregung 8,7%; Sanktionsverhalten 6,9%). Es fällt auf, daß bei der Modellbildung Sauers die sonst so bedeutsamen Variablen soziale Herkunft und Intelligenz keine direkten Effekte auf die Schulleistung aufweisen. Hinsichtlich sozialer Herkunft ist der Autor der Meinung, die Bedeutung dieser Variablen werde durch den umfassenden öko-psychologischen Ansatz seines Modells relativiert (Sauer, 1987, S. 386, 426, 429). Dieser Auffassung ist wohl zuzustimmen, wobei zu ergänzen ist, daß ähnlich wie bei Kühn die häuslichen Variablen mehr indirekt über Personvariablen als direkt auf die Schulleistung wirken.

Den Erkenntnisgewinn, der durch die Einführung der Variablen Grundschullehrerurteil für die Erklärung von Schulleistung erwächst, sollte man eher zurückhaltend beurteilen. Vermutlich geht nur rechnerisch der Erklärungsanteil von der Variablen Intelligenz auf die Variable Lehrerurteil über. Das Lehrerurteil ist nicht nur von der Beobachtung des Lernverhaltens, sondern ganz wesentlich von der Kenntnis der Schulleistung beeinflußt. Die Bezeichnung "Grundschullehrerurteil" im Sinne einer erklärenden Schulvariablen ist mißverständlich, es müßte von "Lernfähigkeit/-fertigkeit im Lehrerurteil" gesprochen werden. Insgesamt ist allerdings zu beachten, daß es dem Autor auch um die Prognose der Sekundarschulleistung ging. In diesem Problemkreis hat die Konzipierung einer Variablen Grundschullehrerurteil ihre Berechtigung.

Im Bereich der Personvariablen und der Variablen der häuslichen Umwelt erfolgte seit der Untersuchung von Kemmler (1967) eine erhebliche Ausdifferenzierung (Kühn bezog in die Regressionsanalysen 6 Person- und 11 Umweltvariablen ein!). Demgegenüber wurde die konzeptionelle und forschungspraktische Weiterentwicklung des Modellbereichs schulische Umwelt vernachlässigt. Pädagogisch bedeutsame Schulvariablen wie Schulethos und Unterrichtsqualität kamen im Vergleich zu äußeren Merkmalen von Schule und Unterricht zu kurz. Mit ein Grund dafür dürfte der große Aufwand sein, der bei der Erhebung pädagogisch-didaktischer Merkmale des Schulunterrichts entsteht (für komplexe Modellbildungen vgl. Walberg, 1980, und Haertel, Walberg, & Weinstein, 1983).

3.2.4.4 Resümee

Aus deskriptiv-explanatorischer Sicht hat die Forschung zur Schulleistung in der Grundschule in den letzten 20 Jahren informationsreiche und überwiegend konsistente Ergebnisse erbracht. Durchgängig stellten sich die kognitiven Lernvoraussetzungen der Schüler als wichtigste Erklärungsvariablen heraus. Des weiteren erwiesen sich sozialstrukturelle Determinanten wie soziale Herkunft/sozioökonomische Zusammensetzung des Schuleinzugsbereichs, Kindergartenversorgung bzw. individuell betrachtet Kindergartenbesuch als bedeutsam. Bei der Detailanalyse der häuslichen Umwelt waren nur mäßige Zusammenhänge mit dem Schulerfolg zu verzeichnen; im Vergleich zu Untersuchungen in anderen Ländern (z.B. Marjoribanks, 1973) ist dies überraschend, jedoch ist anzunehmen, daß bei diesen Studien eine größere Varianz der häuslichen Erziehungsbedingungen zu Buche schlägt.

Aus interventionistischer Sicht ist die Befundlage der Forschung zur Schulleistung weniger befriedigend. Zum einen wurden teilweise zu grobe Variablen wie Intelligenz und Sozialstatus verwendet, die pädagogisch zu wenig Aussagekraft haben. Direkt umsetzbar in interventionistische Ansätze zur Vermeidung von Schulschwierigkeiten sind die Arbeiten der Tiedemann-Gruppe, die fachspezifische Lernvoraussetzungen für Deutsch und Mathematik analysierte. In der ehemaligen DDR, wo die Vorschulerziehung staatlich und stärker mit der Schule verbunden war, gab es eine intensivere Forschung zur "prophylaktischen Einschränkung von Lernschwierigkeiten im Anfangsunterricht" (vgl. Breuer, 1985). Zum anderen wurden in der Forschung zur Schulleistung in der Grundschule zu wenig didaktische Modellkomponenten berücksichtigt. Zwar trifft man auch die Auffassung an, bei den vielfach untersuchten Unterrichtsvariablen könne nicht mehr viel Neues entdeckt werden (vgl. Krumm, 1990), diese Einschätzung kann jedoch nicht für die referierten Studien gelten, in denen die didaktische Dimension kaum einbezogen war. Neuere Untersuchungen über effektive Unterrichtsvariablen in höheren Schulstufen, z.B. von Weinert & Helmke (1987), lassen erwarten, daß bei einer Modellbildung zur Analyse der Grundschulleistung mit didaktischen Komponenten das Erklärungsgewicht des Schul- und Unterrichtsanteils größer wäre und verstärkt Aussagen über pädagogisch-didaktische Maßnahmen gewonnen werden könnten.

3.2.5 Soziale Beziehungen unter Grundschülern als Kontext von Lernen und Entwicklung (Lothar Krappmann)

Verschiedene Gründe führen dazu, die sozialen Beziehungen der Kinder in Schulklassen zu erforschen: Mit Blick auf die kindliche Entwicklung ist wichtig aufzuklären, wie das heranwachsende Kind sich sozial in einen Lebensbereich einfügt, in dem es zunehmend selbständig seine Kooperation mit anderen gestaltet. Die Schulklasse erscheint deswegen als ein besonders geeignetes Forschungsfeld, weil hier die Kinder sich regelmäßig treffen und viel Gelegenheit zur Kooperation haben. Gerade für Grundschulkinder ist die Schulklasse das wichtigste Rekrutierungsfeld für Freundschaften, weil sie von fast allen Gleichaltrigen aus der Nachbarschaft besucht wird. Mit Blick auf den Unterricht steht die Frage im Vordergrund, ob das soziale Verhältnis der Kinder untereinander die Lernprozesse stört oder fördert. Auch dieses Problem drängt sich besonders in der Grundschule auf, weil Kinder dieses Alters noch schwer sachliche Inhalts- und soziale Beziehungsaspekte trennen können und ihnen erst allmählich gelingt, dem Unterrichtsthema in ihrer Aufmerksamkeit den Vorrang zu geben.

Beide Forschungsperspektiven lassen sich in einer Vorstellung sozialen Lernens vereinigen, die betont, daß die in der Grundschule zu vermittelnden Werte und Normen sowie die Kooperationsformen und Strategien der Konfliktlösung mit dem Sozialleben der Schulklasse, also mit den Interaktionen und Beziehungen unter den Kindern und zwischen Lehrer und Schülern, kompatibel sein müssen. Dieses Konzept sozialen Lernens schließt auch den kognitiven Bereich ein. Denn der Erwerb von Wissen und kognitiven Kompetenzen beruht auf Interaktion und Kommunikation. Lern- und Entwicklungsschritte werden durch fehlende Übereinstimmung und Konflikte, die durch andere sichtbar werden, durch Begründungen und Beweise, die andere abverlangen, stimuliert (Piaget, 1970; Wygotsky, 1969). Youniss (1982) spricht von der "Ko-Konstruktion" des Wissens, durch die erst sichergestellt werde, daß tradierte Wissens- und Normbestände verstanden und autonom angewandt werden könnten. In diesem Prozess der Ko-Konstruktion schreibt Youniss der Interaktion der Gleichaltrigen, vor allem befreundeter Kinder eine besondere Rolle zu, denn vor allem die symmetrisch-reziproke Kooperation der einander relativ Gleichen biete strukturelle Voraussetzungen, um Wissen, Regeln und Begründungen ohne Zwang und voreilige Anpassung zu erarbeiten.

Diese Vorstellung des Lernens in und durch soziale Beziehungen begründet ein Forschungsprogramm von hoher Praxisrelevanz, das bislang weder in der Sozialisations- und Entwicklungsforschung im allgemeinen noch in den Untersuchungen zum Einfluß des Sozialklimas oder der Sozialstruktur der Schulklasse auf Unterricht und Lernen eingelöst wurde, obwohl eine ganze Reihe von empirischen Studien vorliegt, die die förderlichen Anstöße der Gleichaltrigenwelt, der Interaktion unter Spielkameraden und Freunden, auf die Entwicklung verschiedenartiger Fähigkeiten nachweist (Übersicht bei Krappmann, 1991).

3.2.5.1 Soziale Anerkennung, Beziehungen, Klima und Sozialerfahrungen

Wie weithin in der Erforschung des Soziallebens der Kinder sind auch in den Untersuchungen über die sozialen Beziehungen in Grundschulklassen in den 70er Jahren überwiegend soziometrische Verfahren eingesetzt worden (vgl. Höhn & Seidel, 1976). Mit diesen Verfahren werden in systematischer Weise Wahlen oder Beurteilungen der Kinder durch ihre Klassenkameraden erhoben und ausgewertet. Die auf diesem Wege relativ unaufwendig zu ermittelnde *soziale Anerkennung* (Beliebtheit), die ein Klassenmitglied bei anderen findet, wurde oft als Hinweis auf das Ausmaß sozialer Kontakte, Beziehungen und der Integration in die Klasse verstanden. Ebenso wurden umfassendere Konfigurationen gegenseitiger Wahlen als Anzeichen für Gruppen in der Klasse interpretiert. Lehrer, die Erhebungen in ihnen gut bekannten Klassen durchführten, machten jedoch auf Diskrepanzen der Ergebnisse soziometrischer Tests mit ihrer Wahrnehmung der Sozialstruktur der Klasse aufmerksam (z. B. Jordan, 1975). Beliebtheitswahlen zeigen nämlich keineswegs immer die tatsächlich bestehenden Freundschaften an.

Die Diskussion der Vor- und Nachteile verschiedener Vorgehensweisen trug zur Klärung der Aussagekraft dieses Instruments bei, zeigte aber auch Grenzen (vgl. Dollase, 1972, 1976). Um solche Einschränkungen zu überwinden, sind soziometrische Verfahren erweitert worden. So wird inzwischen nicht mehr allein nach erwünschten Spielkameraden gefragt, sondern auch im Rahmen der standardisierten Vorgehensweise erkundet, wer streitet, angreift, Einfluß hat oder als Bezugsperson gesucht wird, wobei alle Kinder der Klasse unter diesen vielfältigen Hinsichten eingeschätzt werden (Petillon, 1991). Ein soziometrisches Verfahren, bei dem Kindern 15 verschiedene Sozialsituationen im Bild vorgegeben und durch Fotos der Gruppen- oder Klassenmitglieder vervollständigt werden, ursprünglich für jüngere Altersgruppen entwickelt, bewährte sich ebenfalls in Schulklassen (Strätz & Schmidt, 1982). Diese Verfahren sind aufwendiger, zeichnen aber ein differenzierteres Bild der Sozialsituation in Schulklassen.

Die Benutzung soziometrischer Tests ist nicht nur in der Forschung, sondern auch in der Verwendung durch Lehrer zurückgegangen, möglicherweise weil sie nicht das Bedürfnis erfüllen, soziale Beziehungen der Kinder direkt zu erfassen. Diese Intention wird mit Freundesinterviews verfolgt, in denen Kinder über ihre *Sozialbeziehungen*, insbesondere über ihre Freundschaften befragt werden. Petillon (1990) ergänzt das soziometrische Instrumentarium durch eine Befragung, die der Beschreibung der Beziehung zum besten Freund dient. Die Qualität von Beziehungen ermittelt das halbstrukturierte Interview über bestehende Freundschaften, das Oswald & Krappmann (1988) in ihren Untersuchungen in der Grundschule eingesetzt haben, um angegebene Freundschaften realistisch einstufen und damit die faktische soziale Einbindung der Kinder in die Klasse beurteilen zu können. Auf dieser Basis lassen sich auch Gruppierungen in Schulklassen bestimmen, die nicht nur auf wechselseitigen Beliebtheitswahlen beruhen, sondern durch gemeinsame Interessen, gegenseitige Unterstützung und Binnendifferenzierung charakterisiert und unterschieden werden können (Krappmann & Oswald, 1983).

Forschungen über das *Sozial- oder Unterrichtsklima* verknüpfen die soziale Situation des Kindes mit weiteren Faktoren (Lehrerverhalten, Unterrichtsmerkmale, Leistungsdruck usw., vgl. v. Saldern & Littig, 1985;v. Saldern, 1987a,b). Die Verschiedenartigkeit der Faktoren, die in die Bestimmung des Sozial- und Unterrichtsklimas einfließen, belasten die Ausdeutung von Zusammenhängen, die mit entsprechenden Erhebungsinstrumenten gefunden werden. Einfacher erscheint dies in der Erforschung der Auswirkungen des *Schulklimas*, das vor allem durch Schulleitung und Lehrer bestimmt wird (Fend, 1977). "Klimapositive" Klassen werden "klimanegativen" und "gute" Schulen "schlechten" Schulen gegenübergestellt. Durch diese Forschungen wird die Verschiedenheit von Klassen- und Schulkulturen deutlich, weniger die soziale Situation des einzelnen Schülers in seiner Klasse oder Schule.

Die Erhebung des (Beliebtheits-) Rangs, der Einbindung in soziale Beziehungen und des Sozial- und Unterrichtsklimas klärt Bedingungen auf, die Kindern zugängliche soziale Erfahrungen beeinflussen, denn Beliebtheit erleichtert soziale Kontakte und Unbeliebtheit beeinträchtigt sie. Beziehungen betten Interaktionen in Regeln und Sinn ein, indem etwa Freundschaft verlangt, daß Freunde einander antworten oder einander helfen. Das Sozialklima begünstigt oder verhindert die Beteiligung von Kindern an Kooperation. *Sozialerfahrungen* können aber auch direkt ermittelt werden. Kinder können befragt werden, welche Stellung sie nach ihrer Meinung im Klassenleben einnehmen, wie sie Verhalten anderer ihnen gegenüber wahrnehmen und wie sie sich in der Klasse fühlen (so Petillon, 1982). Noch unmittelbarer lassen sich Sozialerfahrungen durch Beobachtungen der Interaktionen von Kindern erforschen. Die seltenen Beobachtungsstudien galten zum einen unterrichtsrelevanten Sozialprozessen (Hopf, Krappmann & Scheerer, 1980; Lambrich, 1987), zum anderen der sozialen Kinderwelt, die auch in die Schulklassen eindringt (Oswald & Krappmann, 1988; Benkmann, 1989).

3.2.5.2 Sozialleben in Grundschulklassen

3.2.5.2.1 Beliebte und abgelehnte Kinder, Beziehungen und Gruppierungen

Studien, die soziometrisch vorgehen, berichten im allgemeinen nicht, wie die Sozialwelt der Grundschulklasse auf der Basis ihrer Ergebnisse zu charakterisieren ist, sondern benutzen die soziometrischen Maße, um Zusammenhänge mit anderen Variablen herzustellen, etwa mit dem Lehrerverhalten oder mit der Schulleistung. Die in der englischsprachigen Forschung verbreitete Klassifizierung der Schüler als "beliebt", "abgelehnt", "vernachlässigt", "umstritten" auf Grund des Verhältnisses von positiven und negativen Wahlen (vgl. Coie, Dodge & Coppotelli, 1982) wird nicht zur Untersuchung der Schul- und Sozialentwicklung dieser Gruppen verwandt. Nur Petillon (1978) widmet eine eigene Studie der Gruppe der "unbeliebten" Schüler. Über typische soziale Konstellationen in Schulklassen, über Machtstrukturen, Kommunikationswege oder Rollendifferenzierungen, nach Petillon (1982) wichtige Aspekte des Soziallebens in Klassen, berichten erst die jüngeren Forschungen, die das soziometrische Instrumentarium ausweiten (Petillon, 1991) oder beobachtend vorgehen (Krappmann & Oswald, 1983; Lambrich, 1987; Benkmann, 1989).

Praktiker, die nach Kriterien einer erfolgreichen Förderung des Sozialverhaltens suchen, haben sich schon länger um die inhaltliche Ausdeutung soziometrischer Befunde bemüht und zum Beispiel geprüft, ob positive Wahlen breit in der Klasse streuen oder diskriminierte Gruppen zu entdecken sind. Wenn sich durch Gruppenunterricht oder Spielstunden die Stimmverteilungen verändern, gilt dies als Hinweise auf verbesserte soziale Integration (Rößler, 1982; Simons & Simons, 1978). Durchgängig berichten die Studien, daß sich in den höheren Grundschulklassen Jungen und Mädchen kaum wählen und wenig Freundschaften über die Geschlechtsgrenze hinweg bestehen (Petillon, 1982; Oswald, Krappmann, Chowdhuri & Salisch, 1986).

Im Hinblick auf mögliche sozialisatorische Wirkungen der sozialen Kinderwelt interessiert besonders, wie stabil die soziale Stellung und die Beziehungen eines Kindes in seiner Klasse sind. Dollase (1972) zeigte anhand jährlicher Wiederholungsmessungen, die in einer vierten Klasse begannen, daß der Beliebtheitsstatus von Kindern stabiler ist als die Wählerkonfiguration; die Kinder erhalten positive und negative Stimmen zum Teil von anderen Kindern. Wiederholte Interviews in derselben Klasse von Jahrgangsstufe vier bis sechs (in Berlin noch Grundschule) über Freundschaften bestätigen dieses Bild. Obwohl in die Sozialwelt gut integrierte Kinder überwiegend weiterhin gute Beziehungen hatten, lösten sich Freundschaften auch auf und wurden neu gebildet, und zwar etwa in gleichem Verhältnis (Oswald & Krappmann, 1984). Allerdings hatten die Kinder an den Veränderungen sehr verschiedenen Anteil, denn neben einigen isolierten Kindern gab es Kinder mit geringem oder keinem Wechsel in den Freundschaften ("Konstante"), Kinder mit nur neuen Freundschaften ("Wechsler") und Kinder mit neuen und fortgeführten Freundschaften ("Intensive"), die möglicherweise besonders reichhaltige Sozialerfahrungen sammeln. Nach dieser Studie fanden Jungen und Mädchen in diesem Alter ihre Freunde und Freundinnen überwiegend in ihrer Schulklasse.

Auch die Gruppierungen in dieser Grundschulklasse änderten sich im Untersuchungszeitraum. Während die stabilsten Formationen, relativ fest strukturierte Gruppen, sich auflösten und ihre Mitglieder sich anderen Formationen anschlossen, blieben die Geflechte, lockere Zusammenschlüsse von Kindern, bestehen (zur Charakterisierung verschiedener Sozialformationen in Grundschulklassen, vgl. Krappmann & Oswald, 1983). Möglicherweise passen feste Gruppen wegen ihrer Binnendifferenzierung, durch die Einfluß ungleich verteilt wird, nicht in eine Kinderwelt, in der Gleichheit betont, allerdings oft nicht realisiert wird. Nach Collani & Weber (1982) sind soziometrisch ermittelte Gruppierungen beliebter Kinder instabiler, weil diese Kinder viele Gesellungsalternativen haben. Diese Erklärung, gestützt auf eine Untersuchung in siebten und achten Klassen, könnte auch für Kinder im Grundschulalter gelten. Auch unter dieser Rücksicht erscheinen Geflechte attraktiv, weil in ihnen Dyaden und Triaden flexibel neu gebildet werden können.

3.2.5.2.2 Zusammenhänge zwischen sozialer Integration, Lernen und Entwicklung

Die Stellung des Kindes in der Schulklasse hängt von einer Vielzahl von Faktoren ab, die vom äußeren Aussehen bis zu frühkindlichen Elterneinflüssen reichen (Asher, Oden & Gottman, 1977; Sroufe & Fleeson, 1988). Die vorliegenden Studien untersuchen vor allem die Zusammenhänge der Beliebtheit bzw. der sozialen Integration von Schülern mit der Schulleistung, dem Verhalten des Lehrers gegenüber den Schülern und anderen Merkmalen des Schülerverhaltens. Petillon (1982) zeigt, daß die aufgedeckten Korrelationen in ein Netzwerk von Einflüssen eingebettet sind. Beliebtheit ist dann sehr eng mit der Schulleistung (und auch mit der Anpassung des Schülers an die Schulnormen) verbunden, wenn Lehrer sehr lenkend unterrichten. Ferner gibt es mehr positive Wahlen, geringeres Ranggefälle (weniger "Stars", weniger Außenseiter) und größeren Zusammenhalt in Klassen, wenn Lehrer sich ihren Schülern positiv zuwenden ("wertschätzendes" Verhalten). Nach dieser Untersuchung berichten diejenigen Schüler über positive Sozialererfahrungen mit Mitschülern, die auch von guten Erfahrungen im Umgang mit ihrem Lehrer sprechen. In die Meinung des Lehrers über seine Schüler fließt nach Petillon deren Schulleistung mit ein. Im übrigen korrelieren nicht nur der Beliebtheitsstatus, sondern auch die Zahl der tatsächlich unterhaltenen Freundschaften und die Mitgliedschaft in Gruppierungen positiv mit der Schulleistung (Krappmann, 1985).

Beliebtheit und Schulleistung korrelieren ferner deutlich, wenn die Jungen einer Klasse einander feindselig gesonnen sind (Engemann & Engemann, 1984). Für Mädchen trifft diese Aussage nach dieser Studie nicht generell zu, denn in Klassen mit direktiven, extravertierten Lehrern neigen Mädchen dazu, Beliebtheit und Leistung zu trennen und dadurch auch schwächeren Schülerinnen sozialen Anschluß zu ermöglichen. Generell sehen sehr kompetitiv eingestellte Schüler ihre Mitschüler negativer als kooperativ-orientierte Schüler (Littig & v. Saldern, 1986). Nach Engemann und Engemann (1984) hängt die Beurteilung von Mitschülern jedoch nicht nur von unterrichts- und leistungsrelevanten Verhaltensweisen, sondern auch von schulunabhängigen Orientierungen der Kinder ab. Jungen, deutlicher als Mädchen, bevorzugen in ihren Wahlen solche Mitschüler, die sich durch ein höheres Maß an Reife in Einstellungen und Verhalten (Joergers SET) auszeichnen.

Diese Korrelationen werden auf verschiedene Weise interpretiert. Obwohl Freunde sich in ihren Schulleistungen ähnlicher sind als stochastisch zusammengestellte Dyaden, ist unklar, inwieweit die Schulleistung die Bildung von Freundschaft beeinflußt. Die von Krappmann (1985) befragten Viertklässler anerkennen zwar gute Noten als positive Leistung, halten sie aber für Freundschaft nicht für ausschlaggebend; gute Noten können sogar Ablehnung hervorrufen, wenn Kinder Erfolge zu sehr demonstrieren. Im Hinblick auf die Auswirkungen des Lehrerverhaltens betont Petillon (1982) zwar die Richtung des Einflusses vom Lehrerverhalten auf den soziometrischen Status, denn der Lehrer beeinflusse die Kriterien der Wahl und stärke oder schwäche die Kontaktbereitschaft der Schüler untereinander. Entgegenlaufende Einflüsse schließt er aber nicht aus: Eine konfliktreiche, untereinander aggressive Klasse könne den Lehrer zu ablehnenden Reaktionen verleiten.

In den erwähnten Berichten von Lehrern finden sich Hinweise, daß besserer sozialer Zusammenhalt und "gutes Klima" in der Klasse die Lernmöglichkeiten erweitern, allerdings ohne solche Effekte verläßlich nachzuweisen. Nach Piaget (1972) vereinfacht die Frage, ob der Einfluß in der einen oder der anderen Richtung wirksam ist, das Problem unzulässig, denn kognitive Konflikte, Lern- und Entwicklungsschritte seien in soziale Interaktion, zumal im Kindesalter, tief eingelagert. Unter befreundeten Kindern treffen unterschiedliche Sichtweisen aufeinander, bislang als sicher Angenommenes wird in Frage gestellt. Die aufgeworfenen Probleme müssen sozial und kognitiv bewältigt werden, denn sowohl die Sache muß gelöst als auch die Belastung der Beziehung bewältigt werden, die durch Widerspruch unter Freunden entsteht. Somit werden kognitive und soziale Fähigkeiten zugleich herausgefordert und gemeinsam weiterentwickelt.

Für diese Sichtweise sprechen Beobachtungen der sozialen Interaktion von Grundschülern im Klassenzimmer, die von der Schule vorgegebene Aufgaben kooperativ, in angeordneter Gruppenarbeit oder in spontaner gegenseitiger Unterstützung zu lösen versuchen. Krappmanns und Oswalds Analysen dieser Interaktionen zeigen, daß sich Freunde beim Aushandeln von Lösungen und beim Helfen zwar etwas freundlicher behandeln als nicht befreundete Kinder (Krappmann & Oswald, 1985). Wesentlicher ist jedoch, daß mehr als unter Nichtfreunden in den gemeinsamen Anstrengungen der Freunde Gesichtspunkte der anderen Seite berücksichtigt, fehlgegangene Lösungen rekonstruiert und zusätzliche Argumente aufgenommen werden, also intensiver "ko-konstruiert" (Youniss, 1982) wird. Ingesamt halten sich kooperierende Freunde weniger an Muster, sondern interagieren perspektiven- und inhaltsreich (Oswald & Krappmann, 1988; Krappmann & Oswald, 1988). Diese Beobachtungsstudien unterstreichen die Bedeutung weiterer Untersuchungen der sozialen Beziehungsstrukturen in Grundschulklassen, um die förderlichen Bedingungen für Lernen und Entwicklung besser theoretisch verstehen und in der Praxis realisieren zu können.

3.2.5.3 Resümée

Es gab in den beiden vergangenen Jahrzehnten interessante Arbeiten über die soziale Situation der Schüler in Grundschulklassen, über Faktoren, die soziale Akzeptanz und Beziehungen beeinflussen, sowie über die Auswirkungen der sozialen Integration eines Kindes auf Lernen und Entwicklung. Die Perspektiven dieser Untersuchungen waren reichhaltig, die Forschungskapazität aber insgesamt zu gering, als daß Fragen zu einer wirklichen Klärung gebracht werden konnten, zumal die Forschungen dazu tendierten, ihre Problemsicht noch zu erweitern und ihre Methoden zu diversifizieren. Insbesondere liegt nahe, auch die Einflüsse der weiteren sozialen Umwelt auf die sozialen Beziehungen der Kinder einzubeziehen. Zusammenhänge mit Elternverhalten wurden bereits untersucht (Brinkmann & Lazarus-Mainka, 1980; Preisig, Perrez & Patry, 1980; Krappmann & Oswald, 1990). Insgesamt werden die Studien mehr und mehr davon geprägt, Schüler als junge Heranwachsende, die sich auch in ihrer sozialen Identität entwickeln, und Schulklassen als kulturelle Systeme, die in weitere Zusammenhänge eingebettet sind, zu begreifen, um die Wechselwirkungen sozialer, emotionaler und kognitiver Einflüsse am Lern- und Sozialort Schulklasse angemessener aufklären zu können.

3.2.6 Die außerschulische Lebenswelt der Kinder (Maria Fölling-Albers)

Die in der Einleitung zu diesem Kapitel genannten Grundschulkongresse 1969 und 1989 hatten in ihrer je spezifischen Ausrichtung und Schwerpunktsetzung insbesondere auch den Stellenwert außerschulischer (Lern-)Erfahrungen für schulisches Lernen und Fortkommen zum zentralen erziehungswissenschaftlichen und bildungspolitischen Gegenstand:

Den Stellenwert (schicht-)spezifischer Förderung bzw. Benachteiligung von Kindern für ihren Bildungsprozeß (Grundschulkongreß 1969; vgl. Bd. 1 der Dokumentation: Begabung und Lernen im Kindesalter) und die Herausforderungen der veränderten Lebenswelt der Kinder auf Unterricht und Schulleben (Grundschulkongreß 1989; vgl. Fölling-Albers, 1989; Faust-Siehl, Schmidt & Valtin, 1990). Von beiden Kongressen gingen auch bedeutsame bildungspolitische Veränderungen aus: Stärkere Förderung benachteiligter Kinder durch unterrichtliche Differenzierungsmaßnahmen sowie durch die Ausweitung der Stundentafeln für zusätzlichen Förderunterricht (ab 1969); die Ausweitung des schulischen Betreuungsangebotes für Kinder mit familialem Betreuungsdefizit ("Die ganze Halbtagsschule"; Initiativen zum "Hort in der Schule"; Ganztagsgrundschulen - ab 1989).

Die unterschiedlichen wissenschaftlichen und bildungspolitischen Akzentuierungen auf den beiden Grundschulkongressen kennzeichnen auch zwei wesentliche Veränderungen bei der inhaltlichen und methodischen Erforschung des hier zur Diskussion stehenden Gegenstandsfeldes selbst: Es wurden nicht nur einzelne Merkmale oder Bedingungen des Aufwachsens zum Gegenstand empirischer Sozialisations- oder Schulforschung gemacht, sondern die Kindheit selbst wurde der Ausgangspunkt für soziologische, sozialisationstheoretische und sozialpädagogische Reflexionen und Forschungen. Daneben wurden neue methodologische Ansätze zur Erforschung der kindlichen Lebenswelt entwickelt (ökologische Sozialisationsforschung) und z.T. auch in Untersuchungsvorhaben realisiert (vgl. Dippelhofer-Stiem, 1989; Bertram, 1990).

Das herausragende Kennzeichen für die Veränderungen der außerschulischen Lebenswelt der Kinder in den vergangenen 20 Jahren ist die Vielschichtigkeit des Wandlungsprozesses. Die Sozialisationsforschung bezeichnete diese Phase als "Modernisierungsschub" (vgl. Preuss-Lausitz, 1983, S.14). Da im Rahmen eines kurzen Trendberichts die Vielfalt der Veränderungsaspekte auch nicht annähernd dargelegt werden kann, sollen hier exemplarische Schwerpunkte gesetzt werden. .

3.2.6.1 Neuere sozialwissenschaftliche Kindheitsforschung im Überblick

Die "moderne Kindheitsforschung" wurde in der Bundesrepublik mit dem Band von Ariès "Geschichte der Kindheit" (1960/1978) eingeläutet. Der Auslösereffekt für die Kindheitsforschung liegt in der Kernthese des Buches: Kindheit und Jugend, wie wir sie heute als selbstverständliche Lebensphasen des Menschen wahrnehmen, hat es nicht immer gegeben. Sie sind vielmehr Produkte eines ganz spezifischen sozialgeschichtlichen Veränderungsprozesses zu Beginn der Neuzeit. Für Ariès ist diese Entwicklung vor allem als ein Abgrenzungsprozeß der jungen Generation von den Erwachsenen gekennzeichnet. Gerade auch die Schulen sind für Ariès ein Ausdruck dieser Ausgrenzung der verschiedenen Generationen und Lebensbereiche voneinander.

Der von de Mause herausgegebene Band "Hört Ihr die Kinder weinen?" (1980) kann als Antithese zu dem von Ariès aufgezeigten Historiogramm angesehen werden: Für de Mause dokumentiert sich in der Geschichte der Kindheit ein Alptraum, der erst seit dem letzten Jahrhundert zu Ende zu gehen scheine. Jahrhundertelang praktizierte Mißhandlungen von Kindern bis hin zur Kindestötung, ihre z.T. völlige Ignoranz und die geringe elterliche Fürsorge von der Antike bis hin zur Neuzeit kennzeichnen für de Mause den Prozeß, der erst im vergangenen Jahrhundert durch die Verbesserungen der Lebensbedingungen, aber auch durch die Erkenntnisse der Wissenschaften über körperliche und seelische Entwicklungsprozesse bei Kindern verbessert wurden.

Die Auseinandersetzung mit gegenwärtigen sozialisatorischen Fragen von Kindheit erhielt (auch) durch den Band von Preuss-Lausitz: "Kriegskinder - Konsumkinder - Krisenkinder" (1983) wesentliche Impulse. Der Ausgangspunkt der Untersuchung waren die gravierenden Unterschiede in den Bedingungen des Aufwachsens bei der Kriegs- und Nachkriegsgeneration ("Kriegskinder") im Vergleich zu der Generation, die in den Phasen des wirtschaftlichen Aufschwungs und des Wohlstandes ihre Kindheit und Jugend verbracht hatte ("Konsumkinder"). Noch einmal deutlich anders waren die Sozialisationsbedindungen für die Generation, die in der wirtschaftlichen Rezessionsphase der 70er/80er Jahre ("Krisenkinder") aufwuchsen und ihre Folgen für die Entwicklung dieser Generation.

Die in diesem Band dargestellte These von je kohortenspezifischen Lebenswelten und ihre Auswirkungen auf generationsspezifische Entwicklungsmerkmale, aber auch die theoretischen Analysen über die Gestaltung des Lebensalltags haben die systematische und empirische Forschung der vergangenen Jahre maßgeblich geprägt (vgl. insbesondere das "Modell des verinselten Lebensraumes" von Zeiher, 1983).

Aus der Kritik an den bis in die 60er Jahre vorherrschenden Forschungskonzepten zur Sozialisation von Kindern (Anlage - Umwelt - Konzept, schichtspezifisches Sozialisationskonzept) sind in den 70er Jahren zwei methodologische Konzeptionen entwickelt worden, die die neuere empirische Forschung auch über das Aufwachsen von Kindern in außerschulischen Lebensräumen wesentlich bestimmen: die ökologische Sozialisationsforschung und der Soziotop-Ansatz.

Obwohl eine ökologische, d.h. an komplexen Lebenswelten ausgerichtete Forschung schon eine recht lange und vielfältige Tradition hat, kann die ökologische Sozialisationsforschung in Deutschland erst auf eine knapp 15jährige Geschichte zurückblicken (vgl. Walter, 1982; Dippelhofer-Stiem, 1989). Der Ansatz wurde in den 70er Jahren von Bronfenbrenner (1976,1981) entwickelt und geht von komplexen Schichten und Strukturen aus, die in direkter oder indirekter Weise auf die Entwicklung von Menschen einwirken - ausgehend von der ersten Schicht (Familie, Umwelt und Schule), über die zweite Schicht mit ihren sozialen Netzwerken und informellen Strukturen (z.B. peer-groups, die Infrastruktur der Umgebung); beide Schichten werden schließlich überlagert von einer dritten, die das ideologische System der Gesellschaft ausmacht. Erst das Zusammenwirken dieser verschiedenen aufeinander einwirkenden Variablen macht die Spezifität der jeweiligen Lebenswelt aus.

Im Soziotop-Ansatz, von der AG-Umwelt-Taxonomie in Konstanz entwickelt, geht es "um die Identifikation und Kennzeichnung von verschiedenen Teilräumen in Großstädten und in ländlichen Räumen" (Hopf, 1990a, S. 4; Bargel, Fauser & Mundt, 1983). Dieser Forschungsansatz geht von der Annahme aus, daß die spezifischen, (infra-)strukturellen Bedingungen von (Teil-)Räumen wesentlichen Einfluß auf die Möglichkeiten des Aufwachsens von Kindern haben.

3.2.6.2 Untersuchungsergebnisse zur außerschulischen Lebenswelt von Kindern im Überblick

3.2.6.2.1 Familiale Lebenswelt

a) Reduktion der Geburtenrate: Die Geburtenrate ist in den vergangenen 25 Jahren um fast 50 % zurückgegangen. Der Rückgang betraf insbesondere den Anteil an kinderreichen Familien. Konkret bedeutet das: Während im Jahre 1970 noch in 37,5% der Familien drei und mehr Kinder (unter 15 Jahren) lebten, waren es 1985 nur mehr knapp 19% (vgl. Nave-Herz, 1989, S.52; Bertram & Gille, 1990, Tab. 114). Das heißt, daß in etwa 81% der Familien Kinder mit keinem oder nur mit einem Geschwister aufwachsen. In Städten wie Berlin und München sind nur noch 8-12% aller Haushalte solche mit zwei oder mehr Kindern (Bertram 1990, S.33).

b) Müttererwerbstätigkeit: Die Verringerung der Geburtenrate ist verknüpft mit einer erhöhten Müttererwerbstätigkeit. Während die Quote bei Frauen mit einem Kind unter 15 Jahren 1985 45,6% betrug, betrug sie bei drei und mehr Kindern lediglich 25,5% (vgl. Bertram & Gille, 1990, Tab. 102a). Insgesamt ist die Müttererwerbstätigkeit von Frauen mit Kindern im schulpflichtigen Alter (6 - 15 Jahre) von 1971 bis 1985 bei Einkind-Familien um 6% angestiegen und dürfte bald die

50%-Marke überschreiten. Je geringer die Kinderzahl, desto höher ist die Mütte-rerwerbsquote.

c) Vielfalt an Familienkonstellationen: Nicht nur die Verringerung der Geburtenrate hat den Wandel an Familienerfahrungen bewirkt, ebenso bedeutsam ist die Zunahme der Vielfalt an Familienkonstellationen. Neben die traditionelle Ehepaar-Familie mit einem oder mehreren Kindern sind verschiedene weitere Familienformen getreten. Etwa jede dritte Ehe wird geschieden (Daten aus den alten Bundesländern; in der ehemaligen DDR lag die Scheidungsrate höher). Ein Teil der Partner aus Scheidungsfamilien mit Kindern geht neue Ehebeziehungen ein. Ca. 1 Mio. Kinder (BRD) wachsen in Stieffamilien auf, davon 800 000 bei Zweitvätern, 200 000 bei Zweitmüttern. Eine weitere Mio. Kinder leben beim nichtehelichen Zweitpartner der Mutter. Die "elternreiche Familie" (Hopf, 1990b, S.62) nimmt ständig zu. Ein weiteres Merkmal für die Ausdifferenzierung der Familienformen ist die erhebliche Zunahme der nichtehelichen Lebensgemeinschaften. In Stadtstaaten wie Bremen, Hamburg und Berlin wird bereits jedes 5. Kind in eine nichteheliche Lebensgemeinschaft hineingeboren; im Bundesdurchschnitt betrifft es etwa jedes 10. Kind.

d) Eineltern-Familien: Ein besonders sinnfälliger Ausdruck der veränderten und individualisierten Familienform ist die Zunahme der Einelternfamilien. Jedes 9. Kind lebt derzeit bei der alleinerziehenden Mutter bzw. beim Vater. Von 1970 bis 1985 ist der Anteil der Eineltern-Familien von 8.7% auf 12,8% angewachsen (Bertram & Gille, 1990, Tab. 62; Gutschmidt, 1985; Napp-Peters, 1985). Die Gruppe der Eineltern-Familien weist in sich noch einmal eine sehr heterogene Struktur auf. Die große Mehrheit (fast die Hälfte) der Kinder aus Eineltern-Familien sind Kinder aus Scheidungsfamilien. Überwiegend bleibt die geschiedene Frau mit den Kindern allein zurück. Der Anteil dieser Eineltern-Familien hat sich seit den 60er Jahren mehr als verdoppelt. Daneben gibt es die Gruppe der getrennt Lebenden und der von vornherein ledigen Eineltern-Familien. Auch ihre Anteile haben sich in den vergangenen 20 Jahren mehr als verdoppelt. Die Gruppe der Witwenfamilien aus den Eineltern-Familien ist die einzige, deren Anteil sich in den vergangenen 20 - 30 Jahren kontinuierlich verringert hat. Ein weiteres Merkmal der Eineltern-Familien ist ihr besonders hoher Anteil an Einkind-Familien. Bei den ledigen Müttern haben etwa 88% nur ein Kind. Über Auswirkungen veränderter und sich ausdifferenzierender Familienformen auf schulisches Verhalten und auf die Lernleistungen der Kinder liegen bisher kaum abgesicherte empirische Daten vor. Während Gutschmidt (1986,1989) auf der Basis ihrer nicht-repräsentativen, mündlichen Befragungen vor allem die relative Zufriedenheit der alleinerziehenden Mütter beschreibt und kritisch auf die Rolle der Schule verweist, die die Kinder von Eineltern-Familien nicht zuletzt aus Gründen des Mitleids in ihren Leistungsmöglichkeiten unterfordert, geht Napp-Peters (1985) eher auf die belastenden Erfahrungen ein, die die Kinder machen. Auch der Kinder-Survey von Lang (1980) weist aus der Sicht der befragten Eltern auf weniger günstige Lebensbedingungen und auf eine geringere Zufriedenheit mit der Lebensqualität bei den alleinerziehenden Eltern im Vergleich zu den "vollständigen" Familien hin.

e) Familiale Lebenswelt und Schulleistungsmotive: Zu den wenigen empirischen Untersuchungen über Zusammenhänge zwischen familialen Sozialisationsbedingungen und schulischen Leistungsvariablen, die auch nach Kriterien der ökologischen Sozialisationsforschung durchgeführt worden sind, zählen die Untersuchungen von Trudewind über die Leistungsgenese im Grundschulalter (1975,1982). Trudewind konnte dabei insbesondere bei seinen Längsschnitt-Untersuchungen (1. - 4. Schulj.) komplexe Zusammenhänge zwischen den Variablen Leistungserwartungen der Eltern, Lernanregungen im Elternhaus, institutionelle vorschuliche Förderung (Kindergartenbesuch) und Leistungsmotivausprägung bei den Kindern feststellen. So führen z.B. nicht so sehr hohe Leistungserwartungen der Eltern zur Mißerfolgsorientierung bei den Kindern, als vielmehr eine geringe Erfolgsverzicht der Eltern in die Leistungsfähigkeit des Kindes.

3.2.6.2.2 Kinder und Medien

Während die 50er und 60er Jahre als Fernseheinstiegsphase in den bundesdeutschen Haushalten gelten, waren die 70er Jahre "durch die feste Einwurzelung des Fernsehgerätes im Alltag der Kinder" geprägt (Schnoor & Zimmermann 1989, S.86). Medienforschung war in dieser Zeit denn auch Fernsehforschung: Sehdauer, Sehgewohnheiten und Sehpräferenzen von Kindern wurden vorrangig untersucht. Daneben galt das wissenschaftliche Interesse der Frage, welche Auswirkungen der Fernsehkonsum auf andere Freizeitbeschäftigungen hatte, sprich: welche Freizeitaktivitäten der Kinder durch das Fernsehen verdrängt wurden. Die tägliche Fernsehdauer von 6 bis ca. 13jährigen Kindern ist seit Jahren etwa stabil geblieben. Sie sehen durchschnittlich täglich etwa 80 Minuten fern, an Wochenenden mehr als an Werktagen. In Familien mit Kabelanschlüssen und in Familien mit Videogeräten liegt die Fernsehdauer durchschnittlich um 10 bis 15 Min. täglich höher (vgl. Kübler, 1988; Schnoor & Zimmermann, 1989). Genaue Daten über den Anteil der sog. Vielseher (3 Stunden und mehr am Tag) liegen nach Kübler (1988,1989) nicht vor; nach Schätzungen betragen sie bei den unter 14jährigen ca. 10%.

Die Dauer des täglichen Fernsehkonsums, aber auch die Präferenzen für bestimmte Fernsehsendungen scheinen abhängig zu sein von verschiedenen Faktoren der familialen Lebenswelt des Kindes: Bildungsschicht der Eltern, Kontrolle des Fernsehverhaltens durch Eltern, Größe der Wohnung. Kinder aus niedrigen sozialen Schichten verbringen täglich mehr Zeit vor dem Fernseher, sehen eher aus Gewohnheit als aus einem spezifischen Interesse an einer bestimmten Sendung fern und bevorzugen mehr Unterhaltungs- und Action-Programme als Kinder aus privilegierteren sozialen Schichten, die verstärkt informative Sendungen betrachten. (Vgl. Möller, 1989 und der Trendbericht von Schnoor & Zimmermann, 1989) So profitieren Kinder, die in diesem sozialen Milieu aufwachsen, obwohl sie relativ wenig fernsehen, für ihr schulisches Fortkommen mehr aus den Angeboten des Fernsehens als Kinder aus den unteren sozialen Schichten mit einem höheren Fernsehkonsum.

Die Ausweitung des Medienangebots insgesamt (Video, Kassetten, Computer, Walkman etc.), aber mehr noch die Vernetzung der Medienangebote durch das Medienverbundsystem, die dazu führte, daß die Kinder mit der Medienware in den vielfältigsten Bereichen des Alltags ständig konfrontiert werden, leitete eine neue Forschungsperspektive im Bereich der Medienforschung ein. Es wurden nicht nur Umfang und Art von Medieneinfluß auf Kinder und Jugendliche als Wirkungsforschung untersucht. Vielmehr wurde die vergrößerte und vielfältiger gewordene Quantität auch als ein Merkmal für eine neue Qualität an Medienerfahrungen angesehen. AV-Medienerfahrungen werden nun als neuer und substantieller Bestandteil der (veränderten) Alltagskultur der Kinder angesehen und nicht mehr primär im Hinblick auf evtl. verlorengegangene Spiel- und Sozialerfahrungen verrechnet (als Defizitforschung angelegt). Neuere medienpädagogische Forschungsschwerpunkte richten sich denn auch auf die Fragestellung, mit welchen Medienerfahrungen welche Kinder heute konfrontiert werden, welche sie verarbeiten müssen und wie o.a. die Schule helfen kann, das zu leisten (vgl. dazu insbes. Hengst, 1983, 1988, 1989; Rogge, 1988; Kübler 1988, 1989; Bachmair, 1990).

3.2.6.2.3 Nahraum und Freizeitgestaltung

Die im folgenden darzustellenden zusammenfassenden Ergebnisse von empirischen Forschungen zur Aneignung des Nahraums und zur Nutzung von Freizeit in öffentlichen Institutionen orientierten sich in ihrem Forschungsdesign in den meisten Fällen an der Konzeption der ökologischen Sozialisationsforschung und/oder an der Soziotop-Forschung. Bei der Untersuchung mit letzterem Schwerpunkt geht es vor allem um die Untersuchung der Auswirkungen unterschiedlicher räumlicher und sozialer Umwelten auf die Entwicklung von Kindern und Jugendlichen. Die meisten empirischen Untersuchungen waren keine schulstufenspezifischen Forschungen und berücksichtigen bei ihren Erhebungen deshalb nicht ausschließlich Kinder im Grundschulalter.Einen informativen Überblick über die bis 1985 durchgeführten empirischen Forschungen (einschließlich ihrer verwendeten Methoden) zum Themenbereich "Wohnumwelt" von Kindern geben Ledig & Nissen (1987). Auf eine Beschreibung der einzelnen Untersuchungsverfahren muß an dieser Stelle verzichtet werden. Folgende Forschungsarbeiten wurden für die Analyse ausgewertet: Berg-Laase, Berning, Graf & Jacob (1985); Harms, Preissing & Richtermeier (1985); Fischer (1988); Rauschenbach & Wehland (1989); Nissen (1990).

a) Der Stellenwert des Nahraums: Alle genannten Forschungen bestätigen, daß die wohnnahe Umgebung auch heute noch für die Raumaneignung der Kinder eine zentrale Rolle spielt. Kinder bevorzugen für ihr Draußen-Spiel wohnraumnahe Plätze und Nischen, insbesondere Hof und Garten, Straßen und Baulücken (vgl. Rauschenbach & Wehland, 1989; Fischer, 1988). Hier stimmen auch die Angaben von Kindern über bevorzugte Aufenthaltsplätze und tatsächliche Aufenthalte in hohem Maße überein, wohingegen Kinder die (fertigen) Spielplätze zwar auch als beliebte Spielorte nennen, sie dort aber erheblich weniger anzutreffen sind. Allerdings fühlen sich jüngere Kinder (5- bis 7jährige) durch den Straßenverkehr deutlich stärker bedroht als ältere Kinder (10 Jahre und älter). Quer über alle Sozialschichten hinweg erfahren jüngere Kinder ihren Nahraum als weniger attraktiv als ältere Grundschüler. Insbesondere für ausländische Kinder scheint der Nahraum ein nach außen verlegter Wohnraum zu sein. Sie halten sich dort häufiger auf als deutsche Kinder gleichen Alters. Konkurrenzbetontes Verhalten in der Raumnutzung, die in der Regel Konflikte zwischen den Kindergruppen beinhalten, wurde eher in geschlossenen, überschaubaren Räumen festgestellt (z.B. auf Höfen und Spielplätzen), während solche Konflikte in offenen und unstrukturierten Räumen kaum beobachtet wurden (vgl. Harms et al., 1985, S. 388).

b) Auswirkungen unterschiedlicher Nahräume auf das Spiel- und Freizeitverhalten: Obwohl bei allen Kindern des Grundschulalters der wohnnahe Außenraum ein bevorzugter Aufenthaltsort ist, so gibt es doch ein deutlich unterschiedliches Nutzungsverhalten - abhängig von strukturspezifischen Eigenschaften der Lebensräume. Kinder der Unterschicht, die in beengten Lebensverhältnissen aufwachsen, erleben auch ihren Nahraum als weniger attraktiven Spiel- und Aufenthaltsraum im Vergleich zu Kindern, die in Ein- und Zweifamilienhaus-Siedlungen leben. Kinder mit unattraktiven Nahräumen am Haus (kein Garten oder Hof) bevorzugen mehr als Kinder mit hausnahen Spielmöglichkeiten die öffentlichen Spielorte. Kinder in städtischen Altbauvierteln sehen für sich erheblich weniger Möglichkeiten, die Straße als Spielfläche mitzubenutzen, als Kinder in Einfamilienhaus-Siedlungen. Obwohl Kinder aus attraktiveren Wohnarealen (Ein- und Zweifamilienhaus-Siedlungen) ihre Spielmöglichkeiten draußen positiv einschätzen, halten sie sich weniger im Nahraum draußen auf, als Kinder in sozial schwächeren Wohnarealen. Kinder aus "gehobeneren" Lebensumwelten nehmen eher an institutionellen und kommerziellen Freizeitangeboten teil, die meistens nicht in der nahen Umgebung der Kinder liegen, so daß sie dorthin transportiert werden müssen. Diese Entwicklung führt zu einer zunehmenden mono-funktionalen Nutzung des Raumes. (Vgl. Berg-Laase et al., 1985; Harms et al., 1985; Rauschenbach & Wehland, 1989).

c) Altersspezifische Nutzung von Raum und Zeit: Mit zunehmendem Alter nimmt die gezielte Planung von Freizeitaktivitäten erheblich zu. Kinder verabreden bereits in der Schule, mit wem und bei wem sie spielen wollen. Sie nehmen im höheren Alter vermehrt an organisierten terminlich festgelegten Freizeitangeboten teil (z.B. sportliche und musische Abgebote): Während 5- bis 7jährige Kinder zu 42,7% an institutionalisierten Freizeitangeboten teilnehmen, sind es bei den 7- bis 10jährigen Kindern 54,4% und bei den 10- bis 13jährigen 60,4% (vgl. Rauschenbach & Wehland, 1989, S. 154). Allerdings ist die Nutzung von Förder- und Freizeitangeboten sehr unterschiedlich auf die Kindergruppen verteilt. Ein Teil der Kinder hat keinerlei terminliche Verpflichtungen; andere hingegen nehmen an drei oder gar mehr regelmäßig stattfindenden Freizeitangeboten teil (vgl. a.a.O, S. 197). Während Kinder aus unteren sozialen Schichten zu 42% institutionalisierte Angebote wahrnehmen, werden sie von Kindern aus oberen Sozialschichten zu über 80% besucht. Kinder aus den unteren Sozialschichten nehmen vorrangig an Sportveranstaltungen teil, Kinder aus der Mittel- und Oberschicht bevorzugen musische Abgebote - diese Verteilung ist bei allen Altersgruppen nachzuweisen (vgl. a.a.O., S. 155 u. S.192 ff).

d) Geschlechtsspezifische Nutzung von Raum und Zeit: Alle Forschungen belegen eine geschlechtsspezifisch unterschiedliche Nutzung von Raum und Zeit, und sie wird mit zunehmendem Alter der Kinder ausgeprägter. Trotz gleicher (positiver) Einschätzungen über Spielmöglichkeiten (z.B. Plätze oder Spielpartner) außerhalb des Hauses spielen Jungen mehr als Mädchen draußen. Die Mädchen sind selektiver in der Auswahl von Räumen und Personen. Jungen halten sich öfter als Mädchen in öffentlichen Freiräumen auf, die nicht für Kinder vorgesehen sind (z.B. auf entfernteren Grünflächen, auf Parkplätzen, auf S- und U-Bahnhöfen, auf unbebauten Grundstücken etc.). Mit zunehmendem Alter sinkt ihr Aufenthalt an solchen Plätzen. Die Aufenthaltsplätze der Mädchen sind wohnraumnäher; sie bevorzugen Aktivitäten wie Ballspiele und Seilhüpfen und sind dabei vor allem auf Gehwegen anzutreffen (vgl. dazu Fischer, 1988; Harms et al. 1985; Berg-Laase et al., 1985). Auch auf Spielplätzen sind geschlechtsspezifische Präferenzen für Geräte und Flächen festzustellen. Das gilt ebenso für sportliche Aktivitäten in Vereinen: Jungen melden sich vorrangig für konkurrenzbetonte Wettkampfspiele (Fußball, Tischtennis, Basketball); Mädchen bevorzugen Turnen und Gymnastik. Insgesamt organisieren die Mädchen mehr als die Jungen ihr Freizeitverhalten. Sie verabreden häufiger bereits in der Schule, mit wem sie am Nachmittag spielen wollen. Bei den organisierten Freizeitaktivitäten nehmen Mädchen vor allem Angebote im musischen Bereich wahr, Jungen bevorzugen sportliche Aktivitäten (vgl. Rauschenbach & Wehland, 1989, S.186 f.; Nissen, 1990).

Alle hier zitierten Forschungen über Formen der Aneignung des Nahraumes durch Kinder stellen keinen Bezug zum schulischen Kontext dar. Hier liegt ein ausgesprochenes Forschungsdefizit, zumal in der Grundschulpädagogik seit einigen Jahren verstärkt die Forderung nach einer "Öffnung der Schule" oder nach einer "gemeinwesenorientierten Schule" erhoben wird (vgl. Wallrabenstein, 1990; Zimmer & Niggemeyer, 1986).

3.2.6.3 Ausblick und Forschungsdesiderata

Die Veränderungen in der außerschulischen Lebenswelt der Kinder sind durch zwei widersprüchlich erscheinende Entwicklungslinien gekennzeichnet. Einerseits ist durch eine breitere Veröffentlichung und durch eine allgemeine Zugänglichkeit von medialen und Freizeitangeboten, aber auch durch eine Individualisierung der familialen Lebensformen und der Lebensstile eine größere Chance gegeben, (soziale) Ungleichheiten abzubauen. So sind Kinder aus Eineltern-Familien oder aus nichtehelichen Lebensgemeinschaftsformen heute in der Regel sozial nicht mehr diskriminiert. Auch wirkt der nicht beschränkte Zugang zu medialen und institutonalisierten Förderangeboten formalen gesellschaftlichen Diskriminierungsprozessen (wie z.B. ständische, schicht- oder klassenspezifische Gruppierungen) entgegen. Gleichzeitig hat aber die Vergrößerung der Angebote an Lebensmustern und an Freizeit- und Fördermöglichkeiten auch die Vielfalt und Unterschiedlichkeit der Nutzung vergrößert und dadurch neue und komplexere Ungleichheiten hervorgebracht. Rülcker kommt aufgrund seiner Analyse zur Veränderung der familialen Lebensformen zu dem Ergebnis: "Die Schule wird sich (.) auf eine große Ungleichheit der Kinder in bezug auf ihre Familienerfahrungen und ihre emotionale und sozio-kulturelle Stabilität einstellen müssen" (1989, S.17). So weisen z.B. Kinder aus Scheidungsfamilien im Vergleich zu Kindern aus ledigen Eineltern-Familien ein höheres Maß an auffälligem Verhalten und an Schulproblemen auf (vgl. Napp-Peters, 1985, S. 85).

Ähnlich den familialen Lebensbereichen sind für die Freizeiterfahrungen entsprechende Tendenzen festzustellen: Die Ausweitung der Förder- und Freizeitmöglichkeiten führen zunehmend zu einer Privatisierung von Lernen. Kinder aus Elternhäusern, die für ihre Kinder die passenden Angebote zu nutzen verstehen, sind gegenüber anderen Kindern bevorzugt (vgl. dazu Fölling-Albers, 1990).

Welche Forschungsschwerpunkte sind angesichts dieser Entwicklung angezeigt?

- Forschungen über Möglichkeiten schulbegleitender psychologischer Betreuung von Kindern in Konfliktsituationen.
- Forschungen über Auswirkungen der Angebotskultur im Freizeitbereich auf das Lernverhalten und auf Lernstrategien der Kinder.
- Forschungen über Auswirkungen der privaten Förderungsmöglichkeiten auf die Wissens- und Könnensentwicklung von Kindern ("Kinder als Experten").
- Forschungen über die Auswirkungen erweiterter schulischer Betreuungsangebote (Nachmittagsangebote, Hort für Kinder etc.) auf die Lernentwicklung von Kindern - insbesondere sozial benachteiligter Kinder.

Wesentlich erscheint eine Zunahme an langzeitlich angelegten Untersuchungen zu sein, bei denen gerade auch die Bedingungen und Kriterien für die Bewältigung (krisenhafter) Entwicklungsverläufe genauer erforscht werden.

3.2.7 Literatur

Angermaier, M. (1974). Sprache und Konzentration bei Legasthenie. Göttingen: Hogrefe.

Ariès, P. (1978). Geschichte der Kindheit. München: Hauser.

Asher, S., Oden, S. L. & Gottman, J. M. (1977). Children's Friendships in School Settings. In L. G. Katz (Eds.), Current Topics in Early Childhood Education (pp.33-61). Norwood: Ablex.

Bachmair, B. (1990). Erziehung im Medien- und Konsumnetz. In G. Faust-Siehl, R. Schmidt & R. Valtin (Hrsg.), Kinder heute - Herausforderung für die Schule. Dokumentation des Grundschulkongesses 1989 in Frankfurt/M. (S.72-76). Frankfurt/M.: Arbeitskreis Grundschule.

Bargel, T., Fauser, R. & Mundt, J. W. (1983). Soziotope und soziale Infrastruktur - Lokalität als Bezug einer Sozialpolitik für das Kind. In J. W. Mundt (Hrsg.), Grundlagen lokaler Sozialpolitik (S.125-162). Weinheim: Beltz.

Becker, R. (1967). Die Lese- und Rechtschreibschwäche aus logopädischer Sicht. Berlin-Ost: Verlag Volk und Gesundheit.

Beckmann, H. K. (1983). Schule unter pädagogischem Anspruch. Donauwörth: Auer.

Benkmann, R. (1989). Dominanz und Egalität. Zur Konstruktion unterschiedlicher sozialer Beziehungen in einer Schule für Lernbehinderte. Zeitschrift für Pädagogik, 35, 45-64.

Benner, D. & Ramsegger, J. (1984). Grundschulprojekt Gievenbeck. Münster: Institut für Erziehungswissenschaften.

Berg-Laase, G., Berning, M., Graf, U. & Jacob, J. (1985). Verkehr und Wohnumfeld im Alltag von Kindern. Eine sozialökologische Studie zur Aneignung städtischer Umwelt. Pfaffenweiler: Centaurus.

Bergk, M. & Meiers, K. (Hrsg.). (1984). Schulanfang ohne Fibeltrott. Bad Heilbrunn: Klinkhardt.

Bertram, H. (1982). Von der schichtspezifischen zur sozialökologischen Sozialisationsforschung. In L. Vaskovics (Hrsg.), Umweltbedingungen familialer Sozialisation. Beiträge zur sozialökologischen Sozialisationsforschung (S.25-54). Stuttgart: Enke.

Bertram, H. (1990). Eine sozialökologisch orientierte Berichterstattung im Bereich Kindheit, Jugend und Familie. München: Juventa.

Bertram, H. & Gille, M. (1990). Datenhandbuch zur Situation von Familien, Kindern und Jugendlichen in der Bundesrepublik Deutschland. München: Deutsches Jugendinstitut.

Biglmaier, F. (1965). Lesestörungen. Diagnose und Behandlung. München: Reinhardt.

Biglmaier, F., Halle, W. & Hickl, E. (1973). Wir üben lesen. Programmierte Übungen zum Westermann Lesebuch 1. Braunschweig: Westermann.

Bleidick, U. (1966). Lesen und Lesenlernen unter erschwerten Bedingungen. Essen: Neue Deutsche Schule.

Blumenstock, L. & Renner, E. (Hrsg.). (1990). Freies und angeleitetes Schreiben. Beispiele aus dem Vor- und Grundschulalter. Weinheim: Beltz.

Blumenstock, L. (1979). Prophylaxe der Lese- und Rechtschreibschwäche. Erstellung und Erprobung eines sprachlich-akustischen Trainingsverfahrens zur Verbesserung der grundlegenden Lese- und Rechtschreibfähigkeit der Schüler im 1. Schuljahr. Weinheim: Beltz.

Blumenstock, L. (1981). Auswirkungen sprachlich-akustischer Trainingsverfahren auf die Lese- und Rechtschreibleistungen. In K. J. Klauer & H. J. Kornadt (Hrsg.), Jahrbuch für Empirische Erziehungswissenschaft 1981 (S.9-35). Düsseldorf: Schwann.

Blumenstock, L. (1982). Einführung in den Gebrauch der Schriftsprache im Erstunterricht. In E. Renner (Hrsg.), Aspekte für den Unterricht in der Primarstufe (S.125-156). Heinsberg: Agentur Dieck.

Blumenstock, L. (1986). Michael schreibt. Spontanes Schreiben im Vor- und Grundschulalter. Heinsberg: Agentur Dieck.

Blumenstock, L. (1989). "Man ist niemals zu klein, um zu lernen". L'Ecole Maternelle: Vorschulkinder und Schriftsprache. Die Grundschule, 21, 59-61.

Blumenstock, L. (1990). Schritte auf dem Wege des frühen Schreibenlernens. In L. Blumenstock & E. Renner (Hrsg.), Freies und angeleitetes Schreiben. Beispiele aus dem Vor- und Grundschulalter (S.26-34). Weinheim: Beltz.

Bosch, B. (1949). Grundlagen des Erstleseunterrichts (2. Aufl.). Ratingen: Henn.

Breuer, H. (Hrsg.). (1985). Zur prophylaktischen Einschränkung nichtdefektiver Lernschwierigkeiten im Anfangsunterricht. Greifswald: Ernst-Moritz-Arndt-Universität.

Brinkmann, R. & Lazarus-Mainka, G. (1980). Der erlebte elterliche Erziehungsstil und die Beziehung zur sozialen Beliebtheit, zur Prüfungsängstlichkeit bei zehnjährigen Schulkindern. Psychologie in Erziehung und Unterricht, 27, 308-311.

Bronfenbrenner, U. (1976). Ökologische Sozialisationsforschung. Stuttgart: Klett.

Bronfenbrenner, U. (1981). Die Ökologie der menschlichen Entwicklung. Stuttgart: Klett.

Brückl, H. (1923). Mein Buch. Zum Anschauen, Zeichnen, Schreiben, Lesen und Zählen. München: Oldenbourg.

Brügelmann, H. (1983). Kinder auf dem Weg zur Schrift. Konstanz: Faude.

Brügelmann, H. (1984). Lesen- und Schreibenlernen als Denkentwicklung. Zeitschrift für Pädagogik, 30, 69-91.

Burk, K. (1991). Die ganze Halbtagsschule. Frankfurt: Arbeitskreis Grundschule.

Chomsky, C. (1976). Zuerst schreiben, später lesen. In A. Hofer (Hrsg.), Lesenlernen: Theorie und Unterricht (S.239-245). Düsseldorf: Schwann.

Clay, M. M. (1975). What Did I Write? Beginning Writing Behaviour. Auckland: Heinemann.

Coie, J. D., Dodge, K. A. & Coppotelli, H. (1982). Dimensions and Types of Social Status. Developmental Psychology, 18, 557-570.

Collani, G. v. & Weber, G. (1982). Zur Stabilität und Veränderung soziometrischer Gruppierungen in Schulklassen. Zeitschrift für empirische Pädagogik, 6, 103-121.

Cordt, W. & Walter, K. H. (1962). Die Schulreifeuntersuchung. Ein Handbuch zu den Testverfahren, zur praktischen Durchführung und zur Förderung schulunreifer Lernanfänger. Düsseldorf: Bagel.

Danzinger, L. (1933). Der Schulreifetest. Wien: Deutscher Verlag für Jugend und Volk.

Daumenlang, K. (1972). Schreibleistung und Leseleistung in der ersten Jahrgangsstufe. Schule und Psychologie, 19 (6), 379-384.

DeMause, L. (Hrsg.). (1980). Hört ihr die Kinder weinen. Eine psychogenetische Geschichte der Kindheit (2. Aufl.). Frankfurt: Suhrkamp.

Dehn, M. (1988). Zeit für die Schrift. Bochum: Kamp.

Deutscher Bildungsrat. (Hrsg.). (1969). Strukturplan für das Bildungswesen. Stuttgart: Klett.

Deutsches Jugendinstitut. (1974). Vorschulische Erziehung in der Bundesrepublik Deutschland. Eine Bestandsaufnahme zur Curriculumentwicklung. München: Autor.

Dippelhofer-Stiem, B. (1989). Ökologie und Entwicklung. Hagen: Fernuniversität/ Gesamthochschule.

Dollase, R. (1972). Zur Unzuverlässigkeit soziometrischer Wahlen in Schulklassen. Schule und Psychologie, 19, 39-46.

Dollase, R. (1976). Soziometrische Techniken. Weinheim: Beltz.

Edelmann, W. (1974). Eine Evaluationsuntersuchung zur Frage der Schreibmaterialien in der Grundschule. Psychologie in Erziehung und Unterricht, 21, 35-43.

Eggert, D. (1975). Psychomotorisches Training. Weinheim: Beltz.

Engemann, C. & Engemann, A. (1984). Zusammenhang zwischen sozialen Einstellungen, soziometrischem Status und Rollendivergenz bei Zehnjährigen und Lehrereinstellung. Zeitschrift für erziehungswissenschaftliche Forschung, 18, 187-192.

Erdmann, B. & Dodge, R. (1898). Psychologische Untersuchungen über das Lesen auf emperimenteller Grundlage. Halle: Niemeyer.

Falkenhagen, H. & Winsmann, H. (1964). Zur Theorie der Lese-Rechtschreib-Schwäche durch gezieltes Training. Probleme und Ergebnisse der Psychologie, 4, 7-29.

Faust-Siehl, G., Schmidt, R. & Valtin, R. (1990). Kinder heute - Herausforderung für die Schule. Dokumentation des Bundesgrundschulkongresses 1989 in Frankfurt/M. Frankfurt/M.: Arbeitskreis Grundschule.

Fend, H. (1977). Schulklima. Soziale Einflußprozesse in der Schule. Weinheim: Beltz.

Ferdinand, W. (1965). Sitzenbleiberhäufigkeit und Anfangsmethode. Neue Deutsche Schule, 17, 368-382.

Ferdinand, W. (1970). Über die Erfolge des ganzheitlichen und des synthetischen Lese-(Schreib-) Unterrichts in der Grundschule. Essen: Neue Deutsche Schule.

Filipp, H. (Hrsg.). (1979). Selbstkonzept - Forschung. Stuttgart: Klett-Cotta.

Fischer, D. (Hrsg.). (1982). Fallstudien in der Pädagogik. Konstanz: Faude.

Fischer, D. (Hrsg.). (1983). Lernen am Fall. Konstanz: Faude.

Fischer, U. (1988). Kinder in Krusenbusch. Eine sozialökologische Untersuchung zu kindlichen Spielräumen und Kinderspiel im Freien. Unveröff. Dipl.Arbeit, Oldenburg.

Földes-Papp, K. (1966). Vom Felsbild zum Alphabet. Die Geschichte der Schrift. Stuttgart: Belser.

Fölling-Albers, M. (Hrsg.). (1989). Veränderte Kindheit - Veränderte Grundschule. Frankfurt/M.: Arbeitskreis Grundschule.

Fölling-Albers, M. (1990). Kindheit heute - Leben in zunehmender Vereinzelung. Herausforderung für die Grundschule. Einführungsvortrag. In G. Faust-Siehl, R. Schmidt & R. Valtin (Hrsg.), Kinder heute - Herausforderung für die Schule. Dokumentation des Bundesgrundschulkongresses 1989 in Frankfurt/M. (S.138-149). Frankfurt/M.: Arbeitskreis Grundschule.

Fölling-Albers, M. & Hopf, A. (o.J.) Vom Kindergartenkind zum Grundschulkind. Eine Soziotopforschung zum Aufwachsen von Kindern in verschiedenen Lebenswelten. Regensburg.

Fromm, M. (1982). Soziales Lernen und das Paracurriculum in der Schule. In M. Fromm & W. Keim (Hrsg.), Diskussion Soziales Lernen (S.73-85). Baltmannsweiler: Burgbücherei Schneider.

Fromm, M. (1987). Die Sicht der Schüler in der Pädagogik. Weinheim: Deutscher Studienverlag.

Gaber, H. & Eberwein, H. (1986). Ein Kind lernt schreiben. Stuttgart: Metzler.

Gansberg, F. (1912). Bei uns zu Haus. Eine Fibel für kleine Stadtleute. Leipzig: Voigtländer Verlag.

Geulen, D. (Hrsg.). (1986). Kindheit. Neue Realitäten und Aspekte. Weinheim: Deutscher Studien Verlag.

Goldschneider, A. (1892). Zur Physiologie und Pathologie der Handschrift. Archiv für Psychiatrie und Nervenkrankheiten, 24, 503-525.

Gramm, D. (1971). Entwicklungsgemäßes Schreibenlernen. Teil I: Schreiben in der Vorschule und im 1. Schuljahr. Hannover: Zickfeldt.

Grüner, L. (1976). Erprobung der Vereinfachten Ausgangsschrift. Die Grundschule, 9, 332-336.

Grünewald (1970). S.20

Grünewald, H. (1981a). Bericht über den Schulversuch Vereinfachte Ausgangsschrift (Unveröff. Mskr.). Göttingen.

Grünewald, H. (1981b). Empirische Befunde über die Vereinfachte Ausgangsschrift. Die Grundschule, 13, 80-81.

Grünewald, H. (1981c). Schreibenlernen. Bochum: Kamp.

Grünewald, H. (1981d). Weniger Rechtschreibfehler durch Veränderte Ausgangsschrift. Die Grundschule, 13, 66-68.

Günther, H. (1988). Freie Arbeit in der Grundschule. o.O.

Gutschmidt, G. (1986). Kinder und Beruf. Alltag alleinerziehender Mütter. Weinheim: Juventa.

Haarmann, D. (1988). Leistungsauslese tötet die Leistungsfreude. Grundschule, 11, 34-36.

Haertel, G. D., Walberg, H. J. & Weinstein, T. (1983). Psychological Models of Educational Performance. Review of Educational Research, 53, 75-91.

Hänsel, D. (1989). Modellversuch "Pädagogisch-professionelle Primarlehrerausbildung" (Unveröff. Mskr.). Münster.

Hansel, T. (1982). Schulstart - Fehlstart? Beurteilungs- und Selektionspraxis beim Schuleintritt. Düsseldorf: Schwann.

Harde, O., Siersleben, W. & Wogatzki, R. (1969). Lernen im Vorschulalter. Hannover: Schroedel.

Harms, G. (1989). Lebensumwelten heutiger Kinder. Die Grundschule, 5, 13-15.

Harms, G., Preissing, C. & Richtermeier, A. (1985). Kinder und Jugendliche in der Großstadt: Zur Lebenssituation 9- bis 14jähriger Kinder und Jugendlicher. Berlin: Fortbildungsinstitut für die pädagogische Praxis.

Hartmann, W. (1941). Vergleichende Untersuchungen zum Ganzheitsverfahren vom 1. bis 4. Schuljahr. Leipzig: Dürr'sche Buchhandlung.

Hengst, H. (1983). Wiederholt Nervenkitzel. Zum Medienalltag von Kindern. Demokratische Erziehung, 4, 53-55.

Hengst, H. (1988). Medien und Veränderungen der Kindheit. In G. Harms & C. Preissing (Hrsg.), Kinderalltag. Beiträge zur Analyse der Veränderung von Kindheit (S.109-134). Berlin: Verein zur Förderung experimenteller Film-, Spiel- und Theaterformen.

Hengst, H. (1989). Zum Wandel der Kinderkultur - neue Erfahrungen in pädagogisch verdünnten Zonen. In D. Geulen (Hrsg.), Kindheit. Neue Realitäten und Aspekte (S.86-107). Weinheim: Deutscher Studien Verlag.

Heyer, P. (Hrsg.). (1969). Leselehrgang des Pädagogischen Zentrums Berlin. Weinheim: Beltz.

Hofer, M. (1986). Sozialpsychologie erzieherischen Handelns. Göttingen: Hogrefe.

Höhn, E. & Seidel, G. (1976). Das Soziogramm. Die Erfassung von Gruppenstrukturen. Göttingen: Hogrefe.

Honig, M. S. (1990). Kindheit in der Bundesrepublik Deutschland. Zum Stand der Kindheitsforschung - Kindheit als "Entwicklungstatsache". Blätter der Wohlfahrtspflege, 4, 95-97.

Hopf, A. (1990a). Sozialisationsprozesse von Kindern in unterschiedlichen Soziotopen. Pädagogik und Schule in Ost und West, 1 (38), 1-7.

Hopf, A. (1990b). Zum Erziehungsauftrag der Grundschule angesichts veränderter Lebensverhältnisse ihrer Kinder. Lehrerjournal-Grundschulmagazin, 9, 61-64.

Hopf, D., Krappmann, L. & Scherer, H. (1980). Aktuelle Probleme der Grundschule. In Max-Planck-Institut für Bildungsforschung. Projektgruppe Bildungsbericht (Hrsg.), Bildung in der Bundesrepublik Deutschland. Bd. 2 (S.1113-1116). Reinbek: Rowohlt.

Huber, G. L. & Mandl, H. (1977). Erklärungsansätze für Schulschwierigkeiten. Unterrichtswissenschaft, 4, 292-304.

Hulesch, M. (1969). Experimentelle Untersuchung zum Vergleich elementarer Schreiblesemethoden mit Großantiqua und Gemischtantiqua. Unveröff. Diss., Universität, Wien.

Hüttenmoser, M. (1981). Sozialisation und Einschulung. Frankfurt/M.: Diesterweg.

Hüttis, P. (1988). Kognitive Prozesse von Leselernern. Unveröff. Diss., Hamburg.

Jensen, H. (1969). Die Schrift in Vergangenheit und Gegenwart. Berlin: VEB Deutscher Verlag der Wissenschaften.

Jordan, C. (1975). Ein viertes Schuljahr, soziometrisch analysiert. Westermanns Pädagogische Beiträge, 27, 619-625.

Kainz, F. (1956). Psychologie der Sprache. Bd. 4. Stuttgart: Enke.

Katzenberger, L. F. (1967). Schulanfänger und Lesenlernen. Eine kritische Überprüfung der Untersuchungsbefunde von Bosch über die Fähigkeit des Schulneulings zur Sprachvergegenständlichung und Sprachanalyse. Schule und Psychologie, 14, 345-359.

Kemmler, L. (1967). Erfolg und Versagen in der Grundschule. Göttingen: Verlag für Psychologie.

Kern, A. (1950). Das Problem der Schulreife und die Reifefeststellung. Arbeitsblätter zur Fortbildung für Lehrer und Erzieher, (7).

Kern, A. (1964). Eine vergleichende Untersuchung über die Gliederungsleistung und über das Rechtschreiben ganzheitlich und synthetisch unterrichteter Kinder am Ende des 2. Schuljahres. Die Ganzheitsschule, 13, 97-106.

Kern, A. & Kern, E. (1931). Lesen und Lesenlernen. Freiburg: Herder.

Kiphard, E. J. (1972). Sensumotorische Frühdiagnostik und Frühtherapie. In D. Eggert & E. J. Kiphard (Hrsg.), Die Bedeutung der Motorik für die Entwicklung normaler und behinderter Kinder (S.12-41). Schorndorf: Hofmann.

Kohtz, K. (1990). Untersuchung und Förderung von spontan frühlesenden Kinder im "Club für kleine Leseratten". In F. Biglmaier (Hrsg.), 6. Europäischer Lesekongreß 1989. Berlin: Kongreßbericht.

Kossakowski, A. (1962). Wie überwinden wir die Schwierigkeiten beim Lesen- und Schreibenlernen, insbesondere bei Lese-Rechtschreibschwäche (2. Aufl.). Berlin-Ost: Volk und Wissen.

Kossow, H. J. (1975). Zur Therapie der Lese-Rechtschreib-Schwäche (3. Aufl.). Berlin-Ost: VEB Deutscher Verlag der Wissenschaften.

Krapp, A. (1973). Bedingungen des Schulerfolgs. München: Oldenbourg.

Krapp, A. (1975). Untersuchungen zur multiplen Prognose des Schulerfolgs bei Schulanfängern. Psychologie in Erziehung und Unterricht, 22, 78-87.

Krapp, A. (1984). Forschungsergebnisse zur Bedingungsstruktur der Schulleistung. In K. A. Heller (Hrsg.), Leistungsdiagnostiken der Schule (4. Aufl.) (S.46-62). Stuttgart: Huber.

Krappmann, L. (1985). The Structure of Peer Relationships and Possible Effects on School Achievement. In R. A. Hinde, A. N. Perret-Clermont & J. Stevenson-Hinde (Eds.), Social Relationships and Cognitive Development (pp.149-164). Oxford: Clarendon Press.

Krappmann, L. (1991). Sozialisation in der Gruppe der Gleichaltrigen. In K. Hurrelmann & D. Ulich (Hrsg.), Neues Handbuch der Sozialisationsforschung (S.443-468). München: Psychologie Verlags Union.

Krappmann, L. & Oswald, H. (1983). Beziehungsgeflechte und Gruppen von gleichaltrigen Kindern in der Schule. Gruppensoziologie. Kölner Zeitschrift für Soziologie und Sozialpsychologie (Sonderheft), 25, 420-450.

Krappmann, L. & Oswald, H. (1985). Schulisches Lernen in Interaktionen mit Gleichaltrigen. Zeitschrift für Pädagogik, 31, 321-337.

Krappmann, L. & Oswald, H. (1988). Probleme des Helfens unter Kindern. In H. W. Bierhoff & L. Montada (Hrsg.), Altruismus - Bedingungen der Hilfsbereitschaft (S.206-223). Göttingen: Hogrefe.

Krappmann, L. & Oswald, H. (1990). Sozialisation in Familie und Gleichaltrigenwelt. Zeitschrift für Sozialisationsforschung und Erziehungssoziologie, 10, 147-162.

Kretschmann, R. (1989). Anfangsschritte des Lesens und Schreibens. Praxis Deutsch, 16 (97), 7-13.

Kretschmann, R. (1990). Neue Paradigmen in der Leseforschung. Praxis Deutsch, 17 (100), 3-7.
Kroj, T. (1972). Die Eingangsstufe. Stuttgart: Klett.
Krumm, V. (1990). Ein blinder Fleck der Unterrichtswissenschaft: Die Vernachlässigung außerschulischer Faktoren in der Unterrichtsforschung. Unterrichtswissenschaft, 18, 40-44.
Kübler, H. D. (1988). Medien-Kinder. Oder: Was weiß die Forschung über Kinder und Medien heute? Die Grundschule, 10, 9-13.
Kübler, H. D. (1989). Entwicklungsaufgabe: Medien. Kindheit in der expandierenden Medienwelt. Die Grundschule, 5, 20-22.
Kühn, R. (1983). Bedingungen für Schulerfolg. Göttingen: Verlag für Psychologie.
Kultusminister Nordrhein-Westfalen. (1985). Richtlinien und Lehrpläne für die Grundschule. Ratingen: Henn.
Kurth, E. & Kossow, H. J. (1973). Untersuchungsergebnisse und therapeutische Erfolge bei der Lese-Rechtschreibschwäche. In R. Valtin (Hrsg.), Einführung in die Legasthenieforschung. Texte zu Diagnose, Ursachen und Behandlungsmöglichkeiten der Lese-Rechtschreib-Schwäche (S.250-264). Weinheim: Beltz.
Lambrich, H. J. (1987). Schulleistung, Selbstkonzeption und Unterrichtsverhalten. Weinheim: Deutscher Studienverlag.
Lang, S. (1985). Lebensbedingungen und Lebensqualität von Kindern. Frankfurt/M.: Campus.
Laupheimer, W. (1979). Forschungsprojekt Legasthenie an der Pädagogischen Hochschule Reutlingen (Unveröff. Mskr.). Reutlingen.
Ledig, M. & Nissen, U. (1987). Kinder und Wohnumwelt. Eine Literaturanalyse zur Straßensozialisation. München: Juventa.
Liedel, M. (1976). Störungen im Schreiblernprozeß. Die Grundschule, 8, 301-305.
Liedel, M. (1977). Gegenwärtige Tendenzen in der Praxis des Schreibenlernens. Pädagogische Welt, 31, 533-537.
Liedel, M. & Tauscheck, E. (1980). Ein Beitrag zur Diskussion der Ausgangsschrift in Theorie und Praxis. Pädagogische Welt, 34, 590-600.
Littig, K. E. & Saldern, M. v. (1986). Das Sozialklima in Schulklassen aus der Sicht von kooperativen bzw. kompetitiv orientierten Schülern. Zeitschrift für Entwicklungspsychologie und Pädagogische Psychologie, 18, 262-273.
Mader, J. (1989). Schulkindergarten und Zurückstellung. Münster: Waxmann.
Mader, J., Roßbach, H. G. & Tietze, W. (1990). Schulentwicklung und Schulentwicklungsforschung im Primarbereich - Untersuchungen zum Regelsystem (Mskr.). Münster: Waxmann.
Marjoribanks, K. (1973). Umwelt, soziale Schicht und Intelligenz. In C. F. Graumann & H. Heckhausen (Hrsg.), Pädagogische Psychologie 1, Entwicklung und Sozialisation (S.190-200). Frankfurt: Fischer.
Mason, J. M. (1977). Reading Readiness: a Definition and Skills Hierarchy from Preschoolers Development Conceptions of Print. Urbana: Champaign.
Mason, J. M. (1980). When Do Children Begin to Read: an Explanation of Four Year Old Children's Letter and Word Reading Competitions. Reading Research Quaterly, 16, 203-227.
Mason, J. M. (1981). Prereading: a Development Perspective. Center for the Study of Reading. Urbana: Champaign.
May, P. (1986). Schriftaneignung als Problemlösen. Analyse des Lesen(lernen)s mit Kategorien der Theorie des Problemlösens. Unveröff. Diss., Hamburg, Universität.
Meiers, K. (1974). Entdogmatisierung des Erstleseunterrichts (2. Aufl.). Bad Heilbrunn: Klinkhardt.

Meis, R. (1963). Schreibleistungen von Schulanfängern und das Problem der Ausgangsschrift. Göttingen: Hogrefe.

Mitzlaff, H. & Wiederhold, K. A. (1989). Gibt es überhaupt Übergangsprobleme. In R. Portmann, K. A. Wiederhold & H. Mitzlaff (Hrsg.), Übergänge nach der Grundschule (S.12-41). Frankfurt/M.: Arbeitskreis Grundschule.

Möckel, A., Klein, G. & Laupheimer, W. (1977). Intensivtraining in der Lesetechnik. Lehrerbegleitheft. Ravensburg: Maier.

Möller, K. (1989). Kindheit, Medienentwicklung und gesellschaftliche Wirklichkeit. In W. Melzer & H. Sünker (Hrsg.), Wohl und Wehe der Kinder (S.77-101). Weinheim: Juventa.

Montessori, M. (1930). Die Umgebung. Die neue Erziehung, 12, 86-90.

Müller, H. (1964). Methoden des Erstleseunterrichts und ihre Ergebnisse. Meisenheim am Glan: Hain.

Müller, R. (1965). Rechtschreibung und Fehleranalyse. Schule und Psychologie, 12, 161-173.

Müller, R. (1966). Diagnostischer Rechtschreibtest DRT 3. Weinheim: Beltz.

Müller, R. (1974). Leseschwächen - Leseversagen - Legasthenie. Weinheim: Beltz.

Napp-Peters, A. (1985). Ein-Elternteil-Familien. Soziale Randgruppe oder neues familiales Selbstverständnis? Weinheim: Juventa.

Nave-Herz, A. (1989). Familiale Lebensformen in der Bundesrepublik Deutschland. In 40 Jahre Bundesrepublik Deutschland (Hrsg.), Zur Zukunft von Familie und Kindheit (S.49-56). Bonn.

Neuhaus-Siemon, E. (1990). Kinder kommen als Leser in die Schule. Teilergebnisse aus einem Langzeitprojekt. In F. Biglmaier (Hrsg.), 6. Europäischer Lesekongreß 1989. Berlin: Kongreßbericht.

Neumann, K. (Hrsg.). (1981). Kindsein. Zur Lebenssituation von Kindern in modernen Gesellschaften. Göttingen: Vandenhoeck und Ruprecht.

Nickel, H. (1978). Psychologie des Lehrerverhaltens. München: Reinhardt.

Niemeyer, W. (1974). Legasthenie und Milieu. Hannover: Schroedel.

Nissen, U. (1990). Räume für Mädchen?! Geschlechtsspezifische Sozialisation in öffentlichen Räumen. In U. Preuss-Lausitz, T. Rülcker & H. Zeiher (Hrsg.), Selbständigkeit für Kinder - die große Freiheit? (S.148-160). Weinheim: Beltz.

Oehrle, B. D. (1975). Visuelle Wahrnehmung und Legasthenie. Weinheim: Beltz.

Oswald, H. & Krappmann, L. (1984). Konstanz und Veränderungen in den sozialen Beziehungen von Schulkindern. Zeitschrift für Sozialisationsforschung und Erziehungssoziologie, 4, 271-286.

Oswald, H. & Krappmann, L. (1988). Soziale Beziehungen und Interaktionen unter Grundschulkindern. Materialien aus der Bildungsforschung Nr. 33. Berlin: Max-Planck-Institut für Bildungsforschung.

Oswald, H., Krappmann, L., Chowdhuri, I. & Salisch, M. v. (1986). Grenzen und Brücken. Interaktionen zwischen Mädchen und Jungen im Grundschulalter. Kölner Zeitschrift für Soziologie und Sozialpsychologie, 38, 560-580.

Petillon, H. (1978). Der unbeliebte Schüler. Braunschweig: Westermann.

Petillon, H. (1982). Soziale Beziehungen zwischen Lehrern, Schülern und Schülergruppen. Weinheim: Beltz.

Petillon, H. (1987). Der Schüler. Rekronstruktion der Schule aus der Perspektive von Kindern und Jugendlichen. Darmstadt: Wissenschaftliche Buchgesellschaft.

Petillon, H. (1990). Soziales Lernen in der Grundschule. Unveröff. Habil., Erziehungswissenschaftliche Hochschule, Landau.

Petillon, H. (1991). Soziale Erfahrungen in der Schulanfangszeit. In R. Pekrun & H. Fend (Hrsg.), Schule und Persönlichkeitsentwicklung (S.183-200). Stuttgart: Enke.

Pfeuffer, P. (1988). Bedeutung des Druckschriftschreibens für das Rechtschreibenlernen in der 1./2. Jahrgangsstufe. Teil 2: Vergleichende Untersuchung zu druck- und schreibschriftbedingten Falschschreibungen. Nürnberg: Universität Erlangen-Nürnberg, Institut für Grundschulforschung.

Piaget, J. (1969). Das Erwachen der Intelligenz beim Kinde. Stuttgart: Rascher.

Piaget, J. (1970). Psychologie der Intelligenz. Zürich: Rascher.

Piaget, J. (1972). Urteil und Denkprozeß des Kindes. Düsseldorf: Schwann.

Portmann, R., Wiederhold, K. A. & Mitzlaff, H. (Hrsg.). (1989). Übergänge nach der Grundschule. Frankfurt/M.: Arbeitskreis Grundschule.

Pregel, D. (1971). Lesen heute. Ein neues Leselernwerk auf sprachlich-operativer und methodenintegrierender Grundlage. Hannover: Schroedel.

Preisig, E., Perrez, M. & Patry, J. L. (1980). Zum funktionalen Zusammenhang zwischen elterlicher Bekräftigung und dem Schulleistungs- und Sozialverhalten des Kindes. Zeitschrift für Entwicklungspsychologie und Pädagogische Psychologie, 12, 329-344.

Preuss-Lausitz, U. (1983). Kriegskinder, Konsumkinder, Krisenkinder. Weinheim: Beltz.

Rabe-Kleberg, U. & Zeiher, H. (1984). Kindheit und Zeit. Über das Eindringen moderner Zeitorganisation in Lebensbedingungen von Kindern. Zeitschrift für Sozialisationsforschung und Erziehungssoziologie, 1 (4), 29-44.

Rabenstein, R. & Autorenkollektiv. (1989). Leistungsunterschiede im Anfangsunterricht. Nürnberg: Universität Erlangen-Nürnberg, Institut für Grundschulforschung.

Rabenstein, R., Schorch, G. & Treinies, G. (1989). Leistungsunterschiede im Anfangsunterricht. Berichte und Arbeiten. Nürnberg: Universität Erlangen-Nürnberg, Institut für Grundschulforschung.

Rauschenbach, B. & Wehland, G. (1989). Zeitraum Kindheit: zum Erfahrungsraum von Kindern in unterschiedlichen Wohngebieten. Heidelberg.

Reinert, G. B. (1983). Schule erleben aus der Sicht der Schüler. Unterrichtswissenschaft, 2, 166-179.

Renner, E. (1990). Konturen der Grundschulpädagogik als Wissenschaftsdisziplin. Uniprisma. Zeitschrift der Universität Koblenz - Landau, 1, 57-60.

Rogge, J. U. (1988). Über die Alltäglichkeit des Mediengebrauchs in Familien. In G. Harms & C. Preissing (Hrsg.), Kinderalltag. Beiträge zur Analyse der Veränderung von Kindheit (S.135-160). Berlin: FIPPS-Verlag.

Rolff, H. G. (1990). Kindheit heute - Leben aus zweiter Hand. Herausforderung für die Grundschule (Eröffnungsvortrag). In G. Faust-Siehl, R. Schmidt & R. Valtin (Hrsg.), Kinder heute. Herausforderung für die Schule (S.61-71). Frankfurt/M.: Arbeitskreis Grundschule.

Roßbach, H. G. (1984). Schulische Bedingungen für den Erfolg in der Grundschule. Zeitschrift für erziehungswissenschaftliche Forschung, 18, 205-217.

Roßbach, H. G. (1989). Bedingungen von Erfolg und Versagen in der Grundschule - Eine Sekundäranalyse mit Hilfe amtlicher Schulstatistiken. In V. Krumm & J. Thonhauser (Hrsg.), Beiträge zur empirisch-pädagogischen Forschung (S.180-921). Braunschweig: Braunschweiger Studien zur Erziehungs- und Sozialarbeitswissenschaft.

Roßbach, H. G., Mader, J. & Tietze, W. (1982). Didaktisch-ökologische Bedingungen der Schulkindergartenzuweisung und Auswirkungen des Schulkindergartenbesuchs. Unterrichtswissenschaft, 3, 277-283.

Rößler, C. (1982). Möglichkeiten einer wirksamen Konflikterziehung in der Grundschule. Praxis der Kinderpsychologie und Kinderpsychiatrie, 31, 243-249.

Roth, H. (Hrsg.). (1969). Begabung und Lernen (4. Aufl.). Stuttgart: Klett.

Roth, H. (Hrsg.). (1970). Begabung und Lernen. Deutscher Bildungsrat. Gutachten und Studien der Bildungskommission. Bd. 4. Stuttgart: Klett.

Roth, H. & Oevermann, U. (1970). Sozialisation und Sprachbarrieren. Frankfurt.

Rüdiger, D., Kormann, A. & Peez, H. (1976). Schuleintritt und Schulfähigkeit. München: Reinhardt.

Rülcker, T. (1989). Familienbedingungen heutiger Kinder. Die Grundschule, 5, 16-18.

Sagi, A. (1970). Der Freiburger Modellkindergarten. Freiburg: Lambertus.

Saldern, M. v. (1987a). Die subjektive Wahrnehmung der schulischen Lernumwelt in Abhängigkeit von der Klassenstufe und der Schulart. Unterrichtswissenschaft, 1, 112-120.

Saldern, M. v. (1987b). Sozialklima von Schulklassen. Frankfurt/M.: Lang.

Saldern, M. v. & Littig, K. E. (1985). Die Konstruktion der Landauer Skalen zum Sozialklima. Zeitschrift für Entwicklungspsychologie und Pädagogische Psychologie, 17, 138-149.

Sauer, J. (1987). Determinanten der Grundschulleistung und ihr prognostischer Wert für den Sekundarschulerfolg. Salzburg: Habilitationsschrift.

Scheerer, E. (1978). Probleme und Ergebnisse der experimentellen Leseforschung. Zeitschrift für Entwicklungspsychologie und Pädagogische Psychologie, 10 (4), 347-354.

Scheerer-Neumann, G. (1977). Funktionsanalyse des Lesens. Psychologie in Erziehung und Unterricht, 24 (3), 125-135.

Scheerer-Neumann, G. (1979). Intervention bei Lese-Rechtschreibschwäche. Bochum: Kamp.

Scheerer-Neumann, G. (1981). Prozeßanalyse der Leseschwäche. In R. Valtin, R. O. H. Jung & G. Scheerer-Neumann (Hrsg.), Legasthenie in Wissenschaft und Unterricht (S.183-211). Darmstadt: Wissenschaftliche Buchgesellschaft.

Scheerer-Neumann, G. (1982). Entwicklungsstufen beim Schreibenlernen. In M. Fölling-Albers & Klattenhoff (Hrsg.), Lehren und Lernen in Schule und Hochschule (S.59-69). Oldenburg: Universität, Zentrum für pädagogische Berufspraxis.

Scheerer-Neumann, G. (1989). Wie verhalten sich Eltern beim Schriftspracherwerb ihrer Kinder? Fünf Fallbeispiele. Unterrichtswissenschaft, 17, 156-175.

Scheerer-Neumann, G., Kretschmann, R. & Brügelmann, H. (1986). Andrea, Ben und Jana. Selbstgewählte Wege zum Lesen und Schreiben. In H. Brügelmann (Hrsg.), ABC und Schriftsprache: Rätsel für Kinder, Lehrer und Forscher (S.55-96). Konstanz: Faude.

Schenk-Danzinger, L. (1971). Handbuch der Legasthenie im Kindesalter. Weinheim: Beltz.

Schilling, F. (1981). Linkshändigkeit und Schreibenlernen. In E. Neuhaus-Siemon (Hrsg.), Schreibenlernen im Anfangsunterricht der Grundschule (S.163-191). Königstein: Scriptor.

Schirmer, A. (1979). Experimentelle Längsschnittuntersuchung zur schreibmotorischen Entwicklung in der Grundschule. Mikromotorische Schreibdruckkurvenregistrierung bei unterschiedlichen Schreibmaterialilen. Opladen: Westdeutscher Verlag.

Schmalohr, E. (1959). Die Auswirkungen des ganzheitlichen und lautsynthetischen Schreibleseunterrichts auf den späteren Schulerfolg. Zeitschrift für experimentelle und angewandte Psychologie, 6, 839-867.

Schmalohr, E. (1968). Zur akustischen Durchgliederungsfähigkeit als Voraussetzung des Lesenlernens bei 4- bis 6-jährigen Kindern. Schule und Psychologie, 15, 295-303.

Schmalohr, E. (1973). Frühes Lesenlernen. Heidelberg: Quelle & Meyer.

Schmidt-Denter, U. (1988). Soziale Entwicklung. München: Psychologie Verlags Union.

Schmitt, L. (1989). Versuch einer Standortbestimmung der Silbe innerhalb des Leselernprozesses von Schülern der Schule für Lernbehinderte. Zeitschrift für Heilpädagogik, 40, 26-37.

Schnoor, D. & Zimmermann, P. (1989). Kinder und Fernsehen. Ein Trendbericht. Zeitschrift für Sozialisationsforschung und Erziehungssoziologie, 9, 85-100.

Schorch, G. (1977). Erstschreibunterricht. Blätter für die Lehrerfortbildung, 29, 354-360.

Schubenz, S. (1966). Soll am Beginn des Rechtschreibe- und Lese-Unterrichts die Synthese oder die Analyse der Texteinheiten betont werden? Schule und Psychologie, 13 (2), 39-45.

Schüttler-Janikulla, K. (1968). Einschulungsalter und Vorklassenbetreuung. München: Reinhardt.

Schwartz, E. (Hrsg.). (1970a). Bericht des Grundschulkongresses 1969. Funtion und Reform der Grundschule. Frankfurt vom 2.-5. Oktober 1969. Bd. 1: Begabung und Lernen im Kindesalter. Frankfurt/M.: Arbeitskreis Grundschule.

Schwartz, E. (Hrsg.). (1970b). Bericht des Grundschulkongresses 1969. Funktion und Reform der Grundschule. Frankfurt vom 2.-5. Oktober 1969. Bd. 2: Ausgleichende Erziehung in der Grundschule. Frankfurt/M.: Arbeitskreis Grundschule.

Seifert, M. J., Gukenbiehl, H. L., Jäger, R. S., Petillon, H. & Wolf, B. (1990). Humanökologische Perspektive - ein interdisziplinärer Versuch zur Erforschung von Sozialisationsumwelten früher Kindheit. Zeitschrift für internationale erziehungs- und sozialwissenschaftliche Forschung, 7, 325-357.

Simons, A. & Simons, H. (1978). Über die Veränderung von Sympathie- und Antipathiebeziehungen zwischen Jungen und Mädchen in der Grundschule. Zeitschrift für empirische Pädagogik, 2, 178-191.

Spitta, G. (1976). Lesenlernen, Schreibenlernen ohne Legasthenie? Die Grundschule, 8 (3), 137-142.

Spitta, G. (1986). Kinder entdecken die Schriftsprache. In R. Valtin & I. Naegele (Hrsg.), "Schreiben ist wichtig" (S.67-83). Frankfurt/M.: Arbeitskreis Grundschule.

Sroufe, A. & Fleeson, J. (1988). The Coherence of Family Relationships. In R. A. Hinde & J. Stevenson-Hinde (Eds.), Relationships Within Families: Mutual Influences (pp.27-47). Oxford: Clarendon Press.

Steinwachs, F. & Teuffel, I. (1954). Schreibmotorik und Schreibmaterial bei Grundschulkindern. Grundlagen zur Psychomotorik der Handschrift. Göttingen: Hogrefe.

Stephani, H. (1808). Kurzer Unterricht in der gründlichsten und leichtesten Methode, Kindern das Lesen zu lehren (3. Aufl.). Erlangen: Palm.

Strätz, R. & Schmidt, E. A. F. (1982). Die Wahrnehmung sozialer Beziehungen von Kindergartenkindern. Stuttgart: Kohlhammer.

Straub, A. (1974). Die Förderung des Legasthenikers in der Schule. Stuttgart: Klett.

Straub, A., Letzgus, H. & Thoms, W. D. (1979). Gezielte Lese- und Rechtschreibförderung in Grundschule und Orientierungsstufe. Stuttgart: Klett.

Straub, W. (1960). Versagt die Ganzheitsmethode? oder lernen ganzheitlich unterrichtete Kinder schlechter lesen als synthetisch unterrichtete Kinder? Die Ganzheitsschule, 9, 58-62.

Tiedemann, J. & Faber, G. (1987). Vorkenntnisse als Frühindikatoren mathematischer Lernschwierigkeiten des Erstunterrichts? Psychologie in Erziehung und Unterricht, 34, 178-183.

Tiedemann, J. & Faber, G. (1989). Familiale und kindbezogene Antezedenzien schulischer Lernschwierigkeiten im Grundschulbereich - Eine zweijährige Längsschnittstudie. Zeitschrift für Pädagogische Psychologie, 3, 97-107.

Tiedemann, J. & Faber, G. (1990). Der langfristige Stellenwert mütterlicher Erziehungsmerkmale und kognitiver Kindkompetenzen für die Leistungsentwicklung in der Grundschule: Ergebnisse einer vierjährigen Längsschnittuntersuchung. Unterrichtswissenschaft, 18, 71-89.

Tiedemann, J., Faber, G. & Kahra, G. (1985). Ausgewählte Frühindikatoren schulischer Lernschwierigkeiten - Lernvoraussetzungen des Erstunterrichts. Psychologie in Erziehung und Unterricht, 32, 93-99.

Tietze, W. & Roßbach, H. G. (1987). Didaktisch-ökologische Bedingungen der Schulkindergartenzuweisung und Auswirkungen des Schulkindergartenbesuchs. Arbeitsbericht Nr. 4. Münster: Fachbereich Erziehungswissenschaft.

Treinies, G. & Einsiedler, W. (1989). Direkte und indirekte Wirkungen des Spielens im Kindergarten auf Lernbegleitprozesse / Lernleistungen im 1. Schuljahr. Unterrichtswissenschaft, 4, 309-326.

Trudewind, C. (1975). Häusliche Umwelt und Motiventwicklung. Göttingen: Hogrefe.

Valtin, R. (1970). Legasthenie und Unterricht (Diss.). Weinheim: Beltz.

Valtin, R. (1972). Empirische Untersuchungen zur Legasthenie. Hannover: Schroedel.

Valtin, R. (1975). Ursachen der Legasthenie: Fakten oder Artefakte? Zeitschrift für Pädagogik, 21, 407-418.

Valtin, R. (1986). Kinder lernen schreiben und über die Sprache nachzudenken - eine empirische Untersuchung zur Entwicklung schriftsprachlicher Fähigkeiten. In R. Valtin & I. Naegele (Hrsg.), "Schreiben ist wichtig" (S.23-53). Frankfurt/M.: Arbeitskreis Grundschule.

Valtin, R. (1990). Erstunterricht mit Großbuchstaben. Anknüpfen an eine reformpädagogische Tradition. Die Grundschule, (3), 44-46.

Wagner, H. & Knörr, R. (1981). Bedingungen schulischer Ängstlichkeit in der Schülerwahrnehmung. Unterrichtswissenschaft, 1, 103-108.

Walberg, H. J. (1980). A Psychological Theory of Educational Productivity. In F. H. Farley & N. Gordon (Eds.), Perspectives on Educational Psychology (pp.81-108). Berkely: McCutchan.

Wallrabenstein, W. (1990). Offene Scule - offener Unterricht. Reinbek: Rohwolt.

Walter, H. & Oerter, R. (Hrsg.). (1979). Ökologie und Entwicklung, Mensch - Umwelt - Modelle in entwicklungspsychologischer Sicht. Donauwörth: Auer.

Walter, K. (1968). Kleine Kinder lernen lesen, schreiben, rechnen. Duisburg: Braun.

Walter, Z. (1982). Ökologische Ansätze der Sozialisationsforschung. In K. Hurrelmann & D. Ulich (Hrsg.), Handbuch der Sozialisationsforschung (2. Aufl.) (S.285-298). Weinheim: Beltz.

Wehrli-Heldrich, I. (1976). Legasthenie und Therapieerfolg. Eine empirische Untersuchung zur Effektivität verschiedener Arbeitselemente in der Legasthenietherapie bei Kindern der 3. Jahrgangsstufe (Diss.). Zürich.

Weidenmann, B. (1978). Lehrerangst. München: Ehrenwirth.

Weigl, E. (1976). Schriftsprache als besondere Form des Sprachverhaltens. In A. Hofer (Hrsg.), Lesenlernen: Theorie und Unterricht (S.82-98). Düsseldorf: Schwann.

Weinert, F. E. & Helmke, A. (1987). Schulleistungen - Leistungen der Schule oder der Kinder? Bild der Wissenschaft, 24 (1), 62-73.

Weinert, F. E. & Zielinski, W. (1977). Lernschwierigkeiten - Schwierigkeiten des Schülers oder der Schule? Unterrichtswissenschaft, 4, 292-304.

Weinert, F., Simons, H. & Essing, W. (1966). Schreiblehrmethode und Schreibentwicklung. Eine empirische Untersuchung über einige Auswirkungen verschiedener Lehrmethoden des Erstschreibunterrichts auf die Entwicklung des Schreibens im Grundschulalter. Weinheim: Beltz.

Weinschenk, C. (1975). Zum gegenwärtigen Stand der Legasthenie-Forschung. Fortschritte der Medizin, 93, 550-555.

Wolf, F. J. (1981). Schulversuch mit der Vereinfachten Ausgangsschrift. Die Grundschule, 13, 75-76.

Wolf, F. J. (1984). Die Vereinfachte Ausgangsschrift. Bericht über einen Schulversuch. Grundschulmagazin, 11 (6), 3-6.

Wygotsky, L. S. (1969). Denken und Sprechen. Frankfurt/M.: Fischer.

Youniss, J. (1982). Die Entwicklung und Funktion von Freundschaftsbeziehungen. In W. Edelstein & M. Keller (Hrsg.), Perspektivität und Interpretation (S.78-109). Frankfurt/M.: Suhrkamp.

Zeiher, H. (1983). Die vielen Räume der Kinder. Zum Wandel räumlicher Lebensbedingungen seit 1945. In U. Preuss-Lausitz (Hrsg.), Kriegskinder, Konsumkinder, Krisenkinder. Zur Sozialisationsgeschichte seit dem 2. Weltkrieg (S.176-195). Weinheim: Beltz.

Zimmer, J. & Niggemeyer, E. (1986). Macht die Schule auf, laßt das Leben rein. Weinheim: Beltz.

Zimmermann, O. (1914). Hansa-Fibel. Erstes Lesebuch für Hamburger Stadtkinder. Braunschweig: Westermann.

Zinnecker, J. (1982). Schule gehen Tag für Tag. München: Juventa.

3.3

EMPIRISCHE FORSCHUNG IM SEKUNDARBEREICH - SCHULVERSUCHE, SCHULSYSTEMVERGLEICHE UND ANDERE SCHWERPUNKTE DER SCHULENTWICKLUNG

Kurt Aurin (Moderator) und Bernd Schwarz

3.3.1 Einleitung

Die empirische pädagogische Forschung befand sich Anfang der 70er Jahre an den Hochschulen, Landes- und anderen Instituten noch im Aufbau; durch die in dieser Zeit verstärkt einsetzenden bildungsreformatorischen Aktivitäten erhielt sie erhebliche Anstöße. Ferner waren Entwicklung und zunehmender Ausbau empirischer Forschung durch Untersuchungen angeregt und vorbereitet worden, die Anfang der sechziger Jahre im Sekundarbereich durchgeführt worden waren. Diese Arbeiten waren hauptsächlich auf folgende Gegenstandsbereiche ausgerichtet:

- Schulversagen/Sitzenbleiber und vorzeitiger Abgang in Verbindung mit Fragen der Voraussagbarkeit des Schulerfolgs (siehe u. a. Gurland, 1959; Undeutsch, 1960; Hitpaß, 1963; Ingenkamp, 1963; Schultze, 1964; Peisert & Dahrendorf, 1967).
- Bildungsbeteiligung in sozialer und regionaler Hinsicht und deren Unterschiede (Geipel, 1965; Peisert, 1967);
- Identifizierung im Sekundarbereich zu fördernder Schülergruppen, der sogenannten Begabungsreserven (Ruprecht, 1964; Aurin, 1966; Aurin und Mitarbeiter, 1968);
- schließlich Untersuchungen über Fördererfolge, Lenkungs- und Selektionsfunktion des neugestalteten Eingangsbereiches der weiterführenden Schulen (Förderstufe) (Götz, 1963; Geißler, Krenzer & Rang, 1967).

Diese Schwerpunkte entsprachen den strukturellen Problemen, der Schulkritik wie auch den seinerzeit schulpolitisch verfolgten Intentionen von Reformansätzen im Bereich der weiterführenden allgemeinbildenden Schulen. Die Vorstellung des Sekundarbereichs im Sinne des wechselseitigen Aufeinanderbezogenseins von Schulformen und Bildungsgängen bildete sich erst Ende der 60er Jahre heraus, als die Planungsvorstellungen des Deutschen Bildungsrates zur Auswirkung gelangten. Sie waren u. a. durch den Rahmenplan des Deutschen Ausschusses für das Erziehungs- und Bildungswesen, durch Schelskys Kritik und Alternative dazu sowie durch den Bremer-Plan der AGDL vorbereitet worden und machten eine die einzelnen Schulstufen und -formen übergreifende Gesamtplanung notwendig. Dazu veranlaßten ebenso der infolge stark angewachsener Schülerzahlen und verstärkt einsetzenden Interesses an qualifizierten Schulabschlüssen notwendig gewordene Ausbau der weiterführenden allgemeinbildenden Schulen wie auch ihre Weiterentwicklung und Reform, die in dieser Zeit zu vorrangigen politischen Aufgaben wurden. Dominante Motive dieser Reform, die als entscheidender Schritt einer Entwicklung zur Moderne hin verstanden werden kann, waren die Realisierung von mehr Chancengleichheit und optimaler individueller Förderung und damit die Verwirklichung des Bürgerrechts auf Bildung für alle, womit die stärkere Ausrichtung der Schulen und ihrer Struktur an demokratischen Erfordernissen und Gestaltungsprinzipien verbunden war.

Infolge dieser Entwicklung erfuhr die empirisch-pädagogische Forschung gegenüber den für die 60er Jahre herausgestellten Schwerpunkten nicht nur eine Verlagerung, sondern auch eine beträchtliche Erweiterung und Intensivierung. Zunehmend an Bedeutung gewannen im Sekundarbereich I und II folgende Aufgaben (die beruflichen Schulen - siehe dazu Kap. 3.4 - sind dabei ausgeklammert):

- Überprüfung der Förderwirkungen neu konzipierter Schulen, Schulformen und -systeme i. S. wissenschaftlicher Wirkungsanalysen;
- wissenschaftliche Schulversuchsbegleitung, die vor allem vom Deutschen Bildungsrat in Anlehnung an ausländische Vorbilder empfohlen wurde;
- verbunden damit waren Untersuchungen und Analysen zur unterschiedlichen Wirkung von Differenzierungsformen, zum Bereich sozialen Lernens und zu Schullaufbahnen bzw. Biographien von Schülern;
- Analysen und Vorschläge zur Schulentwicklung bzw. zum Ausbau des Schulwesens aufgrund veränderter gesellschaftlicher Rahmenbedingungen.

Damit zeichnete sich seit Beginn der 70er Jahre ein hohes Engagement empirischer Forschung ab. In der Folge davon ergaben sich neue Gebiete, u. a. das der Meta-Evaluation, die vor allem der Schulversuchsevaluation und den Schulsystemvergleichen galt. Begrenzt und erst relativ spät wurde aufgrund der bei Schuluntersuchungen gewonnenen Befunde generellen Fragestellungen nachgegangen, die nicht direkt mit den Zielen der Schulversuche zusammenhingen.

Über die wissenschaftliche Begleitung von Schulversuchen im Sekundarbereich I und II, z. B. Ganztagsschulen, Wahldifferenzierung in Hauptschulen bis hin zur Erprobung von Curricula in der Oberstufe von Gymnasien, existieren vielfältige Einzelberichte und eine fast unübersehbare Fülle grauer Literatur. Ferner wurden von Kommissionen der Bund-Länder-Kommission für Bildungsplanung und Forschungsförderung (BLK) die einzelnen Reformprojekte im Sekundarbereich zusammenfassend evaluiert (vgl. dazu Bund-Länder-Kommission für Bildungsplanung und Forschungsförderung (BLK), 1990). Das Deutsche Institut für Internationale Pädagogische Forschung hat die wissenschaftlichen Begleituntersuchungen, ihre Formen und Strategien ausgewertet und veröffentlicht (Mitter & Weishaupt, 1979, 1981). Daher wird auf diese vorstehend genannten Aufgaben, die die empirische Forschung gleichfalls wahrnahm, nicht eingegangen und auf die entsprechenden Berichte verwiesen.

Die wichtigsten Schwerpunkte, an denen sich die empirische Forschung im Verlauf der letzten zwei Jahrzehnte im Bereich der allgemeinbildenden weiterführenden Schulen (Sek. Stufe I u. II) engagierte, waren: Die Orientierungsstufe, Vergleiche "Gesamtschulen - gegliedertes Schulsystem", Differenzierungs- und Lerngruppenuntersuchungen, die neue gymnasiale Oberstufe, Schulentwicklung und Schullaufbahnen. Sie werden im folgenden dargestellt, wobei - um Wiederholungen zu vermeiden - auf die methodologischen Probleme, mit denen sich die empirische

Forschung konfrontiert sah, vor allem im Abschnitt "Systemvergleichsuntersuchungen" eingegangen wird, da sie vor allem dort von besonderer Bedeutung waren und diskutiert wurden.

3.3.2 Untersuchungen zur empirischen Erforschung des Sekundarbereichs in zwei Jahrzehnten

3.3.2.1 Untersuchungen zur Orientierungsstufe

Schulpolitische Zielsetzungen: Der Eingangsbereich allgemeinbildender weiterführender Schulen befand sich seit Anfang der 60er Jahre und dann verstärkt gegen deren Ende in der Neugestaltung. Entsprechend war Ziel empirischer Untersuchungen vor allem: Die Wirkung der Förder-, Orientierungs- und Lenkungsfunktion der neuen zweijährigen Schulstufe zu ermitteln (in Hessen nach dem Vorschlag des Deutschen Ausschusses für das Erziehungs- und Bildungswesen Förderstufe genannt, später dann in anderen Ländern unter der Bezeichnung Orientierungsstufe [Deutscher Bildungsrat] eingerichtet). Dabei galt es, den schulpolitisch besonders interessierenden Nachweis einer den Begabungen und Fähigkeiten der Schüler gerechter werdenden Förderung und Lenkung zu erbringen unter Berücksichtigung ihrer sozialen Zugehörigkeit, ihres Geschlechts, ihrer Intelligenz und anderer wichtiger Faktoren. Von Interesse war ferner, inwieweit damit eine Verbesserung der Bildungschancen von Schülern verbunden war, vor allem solcher aus unteren sozialen Schichten und soziokulturell eher ungünstigen Verhältnissen. Da die Orientierungsstufe von vornherein auf stärkere Durchlässigkeit ausgerichtet war und diese vor allem mit Hilfe der Leistungs- und Förderkurse und weiterer ergänzender Maßnahmen zu realisieren suchte, interessierten Aussagen über die Wirkungen dieser Instrumente, über die Umstufungspraxis, den Grad der Durchlässigkeit der Fachleistungsniveaus, deren Richtung und ebenso darüber, welche Schülergruppen davon den meisten Gewinn hatten.

Gegenstand der Untersuchungen, Forschungsansätze und Methoden: Entsprechend der aufgeführten Ziele und Fragestellungen waren die Untersuchungen vor allem auf die Erfassung der Förder- und Lenkungsfunktion, somit darauf ausgerichtet, die Kurszugehörigkeiten der Schüler im Verlauf des zweijährigen Förder- und Orientierungszeitraums und die Zuweisungs/Übergangsquoten auf Haupt-, Realschulen und Gymnasien zu ermitteln sowie die Bewährung der Schüler in den genannten Schulen (meist Versetzung in Klasse 8 und 9) zu verfolgen. Die Überprüfung der Förderwirkung erfolgte im Längsschnitt mit Hilfe von Schulleistungs- und Intelligenztests meist zu zwei Meßzeitpunkten (Ende des 4. und Ende des 6. Schuljahres). Das geschah bei einem Teil der Untersuchungen unter Hinzuziehung entsprechender Kontrollgruppen von Schülern, die die üblichen Klassen der Schulformen des gegliederten Schulsystems besuchten und in sozialer und regionaler Hinsicht annähernd den Schülern der "Experimentalgruppe" entsprachen. Hier kann von Anfangsformen des Intersystemsvergleichs gesprochen werden, denen ein mehr oder minder differenzierter Forschungsansatz zugrunde lag. Es waren ex-post-facto- und quasi-experimentelle Untersuchungen mit nicht gleichartigen Kontrollgruppen. Die Ungleichartigkeit hing mit der auf Freiwilligkeit des Besuchs der Förderstufen beruhenden Selektionswirkung und der relativen Wahlfreiheit herkömmlicher Schulformen zusammen.

Im Prinzip wurden hier Forschungskonzepte realisiert, wie sie dann später in weiterentwickelter Form bei den Schulsystemvergleichen und mit Hilfe differenzierter statistischer Auswertungsverfahren angewendet wurden. Auch wurde im Rahmen der Untersuchungen zur Orientierungsstufe ein Intrasystemvergleich durchgeführt, bei dem deren verschiedenartige Formen - unterschiedlich in der Art der Kooperation der Lehrerschaft von Haupt-, Realschulen und Gymnasien, der Schulleitung sowie des Differenzierungskonzepts - im Hinblick auf ihre Förder- und Lenkungswirkungen miteinander verglichen wurden (Eckes & Haenisch, 1979). Die bekanntesten Untersuchungen haben dabei zunehmend andere Bereiche bzw. Faktoren einbezogen und sich in methodischer Hinsicht entsprechend ausdifferenziert. Einen Überblick über die wichtigsten Untersuchungen gibt Tabelle 1 auf S. 330.

Bei den Orientierungsstufen-Untersuchungen wurden bereits alle die methodologischen Probleme und Schwierigkeiten sichtbar, wie sie dann auch bei den größeren Systemvergleichen auftraten (siehe nachfolgender Abschnitt 3.3.2.2). Nicht in jedem Fall konnten Forschungsansatz und der methodisch eingeschlagene Weg befriedigen; entsprechend waren für Auswertung und Interpretation der Befunde Einschränkungen gegeben.

Die Förder- und Lenkungserfolge der Orientierungsstufen wurden zunächst in veränderten Übergangsquoten gesehen im Vergleich zu den Quoten für Gebiete mit den üblichen Übergangsregelungen und Fördermöglichkeiten des gegliederten Schulsystems. Dabei wurde zunehmend differentiellen Fragen nachgegangen, vor allem der, welche Schülergruppen von der Einrichtung der Orientierungsstufe besonders profitierten, sowohl im Sinne verbesserter Zugangschancen zu Realschulen und Gymnasien als auch im Sinne von Fördererfolgen im Fachleistungsbereich, wo bei systemvergleichenden Analysen z. B. nach Unterschieden bei den Schülergruppen des oberen, mittleren und unteren Leistungsbereichs gefragt wurde. Dabei wurde dem Zusammenhang mit der Sozialschichtzugehörigkeit und dem Geschlecht der Schüler besondere Beachtung geschenkt.

Ferner boten Längsschnittuntersuchungen, die sich über mehr als zwei oder drei Jahrgangsstufen erstreckten, die Möglichkeit, vergleichend der Bewährung von Schülern nachzugehen, die in Orientierungsstufen wie auch in Haupt-, Realschulen und Gymnasien gefördert worden waren. Als Kriterien dienten meist die Versetzung in die nächsthöhere Klasse bzw. Klassenwiederholung, Schulabgang bzw. Schulartwechsel. Entsprechend wurden auf der Basis von Jahrgangskohorten Verlaufsstatistiken erstellt und analysiert.

Tab. 1: Kennzeichen von Untersuchungen zur Orientierungsstufe

Autor	Wendeler	Bethäuser	Grunwald/ Ziegenspeck	Eckes/ Haenisch	Weissbach	Jürgens
Land	Hessen	Bad-Württ.	Niedersach.	Rh.-Pf.	Hessen	Bremen
Berichts-Jahr	1974	1975	1977	1979	1985	1989
Zeitraum der Untersuchung	1969-71 (73)	1968-70	1974-75	1971-76	1980-82	1982 (85)-87
Erfaßte Kl.	4. - 6.	4. - 6.	5. 6.	5. 6.	5.6.7.	5.-10. (13.)
Anlage d. Unt.sg.	L (SV)	L (SV)	Q (SV)	L (ISV)	L (SV)	L
Berücksicht. Faktoren	I, FE	I, BE	I,GN,GE,KE	I, GN, GE, EL, OE		OE
Fachleistungen	D/S,E/S, M/S	D/E,E/E, M/E	D/S M/S	D/S,E/S, M/S	Zugehörigkeit zu Leistungskursen	Bildungsverlauf 7-10 (13)
Persönlichkeitstest			HANES	HANES		
Motivation Einstellung			Schulangst	Schulangst Aufmerksam. Leistungsmotiv.	Schulinvolv. Schulangst	
Unterrichtsverhalten			X			
Sozialverhalten		Soz.Gramm		Soziale Motivation	Lehrer-Schülerbeziehung	
Elternbefragung			X	X		X
Lehrerbefragung				X		X
Schülerbefragung			X			

Anmerkung: L = Längsschnitt; SV = Systemvergleich bzw. I = IntraSV; Q = Querschnitt; I = Intelligenz; GN = Grundschulnoten; FE = Förderstufenentscheidung; GE/BE/OE/KE = Grundschul-/Bildungsberatungs-/Orientierungsstufen-Empfehlung/Kursempfehlung; EL = Eingangsleistungen; D = Deutsch; E = Englisch; M = Mathematik; E = Eigenentwicklung des Tests; S = Schulleistungstests (standardisiert)

Über den Erfolg bzw. Nichterfolg von Lenkungsmaßnahmen, sei es durch die Orientierungsstufe, sei es durch Empfehlung von Bildungsberatungsstellen konnten relativ hohe Erfolgsquoten auf breiterer Basis ermittelt werden (in Niedersachsen von Schülern eines Jahrgangs aufgrund der O.-St.-Empfehlungen nach 4 Jahren von 75,5 % (Niedersächsischer Kultusminister, 1984); in Baden-Württemberg für Schüler überwiegend ländlicher Regionen aufgrund von Empfehlungen der Bildungsberatung nach 5 Jahren von 74 und 73 % (Reichenbecher, 1975).

Bei einem Teil der Untersuchungen wurde, was im Hinblick auf die Kritik an der Übergangs- und Auslesepraxis des gegliederten Schulsystems nahelag, besondere Aufmerksamkeit auf die Überprüfung des Prognosewertes der zur Orientierung benutzten Instrumente verwandt. So konnten für bestimmte Schulleistungstests (insbesondere Rechtschreibleistung) günstige Prognosewerte ermittelt werden, was auch im Unterschied zu den Analysen der 60er Jahre (u. a. Schultze, 1964) für die Grundschulempfehlung galt. Auch wurden mit Hilfe schrittweiser Regressionsanalysen die jeweiligen Anteile an Varianz ermittelt, die durch die als Prädiktoren verwandten Variablen aufgeklärt werden konnten. Die Analysen ergaben, daß eine multiple Informationsausschöpfung von Prädiktoren die Vorhersagbarkeit künftigen Schulerfolgs nicht wesentlich verbessert. Als entscheidender Grund für die eingeschränkte Voraussagemöglichkeit wurden Veränderungen angeführt, die im Prognosezeitraum (meist zwei Jahre) auf seiten des Schülers stattfanden (Eckes & Haenisch, 1979, S. 292).

Ein zentrales Mittel der Orientierungsstufenpraxis, der Schülerbeobachtungs- und Diagnosebogen, wurde allerdings erst zu einem späteren Zeitpunkt Gegenstand der Untersuchung. Hierdurch wurden Mängel aufgedeckt und auf Diskrepanzen hingewiesen, die zwischen der intendierten und der von Lehrern praktizierten Form der Schülerbeobachtung bestanden (Jürgens, 1983).

Besonderes Interesse galt auch der Frage nach der sozialen Integration der Schüler innerhalb des nach Leistungs- und Fähigkeits- sowie Wahlschwerpunkten differenzierenden Systems der Orientierungsstufe. Die Untersuchungsansätze wurden meist mit Hilfe einer Kombination von soziometrischen Tests (nach Moreno) und sozialen Einstellungsskalen realisiert und die erfaßten Merkmale auf Zusammenhänge überprüft (Kursch, Meyer, Tiede, Tiede & Ziegenspeck, 1975).

Auch der Prozeß der Implementation der Orientierungsstufe (1972 bis Mitte 1975 für die Stadtregion Osnabrück) war Gegenstand empirischer Forschung; dabei fanden historiographische Methoden (u. a. das in der amerikanischen community-power-Forschung praktizierte Reputationsverfahren zur differenzierten Erfassung und Analyse kommunalpolitischer Machtstrukturen), Interview-, Meinungs- und Einschätzungserhebungen Anwendung; ferner erfolgte mit Vertretern der am Implementationsprozeß beteiligten Gruppen ein Daten-Feedback (Standardisierte Ad-hoc-Befragung). Eine postalisch durchgeführte Ex-Post-Befragung diente der Kontrolle des Feedback-Verfahrens. Ferner wurden Formen der unterschiedlichen

(z. T. stadtteilbedingten) Realisierung der neuen Schulstufe erfaßt und der Grad der Zufriedenheit mit der Neueinführung ermittelt.

Eine der jüngsten Untersuchungen zur Orientierungsstufe befaßt sich mit der Frage nach der Schulbefindlichkeit bzw. Zunahme der Schulverdrossenheit beim Wechsel von der Grundschule in den Eingangsbereich der Sekundarschulen (Weissbach, 1985). Die hier bestehende Problematik wurde unter dem Stichwort "Sekundarstufenschock" thematisiert (dazu auch Steffens, 1984). Stabilisierungsmaßnahmen, die an zwei Förderstufen eingeführt wurden (geschlossene Übernahme von Grundschul- als Förderklassen; über 50 % Anteil des Klassenlehrers am Unterricht), ermöglichten ein Eindämmen von Schulunlust und eine Reduktion negativer Erfahrungen der Lehrer-Schüler-Beziehungen. Diese Stabilisierungsfaktoren lassen sich jedoch auch im gegliederten Schulsystem anwenden, allerdings einer von ihnen in abgewandelter Form (Aufnahme von Schülern aus jeweils der gleichen Grundschulklasse in ein und dieselbe Eingangsklasse der drei Schulformen).

Resümee: Die Ergebnisse der wichtigsten Studien - von den ersten Untersuchungen 1972 bis 1974 bis zu den letzten größer angelegten 1979/80 - werden, was Wirkung und Fördererfolge der Orientierungsstufe betrifft, eher zurückhaltend interpretiert, und es wird vor vorschnellen generalisierenden Äußerungen gewarnt. Einerseits sprechen veränderte Übergangsquoten wie auch eine Reihe von Bewährungskontrollen für die durch Orientierungsstufen erfolgte Orientierung und Lenkung und die dazu benutzten Verfahren, auch wenn an einigen von ihnen wie z. B. am Lehrerdiagnosebogen erhebliche Kritik geübt wurde (Jürgens, 1983). Andererseits gilt zu berücksichtigen, daß sich bei Schülern, die von der Orientierungsstufe nicht für Realschulen und Gymnasien empfohlen wurden, der Anteil derjenigen, die diese Schulen dennoch besuchten und in die Klasse 10 versetzt wurden, auf 41,9 bzw. 48,8 % belief. Das weist darauf hin, daß auch die Prognose der Orientierungsstufe nicht die erwünschte Sicherheit zu geben vermag und von daher Elternwille und -entscheidung insbesondere in solchen Fällen als wichtiges Korrektiv anzusehen sind (Jürgens, 1989, S. 187 - 191 und S. 234 f.). - Die relativ hohen Schulerfolgsquoten von Schülern, die aufgrund der Empfehlung der Bildungsberatung Realschulen und Gymnasien besuchten, belegen, daß eine Verbesserung des Übergangs vom Elementarbereich zu den Schulformen des Sekundarbereichs wie auch eine differenziertere Förderung von Schülern in den ersten zwei und gleichfalls in den folgenden drei Jahrgangsstufen ebenso auf anderen Wegen möglich ist. Sie weisen auf Veränderungen im Bereich der weiterführenden Schulen hin, von denen aller Wahrscheinlichkeit nach auch Schüler profitierten, die Orientierungsstufen besuchten. Über diese Veränderungen und ihre Auswirkungen (z. B. unterrichtliche Treatments) liegen zwar eine Reihe von Beobachtungen, manche Mutmaßungen, aber noch keine ausreichend gesicherten empirischen Befunde vor. Nicht zuletzt wurde mit Hilfe der empirischen Studien zur Orientierungsstufe auf Bereiche wie z. B. Lehrereinstellung/-engagement oder Faktor "einzelne Schule" aufmerksam gemacht, die dann im Verlauf später durchgeführter systemvergleichender Untersuchungen an Bedeutung gewannen.

3.3.2.2 Systemvergleichsuntersuchungen

3.3.2.2.1 Ausgangslage und Zielsetzungen

Die Untersuchungen zum Vergleich von Gesamtschulsystem und gegliedertem Schulsystem als große Herausforderungen der Bildungsforschung der Jahre von 1975 bis 1986 scheinen rückwirkend betrachtet mehr Kontroversen aufgeworfen als Fragen gelöst zu haben. Auf der Grundlage methodisch-theoretischer Vorarbeiten (Eigler, Schönwälder, Straka und Strittmater, 1971; Straka, 1974) haben dennoch die Vergleichsuntersuchungen insgesamt zur Versachlichung der Diskussion durch Verbreiterung und Differenzierung des Kenntnisstandes über Schule und Schulsystem beigetragen, und vieles, was als Mangel kritisiert wurde, muß von den methodischen Möglichkeiten, den politischen Kontroversen und den davon geprägten Erwartungen an die Wissenschaft her verstanden werden.

Die Beantwortung bildungspolitischer Fragen und damit auch eine gewisse Entlastung von politischen Entscheidungen wurde anscheinend erwartet, ohne daß zuvor Maßstäbe für die "Leistungen" von Schule oder bildungspolitische Kriterien für die Bewertung von Ergebnissen formuliert worden wären. Die Untersuchungsplanung konnte nicht von extern gesetzten Zielen ausgehen und mußte daher auf Vergleiche im Sinne eines "Mehr" oder "Besser" bezogen werden (Raschert, 1974).

Die Untersuchungen richteten sich dabei vor allem auf den Zusammenhang äußerer Faktoren des schulischen Wirkungsfeldes mit fachunterrichtlichen und allgemeinen erzieherischen Wirkungen. Die Fragestellungen bezogen sich vornehmlich auf die summative Evaluation und weniger auf die kausale Analyse schulischer Wirkungsfelder. Die seinerzeit gegebenen, wohl noch länger als einmalig anzusehenden Möglichkeiten und die durch die Untersuchungen geschaffene beispiellose Datenlage können andererseits nicht darüber hinwegtäuschen, daß für die Beantwortung der gestellten Fragen ideale Untersuchungskonzeptionen nicht verwirklicht werden konnten. Das lag einmal an finanziellen, sicherlich aber auch an zeitlichen Beschränkungen für Vorbereitung und Durchführung der Untersuchungen. Personelle Bedingungen und institutionelle Möglichkeiten korrespondierten einerseits mit den finanziellen Möglichkeiten, hingen aber auch damit zusammen, daß teilweise Erfahrungen zu den jeweiligen Aufgabenbereichen nur begrenzt vorlagen. Realisiert wurden Anordnungen mit spezifischen Einschränkungen für die Vergleichsgruppen; für die "experimentelle Konstellation" war außerdem zu berücksichtigen, daß mit dem Merkmal "Gesamtschule" vielfältige Zusatzbedingungen verknüpft worden waren (Fend, 1982, S. 485). Das erschwerte es, Systemeffekte von andern Effekten, auch von Effekten spezieller Organisationsmerkmale, sauber zu trennen.

Es darf ferner nicht übersehen werden, daß die schulsystemvergleichenden Untersuchungen - was unter anderem auch für die zur Überprüfung von Orientierungsstufen gilt - in einem bildungspolitischen Spannungsfeld durchgeführt wurden, das durch zeitweise heftig ausgetragene Kontroversen gekennzeichnet war. Das wirkte sich manchenorts nachteilig auf die an der Vergleichsuntersuchung beteiligten Schulen und in der Folge davon erschwerend auf den Untersuchungsverlauf, z. B. auf Datenerhebungen und Durchführung von Tests bzw. die Teilnahme an ihnen aus.

Im Überblick sind in Tabelle 2 die wichtigsten Merkmale der größeren systemvergleichenden Untersuchungen der einzelnen Länder zusammengestellt.

Tab. 2: Kennzeichen systemvergleichender Untersuchungen der Länder

Land	BW	B	He	NS	NRW	Rh-Pf	S	SH	
Zeitraum	1979-85	1978-82	1976-79	1979-81	1977-78	1973-81	1971-79	1972-80	
Design									
Anlage d. U.	L	L	Q	Q	Q	L	L	L	
Jahrgänge	5/6,7,9,10	5/6,7,9	6,9	6,9	6,.9	5,7,9,10	5,9,10	5,6,.7,9,10	
Eing.-leist.									
G-Noten,BE	x		x	x	x		x	x	
Intelligenz	x	x	x	x	x	x	x	x	
Fachleist.									
Deutsch	E	S,E	S	S	S	S	S,E2)	S,E	
Englisch	E	E	S	S	S	E1)		E	
Mathematik	E	S,E	S	S	S	S		E	
Physik			E3)	E3)	E3)	E4)	S,E		
Französisch							S		
Gesch./Gmk	E						S	E	
Einst./Verh.									
Einst. z. Sch.	E		E	E	E	E		S	
Motivation	E		E	E	E	E			
Selbstbild	E		E	E	E			S/E	
Unterr./soz.V		E	x	E	E	E	E		S
Elternbefr.	x		x		x	x			

Anmerkung: L, Q = Längs-, Querschnitt, S = Standardisierte Tests, E = Eigenentwicklungen, 1) SL6+ als Eingangstest, 2) S für 5. und 9., E für 10. Jgst. 3) IEA-Testteile, 4) DWT-Subskala

3.3.2.2.2 Forschungsansätze und Methoden

Da infolge der Freiheit der Schulwahl Selektionseffekte und damit bereits zum Zeitpunkt des Schuleintritts unterschiedliche Schülergruppen der Schulsysteme wahrscheinlich waren, mußten die Gültigkeitsprobleme quasi-experimenteller Designs mit unechten Vergleichsgruppen in Rechnung gestellt werden (Campbell & Stanley, 1970). Soweit bei der Einrichtung von Gesamtschulen auch für die Bildung der Lehrerkollegien das Prinzip der Freiwilligkeit konstitutiv war, hat ferner die dadurch eingetretene Selbstselektion zu Unterschieden in den Merkmalen der Lehrerschaft an Gesamtschulen und Schulen des gegliederten Schulsystems geführt.

Anders stellt sich dies für den Flächenversuch Wetzlar dar, wo Gesamtschulen durch Umgründungen entstanden und Lehrer übernommen worden sind. Unterschiede zwischen den Lehrkörpern von Gesamtschulen und gegliederten Schulen ließen sich dort nicht nachweisen.

Ungleiche Eingangsgruppen erschweren den Schluß auf die Wirksamkeit oder Unwirksamkeit unterschiedlicher pädagogischer Maßnahmen. Insoweit bestand das vordringlichste Problem der Untersuchungen darin, die Eingangsbedingungen der Vergleichsgruppen zu erfassen, um Wirkungen des Systems besser kontrollieren zu können. Es ist jedoch nicht nur die innere, sondern auch die äußere Gültigkeit beeinträchtigt, weil eine Interaktion zwischen Auswahl und pädagogischer Maßnahme nicht ausgeschlossen werden kann.

Wo im Querschnitt zu einem Zeitpunkt Schüler unterschiedlicher Jahrgangsstufen mit identischen oder dem Niveau der Jahrgangsstufe angepaßten Tests untersucht wurden, muß für eine Interpretation i. S. einer Entwicklung die Konstanz der Wirksamkeit schulischer Maßnahmen vorausgesetzt werden können. Gerade für die Gesamtschulen, die sich zum Zeitpunkt der Vergleichsuntersuchungen vielfach im Übergang von der Gründungs- zur Konsolidierungsphase befanden, war eine solche Annahme nicht unproblematisch.

Probleme ergeben sich hinsichtlich der Kontrolle des Faktors "Auswahl", wenn über die Eingangsbedingungen der Gruppen keine oder nur relativ undifferenzierte Informationen vorliegen. Vergleichbares gilt, wenn als Gruppierungsvariable oder Kovariate verwandte Kriterien (wie z. B. die auf der 7. Jahrgangsstufe erhobene Intelligenz) bereits selbst von Wirkungen des Schulbesuchs beeinflußt sein können. Auch wenn durch Längsschnitte mögliche Wechselwirkungen zwischen Auswahl und "Treatment" nicht kontrolliert werden können, waren im Hinblick auf die Kontrolle der Eingangsvariablen und der Kriterien für die Systemwirkungen bzw. der durch das Schulsystem realisierten pädagogischen Maßnahmen solche Längsschnitte als ideal anzusehen, in denen zu Beginn und Ende des Schulbesuchs, möglichst aber auch dazwischen, Messungen stattfanden.

Im Rahmen der Systemvergleichsuntersuchungen sind solche Längsschnitte wohl in erster Linie an zeitlichen Vorgaben gescheitert. In der schleswig-holsteinischen Untersuchung, mit der Längsschnitte dieses Umfangs geplant und realisiert worden sind, konnten die damit gegebenen Möglichkeiten in den Auswertungen offenbar nur eingeschränkt genutzt werden (Royl, Lind, Röpcke und Vogel-Krahorst, 1978; Teschner, Gerarts & Schinkel, 1981). Wo Eingangsmessungen für Längsschnitte oder Teillängsschnitte vorlagen, konnten deren Ergebnisse zur Bildung von Analysegruppen oder als Kovariate herangezogen werden. Für Rheinland-Pfalz (Krecker, Nöth & Völker, 1983) wurden in den Fächern Deutsch, Englisch und Mathematik Messungen auf der 5., 7., 9. und 10. Jahrgangsstufen durchgeführt und zunächst Querschnittsvergleiche gerechnet. Es wurden dann aber ebenfalls für die Analysen auf den einzelnen Jahrgangsstufen die Testergebnisse aus vorangehenden Jahrgangsstufen - klassifiziert nach "gering", "mittel" und "hoch" - für die Bildung von

Vergleichsgruppen herangezogen. Da ebenfalls die soziale Herkunft, das Geschlecht und die Intelligenz einbezogen werden konnten, war es möglich, die zu einem Zeitpunkt erreichten Leistungen auf die vorangegangenen zu beziehen und neben dem Faktor "Systemzugehörigkeit" weitere Schülermerkmale in ihren Auswirkungen zu untersuchen.

Gegenüber der Kovarianzanalyse weist diese Vorgehensweise den Vorteil auf, daß sie weniger methodischen und meßtheoretischen Voraussetzungen genügen muß; durch die Zusammenfassung relativ stetig verteilter Variablen zu wenigen Kategorien können jedoch Informationen verlorengehen und die Ergebnisse beeinträchtigt werden (Stolz, 1987, S. 82). Werden die Daten der Messung dagegen kovarianzanalytisch bereinigt, dann werden die Informationen aus den Eingangsvariablen besser ausgenutzt. Gleichzeitig müssen aber stärkere Voraussetzungen hinsichtlich der Verteilung der Variablen, der Meßfehlerfreiheit der Kovariaten und der Regression der Zweit- auf die Ersttestung erfüllt sein. Ein Verstoß gegen diese Voraussetzungen ist dabei umso wahrscheinlicher, je ausgeprägter von Anfang an Unterschiede zwischen den Schülergruppen beider Systeme bestanden und je mehr eine unterschiedliche Förderung einzelner Schülergruppen in beiden Systemen anzunehmen ist. Von daher erscheinen diese Einschränkungen gerade für die Analyse von Leistungsentwicklungen bedeutsam; es kann aber andererseits eine gewisse Robustheit des Verfahrens bei Verstößen gegen die Anwendungsvoraussetzungen unterstellt werden (Gänsslen & Schubö, 1976).

Testkonstruktion und Testeinsatz: Ein nicht unwesentlicher Gesichtspunkt betraf ferner die Art der eingesetzten Verfahren. Aus dem für notwendig gehaltenen Umfang der Untersuchungen, durch den auf der Ebene der einzelnen Schulart, teilweise auch auf der Ebene der einzelnen Schule, Aussagen ermöglicht werden sollten, resultierte für die Variablen, die für die Beurteilung der Effekte als zentral anzusehen waren, die Beschränkung auf Fragebogen und Tests. Während hinsichtlich der Einstellungs- und Persönlichkeitstests kaum kontroverse Vorstellungen diskutiert wurden und ihre Konstruktion und inhaltliche Ausrichtung in weitgehender Anlehnung an gängige Verfahren kaum umstritten war, galt das nicht für die eingesetzten Fachleistungstests. Abgesehen davon, daß für die Erfassung von Leistungen kaum über alle Jahrgangsstufen hinweg identische Tests eingesetzt werden konnten und somit Leistungszuwächse immer nur indirekt erfaßbar waren, war die Konzeption solcher Tests nicht unumstritten. An dem für die baden-württembergische Untersuchung realisierten Konzept niveauspezifischer Tests (Aurin, Schwarz & Thiel, 1986a, S. 29 ff.) wurde kritisiert, daß den an einen Systemvergleich zu stellenden Anforderungen nicht angemessen entsprochen wird. Andererseits darf aber nicht übersehen werden, daß ein Globalvergleich ohne eine Berücksichtigung der Anteile der Schüler auf den verschiedenen Leistungsniveaus und ihrer Eingangsmerkmale, wie etwa der Bildungsempfehlung, fragwürdig ist. Beeinträchtigt war durch Niveautests freilich die Möglichkeit, im Längsschnitt Schüler unabhängig von zwischenzeitlichen Niveauwechseln in Vergleiche einzubeziehen.

Die curriculare Basis für unabhängig von Schulart und Niveauzugehörigkeit einsetzbare Leistungstests ist aber nur relativ schmal. Es wurden in solchen Tests eher Fähigkeiten und Fertigkeiten allgemeinen Charakters erfaßt (Wottawa, 1982; 1987). Wo die unterrichtliche Relevanz solcher Tests durch die Erhebung der Lerngelegenheiten zu überprüfen gesucht und dazu von den Testitems selbst ausgegangen wurde, bleibt offen, "ob andere Inhalte für die Beurteilung des Lernerfolgs wesentlich relevanter gewesen wären" (Wottawa, 1987, S. 133). Die Vermutung, daß vorwiegend "Fundamentum"-Items verwandt wurden, weil sonst von Lehrern der unteren Leistungsgruppen negative Einschätzungen der Lerngelegenheiten zu erwarten gewesen wären, wird durch die Schwierigkeitsgrade der Items für die Niveaugruppen bestätigt. So ergeben sich z. B. für Nordrhein-Westfalen für die Gruppe der Gymnasiasten, 9. Jahrgangsstufe, relativ hohe durchschnittliche Schwierigkeitsindizes für die Tests Leseverständnis/VL, für Rechtschreiben/MRT, für Englisch/IEA und EET9+ (vgl. Lukesch-Tomann, 1978, S. 238 ff.).

Zur Lösung des Dilemmas zwischen geringer Differenzierungsfähigkeit und damit einhergehenden Deckeneffekten einerseits und Einschränkungen hinsichtlich der Vergleichsgruppenbildung andererseits wurden daher auf der Basis der probabilistischen Testtheorie entwickelte Tests vorgeschlagen (Wottawa, 1987, S. 130 ff.).

Gleichzeitig hätten damit auch Testwerte auf der Jahrgangs-, Schul- oder Systemebene auf der Grundlage des Multiple-Matrix-Sampling bzw. der Item-Response-Theory rationeller ermittelt werden können (Ingenkamp & Schreiber, 1985, S. 223 ff). Unabhängig von den Voraussetzungen und Möglichkeiten solcher Verfahren, auch der implizierten Eindimensionalität probabilistischer Tests, wird man aber auch den seinerzeitigen Stand der Auswertungsmethodologie und technologie gerade für die Testentwicklung und die Bewältigung umfangreicher Datensätze nicht außer acht lassen können. Wissenschaftlich übliche Verfahren schienen gleichzeitig konsensfähiger in der Abstimmung mit Schulpraktikern und der Kultusverwaltung; sie boten aber auch mehr Sicherheit auf dem Hintergrund kontroverser schulpolitischer Vorstellungen.

Datenlage und Ausfallanalysen: Die Festlegung der Schülerstichproben erfolgte in den Vergleichsuntersuchungen zumeist über die Auswahl der Schule und die dort nach Untersuchungsplan zu testenden Jahrgangsstufen. Waren in den Systemvergleichen der Länder für die Auswahl der Schulen teilweise Vollerhebungen der Gesamtschulen durchgeführt und Zuordnungen von Haupt-, Realschulen und Gymnasien nach Kriterien bezüglich des Einzugsbereichs und der Schülerschaft vorgenommen worden, so verschärften auf der Basis der Freiwilligkeit der Testteilnahme Ausfälle auf Schülerebene die ohnehin bestehende Auswahlproblematik. Fehlende Angaben und Schwierigkeiten, die aus wechselnden Anzahlen der je nach Auswertungsschritt einbezogenen Probanden entstehen, sind sicherlich generelle Probleme empirischer Forschung. Mit zunehmender Anzahl der pro Schüler zu erfassenden Variablen, insbesondere bei den Längsschnittuntersuchungen mit zunehmender Zeitdauer und Anzahl der Meßzeitpunkte, steigt jedoch auch die Wahrscheinlichkeit unvollständiger Datensätze deutlich an.

Datenausfälle sind sicherlich damit verbunden, daß teilweise erst beim Zusammenfassen der aus verschiedenen Erhebungen oder Quellen stammenden Daten das Fehlen von Angaben erkennbar wurde, resultieren aber auch daraus, daß der Aufwand für Durchführung, Kontrolle und Auswertung der notwendig großen Anzahlen von Tests und der Umfang des anfallenden Datenmaterials nur eingeschränkt vorausgesehen wurden. Sie sind aber auch im Zusammenhang mit den zuvor erwähnten politisch bedingten Spannungen zu sehen, die sich teilweise auf die Untersuchungsdurchführung und -teilnahme an manchen Schulen nachteilig auswirkten.

Aber auch bei Querschnittsuntersuchungen waren beträchtliche Schwankungen in der Anzahl der Schüler festzustellen, die in einzelne Analysen einbezogen wurden (man vgl. etwa die Hauptschülerzahlen in Lukesch-Tomann, 1978, S. 275 und 312).

Soweit Ausfälle analysiert wurden, geschah dies mit unterschiedlichen Konsequenzen. Krecker et al. (1983, S. 37 ff.) stellte trotz hoher freiwilliger Testteilnahme eine Benachteiligung der Gesamtschulen durch einen hier höheren Ausfall leistungsstärkerer Schüler fest. Diese wurde durch Datensatzergänzungen ausgeglichen. Für Baden-Württemberg wurden für die Kohorten I und II Vergleiche von einbezogenen mit nicht einbezogenen Schülern gerechnet. Neben einzelnen und unsystematisch auftretenden Unterschieden wiesen in Kohorte I sowohl bei den Gymnasien als auch den Gesamtschulen die nicht einbezogenen Schüler einen schlechteren Leistungsstand auf, für Kohorte II galt für die Gesamtschulen das Umgekehrte (Stolz, 1987, S. 98 ff.). Insoweit kommt hier den Ergebnissen für die zusammengefaßten Kohorten und den Analysen, in denen die Eingangsvoraussetzungen kontrolliert wurden, besondere Bedeutung zu.

Bewertung und Interpretation der Ergebnisse: Die Methodik der Vergleichsuntersuchungen ist im wesentlichen durch das Vorherrschen von Mittelwertvergleichen anhand von t-Tests, Varianz- bzw. Kovarianzanalysen gekennzeichnet. Auch wenn durchaus Ansätze einer Gesamtauswertung erkennbar sind und mehrebenenanalytische Konzepte zum Teil zwar durch theoretische Annahmen und zugrundegelegte Modelle des Zusammenwirkens relevanter Faktoren nahelagen, erfolgten die Auswertungen meist bereichsimmanent und relativ unabhängig von den übrigen Teiluntersuchungen. Da input-output-Betrachtungen im Vordergrund standen, jedoch über die tatsächlichen Lehr-Lern-Prozesse wenig bekannt war, fiel es schwer, das Zustandekommen von Ergebnissen kausal zu erklären.

Insofern spielten bei der Diskussion der Ergebnisse auch die jeweiligen Maßstäbe und Wertsetzungen eine Rolle; unabhängig davon lassen die Analyseergebnisse aber durchaus auch Raum für die Bewertung systemspezifischer Fördererfolge nach unterschiedlichen Aspekten und Interpretationsmustern. Hinzu kam, daß die Bezugnahme auf das Signifikanzniveau - gerade weil aufgrund der hohen Stichprobenumfänge relativ geringe Unterschiede signifikant wurden - zu teilweise umstrittenen Bewertungen führte und sich erst nach und nach die Bezugnahme auf Effektstärken durchsetzte.

Auf das Ganze gesehen - wenn auch mit länderspezifischen Unterschieden - überwiegen auf dem oberen und auch im mittleren Bereich der Fachleistungen die besseren Durchschnitte bei den Schulen des gegliederten Schulsystems. Auf dem niedrigeren Anforderungsniveau sprechen in zwei Ländern die Fördererfolge mehr zugunsten der Gesamtschulen, in zwei anderen Ländern nur partiell. Diese Ergebnisse können jedoch nicht allein gewertet werden, sondern müssen auch in Zusammenhang mit der Umstufungspraxis der Gesamtschulen gesehen werden. In Teilbereichen der Erziehungswirkungen sprechen die Befunde zugunsten der Gesamtschulen, jedoch konnten nicht in allen untersuchten erziehungsrelevanten Bereichen Vorteile des Gesamtschulsystems ausgemacht werden. Für eine zusammenfassende Darstellung der Ergebnisse sei auf Baumert & Raschert (1983), BLK (1983) und Aurin (1987a, 1991a) verwiesen.

Die Ergebnisse der Leistungsvergleiche sind vor allem unter dem Gesichtspunkt der Leistungsentwicklung der Schüler diskutiert und gewertet worden. Größere Beachtung fand so auch der nahezu durchgängig auftretende Befund, daß Gesamtschüler mit prognostizierten oder erreichten weiterführenden Bildungsabschlüssen geringere durchschnittliche Testleistungen erzielten als entsprechende Schüler des gegliederten Schulsystems (Haenisch & Lukesch, 1980, S. 274; Aurin, 1987b). Dies führte zur Diskussion der Einhaltung von vergleichbaren Standards bei der Abschlußvergabe (Wottawa, 1982, S. 90 ff.; Baumert & Raschert, 1983, S. 254). Auf der Ebene der Mittelwertbetrachtung waren dabei immer auch mit Eingangsvoraussetzungen der Schüler und mit der Schullaufbahn verbundene Selektionsprozesse einzubeziehen, ohne daß Einigkeit darüber bestanden hätte, wie etwa Abschlußquoten und Testdurchschnitte gegeneinander abzuwägen wären (Stolz, 1987, S. 87).

Zum anderen kann aber darauf verwiesen werden, daß die im beruflichen Bildungswesen erreichten Abschlüsse Anlaß zu einer revidierten Betrachtung der festgestellten Quoten der Sekundarstufe-I-Abschlüsse gaben. Nicht nur von daher, sondern auch hinsichtlich der übergreifenden Ziele von Schule wären nachfolgende Bewährungskontrollen von Bedeutung gewesen. Mit Ausnahme eines Teilprojektes der hessischen Vergleichsuntersuchung zum Übergang von Schülern in weiterführende Schulen und den Beruf (Lukesch-Tomann, 1978) wurde in den Vergleichsuntersuchungen diesen Fragen nicht systematisch nachgegangen. Daran und auch an anderen Untersuchungen zu diesen und ähnlichen Fragen (Hitpaß, 1980) wurden aber auch die Probleme solcher follow-up Studien deutlich. Nicht zuletzt wäre hier die Schwierigkeit zu nennen, aufgrund der Vielfalt von weiterführenden und beruflichen Bildungsgängen zu gemeinsamen Bewertungskriterien zu gelangen.

3.3.2.2.3 Meta-Analysen und weitergehende Auswertungen

Nach Vorliegen der ersten Ergebnisse systemvergleichender Projekte hatte es Bemühungen gegeben, insbesondere die Befunde aus verschiedenen Ländern miteinander in Beziehung zu setzen und zu allgemeinen Aussagen über systemspezifische Wirkungen zu gelangen (siehe auch Wottawa und Fricke in diesem Band). Die entsprechenden Versuche haben zumeist weniger synthetisierenden, vielmehr synoptischen Charakter insofern, als sie Ergebnisse übersichtsartig zusammenstellen (Haenisch & Lukesch, 1980; Hanisch, 1988); nur teilweise wurden im Sinne einer Meta-Analyse Analyseverfahren auf publizierte Ergebnisse angewandt. Davon abzuheben wären wiederum Analysen, die auf Auswertungen länderübergreifender Datensätze beruhen, sei es, daß - wie für den BLK-Bericht (1983) - eigens Erhebungen durchgeführt wurden oder erhobene Daten aus einzelnen Untersuchungen gemeinsam Auswertungen unterzogen worden sind (Fend, 1982). Teilweise wurden vorliegende Daten auch nach allgemeineren und nicht vornehmlich auf den Systemvergleich bezogenen Fragestellungen ausgewertet (Schwarz, 1990).

Trotz der Gemeinsamkeiten der Systemvergleiche in Fragestellungen und methodischem Vorgehen blieb aufgrund unterschiedlich operationalisierter Variablen, unterschiedlicher Bezugssysteme und Designs unsicher, ob der in verschiedenen Projekten untersuchte Systemfaktor jeweils derselbe war. So konnten zwar zu einzelnen Persönlichkeits- und Leistungsbereichen systembezogene Aussagen gemacht werden; darüber hinaus war es aber nur eingeschränkt möglich, Wirkungen der Systeme über die Untersuchungen hinweg mit Kombinationen solcher Effektvariablen zu beschreiben (Schwarz & Stolz, 1983). In Anbetracht der umfangreichen und relativ differenzierten Ausgangs- und Befundlage ist daher der Gefahr nur schwer zu wehren, unzulässig zu pauschalisieren und die einzelnen Auswertungsberichte als "Argumente-Reservoir" zu nutzen (Aurin & Stolz, 1990).

Von Ausnahmen wie etwa Ergebnissen zum sozialen und schulklimatischen Bereich in der niedersächsischen Untersuchung abgesehen, waren gleichzeitig die durch den Faktor "Schulsystem" aufgeklärten Varianzanteile gering, während die Effekte der einzelnen Schule innerhalb des Gesamtschulsystems und innerhalb der Schularten des gegliederten Schulsystems deutlicher ausgeprägt waren. In der Regel konnten 1 bis 3 % der Leistungsvarianz durch das Schulsystem, 2 bis 5 % durch Geschlecht und Sozialschicht, 6 bis 8 % durch die Schulzugehörigkeit, etwa 10 % durch die Intelligenz und etwa 15 % durch den Leistungsstand am Ende der 4. Klasse bzw. die Bildungsempfehlung erklärt werden (Aurin, 1987a; Rolff, Bauer, Klemm & Pfeiffer, 1990).

Konnte so generell größere Klarheit darüber gewonnen werden, inwieweit das Schulsystem einen Bedingungsrahmen für die Verwirklichung realer schulischer Verhältnisse darstellt, so richtete sich den Befunden zufolge das Interesse stärker auf die einzelne Schule und die Frage, durch welche schulisch und unterrichtlich bedeutsamen Faktoren sich Schulen charakterisieren lassen. Damit trat nicht nur die einzelne Schuleinheit in der Vordergrund, sondern vor allem das eigentlich unterrichtliche und erzieherische Geschehen und die damit verbundenen Faktoren (siehe dazu 3.3.2.4.2).

Wenn von daher die Vergleichsuntersuchungen und ihre Ergebnisse mittlerweile fast als historisch anzusehen sind, so wäre andererseits von Bedeutung, wie Veränderungen sich zwischenzeitlich in diesen Schulen ausgewirkt haben. Zu untersuchen wäre, inwieweit Realschulen und Gymnasien einen verstärkten Sogeffekt entwickelt haben und sich daraus eine problematische Veränderung der Zusammensetzung der Schülerschaft der Gesamtschulen ergab, aber auch, inwiefern die Abschlußquoten der integrierten Gesamtschulen im Bereich des Mittleren Bildungsabschlusses ihre Besonderheit verloren (Baumert & Raschert, 1983, S. 252).

3.3.2.3 Differenzierungsformen und Lerngruppeneffekte

Wie die Untersuchungen zur Orientierungsstufe sind auch die zu den Differenzierungsmodellen in Zusammenhang mit Fragen der Begabungsförderung und des Chancenausgleichs zu sehen, die ab den 60er Jahren zentrale Themen von Bildungspolitik und Bildungsforschung waren. Die Fachleistungsdifferenzierung zählt zu den wesentlichen, motivationstheoretisch wie auch durch ein gewandeltes Begabungsverständnis begründeteten Elementen der integrierten Gesamtschule. Auf sie ausgerichtete Untersuchungen können nach Fragestellung und Methode teilweise als Vorläufer systemvergleichender Untersuchungen gesehen werden. Sie zielten im wesentlichen auf Auswirkungen veränderter Strukturbedingungen vor allem im Hinblick auf die Leistungs- und Persönlichkeitsentwicklung der Schüler. Zu untersuchen war, ob die durch die Differenzierung sich eröffnenden Möglichkeiten der Profil- und Schwerpunktbildung und die Berücksichtigung von Fähigkeiten und Interessen ihren Niederschlag in einer flexibleren Schullaufbahngestaltung und in einer entsprechenden Förderung, nicht zuletzt auch der Schüler mit geringen Eingangsvoraussetzungen, fanden. Andererseits wurde befürchtet, daß in den unteren Leistungsgruppen nicht nur die Anregung durch leistungsstärkere Schüler fehlen würde, sondern daß sich hier generell ein für die Leistungs- und Persönlichkeitsentwicklung negatives Klima ergeben könnte. Teilweise war damit die Annahme verbunden, daß sich durch das Kern-Kurs-System und die damit erwartete Inkonstanz sozialer Beziehungen ein die Schüler überforderndes Lernumfeld entwickeln könnte.

Stärker im Sinne versuchsbegleitender Forschungen mit dem Ziel der Weiterentwicklung und Verbesserung praktizierter Differenzierungsmethoden sind Untersuchungen zu sehen, die sich mit Fragen der Lenkung der Schülerströme und der Validität und Reliabilität der Zuweisungsentscheidungen befassen. In der Diskussion um die Fachleistungsdifferenzierung war neben der Realisierbarkeit der Passung von Schülervoraussetzungen einerseits und inhaltlichen Anforderungen und methodischen Vorgehensweisen andererseits grundsätzlich auch die Erreichbarkeit homogener Voraussetzungen als Bedingung einer adressatenbezogenen Modifikation von Inhalten und Methoden thematisiert worden (Sattler, 1980, S. 734). Als Grund hierfür wurde die hinreichend belegte Vieldimensionalität des durchschnittlichen fachlichen Leistungsstandes angesehen.

Es ist vor allem im Hinblick auf die Leistungsentwicklung schwer, eine Generalisierung der Befunde zu den Auswirkungen praktizierter Differenzierungsmodelle vorzunehmen. Das liegt nicht zuletzt daran, daß sowohl die Fachleistungs- in Verbindung mit der Wahlpflichtdifferenzierung als auch die flexible Differenzierung in einer Vielzahl von Variationen durchgeführt wurden (BLK, 1983, S. 255 ff.).

In den Untersuchungen waren relevante Faktoren teilweise nur schwer zu kontrollieren, und auch die Qualität der Untersuchungen selbst ist als relativ heterogen zu betrachten. Wenn hinsichtlich der Leistungsentwicklung bei Kontrolle wichtiger Organisationsmerkmale unterschiedliche Befunde auftreten, verweist dies darauf, daß auch bei gleicher oder ähnlicher Differenzierungsform durch die Art und Weise, wie die Differenzierung praktiziert wurde, und infolge unterschiedlicher didaktischer Zielausrichtung der Fachlehrer nicht unerhebliche Unterschiede auftreten können.

Zu kritisieren war ferner das Fehlen längsschnittlicher Untersuchungsdesigns, die es erlaubt hätten, die Entwicklung der Schüler von Beginn der Differenzierungsmaßnahme an zu erfassen; es liegen gerade für die nichtkognitiven Merkmale von Schülern relativ verstreut Ergebnisse vor, die jeweils nur über Teilaspekte Auskunft geben. Außerdem wäre für die Beurteilung von Interaktionen zwischen Versuchsvariablen der Einbezug mehrerer Persönlichkeitsmerkmale wünschenswert (Knapp, 1978, S. 312 f.).

Befunde zur flexiblen Differenzierung deuten auf die Möglichkeit hin, Leistungsunterschiede im Fundamentum-Bereich der Fächer Englisch und Mathematik zu verringern, wobei sozialen Faktoren nur geringe Bedeutung in den kurzfristigen Phasen flexibler Differenzierung zukommt. Insgesamt kann aber - nicht zuletzt aufgrund der Heterogenität der Untersuchungen selbst - kaum entschieden werden, ob Leistungen der Schüler durch flexible Differenzierung anders beeinflußt werden als im Klassenunterricht oder im System der Fachleistungsdifferenzierung (Horn & Kopka, 1975; Dittmar, 1979; Baumert & Raschert, 1983).

Zum anderen wurden aber auch Auswirkungen der Niveaudifferenzierung vermutet, die im emotional-psychischen, teilweise aber auch im Bereich der fachlichen Leistungen oder damit zusammenhängender Zielvariablen die intendierten Effekte selbst beeinträchtigen könnten.

Überprüft wurden die Auswirkungen der Fachleistungsdifferenzierung auf die Leistungsentwicklung von Schülern zunächst in einer Reihe von Untersuchungen mit relativ widersprüchlichen Ergebnissen (Hopf, 1976; Klafki & Stoecker, 1985). In der generellen Tendenz legen diese eher den Schluß auf Nachteile der Homogenisierung für die Leistungsentwicklung schwacher Schüler nahe. Für leistungsstärkere Schüler hingegen bleibt unklar, ob generell von Wirkungen im Sinne einer positiven Leistungsentwicklung ausgegangen werden kann. Teilweise treten solche Ergebnistendenzen in den Befunden der Vergleichsuntersuchungen ebenfalls auf; es werden aber nachteilige Wirkungen für die Leistungsentwicklung schwächerer Schüler nicht generell bestätigt (Fend, 1982; Lukesch-Tomann, 1978).

Daß dagegen Fachleistungsdifferenzierung Auswirkungen auf psychische Merkmale und die sozialen Beziehungen der Schüler hat, wurde bereits aus relativ frühen Untersuchungen zum sozialen Lernen in Gesamtschulen (Bernhardt, Böttger, Holst, Kaczenski & Weigelt, 1974), zur Integration und Selektion in der Gesamtschule (Bühlow, Clemens, Müller, Preuss-Lausitz & Weißbach, 1977) oder auch zur sozialen Integration und Leistungsdifferenzierung (Hermann, 1975) deutlich. Danach kovariieren nicht nur Geltung und Sympathie-Status eines Schülers, sondern auch sein schulisches Wohlbefinden und seine Selbsteinschätzung mit seiner durch die Kurszugehörigkeit zum Ausdruck gelangenden Stellung in der Leistungshierarchie. Dabei sind gerade für Schüler mit höherem Leistungsstatus diese Wirkungen im Setting-System ausgeprägter als im Streaming-System. Auch Ergebnisse der Systemvergleiche lassen sich - gerade was die Situation leistungsstarker und leistungsschwacher Schüler anbelangt - mit diesen Befunden vereinbaren.

Insoweit war eine grundlegende Fragestellung der späteren Vergleichsuntersuchungen darin zu sehen, inwieweit Leistungsdifferenzierung im Vergleich zur Differenzierung nach Schularten zur relativen Verschlechterung der Situation leistungsschwacher Schüler beiträgt.

3.3.2.4 Untersuchungen zu schul- und klassenbezogenen Effekten

3.3.2.4.1 Qualifikation und Chancenausgleich in Schulklassen

Mit den Untersuchungen, die ab Mitte der 80er Jahre zur Vereinbarkeit der allgemeinen pädagogischen Ziele der Leistungssteigerung einerseits und des Ausgleichs von Leistungsunterschieden andererseits publiziert worden sind, wurde die Thematik des Chancenausgleichs aus den Systemvergleichen aufgegriffen und in direkte Verbindung mit der Leistungsthematik gesetzt (Baumert, Roeder, Sang & Schmitz, 1986; Baumert, Schmitz, Roeder & Sang, 1989; Helmke, 1988; Treiber & Weinert 1985). Es wurden darin aber auch - teilweise parallel zu den Systemvergleichsuntersuchungen - auf der Ebene der Schulklasse Forschungsrichtungen zum zielerreichenden Lernen (mastery learning) fortgesetzt.

Die Untersuchungen reflektieren die bildungspolitische Bedeutung der Steigerung des Qualifikationsniveaus bei gleichzeitigem Ausgleich von Leistungsunterschieden, daneben aber auch das stärker auf die Analyse prozessualer Aspekte des Unterrichts gerichtete Forschungsinteresse. Die entsprechenden Projekte zielen nämlich nicht nur auf die Relation, in der die im Unterricht möglichst zu vereinbarenden, zunächst aber nicht ohne weiteres kompatiblen, teilweise gegensätzlichen Zielsetzungen in Schulklassen realisiert werden können, sondern auch darauf, welche Kontextbedingungen, Lehrer- und Unterrichtsmerkmale als positiv oder negativ zu bewertende Wirkungskonstellationen hinsichtlich des Ausgleichs von Leistungsunterschieden und der Leistungsentwicklung anzusehen sind.

Realisiert wurden hierzu Test-Retest-Designs, wobei für die Schulklasse als Analyseeinheit Veränderungen der Testscores (teilweise operationalisiert als um die Ersttestung und weitere Variablen wie etwa soziale Herkunft bereinigte Residuen) als Indikator für die Leistungsentwicklung, die Unterschiede zwischen den Streuungen der Werte aus der Ersttestung und der Zweittestung als Maß für die Streuungsentwicklung herangezogen wurden.

Aus entsprechenden dichotomen Kategorisierungen der Leistungsentwicklung und der Streuungsveränderung ließen sich vier Konstellationen der Zielerreichung ermitteln. Die durch optimale Entwicklungsverläufe (mit abnehmender Streuung und positiver Leistungsentwicklung) zu kennzeichnenden Klassen konnten dann regressions- bzw. diskriminanzanalytisch mit weiter erhobenen Merkmalen des Unterrichts in Beziehung gebracht werden.

Die Studie von Baumert et al. (1986) bezieht sich auf die Entwicklung an Gymnasien von Beginn bis zum Ende der 7. Klasse in den Fächern Deutsch, Englisch und Mathematik; die von Treiber & Weinert (1985) wie die von Helmke auf Hauptschulklassen von der 5. bis zur 6. Jahrgangsstufe im Fach Mathematik. Dabei ist die sogenannte Heidelberger Studie einer teilweise heftigen Methodenkritik unterzogen worden (Beck, Bromme, Heymann, Mannhaupt, Skrowronek & Treumann, 1988; Treumann & Beetz, 1988; Heymann, 1988).

Wenngleich eine Zusammenfassung der Untersuchungen und ihrer Ergebnisse nicht unproblematisch ist, zeigen sich doch - wenn auch unterschiedlich stark ausgeprägt - gemeinsame Ergebnistendenzen, die zunächst die zum 'mastery learning' formulierte Erfahrung der nur schwer zu realisierenden und aufrechtzuerhaltenden organisatorischen und curricularen Bedingungen entsprechender unterrichtlicher Modelle bestätigen.

Streuungsreduzierung und Leistungszuwachs stehen danach in einem prinzipiell gegenläufigen Zusammenhang, und in Mathematik, aber auch in Englisch überwiegt der Anteil von Klassen, in denen sich Leistungsunterschiede stärker ausprägten. Wo generell Streuungsminderungen feststellbar waren, gingen sie häufig auf gruppenspezifische Effekte zurück; so sanken Testwerte im oberen Leistungsbereich, ohne daß für die Schüler im unteren Leistungsbereich entsprechende Verbesserungen feststellbar gewesen wären (Baumert et al., 1986, S. 647).

Dennoch erscheint die gleichzeitige Verwirklichung beider Zielkomplexe nicht prinzipiell unmöglich: Helmke (1988, S. 60) gibt etwa 15 %, Baumert et al. (1989, S. 205) geben für Deutsch 30 %, für Englisch und Mathematik gleichfalls ca. 15 % der Klassen an, für die optimale Entwicklungsverläufe festgestellt werden konnten. Entsprechend wurden Merkmale des Unterrichts und des Lehrerverhaltens zuzuordnen und auch im Sinne von Typologien effektiven Lehrerverhaltens zu beschreiben gesucht (Helmke, 1988). Relativ übereinstimmend werden ein hohes Anspruchsniveau, ein hohes Niveau der Klarheit der unterrichtlichen Präsentation und ein hohes Maß an stofflicher Orientierung als unterrichtliche Merkmale genannt. Hier werden Parallelen zu den Befunden aus Forschungen zur effektiven Schule deutlich. Wechsel in den Sozialformen des Unterrichts sowie das unterrichtliche Monitoring der Schüler bei Beachtung der Mitarbeit schwächerer Schüler scheinen eher bei Hauptschulen, weniger bei Gymnasien Effekte im erwünschten Sinn zu zeitigen.

3.3.2.4.2 Wirkungen und pädagogische Qualität von Schule

Forschungen über die Wirkungen von Schulen hatten in England und den USA ab Mitte der 60er Jahre (Coleman & Campbell, 1966; Plowden Committee, 1967) in größerem Umfang begonnen. Die Ergebnisse dieser und anderer nachfolgender Untersuchungen (Jencks, Smith, Acland, Bane, Cohen, Gintis, Heyns & Michelson, 1972), vor allem die Feststellung, daß Schulen unterschiedliche Leistungsgruppen in vergleichbarer Weise fördern und daß Leistungsunterschiede insoweit eher durch den familiären Hintergrund als durch Eigenschaften der Schulen selbst zu erklären sind, wurde häufig zur Aussage vereinfacht, daß Schule nur wenig bewirken könne, obwohl gleichzeitig herausgestellt wurde, daß Schüler durch Schule viel lernen, Schule also durchaus beachtliche Wirkungen zeitigt. Die Auseinandersetzungen um diese Untersuchungen und ihre Ergebnisse wurden im deutschen Bereich von der Diskussion über die Schulreform und dem Interesse an Systemevaluation überlagert.

Mittlerweile wurden Untersuchungen dieser Ausrichtung - angestoßen vor allem durch die Studie von Rutter (1980) - unter dem Eindruck der in den Schulvergleichsuntersuchungen festgestellten System- und Schuleffekte aufgegriffen und rezipiert und den sich daraus ergebenden Fragen nach den das Erziehungs- und Unterrichtsgeschehen stärker beeinflussenden Faktoren nachgegangen. Ferner wurden Merkmale guter Schulen aufgezeigt (Fend, 1986; Haenisch, 1986; Steffens, 1986; Fend & Schroer, 1987) bzw. Elemente ihrer Struktur herausgearbeitet (Aurin, 1991b, S. 76 - 87). Teilweise parallel dazu wurden auch im deutschsprachigen Bereich Untersuchungen zur Qualität von Schulen oder damit in Zusammenhang stehender Aspekte durchgeführt, so z. B. zur Kooperation (Roeder & Schümer, 1986) oder zum des pädagogischen Konsens und Ethos von Lehrern (Aurin & Maurer, 1990).

Beim Versuch einer Gesamtbewertung der Forschungslage wird von nahezu allen Autoren immer wieder hervorgehoben, daß angesichts der Unterschiedlichkeit der Untersuchungsansätze eine überraschende Konsistenz der Ergebnisse besteht. Dabei sollte nicht verkannt werden, daß nicht zuletzt die Art, wie die Qualität oder "Effectiveness" von Schulen identifiziert wird, auf die ermittelte Unterschiedlichkeit der Schulwirksamkeit Einfluß hat und daß die anschließenden Analysen zu einem nicht unwesentlichen Teil auf eher freien, methodisch weniger strengen und standardisierten Verfahren beruhen.

Generell läßt sich sagen: Das Erscheinungsbild guter Schulen ist nicht uniform. Vielmehr verwirklichen sie auf der Grundlage ihrer spezifischen Situation ihre pädagogische Qualität in durchaus individueller Form. Lightfoot (1983) gelangt sogar zu dem Schluß, daß keine der von ihr als 'gut' charakterisierten Schulen sich in jeder Hinsicht als 'perfekt' erwies, jedoch das Bewußtsein der eigenen Mängel und das Bestreben, sie zu beheben, zu ihren wichtigsten Kennzeichen gehörten. Gleichwohl wird in allen Ergebnisanalysen durchgängig auf Faktoren hingewiesen, um die sich Merkmale guter Schulen kristallisieren. Sie zeigen sich in gemeinsam akzeptierten, klaren Zielvorstellungen, geteilten Werten und Überzeugungen (Konsens), in der dem Lernen beigemessenen Bedeutung, in entsprechenden Erwartungen an Schüler und in einem auf ihre Förderung sich günstig auswirkenden Klima. Neben diesen Merkmalen stellen Purkey und Smith (in Aurin, 1991b, S. 35 - 40), die die Forschungslage der USA auf diesem Gebiet zusammenfassen, als wichtige Variablen von "effective schools" im Organisationsbereich heraus: Leitung der Schule, unterrichtsbezogene Führung, stabiles Kollegium, gute Artikulation und angemessene Organisation des Curriculums, Weiterbildung des Kollegiums, Unterstützung der Schule durch die Eltern, Anerkennung von Leistungserfolgen, wirksam genutzte Unterrichtszeit, Unterstützung durch die Schulbehörde, - im Prozeßbereich: gemeinsame Planungen und kollegiale Beziehungen, Zusammengehörigkeitsgefühl, Ordnung und Disziplin.

Demnach erscheint die gute Schule als etwas besser Verständliches, zumindest Mögliches, wenn nicht gar Machbares. Auch wenn trotz aller Übereinstimmung über zentrale Faktoren schulischer Wirksamkeit für die Verbesserung kein Rezept angegeben werden kann, wird klar, daß äußere Gegebenheiten allgemein zwar den Rang von notwendigen, nicht aber den von hinreichenden Bedingungen haben können. So belegen Ergebnisse auch die Möglichkeit der Existenz guter Schulen unter vergleichsweise ungünstigen äußeren Bedingungen (Roeder, 1987).

Zugleich wird das Augenmerk von einer Vielzahl infrage kommender und schon immer bedeutsamer innerer Faktoren auf zentrale Aspekte gelenkt, und es wird möglich, hier auch Befunde aus anderen Untersuchungsbereichen, etwa über wirksame Klassen, einzuordnen. Auch wenn über Faktoren der Wirksamkeit von Schulen im fachlichen Bereich mehr bekannt ist als über solche, die auf das soziale Verhalten wirken, scheinen alle gefundenen Merkmale guter Schulen wechselweise miteinander verbunden und voneinander abhängig. Viele Autoren fühlen sich veranlaßt, auf der Grundlage der Ergebnisse vom Bewußtsein oder Geist einer Schule oder mit Rutter (1980) vom "Schulethos" zu sprechen. Das eine erscheint nicht möglich ohne das andere, und dies bringt durchaus auch Probleme für Versuche mit sich, die Erkenntnisse aus diesen Untersuchungen für eine Verbesserung der einzelnen Schulen umzusetzen. Ähnlich kann die zum Teil mangelnde kausale Interpretierbarkeit von Ergebnissen der Schuleffektforschung für den Schulpraktiker zu Schwierigkeiten führen. Beispielsweise kann die Aussage, daß die effektiv auf den Unterricht verwandte Zeit ein Indikator für schulische Qualität sei, auch bedeuten, daß eben dort, wo kaum oder wenig disziplinarische Schwierigkeiten bestehen, einfach weniger Zeit für Disziplinierungsmaßnahmen aufgewendet werden muß.

Von daher sind Beiträge zur Erhöhung der pädagogischen Wirksamkeit von Schulen erforderlich, die eine Bestandsaufnahme der jeweiligen schulischen Realität verbinden mit der Erarbeitung spezifischer Strategien der Optimierung von schulischen Strukturen und Prozessen. Die Verlagerung des Interesses auf die Kultur einer Schule ist nachvollziehbar und erscheint berechtigt; das bedeutet jedoch nicht, organisatorische Rahmenbedingungen und schulstrukturelle Aspekte außer acht zu lassen und sie für die Entwicklung der für wünschenswert angesehenen Schulkultur nicht in Rechnung zu setzen.

Das Konzept der Schulkultur bezieht sich stärker auf die Vorstellung von Schule als "Organismus" bzw. Handlungs- und Interaktionssystem mit vielfältigen Wechselwirkungen, der Möglichkeit der Anpassung und Kompensation der Funktion einzelner Komponenten durch andere. Vor allem in Verbindung mit ökologischen Betrachtungsweisen erscheint es angemessener als eine eher mechanistische Auffassung von Schule mit mehr oder weniger strengen kausalen Ursache-Wirkung-Beziehungen.

So muß einiges an Forschung noch geleistet werden, gerade auch im Hinblick auf die Schulwirkungsforschung und den Zusammenhang zwischen effektiver Schule und klassenbezogenen Ergebnissen. Die Erwartung allerdings wird unrealistisch sein, daß alles, was für die Wirksamkeit einer Schule relevant sein mag, letztlich in eindeutigen, empirisch gesicherten funktionalen Beziehungen beschrieben werden könne.

3.3.2.5 Untersuchungen zur Oberstufe des Gymnasiums

3.3.2.5.1 Reformziele und Schwerpunktaufgaben empirischer Forschung

Die reformierte oder **neue gymnasiale Oberstufe** (= NGO) wurde in einer Reihe von Modellversuchen bereits seit 1959 in Bayern (Kollegstufe) und in Rheinland-Pfalz (Mainzer Studienstufe) erprobt und dann 1972 von der KMK als Reformkonzept verabschiedet. Die Reform zielte auf die Vereinheitlichung des in sehr verschiedene Formen ausdifferenzierten Gymnasiums sowohl im Sinne einer Konzentration der Fächer als auch im Sinne der Erhaltung der relativen Einheit gymnasialer Allgemeinbildung ab; ferner sollte durch curriculare Maßnahmen die Einführung der Schüler in wissenschaftliche Denk- und Arbeitsformen verbessert und damit ihre Studierfähigkeit wirksamer gefördert werden. Eine entscheidende Rolle spielten neben der Absicherung des notwendigen Grades an Allgemeinbildung die Möglichkeiten der Schwerpunktbildung, die den individuellen Fähigkeiten und Interessen der Schüler, aber auch ihren Studien-, Berufs- und Lebensausrichtungen entgegenkommen sollten. Die damit intendierte Individualisierung der Bildungsbemühungen des einzelnen war ebenso auch aus Gründen der Chancengleichheit und optimaler individueller Förderung zentrales Reformmotiv.

Entsprechend der mit der Realisierung der NGO angestrebten komplexen Veränderungen stellten sich für die empirische Forschung unterschiedliche Fragen. Neben den Fördererfolgen der NGO war vor allem das Wahlverhalten der Schüler (bevorzugte Leistungsfächer und deren Studiengangrelevanz), ferner ihre Einstellungen und die der Lehrer zur NGO sowie Vergleiche der Leistungen von Abiturienten reformierter mit denen herkömmlicher Oberstufen (=HGO) wie auch das Studienverhalten beider Gruppen im Hinblick auf eingeschlagene Studiengänge bzw. Studienfachwechsel von Interesse. Damit waren Fragen hinsichtlich der Nutzung des Kurssystems der NGO und dessen Wirkungen verbunden, so der von Schülern subjektiv empfundenen Belastungen, des von ihnen erfahrenen Leistungs- und Konkurrenzdrucks und im Zusammenhang damit die Frage nach der Auswirkung externer Faktoren, insbesondere des Numerus Clausus. Angesichts der vielfältig zu treffenden Kurs- und Fächerwahlentscheidungen wie auch der damit verbundenen Probleme individueller Ausbildungs-, Studiengangs- und darüber hinaus der Berufs- und Lebensplanung wurden gleichfalls Aspekte der Beratung in die Untersuchungen einbezogen.

3.3.2.5.2 Forschungsansätze und Vorgehensweisen

Die Mehrzahl der empirischen Arbeiten zur NGO waren Querschnittsuntersuchungen, bei denen allerdings unterschiedliche Schwerpunkte gesetzt wurden. Auffällig ist, daß bei allen Untersuchungen bevorzugt Fragebogenerhebungen stattfanden und auch andere qualitative Verfahren (u. a. Interview, Gruppendiskussion, Fallstudie) verstärkt angewendet wurden. Die Bildungslebenslaufstudien (Giesen, Böhmeke, Effler, Hummer, Jansen, Kötter, Krämer, Rabenstein & Werner, 1981; Hummer, 1986) nehmen innerhalb der Arbeiten zur NGO insofern eine Sonderstellung ein, als mit diesem Forschungsansatz von vornherein auf mehr differentielle Fragestellungen abgezielt wurde und stärker für die Beratung bedeutsame pädagogisch-diagnostische Fragestellungen verfolgt wurden.

Ein eher begrenzter Teil der Untersuchungen zur NGO waren Längsschnittstudien mit Erhebungen meist zu Beginn der Oberstufe und gegen deren Ende (siehe dazu die vier in Tab. 3 aufgeführten, ferner Möller, Schmerl & Fröhlich, 1977). Ähnlich wie bei den anderen systemvergleichenden Untersuchungen kam es darauf an, zu überprüfen, inwieweit die mit der NGO verbundenen Ziele erreicht wurden, wobei allerdings die bereits erörterten Probleme (siehe Kap. 3.2.2.2) einer für empirische Zwecke geeigneten Zieloperationalisierung auftraten. So dienten als relativ globale, nicht unumstrittene Erfolgskriterien vor allem die erreichte Gesamtpunktzahl, erhöhte Abiturquoten und retrospektive Einschätzungen; zudem setzen sie die Kontrolle der Eingangsvoraussetzungen, entwicklungsbedeutsamer Persönlichkeitsmerkmale, die Repräsentativität der Stichproben wie auch die Berücksichtigung von Rahmenbedingungen (Landesspezifität der NGO/regionale Gegebenheiten) und - was meist weniger geschah - die Ermittlung der Einstellung der Oberstufenlehrer zur Reform und ihres Schulengagements voraus. Bei den stärker auf Zielerreichung und Wirkungen der NGO/HGO ausgerichteten Untersuchungen kam es unter anderem darauf an, Indikatoren des Wahlverhaltens sowie Einstellungen der Schüler zu den Zielen der Oberstufe, Einschätzungen ihrer emotionalen Befindlichkeit in der NGO, ihre Noten und auch Intelligenztestwerte mit entsprechenden Kriterien des späteren Studierverhaltens in Verbindung zu setzen und den Einfluß des Treatments "NGO" im Vergleich zu dem der herkömmlichen Oberstufen (HGO) zu erfassen. In der Regel wurden Variablen wie Geschlecht, soziale und regionale Herkunft, Bildungsabschluß der Eltern erfaßt und kontrolliert.

Bei den Oberstufenuntersuchungen spielte stärker noch als bei denen zur Orientierungsstufe und zur Gesamtschule das Geschlecht insofern eine Rolle, als von der mit der Schwerpunktbildung (Leistungskurse/Fächerkombinationen) und den Kurswahlen intendierten Individualisierung eine Reduktion der Auswirkungen geschlechtsspezifischer Rollen- und Erwartungsvorstellungen erhofft wurde.

Im Unterschied zu den Systemvergleichen des Sekundarbereichs I, die jeweils in einem Land durchgeführt worden waren, wurden bei einigen der Untersuchungen Oberstufen von zwei oder mehr Ländern erfaßt und als intervenierende Variable zusätzlich die "Landesspezifität der NGO" einbezogen und überprüft (Hummer, 1986) oder auch dieser bei der Auswertung im Sinne möglicher wechselseitiger Kontrastierung der Befunde Rechnung getragen (Eckerle, 1980). Da es sich um unterschiedliche Ausformungen ein und desselben Konzepts handelt, könnte man auch von Quasi-Varianten- oder **Intrasystemvergleichen** sprechen. Es erwies es sich ebenso als notwendig, den möglichen Einfluß der Faktoren "Jahrgangsunterschiede" und "Koedukation" zu berücksichtigen und ihn kovarianzanalytisch zu kontrollieren, um mögliche Konfundierungseffekte zu erfassen und gemessene Unterschiede nicht allein als Wirkung des Treatments "NGO" zu interpretieren.

Aufklärung von Wahl- und Entscheidungsprozessen: Bezüglich der Kurswahlen waren hinsichtlich der Zielintentionen der NGO die Frage nach dem Zusammenhang zwischen den in der NGO gewählten Leistungsfächern und dem später eingeschlagenen Studienfach (homologe Fächerwahl) von Interesse und ebenso die, inwieweit durch den vom NC (Numerus Clausus) ausgehenden Druck die Zielintentionen der NGO unterlaufen wurden. So galt dem Verlauf von Wahl und Entscheidungsprozessen und den dabei wirksamen Motiven die Aufmerksamkeit der Forschung. Arbeiten in dieser Richtung wurden relativ früh (Herbig, 1974) - sogar hinsichtlich der Kursthemenwahl eines Faches (Schlömerkemper, 1974) - unternommen, hierfür entscheidungstheoretische Konzepte herangezogen und mit ihrer Hilfe Fächerwahlmodelle entwickelt. Dies erfolgte zum Beispiel unter Rückgriff auf das SEU-Entscheidungsmodell (= subjective expected utility; Edwards, Lindmann & Philipps, 1965). Dem erarbeiteten Fächerwahlmodell wurden Erwartungen hinsichtlich des Nutzens der Fächer- bzw. Zweigwahl zugrundegelegt (Herbig, 1974, S. 46 - 70).

Ein etwas andersgeartetes theoretisches Modell wurde für die Ermittlung der Aussagen und Bewertungen von Lehrern herangezogen, die ihre unterrichtlichen Handlungsmöglichkeiten im Hinblick auf sechzehn charakteristische Aufgaben der Unterrichtsgestaltung in der Oberstufe einzuschätzen hatten (Eckerle, 1980, S. 100/101). Das zugrundegelegte Wert-Erwartungs-Theoriekonzept (Kraak & Lindenlaub, 1974, auch Eckerle & Kraak, 1981) geht gleichfalls von Folgeerwartungen und deren Bewertung aus; darüber hinaus bezieht es die Einschätzung der Realisierbarkeit der Handlungsmöglichkeiten ein, die aufgrund der Folgeerwartungen individuell bevorzugt werden (Eckerle, 1980, S. 81 - 114). Das gleiche theoretische Konzept und das auf ihm beruhende methodische Vorgehen fand dann bei Schülern der NGO im Hinblick auf den Handlungskomplex "Kurswahlen" Anwendung. Im Unterschied zu anderen Untersuchungen, Kurswahlen, die jedoch vor allem auf die Art der Wahl und die gewählten Fächer ausgerichtet waren, konnten mit Hilfe des skizzierten Vorgehens auch Aussagen darüber gewonnen werden, in welcher Weise Schüler und Lehrer die Folgen ihrer Wahlentscheidungen einschätzten und ob diese den Zielintentionen entsprachen, um deretwillen die NGO eingeführt worden war (Eckerle & Kraak, 1981, S. 28 - 42).

Da Wahlentscheidungen meist von mehreren miteinander verknüpften Motiven bestimmt sind, waren entsprechende differenzierte Methodenansätze aufschlußreicher; die erhoffte Bewertung des im gewählten Fach erzielbaren Leistungserfolgs, das Wissen um die eigenen Leistungsmöglichkeiten und Fähigkeiten, die Einschätzung der Schwierigkeiten eines Faches und die Leistungsmotivation scheinen hier von besonderer Bedeutung. Dabei ist die erreichbare Gesamtpunktzahl wohl als ein herausragendes Motiv, jedoch keineswegs als das allein leitende und auch nicht für alle Schüler als das dominierende anzusehen.

Auch hier wird eine Besonderheit der Untersuchungen zur NGO sichtbar: Im stärkeren Umfang als bei den zuvor erörterten systemvergleichenden Untersuchungen wurden als Kriterien für die gelungene Realisierung der Oberstufenreform Urteile und Einschätzungen von Schülern herangezogen. Das hatte wiederum auch seine Besonderheiten; differenzierte Analysen und auf unterschiedlichen Wegen gewonnene Aussagen von Oberstufenschülern zeigten, daß sie als aufgeweckte, über die öffentliche Diskussion von Schulproblemen durchaus informierte Gruppe anzusehen sind, die die Topoi öffentlicher Meinung gezielt zu reproduzieren wissen, jedoch dazu neigen, diese hinsichtlich des Verhaltens - z. B. was die "Jagd nach Punkten" betrifft - mehr Mitschülern als sich selbst zuzuschreiben (Schmied, 1982a).

Auswirkungen externer Einflüsse: Ein Teil der Untersuchungen zur NGO suchte die Auswirkungen externer Einflüsse, insbesondere des Numerus Clausus, mitzuerfassen; eine empirische Erhebung widmet sich vorwiegend dieser Fragestellung (Lähnemann, 1979). Als mögliche Indikatoren für die Auswirkungen solcher externer Einflüsse wurde das Überhandnehmen von Fächerwahl-Kombinationen angesehen, die nicht naturwissenschaftlicher bzw. fremdsprachlicher Art waren und in

Verbindung mit später dann erfolgter "nicht-homologer" Studienfachwahl standen. Eine andere Möglichkeit, die Auswirkungen des NC zu erfassen, bestand darin, Schüler ihre psychophysische Belastung und die erfahrene bzw. nicht erfahrene Konkurrenz und Rivalität einschätzen zu lassen. Ebenso wurden die Auswirkungen des NC, der für viele Absolventen der Oberstufe in der Zulassung zu einem von ihnen nicht gewünschten Studienfach führte und die vorläufige bzw. auch endgültige Zurückstellung eines früheren Berufswunsches zur Folge hatte, im Grad der Zufriedenheit mit dem Studium im "Ersatz- oder Ausweichfach" gesehen und zu erfassen versucht (Giesen et al., 1981, S. 81). Zwar wird der NC als zentraler Bezugspunkt der Schüleranstrengungen interpretiert, der Fächerwahl und Leistungsverhalten beeinflußt und sich schulklimatisch nachteilig auswirkt; er ist aber von mehr allgemeiner Bedeutung und nicht zum einzigen Maßstab schulischen Verhaltens geworden (Lähnemann, 1979). Andere Untersuchungen weisen darauf hin, daß der Zusammenhang zwischen der Absicht, ein NC-Fach studieren zu wollen, und dem erfahrenen Leistungsdruck vernachlässigbar gering ist (Schmied, 1982b); das heißt, daß der größere Teil der Schüler mit der NC-Problematik - allerdings jeder auf eigene Weise - zurechtkommt.

Schulklima und Befindlichkeit der Schüler: Unter schulklimatischen Aspekten war nicht zuletzt in Anbetracht der Tatsache, daß der Klassenverband in der NGO ab 12. Jahrgangsstufe, teilweise schon ab 2. Halbjahr der Klasse 11, nicht mehr bestand, Erhebungen über die Art des Lehrer-Schüler wie auch des Schüler-Schüler-Verhältnisses von Bedeutung. Darüber hinaus wurden generell Orientierungsprobleme und Konfliktsituationen, die sich für die Schüler der NGO ergaben, Gegenstand empirischer Untersuchungen; aus den ermittelten Befunden konnten Schlußfolgerungen für bessere und rechtzeitige Beratung und Betreuung wie auch eine den Problemen der neuen Oberstufe besser Rechnung tragende Ausbildung der Lehrer gezogen werden.

Entsprechend dem Forschungsinteresse und der Fragestellung wurden auch hier spezifisch qualitativ ausgerichtete Ansätze realisiert. So dienten zur Erfassung psychosozialer Merkmale wie des Selbstkonzepts und des Idealbildes von Oberstufenschülern hauptsächlich auf der Methode des semantischen Differentials beruhende Einschätzungsskalen, ferner Einzel- oder Gruppendiskussionen/-interviews (Jungkunz, 1980; Schmied, 1982b; Eilers, 1987). Im Rahmen eines größeren Projekts zur Ermittlung kognitiver Orientierungssysteme von Oberstufenschülern wurde unter den Aspekten des subjektiv erfahrenen Leistungsdrucks und Arbeitsaufwands differentiellen Fragestellungen nachgegangen und mit Hilfe des Extremgruppenvergleichs aufgezeigt, welche Gruppen von Schülern in der NGO hohen Leistungsdruck empfand, mit ihr stärker Schwierigkeiten hatte und für welche dies nicht zutraf. Sowohl in der Persönlichkeit der Schüler als auch mit der Struktur der NGO zusammenhängende Bedingungsfaktoren, nicht zuletzt auch gesellschaftlich vermittelte Einflüsse, wurden damit aufgezeigt (Schmied, 1982b).

Bewährung in der NGO und im nachfolgenden Studium: Hinsichtlich der Erfassung der Leistungsentwicklung von Schülern in der NGO und auch der HGO und ihrer Bewährung dort sowie im Hochschulstudium waren für empirische Untersuchungen, was die üblichen Leistungsmessungen und auch die Einstellungstests betrifft, aus zum Teil sehr verschiedenen Gründen Grenzen gesetzt. Nur in wenigen Untersuchungen wurden Tests wie z. B. der Test für akademische Befähigung (TAB) oder Studieneingangstests für ein bestimmtes Fach (Hitpaß, 1980; Krause & Reiners-Logothetidou, 1981) verwandt. Vor allem dienten die erreichten Abiturdurchschnittsnoten und später im Studium die Zwischenprüfung als Erfolgskriterium, was allerdings im Hinblick auf deren fachspezifisch unterschiedliche Form und das verschiedenartige Gewicht mit erheblichen Problemen verbunden war. Studiengangwechsel und auch Studienabbruch wurden als weitere Kriterien herangezogen.

Mit den schon angesprochenen Untersuchungen über Bildungslebensläufe sollte herausgefunden werden, unter welchen Bedingungen und Voraussetzungen Schüler unterschiedlichen Zugangs zur NGO diesen Bildungsabschnitt gestalteten, welchen Erfolg sie dabei hatten, ob überhaupt und welches Studium sie dann einschlugen, ob sie das Studienfach wechselten oder gar das Studium abbrachen und wie sie die NGO- bzw. HGO-Zeit retrospektiv einschätzten. Von Interesse waren dabei empirisch gesicherte Informationen über "die Bedeutung individueller Merkmale und institutioneller Bedingungen für Studien- und Berufserfolg" - nicht zuletzt im Hinblick auf Beratung (Giesen et al., 1981, S. 152). Zur Unterscheidung der Schülergruppen vergleichbarer Bildungslebensläufe und zur Überprüfung der Gruppenbildungen wurden Diskriminanzanalysen angewandt.

Die nachträgliche Einschätzung der gymnasialen Oberstufe aufgrund der im Studium gemachten Erfahrungen wurde bei einigen Längsschnittuntersuchungen analysiert. Die retrospektiv angelegte Studie von Hitpaß und Mitarbeitern stützt sich hauptsächlich darauf; durch sie wurden bei Studierenden des Abiturientenjahrgangs 1980 (ausnahmslos Absolventen der NGO) unter anderem Aussagen über zielrelevante Auswirkungen der Praxis der NGO und zur Gleichwertigkeit der in ihr angebotenen Fächer hinsichtlich der allgemeinen Hochschulreife erhoben. Allerdings war diese Untersuchung vor allem aufgrund der mit der Freiwilligkeit der Teilnahme gegebenen Verzerrungstendenzen wie auch der unterschiedlichen Bereitschaft der Hochschulen zur Mitarbeit unumgänglichen Einschränkungen der Repräsentativität der Stichprobe ausgesetzt (u. a. auch infolge der auf 35,2% erheblich reduzierten Rücklaufquote bei postalisch erfolgter Fragebogenerhebung). Daher stieß sie auf entsprechende Kritik (Ingenkamp, 1987); andererseits dürfte es mit beträchtlichen Schwierigkeiten verbunden sein, unter den jeweils gegebenen Rahmenbedingungen andersgeartete methodisch tragfähige Alternativen zu realisieren.

Aus der nachstehenden Übersicht, die allerdings nur eine Auswahl wichtiger Längsschnittstudien wiedergibt, gehen Kennzeichen und Untersuchungsschwerpunkte hervor.

Tab. 3: Kennzeichen von Untersuchungen zur gymnasialen Oberstufe

Autor Land Berichtsjahr	Alt-Stutterheim Bayern 1976	Kornadt Saarland 1978	Giesen et al. alle Länder 1981	Hummer alle Länder 1986	Hitpaß alle Länder 1985
Zeitraum der Untersuchung	1975	1970-75	1972-78	1973-80	1983
Anlage der Untersuchung	L u. Q (retrospektiv)	L (SV) L u. Q	L; Bildungs-lebenslauf	L(SV); Bildungs-lebenslauf	Retrospektive Analyse
Erfaßte Klasse oder Jahrgang	Abi. Jhg. 1972/73	Kl. 11, 12, 13 (z.T. 10)	Kl. 11, 12, 13 2./3.Uni.Sem.	Kl. 12 - 2./3.Uni.Sem.	Abi. Jhg. 1980
Berücksichtigte Faktoren		Intelligenz Noten Kl. 10 Elt.Schulbldg.	Schul.Werdegang Intelligenz Wissen	Schullaufbahn Intelligenz Wissen	
Schulleistungen	Abi.Ges.Qual.	Fachnoten Abi.Ges.Qual. Schulversagen	Fachnoten Abi.Ges.Qual.	Fachnoten Abi.Ges.Qual.	Abi.Ges.Qual.
Untersuchte Bereiche / Wirkungen der NGO	Schulsituation Leistungsthematik; Kurswahlen; Vor-/ Nachteile der NGO; Studieneinstellung	Kurswahlen Kreditsystem Schnellkurs-auswirkungen	Studienabsicht; Studienfach-wahl	Leistungsfach-wahlen u. Gründe; Erfolgsquoten bis zum Abitur	Auflösung Jg.-Kl.; Gründe für Kurswahlen; Gleichwertigkeit d. Fächer bzgl. Hoch-schulstudium; Fächerprofil Abi.
Erfaßte Persön-lichkeitsbereiche		Leistungsmotiv.; L.-Angst; Schul-zufriedenheit; Einstellg. zum Schulversuch; Unterrichts-interesse	Selbstkonzept; schul. Fähigkeiten; Interessen; Haltun-gen und Einstellun-gen zum Lernen; Pers.-Faktoren; Berufseinstellung	Interessen; Arbeits-haltung; Berufl. Wertorientierung; Pers. Test; Selbst-einschätzung; Fähigkeiten	
Studium: Erfaßte Ereignisse und Einstellungen	Studieneinstel-lung; Studienfach-wahl u. -wechsel		Studienabbruch; Studienfachwechsel; Erleben der Hoch-schulwelt	Studienfachwahl u. -einmündung; Ein-schätzung Schule u. wiss. propäd. Unter-richt; Erleben der Hochschulumwelt	Studienwahl u. -motivation; Studienverlauf u.-motivation

Anmerkung: L = Längsschnittstudie; Q = Querschnitt; SV = Systemvergleich

Resümee: Die Reform der gymnasialen Oberstufe stellt in mehrfacher Hinsicht einen bedeutenden Einschnitt in der Entwicklung der Gymnasien dar. Sie hat zu einem nicht minder starken Engagement der empirisch pädagogischen Forschung geführt, wie dieses in den beiden anderen wichtigen Bereichen der Sekundarstufe zu verzeichnen war. Obwohl über die Reform in der Öffentlichkeit vehement und kontrovers diskutiert wurde, waren die Untersuchungen zur NGO von der Öffentlichkeit weniger zur Kenntnis genommen und erörtert worden. Entsprechend der Besonderheiten und Funktionen dieses Bildungsabschnitts wurden sehr verschiedenartige Untersuchungsansätze mit zum Teil andersgearteten Methoden und Auswertungsformen entwickelt und realisiert, wobei eine zunehmende Einbeziehung qualitativer Methoden zu verzeichnen ist. Differentielle Ansätze wurden nur begrenzt verfolgt. Die methodischen Schwierigkeiten und Probleme, die generell für die Untersuchungen bestanden, konnten nicht überall angemessen gelöst werden, wodurch sich entsprechende Einschränkungen in ihrem Aussagewert ergaben. Trotz mancher Befunde, die die Problemzonen der neuen Oberstufe und die belastenden Auswirkungen auf Schüler aufzeigten, und einer damit verbundenen, teilweise ins Grundsätzliche gehenden Kritik, sprechen die Ergebnisse doch in der Gesamttendenz eher für die neue Oberstufe, auch wenn es in einigen ihrer Teilbereiche manches zu verbessern und weiterzuentwickeln gilt.

3.3.2.6 Untersuchungen zur Schulentwicklungsplanung, zum Schulwahlverhalten und zu Schullaufbahnanalysen sowie Meinungsbefragungen zur Einschätzung der Schulsituation

3.3.2.6.1 Mithilfe empirischer Forschung bei der Schulentwicklungsplanung

Im Hinblick auf den notwendig gewordenen Ausbau und die damit verbundene Expansion des Schulwesens engagierte sich die empirische erziehungswissenschaftliche Forschung einigenorts an der Schulentwicklungsplanung für Städte und auch Landkreise. Sowohl für die Errichtung neuer Schulen, die Erweiterung und den Ausbau bestehender als auch die Ermittlung neuer Standorte waren Prognosen über das jeweilige Schüleraufkommen und Analysen der Verkehrsverhältnisse im Hinblick auf die Beförderung von Schülern zu den einzelnen Schulen erforderlich. Dabei galt es, das veränderte Schulwahlverhalten der Eltern zu berücksichtigen und Analysen über die soziale Herkunft der Schüler von weiterführenden Schulen insbesondere in Ballungsräumen und in ländlichen Bereichen anzustellen (u. a. Ritter, 1971). Die Planungen zur Schulentwicklung waren zumeist mittelfristig angelegt und trugen den im Bereich der allgemeinbildenden Schulen ins Auge gefaßten strukturellen Änderungen Rechnung. Einzelne Projektgruppen sowohl von Universitäten als auch Landesinstituten und Universitäten angeschlossenen Instituten engagierten sich hier. Als Beispiele seien genannt die Schulentwicklungspläne für Essen (Rolff & Bargmann, 1972), für Osnabrück (Aurin & Rütters, 1973) und für den Kreis Borken (Hansen, Rolff & Klemm, 1978) wie auch die schulplanerischen

Arbeiten und Analysen des Münchner Staatsinstituts für Bildungsforschung und der Arbeitsgruppe Standortforschung an der Universität Hannover.

Konzeptionell wurde in den 70er Jahren von den Vorstellungen des "regional angemessenen differenzierten Schulangebots" und der "dezentralen Konzentration" von Schulen ausgegangen (d. h. keine Häufung von Schulen in Ober- und Mittelzentren, sondern Errichtung eher größerer Schuleinheiten, zwei- und mehrzügige Hauptschulen und Schulzentren in Unterzentren oder Mittelpunktgemeinden). Die empirisch fundierten schulplanerischen Entwicklungsarbeiten, in die zum Teil die Planungsbetroffenen einbezogen wurden (Aurin, 1974), trugen dazu bei, Disparitäten des bisherigen regionalen Schulangebots deutlich zu machen und für ihre Behebung durch entsprechende Planungsvorschläge, regional differenzierende Alternativen eingeschlossen, Anregungen zu geben.

Gegen Ende der 70er Jahre zeichneten sich nicht nur für die Schularten des Sekundarbereichs deutlich Veränderungen ab. Neben dem stetig zunehmenden Interesse der Bevölkerung an qualifizierten Abschlüssen gehörten dazu insbesondere der durch nachlassende Generativität bedingte Schülerrückgang und nicht zuletzt auch das Ansteigen der Anteile von Kindern und Jugendlichen aus Familien ausländischer Arbeitnehmer. Damit ergab sich für die empirischen Untersuchungen und Entwicklungsarbeiten in diesem Bereich notwendig eine andersgeartete Ausrichtung. Schwerpunktfragen waren, wie angesichts des regional sich sehr unterschiedlich auswirkenden Schülerrückgangs Schulstandorte erhalten und ein regional ausreichend differenziertes, pädagogisch leistungsfähiges Schulangebot gewährleistet werden könne, das die wichtigsten Schulabschlußmöglichkeiten enthält. Bei der planerischen Beantwortung dieser Frage wurde zunehmend qualitativen Gesichtspunkten (realisierter Fachunterricht, Wahlpflichtbereiche, Kursangebot, Arbeitsgemeinschaften, außerunterrichtliche Aktivitäten) Rechnung getragen (dazu Aurin & Raether, 1984; Brockmeyer & Hansen, 1984; Ritter, 1984).

3.3.2.6.2 Schulwahlverhalten, Schullaufbahnanalysen und Meinungserhebungen

Ein den Sekundarbereich I und zum Teil den Sekundarbereich II einschließlich die beruflichen Schulen umfassendes Untersuchungsfeld war im Zeitraum der letzten zwei Jahrzehnte die Analyse von Schullaufbahnen und Bildungsverläufen. Weniger wurde - im Unterschied zu den Untersuchungen zur Orientierungsstufe - prognostischen und Bewährungsfragen nachgegangen, vielmehr standen die Schülerbewegungen und ihre Veränderungen, die innerhalb des inzwischen zu einem "Gesamtsystem" weiterentwickelten Sekundarbereichs eingetreten waren, im Vordergrund. Allerdings ist die Anzahl empirischer Arbeiten hierzu weit geringer als die, welche zum Zwecke des Schulvergleichs und der Überprüfung neu eingeführter Konzepte von Schulstufen durchgeführt worden waren.

Von Universitäts- und insbesondere auch von Landesinstituten und einzelnen Wissenschaftlern durchgeführte Verlaufsanalysen sind Fragestellungen nachgegangen, wie dem Wandel des Schulwahl- und Schullaufbahnverhaltens von Schülern und Eltern (Bofinger 1982, 1985; Hansen, Rösner & Weißbach, 1986), der Verlagerung von Schülerströmen innerhalb des Sekundarbereichs von der Haupt- zur Realschule und von dieser zum Gymnasium. Das wurde gelegentlich auch als "Querverschiebung", mehr polemisch als "heimlicher Umbau" (Klemm & Rolff, 1988) bezeichnet. Im Kontext dieser Thematik wurde unter anderem die Frage der Durchlässigkeit innerhalb der Schulformen zu beantworten gesucht wie auch der Versuch einer Evaluation der Elternentscheidungen zur Schulformwahl unternommen (Kemnade, 1989). Alle diese Arbeiten erfolgten als Sekundäranalysen meist auf sehr breiter Datenbasis. In einigen Fällen wurden sie durch neue Erhebungen ergänzt; ebenso wurden für begrenzte Schulregionen Originalerhebungen durchgeführt, die von vornherein auf die speziellen Anliegen der Untersuchung ausgerichtet waren. Im Rahmen dieser Untersuchungen spielten differentielle Aspekte, wie z. B. das Schullaufbahnschicksal von Schülern aus der sozialen Grundschicht, von Mädchen, von ausländischen Schülern eine Rolle (Nowey, 1983) - oder auch die Frage nach den weiteren Bildungserfolgen von Haupt- und Realschulabsolventen und den sich dabei auswirkenden Faktoren (dazu u. a. Berghaus, 1979).

Ferner wurden Meinungstrends bei Eltern der Schüler des Sekundarbereichs untersucht. Die bundesweit repräsentativ angelegten Umfragen, die ab 1979 in zweijährigen Abständen durchgeführt wurden, beziehen sich vor allem auf Einstellungen der Eltern zu den Aufgaben der Schule, zu den einzelnen Schulformen und deren Bewertung, zu den von ihnen bevorzugten Abschlüssen, zur Ganztagsschule, zu Reformmaßnahmen sowie auf die Ermittlung von Aussagen zur Schulzufriedenheit. Zum Teil wurden die Fragestellungen variiert und erweitert bzw. entsprechend den Zeitentwicklungen neue aufgenommen (Rolff, Hansen, Klemm & Tillmann, 1980, 1984; Rolff, Klemm & Tillmann, 1982, 1986; Rolff, Klemm, Pfeiffer & Rösner 1988; Rolff, Bauer, Klemm & Pfeiffer, 1990). Bei den Umfragen wären Kontroll- oder auch alternative Fragestellungen, z. B. solche nach Bedingungen des Wahl und Entscheidungsverhaltens, angezeigt gewesen; andererseits sind Fragen in dieser Richtung bei Erhebungen generellen Charakters auch Grenzen gesetzt. Ein Problem dieser Erhebungen und auch eines Teils derer zur Schulwahl und zu Schullaufbahnverläufen sowie ihrer Interpretation besteht in der Verwendung von Sozialschichteinteilungen, mit denen die amtliche Statistik arbeitet, die aber nicht mehr der sozialen Realität mit ihren vielfältigen Veränderungen, Differenzierungen und Verschiebungen gerecht wird.

3.3.3 Bilanz

Den allgemeinbildenden weiterführenden Schulen galt in den letzten zweieinhalb Jahrzehnten aufgrund ihrer bildungs- und gesellschaftspolitischen Bedeutung verstärkt das bildungspolitische Interesse. Die Bedeutung des Sekundarbereichs ist durch seine Aufgaben begründet: Die Persönlichkeitsförderung junger Menschen und die Vermittlung des unumgänglichen Grades an Allgemeinbildung für künftige Lebensbewährung und für verantwortliche Mitwirkung an Lebendigerhaltung und Förderung von Kultur und leistungsfähiger humaner Arbeitswelt in einer demokratisch freiheitlichen Gesellschaft. So stellten sich der empirischen Forschung in diesem Zeitabschnitt im Eingangsbereich weiterführender Schulen, im Bereich des gegliederten Schul- und des Gesamtschulsystems und in der Neuen Gymnasialen Oberstufe wichtige Aufgaben. Erfahrungen, die in der Planung, Methodik und Auswertung bei Untersuchungen zur Orientierungsstufe und zur Differenzierung gewonnen wurden, kamen den Vergleichsstudien "Gesamtschul/gegliedertes Schulsystem" zugute. Die Untersuchungsaktivitäten im Sekundarbereich haben in jüngster Zeit nicht unbeträchtlich abgenommen, was nicht nur mit dem Nachlassen öffentlichen Interesses an den bisherigen Schwerpunkten der Sekundarschulentwicklung zusammenhängt.

Die Aufhellung der Wirkungen veränderter Schulsysteme und Schulformen sowie die Evaluation von Schulversuchen waren in den 70er Jahren und bis in die Mitte der 80er Jahre hinein eine herausragende Aufgabe empirischer Forschung. Damit waren zunehmend Differenzierungen von Untersuchungsplanungen, die Erarbeitung und Anwendung verfeinerter Untersuchungsmethoden und eine stärkere Verbindung von quantitativen mit qualitativen Verfahren verbunden.

Im Zuge gesellschaftlicher Veränderungen haben sich innerhalb des Sekundarbereichs Probleme und nachteilige Auswirkungen ergeben; diese wie auch die mit Reformprozessen verbundenen ungewollten Nebenwirkungen wurden durch die Reformkritik thematisiert. Entsprechend wurden im Verlauf der 70er Jahre die Fragestellungen erweitert und teilweise neue Schwerpunkte empirischer Forschung gebildet. Waren bis Mitte der 70er Jahre der regionale Ausbau von Schulen, die Schaffung eines leistungsfähigen Schulangebots und der Beitrag weiterentwickelter und neuer Schulformen und Schulstufen hierzu von Interesse, so richtete sich gegen Ende der 70er und Anfang der 80er Jahre die Aufmerksamkeit empirischer Forschung stärker auf Probleme der Erhaltung eines regional angemessenen und pädagogisch leistungsfähigen Schulangebots und damit verbunden stärker auf Fragen, wie die Qualität von Schulen zu fördern sei. Im Verlauf dieser Forschungsentwicklung hat sich ein verändertes Verständnis des sozialen Systems "Schule" herausgebildet, wozu die Analysen empirischer Befunde und ihre kritische Bewertung, aber auch die Ergebnisse aus der Schulforschung, vor allem angloamerikanischer Länder, beigetragen haben. Damit waren Verlagerungen des Interesses und der Aktivitäten empirischer Forschung verbunden. Die konkreten Handlungsebenen, die Schulklasse, die Persönlichkeit des Lehrers, die Frage nach der Lenkung und Steuerung der Schule sowie zentrale Faktoren wie Kooperation, Abstimmung, gemeinsame Zielausrichtung, Konsens, Schulethos und Schulengagement und damit zum Teil stärker qualitativ und kausalanalytisch ausgerichtete Untersuchungsansätze gewannen an Bedeutung.

Für eine generelle Einschätzung der "Trendentwicklung" empirischer Forschung kann aufgrund der im Sekundarbereich gemachten Erfahrungen folgendes herausgestellt werden:

Die kritische Seite der Bilanz: Angesichts der Vielzahl und Komplexität der Faktoren, von denen die pädagogische Leistungsfähigkeit der Schule, ihre Güte und auch ihre Weiterentwicklung abhängen, wie ebenso der Schwierigkeiten, die durch Probleme und Dilemmata des methodischen Zugangs bedingt waren, haben sich in Untersuchungsdesign und Methodik immer wieder Grenzen in der Erfassung von Wirkungszusammenhängen und damit Einschränkungen der Reichweite der Aussagen ergeben. - Wohl war die empirische Forschung dazu in der Lage, Bedingungsfaktoren von Systemwirkungen und deren Wechselbeziehungen und Gewicht aufzuzeigen und damit Wirkungszusammenhänge herauszustellen, aber es gelang ihr weniger, kausalanalytische Aussagen über Faktoren zu machen, auf denen letztlich Erfolg oder Nicht-Erfolg der Förderung durch ein Schulsystem oder eine einzelne Schule beruhen.

Ebenso war es methodisch nicht immer in zufriedenstellender Weise möglich, bei Untersuchungen von Schulen des Sekundarbereichs den oft auch unerwartet sich ergebenden Einflüssen des jeweiligen sozialen Umfeldes von Schulen wie auch des gesellschaftlichen Bereichs insgesamt Rechnung zu tragen.

Von daher hat die empirische Forschung sicherlich nicht allen Forderungen und Erwartungen entsprechen können, die hinsichtlich der Evaluation von Schulen und Schulversuchen sowie anderer Untersuchungsvorhaben an sie gerichtet worden waren. Zwar kann davon ausgegangen werden, daß die Befunde wissenschaftlicher Untersuchungen von den auftraggebenden oder diese genehmigenden staatlichen Instanzen zur Kenntnis genommen wurden und auch bei den Überlegungen zur Weiterführung und -entwicklung reformierter Systeme von Einfluß gewesen sind. Jedoch dürften darüber keine Zweifel bestehen, daß die grundsätzlichen Entscheidungen über Schulstufenreformen anhand übergeordneter bildungs- und gesellschaftspolitischer Kriterien und Zielintentionen getroffen wurden. Es ist anzunehmen, daß dabei die Entscheidungshilfe, die empirische Forschung durch ihre Aufklärungs- und Differenzierungsfunktion zu geben vermochte - wobei diese sich allerdings auf Entscheidungsabwägungen auch erschwerend ausgewirkt haben kann - eine eher begrenzte Rolle gespielt hat, was im Einzelfall zu überprüfen wäre.

Nicht immer ist es im Zuge der Planung und Realisierung von Untersuchungen im Sekundarbereich gelungen, bei den zuständigen Instanzen der Schulverwaltung, der Schulleitung und Vertretungen von Lehrer- und Elternschaft das notwendige Verständnis für die Erfordernisse empirischer pädagogischer Forschung wie auch für deren Grenzen und Aussagemöglichkeiten zu finden sowie Besorgnisse und Ängste abzubauen (u. a. auch solche, die mit dem Datenschutz zusammenhingen). Auch ist es aus unterschiedlichen Anlässen und Gründen heraus, nicht zuletzt auch aus bildungspolitisch bedingten, zu Spannungen und gelegentlich auch Kontroversen zwischen Auftraggebern und die Untersuchungen verantwortlich durchführenden Wissenschaftlern gekommen.

Bestimmten Fragen ist die empirische Forschung nicht nachgegangen, bzw. sie hat sie aus naheliegenden methodologischen und auch aus anderen Gründen nicht wahrnehmen können. So wurden z. B. Fragen nach den für reformierte Schulsysteme charakteristischen Unterrichtstreatments und deren Wirkungen nicht ausreichend verfolgt; Fragen nach Kriterien wissenschaftlicher Grundbildung, nach Grad und Umfang derselben, nach Formen wissenschaftsorientierten Unterrichts, nach der Didaktik der Leistung und Grundkurse in der NGO wurden nicht verfolgt - Bereiche, die zentral für Weiterentwicklungen gerade im Sekundarbereich waren.

Ferner waren der Forschung aufgrund ungünstiger Rahmenbedingungen wie auch zeitbedingter Erschwernisse in der Untersuchungsdurchführung (u. a. Datenerhebung, Befundsicherung und Auswertung) Grenzen gesetzt. - Für die Anwendung und Realisierung neuer Verfahren, z. B. rationellerer Testmodelle, wie sie in den U.S.A. seit einer Reihe von Jahren verwendet werden, waren die Möglichkeiten der Testentwicklung in den 70er Jahren eingeschränkt unter anderem aus Gründen vorerst unzureichender Möglichkeiten der EDV-Auswertung.

Sicherlich hätte innerhalb der einzelnen Projekt- oder Arbeitsgruppen, die ähnlichen oder gleichartigen Fragestellungen an Schulen des Sekundarbereichs nachgingen, der Informations- und Erfahrungsaustausch verbessert werden können, um hierdurch Anregungen für die jeweils eigenen Fragestellungen und Vorgehensweisen zu erhalten.

Mit den aufgeführten Punkten sind gewiß nicht alle im Verlauf der letzten zwei Jahrzehnte gemachten kritischen Erfahrungen angesprochen worden, wohl aber dürften die wichtigsten Problembereiche herausgestellt worden sein, mit denen sich die empirische Forschung auseinanderzusetzen hatte und die sie weiterhin herausfordern, nach Lösungen zu suchen.

Die positive Seite der Bilanz: Die empirische pädagogische Forschung hat Wirkungen und komplexe Wirkungszusammenhänge reformierter und in Veränderung befindlicher Schulsysteme aufgeklärt, damit zu deren differenzierterer Betrachtung und Einschätzung angeregt und durch ihre Befunde zur Versachlichung der Diskussion beigetragen. Dabei hat sie sich gesellschaftlich und bildungspolitisch wichtigen Fragen und Problemen gewidmet, Problem- und Belastungszonen herkömmlicher und reformierter Schulsysteme herausgestellt. Sie hat insgesamt die Variationsbreite der Umsetzung von Schulversuchen und Reformvorhaben deutlich gemacht; ebenso hat sie auf die Anstöße und Anregungen hingewiesen, die von den neuen reformierten Systemen auf die herkömmlichen und deren Weiterentwicklung ausgingen. Nicht zuletzt hat die empirische Forschung auf Gemeinsamkeiten unterschiedlich gestalteter Schulsysteme hingewiesen und im zunehmenden Maße aufgezeigt, welches gegenüber Organisation und Rahmenbedingungen die gewichtigeren

Faktoren sind, die Wirkungsweise und Erfolg von Schulsystemen maßgeblich beeinflussen (einzelne Schule, Lehrer, Schulleitung, innerschulische Kooperation).

Sie hat neue Forschungsentwicklungen herbeiführen und neue Forschungsschwerpunkte und -bereiche aufgebauen helfen, dabei gelernt und sich weiterentwickelt, - und sie hat zur Rezeption ausländischer empirischer Forschung entscheidend beigetragen und hierdurch Impulse für ihre eigenen Untersuchungen erhalten (Beispiel insbesondere die Effective School-Forschung).

Die empirische Forschung hat durch ihr Engagement im Sekundarbereich staatlicherseits eine nicht unbeträchtliche Förderung erfahren und sich im Zuge dieser Entwicklung an Hochschulen, überregionalen und Landesinstituten ausbauen und weiterentwickeln können. Sie hat ihre Untersuchungsvorhaben unter z. T. erschwerten Arbeits- und Forschungsbedingungen realisiert und dies mit beträchtlichen Anstrengungen und zusätzlichem Arbeitsaufwand unternommen.

3.3.4 Sich abzeichnende künftige Aufgaben und Perspektiven

Aufgrund der neuen Sicht und des gewandelten Verständnisses von "Schulsystem", das sich im Verlauf der letzten anderthalb Jahrzehnte ergeben hat, zeichneten sich bereits in den letzten Jahren Schwerpunktverlagerungen empirischer Forschung im Sekundarbereich ab. So gilt die Aufmerksamkeit empirischer Forschung künftig vermutlich verstärkt:

- Untersuchungen zur Qualität oder auch Güte von Schulen, deren Faktoren, Bedingungs- und Wirkungszusammenhängen. Hierbei werden vorausgehende theoretische Reflexionen und normative Analysen darüber unentbehrlich sein, was eine "gute Schule" ist, welche Zielvorstellungen sie verfolgen sollte und an welchen Kriterien ihre Qualität festzumachen ist.
- Angesichts der mit dem sozio-kulturellen Wandel verbundenen Veränderungen, die in den Schulen des Sekundarbereichs in den letzten Jahren eingetreten sind, wird die Evaluation von Modellversuchen weiterhin ein wichtiges Arbeitsfeld empirisch-pädagogischer Forschung bleiben. Hier wären die Evaluationen der Einführung informationstechnologischer Grundbildung, der Förderung von Mädchen insbesondere in naturwissenschaftlichen und technischen Fächern und Bildungsgängen zu nennen; ferner könnten Auswertungen über die Realisierung von Konzepten der "offenen" und der "stadtteilbezogenen Schule" im Hinblick auf Sozialisationseffekte und Auswirkungen im kognitiven Bereich interessante Aufschlüsse geben, nicht zuletzt auch hinsichtlich der Auswirkungen, die von einer besseren Vernetzung von Schule mit anderen Lebensbereichen erhofft werden.
- Bildungspolitisch wird die Evaluation von Modellversuchen, die die Formen der Kooperation von Haupt- und Realschulen sowie die partielle Integration

von allgemeiner und beruflicher Bildung zum Ziel haben, weiterhin von Bedeutung sein. Dazu dürften auch Entwicklungen in den neuen Ländern Anstoß geben.

- Schließlich werden im Hinblick auf die mit der Realisierung des gemeinsamen Binnenmarktes 1992 verbundene zunehmende europäische Integration Fragen des Fremdsprachenerwerbs, der Fremdsprachenfolge, vor allem auch des bilingualen Unterrichts und interkulturellen Lernens besondere Bedeutung erlangen.

- Im Hinblick auf die mit der deutschen Einigung sich abzeichnenden Probleme und möglichen Veränderungen im Sekundarbereich werden sowohl Modellversuche zur Verkürzung des gymnasialen Bildungsganges - einer z. Z. politisch kontrovers diskutierten Frage - Gegenstand empirischer Forschung werden können als auch solche zur Differenzierung im Sekundarbereich I (Kl. 7 bis 10) und im Eingangs- bzw. Orientierungsbereich der Schulsysteme der neuen Länder (Kl. 5/6 bzw. 7/8). Damit könnte generell die Frage der Erarbeitung und Evaluation von Differenzierungskonzepten verbunden sein, die der vermutlich weiterhin zunehmenden Anzahl der Übergänge in Gymnasien, der damit gegebenen größeren Heterogenität der Schülerschaft und den damit zusammenhängenden Förderproblemen in angemessener Form Rechnung tragen.

- Je nach Land und dessen bildungspolitischen Präferenzen sind unterschiedlich gestaltete Bildungsgangsysteme und in verschiedenartigem Umfang nebeneinander bestehende Systeme (gegliedert/kooperativ/integriert) zu verzeichnen. Daher werden die Ermittlung von Veränderungen im Schulwahl und Bildungsverhalten innerhalb unterschiedlicher "Schullandschaften" (=verschiedenartig differenzierte und ausgestaltete Sekundarschulsysteme der einzelnen Länder) und Analysen dazu weiterhin wichtiges Aufgabengebiet empirischer Forschung bleiben, insbesondere auch hinsichtlich des Bildungsverlaufs und Schulschicksals spezieller Schülergruppen wie z. B. Schüler aus der sozialen Grundschicht, Hauptschüler, Mädchen. Nicht zuletzt bietet sich im Zusammenhang damit wie auch insbesondere im Hinblick auf den Prozeß der europäischen Integration an, Systemanalysen vor allem auch zur Identifizierung von Übergangsproblemen bei Wechsel vom einen nationalen Schulsystem in das andere durchzuführen und sich ebenso der schwierigen Frage der Ermittlung von Äquivalenzen bzw. Unterschieden in den Schulabschlüssen vergleichbarer Bildungsgänge auch von empirischer Seite aus anzunehmen.

Bei den angesprochenen Aufgaben wird die empirisch-pädagogische Forschung teils auf die bereits vorhandenen Untersuchungsansätze, Methoden und Auswertungsverfahren zurückgreifen können, teils neue entwickeln und erproben müssen. Sie wird dabei aber auch die kritischen Erfahrungen, die in den zurückliegenden zwei Jahrzehnten gemacht worden sind, zu berücksichtigen haben und sollte sich sowohl der Grenzen der eigenen Möglichkeiten bewußt sein als auch im Interesse der Weiterentwicklung der Schulen und der Verbesserung ihrer Qualität immer wieder versuchen, neue tragfähige Forschungsansätze und problemangemessene Lösungen zu erarbeiten.

3.3.5 Literatur

Alt-Stutterheim, W. v. (1976). Studieneinstellung ehemaliger Kollegiaten. Begleituntersuchung zur Kollegstufe. München: Staatsinstitut für Schulpädagogik.

Alt-Stutterheim, W. v. (1980). Die Kollegstufe im Urteil von Kollegiaten. Eine Befragung zur neugestalteten gymnasialen Oberstufe. München: Ehrenwirth.

Aurin, K. (1966). Ermittlung und Erschließung von Begabungen im ländlichen Raum. Kultusministerium Baden-Württemberg. Schriftenreihe A. Nr. 2. Villingen: Neckar.

Aurin, K. (1974). Mitwirkung planungsbetroffener Gruppen bei regionaler Bildungsplanung. In Akademie für Raumforschung und Landesplanung (Hrsg.), Forschungs- und Sitzungsberichte. Bd. 93 (S.9-26). Hannover: Vincentz.

Aurin, K. (Hrsg.). (1987). Schulvergleich in der Diskussion. Stuttgart: Klett.

Aurin, K. (1991a). Gesamtschule. In L. Roth (Hrsg.), Pädagogik. Handbuch für Studium und Praxis (S.395-406). München: Ehrenwirth.

Aurin, K. (Hrsg.). (1991b). Gute Schulen - worauf beruht ihre Wirksamkeit? (2. Aufl.). Bad Heilbrunn: Klinkhardt.

Aurin, K. und Mitarbeiter (1968). Gleiche Chancen im Bildungsgang - Bericht der Bildungsberatungsstellen von Baden-Württemberg über Begabung und Schuleignung in ländlichen Gebieten. Kultusministerium Baden-Württemberg. Schriftenreihe A. Nr. 9. Villingen: Neckar.

Aurin, K. & Maurer, M. (1990). Das Lehrerethos bedarf der Aufhellung durch empirisch-analytische Studien. Die Deutsche Schule, 82, 30-36.

Aurin, K. & Raether, W. (1984). Probleme der Erhaltung eines differenzierten und pädagogisch leistungsfähigen Schulangebots bei Rückgang der Geburten und anderen Veränderungen. In Akademie für Raumforschung und Landesplanung (Hrsg.), Forschungs- und Sitzungsberichte. Bd. 150 (S.55-87). Hannover: Vincentz.

Aurin, K. & Rütters, K. (1973). Schulentwicklungsplanung für eine Stadtregion. Modell: Osnabrück. Osnabrück: Fromm.

Aurin, K. & Stolz, G. E. (1990). Erfahrungen aus der Aufarbeitung von Evaluationsvorhaben am Beispiel der Projektgruppe "Gesamtschule" der Bund-Länder-Kommission für Bildungsplanung und Forschungsförderung. Zeitschrift für Pädagogische Psychologie, 4, 269-282.

Aurin, K., Schwarz, B. & Thiel, R. D. (1986a). Gegliedertes Schulsystem und Gesamtschule. In Land Baden-Württemberg (Hrsg.), Vergleichsuntersuchung. Bd. 1: Forschungskonzept und Methoden. Freudenstadt-Grüntal: Verlag und Druck.

Aurin, K., Schwarz, B. & Thiel, R. D. (1986b). Gegliedertes Schulsystem und Gesamtschule. In Land Baden-Württemberg (Hrsg.), Vergleichsuntersuchung. Bd. 2: Unterrichtserfolge und Förderwirkungen. Freudenstadt-Grüntal: Verlag und Druck.

Bauer, K. O. (1980). Erziehungsbedingungen von Sekundarschulen. Weinheim: Beltz.

Baumert, J. & Raschert, J. (1983). Gesamtschule. In J. Zimmer (Hrsg.), Enzyklopädie Erziehungswissenschaft. Bd. 6 (S.228-269). Stuttgart: Klett-Cotta.

Baumert, J., Roeder, P. M., Sang, F. & Schmitz, B. (1986). Leistungsentwicklung und Ausgleich von Leistungsunterschieden in Gymnasialklassen. Zeitschrift für Pädagogik, 32, 639-660.

Baumert, J., Schmitz, B., Roeder, P. M. & Sang, F. (1989). Zur Optimierung von Leistungförderung und Chancenausgleich in Schulklassen. Explorative Untersuchung mittels HYPAG. Zeitschrift für Entwicklungspsychologie und Pädagogische Psychologie, 21, 201-222.

Beck, M., Bromme, R., Heymann, H. W., Mannhaupt, G., Skowronek, H. & Treumann, K. (1988). Chancenausgleich: Ideologie und Empirie. Eine Antwort auf Weinert. Zeitschrift für Pädagogische Psychologie, 2, 173-178.

Berghaus, H. C. (1979). Hauptschüler mit Fachoberschulreife. Frankfurt/M.: Lang.

Bernhardt, M., Böttger, M., Holst, H. D. v., Kaczenski, G. & Weigelt, K. G. (1974). Soziales Lernen in der Gesamtschule. München: Juventa.

Bethäuser, H. (1975). Probleme der Orientierungsstufe. Bildungsberatung. Kultusministerium Baden-Württemberg. Reihe A. Nr. 29 (S.208-235). Villingen: Neckar.

Bofinger, J. (1982). Wandel des Schullaufbahnverhaltens im gegliederten Schulwesen Bayerns. München: Ehrenwirth.

Bofinger, J. (1985). Tendenzen des Bildungsverhaltens - Schulwahl und Schullaufbahnen im gegliederten Schulwesen Bayerns von 1974/75 bis 1982/83. München: Ehrenwirth.

Brockmeyer, R. & Hansen, R. (1984). Entstehung, Erhaltung und Erweiterung der schulischen Versorgung in der Sekundarstufe I. Eine Regionalstudie in Nordrhein-Westfalen. In Akademie für Raumforschung und Landesplanung (Hrsg.), Forschungs- und Sitzungsberichte. Bd. 150 (S.25-54). Hannover: Vincentz.

Bühlow, G., Clemens, W., Müller, G., Preuss-Lausitz, U. & Weißbach, H. J. (1977). Integration und Selektion in der Gesamtschule. Soziale Erfahrungen von Gesamtschülern. Teil 2. Weinheim: Beltz.

Bund-Länder-Kommission für Bildungsplanung und Forschungsförderung (1983). Modellversuche mit Gesamtschulen. Auswertungsbericht der Projektgruppe Gesamtschule. Bühl: Konkordia.

Bund-Länder-Kommission für Bildungsplanung und Forschungsförderung (1990). In Veröffentlichungen der Bund-Länder-Kommission (Hrsg.), Jahresbericht 1990 (S.55-62). Bonn: Bund-Länder-Kommission.

Campbell, D. T. & Stanley, J. C. (1970). Experimentelle und quasi-experimentelle Anordnungen in der Unterrichtsforschung. In K. Ingenkamp (Hrsg.), Handbuch der Unterrichtsforschung. Bd. 1 (S.451-631). Weinheim: Beltz.

Coleman, J. S. & Campbell E. Q. (1966). Equality of Educational Opportunity. Washington D. C.: US-Government Printing Office.

Dittmar, W. (1979). Differenzierungserfolg im Gesamtschulsystem. Unveröff. Diss., Hannover.

Eckerle, G. (1980). Zur Bildungstheorie der neugestalteten gymnasialen Oberstufe. Bd. 1: Die Sicht der Lehrer. Weinheim: Beltz.

Eckerle, G. & Kraak, B. (1981). Zur Bildungstheorie der neugestalteten Oberstufe. Bd. 2: Die Sicht der Schüler. Weinheim: Beltz.

Eckes, K. & Haenisch, H. (1979). Schulversuch gemeinsame Orientierungsstufe. Mainz: Hase & Köhler.

Edwards, W., Lindmann, H. & Phillips, L. D. (1965). Emerging Technologies for Making Decisions. In F. Barron & W. C. Dement (Eds.), New Directions in Psychology II (S.259-325). New York: Holt, Rinehart and Winston.

Eigler, G., Schönwälder, H. G., Straka, G. & Strittmater P. (1971). Wissenschaftliche Begleituntersuchungen an Modellschulen. Bildung in neuer Sicht. Kultusministerium Baden-Württemberg. Schriftenreihe A. Nr. 23. Villingen: Neckar.

Eilers, R. (1987). Schullaufbahn und Selbstkonzept. Zeitschrift für Pädagogik, 33, 247-266.

Fend, H. (1982). Gesamtschule im Vergleich - Bilanz der Ergebnisse des Gesamtschulversuchs. Weinheim: Beltz.

Fend, H. (1986). Was ist eine gute Schule? Westermanns Pädagogische Beiträge, 38, 8-12.

Fend, H. & Klaghofer, R. (1980). Durchlässigkeit und Chancengleichheit in unterschiedlichen Schulsystemen, dargestellt am Beispiel des Flächenversuchs Wetzlar. Zeitschrift für Pädagogik, 26, 653-672.

Fend, H. & Schröer, S. (1987). Das individuelle Profil guter Schulen - Fallstudien Wolfsburg und Hannover-Linden. In U. Steffens & T. Bargel (Hrsg.), Fallstudien zur Qualität von Schule. Bd. 2 (S.49-85). Wiesbaden: Hessisches Institut für Bildungsplanung und Schulentwicklung.

Gänsslen, H. & Schubö, W. (1976). Einfache und komplexe statistische Analyse. München: Reinhardt.

Geipel, R. (1965). Sozialräumliche Strukturen des Bildungswesens. Frankfurt/M.: Diesterweg.

Geißler, E., Kreuzer, R. & Rang, A. (1967). Fördern und Auslesen - Eine Untersuchung an hessischen Schulen mit Förderstufe. Frankfurt/M.: Diesterweg.

Giesen, H., Böhmeke, W., Effler, M., Hummer, A., Jansen, R., Kötter, B., Krämer, H. J., Rabenstein, E. & Werner, R. R. (1981). Vom Schüler zum Studenten. Bildungslebensläufe im Längsschnitt. München: Reinhardt.

Giesen, H., Gold, A., Hummer, A. & Jansen, R. (1986). Prognose des Studienerfolgs. Ergebnisse einer Längsschnittuntersuchung. Institut für Pädagogische Psychologie, Arbeitsgruppe Bildungslebensläufe. Frankfurt/M.: Universität.

Götz, H. (1963). Leistung und Auslese im Vergleich mit traditionellen Schulen. In H. Roth (Hrsg.), Die förderstufenähnlichen Schulversuche in Hessen (S.191-288). Hannover: Schroedel.

Grunwald, M. & Ziegenspeck, J. (1977). Empirischer Leistungsvergleich zwischen Orientierungsstufenschülern und Schülern der Hauptschule, der Realschule und des Gymnasiums (Klasse 5 und 6). Teil I. Lüneburg: Heinrich-Heine-Buchhandlung.

Gurland, M. (1959). Zur Frage der Sitzenbleiber. Stuttgart: Landesanstalt für Erziehung und Unterricht.

Haenisch, H. (1986). Gute und schlechte Schulen im Spiegel der empirischen Schulforschung. Westermanns Pädagogische Beiträge, 38 (7/8), 19-23.

Haenisch, H. & Lukesch, H. (1980). Ist die Gesamtschule besser? München: Urban & Schwarzenberg.

Hanisch, G. (1988). Integrierte Gesamtschule - eine Bilanz. Wien: Jugend und Volk.

Hansen, G., Rolff, H. G. & Klemm, J. (1978). Schulentwicklungsplan des Kreises Borken. Kreis Borken (Hrsg.). Borken.

Hansen, G., Rösner, E. & Weißbach, B. (1986). Der Übergang in die Sekundarstufe I. In H. G. Rolff, K. Klemm & K. J. Tillmann (Hrsg.), Jahrbuch der Schulentwicklung. Bd. 4 (S.70-101). Weinheim: Beltz.

Helmke, A. (1988). Leistungssteigerung und Ausgleich von Leistungsunterschieden in Schulklassen: unvereinbare Ziele? Zeitschrift für Entwicklungspsychologie und Pädagogische Psychologie, 20, 45-76.

Herbig, M. (1974). Differenzierung durch Fächerwahl. Eine empirische Untersuchung zum Entscheidungsverhalten bei der Wahl des Oberstufenzweiges. Düsseldorf: Schwann.

Hermann, U. U. (1975). Soziale Integration und Leistungsdifferenzierung. Weinheim: Beltz.

Heymann, H. W.(1988). Zur Operationalisierung wichtiger Variablen in der Arbeit von Treiber und Weinert "Gute Schulleistung für alle?" Arbeiten zur empirischen Pädagogik. Nr. 4, Teil 2. Bielefeld: Universität.

Hitpaß, J. (1963). Bericht über eine 6jährige Bewährungskontrolle von Aufnahmeprüfung und Testprüfung. Schule und Psychologie, 10, 211-218.

Hitpaß, J. (1980). Gesamtschule oder Gymnasium. Ein Leistungsvergleich ihrer Abiturienten. Stuttgart: Bonn aktuell.

Hitpaß, J. (1985). Reformierte Oberstufe - besser als ihr Ruf? Beiträge zur Pädagogik. Bd. 4. Sankt Augustin: Richarz.

Hopf, D. (1976). Differenzierung in der Schule. Stuttgart: Klett.

Horn, S. & Kopka, H. (1975). Dokumentation eines Modellversuchs zur flexiblen Differenzierung in Mathematik an der IGS Gießen-Ost. Projekt Leistungsmessung in Gesamtschulen. Heft 5. Frankfurt/M.: Universität.

Hummer, A. (1986). Auswirkungen der neugestalteten gymnasialen Oberstufe auf Schüler und Studenten. Eine Längsschnittstudie. Baden-Baden: Nomos.

Ingenkamp, K. (1963). Pädagogisch-psychologische Untersuchungen zum Übergang auf weiterführende Schulen. Weinheim: Beltz.

Ingenkamp, K. (1987). Reden um den Faktenbrei. Deutsche Universitätszeitung, 43, 14-17.

Ingenkamp, K. & Schreiber, H. (1985). Neue Methoden und Ergebnisse überregionaler Untersuchungen schulischer Lernerfolge in England und den USA. In K. Aurin & B. Schwarz (Hrsg.), Die Erforschung pädagogischer Wirkungsfelder (S.223 -238). Freiburg: Universität.

Jacob, N. & Kurz, G. (1977). Auswirkungen der neugestalteten gymnasialen Oberstufe auf die Einschätzung des Lernverhaltens und der Sozialbeziehungen durch die Schüler. Zeitschrift für Pädagogik, 23, 211-220.

Jencks, C., Smith, M., Acland, H., Bane, M. J., Cohen, D., Gintis, H., Heyns, B. & Michelson, S. (1972). Inequality: A Reassement of the Effect of Family and Schooling in America. New York: Basic Books.

Jungkunz, D. (1980). Orientierungsprobleme und Konfliktsituationen von Schülern der reformierten gymnasialen Oberstufe. Eine empirische Untersuchung. Bad Honnef: Bock und Herrchen.

Jürgens, E. (1983). Der Schülerbeobachtungsbogen in der Orientierungsstufe. Frankfurt/M.: Lang.

Jürgens, E. (1989). Die Orientierungsstufe im Urteil von Eltern und Lehrern. Frankfurt/M.: Haag u. Herchem.

Kemnade, I. (1989). Schullaufbahnen und Durchlässigkeit in der Sekundarstufe I: empirische Untersuchungen von Schülerkarrieren in der Stadt Bremen. Frankfurt/M.: Lang.

Klafki, W. & Stoecker, H. (1985). Innere Differenzierung des Unterrichtes. In W. Klafki (Hrsg.), Neue Studien zur Bildungstheorie und Didaktik (S.119-154). Weinheim: Beltz.

Klemm, K., Pfundtner, R. & Stößel, U. (1978). Orientierungsstufe im Flächenversuch. Weinheim: Beltz.

Klemm, K. & Rolff, H. G. (1988). Der heimliche Umbau der Sekundarstufe. In H. G. Rolff, K. Klemm, H. Pfeiffer & E. Rösner (Hrsg.), Jahrbuch der Schulentwicklung. Bd. 5 (S.75-101). Weinheim: Juventa.

Knapp, A. (1978). Der Einfluß der Fachleistungsdifferenzierung auf Persönlichkeitsveränderungen von Schülern im sozialen und emotionalen Bereich. Psychologie in Erziehung und Unterricht, 25, 306-314.

Kornadt, H. J. (1978). Zur Evaluierungsuntersuchung zum Schulversuch Oberstufe Saar. Abschlußbericht über die wissenschaftliche Begleituntersuchung zum Schulversuch Oberstufe Saar 1970-77. Saarbrücken: Universität.

Kraak, B & Lindenlaub, S. (1974). Entwurf einer Handlungs - Entscheidungs - Theorie. Mitteilungen und Nachrichten des Deutschen Instituts für Internationale Pädagogische Forschung, 75-76, 93-105.

Krause, F. & Reiners-Logothetidou, A. (1981). Kenntnisse und Fähigkeiten naturwissenschaftlich orientierter Studienanfänger in Physik und Mathematik. Ergebnisse des bundesweiten Studieneingangstests Physik. Bonn: Universität.

Krecker, L., Ditton, H. & Schneider, H. (1986). Gesamtschule und Gegliedertes Schulwesen. Abschlußvergleich und Längsschnittstudie. Mainz: Hase & Köhler.

Krecker, L., Nöth, W. & Völker, U. (1983). Schulversuche mit integrierten Gesamtschulen in Rheinland-Pfalz, Bericht über die koordinierte Auswertung einer vergleichenden Schuluntersuchung. Mainz: Hase & Köhler.

Kursch, R., Meyer, H., Tiede, R., Tiede, H. & Ziegenspeck, J. (1975). Fachleistungskurse und soziale Integration in der Orientierungsstufe. Die Deutsche Schule, 67, 751-763.

Lähnemann, M. (1979). Schüler vor dem Abitur. Ergebnisse aus einer empirischen Untersuchung zu den Auswirkungen des Numerus Clausus auf die gymnasiale Oberstufe. Die Deutsche Schule, 71, 636-651.

Lightfoot, S. L. (1983). The Good High School - Portraits of Character and Culture. New York: Basic Books.

Lukesch, H. (1985). Die Leistungsfähigkeit unterschiedlicher Schulsysteme. Eine kritische Würdigung der rheinland-pfälzischen Evaluationsstudien über Schulversuche mit integrierten und kooperativen Gesamtschulen. Zeitschrift für Sozialisationsforschung und Erziehungssoziologie, 5, 325-335.

Lukesch, H., Dreher, E. & Schuppe, H. (1979). Gesamtschule und dreigliedriges Schulsystem in Nordrhein-Westfalen. Chancengleichheit und Offenheit der Bildungswege. Paderborn: Schöningh.

Mitter, W. & Weishaupt, H. (1979). Strategien und Organisationsformen der Begleitforschung. Vier Fallstudien. Köln: Böhlem.

Mitter, W. & Weishaupt, H. (Hrsg.). (1981). Pädagogische Begleitforschung, Erfahrungen und Perspektiven. GFPF-Materialien. Nr. 12. Frankfurt/M.: Gesellschaft zur Förderung Pädagogischer Forschung.

Möller, I., Schmerl, C., & Fröhlich, W. D. (1977). Einstellungen von Schülern zur Mainzer Studienstufe. Berichte der Projektgruppe 17. Mainz: Kultusministerium Rheinland-Pfalz.

Müller-Wolf, E., Grunwald, M., Müller-Wolf, K. U. & Ziegenspeck, J. (1979). Empirischer Leistungsvergleich zwischen Orientierungsstufenschülern und Schülern der Hauptschule, der Realschule und des Gymnasiums (Klasse 5 und 6). Teil II. Lüneburg: Heinrich-Heine-Buchhandlung.

Niedersächsischer Kultusminister (1984). Schullaufbahnempfehlung und Schulerfolg. Hannover.

Nowey, W. (1983). Zuzug von ausländischen Schülern, ausländische Seiteneinsteiger in bayerischen Grundschulen, Hauptschulen und Sondervolksschulen. München: Ehrenwirth.

Peisert, H. (1967). Soziale Lage und Bildungschancen in Deutschland. München: Piper.

Peisert, H. & Dahrendorf, R. (1967). Der vorzeitige Abgang vom Gymnasium. Kultusministerium Baden-Württemberg. Schriftenreihe A. Bd. 6. Villingen: Neckar.

Plowden-Committee (1967). Children and their Primary Schools - a Review. Elementary School Journal, 427-452.

Raschert, J. (1974). Gesamtschule - ein gesellschaftliches Experiment. Stuttgart: Klett.

Reichenbecher, H. (1975). Bildungsempfehlung und Schulerfolg. Kultusministerium Baden-Württemberg. Schriftenreihe A. Nr. 29 (S.120-141). Villingen: Neckar.

Ritter, R. (1971). Schulsystem und Sozialstruktur. Eine Erhebung in 12 bayerischen Landkreisen. München: Ehrenwirth.

Ritter, R. (1984). Gegliedertes Schulwesen und alternative Organisationsformen. In Akademie für Raumforschung und Landesplanung (Hrsg.), Forschungs- und Sitzungsberichte. Bd. 15 (S.89-110). Hannover: Vincentz.

Roeder, P. M. (1987). Gute Schulen unter schlechten Rahmenbedingungen - Fallstudien an Berliner Hauptschulen. Qualität von Schule, 1, 81-103. Wiesbaden: Hessisches Institut für Bildungsplanung und Schulentwicklung.

Roeder, P. M. (1989). Bildungsreform und Bildungsforschung: Das Beispiel der gymnasialen Oberstufe. Empirische Pädagogik, 3, 119-142.

Roeder, P. M. & Schümer, G. (1986). Kommunikation und Kooperation von Lehrern. Beiträge aus dem Forschungsbereich Schule und Unterricht. Nr. 14. Berlin: Max-Planck-Institut für Bildungsforschung.

Rolff, H. G. & Bargmann, H. J. (1972). Struktur- und Entwicklungsplan für das Essener Schulwesen für die Jahre 1972 -1985. In Stadt Essen (Hrsg.), Untersuchungen zur Stadtentwicklung. Bd. 4. Essen.

Rolff, H. G., Hansen, G., Klemm, K. & Tillmann, K. J. (Hrsg.). (1980). Jahrbuch der Schulentwicklung. Bd. 1. Weinheim: Beltz.

Rolff, H. G., Klemm, K. & Tillmann, K. J. (Hrsg.). (1982). Jahrbuch der Schulentwicklung. Bd. 2. Weinheim: Beltz.

Rolff, H. G., Hansen, G., Klemm, K. & Tillmann, K. J. (Hrsg.). (1984). Jahrbuch der Schulentwicklung. Bd. 3. Weinheim: Beltz.

Rolff, H. G., Klemm, K. & Tillmann, K. J. (Hrsg.). (1986). Jahrbuch der Schulentwicklung. Bd. 4. Weinheim: Beltz.

Rolff, H. G., Klemm, K., Pfeiffer, H. & Rösner, E. (Hrsg.). (1988). Jahrbuch der Schulentwicklung. Bd. 5. Weinheim: Juventa.

Rolff, H. G., Bauer, K. O., Klemm, K. & Pfeiffer, H. (Hrsg.). (1990). Jahrbuch der Schulentwicklung. Bd. 6. Weinheim: Juventa.

Royl, W., Lind, G., Röpcke, B. & Vogel-Krahforst, E. (1978). Lernerfolgsmessung im Rahmen der wissenschaftlichen Begleituntersuchungen zu den schleswig-holsteinischen Gesamtschulversuchen. Kiel: Kultusministerium Schleswig-Holstein.

Ruprecht, E. (1964). Bayern überprüft seine Begabungsreserven. München: Bayerischer Schulbuchverlag.

Rutter, M. (1980). 15 000 Hours. London: Open Books.

Sattler, G. (1980). Inhaltliche und methodische Differenzierung in Fachleistungskursen an Gesamtschulen. Zeitschrift für Pädagogik, 26, 733-750.

Schlömerkemper, J. (1974). Lernen in wahldifferenziertem Unterricht. Frankfurt/M.: Fischer/Athenäum.

Schmied, D. (1982a). Fächerwahl, Fachwahlmotive und Schulleistungen in der reformierten Oberstufe. Zeitschrift für Pädagogik, 28, 11-30.

Schmied, D. (1982b). Leistungsdruck und Arbeitsaufwand in der reformierten gymnasialen Oberstufe. Zeitschrift für Pädagogik, 28, 31-54.

Schultze, W. (1964). Über den Voraussagewert der Auslesekriterien für den Schulerfolg am Gymnasium. Forschungsbericht Nr. 1. Frankfurt/M.: Max-Traeger-Stiftung.

Schwarz, B. (1990). Soziales Lernen und Verhalten von Schülern. Frankfurt/M.: Lang.

Schwarz, B. & Stolz, G. E. (1983). Schul- und Systemeffekte in der pädagogischen Begleitforschung zur Gesamtschule. In H. Wollenweber (Hrsg.), Schule im Brennpunkt (S.137-167). Paderborn: Schöningh.

Steffens, U. (1984). "Michaela" - Wie Schüler mit Lernproblemen ihre Schule erleben. Die Deutsche Schule, 2, 134-157.

Steffens, U. (1986). Erkundungen zur Wirksamkeit und Qualität von Schule. Die Deutsche Schule, 3, 294-305.

Stolz, G. E. (1987). Längsschnittanalysen im Schulvergleich, In K. Aurin (Hrsg.), Schulvergleich in der Diskussion (S.77-122). Stuttgart: Klett.

Straka, G. (1974). Forschungsstrategien für die Evaluation von Schulversuchen. Weinheim: Beltz.

Sturzebecher, K. (1982). Orientierungen bei Oberstufenschülern. Opladen: Westdeutscher Verlag.

Teschner, W. P., Gerarts, J. & Schinkel, K. (1981). Lernerfolgsvergleiche von Schülern an verschiedenen Differenzierungsmodellen. Bericht 10. Kiel: Projekt ERDAG.

Teschner, W. P., Stolz, G. E. & Schinkel, K. (1979). Selbstkonzept und Idealkonzept von Schülern im inter- und intraschulischen Vergleich. Kiel: Projekt ERDAG.

Treiber, B. & Schneider, W. (1980). Qualifikatorische und varianzreduzierende Wirkungen von Schulklassenunterricht. Zeitschrift für Entwicklungspsychologie und Pädagogische Psychologie, 12, 261-283.

Treiber, B. & Weinert, F. E. (1985). Gute Schulleistungen für alle? Psychologische Studien zu einer pädagogischen Hoffnung. Münster: Aschendorff.

Treumann, K. P. & Beetz, E. (1988). Zur Methodenkritik der Arbeit von Treiber und Weinert "Gute Schulleistung für alle? Psychologische Studien zu einer pädagogischen Hoffnung", In K. P. Treumann (Hrsg.), Bielefelder Arbeiten zur empirischen Pädagogik. Nr. 4. Bielefeld: Universität.

Undeutsch, U. (1960). Auslese für und durch die Höhere Schule. In H. Thomae (Hrsg.), Bericht über den 22. Kongreß der Deutschen Gesellschaft für Psychologie in Heidelberg 1959 (S.175-197). Göttingen: Hogrefe.

Weinert, F. E. (1988). Kann nicht sein, was nicht sein darf? Kritische Anmerkungen zu einer anmerkungsreichen Kritik. Zeitschrift für Pädagogische Psychologie, 3, 113-117.

Weinert, F. E. & Helmke, A. (1984). Zwischenbericht zum Forschungsprojekt "Unterrichtsqualität und Leistungszuwachs". München: Max-Planck-Institut für psychologische Forschung.

Weissbach, B. (1985). Ist der Sekundarstufenschock vermeidbar? Die Deutsche Schule, 77 (4), 293-303.

Wendeler, J. (1974). Schulsystem, Schulleistungen und Schülerauslese. Weinheim: Beltz.

Wottawa, H. (1982). Gesamtschule: Was sie uns wirklich bringt. Eine methodenkritische Darstellung der Schulvergleiche in Hessen, Nordrhein-Westfalen und Niedersachsen. Düsseldorf: Schwann.

Wottawa, H. (1987). Konzepte der Testkonstruktion und ihrer Anwendung bei Schulsystemvergleichen. In K. Aurin (Hrsg.), Schulvergleich in der Diskussion (S.122-137). Stuttgart: Klett.

3.4

FORSCHUNGEN IN BERUFSBILDENDEN INSTITUTIONEN - TRENDBERICHT ÜBER DEN ZEITRAUM 1970 - 1990

Rolf Arnold (Moderator) und Rudolf Tippelt

3.4.1 Vorbemerkungen

Über Berufsbildungsforschung wird seit kurzer Zeit wieder heftiger diskutiert (vgl. Edding, 1989; Geissler & Kell, 1988; Lipsmeier, 1989). Zwei Aspekte dieser Diskussion sind hier eingangs hervorzuheben.

Erstens geht es um die schon seit Anfang 1970 geforderte Profilierung der 'Berufsbildungsforschung als einer Bildungsforschung'. "Das berufliche Bildungswesen stellt" - so definierte Lempert 1971 - "eine Einheit von Elementen dar, die den Gegenstandsbereichen einer ganzen Reihe von Wissenschaften angehören. Wenn auch die *Berufs und Wirtschaftspädagogik* - als Zweige der Erziehungswissenschaft - in besonderem Maße für das *berufliche Bildungswesen kompetent sind*, so doch nicht nur sie: Psychologie, Soziologie, Ökonomie, Technologie, Rechtswissenschaft und Politologie müssen ebenfalls einen Beitrag leisten, wenn das Ganze beschrieben werden soll" (Lempert, 1971, S. 296f). In diesem Trendbericht wird davon ausgegangen, daß Berufsbildungsforschung eine *zwar interdisziplinär angelegte doch gleichwohl pädagogisch orientierte Aufgabe ist.* Auch in der aktuellen DFG-Denkschrift wird diese pädagogische Perspektive sichtbar. So wird beispielsweise gegenüber einer rein ökonomisch orientierten Betrachtungsweise auf die Entwicklungsprozesse 'beim Menschen' hingewiesen, "(...) die nicht nur auf seine Qualifizierung, die Herausbildung seiner beruflichen Tüchtigkeit, sondern auch auf seine Bildung, auf seine (berufliche) Mündigkeit zielen" (Deutsche Forschungsgemeinschaft (DFG) Senatskommission, 1990, S. 4). Es wird dort aber auch deutlich, daß diese pädagogische bzw. bildungstheoretische Betrachtungsweise im Rahmen der pluralen Diskussion mit Vertretern anderer Fächer nicht durchgehend zu behaupten ist (vgl. Tab. 1).

Zweitens werden erneut forschungsmethodologische Fragen diskutiert. Während einerseits im Innenverhältnis der Berufsbildungsforschung noch Dispute zwischen quantitativer und qualitativer Forschung ausgetragen werden, ist man bei Einzelstudien dazu übergegangen, verschiedene Forschungsmethoden zu kombinieren. Auch bei einem sicherlich sinnvollen methodenpluralistischen Vorgehen bleibt die Notwendigkeit wissenschaftstheoretischer Klärung bestehen. Die Hinwendung zu einem methodenpluralistischen Vorgehen, die ein interdisziplinäres Verständnis von Berufsbildungsforschung nahelegt, bedeutet gerade keine Annäherung der Forschungsparadigmen an eine tendenziell einheitswissenschaftliche Konzipierung. Es setzt sich die Überzeugung durch, daß es Fragestellungen gibt, die nur auf der Basis repräsentativ erhobener Daten zu beantworten sind (z. B. zum Arbeitsmarkt, zum Verdrängungswettbewerb, zur berufliche Integration in einem bestimmten geographischen Raum), daß es aber auch Probleme beruflicher Bildung und Sozialisation gibt, die besser (oder nur) auf der Basis qualitativer Beobachtungsverfahren, Tiefeninterviews und Fallstudien rekonstruiert werden können (z. B. Berufsbiographien, beratungsintensive Modellforschung). Quantitative und qualitative Forschungsansätze stehen zueinander komplementär und beide forschungsmethodischen Zugangsweisen können zur kontrollierten erziehungs- und sozialwissenschaftlichen Erkenntnisgewinnung beitragen. Sowohl die empirisch-analytisch ausgerichtete Berufsbildungsforschung als auch empirisch-interpretative Beiträge können gesellschaftspraktische Wirksamkeit entfalten. *Berufsbildungsforschung* ist somit als quantitative und qualitative Forschung zu entwickeln.

Tab. 1: Ansätze und Bereiche der Berufsbildungsforschung- Rekonstruktion des Verständnisses von Berufsbildungsforschung in der DFG-Denkschrift

	Grundlagen- oder Prognose oder Evaluationsforschung (=Fokus bzw. Ausrichtung der BBF)
Bereiche der BB-Forschung	Ansätze und Themen
(1) **Berufs- und wirtschaftspädagogische Forschung** (= pädagogisch orientierte BB-Forschung)	Frage nach der Bildungsbedeutsamkeit der Lern- und Qualifikationsprozesse in der Berufsgesellschaft eigenständige Interpretation interdisziplinär gewonnener Ergebnisse vor dem Hintergrund des "pädagogischen Normhorizontes"
(2) **Interdisziplinäre Forschungsansätze** (= interdisziplinäre BB-Forschung I)	
* Sozioökonomische Forschung	wirtschafts- und sozialwissenschaftliche empirische Untersuchung charakteristischer Strukturen und Prozesse hochentwickelter Industriegesellschaften
* Sozialisationsforschung	Frage nach den sozialisierenden Funktionen und den Selektionswirkungen von Berufsbildung, auch nach der Sozialisation von Ausbildern und Berufsschullehrern sowie nach den psychischen Folgen von unqualifizierter Arbeit und Arbeitslosigkeit
(3) **Andere relevante sozialwissenschaftliche Forschungen** (= interdisziplinäre BB-Forschung II)	Lehr-Lern-Forschung Psychologische Forschung Betriebswirtschaftliche Forschung Soziologische Forschung, insbesondere - industrie- und organisationssoziologische Untersuchungen zu Arbeitsorganisation, betriebliche Rationalisierung und Technikeinsatz, - Lebenslaufforschung und Untersuchungen von Berufskarrieren, - Sozioökonomische Arbeitsmarktforschung

Die empirisch-analytische Berufsbildungsforschung hat vor 1970 in der Berufs- und Wirtschaftspädagogik keine bemerkenswerte Rolle gespielt. Neben dem damals vorherrschenden Einfluß einer kulturphilosophisch fundierten Berufsbildungstheorie (z.B. Spranger), unter dem "sich kein dringender Bedarf an empirisch-analytischer Berufsbildungsforschung zu artikulieren (vermochte)" (DFG Senatskommission, 1990, S. 17), ist sicherlich auch die Institutionalisierungsgeschichte der Berufs- und Wirtschaftspädagogik selbst mit dafür ausschlaggebend gewesen, daß sich aus diesen Disziplinen heraus kaum Forscher(innen) persönlichkeiten entwickeln konnten. Die Berufs- und Wirtschaftspädagogik war - aufgrund ihrer ausschließlichen Verwurzelung in der bis in die zweite Hälfte des 20. Jahrhunderts außerhalb der Universitäten angesiedelten Handelslehrer- und Gewerbelehrerausbildung - lange Zeit vielmehr weit eher eine wissenschaftliche Lehr- als (auch) eine Forschungsdisziplin.

In dem vorliegenden 'Trendbericht' zur Forschung in bzw. zu berufsbildenden Institutionen möchten wir in einigen groben Zügen nachzeichnen, wie sich auf der Basis dieser Vorüberlegungen sowie vor dem Hintergrund der besonderen Ausgangssituation in den 70er und 80er Jahren die Berufsbildungsforschung in der Bundesrepublik Deutschland entwickeln konnte.

Dabei gehen wir davon aus, daß die Berufsbildungsforschung als eine Bildungsforschung darauf gerichtet ist, die (sich wandelnden) Bedingungen, Prozesse und Wirkungen der Qualifikationsaneignung und der Persönlichkeitsentwicklung in beruflichen Aus- und Weiterbildungszusammenhängen zu erhellen.

Bei dem Versuch einer historisch orientierten Bilanzierung der Berufsbildungsforschung der vergangenen zwei Jahrzehnte werden wir versuchen

- zunächst deutlich zu machen (s. Abschn. 3.3), daß die Berufsbildungsforschung nicht (nur) aus einer institutionenbezogenen Perspektive heraus nachgezeichnet werden kann, wie dies der Titel des Beitrages nahelegt, sondern - angesichts der gegebenen thematischen Breite - einen weiten Blick voraussetzt; neben der Institutionen- spielt auch die Zielgruppen-, Sozialisations-, Qualifikations- und Curriculumforschung eine Rolle, um nur vier weitere von mehreren Forschungsgebieten zu erwähnen (vgl. Tab. 1).
- Sodann werden wir in zwei "Dekadenschritten" jeweils die Berufsbildungsforschung der 70er und der 80er Jahre mit einigen ihrer "Themen" und "Ergebnisse" darstellen und diese hinsichtlich ihrer Impulswirkungen für die Zukunft zu bewerten versuchen, um

  schließlich in einem Ausblick und unter Bezug auf die erwähnte DFG-Denkschrift einige vordringliche inhaltliche Forschungsaufgaben zu identifizieren.

3.4.2 Hinweise zur thematischen Breite der Berufsbildungsforschung

Die Trends der Berufsbildungsforschung der letzten zwanzig Jahre können zwar nicht aus einer ausschließlich institutionenbezogenen Perspektive heraus angemessen rekonstruiert werden, wie die in Tab. 1 aufgeführten Forschungsbereiche verdeutlichen, Institutionenforschung ist gleichwohl notwendig. Unter Institutionen beruflichen Lernens sind in diesem Zusammenhang die institutionell abgegrenzten Ausbildungsstätten, wie berufliche Schulen, überbetriebliche Ausbildungsstätten, Einrichtungen der beruflichen Weiterbildung sowie im Rahmen des dualen Systems vor allem die Betriebe zu verstehen. Die Berufsbildung hat es so intensiv wie kein anderer Bereich der organisierten Bildung also auch mit Institutionen - den Betrieben - zu tun, die nicht genuin für pädagogische Zwecke geschaffen sind. Berufsbildungsforschung bezieht sich daher sowohl auf bildende Institutionen wie auch auf vorrangig produzierende Institutionen, denen "pädagogische Autonomie" nicht zugesprochen werden kann. Die Grundfrage des berufs- und betriebspädagogischen Nachdenkens, die auch und gerade für eine pädagogisch orientierte, schulische und betriebliche Institutionen in den Blick nehmende Berufsbildungsforschung von grundlegender Relevanz ist, lautet deshalb: "Können die Bildungsansprüche des Individuums (...) aus einer Abhängigkeit des pädagogisch Notwendigen vom wirtschaftlich, technologisch und unternehmerisch Möglichen heraus realisiert werden?" (Arnold, 1990, S. 20). Diese Frage wirft zwar in erster Linie bildungspolitische Probleme auf, sie markiert jedoch auch einen Forschungsbedarf.

Dieser Forschungsbedarf läßt sich - wie gesagt - nicht nur nach Institutionen systematisieren, sondern bezieht sich auch auf unterschiedliche Lernorte. Lernorte sind organisatorische Einheiten, an denen Lernprozesse stattfinden, die aber verschiedenen Institutionen zugewiesen sein können. Oft wird der Lernortbegriff fälschlicherweise mit Institutionen gleichgesetzt und z.B. vom "Lernort Betrieb" gesprochen (vgl. hierzu Münch, 1977)

Weiter sind unterschiedliche Phasen der beruflichen Bildung zu berücksichtigen: Neben der beruflichen Erstausbildung sind in wachsendem Maße einerseits die vorberufliche Ausbildung und andererseits die berufliche Erwachsenenbildung bzw. Weiterbildung forschungsrelevant.

Daneben lassen sich einige Bereiche bzw. Themengebiete identifizieren, welche gewissermaßen "quer" zu den institutionellen, lernort- und phasenspezifischen Perspektiven bestehen.

3.4.3 Berufsbildungsforschung von 1970 bis 1980

Eine systematische Berufsbildungsforschung, die die Bedingungen, Abläufe und Folgen des Erwerbs fachlicher Qualifikationen und arbeits- und berufsbezogener sozialer Einstellungen und Wertorientierungen empirisch untersucht, entwickelte sich erst seit Mitte der 60er Jahre. Angestoßen wurde die empirische Berufsbildungsforschung durch die Einsicht, daß ein Land ohne Rohstoffvorkommen zunehmend auf die individuellen beruflichen Qualifikationen seiner Arbeitnehmer angewiesen ist und daß daher der rationalen Gestaltung der beruflichen Erstausbildung und Weiterbildung große Bedeutung zukommt. Zur rationalen Gestaltung und Erhaltung der Leistungsfähigkeit der beruflichen Bildung allerdings sind empirische Informationen unabdingbar. Erst seit Mitte der 60er Jahre wurde die empirische Berufsbildungsforschung durch die Gründung verschiedener Institute auf Dauer gestellt und langsam entfalteten diese Institute Außenwirkung. Noch bevor sich eine an pädagogischen Fragestellungen orientierte empirische Berufsbildungsforschung entwickeln konnte, kamen von der sozioökonomischen Struktur- und Planungsforschung und der Erforschung beruflicher Sozialisationsprozesse wichtige Impulse (vgl. DFG SENATSKOMMISSION, 1990)

Es ist im folgenden nicht möglich, einen 'erschöpfenden' Überblick über die Themen und Ergebnisse der Berufsbildungsforschung in den 70er Jahren zu geben; vielmehr werden wir uns darauf beschränken, ausgewählte uns wichtig erscheinende Forschungsthemen dieser Dekade zu skizzieren.

3.4.3.1 Berufliche Sozialisation (Qualität der beruflichen Ausbildung und Persönlichkeitsentwicklung, politische Sozialisationsprozesse)

Zur Thematik der beruflichen Sozialisation lassen sich für die 70er Jahre vor allem die frühen Untersuchungen zur "Qualität der beruflichen Ausbildung" und zu den "politischen Sozialisationsprozessen" nennen. Systematisch betrachtet (Abb. 2) lassen sich diese Arbeiten den Themenbereichen "Institutionenforschung", "Qualifika-tionsforschung" sowie "Zielgruppen- und Sozialisationsforschung" zuordnen, allerdings eingeschränkt auf die Lernorte und Phasen der beruflichen Erstausbildung. Außerdem wurde in gewisser Weise die berufliche Erstausbildung evaluiert.

Zur etwa gleichen Zeit wurden die Berufs- und Arbeitsmotive der Anfang der 70er Jahre noch über eine Million ungelernten 16-26jährigen analysiert (Höhn, 1974). Dabei wurde diese Gruppe der Ungelernten in Verzichter (41%), Abbrecher (34%) und Umsteiger (25%) differenziert.

Qualität der beruflichen Ausbildung:

Ende der 60er und Anfang der 70er Jahre wurde zunächst bezweifelt, daß das duale System eine optimale Entwicklung der Persönlichkeit der Erwerbstätigen und die Schaffung angemessener Ausbildungsbedingungen gewährleistet. Eine unmittelbare Anbindung der Berufsausbildung an das betriebliche Leistungsgeschehen schien den wachsenden Anforderungen einer technisierten und theoretisierten Arbeitswelt und den wachsenden Ansprüchen an die Persönlichkeitsentfaltung von Individuen nicht zu entsprechen. Wichtige Institutionen beruflicher Bildung, die Betriebe, gerieten bildungspolitisch ins Gerede. In der "Lehrlingsforschung" wurde insbesondere die Ausbildungsqualität in Betrieb und Berufsschule hinterfragt. Dabei galten die Urteile der Auszubildenden und Facharbeiter als wichtige Indikatoren für die tatsächliche Qualität der betrieblichen und schulischen Berufsausbildung. Mit zunehmender Dauer der Teilnahme an der beruflichen Ausbildung wurde eine größer werdende Kompetenz der Jugendlichen und jungen Erwachsenen bei der Beurteilung der Ausbildungsrealität erwartet. Die in den Lehrlingsstudien Anfang der 70er Jahre übliche globale Art der Fragestellung, in der Regel verbunden mit der Vorgabe einfacher Antwortkategorien, erlaubte nur vorsichtige Rückschlüsse auf die Einstellungen der Befragten. Dennoch wurden in den "Lehrlingsstudien" bei folgenden Themen kritische Beurteilungen deutlich sichtbar (vgl. Lutz & Winterhager, 1970, S. 17f; Daviter, 1973, 51f; Seidenspinner, 1974; Tippelt, 1981b, S. 258f;):

- Planmäßigkeit und Systematik der Ausbildung;
- Vorhandensein von Lehrwerkstätten oder Lehrecken;
- Verhältnis von theoretischer und praktischer Ausbildung;
- Ausbildereignung;
- Einhaltung des Jugendarbeitsschutzgesetzes;
- Ausnutzung der jugendlichen Arbeitskraft;
- technologischer Stand in ausbildenden Betrieben;
- Restriktivitätserfahrungen bei der Arbeit.

Die Ausbildungskritik und davon abgeleitete Reformforderungen trafen insbesondere Handwerksbetriebe.

Politische Sozialisationsprozesse:

Stand bei den "Lehrlingsstudien" zunächst eindeutig die qualifizierende Funktion der betrieblichen Lehre im Vordergrund des Interesses, verlagerte sich die Untersuchungsthematik im Laufe der 70er Jahre im Zusammenhang mit sozialisationstheoretischen Ansätzen immer mehr auf Fragen, die den Einfluß der Ausbildung auf die Persönlichkeitsentwicklung von Auszubildenden und jungen Facharbeitern berührten. Herausgearbeitet wurde u. a., daß Unterschiede der Schulausbildung, der Berufsausbildung und der Arbeitserfahrungen die Arbeitszufriedenheit, die sozialen und politischen Einstellungen und generell die individuelle Handlungskompetenz der Jugendlichen beeinflussen. Bearbeitet wurden sowohl die Prozesse latenter Sozialisation, die zum Erwerb bestimmter Persönlichkeitsstrukturen (z.B. Autoritarismus, rigider Konventionalismus) führen, wie auch die Prozesse manifester Sozialisation, die die Übertragungsmechanismen für konkrete politische Einstellungen und betriebsdemokratische Orientierungen implizieren (vgl. Oesterreich, 1974; Lempert & Thommsen, 1974, S. 164; Brandt, Haas, Mayer & Schumm, 1973; Tippelt, 1981b, S. 279ff).

Diese Schwerpunktverlagerung der Forschung entsprach Veränderungen in der Berufsbildungspolitik, denn dort wurden die anfangs dominierenden ökonomischen durch soziale und demokratische Zielsetzungen ergänzt (vgl. DFG Senatskommission, 1990, S. 25) und damit eine Forschungsrichtung eingeschlagen, die vor allem in den 80er Jahren noch stärker zur Geltung kam.

Tab. 2: Suchraster zur (möglichen und tatsächlichen) thematischen Breite der Berufsbildungsforschung

Institutionen Lernorte u. Phasen / Bereiche und Themengebiete	Erstausbildung			Weiterbildung				Sondermaßnahmen (Erstausbildung u. Weiterbildung
	Vorberufliche Bildung	Berufsschule	Betrieb	flankierende Lernorte	Umschulung	Anpassungsweiterbildung	Aufstiegsweiterbildung	
Institutionen forschung	±	**0**	**0**	**-**	-	±	±	0
Lehrplan- bzw. Ausbildungsordnungsforschung	0	-	±	-	0	**0**	**0**	-
Zielgruppen- u. Sozialisationsforschung	0	+	±	-	0	±	**0**	0
Qualifikations-(bedarfs) forschung	X	X	+	X	0	+	0	-
curriculare bzw. (fach)didaktische Forschung	0	**0**	**0**	-	-	**-**	**-**	**-**
Lehr-Lern-Forschung	-	**0**	0	-	**0**	**0**	-	0
Professionalisierungsforschung (Ausbilder, Berufsschullehrer, Weiterbildner)	X	**0**	±	**0**	**0**	**0**	**0**	-
Internationale Vergleiche	-	**0**	**0**	-	-	**-**	**-**	-
Evaluations- u. Prognoseforschung	0	**-**	**0**	-	-	**0**	**-**	**0**

Hinweise zur Rangskala (nach: DFG 1990, 20):

+: Forschung in gewisser Breite und Ausdifferenzierung mit Ergebnissen vorhanden.

0: Einzelne Forschungsansätze zu beobachten; noch keine nennenswerten Forschungserträge; fehlende Breite und Ausdifferenzierung.

-: Artikuliertes Problembewußtsein vorhanden; aber noch keine relevante Forschung.

X: Als Forschungsbereich nicht relevant.

Schreibweise: normal = eher sei 1979ff (dann i.d.R. auch 1980ff); fett und unterstrichen = eher 1980ff

3.4.3.2 Berufswahlforschung

Zu einem zentralen Thema der empirischen Forschung wurden in den 70er Jahren infolge der sich verschlechternden Bedingungen des Ausbildungs- und Arbeitsmarktes die Probleme der Berufswahl. Die traditionelle Berufswahlforschung konnte mit ihren lebenslauforientierten Ansätzen noch Phasen herausarbeiten - wie die Entwicklungs-, Explorations-, Etablierungs-, Erhaltungs-, Rückzugsphase; die jugendtypische Explorationsphase wurde wiederum in die Versuchs-, Übergangs- und Probephase differenziert. Berufswahlprozesse wurden hierbei besonders in Zusammenhang mit Persönlichkeitsfaktoren analysiert. Unter den neuen Bedingungen der 70er Jahre rückten externe Bedingungsfaktoren, insbesondere der Ausbildungs- und Arbeitsmarkt in das Zentrum des Interesses, denn der "Berufswahlprozeß" wurde immer häufiger zu einem bloßen Vorgang der Berufseinmündung mit stark limitierten persönlichen Optionen (vgl. Tippelt, 1988a, S. 65f).

Systematisch betrachtet lassen sich die für diese Forschungsrichtung kennzeichnenden Fragestellungen den Themengebieten der Qualifikationsbedarfsforschung und - im weitesten Sinne - der Zielgruppenforschung (vgl. Tab. 2) zuordnen.

3.4.3.2.1 Angebot von und Nachfrage nach Berufsausbildungsplätzen

In den 70er Jahren traf eine restriktive Tendenz auf der Seite des Ausbildungsstellenangebots auf eine gleichzeitig erhöhte Nachfrage der Jugendlichen nach qualifizierten Ausbildungsmöglichkeiten. Gründete der starke Rückgang des Berufsausbildungsstellenangebots auf ökonomisch-technische Veränderungen, so wurde die erhöhte Nachfrage nach Ausbildungsmöglichkeiten vor allem auf die demographische Entwicklung in der Bundesrepublik Deutschland zurückgeführt. Das duale System wurde u.a. wegen des ins Stocken geratenen Ausbaus des weiterführenden Ausbildungswesens (Fachschulen, Hochschulen) für viele Jugendliche erneut sehr attraktiv. Regionale Studien, die Berufsbildungsberichte, aber auch problemgruppenorientierte empirische Studien wiesen differenziert auf die Probleme an der "ersten Schwelle" beim Übergang von der Schule in die Berufsausbildung hin (vgl. Baethge, Brumlop, Faulstich-Wieland & Gerlach, 1978).

Die Engpässe in der beruflichen Bildung dominierten den Prozeß der realen Berufseinmündung, wirkten sich aber auch im Vorfeld bei der Genese von Berufswünschen der Jugendlichen negativ aus (vgl. Gaulke, 1976, S. 525f). Eine weitere problematische Entwicklung war darin zu sehen, daß auf der Seite des Ausbildungstellenangebots der Anteil der Berufe mit hohem Berufsverlustrisiko und geringen Transfermöglichkeiten der erworbenen Qualifikationen eher zu und der Anteil der Berufe mit geringem Berufsverlustrisiko und hohen Transferchancen eher abnahm (Baethge et al., 1978, S. 55). Aus heutiger Sicht war dies ein Trend, der sich aufgrund des technischen und arbeitsorganisatorischen Wandels nicht fortsetzte.

3.4.3.2.2 Verdrängungswettbewerb zwischen Bildungsgruppen

Wichtig wurde im Zusammenhang mit Berufswahlentscheidungen die Frage nach den beruflichen Chancen unterschiedlich qualifizierter Bildungsgruppen. Faßt man die empirischen Trends zusammen, so muß unter den Bedingungen der Bildungsexpansion und des ungünstigen Arbeitsmarkts die 'Verdrängungshypothese' als gut belegt angesehen werden. Hoch- und Fachhochschulabgänger weichen auf qualifizierte Berufsgruppen aus, die früher von Abiturienten und Realschüler eingenommen wurden. Diese Absolventengruppen wiederum sind in Berufs- und Ausbildungsbereichen wiederzufinden, die traditionell den Hauptschulabgängern zugeordnet wurden. Bereits Ende der 70er Jahre zeigte sich: Je niedriger der formale Bildungsabschluß, desto geringer sind die Berufsausbildungs- und Berufschancen (vgl. Mertens, 1984). Die Bildungsexpansion baute indirekt, vermittelt über den Wettbewerb der Absolventengruppen, im Verdrängungswettbewerb immer neue Zertifikatshürden vor Ausbildungs- und Beschäftigungsmöglichkeiten auf. Auf die problematischen Wirkungen einer "Inflationierung" der Bildungsabschlüsse für die berufliche Bildung und die Berufschancen, die einen "meritokratischen Teufelskreis" in Gang setzte, haben unter Berücksichtigung empirischer Daten früh Lutz (1979; 1983) und Bourdieu (1982) hingewiesen. Die Bildungsstruktur veränderte sich schneller als die Berufsstruktur, so daß trotz einer empirisch festgestellten gleichen Entwicklungsrichtung der bildungs- und der berufsstrukturellen Wandlungen (upgrading) zwischen diesen Bereichen erhebliche Disharmonien auftraten (vgl. Teichler, 1985).

Darüber hinaus konnte an der Veränderung der Bildungsverteilung und der Berufsverteilung der abhängig erwerbstätigen deutschen Berufsanfänger in der privaten Wirtschaft und im staatlichen Bereich zwischen 1970 und 1982 aufgezeigt werden, daß das Beschäftigungssystem auf die Ergebnisse der Bildungsexpansion deutlich reagiert. Blossfeld (1985, S. 112f) zeigte in seiner empirischen Analyse, daß sowohl die Privatwirtschaft als auch die staatliche Administration gegebene Substitutions- und Verdrängungsspielräume ausschöpfen, insofern sie bei der Rekrutierung von Arbeitskräften das neue Bildungsangebot voll berücksichtigen. Der durch die starke Dynamik der bildungsmäßigen Zusammensetzung von Berufsanfängern entstandene Modernisierungsdruck wurde vom Beschäftigungssystem so zumindest abgefedert.

3.4.3.3 Jugendarbeitslosigkeit

Über den Zusammenhang von Berufsausbildung, Qualifikation und Arbeitslosigkeit informiert die qualifikationsspezifische Arbeitslosenstatistik. Aus den Sonderuntersuchungen aller bei den Arbeitsämtern gemeldeten Arbeitslosen wurde klar, daß Arbeitskräfte ohne Ausbildungsabschluß das höchste Arbeitslosigkeitsrisiko tragen (vgl. Tessaring, 1982, S. 24). Seit 1973 stellte sich die Arbeitsmarktsituation qualifizierter und hochqualifizierter Arbeitskräfte vergleichsweise günstig dar. Eine qualifizierte Berufsausbildung schützt - besonders seit der Bildungsexpansion - aus individueller Perspektive vor Arbeitslosigkeit, während ein Ausbildungsverzicht oder ein geringes Ausbildungsniveau das Risiko erhöhen (vgl. Mertens, 1984). Dieser in den 70er Jahren gefundene Zusammenhang gilt bis heute.

In der zweiten Hälfte der 70er Jahre wurde neben den quantitativen Strukturanalysen der Arbeitslosigkeit, insbesondere die Analyse der psychischen Folgen von Arbeitslosigkeit zu einem wichtigen Thema der empirischen Forschung. Resümiert man die Ergebnisse dieser Studien, ist festzuhalten, daß Arbeitslosigkeit bei den Betroffenen keine einheitlichen Wirkungen auslöst. Der Verlust des Arbeitsplatzes oder die Ausgrenzung aus Berufsbildungsprozessen zieht nicht eine starre psychische Verarbeitungsweise bei den Betroffenen nach sich (vgl. Tippelt, 1979). Die sozialkognitive Verarbeitung läuft in Wirkungsketten ab und nimmt mit längerer Dauer der Arbeitslosigkeit unterschiedliche Erscheinungsformen an. Auch die soziale Ausgangssituation der jugendlichen Arbeitslosen und deren Persönlichkeitsstruktur beeinflussen die Verarbeitung der eigenen Arbeitslosigkeit häufig negativ. In Arbeitslosenstudien - meist als Querschnittsstudien durchgeführt - konnte nicht entschieden werden, ob situativen Faktoren oder Persönlichkeitsmerkmalen größerer Einfluß auf die Arbeitslosensymptomatik zukommt, aber es wurde deutlich, daß jugendliche Arbeitslose nicht lediglich als Objekte von äußeren Zwängen zu prognostizierbaren reaktiven Verhalten genötigt sind. Die beruflich und persönlich schwierige Situation führte bei einem kleineren Teil der Arbeitslosen zu Tatenlosigkeit und Abkapselung, ein größerer Teil zeigte Initiative zur Weiterbildung, plante die Arbeitssuche und interpretierte Arbeitslosigkeit external als strukturelles, nicht internal als individuelles Problem (vgl. Baumann, Becker, Gerstenmeier, Schickele & Tippelt, 1979, S. 158; Heinemann, 1978).

3.4.3.4 Bildungsökonomische Planungsmodelle

Die empirische Struktur- und Planungsforschung wurde Anfang der 70er Jahre von zwei quantitativen Planungsmodellen beherrscht: manpower-requirement und social-demand approach (vgl. Becker & Wagner, 1977); beide lassen sich in systematischer Betrachtung ebenfalls der Zielgruppen- und der Qualifikations(bedarfs)forschung zuordnen.

manpower approach:

Der manpower approach ging von einer Prognose des zu erwartenden Wirtschaftswachstums und der zur Realisierung der angestrebten Wachstumsraten notwendigen Qualifikationsstruktur der Erwerbstätigen aus. Der festgelegte Qualifikationsbedarf sollte es anschließend erlauben, Schlüsse für das Ausbildungswesen, seine materielle und personelle Ausstattung zu ziehen. Ein Hauptproblem dieses Ansatzes war, daß das Beschäftigungssystem nur mit formalen beschäftigungsstatistischen Kategorien in die bildungsökonomische Planung einging, die tatsächlichen Veränderungen von inhaltlichen Qualifikationsanforderungen aber nicht erfaßt werden konnten. Ebenso blieb die Darstellung des Bildungssystems an quantitative Parameter und formale Ausbildungsabschlüsse gebunden, konkrete Aussagen über inhaltliche Veränderungen von Ausbildungsprozessen waren nicht möglich (vgl. Mickler, Mohr, Kadritzke und Baethge, 1977).

social-demand approach:

Im social-demand approach wurde der zu ermittelnde Bedarf an Ausbildungsplätzen aus der individuellen Nachfrage der privaten Haushalte nach Ausbildung geschätzt. Als Grundlage der Prognostizierung des zu erwartenden Ausbildungsbesuchs entwickelte sich methodisch die Extrapolation von Trends (vgl. Kartheus, 1973). Als Hauptproblem erwies sich hierbei schon bald, daß die Bildungsplanung das Verhalten und die Politik der Vergangenheit in die Zukunft verlängerte. Einerseits wurden damit die manchmal problematischen Entwicklungen der Vergangenheit zu Zielwerten der künftigen Bildungsentwicklung erklärt, andererseits kam es zu einer systematischen Unterschätzung intervenierender, in ihrer Ausprägung zum Analysezeitpunkt nicht bekannter Variablen (z.B. Geburtenentwicklung, Bildungsaspirationen, Veränderung des Wirtschaftswachstums, Rationalisierung).

Durch die empirischen Analysen beruflicher Mobilität und Substitution wurden die angebots- und nachfrageorientierten Planungsansätze durch differenziertere Forschungsperspektiven ergänzt und es wurde der Weg für eine inhaltlich konkretere Qualifikationsforschung frei.

3.4.3.5 Berufs- und Qualifikationsforschung

In der industriesoziologisch und arbeitspsychologisch stark beeinflußten Berufs- und Qualifikationsforschung wurde der Wandel der Umweltbedingungen der beruflichen Bildung reflektiert und durch empirische Daten untermauert. Zunächst wurde in der Qualifikationsforschung im Anschluß an die Automationsdebatte danach gefragt, wie sich der technische Fortschritt sozial auswirkt und welche Qualifikationen zur Bewältigung des technisch-arbeitsorganisatorischen Wandels erforderlich sind. Aus den Resultaten der Analyse ausgewählter betrieblicher Innovationsfälle - meist in Bereichen der Industrie - schienen sich Tendenzen des Wandels der Berufs- und Arbeitsplatzstrukturen in industriellen Gesellschaften abzuzeichnen, denen im Berufsbildungssystem entsprochen werden mußte. Allerdings ergaben die empirischen Untersuchungen keine eindeutige Entwicklungsrichtung der Qualifikationsentwicklung, sondern es wurden konkurrierende Thesen kontrovers diskutiert: Die Stichworte Dequalifizierung, Höherqualifizierung, Qualifikationspolarisierung und Andersqualifizierung gaben die globale Entwicklungsrichtung an.

Eine äußerst starke Resonanz hat in der Bundesrepublik Deutschland und in den europäischen Nachbarländern die These von der Polarisierung der Qualifikationsanforderungen gefunden (vgl. Lutz, 1983, S. 170). Kern & Schumann (1970) belegten in ihren empirischen mikrosoziologischen Fallstudien qualifikationspolarisierende Effekte der Automationstechnologien und widersprachen damit Thesen, wonach sich im Prozeß der zunehmenden Verwissenschaftlichung, Rationalisierung und Automatisierung Entfremdungsphänomene industrieller Arbeit zwangsläufig zugunsten anspruchsvoller humaner Arbeit auflösen. In den Ende der 70er und Anfang der 80er Jahre durchgeführten Analysen in industriellen Kernsektoren (Automobilindustrie, Werkzeugmaschinenbau, chemische Industrie) widersprachen die Autoren ihren früheren Analysen zwar nicht, aber zeigten auf, daß betriebliche

Managementstrategien häufig eine Rücknahme zu weit vorangetriebener Arbeitsteilung verfolgen. Es wurde nachgewiesen, daß unter den sich verändernden technologischen Bedingungen durch "job-enrichment" eine höhere Effizienz erwartet werden kann. Allerdings korrespondiert die Aufhebung tayloristischer Arbeitsteilung innerhalb der Betriebe mit einer Abschottung der innerbetrieblichen Arbeitskräfte vom außerbetrieblichen Arbeitsmarkt (Kern & Schuhmann, 1984, 319).

An den industriesoziologischen Qualifikationsstudien wurde aus der Sicht der Berufsbildung Kritik geübt: So wurde kritisiert, daß die Existenz von Spielräumen autonomer Gestaltung und Organisation industrieller Arbeit nur unzureichend berücksichtigt (vgl. Fricke, 1975) und daß die Technik zu monokausal als dynamischer, soziale und qualifikationsbezogene Veränderungen auslösender Faktor gesehen wurde. Betriebe sind nicht nur bloße Vollzugsorgane des exogenen technisch-ökonomischen Wandels, sondern an Qualifikation und Handlungsautonomie interessierte Instanzen. Betriebe sind prinzipiell in der Lage, Qualifikationsanforderungen und Arbeitsplätze elastisch zu gestalten (vgl. Lutz, 1976). Ein weiteres Problem industriesoziologischer Analysen bestand darin, daß die Qualifikationsanforderungen von Arbeitern, unterer und mittlerer Angestelltengruppen im sekundären Sektor untersucht wurden, man aber nicht wußte, ob die dort beschriebenen Rationalisierungs- und Veränderungsprozesse auf den wachsenden Dienstleistungssektor übertragbar sind (vgl. ausführlich Tippelt, 1990, S. 85ff). Von den Qualifikationsstudien, die auf Polarisierungsprozesse aufmerksam machten, mußte für die berufliche Bildung rückgeschlossen werden, daß die reale Entwicklung der Qualifikationsstruktur eine expansive Bildungsentwicklung nicht notwendigerweise nahelegte. Dieser Schluß wurde in ländervergleichenden Analysen relativiert, denn es wurde herausgearbeitet, daß das Bildungs- und das Beschäftigungssystem nicht in einer einseitig deterministischen, sondern in einer komplexen interdependenten Beziehung stehen, d.h. daß Veränderungen in einem System jeweils Veränderungen in dem anderen System provozieren (vgl. Lutz, 1983, S. 243). Berufliche Bildung ist daher keineswegs durch die Anforderungen des Beschäftigungssystems derterminiert, sondern sie ist gestaltbar und hat daher Prozeßcharakter.

3.4.3.6 Ausbildungsordnungs- und Curriculumforschung

Mit einer systematischen empirischen Vorbereitung der Ausbildungsmittel wurde erst in den 60er Jahren begonnen. Die Arbeitsstelle für betriebliche Weiterbildung (ABB), die die vom DATSCH Anfang des Jahrhunderts begonnene Vorbereitung der Berufsordnungsarbeit seit 1953 fortsetzte, ging beispielsweise mit ihrer "Funktionsuntersuchung Einzelhandel" über die zufällige Begegnung mit Ausschnitten beruflicher Realität hinaus. Dominierten bisher Betriebsbesichtigungen als wichtige Quelle der Information, wurde in der Funktionsuntersuchung Einzelhandel - bei allen noch bestehenden Unzulänglichkeiten - die Instrumentarien kontrollierter empirischer Forschung eingesetzt (z.B. Mann & Molle, 1964). Erst kurz bevor 1970 das Bundesinstitut für Berufsbildungsforschung die Ordnungsarbeit übernahm, wurde also die empirische Forschung in diesem Bereich in Gang gebracht.

Für die Erstellung zeitgemäßer und in die Zukunft gerichteter Ausbildungsordnungen erschienen Arbeits-, Berufs- und Tätigkeitsanalysen notwendig, weil der Verzicht auf solche empirische Studien bei der Entwicklung beruflicher Curricula eine Auseinanderentwicklung des Bildungs- und Beschäftigungsbereichs zur Folge haben würde (vgl. Hegelheimer, 1977, S. 64f). Grundsätzlich ließ sich eine solche methodische Vorgehensweise einem "gesellschaftsorientierten Ansatz" der Curriculumforschung zuordnen (vgl. Robinsohn, 1967), der allgemein zum Ziel hat, die Lernziele in Schule und Betrieb in eine begründete und überprüfbare Beziehung zu den Anforderungen eines Betriebes und eines Arbeitsplatzes zu bringen.

Die empirisch-methodischen Ansätze dieser curriculumorientierten Berufs- und Tätigkeitsanalysen waren äußerst vielfältig und reichten vom Tiefenstufenkatalog über den Position Analysis Questionaire (Frieling, 1975), berufsspezifische Erhebungsinstrumente bis beispielsweise zur Handlungsstrukturanalyse (Volpert, 1974; Bargmann, Müller, Schickle, Tippelt, 1981; Tippelt, 1981a, S. 643 ff).

Die Curriculumrevision erfolgte zunehmend in systematischer Form; sie war allerdings eingeengt auf die betrieblichen Curricula (Ausbildungsordnungen). Eine fachdidaktisch basierte schulcurriculare Forschung fehlt bis zum heutigen Tage (s.u.). Nach einem im Bundesinstitut für Berufsbildung entwickelten Verfahren wurde vorgeschlagen, die betriebsbezogene Curriculumrevision in der Phase 1 mit einem Problemaufriß, der Daten über die technischen, wirtschaftlichen und gesellschaftlichen Bedingungen, Zusammenhänge und Entwicklungstendenzen der Arbeits- und Ausbildungssituation im jeweiligen Beschäftigungsbereich gibt, zu beginnen. In Phase 2 werden in Fallstudien typische Arbeitsplätze analysiert, um zu begründeten Arbeitshypothesen über typische Veränderungen in einem Berufsbereich zu kommen. Durch die Fallstudien können geeignete Erhebungsinstrumente (Tätigkeitskataloge, Frage- und Beobachtungsleitfäden) für die anschließend vorzunehmende repräsentative Tätigkeitsanalyse ausgewählt werden. Die in Phase 3 durchzuführenden Arbeits- und Tätigkeitsanalysen sollen über die reale Technologieentwicklung und die tatsächliche Veränderung der Arbeitsorganisation informieren. Tätigkeitsanalysen liefern die Datenbasis für die erforderlichen Qualifikationsprofile der zu konstruierenden Ausbildungsgänge. In Phase 4 werden unter Berücksichtigung bildungspolitischer Eckdaten die festzuschreibenden Ausbildungsinhalte aus der Gesamtheit der erfaßten Tätigkeiten und Qualifikationskomponenten nach didaktischen Prinzipien ausgewählt und in einem Ausbildungsentwurf sachlich und zeitlich gegliedert. In Phase 5 werden Ausbildungsordnungen unter Berücksichtigung der Ordnungskompetenz von Bund und Ländern erlassen und in Ausbildungspläne umgesetzt. Das hier beschriebene Verfahren entspricht einem forschungsstrategischen Idealtypus und trifft in der Praxis auf hier nicht zu beschreibende vielfältige Probleme.

Das Interesse der beruflichen Curriculumforschung richtete sich von Anfang an nicht nur auf die Herausbildung von beruflicher Tüchtigkeit, sondern auch auf die Förderung von (beruflicher) Mündigkeit. Diese Orientierung darf nicht als rein normativ mißverstanden werden, sondern trägt dem Faktum Rechnung, daß Betriebe, Schulen und überbetriebliche Aus- und Weiterbildungsstätten neben technisch-ökonomischen Zwecken auch pädagogischen und sozialen Zielen verpflichtet sind.

3.4.3.7 Jugend- und Sozialisationsforschung: Einstellungen zu Arbeit und Beruf

In diesem für die berufliche Bildung indirekt relevanten Forschungsbereich, der sich der Zielgruppen- und Sozialisationsforschung (vgl. Tab. 2) zuordnen läßt, wurde Ende der 70er und Anfang der 80er Jahre anhand bildungsstatistischer Vergleichsdaten aufgezeigt, daß in der Bundesrepublik Deutschland eine folgenreiche Umstrukturierung eines herausragenden Sozialisations- und Erfahrungsbereichs von Jugendlichen stattgefunden hat und zwar von einer noch in den 50er und 60er Jahren unmittelbar arbeitsintegrierten zu einer nach der Bildungsexpansion mehr und mehr schulisch bestimmten Sozialisations- und Erziehungsform. In der jugendtheoretischen Diskussion wurde die wachsende Bedeutung jugendlicher Teilkulturen auf den sinkenden Anteil unmittelbar Berufstätiger im Jugendalter zurückgeführt. Zu Recht ging man von einer Expansion des Freizeitbereichs aus, weil die finanziellen Mittel für die Freizeit und die subjektive Bedeutung von Freizeit altersübergreifend in den letzten Jahrzehnten gestiegen war. Unzutreffend waren allerdings Behauptungen, wonach generell freizeitbezogen-hedonistische Orientierungen gegenüber beruflich-leistungsbezogenen Orientierungen dominant werden würden. Empirische Befunde mehrerer Jugendstudien zeigten vielmehr, daß von einer inneren Abkehr von Beruf, Arbeit und Leistung bei Jugendlichen nicht die Rede sein konnte (vgl. Sozialwissenschaftliches Institut Nowak und Sörgel (SINUS), 1983; Allerbeck & Koag, 1985). Insbesondere verstärkte sich seit den 70er Jahren die Arbeits- und Berufsorientierung von Mädchen. Die Befunde sprachen dafür, daß eine interessengeleitet-intrinsische Arbeits- und Berufsorientierung bei der Erwartungen an eine selbständige, komplexe und qualifizierte Arbeitsaufgabe wichtig sind, unter dem Einfluß der Bildungsexpansion an Bedeutung gewannen (vgl. SINUS, 1983, S. 88). Eine traditionell-konventionelle Arbeitsorientierung, die Aufstieg und gutes Einkommen als zentrale Anliegen impliziert, blieb aber die häufigste Arbeitseinstellung.

Damals entstandene Globaldiagnosen von einer aufkommenden postindustriellen Freizeitgesellschaft und die euphorische Formel, daß die Freizeit zumindest auf der Einstellungsebene der Arbeit und dem Beruf den Rang abgelaufen habe (vgl. Opaschowski, 1983, S. 29) und eine hedonistische Arbeits- und Berufsorientierung dominant würde, fanden in der empirischen Forschung keine Bestätigung.

Es änderten sich allerdings die Erwartungen an die Arbeit und den Beruf, insbesondere wurde die soziale Dimension der Arbeit wichtiger. Ein gutes Verhältnis zu den Kollegen, ein gutes Arbeits- und Betriebsklima, Arbeitsplatzsicherheit und interessante Arbeitstätigkeiten spielten eine wichtige Rolle. Im internationalen Vergleich ergaben sich deutliche Unterschiede: So wurde in einer italienischen Studie die Arbeitsplatzsicherheit, in einer französichen Studie die gute Bezahlung und in verschiedenen deutschen Studien interessante Arbeitstätigkeit und guter Lohn als wichtigstes Kriterium für die künftige Tätigkeit genannt (vgl. European Centre for the Development of Vocational Training (CEDEFOP), 1978).

3.4.3.8 Modellevaluation von Programmen für spezifische Gruppen

In einigen Bereichen der Berufspädagogik war eine explorative empirische Forschung Bestandteil der systematischen Begleitung von Modellprojekten, die sich der Evaluationsforschung (Tab. 2) zuordnen läßt. Die berufliche und soziale Integration besonderer Zielgruppen bildete hierbei einen Schwerpunkt, so daß sich hier auch Bezüge zur Zielgruppen- und Sozialisationsforschung - häufig im Kontext von Sondermaßnahmen - erkennen lassen. Die hier zu schildernde Forschungsrichtung begann zwar in den 70er Jahren, entfaltete ihre volle Wirkung jedoch erst im Verlauf der 80er Jahre.

Behinderte und Lernbeeinträchtigte:

In den Modellvorhaben zur Integration von Behinderten waren berufspädagogische Maßnahmen schon immer sehr bedeutsam. Durch jahrelange Begleitforschung wurden Formen des "integrativen Lernens" gefunden, die den Erwartungen und Bedürfnissen von Behinderten ebenso entsprechen wie den Qualifikationsanforderungen der Berufswelt. Zur Optimierung der Ausbildungs- und Wiedereingliederungschancen von Behinderten erwies sich eine Lernorganisation als notwendig, die

- Theorie und Praxis,
- Faktenwissen und Problemlösungskompetenz,
- Fachautorität und Partnerschaft,
- kognitives und sozialemotionales Lernen,
- Fachausbildung und Persönlichkeitsbildung,
- personorientierte und mediale Ausbildung,
- Einzelunterricht und Kleingruppenarbeit verbindet.

Erwähnt werden muß in diesem Zusammenhang auch das um 1980 sich etablierende und mittlerweile über das Arbeitsförderungsgesetz auf Dauer gestellte Benachteiligtenprogramm des BMBW. Ziel dieses Modellprogramms war bzw. ist die Förderung der Berufsausbildung für Jugendliche, die ohne zusätzliche Hilfestellungen den Anforderungen einer qualifizierten Ausbildung trotz Berufsvorbereitung noch nicht gewachsen sind. Ergebnis der wissenschaftlichen Begleitung dieses sozial- und berufspädogischen Programms war die Erarbeitung und Erprobung von Handreichungen u.a. zur Elternarbeit, zur Projektarbeit, für betriebliche Praktika, für den Berufsschulunterricht, für Selbsthilfe- und Alternativprojekte und zur Verbesserung der Kooperation von Ausbildern und Sozialpädagogen.

Ausländer:

Nach dem Scheitern der "Politik der Rotation" und unter dem Einfluß einer in der Bundesrepublik Deutschland aufwachsenden 2. Ausländergeneration wurden empirische Studien zur beruflichen und sozialen Situation von ausländischen Jugendlichen angeregt.

Bis Ende der 70er Jahre konnten aus der Fachliteratur zwar einige Motive, Motivationsdefizite, Ausbildungswünsche und Zukunftsperspektiven jugendlicher Ausländer erschlossen werden, aber überprüfte empirische Aussagen zu diesem berufs- und sozialpädagogisch bedeutsamen Problemkreis fehlten. Nur vereinzelt wurden Studien durchgeführt, die unter Berücksichtigung spezifischer nationaler Unterschiede Aussagen über die Voraussetzungen der beruflichen Integration und des Planungsvermögens ausländischer Jugendlicher zuließen. Ziel verschiedener Einzelstudien - teilweise als Begleitforschung von Modellprojekten durchgeführt - war es, die externalen gesellschaftlichen Faktoren und die internalen personenbezogenen Faktoren aufzuzeigen, die den Handlungsspielraum für berufs- und sozialpädagogische Aktivitäten bestimmen.

Frauen/Mädchen:

In den 70er Jahren verstärkte sich eine empirische Frauenforschung, die im Bereich der beruflichen Bildung aufzeigte, daß Mädchen an der ersten Schwelle beim Übergang von der Schule in die Berufsausbildung und an der zweiten Schwelle beim Übergang von der Berufsausbildung in den Beruf besondere Probleme haben. Im Berufsbidungsbericht 1979 (S. 39) wurden die Defizite deutlich beschrieben: Es gab mehr Frauen als Männer ohne abgeschlossene Berufsausbildung, an den Berufsfachschulen waren die Frauen in den technischen und Fertigungsberufen unterrepräsentiert, in den Dienstleistungsberufen dagegen überrepräsentiert, in der dualen Berufsausbildung wie bei den Studienanfängern lag der Anteil der Frauen jeweils unter 40 %, weibliche Jugendliche waren Ende der 70er Jahre bei den unversorgten Ausbildungsplatzsuchenden stärker vertreten, die Mehrheit der weiblichen Auszubildenden konzentrierte sich auf relativ wenige Ausbildungsberufe (85 % befanden sich 1977 in den 20 von Frauen am stärksten besetzten Ausbildungsberufen), das Ausbildungsplatzangebot war entsprechend einseitig. Die als "typisch weiblich" bezeichneten Ausbildungsberufe hatten häufig nur eine 2-jährige Ausbildung (z.B. Verkäuferin, Arzthelferin). Die kurze Ausbildungsdauer der weiblichen Auszubildenden hatte niedrigere Bezahlung, geringere Aufstiegsmöglichkeiten und ein höheres Arbeitsmarktrisiko zur Folge. Die Arbeitslosenraten der Frauen lagen über denjenigen der Männer.

Die Umorientierung der Lebensperspektiven von Frauen auf zwei Lebensbereiche, dem häuslich-familiären und dem beruflichen, führte einerseits zu einer starken Zunahme der subjektbezogenen empirischen Forschung, in der die Bedeutung des Berufes für die Geschlechter thematisiert wurde und andererseits zur Initiierung verschiedener Modellprojekte, in denen die berufliche Bildung von Frauen gefördert wurde (z.B. Frauen in gewerblich-technischen Berufen).

3.4.3.9 Zwischenresümee

Es läßt sich zusammenfassend folgendes feststellen:

- Der "Aufschwung der Berufsbildungsforschung" (DFG Senatskommission 1990, S. 12) in den 70er Jahren war stark getragen von den Beiträgen einer an

Makrostrukturen orientierten sozioökonomischen Qualifikations(bedarfs)forschung. Darüber hinaus wurden Themen aus dem Spektrum der curricularen Ausbildungsordnungs- und Zielgruppenforschung sowie der Sozialisations- und Evaluationsforschung bearbeitet. Vergleichsweise seltener lassen sich Beiträge zu den stärker mikrodidaktischen bzw. handlungsorientierten Themengebieten der Berufsbildungsforschung identifizieren (Lehr-Lern-Forschung; Professionalisierungsforschung etc.). Auch die internationale bzw. die vergleichende Berufspädagogik liefert nur - sieht man einmal von den bekannten Pilotstudien im europäischen Raum ab (z.B. Lutz, 1976) - sehr vereinzelte Beiträge.

- Schwerpunktmäßig waren die Forschungsbeiträge in den 70er Jahren auf die Institutionen, Lernorte und Phasen der beruflichen Erstausbildung bezogen; die berufliche Weiterbildung trat erst vereinzelt in den Blick (z.B. Lenhardt, 1974; Schmitz, 1978).

- Die Berufsbildungsforschung der 70er Jahre war stark interdisziplinär ausgerichtet bzw. - negativ gewendet - läßt sich mit der DFG-Senatskommission die Auffassung vertreten, daß "(...) die Berufs- und Wirtschaftspädagogik (selbst; d.V.) sich der Ausbildungswirklichkeit eher zögerlich zugewandt (hat) und sie (bis heute) eher punktuell als auf breiter Front oder gar >flächendeckend< erforscht (hat)" (DFG Senatskommission, 1990, S. 12). Dieser Eindruck der bloß marginalen Entwicklungen einer genuin pädagogisch fokussierten Berufsbildungsforschung (vgl. Tab. 2) wird auch noch dadurch gestützt, daß sich ein inter pretatives Forschungsparadigma in der Berufsbildungsforschung - von wenigen Ausnahmen abgesehen (vgl. Lempert & Thommsen, 1974) - kaum wirksam durchsetzen konnte.

3.4.4 Berufsbildungsforschung von 1980-1990

Die Berufsbildungsforschung der 80er Jahre ist durch "Diversifizierung" i.S. einer allmählichen Blickausweitung auf weitere mögliche Bereiche und Themengebiete sowie i.S. einer stärkeren Hinwendung der Forschung auf andere Institutionen, Lernorte und Phasen (vgl. Abb. 2) gekennzeichnet. Dabei wurden die in den 70er Jahren im Vordergrund stehenden Forschungsrichtungen nicht plötzlich fallengelassen; sie wurden vielmehr fortgeführt und - vor dem Hintergrund der neuen Regelungen nach dem Berufsbildungsgesetz - unter neuem Vorzeichen intensiviert (z.B. bei der Ausbildungsordnungsforschung). Bestimmte Bereiche rückten jedoch auch in den 80er Jahren kaum in einer ihrer Bedeutung entsprechenden Weise in den Blick; dies gilt z.B. für die Institutionenforschung (besonders im Blick auf die Institution Berufsschule) und die fachdidaktische Forschung, die auch im Zuge der Neuordnung der industriellen Metall- und Elektroberufe kaum über methodische Diskussionsbeiträge hinaus wirksam befruchtet wurden. Der berufspädagogische Ansatz in der Berufsbildungsforschung (Rosenthal, 1990) wurde in den 80er Jahren jedoch in Ansätzen deutlicher profiliert.

3.4.4.1 Evaluations- und Prognoseforschung

Im Bereich der Prognoseforschung hat das Bundesinstitut für Berufsbildung 1986 mit der Szenariotechnik neue Wege beschritten (Kau & Ehmann, 1986), um die Gleichzeitigkeit der für die Berufsbildung folgenreichen Wandlungsdynamiken in ihrer Zukunftsbedeutsamkeit einschätzen zu können. In einer Sonderveröffentlichung des Bundesinstituts für Berufsbildung aus dem Jahre 1988 mit dem Zukunftstitel "Technischer Wandel und Gestaltung der beruflichen Bildung" werden die berufsübergreifenden sowie die berufsfeldspezifischen Qualifikationsfolgen des Einsatzes der neuen Technologien differenziert auf der Basis des verfügbaren Forschungsstandes analysiert und deutlich herausgestellt, daß sich z.B. "die komplexer werdende Technik mit den traditionellen Metallfertigkeiten und -kenntnissen der bisherigen Berufe allein nicht mehr beherrschen (läßt)" (Buschhaus & Hecker, 1988, S. 135).

Solche aus Modellversuchen und Projekten gewonnenen Einschätzungen wurden auch durch die Studie von Kern und Schumann (1984) mit dem Titel "Das Ende der Arbeitsteilung - Rationalisierung in der industriellen Produktion" untermauert, die auch wesentliche Hinweise für eine qualifikationsstrategische Ausdeutung des von den Autoren vertretenen Konzeptes der "Neoindustrialisierung" beinhaltete. Mit diesem Begriff kennzeichneten die Autoren eine Form der Rationalisierung, welche "(...) nicht mehr ausschließlich den *herkömmlichen* Formen kapitalistischer Rationalisierung folgt: Neue Produktionskonzepte haben eine Chance" (Kern & Schumann, 1984, S. 24). Die qualifikatorischen Anforderungen, die sich aus den neuen Produktionskonzepten ergeben (könnten) deuten nach dieser Studie in den innovationsintensiven Branchen auf "Reprofessionalisierung" hin. Dieser Trend "(...) besteht offenkundig in einer Zuspitzung der indirekten Funktionen auf die hochqualifizierten Arbeiten der Instandhaltungs-Spezialisten und die verantwortungsvolle Tätigkeit des Qualitätsfachmannes" (Kern & Schumann, 1984, S. 97). Zwar lassen sich in der Diskussion auch ganz gegenläufige Einschätzungen finden (vgl. u.a. Malsch & Seltz, 1988), doch scheinen die Ergebnisse der prognostisch orientierten industriesoziologischen Forschung der 80er Jahre deutliche Hinweise dafür zu enthalten, daß die Entwicklung in vielen Bereichen dem "anthropozentrischen Entwicklungspfad" (Brödner, 1986) folgen wird, worin - und dies ist sicherlich als Novum zu werten - eine gewisse Korrektur der in den 70er Jahren die Debatte beherrschenden Polarisierungsthese gesehen werden kann.

Auch das in den letzten Jahren vom Institut für Arbeitsmarkt- und Berufsforschung (IAB) der Bundesanstalt für Arbeit veröffentlichte Datenmaterial (Bolte, 1986; Hoffmann, Schnur, Stooss & Tessarting, 1986; Klauder, Schnur & Thon, 1985; Institut für Arbeitsmarkt und Berufsforschung, 1987a,b; Rothkirch & Weidig et al., 1985;Rothkirch & Weidig, 1986; Thon, 1986) ist für die Prognoseforschung relevant. Dieses Datenmaterial, das Klauder (1988) hinsichtlich der längerfristigen Arbeitsmarktperspektiven für die Bundesrepublik Deutschland ausgewertet hat, läßt prognostische Folgerungen zu:

- Das Beschäftigungsproblem wird noch bis in die 90er Jahre hinein bestehenbleiben.

- Das Erwerbspersonenpotential wird aus Gründen der demographischen Entwicklung weiter abnehmen (um jährlich zwischen ca. 1% und 2%).

- Frauenerwerbstätigkeit und die Alterserwerbstätigkeit werden zunehmen und könnten mehr als die Hälfte des Erwerbspotentialsrückganges nach 2000 kompensieren (Klauder, 1988, S. 55 ff).

- "Allgemein wird erwartet, daß durch die neuen Techniken im Erwerbssystem die Handarbeit am Produkt und die einfache Maschinenbedienung immer mehr an Bedeutung verlieren werden. Betroffen sind davon vor allem die Arbeitsplätze für ungelernte und angelernte Tätigkeiten" (Klauder, 1988, S. 89).

- "Für den Arbeitskräftebedarf folgt daraus im gesamtwirtschaftlichen Saldo eine weitere Verschiebung hin zu höher qualifizierten Tätigkeiten und zu den Dienstleistungstätigkeiten im weitesten Sinne, nämlich zu den sogenannten tertiären Tätigkeiten in den Berufen, zu tertiären Berufen in allen Sektoren sowie zu den Dienstleistungssektoren selbst. Auf allen Ausbildungsebenen dürften flexible Arbeitskräfte mit breitangelegten, fachübergreifenden Qualifikationen besonders günstige Entwicklungschancen haben" (Klauder S. 89f).

Zur Evaluationsforschung im weitesten Sinne sind auch die Ergebnisse der Modellversuche des BMBW's, aber auch - in allererster Linie die des Bundesinstituts für Berufsbildung - zu zählen, in denen in folgenden Förderbereichen durch Begleitforschungen berufsbildungsrelevante Daten erarbeitet und kommentiert werden:

- Weiterentwicklung, Aktualisierung und Erprobung von Ausbildungsgängen und Ausbildungsinhalten der beruflichen Erstausbildung,
- Neue Technologien in der beruflichen Bildung,
- Erprobung neuer Ausbildungsmethoden,
- Weiterbildung von Ausbildungsberatern,
- Berufsausbildung von Mädchen in gewerblich-technischen Ausbildungsberufen,
- Berufsvorbereitung und Berufsausbildung jugendlicher Problemgruppen (Lernschwache, Lernbeeinträchtigte),
- Berufsausbildung ausländischer Jugendlicher und junger Erwachsener,
- Berufliche Fort- und Weiterbildung sowie
- Förderung gestalterisch-kreativer Fähigkeiten in der Berufsausbildung (Bundesinstitut für Berufsbildung, 1986; 1987).

3.4.4.2 Qualifikationsforschung und Technikgestaltung

Im Zusammenhang mit den Aktivitäten des Bundesministeriums für Forschung und Technologie (BMFT) zur "Humanisierung des Arbeitslebens" wurden seit Mitte der 70er Jahre Vorhaben mit einem Gesamtaufwand von über einer Milliarde DM (vgl. Pornschlegel, 1990) durchgeführt. Die berufspädagogische Relevanz dieser Aktivitäten und ihrer Begleitforschung ist darin zu sehen, daß wesentliche Elemente von Qualifikation und Qualifizierung direkt am Arbeitsplatz erkannt wurden, womit die Lernwirksamkeit der Arbeitsbedingungen in den Blick gerückt wurde. Als wesentliche Voraussetzungen für eine Humanisierung des Arbeitslebens rückten somit die Möglichkeiten zur vorbeugenden und innovativen Gestaltung von Arbeit und Technik in den Vordergrund, woraus die Berufsbildungsforschung u.a. die Fähigkeit zur "humanökologischen Technikgestaltung als Bildungsziel" (Gerds, 1989, S. 298ff) folgerte, die in enger Verwandtschaft zu den von Brater, Büchele & Reuter (1985) konzipierten kreativ-künstlerischen Kompetenzen gesehen werden kann.

Die Humanisierungsperspektive war seit den 70er Jahren, aber auch für die gesamten 80er Jahre, eine deutliche Orientierungsmarke der Berufsbildungsforschung. Bereits zu Beginn der 80er Jahre weist Orendi in einem IAB-Reader zur Berufsbildungsforschung darauf hin, daß für diese Humanisierungsperspektive eine arbeitspsychologische Orientierung (Hacker, 1978; Volpert, 1974) zentral sei (Orendi, 1982); und auch in der pädagogischen Berufsbildungsforschung konnte die arbeitspsychologische Handlungsregulationstheorie in den 80er Jahren - zumindest in Ansätzen - erfolgreich bei der Analyse von Qualifikationsanforderungen angewandt werden (vgl. Volpert, 1980; Bargmann et al., 1981). Hierbei haben vor allem die Methodenmodellversuche des Bundesinstituts für Berufsbildung eine wichtige Funktion erfüllt: "Über die Handlungstheorie sind so gerade dem berufspraktischen Lernen im Betrieb 'neue theoretische Legitimationsmöglichkeiten, ein neues pädagogisches Selbstbewußtsein' (Pampus) zugewachsen" (Schmidt-Hackenberg, Höpke, Lemke, Pampus & Weissker, 1989, S. 6).

Insgesamt deutete sich dabei eine veränderte Richtung der etablierten Qualifikationsforschung an, die sich gewissermaßen abzuwenden begann von der Prognoseorientierung und wesentlich stärker die durch Sozialisationschancen im (zukünftigen) Arbeiter zu entwickelnden Potentiale in den Blick rückte. Der zukünftige Facharbeiter - so die gewandelte qualifikationsanalytische Sicht - "(re)agiert nicht vorrangig oder ausschließlich als Besitzer definierter objektivierbarer Qualifikationen, sondern ebenso mit seinen individuellen Fähigkeiten, Motiven und Gefühlen. Mit der Hereinnahme dieser persönlichkeitsspezifischen Faktoren gewinnt die Arbeitstätigkeit (Beruflichkeit) künftig an Individualisierung zurück, die sie durch wachsende Automatisierung und Standardisierung auf der Werkzeugebene verloren hat" (Laur-Ernst, 1988, S. 20). Die Humanisierungsfragestellung wurde dabei - über Lernstatt und quality-circle-Konzepte - in letzter Zeit immer stärker mit der betrieblichen Weiterbildungs- bzw. Personalentwicklungsfrage verzahnt (vgl. Zink, 1991).

Für die berufspädagogische Theoriebildung bedeutsam wurden in den 80er Jahren u.a. die Theorie des Tacit Knowledge von Polanyi (1966), die im Rahmen des ESPRIT-Projekts 1217 als Interpretationsfolie für die qualifikationsorientierte Analyse der rechnergestützten Facharbeit diente. "Die durch Bildung zu gestaltende Technik" rückte dadurch als berufspädagogisches Leitparadigma in den Blick, davon ausgehend, daß "vorhandene oder zu schaffende Qualifikationen, mehr noch das Tätigkeitsangebot, das beruflich wirklich 'gebildete' Menschen machen können, auf die Formen der Arbeit und Arbeitsorganisation ein(wirken)" (Rauner, 1989, S. 217). Vorbereitet und unterstützt wurde diese - gerade auch für das Handlungslernen grundlegende Perspektive (vgl. 3.4.4.3 und 3.4.4.4) - u.a. durch die Ergebnisse der vergleichenden Berufsbildungsforschung aus den 70er Jahren. So hatte bereit Lutz in seiner deutsch-französischen Vergleichsuntersuchung deutlich den Einfluß des Bildungssystems auf die Gestaltung betrieblicher Arbeitskräftestruktur herausgearbeitet und für eine Neufassung der technikdeterministischen Funktionsbeziehungen zwischen Bildungssystem, Beschäftigungsstruktur und Produktionsprozeß plädiert (Lutz, 1976). Damit waren die Spielräume aufgezeigt für eine auch durch eine erweiterte Qualifizierung der Erwerbstätigen (Schlüsselqualifikationen etc.) zu gestaltende Technikanwendung.

3.4.4.3 Weitere Entwicklung der Ausbildungsordnungsforschung

Der "weite Qualifikationsbegriff" war auch für die Neuordnung der industriellen Metall- und Elektroberufe leitend, die 1987 abgeschlossen werden konnte. Im Zuge der diese Neuordnung vorbereitenden und begleitenden Forschungen kamen daher grundlegende Aspekte einer zeitgemäßen beruflichen Bildung zur Sprache, die sich vor allem auch auf Probleme der didaktischen Realisierung eines weiten Qualifikationsanspruches bezogen (vgl. Stratmann, 1989, S. 215).

Die Rolle, die die Berufsbildungsforschung (des Bundesinstituts für Berufsbildung) bei dieser Neuordnung gespielt hat, wird von den Beteiligten selbst positiv bewertet: "Die Kooperation zwischen Ausbildungspraxis und Berufsbildungsforschung bei der Neuordnung der industriellen Metallberufe war" - so kann man lesen - "ein Erfolg. (...) Der Neuordnung der industriellen Metallberufe hat der Anwendungsbezug der Berufsbildungsforschung gutgetan" (Geer, 1990, S. 180). Neben dieser 'Politik-Beratungs-Relevanz' hat sich die Berufsbildungsforschung jedoch auch bei der Umsetzung der Neuordnungsvorgaben Ende der 80er Jahre hervorgetan. Nicht die flächendeckende empirische Großforschung war dabei jedoch die angemessene Form, sondern die experimentelle Kleinforschung, häufig in der Form projektbegleitender Analyse und Erfahrungsdokumentation. Aus dieser Kleinforschung konnten konkrete Umsetzungshilfen abgeleitet werden, deren Erprobung häufig bereits Gegenstand der praxisbegleitenden Forschung selbst waren. Eine Fülle solcher Kleinforschungsergebnisse wurden auf der Tagung "Zukunftsinvestition berufliche Bildung" dargestellt, die vom 2.-3. Mai 1988 im Berufsförderzentrum Essen durchgeführt wurde. Die Tagungsbände dieser Zusammenkunft erfuhren in der Berufsbildung eine weite Verbreitung (Brückers & Meyer, 1988).

Die mit der ständigen Neuordnung der Ausbildungsberufe verbundenen Makrotendenzen sind empirisch durch die Analyse des Bundesinstituts für Berufsbildung gut dokumentiert. Dabei fällt vor allem die Tendenz zur Konzentration der Ausbildungsberufe von ca. 600 zu Beginn der 70er Jahre auf derzeit 382 (1988) auf, hinter der sich eine Entwicklung in Richtung auf 'Grundberufe' verbirgt. In einer Evaluierung der neugeordneten industriellen Metall- und Elektroberufe wurden vom Bundesinstitut für Berufsbildung kürzlich die damit verbundenen quantitativen und qualitativen Veränderungen analysiert und die wesentlichen Wandlungen bei den Berufen, den Auszubildenden und den ausbildenden Betrieben festgestellt. Im Hinblick auf die Auzubildenden wird betont:

"1. Von einem Trend zu höheren Eingangsqualifikationen als Folge der Neuordnung kann weder im Metall- noch im Elektrobereich die Rede sein. Zwar liegt der Anteil der Auszubildenden mit mittlerer Reife bei den 87er Einstellungen in den neuen Berufen über den alten Zahlen; gleichzeitig ist jedoch der Abiturientenanteil gesunken. Außerdem ist zu berücksichtigen, daß Klein- und Mittelbetriebe mit einem niedrigeren Vorbildungsniveau später auf die neuen Berufe umstellen.

2. Das insgesamt höhere Vorbildungsniveau der Jugendlichen im Elektrobereich bleibt auch nach der Neuordnung bestehen. Im Metallbereich wird auch weiterhin etwa die Hälfte der Auszubildenden von Hauptschulen rekrutiert, während dies im Elektrobereich nur ein Drittel ist.

3. Die Ergebnisse stützen die Vermutung, daß sich dieses Rekrutierungsverhalten der Betriebe auf Haupt- und Realschüler zentriert. Jugendliche ohne Hauptschulabschluß (auch bisher schon eher Exoten unter den Metall- und Elektrolehrlingen), aber auch Abiturienten, scheinen künftig seltener den Weg in eine Metall-/Elektroausbildung zu finden.

Der Anteil der Mädchen in den neugeordneten Berufen ist gegenüber der Ausgangssituation 1987 um ca. 1% gestiegen. Bei dieser Zunahme von absolut insgesamt 500 zusätzlichen Mädchen im Bundesgebiet kann wohl nicht davon gesprochen werden, daß die Neuordnung ein Meilenstein zur Öffnung der gewerblich-technischen Berufe für Frauen darstellt. Allerdings ist für diese hinter den Erwartungen zurückbleibende Ausweitung des Frauenanteils nicht alleine, wahrscheinlich nicht einmal in erster Linie, die Zurückhaltung der Betriebe entscheidend" (Grünewald et al., 1989, S. 49).

3.4.4.4 Die auf Methodik konzentrierte fachdidaktische Forschung

Ein auch in den 80er Jahren andauerndes Manko der Berufsbildungsforschung kann in der völligen Minderbeachtung der fachdidaktischen Forschung und Theoriebildung gesehen werden. So diagnostiziert auch die DFG Senatskommission einen eher marginalen Entwicklungsstand der fachdidaktischen Forschung, nimmt man einmal die Wirtschafts-, Deutsch- und Mathematikdidaktik aus (DFG Senatskommission, 1990, S. 21). Auch im Zusammenhang mit der zunehmenden Bedeutung der außer- und überfachlichen Qualifikationen kommt die Inhaltsfrage in der Regel zu kurz; zumindest ist bis heute für die einzelnen Fachgebiete noch weitgehend ungeklärt, an welchen Inhalten denn z.B. die Fähigkeiten zum selbständigen Planen, Durchführen und Kontrollieren erworben werden können.

Unabhängig von der hier nicht darstellbaren - in den 80er Jahren erst voll entflammten! - Debatte um die Schlüsselqualifikationen (vgl. Achtenhagen, John & Luedecke, 1988; Reetz, 1990) sind die in dieser Debatte angelegten Fragen an die fachdidaktische Transferforschung empirisch bislang weitgehend unbearbeitet. Damit dauert ein Forschungsdefizit fort, auf welches bereits 1975 hingewiesen wurde (vgl. Elbers, Heckenauer, Mönikes, Pornschlegel & Tilmann, 1975, S. 29).

Aus den wenigen Beiträgen einer empirischen Forschung zur Fachdidaktik sind in diesem Zusammenhang Achtenhagen u.a. zu nennen, welche die Möglichkeiten einer Vermittlung komplexer Fähigkeiten in der kaufmännischen Berufsbildung im Rahmen eines integrierten, d.h. auf Curriculumarbeit bezogenen Entwicklungsmodelles analysiert haben (vgl. Achtenhagen et al., 1988). Darüber hinaus lassen sich vereinzelte fachdidaktisch orientierte Arbeiten aus dem Bereich der Lehr-Lern-Forschung erwähnen (vgl. Wienold, Achtenhagen, Buer, Oldenbürger, Rösner & Schluroff, 1985). Dabei scheint es u.E. einen unübersehbaren Forschungsvorsprung im Bereich der wirtschaftspädagogischen Fachdidaktik zu geben, wofür u.a. der Tagungsband der Universität Göttingen zum Thema 'Lernprozesse und Lernorte in der beruflichen Bildung' ein beeindruckender Beleg ist (vgl. Achtenhagen & John, 1988).

Demgegenüber stellt sich die fachdidaktische Forschung im gewerblich-technischen Bereich experimenteller und stärker methodisch - weniger inhaltlich - orientiert dar. Wesentliche Beiträge stellen die Begleituntersuchungen des Bundesinstituts für Berufsbildung zu den Vorhaben des Förderbereiches 'Entwicklung neuer Ausbildungsmethoden' dar (vgl. Schmidt-Hackenberg et al., 1989)

3.4.4.5 Ausbilderforschung

Seit dem Erlaß der Ausbildereignungsverordnung (20.4.1972) war die Gruppe der betrieblichen Ausbilder wiederholt Gegenstand von Untersuchungen, so daß man heute auf ein Forschungsfeld 'Ausbildungspersonal' blicken kann, welches in den 80er Jahren erst eigentlich entstand (vgl. Kutt, 1988; Nickolaus, 1989). Dieses Forschungsfeld umfaßt zahlreiche Untersuchungen zu

- den Tätigkeitsstrukturen
- der Arbeitssituation
- dem Berufsbewußtsein und
- der Professionalisierung

der betrieblichen Ausbilder, die hier nicht im einzelnen dargestellt werden können (vgl. u.a. Arnold, 1983; Pätzold & Drees, 1987). Viele dieser Forschungsarbeiten folgen - vor allem zu Beginn der 80er Jahre - noch dem Professionalisierungskonzept der Berufssoziologie, welches sie allerdings im Hinblick auf die besondere Selbstreflexivität pädagogischen Berufshandelns weiterentwickeln (vgl. Arnold, 1983); ein Großteil der empirischen Forschungsarbeiten sind Modellversuchsevaluationen oder Begleitforschungen (vgl. Arnold & Wittwer, 1986).

Erst in allerjüngster Zeit beginnt man sich in der Diskussion von den oben skizzierten Forschungsthemen zu lösen und stärker über die fachliche, aber auch die außerfachliche Weiterbildung der Ausbilder - die sich im Zusammenhang mit der durch die Neuordnung und den erweiterten Qualifikationsbegriff notwendigen pädagogischen Professionalität ergibt - nachzudenken. Erst allmählich beginnt man sich jedoch auch mit den anderen betriebspädagogischen Berufsrollen zu befassen, z.B. den betrieblichen Weiterbildnern. Diese Tendenzen haben sich allerdings noch nicht zu eigenständigen Forschungsansätzen verdichtet, so daß von einem "Beitrag der Berufsbildungsforschung zur Qualifizierung des Personals in der betrieblichen Aus- und Weiterbildung" (Geissler & Wittwer, 1990) eigentlich nicht die Rede sein kann.

Die durch die Neuordnung der industriellen Metall- und Elektroberufe sich ändernde Rolle der Ausbilder war bislang noch nicht Gegenstand der Ausbilderforschung. Erste Hinweise legen jedoch die Vermutung nahe, "daß der Unterweisungsaufwand am Arbeitsplatz steigen wird (...). Neben der quantitativen Seite beim Ausbildereinsatz spielt, will man die Effizienz der Ausbildung in den Betrieben steigern und neue pädagogische Konzepte zum Tragen kommen lassen, auch deren Qualifikation eine wesentliche Rolle" (Grünewald et al., 1989, S. 45).

Die Ausbilderforschung der 80er Jahre war in wesentlichen Teilen qualitativ orientiert, d.h. auf die verstehende Rekonstruktion mentaler Vorstrukturen (Deutungsmuster etc.) ausgerichtet; durch sie erhielt das pädagogische Verstehensparadigma in der Berufsbildung 'Aufwind' und gleichzeitig konnte sich eine qualitative Berufsbildungsforschung in diesem Bereich etablieren. Diese erhellte u.a. die autobiographischen Anteile im semiprofessionellen Ausbildungshandeln und "lieferte" dadurch wesentliche Hinweise für die Entwicklung einer teilnehmerorientierten Didaktik der Ausbilderqualifizierung (u.a. Arnold, 1983)

3.4.4.6 Berufliche Sozialisationsforschung und Unternehmenskulturforschung

Auch in den 80er Jahren wurde die in den 70er Jahren begonnene Sozialisationsforschung im Blick auf die Berufspädagogen einerseits (vgl. Heidbüchel & Zinke, 1973, Honolka, 1979; Susat, 1973) und ihre 'Klientel' andererseits (z.B. Faulstich-Wieland, 1976) fortgesetzt. Zu nennen sind in diesem Zusammenhang u.a. die Studien von Giesbrecht (1980) über die "berufliche Sozialisation im Referendariat von Wirtschaftslehrern", sowie die Arbeiten von Büchner (1980), Holling & Bammé (1982). Besonders die Studie von Büchner, die die Sozialisationsgeschichte der Gewerbelehrer im Kontext einer Theorie des sozialen Aufstiegs reinterpretiert, steckt voller studienorganisatorischer Hinweise und ausbildungsdidaktischer Anregungen, welche allerdings hochschuldidaktisch bislang nicht aufgegriffen worden sind. So liegen bislang kaum Erfahrungen mit der Umsetzung der professionalisierungsstrategischen Forderung an die Hochschule vor, nämlich "(...) als eine mögliche Nachsozialisation im Sinne einer tendenziellen Aufhebung von Erstarrungsmustern als Folge der vorausgegangenen Sozialisationsprozesse zu gelten" (Büchner, 1980, S. 308).

Es wurden in den 80er Jahren jugendsoziologische Arbeiten zu den arbeitsbezogenen Lebensperspektiven und Interessenorientierungen vorgelegt (vgl. Baethge, Hantsche, Pelull & Voskamp, 1988), wozu vor allem auch die Fortsetzung der Längsschnittstudien des Max-Planck-Instituts zu zählen ist (u.a. Lempert, 1988), doch gingen wichtige Impulse in der beruflichen Sozialisationsforschung u.E. auch von zwei anderen Ansätzen aus, nämlich

- von der Erwachsenensozialisationsforschung und ihrer Ausrichtung an einem Konzept der betrieblichen Lebenswelt (vgl. Volmerg, Senghaas-Knobloch & Leithäuser, 1986; neuerdings: Hoff, 1990) und
- von - damit durchaus in Zusammenhang stehend - der geradezu ethnographisch orientierten betriebspädagogischen Unternehmenskulturforschung (vgl. Dürr, Merkens & Schmidt, 1987).

Beide Ansätze werden derzeit eher im Kontext einer qualitativ orientierten Berufsbildungsforschung weiterentwickelt, obgleich auch ihre empirisch orientierte Analyse denkbar wäre. Für eine empirische Analyse des Funktionszusammenhangs von Unternehmenskultur und Sozialisation hat Orendi (1982) Untersuchungen vorgelegt, die auch Aufschlüsse über die notwendigen Sozialisationsvoraussetzungen für die Entwicklung von beruflicher Mündigkeit und betrieblicher Demokratie beinhalten.

3.4.4.7 Weiterbildungsforschung

Die Berufsbildungsforschung hat sich erst in den 80er Jahren intensiv der beruflichen Weiterbildung zugewandt. Diese Verspätung hat sicherlich eine Fülle von Ursachen, von denen nur die beiden wichtigsten genannt seien:

- Die traditionell-institutionengeschichtliche Einschränkung der universitären Berufspädagogik auf die Berufs<u>schul</u>pädagogik einerseits und
- die Einschränkung der universitären Erwachsenenbildung auf die Erwachsenenbildung der "traditionellen" Träger andererseits.

Die berufliche Weiterbildung fiel gewissermaßen durch diese Zuschneidung hindurch und wurde nur am Rande wahrgenommen. So enthält z.B. das "Taschenbuch der Weiterbildungsforschung" (Siebert, 1979) nur einen Artikel zu einer beruflichen Thematik (Berufliche Sozialisation); die Betriebe wurden erst kürzlich als Weiterbildungsträger entdeckt (vgl. Bundesministerium für Bildung und Wissenschaft, 1990), was sich allerdings noch kaum in entsprechenden Beiträgen einer betrieblichen Weiterbildungsforschung niedergeschlagen hat.

Gleichwohl lassen sich in den 80er Jahren erste wesentliche empirische Forschungen aus dem Bereich der beruflichen Weiterbildungsforschung nennen, die sich u. a. mit den Teilnehmervoraussetzungen und den Problemen der regionalen Benachteiligung durch berufliche Angebotsdefizite befassen (vgl. Dobischat & Waßmann, 1985) oder Fragen einer beruflichen Lehr-Lern-Forschung zum Gegenstand haben (vgl. Schmiel, 1990).

Unübersehbar hat sich in den 80er Jahren der Trend zu einer Weiterbildungsgesellschaft ausgewirkt: "Unsere Gesellschaft war eine Schulbildungsgesellschaft und wird immer mehr zu einer Weiterbildungsgesellschaft" (Geissler & Wittwer, 1989, S. 93). Die mit diesem Strukturwandel, welcher wesentlich durch die sogenannten neuen Technologien ausgelöst worden ist, verbundenen Forschungsfragen wurden u.a. auf einer Fachtagung der Universität Bremen (vom 14.-16. Februar, 1989) diskutiert (vgl. Görs & Voigt, 1989). Wie auf dem Symposion des Bundesministeriums für Bildung und Wissenschaft zur betrieblichen Weiterbildung (Bundesministerium für Bildung und Wissenschaft, 1990) kamen dabei allerdings stärker Forschungsdefizite als Forschungsstände zur Sprache. Wesentliche Forschungsdefizite und -perspektiven zeichnen sich - folgt man den Ergebnissen der beiden von Bundesministerium für Bildung und Wissenschaft im Vorfeld dieses Symposions angeforderten Gutachten - aus betrieblicher Sicht, insbesondere in den Bereichen Datenlage, Unternehmenskultur, Planung und Steuerung, neue Techniken, Zielgruppen, didaktisch-methodische Entscheidungsfelder, Erfolgskontrolle, Weiterbildung und EG-Binnenmarkt und Markttransparenz (Bundesministerium für Bildung und Wissenschaft, S. 182 ff.) ab; "aus Sicht von Arbeitnehmern" markieren demgegenüber folgende Themen die inhaltlichen Schwerpunkte eines künftigen Forschungskonzeptes: "Soziale Selektion, Segmentation und ihre unaufgedeckten strukturellen Zusammenhänge", "Bedingungen des Lernens und der neuen Methoden in der beruflichen (betrieblichen) Weiterbildung" und "betriebliche und überbetriebliche Entscheidungs-, Steuerungs- und Kontrollprozesse betrieblicher Weiterbildung" (Bundesministerium für Bildung und Wissenschaft, S. 486 ff.).

Obgleich der Stand der beruflichen Weiterbildungsforschung insbesondere im Hinblick auf die zukunftsrelevanten Aspekte insgesamt eher skeptisch beurteilt werden muß, darf u.E. doch nicht übersehen werden, daß sich die Datenlage in einigen Bereichen beruflicher Weiterbildung während der 80er Jahre deutlich verbessert hat. Dies gilt z.B. für

- die berufsbezogene wissenschaftliche Weiterbildung (s. Veröffentlichungen des Arbeitskreis Universitäre Erwachsenenbildung) und
- die Weiterbildung von Arbeitslosen (u.a. Brödel & Schmitz, 1982; Ebert, Foster, Hester, Kehnen & Richter,1982).

Darüber hinaus finden sich z.B. in einer Literaturdokumentation des Instituts für Arbeitsmarkt- und Berufsforschung Hinweise auf Projekte einer beruflichen Weiterbildungsforschung zu folgenden Bereichen, die hier nur aufgeführt werden können:

- Bildungspolitische Funktionen sowie Konzeption, Ziel und Planung von Weiterbildung;
- Bildungsurlaub;
- Institutionen, Kooperation und Finanzierung beruflicher Weiterbildung;
- Zielgruppen und Teilnehmerstatistik;
- Qualifikations- und Anforderungswandel;

- Qualifizierung, Umschulung und Personalplanung in der betrieblichen Weiterbildung;
- Lehrkräfte und Mitarbeiter in der Weiterbildung - ihre Qualifizierung und Professionalisierung (vgl. Best, 1984).

3.4.5. Fazit: Innovationsbedarf und vordringliche Forschungsaufgaben

Im Zeitablauf der beiden zurückliegenden Jahrzente haben sich deutliche thematische Veränderungen ergeben: Während in den 70er Jahren die berufliche Sozialisations-, die bildungsökonomische Bedarfsforschung sowie die Berufs- und Qualifikationsforschung neben der Curriculum- und Ausbildungsordnungsforschung im Vordergrund standen, kamen in den 80er Jahren z.B. die Ausbilderforschung sowie die Forschungen zur beruflichen Weiterbildung als 'neue' Untersuchungsstränge hinzu.

Nimmt man nun die thematische Breite der Berufsbildungsforschung in den Blick und geht man von der Beruflichkeit und dem Bildungscharakter der beruflichen Bildung aus, lassen sich selektiv und thesenartig einige vordringliche Forschungsaufgaben bestimmen. Zu vordringlichen Forschungsaufgaben gehören insbesondere (vgl. DFG Senatskommission, 1990, S. 67 ff):

Institutionen- und Lernortforschung: Klärungsbedürftig sind nach wie vor die Fragen, welche Gründe für die Einrichtung welcher Lernorte (also z.B. Arbeitsplatz, Lernecke, Lernbüro, Klassenraum, Schulungsraum, Lernort mit und ohne Ernstcharakter) sprechen und welche Vor- und Nachteile sich für die Zuordnung bestimmter Lernorte zu bestimmten Institutionen ergeben. Eine vergleichend eventuell quasi-experimentelle Forschung in diesem Bereich kann Aufschluß darüber geben, welche Ergebnisse für die berufliche Qualifizierung und die Persönlichkeitsentwicklung verschiedene Kombinationen von Lernprozessen, Lernorten und Institutionen haben.

Curriculare Forschung und Ausbildungsorganisation: Die Struktur der Erwachsenenberufe verändert sich fortwährend. In diesem Zusammenhang müssen der Umfang und die Zahl der Berufsfelder sowie die Zahl der anerkannten Ausbildungsberufe neu bestimmt werden. Diese Probleme sind wiederum mit der didaktisch-methodischen Strukturierung des Berufsgrundbildungsjahres verknüpft. Große Bedeutung hat weiterhin die Frage, wie berufliche Grundbildung organisiert werden kann, damit transferierbare Basisqualifikationen vermittelt werden. Wie läßt sich Grundbildung für verschiedene Ausbildungsberufe zusammenfassen und allgemeiner für welche Berufsgruppen empfiehlt sich eine strenge Unterscheidung von Grund- und Fachbildung?

Adressaten- und Zielgruppenforschung: Die Adressaten der beruflichen Aus- und Weiterbildung werden zunehmend heterogener. Es geht darum, daß das Aus- und Weiterbildungssystem flexibel auf die besonderen Lernpotentiale und Lerndefizite verschiedener Adressatengruppen reagiert. Besondere Fragen stellen sich bei der Weiterbildung und Umschulung älterer Arbeitnehmer, beim Wiedereinstieg von Frauen in den Beruf, beim Weiterbildungsbedarf von Ausländern und derzeit verstärkt von Aussiedlern.

Berufliche Sozialisationsforschung: Auf die berufsrelevante Bildung und die Persönlichkeitsentwicklung wirken keineswegs nur pädagogisch geplante Prozesse, sondern auch informelle Lernprozesse am Arbeitsplatz ein. Unter Einbeziehung der Forschungen zur Humanisierung der Arbeit wären Lern- und Sozialisationseinflüsse betrieblicher Arbeit herauszuarbeiten, die die pädagogisch intendierten Lernprozesse unterstützen oder die diesen entgegenwirken (heimlicher Lehrplan). Die genauere Erforschung von Berufsverläufen könnte Aufschluß darüber geben, unter welchen Bedingungen neue Qualifikations- und Berufsanforderungen besser bewältigt werden und wie der Beruf die Sozialkompetenz und Handlungsautonomie von Subjekten beeinflußt. Das Wissen über diese Zusammenhänge könnte wiederum bei der Modernisierung der Ausbildungsberufe berücksichtigt werden.

Lehr- und Lernforschung: Aufgrund des Wandels der Informations- und Kommunikationstechniken und der Veränderungen der Arbeitsorganisation wird in der beruflichen Bildung das übergreifende Ziel 'Problemlösefähigkeit' immer wichtiger. Es ist daher eine vordringliche Aufgabe die Strukturen von Aus- und Weiterbildungsprozessen daraufhin zu prüfen, wie die Problemlösefähigkeit der Lernenden entwickelt und verbessert werden kann (vgl. DFG Senatskommission, 1990, S. 71). Außerdem ist zu untersuchen, wie die neuen Lehr- und Lernmethoden wie Leittextmethode, Lernbüro, Fallstudien, Planspiele, Qualitätszirkel, Lernstatt etc. den neuen, komplexeren Qualifikationsanforderungen vieler Arbeitsplätze entsprechen.

Internationale Vergleichsforschung: Sowohl der europäische Binnenmarkt als auch der Export des Dualen Systems in Entwicklungsländer machen eine Intensivierung der internationalen Vergleichs- und Evaluationsforschung erforderlich. Die differenzierte Untersuchung anderer beruflicher Bildungsprozesse bzw. der dort auftretenden Probleme kann auch die Rationalität von Optimierungsstrategien im eigenen Land erhöhen.

Weiterbildungsforschung: Die berufliche Erstausbildung scheint uns derzeit besser erforscht zu sein als die berufliche Weiterbildung. Beispielsweise bedarf es im Weiterbildungsbereich kontinuierlicher Bestandsaufnahmen von Qualifikations- und Weiterbildungsdefiziten und -interessen von Arbeitnehmern, damit betriebliche und öffentliche Einrichtungen ein angemessenes Weiterbildungsangebot entwickeln können. Dringend zu klären ist dabei, in welchem Verhältnis die betriebliche, überbetriebliche und öffentliche Weiterbildung stehen.

Begleitung von Modellversuchen und Evaluationsforschung: In der DFG-Denkschrift (1990, S. 88) wird mit guten Gründen entschieden für die Beibehaltung von Modellversuchen plädiert, es wird aber auch vorgeschlagen, eine beratungsintensive und praxisnahe Handlungsforschung von einer anderen forschungsmethodischen Standards verpflichteten Evaluationsforschung zu trennen. Inwieweit ein solches

Vorgehen die erhoffte bildungspolitische Bedeutsamkeit tatsächlich steigern kann, ist an dieser Stelle nicht zu entscheiden.

Die Berufsbildungsforschung, die unter dem fordernden Erwartungsdruck einer an anwendungsfähigen, praxisnahen und umfassenden Lösungen beruflicher Aus- und Weiterbildungsprobleme interessierten Fachöffentlichkeit steht, darf sich auch künftig keinesfalls der Fortentwicklung der Forschungsmethodologie und der beständigen Überprüfung von Hypothesen entziehen. In der methodisch kontrollierten Berufsbildungsforschung wird verstärkt fortgefahren werden, die theoretischen Konstruktionen der Wirklichkeit und die notwendigen praktischen Problemlösungen empirisch abzusichern. Damit dies umfassend geschehen kann, ist zu hoffen, daß die in der DFG-Denkschrift eingeforderten Instrumentarien der Forschungsförderung zur vollen Wirkung kommen.

3.4.6 Literatur

Achtenhagen, F. (1988). Die Auswirkungen des technischen Fortschritts auf berufsbezogenes Lehren und Lernen. In G. Gabisch (Hrsg.), Technischer Fortschritt, Beschäftigung und wirtschaftliches Gleichgewicht (S.196-246). Berlin: Duncker und Humblot.

Achtenhagen, F. & John, E. G. (Hrsg.). (1988). Lernprozesse und Lernorte in der beruflichen Bildung. Tagungsband zum Internationalen Symposium aus Anlaß der 250-Jahr-Feier der Georgia Augusta. Göttingen: Universität.

Achtenhagen, F., John, E. & Luedecke, S. (1988). Lernen, Denken, Handeln in komplexen Situationen - unter Nutzung neuer Technologien in der käufmännischen Berufsausbildung. Zeitschrift für Berufs- und Wirtschaftspädagogik, 84 (1), 3-17.

Alesch, J. u.a. (1981). Bestandsaufnahme berufsbezogener wissenschaftlicher Weiterbildung 1979. Schriftenreihe Hochschule des Bundesministeriums für Bildung und Wissenschaft. Bd. 35. Bonn: Bock.

Allerbeck, K. & Hoag, W. (1985). Jugend ohne Zukunft? München: Piper.

Arnold, R. (1983). Pädagogische Professionalisierung betrieblicher Bildungsarbeit. Weiterbildungsrelevante Deutungsmuster des betrieblichen Bildungspersonals. Frankfurt/M.: Lang.

Arnold, R. (1990). Betriebspädagogik. Berlin: Schmidt.

Arnold, R. & Wittwer, W. (1986). Evaluation situationsorientierter Ausbilderseminare. Modellversuch zur pädagogischen Qualifizierung betrieblicher Ausbilder. Bericht über die Wissenschaftliche Begleitung der Modellseminare XXIII und XXIV. München: Bayerisches Staatsministerium für Arbeit und Sozialordnung.

Baethge, M., Brumlop, E., Faulstich-Wieland, H. & Gerlach, F. (1978). Ausbildungs- und Berufsstartprobleme von Jugendlichen unter den Bedingungen verschärfter Situationen auf dem Arbeits- und Ausbildungsstellenmarkt. Göttingen: Soziologisches Forschungsinstitut.

Baethge, M., Hantsche, B., Pelull, W. & Voskamp, U. (1988). Jugend: Arbeit und Identität. Lebensperspektiven und Interessenorientierungen von Jugendlichen. Opladen: Leske + Budrich.

Bargmann, H., Müller, K., Schickle, O. & Tippelt, R. (1981). Qualifikationsanforderungen im Einzelhandel. Schriftenreihe der AfeB. Bd. 19. Weinheim: Beltz.

Baumann, U., Becker, U., Gerstenmeier, J., Schickle, O. & Tippelt, R. (1979). Handlungsperspektiven und politische Einstellungen arbeitsloser Jugendlicher. Frankfurt: Campus.

Becker, E. & Wagner, B. (1977). Ökonomie der Bildung. Frankfurt: Campus.

Best, N. (1984). Berufliche Erwachsenenbildung. Literatur und Forschungsprojekte. Literaturdokumentation zur Arbeitsmarkt- und Berufsforschung (Sonderheft 13). Institut für Arbeitsmarkt- und Berufsforschung. Nürnberg: Bundesanstalt für Arbeit.

Blossfeld, H. P. (1985). Bildungsexpansion und Berufschancen. Empirische Analysen zur Lage der Berufsanfänger in der Bundesrepublik. Frankfurt: Campus.

Bolte, K. M. (Hrsg.). (1986). Schwerpunkt >Arbeitskräftestruktur 2000<. Mitteilungen aus der Arbeitsmarkt- und Berufsforschung, 19 (1), 1-201.

Bourdieu, P. (1982). Die feinen Unterschiede. Kritik der gesellschaftlichen Urteilskraft. Frankfurt: Suhrkamp.

Brandt, G., Haas, L., Mayer, E. & Schumm, W. (1973). Berufliche Sozialisation und gesellschaftspolitisches Bewußtsein jugendlicher Erwerbstätiger. Frankfurt: Europäische Verlagsanstalt.

Brater, M., Büchele, U. & Reuter, M. (1985). Fachübergreifende Qualifizierung durch künstlerische Übungen. München: Freies Geistesleben.

Brödel, R. & Schmitz, E. (1982). Weiterbildung als Vorbeugung gegen Arbeitslosigkeit. Vergleichende Untersuchung zwischen Dänemark, den Niederlanden, Irland, dem Vereinigten Königsreich und der Bundesrepublik Deutschland. Berlin: European Centre for the Development of Vocational Training (CEDEFOP).

Brödner, P. (1986). Fabrik 2000. Alternative Entwicklungspfade in die Fabrik der Zukunft. Bd. 3. Berlin: Sigma Bahn.

Brückers, W. & Meyer, N. (Hrsg.). (1988). Zukunftsinvestition Berufliche Bildung. Bde. 1-4. Essen: Berufsförderungszentrum.

Büchner, U. (1980). Der Gewerbelehrer und die industrielle Arbeit. Zum Zusammenhang von Arbeiten und Lernen. Weinheim: Beltz.

Bundesinstitut für Berufsbildung (BIBB). (1986). Modellversuche in der außerschulischen Berufsbildung. Berlin: Autor.

Bundesinstitut für Berufsbildung (BIBB). (1987). Modellversuche in der außerschulischen Berufsbildung. Berlin: Autor.

Bundesministerium für Bildung und Wissenschaft. (Hrsg.). (1977). Berufsbildungsbericht. Bonn: Bock.

Bundesministerium für Bildung und Wissenschaft. (Hrsg.). (1990). Betriebliche Weiterbildung - Forschungsstand und Forschungsperspektiven. Schriftenreihe "Studien zu Bildung und Wissenschaft". Bd. 88. Bonn: Bock.

Buschhaus, D. & Hecker, O. (1988). Veränderungen in der beruflichen Bildung im technisch-gewerblichen Bereich - am Beispiel der flexiblen Fertigung. In R. Koch (Hrsg.), Technischer Wandel und Gestaltung der beruflichen Bildung. Forschungsergebnisse. Modellversuche, Perspektiven. Sonderveröffentlichung des Bundesinstituts für Berufsbildung (S.133-138). Berlin: BIBB.

Crusius, R. (1973). Der Lehrling in der Berufsschule. Fachliche Unterweisung und politische Bildung im Urteil der Lehrlinge. Hamburger Lehrlingsstudie der Hochschule für Wirtschaft und Politik. Bd.1. München: Juventa.

Daviter, J. (1973). Der Lehrling im Betrieb. Hamburger Lehrlingsstudie der Hochschule für Wirtschaft und Politik. Bd.2. München: Juventa.

Deutsche Forschungsgemeinschaft (DFG) Senatskommission. (1990). Denkschrift. Weinheim: Beltz.

Dieckmann, B. (1987). Empirische Bildungsforschung als bewußter Umgang mit der Bildungspraxis einer Gesellschaft. In F. Edding (Hrsg.), Zwanzig Jahre Bildungsforschung - zwanzig Jahre Bildungsreform (S.22-33). Bad Heilbrunn: Klinkhardt.

Dobischat, R. & Wassmann, H. (1985). Berufliche Weiterbildung, Arbeitsmarkt und Region. Frankfurt/M.: Lang.

Dürr, W., Merkens, H. & Schmidt, F. (Hrsg.). (1987). "Schriftenreihe Wirtschaftsdidaktik, Berufsbildung und Konsumentenerziehung". Bd. 9: Unternehmenskultur und Sozialisation. Baltmannsweiler: Burgbücherei Schneider.

Ebert, G., Foster, H., Hester, W., Kehnen, P. & Richter, K. (Hrsg.) (1982). Projekt EMKA: Weiterbildung mit Arbeitslosen. Bd. 5: Analysen - Ergebnisse - Konsequenzen. Frankfurt/M.: Pädagogische Arbeitsstelle.

Edding, F. (Hrsg.). (1987). Zwanzig Jahre Bildungsforschung - zwanzig Jahre Bildungsreform. Bad Heilbrunn: Klinkhardt.

Edding, F. (1989). Kooperation in der Forschung über Berufliche Bildung? Zeitschrift für Berufs- und Wirtschaftspädagogik, 85 (7), 656-659.

Elbers, D., Heckenauer, M., Mönikes, W., Pornschlegel, H. & Tilmann, H. (1975). Schlüsselqualifikationen - ein Schlüssel für die Berufsbildungsforschung. Berufsbildung in Wissenschaft und Praxis, 5, 26-29.

European Centre for the Development of Vocational Training (CEDEFOP). (1978). Emergency Measures on Youth Unemployment. Vocational Training, 2, 26-29.

Faulstich-Wieland, H. (1976). Politische Sozialisation in der Berufsschule. Ein Beitrag zur Rolle des Berufsschullehrers bei der Vermittlung gesellschaftlichen Bewußtseins. Weinheim: Beltz.

Fricke, W. (1975). Arbeitsorganisation und Qualifikation. Ein industrie-soziologischer Beitrag zur Humanisierung der Arbeit. Bonn: Neue Gesellschaft.

Frieling, E. (1975). Psychologische Arbeitsanalyse. Stuttgart: Kohlhammer.

Gaulke, K. (1976). Bestimmungsgründe für Berufswünsche und Berufswahlentscheidungen. Mitteilungen der Arbeitsmarkt- und Berufsforschung, 9 (4), 525-537.

Geer, R. (1990). Zur Rolle der Berufsbildungsforschung bei der Neuordnung der industriellen Metallberufe. In Bundesinstitut für Berufsbildung (Hrsg.), Festschrift 20 Jahre Bundesinstitut für Berufsbildung (S.177-180). Berlin: BIBB.

Geissler, K. A. & Kell, A. (1988). Berufsbildung als öffentliche Aufgabe - Probleme und Formen der Berufsbildungsforschung. Erziehung und Bildung als öffentliche Aufgabe. Analysen - Befunde - Perspektiven. Beiträge zum 11. Kongreß der Deutschen Gesellschaft für Erziehungswissenschaft vom 21.-23. März 1988 (S.303-306). Weinheim: Beltz.

Geissler, K. A. & Wittwer, W. (1989). Die Entwicklung der beruflichen Aus- und Weiterbildung - sechs Thesen. In R. Arnold & A. Lipsmeier (Hrsg.), Betriebspädagogik in nationaler und internationaler Perspektive (S.93-102). Baden-Baden: Nomos.

Geissler, K. A. & Wittwer, W. (1990). Der Beitrag der Berufsbildungsforschung zur Qualifizierung des Personals in der betrieblichen Aus- und Weiterbildung. Schwerpunkte und Defizite. Berufsbildung in Wissenschaft und Praxis, 6, 10-90.

Gerds, P. (1987). Humanökologische Technikgestaltung als Bildungsziel. In R. Drechsel u.a. (Hrsg.), Ende der Aufklärung? Zur Aktualität einer Theorie der Bildung (S.298-323). Bremen: Universität.

Gerds, P. (1989). Symbolisierungsfähigkeit und technische Bildung. Die Eliminierung präsentativer Symbolik aus der technischen Bildung - ein Beitrag zur Diskussion um das Bildungsziel "Befähigung zur Technikgestaltung". Bremen: Universität.

Giesbrecht, A. (1980). Berufliche Sozialisation im Referendariat von Wirtschaftslehrern. Zeitschrift für Berufs- und Wirtschaftspädagogik, 76 (2), 105-114.

Görs, D. & Voigt, W. (Hrsg.). (1989). Neue Technologien, Lernen und berufliche Weiterbildung. Beiträge zur Fachtagung berufliche Weiterbildung der Universität Bremen vom 14.-16. Februar 1989. Tagungsberichte der Universität Bremen. Nr. 18. Bremen: Universität.

Grünewald, U. u.a. (1989). Evaluierung der neugeordneten industriellen Metall- und Elektroberufe. Berichte zur beruflichen Bildung. Heft 110. Berlin: BIBB.

Hacker, W. (1978). Allgemeine Arbeits- und Ingenieurpsychologie. Psychische Struktur und Regulation von Arbeitstätigkeiten. Bern: Huber.

Hegelheimer, A. (1977). Probleme der Entwicklung von Ausbildungsordnungen. Stand und Perspektiven der Ausbildungsordnungsforschung. In Bundesinstitut für Berufsbildung (Hrsg.), Fachtagung (S.60-86). Berlin: BIBB.

Heidbüchel, F. & Zinke, M. (1973). Hindernisse beruflicher Emanzipation: Einstellungen von Handelslehrern. Eine Befragung an Berliner Berufsschulen. Berlin: BIBB.

Heinemann, K. (1978). Arbeitslose Jugendliche. Darmstadt: Luchterhand.

Heinz, T. (1987). Qualitative Sozialforschung. Opladen: Leske + Budrich.

Höhn, E. (Hrsg.). (1974). Ungelernte in der Bundesrepublik. Soziale Situation, Begabungsstruktur und Bildungsmotivation. Kaiserslautern: Hildebrand.

Hoff, E. H. (Hrsg.). (1990). Die doppelte Sozialisation Erwachsener. Zum Verhältnis von beruflichem und privatem Lebensstrang. München: Deutsches Jugendinstitut.

Hoffmann, E., Schnur, P., Stooss, F. & Tessarting, M. (1986). Die Zukunft der Arbeitslandschaft. AB/Prognos-Projektion zur Entwicklung des Arbeitskräftebedarfs bis 2000. Mitteilungen aus der Arbeitsmarkt- und Berufsforschung 6/1986. Nürnberg: Kohlhammer.

Holling, E. & Bamme, A. (1982). Die Alltagswirklichkeit des Berufsschullehrers. Frankfurt: Campus.

Honolka, H. (1979). Berufliche Rollenkonflikte von Berufsschullehrern. Ergebnisse einer Befragung von Schülern und Lehrern an bayerischen Berufsschulen 1977. Die Deutsche Berufs- und Fachschule, 75 (4), 243-263.

Ingenkamp, K. (1986). Zur Diskussion über die Leistungen unserer Berufs- und Studienanfänger. Zeitschrift für Pädagogik, 32, 1-29.

Institut für Arbeitsmarkt und Berufsforschung (IAB). (Hrsg.). (1987a). Strukturelle Entwicklungen des Erwerbspotentials bis 2000. IAB-Kurzberichte VII/1-tn vom 15.12.1987. Nürnberg: Bundesanstalt für Arbeit.

Institut für Arbeitsmarkt und Berufsforschung (IAB). (Hrsg.). (1987b). Zur Arbeitsmarktentwicklung bis 2000. IAB-Kurzbericht VII/1-Kl vom 8.12.1987. Nürnberg: Bundesanstalt für Arbeit.

Kartheus, V. (1973). Optimierungsmodelle für Bildungssysteme. Weinheim: Beltz.

Kau, W. & Ehmann, C. (1986). Szenario des Berufsbildungssystems bis 1995. Sonderveröffentlichung des Bundesinstituts für Berufsbildung. Berlin: BIBB.

Kern, H. & Schumann, M (1970). Industriearbeit und Arbeiterbewußtsein. Eine empirische Untersuchung über den Einfluß der aktuellen technischen Entwicklung auf die industrielle Arbeit und das Arbeiterbewußtsein. Teile 1-2. Frankfurt: Europäische Verlagsanstalt.

Kern, H. & Schumann, M. (1984). Das Ende der Arbeitsteilung. Rationalisierung in der industriellen Produktion. München: Beck.

Klauder, W. (1988). Längerfristige Arbeitsmarktperspektiven für die Bundesrepublik Deutschland. In J. Hesse (Hrsg.), Zukunftswissen und Bildungsperspektiven (S.67-98). Baden-Baden: Nomos.

Klauder, W., Schnur, P. & Thon, M. (1985). Arbeitsmarktperspektiven der 80er und 90er Jahre. Neue Modellrechnungen für Potential und Bedarf an Arbeitskräften. Mitteilungen aus der Arbeitsmarkt- und Berufsforschung, 18 (1), 41-62.

Kruse, W. (Hrsg.). (1989). Berufsausbildung im Wandel - Neue Aufgaben für die Berufsschule. Gutachten im Auftrag der Max-Traeger-Stiftung. Frankfurt: Max Traeger Stiftung.

Kutt, K. (1988). Was wissen wir über die Ausbilder oder was glauben wir zu wissen? Plädoyer für eine Bilanzierung des Wissensstandes im Forschungsfeld >Ausbildungspersonal<. Zeitschrift für Berufs- und Wirtschaftspädagogik, 84, 525-532.

Laur-Ernst, U. (1988). Berufsübergreifende Qualifikationen und neue Technologien - ein Schritt zur Entspezialisierung der Berufsbildung? In R. Koch (Hrsg.), Technischer Wandel und Gestaltung der beruflichen Bildung. Forschungsergebnisse, Modellversuche, Perspektiven (Sonderausgabe des BIBB) (S.13-25). Berlin: BIBB.

Lempert, W. (1971). Grundfragen und Aufgaben der empirischen Forschung im beruflichen Bildungswesen. In W. Lempert (Hrsg.), Leistungsprinzip und Emanzipation. Studien zur Realität, Reform und Erforschung des beruflichen Bildungswesens. Bd. 2 (S.294-309). Frankfurt: Suhrkamp.

Lempert, W. (1980). Sinn und Chancen einer Verbindung unterschiedlicher sozialwissenschaftlicher Theorien in berufspädagogischer Absicht. In H. Heid, W. Lempert & J. Zabeck (Hrsg.), Ansätze berufs- und wirtschaftspädagogischer Theoriebildung (Zeitschrift für Berufs- und Wirtschaftspädagogik Suppl. 1) (S.1-6). Wiesbaden: Franz Steiner.

Lempert, W. (1988). Individual Morality and Industrialized Work: Some Theoretical Considerations. Economic and Industrial Democracy, 9, 475-496.

Lempert, W. & Thommsen, W. (1974). Berufliche Erfahrung und gesellschaftliches Bewußtsein. Untersuchungen über berufliche Werdegänge, soziale Einstellungen, Sozialisationsbedingungen und Persönlichkeitsmerkmale ehemaliger Industrielehrlinge. Stuttgart: Klett.

Lenhardt, G. (1974). Berufliche Weiterbildung und Arbeitsteilung in der Industrieproduktion. Frankfurt/M.: Suhrkamp.

Lipsmeier, A. (1989). Möglichkeiten und Probleme einer Kooperation in der Berufsbildungsforschung zwischen BIBB und Universitäten. Berufsbildung in Wissenschaft und Praxis, 7, 1926.

Lipsmeier, A. (1990). Teilgutachten. In R. Huisinga (Hrsg.), Dienstleistungsgesellschaft und Strukturwandel der Ausbildung. Gutachten für die Enquete-Kommission "Zukünftige Bildungspolitik - Bildung 2000" des Deutschen Bundestages. Frankfurt: Verlag der Gesellschaft zur Förderung arbeitsorientierter Forschung und Bildung.

Lutz, B. (1976). Bildungswesen und Beschäftigungsstruktur in Deutschland und Frankreich. In Institut für Sozialwissenschaftliche Forschung (ISF) (Hrsg.), Betrieb - Arbeitsmarkt - Qualifikationen (S.245-328). Frankfurt: Aspekte.

Lutz, B. (1979). Die Interdependenz von Bildung und Beschäftigung und das Problem der Erklärung der Bildungsexpansion. In J. Matthes (Hrsg.), Sozialer Wandel in Westeuropa. Verhandlungen des 19. Deutschen Soziologentages 17.-20. April 1979 im internationalen Congress Centrum (ICC) in Berlin (S.634-670). Frankfurt/M.: Campus.

Lutz, B. (1983). Bildungsexpansion und soziale Ungleichheit. Eine historisch-soziologische Skizze. In R. Kreckel (Hrsg), Soziale Ungleichheit, Soziale Welt. Sonderband 2 (S.221-248). Göttingen: Schwartz.

Lutz, B. & Winterhager, W. D. (1970). Zur Situation der Lehrlingsausbildung. Prognosen der Berufsstruktur - Methoden und Resultate. Deutscher Bildungsrat, Gutachten und Studien der Bildungskommission 11. Stuttgart: Klett.

Malsch, T. & Seltz, R. (Hrsg.). (1988). Die neuen Produktionskonzepte auf dem Prüfstand. Beiträge zur Entwicklung der Industriearbeit. Berlin: Sigma.

Mann, W. & Molle, F. (1964). Der Funktionswandel kaufmännischer Angestellter des Büro- und Verwaltungsbereichs in berufspolitischer Sicht. Köln: Westdeutscher Verlag.

Mertens, D. (1984). Das Qualifikationsparadox. Bildung und Beschäftigung bei kritischer Arbeitsmarktperspektive. Zeitschrift für Pädagogik, 30, 439-455.

Mickler, O., Mohr, W., Kadritzke, U. & Baethge, M. (1977). Produktion und Qualifikation. Eine empirische Untersuchung von Qualifikationsanforderungen in der industriellen Produktion und deren Ursachen. Göttingen: Soziologisches Forschungsinstitut.

Münch, J. (Hrsg.). (1977). Lernen - aber wo? Der Lernort als pädagogisches und lernorganisatorisches Problem. Trier: Spee-Verlag.

Nickolaus, R. (1989). Das Beziehungsgefüge zwischen betrieblichem Ausbildungspersonal und Auszubildenden - ein Literaturbericht. Stuttgarter Beiträge zur Berufs- und Wirtschaftspädagogik. Bd. 9. Stuttgart: Deugro.

Oesterreich, D. (1974). Autoritarismus und Autonomie. Stuttgart: Klett.

Opaschowski, H. W. (1983). Arbeit, Freizeit, Lebenssinn? Orientierungen für eine Zukunft die längst begonnen hat. Opladen: Leske + Budrich.

Orendi, B. (1982). Persönlichkeitsförderliche Arbeitsgestaltung und die Entwicklung von Handlungskompetenz - einige Begriffe, Konzepte und Annahmen. In D. Mertens & M. Rick (Hrsg.), Berufsbildungsforschung. BIBB/IAB-Kontakseminar in Berlin 1981 (S.53-75). Nürnberg: Bundesanstalt für Arbeit.

Pätzold, G. & Drees, G. (1987). Bedingungsrahmen, Handlungsregulatoren und Funktionen betrieblicher Ausbildertätigkeit - Wahrnehmungsformen und handlungsleitende berufspädagogische Orientierungen. In Bundesminister für Bildung und Wissenschaft (Hrsg.), Ausbildungspersonal im Metallbereich. Tätigkeitsstrukturen, Arbeitssituation und Berufsbewußtsein. Studien Bildung und Wissenschaft. Bd. 52 (S.10-51). Bonn: Bock.

Polanyi, M. (1966). The Tacit Dimension. New York: Doubleday.

Pornschlegel, H. (1990). Menschenrechte Arbeitsbedingungen und Technikgestaltung in ihren Wechselbeziehungen zur beruflichen Bildung. In Bundesinstitut für Berufsbildung (Hrsg.), Festschrift 20 Jahre Bundesinstitut für Berufsbildung (S.247-252). Berlin: BIBB.

Rauner, F. (1989). Soziale Technikgestaltung als Bildungsaufgabe. Hessische Blätter für Volksbildung, 39 (3), 211-219.

Reetz, L. (Hrsg.). (1990). Schlüsselqualifikationen. Dokumentation des Symposions >Schlüsselqualifikationen - Fachwissen in der Krise?<. Hamburg: Feldhaus.

Robinsohn, S. B. (1967). Bildungsreform als Reform des Curriculum. Neuwied: Luchterhand.

Rosenthal, H. J. (1977). Berufsbildungsforschung. In Bundesinstitut für Berufsbildungsforschung (Hrsg.), Schlüsselwörter zur Berufsbildung (S.131-135). Weinheim: Beltz.

Rosenthal, H. J. (1990). Der berufspädagogische Ansatz in der Berufsbildungsforschung. In BIBB (Hrsg.), Festschrift 20 Jahre Bundesinstitut für Berufsbildung (S.133-148). Berlin: BIBB.

Rothkirch, C. v. & Weidig, I. u.a. (1985). Die Zukunft der Arbeitslandschaft. Zum Arbeitskräftebedarf nach Umfang und Tätigkeiten bis zum Jahr 2000. Beiträge aus der Arbeitsmarkt und Berufsforschung. Nr. 94.1-94.2. Nürnberg: Bundesanstalt für Arbeit.

Rothkirch, C. v. & Weidig, I. (1986). Zum Abeitskräftebedarf nach Qualifikationen bis zum Jahr 2000. Beiträge aus der Arbeitsmarkt und Berufsforschung Nr. 95. Nürnberg: Bundesanstalt für Arbeit.

Schlösser, M., Drewes, L. & Osthues, E. (1989). Vom Lehrgesellen zum Betriebspädagogen. Eine empirische Untersuchung zur Professionalisierung betrieblicher Ausbildertätigkeit. Frankfurt: Campus.

Schmidt-Hackenberg, B., Höpke, I., Lemke, I. G., Pampus, K. & Weissker, D. (1989). Neue Ausbildungsmethoden in der betrieblichen Berufsausbildung. - Ergebnisse aus Modellversuchen - . Berichte zur beruflichen Bildung. Heft 107. Berlin: BIBB.

Schmiel, M. (1990). Die Förderung der Lernmotivation in der beruflichen Weiterbildung. Berlin: Schmidt.

Schmitz, E. (1978). Leistung und Loyalität. berufliche Weiterbildung und Personalpolitik in Industrieunternehmen. Stuttgart: Klett-Cotta.

Seidenspinner, G. (1974). Lehrlinge im Konfliktfeld Beruf. München: Juventa.

Siebert, H. (Hrsg.). (1979). Taschenbuch der Weiterbildungsforschung Baltmannsweiler: Burgbücherei Schneider.

Sozialwissenschaftliches Institut Nowak und Sörgel (SINUS). (Hrsg.). (1983). Die verunsicherte Generation. Jugend und Wertewandel. Bericht des SINUS-Instituts im Auftrag des Bundesministers für Jugend, Familie und Gesundheit. Opladen: Leske + Budrich.

Stratmann, K. (1989). Didaktische Implikationen der Neuordnung von Ausbildungsberufen - Anspruch und Probleme im Bereich der neugeordneten industriellen Metall- und Elektroberufe. In R. Arnold & A. Lipsmeier (Hrsg.), Betriebspädagogik in nationaler und internationaler Perspektive (S.211-224). Baden-Baden: Nomos.

Susat, P. R. (1973). Politische und gesellschaftliche Einstellungen von Diplom-Handelslehrern. Hamburg.

Teichler, Ü. (1985). Zum Wandel von Bildung und Ausbildung in den 70er und 80er Jahren. Mitteilungen der Arbeitsmarkt- und Berufsforschung, 18, 167-176.

Tessaring, M. (1980). Evaluation von Bildungs- und Qualifikationsprognosen, insbesondere für hochqualifizierte Arbeitskräfte. Mitteilungen der Arbeitsmarkt- und Berufsforschung, 13, 374-397.

Tessaring, M. (1982). Beschäftigungsmöglichkeiten und Arbeitsmarktrisiken hochqualifizierter Arbeitskräfte. Politik und Zeitgeschichte (Beilage). Das Parlament, B, S.17-31.

Thon, M. (1986). Das Erwerbspotential in der Bundesrepublik Deutschland. Entwicklungen seit 1960 und Pürojektionen bis 2000 mit einem Ausblick bis 2030. Beiträge aus der Arbeitsmarkt- und Berufsforschung. Nr. 105. Nürnberg: Bundesanstalt für Arbeit.

Tippelt, R. (1979). Soziale Haltungen und politische Einstellungen arbeitsloser Jugendlicher. Neue Praxis, 9, 273-283.

Tippelt, R. (1981a). Handlungsstrukturanalyse in der Berufsbildungsforschung. Zeitschrift für Berufs- und Wirtschaftspädagogik, 77, 643-660.

Tippelt, R. (1981b). Qualifikation und berufliche Sozialisation erwerbstätiger Jugendlicher. Theorien, Ergebnisse und Probleme der beruflichen Bildungs- und Qualifikationsforschung. Frankfurt/M.: Lang.

Tippelt, R. (1988a). Technologische Entwicklung und Qualifikationsstrukturwandel im Einzelhandel. In G. Kutscha & H. Schanz (Hrsg.), Berufsausbildung im Einzelhandel. Beiträge zur Neuordnung und Kritik (S.31-48). Stuttgart: Holland & Josenhans.

Tippelt, R. (1988b). Youth and Vocation. In H. Röhrs (Ed.), Vocational and General Education in Western Industrial Societies (pp.65-78). London: Symposium Books.

Tippelt, R. (1990). Bildung und sozialer Wandel. Eine Untersuchung von Modernisierungsprozessen am Beispiel der Bundesrepublik Deutschland seit 1950. Weinheim: Deutscher Studienverlag.

Volmerg, B., Senghaas-Knobloch, E. & Leithäuser, T. (1986). Betriebliche Lebenswelt. Eine Sozialpsychologie industrieller Arbeitsverhältnisse. Opladen: Leske + Budrich.

Volpert, W. (1974). Handlungsstrukturanalyse als Beitrag zur Qualifikationsforschung. Köln: Pahl-Rugenstein.

Volpert, W. (Hrsg.). (1980). Beiträge zur psychologischen Handlungstheorie. Bern: Huber.

Wienold, G., Achtenhagen, F., Buer, J. v., Oldenbürger, H. A., Rösner, H. & Schluroff, M. (1985). Lehrerverhalten und Lernmaterial in institutionalisierten Lehr-Lern-Prozessen - am Beispiel des Englisch-Anfangsunterrichts. Berichte des Seminars für Wirtschaftspädagogik der Georg-August-Universität. Bde. 9.1-9.3. Göttingen: Universität.

Zabeck, J. (1978). Paradigmenpluralismus als wissenschaftstheoretisches Programm. Ein Beitrag zur Überwindung der Krise der Erziehungswissenschaft. In W. Brand & D. Brinkmann (Hrsg.), Tradition und Neuorientierung in der Berufs- und Wirtschaftspädagogik. Beiträge zur Theorie und Praxis beruflicher Bildungsprozesse in der Gegenwart. Festschrift für Ludwig Kiehn zum 75. Geburtstag (S.291-332). Hamburg: Wiechelmann.

Zink K. J. (1991). Neue Technologien - arbeitsorganisatorische Folgerungen ihres Einsatzes sowie Folgerungen für die Personalentwicklung und Bildungsarbeit im Betrieb. In R. Arnold (Hrsg.), Taschenbuch der betrieblichen Weiterbildung (S.99-110). Baltmannsweiler: Burgbücherei Schneider.